YEARBOOK OF ZHEJIANG WATER RESOURCES

浙江水利年鉴

2024

《浙江水利年鉴》编纂委员会 编

中国水利水电出版社
www.waterpub.com.cn
·北京·

《浙江水利年鉴》
2022 年：浙江省精品年鉴
2023 年：浙江省优秀省级专业年鉴
2024 年：浙江省省级专业年鉴 2023 卷质量抽检　优秀

图书在版编目（CIP）数据

浙江水利年鉴. 2024 / 《浙江水利年鉴》编纂委员会编. -- 北京 : 中国水利水电出版社, 2024. 12.
ISBN 978-7-5226-2942-1

Ⅰ. F426.9-54

中国国家版本馆CIP数据核字第2024ZZ6028号

书　　名	**浙江水利年鉴 2024** ZHEJIANG SHUILI NIANJIAN 2024
作　　者	《浙江水利年鉴》编纂委员会　编
出版发行	中国水利水电出版社 （北京市海淀区玉渊潭南路 1 号 D 座　100038） 网址：www. waterpub. com. cn E - mail：sales@mwr. gov. cn 电话：（010）68545888（营销中心）
经　　售	北京科水图书销售有限公司 电话：（010）68545874、63202643 全国各地新华书店和相关出版物销售网点
排　　版	中国水利水电出版社微机排版中心
印　　刷	北京印匠彩色印刷有限公司
规　　格	184mm×260mm　16 开本　28.25 印张　622 千字　14 插页
版　　次	2024 年 12 月第 1 版　2024 年 12 月第 1 次印刷
印　　数	001—700 册
定　　价	**280.00** 元

《浙江水利年鉴》编纂委员会

《浙江水利年鉴》编辑部

水利基础设施建设

2023 年 2 月 9 日，全省水利工作会议暨扩大有效投资“千项万亿”水利工程推进会在浙江水利水电学院南浔校区召开　（湖州市水利局　供图）

2023 年 6 月 25 日，省水利厅“‘八八战略’在身边”宣讲大赛决赛在浙江同济科技职业学院举行

（浙江省水利信息宣传中心　供图）

2023 年 7 月 27 日，省水利厅党组召开主题教育调研成果交流会

（浙江省水利信息宣传中心　供图）

2023 年 4 月 28 日，省水利厅党组召开学习贯彻习近平新时代中国特色社会主义思想主题教育专题辅导会

（浙江省水利信息宣传中心　供图）

中国水利報

China Water Resources News

第5328期

水利部党组举办学习贯彻习近平新时代中国特色社会主义思想主题教育读书班

以"时时放心不下"的责任感抓好防汛工作

浙江：集中攻坚"老大难"作为主题教育"主战场"

坚持防汛抗旱两手抓

淮河流域拟建27个幸福河湖

甘肃启动农村供水水质提升三年专项行动

四川多举措确保水库安全运行

洮儿河春季生态补水完成

江水北上润齐鲁

浇筑渡槽

2023 年 5 月 19 日，《中国水利报》头版报道省水利厅主题教育做法成效

（浙江省水利信息宣传中心　供图）

学习贯彻习近平新时代中国特色社会主义思想主题教育

2023 年 4 月 11 日，省水利厅召开厅系统学习贯彻习近平新时代中国特色社会主义思想主题教育动员部署会　　（浙江省水利信息宣传中心　供图）

7 水利改革

2023 年，全省深化水利投融资改革，落实水利牵头的专项债券**133.6 亿元**、金融信贷**185.8 亿元**

出台水利**18 条**贯彻举措，提出八大领域**33 项**改革攻坚任务

构建**“1+3+N”**（“1”指数字孪生水利建设规划，“3”指数字孪生流域、数字孪生水网、数字孪生工程建设规划，“N”指水利感知体系规划等若干个专项规划）数字孪生水利规划体系，高质量完成**9 项**数字孪生流域先行先试任务

全省水利系统取得创新经验**118 个**，试点成效**240 余项**，一批改革成果得到肯定和推广

4 水利民生实事

2023 年，全省海塘安澜工程计划开工 110km，实际开工 **161.1km**，开工率 **146.5%**

更新改造农田水利灌溉设施 **4468 座**

计划完成病险水库除险加固 200 座，实际完成 **256 座**，完成率 **128%**

完成病险山塘整治 **574 座**

5 全面深化河湖长制

2023 年，全省建成高品质水美乡村 **230 个**

新增美丽河湖 **116 条（个）**

新增城乡亲水节点 **425 个**

新增滨水绿道 **732km**

6 单村水站改造提升

2023 年，全面实施单村水站改造提升，仅用 **3 个月**时间就开工 **6838 座**单村水站，总开工率 **77.5%**

1 水资源

2023 年，全省平均降水量 **1419.90mm**，较 2022 年平均降水量**偏少 9.4%**，较多年平均降水量**偏少 12.5%**

全省水资源总量 **730.14 亿 m^3**，人均水资源量 **1105.92m^3**

全省 195 座大中型水库，年末蓄水总量 **235.31 亿 m^3**

全省总供水量与总用水量均为 **169.60 亿 m^3**

2 水利建设

2023 年，全省完成水利投资 **784.8 亿元**，同比**增长 11.6%**

全省水利领域获得增发国债资金支持 **158 项**，安排国债资金 **228 亿元**

全省新开工建设 **47 项**重大水利工程，创历史新高

3 水旱灾害防御

2023 年影响浙江省的台风 **3 个**：第 5 号台风“杜苏芮”、第 6 号台风“卡努”、第 11 号台风“海葵”

全年调度全省大中型水库累计预泄 **7.22 亿 m^3**，拦蓄洪水 **82.76 亿 m^3**，沿海平原河网累计排水 **29.1 亿 m^3**

“数”说 2023 年浙江水利

荣誉榜

- 水利投资连续**第 3 年**获国务院督查激励
- 河湖长制工作**第 4 次**获国务院督查激励
- 实行最严格水资源管理制度连续**第 8 次**获国家考核优秀等次
- 水利建设质量考核连续**第 8 年**获 A 级等次
- 水土保持规划实施情况连续**第 5 年**获优秀等次
- 中央财政水利发展资金绩效再夺**全国第一**
- 水利基础设施建设成效位列**全国第一**
- 水库除险加固和运行管护成效位列**全国第一**
- 农村供水工作成效位列**全国第二**

编　辑　说　明

一、《浙江水利年鉴》是由浙江省水利厅组织编写，反映浙江水利事业改革发展和记录浙江省年度水利工作情况、汇集水利统计资料的工具书。从2016年开始，逐年连续编辑出版，每年一卷。《浙江水利年鉴2024》为第9卷。

二、《浙江水利年鉴2024》以马克思列宁主义、毛泽东思想、邓小平理论、"三个代表"重要思想、科学发展观、习近平新时代中国特色社会主义思想为指导，全面贯彻落实习近平总书记"节水优先、空间均衡、系统治理、两手发力"治水思路，坚持辩证唯物主义和历史唯物主义的立场、观点和方法，全面、系统地记述和反映2023年度浙江省水利工作的基本情况，收录水利工作的政策法规文件、统计数据及相关信息。

三、《浙江水利年鉴2024》采用分类编辑法，基本结构分为类目、分目、条目三个层次，其中条目为主要的信息载体，全书条目用【】表示。全书设特载、专文、大事记、水文水资源、水旱灾害防御、水利规划计划、水利工程建设、农村水利水电和水土保持、水资源管理与节约保护、河湖管理与保护、水利工程运行管理、水利行业监督、水利科技、政策法规、能力建设、党建工作、学会活动、地方水利、厅直属单位、附录、索引等21个类目。

四、《浙江水利年鉴2024》记述时限为2023年1月1日至12月31日，部分内容为将事件交代清楚，时间适当上溯。凡在文中直书月、日的，均指2023年年内日期。"至年底"一律指"至2023年12月31日"。

五、《浙江水利年鉴2024》根据行文需要，正文中基本将"浙江省"略写成"省"。数字用法、标点符号用法分别采用国家标准《出版物上数字用法》(GB/T 15835—2011)、《标点符号用法》(GB/T 15834—2011)。技术术语、专业名词、符号等力求符合规范要求或约定俗成。

六、《浙江水利年鉴2024》文稿实行文责自负。文稿的技术内容、文字、数据、保密等问题均经撰稿人所在单位和处室把关审定。

七、《浙江水利年鉴2024》编纂工作得到浙江省各市水利部门和省水利厅各处室、直属单位领导和特约编辑的大力支持，在此表示谢忱。为进一步提高年鉴质量，希望读者提出宝贵意见和建议。

2023 年 1 月 10 日，省重大水利工程缙云县潜明水库引水工程正式通水

（丽水市水利局　供图）

2023年4月28日，台州市朱溪水库正式下闸蓄水

（台州市水利局　供图）

2023 年 6 月 30 日，东苕溪（德清段）防洪能力提升工程开工仪式暨项目现场推进会在德清县乾元镇举行

（德清县水利局　供图）

2023 年 8 月 9 日，西险大塘入选浙江省扩大有效投资重点建设领导小组办公室公布的第一批“红旗”项目名单

（杭州市余杭区林业水利局 供图）

2023 年 11 月 1 日，诸暨市、浦江县签署安华水库扩容提升工程建设合作协议

（绍兴市水利局 供图）

2023 年 12 月 12 日，扩大杭嘉湖南排后续西部通道（西线）工程开工

（杭州市林业水利局 供图）

2021—2022 年度中国水利工程优质（大禹）奖 浙江获奖工程

杭州市第二水源千岛湖配水工程

（杭州市林业水利局　供图）

杭州市萧山区蜀山片外排工程——大治河排涝闸站改建工程

（杭州市林业水利局　供图）

宁波市姚江二通道（慈江）工程——澥浦闸站工程

（刘柏良　摄）

宁波市五江口闸及上游配套河道工程

（宁波市海曙区水利局供图）

舟山市新城万丈塘提升改造一期工程

（浙江舟山群岛新区新城管理委员会　供图）

全面深化河湖长制

2023 年 7 月 6 日，浙江省委省政府召开省级总河长会议，审议通过《浙江省全域建设幸福河湖行动计划（2023—2027）》等文件 （朱海伟　摄）

2023 年 4 月，安吉浒溪成功入选水利部公布的全国第二批幸福河湖示范项目

（湖州市水利局　供图）

2023 年 8 月 10—11 日，全国首个省级全域建设幸福河湖推进会议——深化河湖长制 全域建设幸福河湖推进会在湖州市长兴县召开

（长兴县水利局　供图）

2023 年 10 月 26—27 日，灵山港幸福河湖建设试点项目通过水利部复核评估

（徐玖如　摄）

单村水站改造提升

2023 年 10 月 12 日，浙江省单村水站改造提升新闻发布会举行

（浙江发布　供图）

2023 年 11 月 2 日，浙江省单村水站改造提升工作动员部署会在省人民大会堂召开

（浙江省水利信息宣传中心供图）

衢州市开化县何田乡长征村供水站

（开化县水利局　供图）

绍兴市上虞区汤浦镇达郭供水站

（绍兴市上虞区水利局　供图）

遂昌县三仁乡排前村供水站

（遂昌县水利局　供图）

水利护航亚运

杭州市第19届亚运会皮划艇比赛场地——富阳水上运动中心

（杭州市林业水利局 供图）

杭州市第19届亚运会龙舟比赛场地——温州龙舟运动中心

（温州市水利局　供图）

杭州市钱江世纪城亚运水系——利民河

（杭州市林业水利局　供图）

杭州市钱江世纪城亚运水系——亚运村中央水轴

（杭州市林业水利局　供图）

杭州市钱江世纪城亚运水系——先锋河

（杭州市林业水利局　供图）

水旱灾害防御

2023 年 4 月 13 日，省水利厅举行“汛来问江河 2023”新闻发布会

（浙江省水利信息宣传中心 供图）

2023 年 5 月 23 日，浙江省水旱灾害防御演练在绍兴市曹娥江流域举行

（浙江省水利厅　供图）

2023年6月14日，绍兴市水旱灾害防御应急演练在绍兴市柯桥区举行

（绍兴市水利局 供图）

2023年7月27日上午，第5号台风“杜苏芮”登陆前，台州市金清新闸打开四孔闸门加快排涝

（台州市水利局 供图）

2023年7月28日，平阳县顺溪水库开闸泄洪

（吴联志 摄）

水利宣传与文化建设

2023 年 3 月 22 日，世界水日主题宣传暨首届“最美浙江人·最美水利人”发布活动在杭州市举办

（浙江省水利信息宣传中心　供图）

2023年3月27日，浙江省钱塘江流域中心召开“一江春水润浙东”——浙东引水工程通水十周年新闻发布会

（浙江省钱塘江流域中心供图）

2023年3月28日，浙江省水文化遗产丛书《浙水遗韵》发布

（浙江省水利厅　供图）

2023年5月19日，省水利厅组织“幸福河湖　文化之旅”融媒体采风，赴龙游县实地报道浙江省幸福河湖建设成果

（李远凯　摄）

目　录

特　载

专　文

大 事 记

水文水资源

水旱灾害防御

水利工程建设

农村水利水电和水土保持

水利工程运行管理

水利行业监督

水利科技

政策法规

能力建设

党建工作

学会活动

地方水利

厅直属单位

附　录

索　引

特　　载

Special Events

001～012 页

浙江省农村供水保障办法

（2023 年 12 月 13 日浙江省人民政府令第 400 号公布
自 2024 年 2 月 1 日起施行）

第一章 总　　则

第一条 为了加强和规范农村供水管理，保障农村饮用水安全，推动乡村振兴战略实施，高质量发展建设共同富裕示范区，根据《中华人民共和国水法》《浙江省饮用水水源保护条例》《浙江省水资源条例》等有关法律、法规，结合本省实际，制定本办法。

第二条 本省行政区域内农村供水、用水以及相关管理和保障工作，适用本办法。

本办法所称农村供水，是指利用公共供水管道及其附属设施，为农村居民和单位提供生活、生产用水以及其他用水的活动，包括城市供水管网延伸供水，以及乡镇、联村、单村集中式供水。

相关法规、规章对城市供水管网延伸供水已有规定的，从其规定。

第三条 农村供水工作应当坚持城乡同质、县级统管的原则，实行规模化发展、标准化建设、专业化管护、公益化服务。

第四条 县级以上人民政府应当将农村供水工作纳入国民经济和社会发展规划，建立健全农村供水工作协调机制，完善农村供水相关政策措施，保障农村供水基础设施建设、运行等方面的资金投入。

乡镇人民政府、街道办事处应当按照法律、法规和本办法规定，做好农村供水相关工作。

第五条 县级以上人民政府水行政主管部门负责农村供水工作的统筹协调、政策指导和监督管理。

县级以上人民政府城市供水主管部门负责城市管网延伸工程建设、管护的指导和监督管理。

县级以上人民政府发展改革、财政、生态环境、农业农村、卫生健康等有关部门按照各自职责，做好农村供水相关工作。

第六条 县（市、区）人民政府及其有关部门应当加强乡镇、联村、单村集中式供水工程（以下简称“农村供水工程”）管理，建立健全长效运行机制，依法明确实施农村供水工程统一建设、运营和管护的单位（以下简称“农村供水管理单位”）。

农村供水管理单位应当接受水行政主管部门指导和监督管理。

第七条 县级以上人民政府应当建立健全农村供水工作考核和责任追究制度，严格落实政府主体责任、部门行业监管责任和农村供水管理单位运行管理责任。农村供水工作纳入各级人民政府绩效考核评价体系。

第八条 省水行政主管部门应当依托一体化智能化公共数据平台，加强水质、水量数字化监测、监控和风险预警，加强与城市供水、生态环境、卫生健康等部门的数据共享和业务协同，提高农村供水数字化、智能化水平。

设区的市、县（市、区）人民政府及其有关部门应当支持农村供水单位加强取水、制水、输水、用水全流程感知和运行管理系统建设，完善供水设施、水质、水压以及用水户等信息数据库，提升供水管理和服务水平。

第九条 农村供水相关行业协会应当建立健全行业规范，加强行业自律，发挥引导服务作用，促进农村供水行业持续健康发展。

任何单位和个人都有保护农村供水水源、农村供水工程及相关设施的义务，有权制止和举报污染水质、破坏或者损坏农村供水工程及相关设施的违法行为。

第二章 规划与建设

第十条 县级以上人民政府水行政主管部门应当会同有关部门组织编制农村供水专项规划，报本级人民政府或者其指定的部门批准，并报上一级人民政府水行政主管部门备案。

县级以上人民政府水行政主管部门应当根据农村供水专项规划，制定年度计划并组织实施。

第十一条 农村供水专项规划纳入国土空间总体规划，并与相关专项规划相衔接。

农村供水工程建设用地按照公用设施用地，列入土地利用年度计划予以保障。

第十二条 编制和实施乡村振兴相关专项规划，发展乡村新产业新业态，涉及增加农村供水需求的，有关部门或者乡镇人民政府、街道办事处应当事先征求县（市、区）水行政主管部门意见。

县（市、区）水行政主管部门应当统筹考虑农村供水需求和供水能力，保障农民生活、生产用水安全，促进乡村产业发展。

第十三条 县（市、区）人民政府及其有关部门应当因地制宜，统筹推进本行政区域内城市供水管网延伸供水工程与农村供水工程融合发展，优化农村供水工程布局，优先发展规模化农村供水工程，加强老旧设施和管网更新改造，改善供水条件。

本办法所称规模化农村供水工程，是指日供水 1000 吨以上或者 1 万人以上的农村供水工程。

第十四条 县级以上人民政府及其水行政主管部门应当加快推进联村、单村集中式供水工程站房、净水设施、消毒设备、主干管道、村内管网等建设和更新改造，提升联村、单村集中式供水工程供水保障能力。

第十五条 县级以上人民政府及其水行政主管部门应当根据水资源条件、地形地貌等情况，推进水库、山塘及联库联网引水等稳定水源工程建设，加强水资源统筹调配和农村供水水源保障。

第十六条 县（市、区）人民政府及其有关部门应当加强农村供水备用水源建设，通过建设2个相对独立的供水水源、农村供水工程之间管道联网供水或者依法临时取用地下水等方式，保证应急供水。

县（市、区）水行政、应急管理主管部门应当因地制宜，对无法纳入农村供水工程供水范围的山区、海岛等偏远地区零星分散居住的村民，采取建设蓄水池、设置储水罐、依法临时取用地下水等措施，保障供水安全。

第十七条 农村供水工程应当按照国家和省有关规定进行健康影响评价。

农村供水工程设计、施工、验收等建设管理，应当执行国家和省有关技术标准、规范和规定。农村供水工程使用的管材和设施设备应当符合国家产品质量标准的要求。农村供水工程验收合格的，应当及时办理产权登记。

第十八条 农村供水工程需要穿越铁路、公路、电力、电信、燃气等设施的，应当依法办理有关手续，相关部门和单位应当给予支持和配合。

从事工程建设等活动，可能影响农村供水工程安全的，建设单位应当征求农村供水单位意见，制定相应的保护方案并负责实施。

第三章 水源与水质

第十九条 各级人民政府以及生态环境、水行政主管部门应当按照饮用水水源保护相关法律、法规规定，加强农村供水水源地保护和水质保障工作，依法落实水源保护区以及保护范围的划定、警示标志设置、水质监测、环境综合整治以及污染防治等工作，确保水源水质达到国家规定的要求。

第二十条 规模化农村供水工程水源地，应当依法划定饮用水水源保护区。

日供水规模200吨以上不足1000吨的农村供水工程水源地，应当按照下列规定划定保护范围：

（一）以小型水库、山塘作为供水水源的，其保护范围为该小型水库、山塘的集水区域；

（二）以河道作为供水水源的，其保护范围为取水点上游1000米至下游100米的水域；

（三）以大中型水库作为供水水源的，其保护范围为水库库区的保护范围；

（四）以地下水作为供水水源的，其保护范围为以开采井为中心半径50米的范围。

日供水规模不足200吨的农村供水工程水源地，由乡镇人民政府督促和指导所在地村民委员会明确保护范围。

第二十一条 生态环境、水行政主管部门应当按照各自职责，定期对农村供水水源水质、水量进行监测；发现异常情况的，应当及时向本级人民政府报告，并采取有效措施保障农村供水水源安全。

生态环境部门应当加强对农村供水水源污染物排放情况的监督管理；发现农村供水水源受到污染或者可能受到污染的，应当及时制止和查处。

第二十二条 乡镇人民政府、街道办事处应当结合河长制有关要求，开展农村供水水源巡查以及抗旱应急机井等设施设备巡查、维护工作，及时协调和督促处理巡查发现的问题，劝阻相关违法行为，并按照规定履行报告职责。

村民委员会应当依法做好农村水源保护工作，加强水源日常巡查，及时制止和报告可能影响水源安全的行为。

农村供水单位应当定期开展农村供水水源巡查，及时制止和报告可能影响水源安全的行为。

第二十三条 农村供水工程应当按照国家和省有关规定，配备水质净化、消毒设施以及安全防护设施。其中，规模化农村供水工程应当建立水质化验室，配备相应的水质化验设施。

农村供水单位应当做好原水和出厂水、管网末梢水的水质检测工作，发现取水口水质不符合供水水源水质标准或者出厂水、管网末梢水水质不符合生活饮用水卫生标准的，应当及时采取相应措施，并向所在地县（市、区）人民政府水行政、卫生健康部门报告。

第二十四条 县级以上人民政府卫生健康部门应当定期对农村供水工程供水水质进行卫生监测和评价，加强地方性饮水型氟中毒区域的联村、单村集中式供水工程水质监测和评价，并将监测评价结果及时通报同级水行政主管部门；对供水水质不符合生活饮用水卫生标准的，应当会同有关部门依法查处，并督促农村供水单位及时采取有效措施，保障农村供水安全。

第四章 供水与用水

第二十五条 农村供水工程可以由所有权人依法通过承包、租赁或者委托管理等方式，交由农村供水管理单位实施专业化建设、运营和管护。所有权人与农村供水管理单位应当依法签订合同，明确双方权利和义务。

政府投资的农村供水工程经营权转让，应当符合国有资产管理有关规定，通过依法设立的产权交易平台或者拍卖机构，采取招标或者拍卖等公开竞争方式确定。

第二十六条 农村供水单位应当遵守下列规定：

（一）建立健全工程运行管理、安全生产、水质检测、维修养护、计量收费、应急预案等管理制度；

（二）定期检查、维护供水设施，在枯水期、丰水期和台汛期、冰冻期以及干旱等特殊气候时，增加巡查频次，确保设施正常、安全运行；

（三）从事水质净化、水泵运行、水质检测等岗位的人员应当持有健康合格证，并定期进行健康检查；

（四）确保供水水质、水量和水压符合国家和省规定的标准；

（五）安装检定合格的计量器具，依照核定的价格计量收取水费；

（六）建立健全供水档案管理制度，保护用水户信息；

（七）设立供水服务电话，并向社会公布，接受公众监督；

（八）法律、法规、规章规定的其他要求。

第二十七条 农村供水单位应当保持不间断供水。

因工程施工、设备维修等确需停止供水、分时段供水或者降压供水的，农村供水单位应当提前24小时通知用水户；因紧急情况和突发事件不能正常供水的，农村供水单位应当在抢修的同时通知用水户，尽快恢复正常供水。连续24小时以上不能正常供水的，农村供水单位应当向县（市、区）水行政主管部门和所在地乡镇人民政府、街道办事处报告，并采取应急供水措施。

第二十八条 设区的市、县（市、区）人民政府应当组织水行政、城市供水、生态环境、卫生健康、应急管理等有关部门，制定农村供水安全应急预案，建立应急救援组织，配备救援器材设备，预防突发事件。

农村供水单位应当制定本单位供水安全应急预案，报所在地乡镇人民政府、街道办事处以及县（市、区）水行政主管部门备案。

因环境污染或者其他突发事件造成农村供水水源水质污染的，农村供水单位应当立即启动应急预案，加强应急监测，及时向乡镇人民政府、街道办事处以及县（市、区）水行政主管部门报告，并向社会公开。有关人民政府应当根据情况及时启动应急预案，采取有效措施，保障供水安全。

第二十九条 农村供水价格遵循补偿成本、促进节水、公平负担的原则确定，实行农村居民生活用水和农村非生活用水分类计价。

绿化、景观、环卫等公共用水在公共取水栓取水的，应当交纳水费。

第三十条 用水户应当遵守下列规定：

（一）节约用水；

（二）按时缴纳水费；

（三）不得擅自改变用水性质；

（四）不得盗用供水或者擅自向其他单位和个人转供水；

（五）不得擅自改装、拆除和损害计量器具，不得在公共管网上直接装泵抽水或者安装影响正常供水的其他设施。

第三十一条 农村低收入家庭等特殊用水户，可以免交限额内用水水费，具体用水限额标准由县（市、区）水行政主管部门确定。

第三十二条 省人民政府设立的水利建设和发展专项资金，根据设区的市、县（市、区）农村供水工作绩效考评情况，给予资金补助，并向山区、海岛等加快发展地区农村供水工作倾斜。

设区的市、县（市、区）人民政府应当根据需要，在年度预算中安排农村供水工程维修养护资金，用于农村供水工程运行、维修和养护的补贴。

县级以上人民政府可以通过保费补贴等方式，鼓励商业性保险公司开展农村供水保险业务，提高农村供水工程灾害应急、维修养护保障水平。

第三十三条 农村供水工程建设和运营符合国家和省规定条件的，可以依法享受相关税费优惠。农村供水工程用电执行居民生活或者农业排灌用电价格。具体电价类别按照省有关规定执行。

第五章 法律责任

第三十四条 违反本办法规定的行为，法律、法规已有法律责任规定的，从其规定。

第三十五条 违反本办法规定，农

村供水单位有下列情形之一的，由县级以上人民政府水行政主管部门责令改正，可以处2000元以上2万元以下的罚款：

（一）未按照规定开展水质检测工作；

（二）未定期检查、维护供水设施或者未及时抢修供水设施；

（三）擅自停止供水或者未按照规定履行停止供水通知义务；

（四）发生供水突发事件未及时报告，或者未按照规定及时采取处置措施。

农村供水单位供应的饮用水不符合国家卫生标准和卫生规范，导致或者可能导致传染病传播、流行的，由县级以上人民政府卫生健康部门依照《中华人民共和国传染病防治法》处罚。

第三十六条 违反本办法规定，有下列情形之一的，由县级以上人民政府水行政主管部门按照下列规定予以处罚：

（一）盗用供水的，责令改正，补缴水费，对单位可以处3000元以上3万元以下的罚款；对个人可以处500元以上5000元以下的罚款。

（二）擅自转供水或者改变用水性质的，责令改正，可以处300元以上3000元以下的罚款。

（三）在供水管道上直接装泵抽水或者安装影响正常供水的其他设施的，责令改正，可以处5000元以上3万元以下的罚款。

第三十七条 各级人民政府以及水行政、生态环境、卫生健康等部门及其工作人员，有下列情形之一的，由有权机关对负有责任的领导人员和直接责任人员依法给予处理：

（一）未依法履行水源保护、水质监测、污染防治、健康评价、卫生监督等职责；

（二）接到相关投诉、举报未依法查处；

（三）其他玩忽职守、滥用职权、徇私舞弊等行为。

第六章 附 则

第三十八条 使用或者采用简易设施以及工具直接从水源取水的活动，不适用本办法规定。

第三十九条 本办法自2024年2月1日起施行。2012年11月17日省人民政府发布的《浙江省农村供水管理办法》同时废止。

浙江水网建设实施方案（2023—2027 年）

（浙政办发〔2023〕32 号）

为贯彻落实党中央、国务院关于建设国家水网的重大决策部署，加快推进省级水网先导区建设，根据《浙江水网建设规划》，制定本实施方案。

一、总体要求

（一）指导思想。深入学习贯彻党的二十大和省第十五次党代会精神，积极践行习近平总书记“节水优先、空间均衡、系统治理、两手发力”治水思路，坚持问题导向、系统观念、建管并重、统筹融合，以联网、补网、强链为重点，采取“蓄、引、联、挡、排、控”等措施，加快完善水系连通、体系完备、功能融合、调控有力、智能高效、生态绿色的浙江水网，打造一批具有浙江特色的水利领域标志性成果，为在高质量发展中实现“两个先行”提供坚实的水安全保障。

（二）主要目标。到 2027 年，全省“三纵八横十枢”现代化水网框架基本形成。

——水资源调配能力进一步提高。浙东、浙中、浙北三大水资源配置通道框架基本形成，区域水资源配置网日益完善，新增通道输水能力 13 亿立方米以上。

——城乡供水保障能力稳步提升。新增水库供水能力 5 亿立方米。杭州、宁波等重要城市实现多源供水，县级以上城市供水实现“一源一备”，城乡居民饮水实现同质化，粮食生产用水得到高标准保障。

——水旱灾害防御能力全面提高。杭州、宁波城市防洪排涝能力大幅提升，全省重要城市具备抵御中华人民共和国成立后最大洪水能力。八大流域干流堤防防洪能力基本达标，五大平原排涝能力达到 20 年一遇，病险海塘全面消除并建成一批高标准生态海塘。

——基本建成全域幸福河湖。城乡居民 15 分钟亲水圈覆盖率达到 90%以上，重点河湖生态流量达标率达到 95%以上，水土保持率达到 93%以上，安全、生态、宜居、富民、智慧的全域幸福河湖基本建成。

——水网智慧化管理水平显著提升。水利自动化监测体系基本构建，钱塘江、苕溪、曹娥江、飞云江、椒江等河流水系和新建重大水利工程基本实现数字孪生，水资源多目标调度体系基本建立。

——体制机制法治管理水平进一步提高。河湖长制工作进一步强化，水价调整、跨区域工程建设管理、生态和资源补偿等机制初步建立，依法治水管水能力明显提高。

二、重点任务

（一）完善高水平水资源配置体系，着力提高水资源调配和城乡供水保障能力。立足水资源省域空间均衡，统筹防洪、城乡供水和生态用水等功能，推进浙东、浙中、浙北水资源配置通道工程建设，实现“长藤结瓜”式联结河流、区域通道和湖库结点，形成互联互通、多源互济的水资源配置格局。

1. 水资源配置通道工程。完成温州瓯江引水、安吉两库引水等 8 项工程建设，开工建设浙北水资源配置通道等 7 项工程，实施慈溪水库群联网联调等县级以上城市供水工程。

2. 水源调蓄工程。完成衢州湖南镇水库综合能力提升、安华水库扩容提升等 24 项工程建设，开工建设绍兴镜岭水库、丽水莲湖水库等 33 项工程。

3. 灌区建设和改造工程。结合土地综合整治开展灌区建设和改造，重点推进柯桥寺桥灌区建设和上浦闸等 4 个大型灌区现代化改造。在杭州、湖州、嘉兴等地探索圩区和灌区融合建设模式，促进良田与水岸相得益彰。

（二）完善高标准防洪保安体系，着力提高水旱灾害防御能力。不断完善“上蓄、中防、下排、外挡”的防洪减灾体系，全面消除突出防洪薄弱环节。

4. 海塘安澜千亿工程。实施杭州市本级海塘安澜、海宁百里钱塘综合整治提升等工程，提标加固和生态化改造 1000 公里海塘，全面消除 485 公里问题海塘的安全隐患。

5. 平原高速水路工程。完成杭州八堡排水泵站、苕溪清水入湖河道整治后续工程等 46 项工程建设，开工建设太浦河后续（浙江段）工程、扩大杭嘉湖南排新通道等 31 项工程，并做好与内河航道和太浦河、红旗塘等省际河道的衔接。

6. 主要江河堤防工程。完成富阳富春江治理、西险大塘达标加固等 21 项工程建设，开工建设钱塘江干流堤防改造提升、瑞安飞云江治理二期等 12 项工程。

7. 蓄滞洪区建设和现代化改造工程。现代化改造诸暨高湖、嵊州湛头等 3 个蓄滞洪区，开工建设诸暨同山蓄滞洪工程。

（三）完善高品质幸福河湖体系，着力提高河湖生态保护治理能力。以提升生态系统质量和稳定性为核心，推进流域山水林田湖草海系统治理，形成“上护、中治、下控”的水生态保护治理体系。

8. 水生态保护与修复工程。以县域为单元，“一县一规划”推进全域幸福河湖建设。开展运河、钱塘江、瓯江等流域水生态保护与修复，监测重要河流生态流量，开工建设绍兴曹娥江一江两岸整治提升（越城片）等 11 项工程，整体推进景宁小溪流域综合治理等 33 项中小流域和农村水系综合整治工程建设。

（四）完善高效能智慧水利体系，着力提升水网智慧化管理水平。在建设物理实体网的同时，建设一张数字虚拟网，实现物理空间与数字空间的虚实互动。

9. 数字孪生水网。依托一体化智能化公共数据平台，建设天空地一体化综合感知网，迭代升级“水利大脑”。高质量完成数字孪生钱塘江等9项数字孪生流域建设先行先试任务。完成绍兴汤浦水库、丽水莲湖水库等项目数字孪生工程建设。开发具备防洪、供水、生态等多目标调度功能的数字化应用，逐步构建数字孪生水网。

（五）完善高质量水网管理体系，着力提升体制机制法治管理水平。健全水网规划、投资、建设和管理等方面机制，完善高质量水网管理体系。

10．完善水网规划管理体系。在国家水网和浙江水网总体框架下，编制市县水网建设规划，加强省市县三级水网的有效衔接。推动修订完善水网建设相关地方性法规、规章，建立健全水网建设相关标准、规范和评价指标体系。

11．建立健全水网建设和运行机制。引进或搭建水网工程建设平台，推动省级水网骨干工程公司化运作，统筹跨流域、跨区域水资源配置通道工程建设和管理。制定多目标调水运行规则，优化完善生态和资源补偿机制，探索多元化、市场化补偿方式。完善生态系统生产总值核算体系，探索建立水生态产品价值实现机制。

12．加快水利投融资改革。依法依规采用政策性开发性金融工具、政府和社会资本合作、不动产投资信托基金等多种融资模式，大力招引国有企业、民营企业参与水利工程建设运营，力争社会资本等投入规模占全口径水利投资比重50％以上。

13．强化水生态保护。科学确定生态流量，加强水量调度管理。有序管理杭嘉湖等沿海平原河网引水、西湖引水等生态配水工程，保障河道基本生态用水需求。

14．提高水安全风险防范能力。结合规划调整和区域发展，对有关流域、区域防洪能力开展论证，合理提高相关流域、区域的防洪标准。立足防大汛、抗大旱，对已建工程进行改造提升，推动大中型水库功能调整，加强水网统一调度，增加超标准洪旱灾害应对手段。

15．推进水资源节约集约利用。充分考虑流域、区域的水资源承载能力，合理控制水资源开发利用强度，努力打造成为南方丰水地区实施国家节水行动的标杆省份。加强受水区需求侧管理，合理规划建设引调水工程，增加水源补给；科学确定水源区可调出水量，为水网提供可持续的水源支持。

16．强化水网多功能融合。坚持“安全＋”“水利＋”理念，推动水网工程与城市景观、道路航道、农业农村、文化旅游等工程设施融合建设。

三、水网标志性工程

（一）浙东水资源配置通道工程。该工程以滩坑水库为主水源，向浙东沿海地区供水，年供水量65亿立方米，特枯年份供水量10亿立方米，输水主干线长约270公里，计划2025年开工。

（二）浙中水资源配置通道工程。该工程以黄坛口、白水坑等水库为水源，向金华市供水，年供水量1.7亿立方米，特枯年份供水量2.5亿立方米，输水主干线长约140公里，计划2025年开工。

（三）浙北水资源配置通道工程。该工程主要包括杭州分水江配水工程、钱塘江南北源沟通工程，向杭州市、嘉兴市供水，年供水量7.5亿立方米，输水主干线长约118公里，计划2026年开工。

（四）浙北太湖引水工程。该工程以太湖为水源，向湖州市、嘉兴市供水，年供水量6.5亿立方米，输水主干线长约110公里，计划2027年开工。

（五）绍兴市镜岭水库。该工程为曹娥江上游控制性工程，向绍兴市城区、嵊州市、新昌县供水，水库总库容3.1亿立方米，计划2023年底前开工。

（六）丽水莲湖水库。该工程为瓯江干流大溪流域防洪控制性工程，水库总库容1.3亿立方米，防洪库容6900万立方米，计划2023年底前开工。

（七）台州椒江河口水利枢纽工程。该工程为椒江流域综合性枢纽工程，挡潮泄洪闸总净宽1500米，力争2024年开工。

（八）衢州湖南镇水库综合能力提升工程。该工程是钱塘江中上游控制性枢纽、浙中水资源配置通道的主水源，实施后将增加8000万立方米蓄水能力，计划2024年开工。

（九）扩大杭嘉湖南排后续西部通道工程。该工程为杭州城西向钱塘江排涝的快速通道，含南北线和西线工程，排涝能力300立方米每秒，南北线工程已于2022年10月开工，西线工程计划2023年底前开工。

（十）扩大杭嘉湖南排新通道工程。该工程主要包括扩大杭嘉湖南排后续东部通道、杭州青山水库分洪通道，分别计划2023年底前、2025年开工。

（十一）甬江流域防洪能力提升工程。该工程主要包括姚江流域5项重大工程、奉化江流域4项重大工程以及1项综合提升工程，计划2023年起陆续开工。

（十二）浦阳江流域中上游防洪能力提升工程。该工程主要包括安华水库扩容提升、诸暨高湖蓄滞洪区现代化改造等4项工程，计划2023年起陆续开工。

（十三）长三角生态绿色一体化发展示范区嘉善片区骨干排涝工程。该工程主要包括嘉兴中心河拓浚及河湖连通、太浦河后续（浙江段）等工程，嘉兴中心河拓浚及河湖连通工程已于2022年9月开工，太浦河后续（浙江段）工程计划2025年开工。

（十四）西险大塘达标加固工程。该工程是杭嘉湖东部平原抵御东苕溪洪水的重要屏障，建设内容为加高加固西险大塘杭州段、德清段等堤防71.9公里，杭州段已于2022年8月开工，德清段计划2023年底前开工。

（十五）大运河生态修复工程。该工程主要包括绍兴浙东运河综合整治、绍兴柯桥西小江流域综合治理、京杭大运河（嘉兴段）综合治理保护等3项工程。绍兴浙东运河综合整治工程计划2025年开工，另外2项工程计划2024年开工。

（十六）钱塘江生态保护治理工程（衢州段）。该工程主要建设内容为综合治理马金溪、衢江、常山港和江山港的水生态环境，治理面积1000平方公里，计划2023年起陆续开工。

四、保障措施

省全面推进河湖长制工作联席会议

要将水网建设作为工作重点，把水网重大工程列入扩大有效投资“千项万亿”水网安澜提升领域项目库，定期调度、专项协调、专班推进，对水网建设任务完成较好的市县，在相关督查激励中予以倾斜。省级有关部门要积极向国家有关部委争取水网工程建设政策支持。省发展改革委要优先将水网工程纳入省重点项目库，省财政厅要对符合省级财政补助政策要求的水网项目、对符合条件的公益性项目申请政府专项债券予以支持，省自然资源厅要对已纳入省重点项目库的水网工程所需建设用地优先予以保障，省生态环境厅要指导相关水网工程做好环境影响评估，省水利厅要加强省级水网工程建设重大问题的研究论证和组织实施。项目属地政府作为水网工程的建设主体，要建立健全分工明确、责任明晰、协同高效的工作机制，确保各项工程有序推进、按期完成。

专　　文

Monographs

013～016 页

2023 年浙江水利发展综述

2023 年是全面贯彻落实党的二十大精神的开局之年，是“八八战略”实施 20 周年。全省水利系统深入践行习近平总书记关于治水的重要论述，全面贯彻落实习近平总书记考察浙江重要讲话精神，落细落实省委、省政府和水利部决策部署，坚持创新深化、改革攻坚、开放提升，奋力推动新阶段水利高质量发展迈出新步伐。水利投资、河湖长制工作再获国务院督查激励，水利建设质量考核连续第 8 年获 A 级等次，水土保持规划实施连续第 5 年、实行最严格水资源管理制度连续第 8 年获国家考核优秀等次，中央财政水利发展资金绩效再夺全国第一，水利工作得到省委、省政府和水利部的充分肯定和社会各界的高度评价。

一、水利基础设施建设加快推进

浙江省人民政府办公厅印发《浙江水网建设实施方案（2023—2027 年）》，明确构建全省“三纵八横十枢”现代化水网总体格局目标。全年完成水利投资 784.8 亿元，同比增加 11.6%，新开工 47 项重大工程，均创历史新高。杭州城西南排（西线）工程顺利开工，诸暨市、浦江县签署安华水库扩容提升工程建设合作协议，一批多年想干的重大项目取得重大突破。全力争取国债资金，全省水利领域通过国家两轮审核共 158 项。水利重点工作连续 5 年纳入省政府年度民生实事，全年累计实施海塘安澜、灌溉设施更新改造、病险水库除险加固、病险山塘整治等 4 项面上任务 2747 个项目，总体任务完成率 122.7%，群众满意度 99.8%以上。全面实施单村水站改造提升，仅用 3 个月时间就开工 6838 座单村水站，总开工率 77.5%，超额完成年度任务。

二、河湖长制全面深化

省委、省政府召开省级总河长会议，在全国率先出台全域建设幸福河湖方案《浙江省全域建设幸福河湖行动计划（2023—2027 年）》，全面部署推进全域幸福河湖建设，再谱河湖治理新篇。全省新增美丽河湖 116 条（个），新建城乡亲水节点 425 个，天台县国家水系连通及水美乡村建设试点县终期评估全国第一，安吉浒溪成功入选国家第二批幸福河湖项目，推动全民共享河湖治理成果。

三、护航亚运有力有效

全省水利系统提前谋划、系统布局，紧盯防洪安全、水环境保护、供水保障等护航亚运任务，全力确保杭州第 19 届亚运会期间防洪、供水和水生态安全，有效展示整体大美、浙江气质的城乡风貌。组织开展守护河湖水生态空间“四大专项”行动，累计发现并整改问题 24337 个，全力营造“水清、岸绿、流畅、景美”的水环境，科学调度新安江水库、富春江水库水位，全力保障亚运水上赛事需求。

四、防汛抗旱平稳有序

全年影响浙江省台风3个，受梅雨量偏少影响，全省共有45个县（市、区）发生水利旱情，集中在浙西、浙中南、浙东南沿海地区。各级水利部门积极做好防汛抗旱工作，有效保障人民群众生命财产安全，最大限度减轻灾害损失。强化预报、预警、预演、预案“四预”措施，累计预泄5.09亿m^3、拦蓄洪水82.76亿m^3，沿海平原河网排水29.1亿m^3，成功防御了“杜苏芮”“卡努”等台风和短时强降雨袭击。浙东引水工程迎来通水十周年，通过科学调度，2023年度引水量创历史新高，有效缓解了宁波、舟山旱情影响。

五、水资源管理抓常抓长

编制印发《浙江省自然资源集约利用考核办法》，水资源工作纳入到省委对地方党委大综合考核体系，牵头负责“自然资源集约利用”专项考核，水资源管理抓手进一步强化。深入实施浙江节水行动，联合省级9部门部署合同节水工作，累计实施合同节水项目97项，吸引社会资本1.33亿元，平均节水率超过20%，打通以市场之手推动节水的新路径。

六、工程运管持续深化

强化标准化管理，6个先行区域和34座水库纳入水利部现代化水库运行管理矩阵试点，成功筹办全国水库安全管理工作现场会，浙江省作典型发言。创新推进查帮一体稽察，落细落实“三管三必须”安全生产责任，确保全年未发生重大安全事故。扎实做好全省蚁患全面应急排查应急整治及普查工作，累计发现隐患1042处，抢在6月底前全部完成整治。

七、数字孪生水利全力推进

将数字孪生水利作为科技创新塑造水利发展新优势的主抓手，坚持“需求牵引、应用至上、数字赋能、提升能力”，构建“1＋3＋X”数字孪生水利规划体系。省水利厅、省经信厅联合印发建设意见和实施方案，制定数字孪生流域、数字孪生水网、数字孪生工程实施方案。以治水核心业务为主轴，高质量完成钱塘江、甬江等7个流域和横锦、周公宅—皎口水库等2个工程先行先试任务，数字孪生钱塘江、数字孪生飞云江在护航亚运、防御“杜苏芮”台风期间取得了实战实效。

八、水利行业发展能力不断提升

聚焦“创新深化、改革攻坚、开放提升”，出台水利18条贯彻举措，提出八大领域33项改革攻坚任务，一体谋划、一体推进、一体落实三个“一号工程”。深化水利投融资改革，落实水利牵头的专项债券133.6亿元、金融信贷185.8亿元，汤浦水库REITs（不动产投资信托基金）试点取得阶段性进展。出台《浙江省水利厅促进民营经济高质量发展工作举措》，细化9方面20项措施，进一步激发民营经济推动水利改革发展的生机活力。2023年，全省水利系统取得创新经验118个，试点成效240余项，一批改革成果得到肯定和推广。省水利厅与新华社浙江分社联动策划“全国首个生态日”主题宣传，推动“全域推进幸福河湖建设”亮相央视《新闻联播》，中央主要媒体报道量较去年增加31.5%。发布省级重要水利遗产资源目录，编辑出版全国首套系统介绍省级水利遗产的系列丛书——《浙水遗韵》，在全国率先推出一批水旅融合精品研学线路，打造“浙江亲水节”“同一条钱塘江”品牌。

九、全面从严治党深入推进

印发《2023年省水利厅党建工作要点》，提出5方面22项年度工作任务；制定进一步加强厅系统基层党建若干措施，提出“1+1+N”基层党建工作思路，持续推动“书记抓、抓书记”责任落实。评选厅系统35个第二批“水利先锋支部”，获评省直机关“先锋支部”2个，获评水利部“最美水利人”提名奖1名。开展“八八战略”在身边主题宣讲大赛，开辟“浙水党建”栏目，扩大党建影响力。迭代升级党支部标准化3.0建设，修订完善“五张责任清单”，压实全面从严治党责任链，强化对“一把手”和领导班子监督。厅党组与派驻纪检监察组落实廉情会商机制，印发“清廉水利”建设持续攻坚方案，开展“1+6”专项行动，排查梳理廉政风险点，完善防控措施。聚焦重大节日，组织开展正风肃纪检查，驰而不息纠“四风”、树“新风”。组织厅系统年轻干部集体廉政谈话，剖析年轻干部违纪违法典型案例，助力年轻干部健康成长。开展“以案为鉴明纪法、勤廉并重树标杆”集中警示教育月活动，赴乔司监狱开展警示教育活动，引导党员干部警醒、知止。

2024年是习近平总书记赋予浙江新定位新使命，开启“勇当先行者、谱写新篇章”的再出发之年，是习近平总书记发表水安全保障重要讲话10周年，干好水利工作意义重大。全省水利系统坚持以习近平新时代中国特色社会主义思想为指导，贯彻落实习近平总书记考察浙江重要讲话精神，积极践行习近平总书记“节水优先、空间均衡、系统治理、两手发力”治水思路，围绕省委、省政府决策部署，以“勇当先行者、谱写新篇章”的政治站位和政治自觉，坚持党建统领、业务为本、创新变革，统筹推进浙江水网、幸福河湖、单村水站、数字孪生水利等重点工作，在争创水利现代化先行省上迈出坚实一步。

大　事　记

Memorabilia

017～032 页

1月

5日 根据《水利部办公厅关于印发数字孪生流域建设先行先试中期评估意见的通知》，浙江省在水利部组织开展的数字孪生流域建设先行先试中期评估中获优秀等次。其中，数字孪生曹娥江流域防洪应用、嘉兴数字水网应用、数字孪生大坝安全研判与智能管控关键技术与应用、椒（灵）江流域洪水预报调度一体化平台、数字孪生甬江流域防洪应用5项成果入选数字孪生流域建设先行先试优秀（推荐）应用案例。

9日 省水利厅召开厅务会议。省水利厅厅长马林云出席会议并讲话，省水利厅党组书记李锐主持会议。会议总结交流厅系统2022年工作，研究部署2023年工作任务，30个厅机关处室、厅属单位主要负责人述职交流。会议强调，2023年是全面贯彻党的二十大精神开局之年，是“八八战略”实施20周年，要始终以习近平新时代中国特色社会主义思想为指导，锚定“两个先行”奋斗目标，坚持“党建统领、业务为本、数字变革”，围绕浙江水网、幸福河湖、数字变革三大抓手，全面攻坚各项重点任务，奋力推进新阶段浙江水利高质量发展。

10日 缙云县潜明水库引水工程顺利通水。该工程是省重大水利工程，以壶镇镇潜明水库取水口为起点，通过输水隧洞、管道等工程，途经5个乡（镇、街道）、15个行政村至五云街道双潭水厂为终点，输水线路总长34.3km，工程初步设计核定总概算5.4851亿元。

11日 水利部公布“人民治水·百年功绩”治水工程项目名单。浙江省的新安江水电站、浙东千里海塘、浙东引水工程3项治水工程入选。

△ 省水利厅召开2022年度民主生活会专题学习会暨党组理论学习中心组扩大学习会。深入学习习近平新时代中国特色社会主义思想和党的二十大精神，学习党章、中共中央政治局民主生活会精神等有关党内法规和党中央关于民主生活会的有关要求；紧密结合浙江实际，深入学习领会省第十五次党代会、省委十五届二次全会精神。省水利厅党组书记李锐主持会议并讲话。

14日 水利部发布2021—2022年度水利建设质量工作考核结果公告，浙江省水利厅获得A级，位列全国第一。自水利部2015年开展全国水利建设质量工作考核以来，浙江省水利厅已连续8年获得A级，其中3次获得全国第一。

18日 省水利厅召开厅机关干部职工大会，回顾总结2022年工作，表彰2022年度厅系统先进集体和优秀个人。省水利厅厅长马林云出席会议并讲话，省水利厅党组书记李锐主持会议。

29日 副省长李岩益赴省水利厅调研工作。李岩益强调，要深入学习贯彻习近平新时代中国特色社会主义思想，深入践行习近平总书记“节水优先、空间均衡、系统治理、两手发力”治水思路，全面贯彻党的二十大精神和省第十五次党代会、省委十五届二次全会精神，忠实践行“八八战略”，强力推进创新深化、改革攻坚、开放提升，为奋力谱写中国式现代化浙江篇章贡献水利力量。省水利厅厅长马林云参加调研，省水利厅党组书记李锐作水利工作汇报。

△ 副省长李岩益赴省水情中心指导水文工作。李岩益详细了解了水雨情感知和共享、水文数字化建设和水利旱情预警等工作，充分肯定了水文的服务支撑作用，强调要加强水雨情信息的跨区域跨部门共享，协同抓好水旱灾害防御工作。

30日 省水利厅印发《浙江省水利厅关于做好深化水利工程标准化管理评价工作的通知》（浙水运管〔2023〕1号），明确大中型水库、小型水库、大中型水闸和泵站、堤防海塘等6类工程标准化管理评价标准。

2月

1日 水利部公布第二十批国家水利风景区名单。丽水瓯江源—龙泉溪水利风景区、金华梅溪水利风景区、德清洛舍漾水利风景区入选。

1—2日 副省长李岩益赴绍兴市调研重大水利项目。省水利厅党组书记李锐参加调研。李岩益强调，要深入学习贯彻习近平总书记关于治水的重要论述精神，加快推进一批重大战略性工程建设，完善水利工程运行管理体系，进一步提升水利治理能力和水平；要聚焦项目、大抓落实，持续抓好水利投资、提升水源水质、优化水资源配置、保护好水生态等大事要事，推动新阶段水利高质量发展，更好地造福百姓民生。

3日 省水利厅荣获由省委办公厅、省政府办公厅公布的“2022年度山区26县结对帮扶工作成绩突出集体”称号。

7日 浙江省人民政府与中国南水北调集团就进一步深化水利领域合作举行座谈会，副省长李岩益，中国南水北调集团党组书记、董事长蒋旭光出席会议。双方就改革创新、两手发力，共同推进浙江水网建设等进行了深入交流，并对进一步加强合作作出部署。

△ 省人大常委会副主任刘忻赴省水利厅调研工作，省水利厅厅长马林云、省水利厅党组书记李锐等厅领导参加会议。会议强调，省水利厅要进一步提高政治站位，紧紧围绕大局，扎实落实2023年各项工作，奋力推进新阶段浙江水利高质量发展，为“两个先行”提供水利强劲支撑。

9日 2023年全省水利工作会议暨扩大有效投资“千项万亿”水利工程推进会在浙江水利水电学院南浔校区召开。省水利厅厅长马林云主持会议，省水利厅党组书记李锐作会议讲话。会议强调，要深入学习贯彻党的二十大、中央经济工作会议、省第十五次党代会、省委十五届二次全会以及省“两会”和全国水利工作会议精神，积极践行习近平总书记“节水优先、空间均衡、系统治理、两手发力”治水思路，对标“创新深化、改革攻坚、开放提升”，全面落实扩大有效投资“千项万亿”工程重大决策部署，推进新阶段浙江水利高质量发展，为奋力谱写中国式现代化浙江篇章作出水利贡献。

15日　省水利厅党组与派驻纪检监察组召开廉情沟通会商会，分析研判水利系统全面从严治党、党风廉政建设和反腐败工作形势，会商研究2023年有关工作。派驻纪检监察组组长林金德、省纪委监委三室副主任方水松到会指导并讲话。省水利厅厅长马林云出席会议，省水利厅党组书记李锐主持会议。

24日　省水利厅印发《浙江省农村供水薄弱环节提升改造实施方案》。该方案明确了总体目标，要求坚持统筹发展，城乡融合；因地制宜，精准施策；数字变革，规范管护；强化保障，两手发力。要求完成五项重点任务：新建改造稳定水源，强化供水保证；推进规模化发展，完善供水格局；实施设施设备更新，增强水质保障；强化县级统管，健全标准化管理加快数字变革，提升智慧化水平。

27日　省水利厅制定并印发《浙江省水利厅关于做好2023年水利民生实事工作的通知》。明确2023年水利民生实事的工作内容及工作目标，要求各地切实抓好工程实施进度目标、工程施工质量管理、数据报送审核和宣传引导，并提出强化责任落实、服务指导、考核评价等保障措施，确保将每一件民生实事做实做细做好。

3月

3日　省水利厅党组书记李锐主持召开水利党风廉政建设工作座谈会。会议上深入分析水利系统党风廉政建设面临的新形势新问题，查找风险隐患，交流做法举措，就进一步深化“清廉水利”建设持续攻坚征求意见建议。

8日　省委常委、宁波市委书记彭佳学专题调研宁波市水资源供给保障工作。彭佳学强调，宁波市各级各部门要深入学习领会习近平总书记关于治水和区域一体化的重要论述精神，认真贯彻中央和省委决策部署，始终坚持大局为上、人民至上，高标准高质量推进重大水源和引调水工程建设，全方位全链条提升水资源调配和保障能力，为安全用水、优质用水提供有力支撑。

9日　省水利厅召开厅党组理论学习中心组扩大学习会。会议传达学习习近平总书记在中央党校建校90周年庆祝大会暨2023年春季学期开学典礼、在中共中央民主协商会上的重要讲话精神，传达学习中共中央政治局会议精神暨中国共产党第二十届中央委员会第二次全体会议公报精神，传达学习全国宣传部长、全国统战部长和全国组织部长会议精神，传达学习省“两会”精神，传达解读省委《重大事项请示报告清单》精神。省水利厅厅长马林云主持会议，省水利厅党组书记李锐传达学习。

10日　省水利厅召开全省水利党风廉政建设工作会议暨深化“清廉水利”建设持续攻坚年部署会。省水利厅党组书记李锐主持会议，派驻纪检监察组组长林金德出席会议并讲话。会议强调，要深入学习贯彻习近平总书记在二十届中央纪委二次全会上的重要讲话精神，深化“清廉水利”建设持续攻坚，以山清水秀、风清气正的政治生态为推进新阶段浙江水利高质量发展提供坚强保障。

22 日　由省委宣传部、省水利厅主办，省水利信息宣传中心、浙江广播电视集团钱江都市频道承办的 3·22 世界水日主题宣传暨首届“最美浙江人·最美水利人”发布活动在杭州市举行。毛永强、石建荣、朱奚冰、郑雄伟、胡永成、姜丽君、梅道亮、崔柏昱、蔡良琪、潘建谓、“水花朵朵开”志愿服务者团队、省水文管理中心水情预报部团队入选“最美浙江人·最美水利人”名单。

27 日　省水利厅召开党政联席会议。省水利厅党组书记李锐主持会议并讲话。会议强调，要牢牢把握高质量发展这个首要任务，坚决贯彻落实省委深入实施“八八战略”强力推进创新深化、改革攻坚、开放提升的决策部署，树牢“大抓项目、大抓投资”“干就干好、干必干成”的鲜明导向，突出浙江水网、幸福河湖、数字变革三大抓手，聚力“千项万亿”工程水网安澜提升，推动水利重点任务高质量完成，扎实推动新阶段水利高质量发展。要全面贯彻落实《在全党大兴调查研究的工作方案》，结合实际制订具体方案。

31 日　浙江省第十四届人大代表大会常务委员会第二次会议通过人事任免事项，决定任命李锐为浙江省水利厅厅长。

4 月

6 日　省水利厅党组理论学习中心组召开学习贯彻习近平新时代中国特色社会主义思想主题教育专题学习会。省水利厅党组书记、厅长李锐主持会议并讲话。会议强调，要深入学习领会习近平总书记在主题教育工作会议上的重要讲话精神，认真贯彻落实省委常委会扩大会议精神，努力推动主题教育在水利系统取得实实在在的成效。

7 日　副省长、省防指常务副指挥长李岩益赴钱塘江流域兰溪、建德、桐庐等地检查防汛工作。李岩益指出，2023 年是贯彻党的二十大精神的开局之年，也是杭州第 19 届亚运会举办之年，做好水旱灾害防御工作责任重大。省水利厅要深入学习贯彻习近平总书记关于防汛抗旱的重要指示精神，坚持人民至上、生命至上，严格落实全流程闭环管理，以更高的标准、更严密的组织、更高效的协同抓好防汛各项工作，全面提升水旱灾害防御和应急处置水平，切实保障人民群众生命财产安全。

11 日　省水利厅召开学习贯彻习近平新时代中国特色社会主义思想主题教育动员部署会。省水利厅党组书记、厅长李锐主持会议并作动员部署讲话。会议强调，根据中央和省委统一部署，省水利厅列入第一批开展主题教育。厅党组对标中央、省委，带头深入开展主题教育，厅机关各处室和厅直属单位结合各自实际开展，要把理论学习、调查研究、推动发展、检视整改等贯通起来，有机结合、一体推进。

△　环湖大堤（浙江段）后续工程大钱水闸通过省水利厅组织的通水阶段验收。大钱水闸是环湖大堤（浙江段）后

续工程最大建筑，也是建设最具辨识度的美丽太湖湾区标志性工程。大钱水闸总净宽 44m，设计过闸流量为 $220m^3/s$，是南太湖地区第一大闸。

12日 省水利厅召开全省水旱灾害防御工作视频会议。省水利厅党组书记、厅长李锐出席会议并强调，全省水利系统要深入贯彻党的二十大精神和习近平总书记关于防汛防台重要指示精神，锚定“人员不伤亡、水库不垮坝、重要堤防不决口、重要基础设施不受冲击”和确保城乡供水安全目标，奋力夺取浙江省水旱灾害防御新胜利，为全省推进“两个先行”和杭州第19届亚运会、亚残运会胜利举办提供水安全保障。

△ 省水利厅召开水利改革工作专题会议。省水利厅党组书记、厅长李锐主持会议，研究推动全省水利改革的总体思路、重点领域、工作举措和实施路径。会议强调，改革攻坚破难题、推进发展建新功是全面贯彻习近平新时代中国特色社会主义思想，落实省委、省政府强力推进创新深化改革攻坚开放提升重大部署，推动主题教育走前列作示范的重要举措，水利系统要坚决将思想和行动统一到党中央和省委、省政府关于推进改革工作的决策部署上来，主动学习领会，加强思考谋划，坚决贯彻落实。

18—19日 水利部副部长刘伟平深入西险大塘瓶窑段、千岛湖配水工程、三堡排涝站等工程现场调研指导浙江水利工作。副省长李岩益，省水利厅党组书记、厅长李锐等参加调研。刘伟平充分肯定浙江水利高质量发展以及水利运管工作取得的成效。他强调，各级水利部门要深入贯彻习近平总书记重要指示批示精神，强化政治担当，坚持底线思维，增强忧患意识，加强现代化水利基础设施体系建设，加快实施国家水网重大工程，守牢水利工程质量安全底线，努力实现水利工程运行管理现代化，为推动新阶段水利高质量发展作出新的更大贡献。

20日 2023年公祭大禹陵典礼在大禹陵祭祀广场举行。

23日 水利部办公厅、共青团中央办公厅、中国科协办公厅联合公布第五批国家水情教育基地名单。浙江省现代水利示范区（德清洛舍）入选。

24日 省水利厅召开加快扩大有效投资推进“千项万亿”水利工作动员部署会暨第一次专班会议。会议听取了推进“千项万亿”工程水利工作专班和服务扩大有效投资“千项万亿”工程专班前期工作汇报，专题研究当前存在的问题及下步工作安排。省水利厅党组书记、厅长李锐作会议讲话。

27—28日 省水利厅党组召开学习贯彻习近平新时代中国特色社会主义思想主题教育专题学习会。省水利厅党组书记、厅长、厅主题教育领导小组组长李锐主持会议并讲话。会议强调，开展好主题教育是一项系统性重大政治任务，要始终以习近平新时代中国特色社会主义思想为指导，牢牢把握深入实施“八八战略”的大逻辑，提高站位、立足实际、改革攻坚，以水利高质量发展交出主题教育的高分报表。

28日 台州市朱溪水库正式下闸蓄水，标志着水库正式投入使用，水库工程由建设阶段转入试运行管理阶段。朱溪水库是国家172项重大水利项目和浙江省“五水共治”十大枢纽之一。工程位于仙居县境内，集雨面积168.9km^2，水库总库容1.26亿m^3，是一座以供水为主，结合防洪、灌溉，兼顾发电等综合利用的大型水库。工程建成后，可每年向台州南片调水9072万m^3，向朱溪流域城镇供水873万m^3。同时，朱溪下游两岸的防洪能力也从不足5年一遇提高到20年一遇，大大缓解下游永安溪、灵江两岸的防洪压力。

5月

5日 省水利厅召开学习贯彻习近平新时代中国特色社会主义思想主题教育领导小组会议。省水利厅党组书记、厅长、厅主题教育领导小组组长李锐主持会议。会议强调，各处室、单位要认真贯彻落实中央、省委和厅党组的各项部署，明确时间表、任务书、路线图，系统谋划、一体推进，持续深入学习贯彻习近平新时代中国特色社会主义思想主题教育。

9日 水利部副部长王道席赴浙江调研指导水利领域REITs试点推进和数字孪生水网建设等工作，省水利厅党组书记、厅长李锐等人参加调研。王道席强调，开展水利基础设施REITs是推进“两手发力”的重要举措，要坚定信心决心，全力推进汤浦水库REITs试点项目和镜岭水库工程建设。要加强成果总结和应用，充分发挥试点项目的示范效益，为全国其他基础设施REITs的广泛开展提供指导意义；要加强统筹规划，压茬推进，进一步做细做实工作，在水利领域REITs形成规模；要加强工作协调，凝聚合力，保持信息沟通，团结协作推进水利领域REITs项目。

11日 景宁金村水库大坝顺利封顶。金村水库及供水工程是省重点建设项目，并列入“长三角一体化发展”国家战略工程项目。项目建成后，将作为县城供水主水源，平均日供水量为2.4万t，同时在外舍新城布设出水口为新城发展提供生态环境用水，为景宁县走山区高质量发展共同富裕特色之路提供供水安全保障。

16日 衢州市柯城区寺桥水库工程坎底隧道顺利贯通，标志着水库项目取得阶段性成果。该工程为国家《水利改革发展“十三五”规划》《浙江省水安全保障“十四五”规划》、省“百项千亿防洪排涝工程”项目库项目。寺桥水库是衢州市柯城区首座以防洪、灌溉和改善生态环境为主，兼顾发电的中型水库。水库总库容3589万m^3，最大坝高118.2m，坝型为混凝土面板堆石坝，配套电站总装机容量8000kW，多年平均可供灌溉水量1423万m^3、生态水量2151万m^3，概算总投资23.5亿元。

23—24日 水利部党组书记、部长李国英赴浙江象山、余姚调研水库大坝白蚁隐患防治工作。他强调，要认真贯彻落实习近平总书记重要指示精神和“两个坚持、三个转变”的防灾减灾救灾理念，高度重视水库大坝白蚁隐患防治，建立健全水库大坝白蚁隐患防治工作体制机制，明确目标，落实责任，提升能力，坚决守住水库大坝安全底线。

24日　省水利厅、省发展改革委、省经信厅、省节水办等12部门联合印发《浙江省2023年度节水行动计划》，明确2023年节水控制目标，落实部门责任分工，完善省市县三级联动、部门协同推进节水行动实施的工作机制，深入实施国家节水行动，持续提升水资源节约集约利用水平，有力推动浙江绿色低碳高质量发展。

25日　根据省委统一部署，乡村振兴领域专项巡视组进驻省水利厅，召开动员部署会暨见面汇报会。会议传达了省委常委、省委巡视工作领导小组组长、省纪委书记、省监委主任傅明先和省委常委、省委巡视工作领导小组副组长、省委组织部部长王成在全省乡村振兴领域巡审联动专项监督动员部署会上的讲话精神。省级专项巡审联合组组长邱志明作动员部署，对做好巡视工作提出要求。省水利厅党组书记、厅长李锐作表态发言。

26日　省水利厅党组召开理论学习中心组学习会，专题学习研讨习近平总书记关于“千万工程”和“浦江经验”重要批示精神，省水利厅党组书记、厅长、厅主题教育领导小组组长李锐主持会议并讲话。会议强调，要完整、准确、全面理解把握和坚决贯彻落实习近平总书记重要批示精神，学深悟透蕴含其中的世界观和方法论，不断转化为具体工作的思路办法和具体成效，坚持为民情怀、和谐理念，系统观念、底线思维，问题导向、突出重点，敢于斗争、持之以恒，凝心聚力谋发展，同向同行谱新篇。

△　浙中城市群水资源配置工程顺利完成前期勘察咨询招标。这是浙江水网省级先导区建设第一个真正意义上跨市的重大水资源配置通道工程，标志着工程前期工作全面启动，进入实质性勘察设计阶段。

28日　杭州市临安区双溪口水库工程重力拱坝顺利结顶。双溪口水库是省“百项千亿防洪排涝工程”项目库工程，是一座以防洪、供水为主，兼顾灌溉、发电和改善水环境的民生水利工程，工程总投资为5.147亿元。

6月

6日　全省首例大型水闸枢纽工程不动产权证书——上虞区上浦闸枢纽不动产权证书由绍兴市上虞区自然资源和规划分局正式颁发。标志着全省首本集土地、房产和闸体构筑物于一体的大型水闸枢纽工程不动产登记权证落地，在水利工程产权化改革道路上迈出了重要一步。

8日　省水利厅党组召开理论学习中心组扩大学习会暨学习贯彻习近平新时代中国特色社会主义思想主题教育领导小组工作会议。省水利厅党组书记、厅长、厅主题教育领导小组组长李锐主持会议并讲话。会议强调，要深刻认识教育强国的重大意义，深刻认识水资源对生态环境的重大意义，深刻认识安全稳定工作的重大意义，深刻认识文化传承发展的重大意义。

17日　浙江省入梅，标志着全省进

入主汛期，较常年偏迟9天。

20日 水利部在小浪底水利枢纽召开数字孪生水利建设现场会，水利部党组书记、部长李国英出席会议并强调，要按照“需求牵引、应用至上、数字赋能、提升能力”的要求，大力推进数字孪生流域、数字孪生水网、数字孪生工程建设，实现预报预警预演预案功能，为水利决策管理提供前瞻性、科学性、精准性、安全性支持。省水利厅党组书记、厅长李锐针对数字孪生曹娥江、数字孪生金华横锦水库、数字孪生甬江等先行先试成果作交流发言。

28—30日 省水利厅党组召开学习贯彻习近平新时代中国特色社会主义思想主题教育集中学习会。省水利厅党组书记、厅长李锐，厅领导成员范波芹、黄黎明分别围绕“提升政治能力、思维能力、实践能力”，习近平总书记在文化传承发展座谈会上的重要讲话精神等主题进行发言。水资源处、建设处、科技处、咨询中心、推广服务中心、信息宣传中心、防汛技术中心等7个处室（单位）分别从水资源可持续利用、新时代浙江水利工程建设高质量发展、坚持系统观念、提升“三种能力”、增强“三项本领”、浙江水文化传承发展、围绕“三种关系”统筹好“学”与“做”的关系等作交流发言。

30日 东苕溪（德清段）防洪能力提升工程开工。该工程是浙江省扩大有效投资“千项万亿”工程的重大项目之一，计划总投资14.43亿元。工程建设内容和规模为堤防加固工程，提标加固东苕溪干流右岸堤防19.38km（其中西险大塘5.92km、导流东大堤13.46km），提标加固阜溪右岸堤防8.92km，移址重建新城南闸站，改造提升沿线闸站10座，新建亲水节点8处等。

7月

6日 省委书记、省级总河长易炼红主持召开省级总河长会议。易炼红强调，要深入学习贯彻习近平生态文明思想和习近平总书记关于治水的重要论述精神，切实增强守河护河治河的责任感使命感，全面深化河湖长制、全域建设幸福河湖，让“诗画江南、活力浙江”更富灵性、更有韵味、更显颜值，为奋力谱写中国式现代化浙江篇章提供有力生态保障。

14日 省水利厅召开厅系统学习贯彻习近平新时代中国特色社会主义思想主题教育交流暨半年度工作推进会。省水利厅党组书记、厅长李锐出席会议并讲话。会议强调，厅系统要全面学习贯彻习近平总书记重要指示精神，一以贯之深入实施“八八战略”，强力推进创新深化改革攻坚开放提升，以“两个先行”发挥示范引领作用，打造“重要窗口”，保持拼劲韧劲，再接再厉、决战决胜全年目标。

△ 省水利厅召开会议传达学习省委十五届三次全会精神。省水利厅党组书记、厅长李锐传达会议精神并讲话。会议强调，要坚持深学细悟，深刻领会省委全会的里程碑意义，要把握基本路径，全力推进水利领域创新深化改革攻

坚开放提升，要坚持实干担当，全力抓好下半年水利工作。

18日 省水利厅印发《关于加强水利工程蚁患防治工作的意见》，建立健全水利工程蚁患“防查治”三位一体工作机制，确保水利工程安全运行。

19日 省直机关工委常务副书记陆发桃、副书记吴晓宏一行赴省水利厅调研指导青年文明号创建工作。省水利厅党组书记、厅长李锐参加调研。陆发桃强调，省水利厅要注重抓好立足岗位与社会服务相结合，建功立业与健康成长相结合，青年文明号创建与生态建设相结合，全面号召和典型培育相结合，严格要求与关心关爱相结合，做好青年文明号创建工作。

21日 省水利厅召开厅党组理论学习中心组扩大学习会。会议传达学习习近平总书记在中央全面深化改革委员会第二次会议上的重要讲话精神，传达学习习近平总书记对网络安全和信息化工作作出的重要指示精神及全国网络安全和信息化工作会议精神，传达学习省委书记易炼红在省委全面深化改革委员会第六次会议、书记专题会议上的讲话精神。省水利厅党组书记、厅长李锐主持会议并讲话。

22日 全省学习贯彻习近平新时代中国特色社会主义思想主题教育整改整治工作推进会在杭州市召开。会上，省水利厅党组书记、厅长李锐作《深抓整改重实践 兴水为民建新功》交流发言。

23日 省防汛防台抗旱指挥部召开全体成员会议。省委副书记、省长王浩主持会议并讲话。会议强调，各地各部门和各级领导干部要保持“时时放心不下”的责任感，以预报预警为令，按照工作责任到岗到位。要全面落实“市包县、县包镇、镇包村、村包户”包保责任，统筹专业力量联合值班值守，保持信息畅通，加强分析研判、统一调度，确保平安度汛。

25—26日 副省长、省防指常务副指挥长李岩益赴衢州市检查山洪灾害防御和单村水站提升改造工作。李岩益强调，第5号超强台风“杜苏芮”将对浙江省沿海地区及南部山区造成影响，全省上下要深入贯彻习近平总书记关于防汛救灾工作的重要指示精神，始终坚持“一个目标、三个不怕、四个宁可”的防灾减灾理念，坚持守土有责，守土尽责，强化风险识别、风险预警、风险管控，着力提高监测预报精准性、预警发布及时性、应对处置有效性，全力保障人民群众生命财产安全。

26日 省水利厅召开全省农村供水站提升改造暨山洪灾害防御工作推进视频会议。省水利厅党组书记、厅长李锐出席会议并讲话。会议强调，农村饮用水安全事关群众切身利益、事关群众身体健康、事关乡村振兴，是群众最关心、最直接、最现实的问题。各地要紧紧围绕省委、省政府“2025年之前全面完成全省农村单村水站提升改造”的目标要求，因地制宜、精准施策，确保高质量完成任务。

27日 省水利厅党组召开学习贯彻习近平新时代中国特色社会主义思想主题教育调研成果交流会。省水利厅党组书记、厅长、厅主题教育领导小组组长李锐主持会议并讲话。会议强调，要深入学习贯彻习近平总书记关于调查研究的重要论述精神，深化开展“大走访大调研大服务大解题”活动；建立调研成果转化运用清单；深化“循迹溯源学思想促践行”；抓好水利10+7“老大难”问题的整改整治；抓牢主责主业，着力在防汛防台、护航亚运、水网安澜提升等重要领域精准施策，不断将主题教育成效转化为指导实践、推动工作的强大力量。

△ 临海市方溪水库主体工程通过完工验收。该工程是一座以供水为主，结合防洪，兼顾灌溉、发电等综合利用的水利工程，为省重点工程、省“百项千亿防洪排涝工程”项目，工程总投资11.5亿元，总库容7205万 m^3，设计日供水规模18.6万t。

30日 省水利厅召开防御第6号台风“卡努”专题部署会。会议传达学习省委副书记、省长王浩在该日下午召开的省防汛防台研判会议上的讲话精神，分析研判第6号台风“卡努”防御形势，部署风险隐患再排查工作。省水利厅相关处室和单位负责人参加会议。

8 月

2日 省委书记易炼红赴绍兴市检查指导防汛防台工作。易炼红强调，第6号台风“卡努”对全省影响逐渐增强，要切实把思想和行动统一到习近平总书记关于防汛救灾工作的重要指示精神上来，深入践行以人民为中心的发展思想，始终保持“时时放心不下”的责任意识，坚决落实“一个目标、三个不怕、四个宁可”的防汛防台理念，强化系统思维、极限思维、底线思维，以更严要求、更高标准、更细举措、更硬作风，落实落细各项防汛防台措施，全力保障人民群众生命财产安全和社会大局稳定。

3日 省水利厅党组召开理论学习中心组扩大学习会。认真学习贯彻习近平总书记对防汛救灾工作作出的重要批示精神，传达学习省委常委会会议精神，研究部署当前及下阶段防汛防台工作。省水利厅党组书记、厅长李锐主持会议并讲话。

4日 省水利厅召开学习贯彻习近平新时代中国特色社会主义思想主题教育整改整治工作推进会。省水利厅党组书记、厅长、厅主题教育领导小组组长李锐主持会议并讲话。会议要求，要自觉对标对表，按时保质完成整改，做好问题整改台账式管理，全面开展一次“回头看”。要坚持系统联动，以典型案例为样板，注重破立并举，从“解决一件事”上升为“解决一类事”。要坚持“当下改”与“长久立”相结合，强化“补短思维”，及时把主题教育成果转化为“长久治”的成效。

9日 省水利厅举行宪法宣誓仪式，组织新任命的处级领导干部、四级调研员及以上职级公务员（参公人员）进行宪法宣誓，省水利厅党组书记、厅长李锐监誓并讲话。

△ 省水利厅党组召开理论学习中心组扩大学习会暨学习贯彻习近平新时代中国特色社会主义思想主题教育专题民主生活会会前理论学习，省水利厅党

组书记、厅长、厅主题教育领导小组组长李锐主持会议并讲话。

10日 2023年太湖流域片省级河湖长联席会议全体会议在杭州市召开。会议深入贯彻习近平生态文明思想和习近平总书记关于治水的重要论述精神，全面落实党中央、国务院决策部署，分析研判当前太湖流域水安全保障形势，部署安排下阶段重点工作任务。浙江省委副书记、省长、联席会议轮值召集人王浩，水利部副部长朱程清出席会议并讲话。

10—11日 全国首个省级全域建设幸福河湖推进会议——浙江省“深化河湖长制　全域建设幸福河湖”推进会在长兴县召开。会议积极响应习近平总书记发出的建设造福人民幸福河伟大号召，全面贯彻落实省级总河长会议精神，并就全面深化河湖长制、全域建设幸福河湖进行再部署、再动员。水利部副部长朱程清出席会议并讲话，副省长李岩益致辞，省水利厅党组书记、厅长李锐主持会议。

10—12日 水利部副部长朱程清赴浙江参加2023年太湖流域片省级河湖长联席会议全体会议、浙江省深化河湖长制全域建设幸福河湖推进大会，会后调研指导浙江河湖管理、农村供水保障和水土保持等工作。省水利厅党组书记、厅长李锐参加调研。

12日 《浙江省数字孪生水网建设先行先试实施方案》通过水利部审查。

17日 省水利厅召开全省水利改革攻坚推进视频会议。省水利厅党组书记、厅长李锐参加会议并讲话。会议强调，新阶段强力推进水利改革攻坚，需要水利系统全体干部职工有意识、懂谋划、敢攻坚、强推进，以科学系统的改革思维强力推进水利改革攻坚。抓好目标导向和问题导向相统一、单项突破和系统集成相统一、创新实践和完善机制相统一、大胆革新和于法有据相统一。

25日 省水利厅党组召开学习贯彻习近平新时代中国特色社会主义思想主题教育专题民主生活会。省委主题教育第十一巡回指导组组长陈利幸参会指导并作点评讲话。省水利厅党组书记、厅长、厅主题教育领导小组组长李锐主持会议。

9月

1日 省水利厅召开防台会商会，传达贯彻落实省防指及水利部太湖局有关部署要求，分析研判第11号台风“海葵”防御形势，研究部署防御工作。

5日 省水利厅召开学习贯彻习近平新时代中国特色社会主义思想主题教育总结会。学习贯彻习近平总书记重要讲话精神，总结厅系统开展主题教育情况，分析存在问题，研究部署进一步巩固拓展主题教育成果工作，推动厅系统主题教育深化转化。省水利厅党组书记、厅长、厅主题教育领导小组组长李锐讲话。

13日 省水利厅召开厅系统党建高质量发展座谈会。省水利厅党组书记、厅长李锐主持会议并讲话。会议强调，要认真落实基层党建工作，充分认识抓好基层党建工作的重要意义，统筹谋划全面加强基层党建的总体安排，全面增强基层党建工作实效，系统研究党建工作走在前作表率的创新举措。

19 日 开化水库工程拦河坝填筑达到设计高程。该工程地处钱塘江源头，是浙江省唯一一项列入国家重点推进的150项重大水利工程，也是浙江共同富裕先行示范区的重点项目。水库总库容1.84亿 m^3，建成后将为钱塘江流域筑起一道坚固的防洪安全屏障，为下游地区提供重要战略水源保障，为提升流域生态环境、打通绿水青山向金山银山转化通道奠定坚实基础。

20 日 习近平总书记来到位于浙江绍兴的浙东运河文化园考察，了解浙东运河发展演变史和当地合理利用水资源、推进大运河保护等情况。习近平总书记强调，大运河是世界上最长的人工运河，是十分宝贵的文化遗产。大运河文化是中国优秀传统文化的重要组成部分，要在保护、传承、利用上下功夫，让古老大运河焕发时代新风貌。

22 日 省水利厅党组召开理论学习中心组扩大学习会。传达学习习近平总书记在新时代推动东北全面振兴座谈会、黑龙江考察、视察78集团军时的重要讲话精神，传达学习习近平总书记向全国优秀教师代表致信和给东北大学全体师生的回信精神，传达学习习近平总书记对新时代办公厅工作作出的重要指示精神。省水利厅党组书记、厅长李锐主持会议并讲话。

28 日 省水利厅召开厅党组扩大学习会。会议传达学习习近平总书记在听取浙江省委和省政府工作汇报时的重要讲话精神，传达学习省委常委会会议、全省领导干部会议及相关文件精神。省水利厅党组书记、厅长李锐主持会议并讲话。

10 月

7 日 省水利厅召开厅党组理论学习中心组扩大学习会。传达学习省委深入学习贯彻习近平总书记考察浙江重要讲话精神专题学习会精神。省水利厅党组书记、厅长李锐主持会议并讲话。

8 日 省水利厅党组书记、厅长李锐带领厅党组成员循着习近平总书记的足迹赴浙东运河文化园“循迹溯源学思想促践行”，现场学习习近平总书记调研考察时作出的重要指示，重温殷殷嘱托，感悟思想伟力，凝心聚力推动浙江水利现代化先行。

11 日 水利部公布第六批节水型社会建设达标县（区）名单，宁波市海曙区、宁波市江北区、宁波市镇海区、泰顺县、金华市婺城区、金华市金东区、衢州市衢江区、龙游县、松阳县、庆元县、景宁畲族自治县、龙泉市共12个县（市、区）上榜。

12 日 浙江省人民政府新闻办公室召开浙江省单村水站改造提升新闻发布会。省水利厅党组书记、厅长李锐作为主发布人，从背景意义、主要目标、推进举措、保障措施四方面全面解读《关于加快推进单村水站改造提升保障农村饮水安全的实施意见》。

13 日 省水利厅召开厅党组扩大学习会。传达学习习近平总书记对宣传思想文化工作、妇女儿童工作作出的重要指示精神，传达学习中共中央政治局会议精神，传达学习习近平总书记在中共中央政治局第八次集体学习、在庆祝中华人民共和国成立74周年招待会上的重要讲话精神。省水利厅党组书记、厅长李锐主持会议并讲话。

19日　省水利厅召开厅党组扩大学习会。传达学习习近平总书记在主持召开进一步推动长江经济带高质量发展座谈会上、在江西考察时的重要讲话精神。省水利厅党组书记、厅长李锐主持会议并讲话。

24日　浙东引水工程顺利通过第一批水利部调水工程标准化管理评价。

25日　平湖塘延伸拓浚工程通过竣工验收，由省发展改革委、省水利厅在嘉兴市共同主持召开竣工验收会议。该工程是浙江省太湖流域水环境综合治理五大重点水利项目之一，也是国务院确定的172项节水供水重大水利工程之一，发挥了防洪排涝效益、水环境效益、水资源效益和航运效益，为区域与流域防洪作出贡献。

27日　省水利厅召开厅党组扩大学习会。传达学习习近平总书记在同中华全国总工会新一届领导班子成员集体谈话时的重要讲话精神、祝贺中华全国工商业联合会成立70周年的重要贺信精神，传达学习习近平总书记关于巡视整改、审计整改和乡村振兴的重要论述精神，传达学习省委书记易炼红在全省深入实施“八八战略”强力推进创新深化改革攻坚开放提升工作例会暨三季度经济社会形势分析会上的讲话精神。省水利厅党组书记、厅长李锐主持会议并讲话。

31日　省水利厅召开学习宣传贯彻习近平总书记考察浙江重要讲话精神宣讲会。省水利厅党组书记、厅长李锐作《学深悟透习近平总书记考察浙江重要讲话精神　奋力谱写浙江水利现代化新篇章》专题宣讲。

11月

1日　诸暨、浦江两地正式签署安华水库扩容提升工程建设合作协议，标志着长期存在60余年的历史遗留问题得到基本解决。按照协议约定，两地将秉着“团结治水、系统治理、共同协商、遵循规划”的原则，“共谋、共商、共建、共管、共富、共赢”，合力加快安华水库扩容提升工程开工建设，共同推进库区高质量发展。

2日　全省单村水站改造提升工作动员部署会在省人民大会堂召开。副省长李岩益出席会议并强调，要深入学习贯彻习近平总书记考察浙江重要讲话和关于农村饮用水工作的重要指示精神，认真落实省委、省政府决策部署，高标准、高质量全面推进单村水站改造提升，确保所有农村群众喝上放心水、优质水。

3日　省水利厅召开厅党组扩大学习会。会议传达学习了习近平总书记同全国妇联新一届领导班子成员集体谈话、在中共中央政治局第九次集体学习时的重要讲话精神，传达学习习近平总书记关于严肃换届纪律的重要讲话和指示批示精神，传达学习中共中央政治局会议精神、中央金融工作会议精神。专题传达学习省委十五届四次全会精神。省水利厅党组书记、厅长李锐主持会议并讲话。

21 日 浙江省推进“一带一路”建设大会在金华市召开。浙江水利水电学院牵头负责的“中国—吉尔吉斯斯坦鲁班工坊”项目入选浙江省推进“一带一路”建设成果清单，并作为 20 个重大合作项目之一，在会上进行现场签约。

△ 专为螃蟹迁徙而布设的生物通道在海宁尖山段钱塘江边基本成形。通道顶宽 1m、纵深 0.8m，呈“之”字形，解决了海塘建成后动物自海向陆迁移路径受阻的难题，开创国内外应用先例。

22 日 省水利厅召开厅党组扩大学习会。会议传达学习习近平总书记主持召开中央全面深化改革委员会第三次会议、在北京河北考察灾后恢复重建工作的重要讲话精神，传达学习习近平总书记对山西吕梁市永聚煤矿一办公楼火灾事故作出的重要指示精神、习近平总书记向 2023 年世界互联网大会乌镇峰会开幕式发表的视频致辞重要精神，传达学习习近平总书记关于第二批主题教育的重要要求精神以及“四下基层”“后陈经验”的重要指示批示精神。省水利厅党组书记、厅长李锐主持会议并讲话。

28 日 省水利厅发布并开始施行《引调水工程运行管理规程（试行）》。这是全国首部针对引调水工程运行管理的省级规程，为浙江省大中型引调水工程的运行管理提供规范化依据，标志着全省水利工程标准化管理体系得到进一步完善。

12 月

6—7 日 省水利厅在杭州市组织召开浙江省数字孪生流域建设先行先试项目终期评估验收会。数字孪生曹娥江、横锦水库、飞云江、钱塘江、椒江、杭嘉湖、瓯江大溪、周公宅—皎口梯级水库、甬江等 9 个试点项目通过水利部终期验收。

7 日 温州市温瑞平原西片排涝工程（卧旗排涝泵站）通过机组启动阶段验收。该工程总投资 7.54 亿元，是浙江省“百项千亿防洪排涝工程”项目——温瑞平原西片排涝工程的重要组成部分，也是温州市首个沿江强排泵站。

8 日 省水利厅召开厅党组扩大学习会。会议传达学习习近平总书记在上海考察、在深入推进长三角一体化发展座谈会上的重要讲话精神，传达学习习近平总书记在第十个国家宪法日之际作出的重要指示精神，传达学习习近平总书记在中共中央政治局第十次集体学习时的重要讲话精神和中共中央政治局会议精神，传达学习习近平总书记致“良渚论坛”重要贺信精神。省水利厅党组书记、厅长李锐主持会议并讲话。

12 日 杭州市召开全市冬修水利暨水网建设动员会。杭州市委副书记、市长姚高员出席会议并宣布杭州市冬修水利和水网建设系列重点工程暨扩大杭嘉湖南排后续西部通道（西线）工程开工。省水利厅党组书记、厅长李锐出席会议并讲话。

15 日 省水利厅召开厅党组扩大学习会。会议传达学习习近平总书记在党外人士座谈会上的重要讲话精神，传达学习中共中央政治局会议、中央经济工作会议、浙江省人民政府专题研究谋划 2024 年经济工作会议精神。省水利厅党组书记、厅长李锐主持会议并讲话。

20 日 省水利厅召开全省单村水站改造提升工作交流会。省水利厅党组书记、厅长李锐出席会议并讲话，贯彻落实省委、省政府关于农村饮水安全的决策部署，全面回顾总结全省单村水站改造提升工作，深入交流典型经验做法，谋划推进 2024 年工作。

28 日 省水利厅召开厅党组扩大学习会。会议传达学习习近平总书记在广西考察时的重要讲话精神，学习习近平总书记对低温雨雪冰冻灾害防范应对、对甘肃临夏州积石山县 6.2 级地震、对“三农”工作作出的重要指示精神，传达学习习近平总书记在中共中央政治局专题民主生活会、在纪念毛泽东同志诞辰 130 周年座谈会上的重要讲话精神，传达贯彻省委相关会议和文件精神，并专题学习了《中华人民共和国行政复议法》。省水利厅党组书记、厅长李锐主持会议并讲话。

△ 水利部公布 2023 年国家水土保持示范名单。临海市、泰顺县、江山市等 3 个县（市、区）获评国家水土保持示范县；新昌县长诏水库水源地沃洲生态清洁小流域、桐庐县芦茨溪生态清洁小流域、杭州市第二水源千岛湖配水工程、浙江水利水电学院南浔新校区建设项目等 4 个工程获评国家水土保持示范工程。

水 文 水 资 源

Hydrology and Water Resources

033～039 页

雨 情

【概况】 2023年，浙江省平均降水量1419.9mm，较2022年降水量偏少9.4%，较多年平均降水量偏少12.5%。降水时空分布不均匀。空间分布上看，衢州市年降水量最大，为1721.5mm；舟山市年降水量最小，为975.7mm。时间分布上看，7月、8月和11月降水量较多年平均降水量偏多2.8%～49.5%；其他月份偏少5.4%～42.8%。

【年降水量】 2023年，根据水文年鉴刊印站点统计，浙江省平均降水量1419.9mm，较多年平均降水量偏少12.5%。与多年平均降水量相比，除湖州市偏多0.6%外，其余各市均偏少。其中，嘉兴、衢州和杭州市偏少2.1%～9.6%，宁波、温州、丽水、金华、绍兴和台州市偏少12.1%～19.0%，舟山市偏少24.8%。2023年全省各行政区年平均降水量与多年平均降水量见表1。从空间分布上看，衢州市年降水量最大，为1721.5mm，舟山市年降水量最小，为975.7mm，最大值是最小值的1.76倍。从时间分布上看，7月、8月、11月降水量分别较多年平均降水量偏多49.5%、2.8%、8.5%；1月、2月、3月、4月、5月、6月、9月、10月、12月降水量分别较多年平均降水量偏少22.7%、5.4%、34.6%、20.0%、37.5%、14.0%、25.6%、42.8%、10.7%。

表1 2023年全省各行政区年平均降水量与多年平均降水量

单位：mm

地区	2023年平均降水量	多年平均降水量
杭州	1417.4	1567.6
宁波	1341.1	1525.3
温州	1607.8	1846.9
嘉兴	1196.4	1222.1
湖州	1397.3	1389.0
绍兴	1208.2	1469.3
金华	1265.7	1528.2
衢州	1721.5	1837.8
舟山	975.7	1297.0
台州	1348.1	1663.4
丽水	1518.7	1778.0
全省	1419.9	1622.5

（资料来源：省水文管理中心）

【汛期降水量】 2023年汛期（4月15日至10月15日），浙江省平均降水量961mm，较常年汛期平均降水量1111.9mm偏少13.6%，各区域降水量大部分较多年平均偏少。鳌江、飞云江和钱塘江等水系的局部地区的降水量在1600mm以上，钱塘江、甬江和瓯江等水系的局部地区的降水量不足600mm，其他大部分地区的降水量在600～1600mm之间。2023年全省八大水系汛期降水量分布见表2，全省各行政区汛期降水量分布见表3。与多年平均降水量相比，运河（杭嘉湖东部平原）、苕溪、鳌江分别偏多17.4%、6.9%、0.8%，甬江、钱塘江分别偏少3.9%、8.4%，飞云江、瓯江和椒江偏少10.6%～21.6%；湖州、嘉兴市分别偏多15.9%、11.6%，衢州、宁波、杭州和温州市偏少1.9%～8.9%，绍兴、金华、丽水、舟山和台州市偏少12.5%～20.7%。

表2　2023年全省八大水系汛期降水量分布　单位：mm

水　系	汛期降水量
苕溪	800～1500
运河（杭嘉湖东部平原）	700～1100
钱塘江	600～1600
甬江	900～1400
椒江	700～1400
瓯江	800～1600
飞云江	900～1700
鳌江	700～2000

（资料来源：省水文管理中心）

表3　2023年全省各行政区汛期降水量分布　单位：mm

地　区	汛期降水量
杭州市	700～1600
宁波市	600～1500
温州市	500～2000
嘉兴市	700～1100
湖州市	800～1500
绍兴市	600～1200
金华市	600～1200
衢州市	900～1600
舟山市	500～1000
台州市	600～1400
丽水市	600～1600

（资料来源：省水文管理中心）

【台风带来的降水量】　2023年，共有3个台风对浙江产生较大影响。第5号台风“杜苏芮”降雨影响历时长、总量大，温州、台州和宁波南部等地降特大暴雨，8月25日20时至31日8时，浙江全省平均降水量112.2mm，最大点降水量943.8mm（温州市平阳泰丰电站水库）；第6号台风“卡努”外围影响浙江，浙江北部及东北部沿海地区普降大到暴雨，8月1日2时至5日11时，全省平均降水量8.9mm，最大点降水量103.8mm（宁波市宁海鸡垄山站）；第11号台风“海葵”外围影响浙江，浙江南部及沿海地区普降大到暴雨，9月2日8时至6日8时，全省平均降水量15.0mm，最大点降水量149.5mm（温州市苍南华阳站）。

水　情

【概况】　2023年，受梅雨和台风期间较强降雨等影响，苕溪（太湖湖区）、运河（杭嘉湖东部平原）、钱塘江上游、甬江、椒江和鳌江等主要（或部分）江河（或平原河网）控制站年最高水位超过警戒（或保证）水位；钱塘江来水量较常年同期明显偏少（仅9月偏多，其余月份均偏少）；受第6号台风“卡努”和天文大潮等因素影响，河口沿海主要水位站年最高水位均超过警戒水位。

【江河水情】　2023年汛期，浙江省主要江河共发生2场编号洪水，其中运河（杭嘉湖东部平原）1场、鳌江1场；全省共有50站次出现超警，其中7站次超保。梅雨期间，运河（杭嘉湖东部平原）发生第1号洪水：嘉兴站出现最高水位2.20m，超过保证水位0.34m，累计超保时长40小时。第5号台风“杜苏芮”期间，鳌江发生第1号洪水：埭头站出现最高水位14.22m，超过警戒水位0.22m。

【钱塘江来水量】 2023年，钱塘江（富春江坝址以上，下同）来水量175.7687亿m^3，较常年同期偏少37.2%。各月来水量与常年同期比较情况，仅9月偏多55.6%，其余各月均偏少。2023年钱塘江各月来水量情况见表4。

表4　2023年钱塘江各月来水量情况

月份	来水量/亿m^3	较常年同期
1	5.4138	偏少63.6%
2	12.4900	偏少22.3%
3	11.8904	偏少58.3%
4	15.9624	偏少49.3%
5	16.4704	偏少52.9%
6	25.9563	偏少47.2%
7	13.7082	偏少54.7%
8	18.1423	偏少7.1%
9	24.5393	偏多55.6%
10	10.3490	偏少17.8%
11	9.0487	偏少29.8%
12	11.7979	偏少14.2%

（资料来源：省水文管理中心）

【河口沿海水位】 2023年，受第6号台风“卡努”和天文大潮等影响，浙江省河口沿海主要水位站年最高水位均超过警戒水位，超警幅度为0.17～0.67m。其中，钱塘江口澉浦站出现年最高水位5.87m，超警0.67m。2023年全省河口沿海各主要水位站年最高水位情况见表5。

表5　2023年全省河口沿海各主要水位站年最高水位情况

单位：m

水位站名	年最高水位出现时间	年最高水位	超过警戒水位
杭州湾乍浦站	8月4日2时05分	4.90	0.45
钱塘江口澉浦站	8月4日2时35分	5.87	0.67
舟山岛定海站	8月2日23时25分	2.54	0.34
甬江口镇海站	8月3日0时00分	2.92	0.42
三门湾健跳站	8月3日22时30分	4.02	0.17
椒江口海门站	8月3日22时25分	4.00	0.25
瓯江口温州站	8月2日23时10分	4.54	0.54
飞云江口瑞安站	8月2日22时10分	4.16	0.31
鳌江口鳌江站	8月3日22时55分	4.25	0.40

（资料来源：省水文管理中心）

（秦巍）

预警预报

【概况】 2023年，全省水文系统在梅雨强降雨和台风影响期间，及时启动相应防汛防台水文测报应急响应，密切监视水雨情，加密滚动预报预警，全省共发布洪水预报49611站次（包括日常化预报和关键期滚动预报），其中，梅雨期关键预报3454站次，台风期关键预报21863站次。全省发布洪水预警46期，发送水情预警短信180万余条。

【水情预警】 2023年梅雨、台风和局地短时强降雨等影响期间，省水文管理中心及时做好水情预警等相关工作。通过浙江省水情中心短信平台，全年共发送水情预警短信180万余条；通过浙江省水雨情信息展示系统，对于超过规定阈值的雨情、水情站进行及时预警；省水文管理中心全年发布洪水预警10期，指导地市发布洪水预警36期。

【水文预报】 2023年，全省共发布洪水预报49611站次（包括日常化预报和关键期滚动预报），省水文管理中心共发布洪水预报45341站次，其中日常化预报23393站次，梅雨期关键预报2518站次，台风期间关键预报19430站次。市县水文机构和水库管理机构发布洪水预报4270站次，其中关键水文预报2759站次。

【梅雨期水文预报】 2023年梅雨期间，全省水文部门密切关注水雨情变化，提前启动预报分析和会商，完成重要控制站日常化预报4500站次，重要水情站关键洪水预报3454站次，其中省水文管理中心预报2518站次，市县水文机构和水库管理机构预报936站次。

【台风期间水文预报】 2023年台风影响期间，全省共完成台风期关键洪水预报21863站次。省水文管理中心跟踪台风发展，动态开展沿海河口重要潮位站预报，联动海洋部门和市水文部门会商，支撑研判海塘风险。

（潘爽）

水资源开发利用

【概况】 2023年，全省水资源总量730.14亿m^3，人均水资源量1105.92m^3。全省地表水资源量715.45亿m^3，地下水资源量187.68亿m^3，地下水与地表水资源不重复计算量14.69亿m^3。全省总供水量与总用水量均为169.60亿m^3，较上年增加1.79亿m^3。全省人均综合用水量256.9m^3，全省平均水资源利用率23.2%。

【水资源量】 2023年，全省地表水资源量715.45亿m^3，较2022年地表水资源量偏少22.1%，较多年平均地表水资源量偏少25.5%。全省入境水量213.92亿m^3；出境水量223.14亿m^3；入海水量603.22亿m^3。全省地下水资源量187.68亿m^3，地下水与地表水资源不重复计算量14.69亿m^3。全省水资源总量730.14亿m^3，较2022年水资源总量偏少21.8%，较多年平均水资源总量偏少25.2%，产水系数0.49，产水模数69.7万m^3/km^2。全省195座大中型水库，年末蓄水总量235.30亿m^3，较2022年末增加8.22亿m^3。其中大型水库34座，年末蓄水量215.99亿m^3，较2022年末增加9.87亿m^3；中型水库161座，年末蓄水量19.31亿m^3，较2022年末减少1.65亿m^3。

【供水量】 2023年，全省年总供水量169.60亿m^3，较上年增加1.79亿m^3。其中地表水源供水量163.68亿m^3，占96.5%；地下水源供水量0.13亿m^3，占0.1%；非常规水源供水量5.79亿m^3，占3.4%。在地表水源供水量中，蓄水工程供水量68.80亿m^3，占42.0%；引水工程供水量26.44亿m^3，占16.2%；提水工程供水量55.32亿m^3，占33.8%；调水工程供水量13.12亿m^3，占8.0%。

【用水量】 2023年，全省年总用水量169.60亿m^3，其中农田灌溉用水量61.36亿m^3，占36.2%；林牧渔畜用水量11.71亿m^3，占6.9%；工业用水量36.26亿m^3，占21.4%；城镇公共用水量19.44亿m^3，占11.5%；居民生活用水量34.17亿m^3，占20.1%；生态环境用水量6.66亿m^3，占3.9%。

【耗水量】 2023年，全省年总耗水量94.96亿m^3，平均耗水率56.0%。其中农田灌溉耗水量43.43亿m^3，占45.7%；林牧渔畜耗水量9.15亿m^3，占9.6%；工业耗水量13.90亿m^3，占14.6%；城镇公共耗水量7.83亿m^3，占8.3%；居民生活耗水量14.59亿m^3，占15.4%；生态环境耗水量6.06亿m^3，占6.4%。

【退水量】 2023年，全省日退水量1202.56万t，其中城镇居民生活、第二产业、第三产业日退水量分别为389.53万t、536.03万t、277.00万t。2023年，年退水总量43.89亿t。

【用水指标】 2023年，全省水资源总量730.14亿m^3，人均水资源量1105.92m^3。2023年度全省平均水资源利用率23.2%。农田灌溉亩均用水量375.8m^3，农田灌溉水有效利用系数0.612。万元地区生产总值用水量20.5m^3。全省人均综合用水量256.9m^3，人均生活用水量51.8m^3（注：城镇公共用水和农村牲畜用水不计入生活用水量中），其中城镇和农村居民人均生活用水量分别为53.7m^3和46.2m^3。

（金俏俏）

水资源监测

【概况】 2023年，省水文管理中心组织实施全省江河湖库地表水和地下水水质监测，开展水生态监测和健康评价体系研究，为“浙水美丽”应用提供技术支撑，全省江河湖库总体水质优良，总体合格率为93.2%。

【水质监测】 2023年，省水文管理中心组织做好294个江河湖库水质站、156个国家地下水监测工程重要水质站的水质监测和评价工作，完成监测评价水样5000余份，向水利部和流域机构报送数据14余万条。编制完成《浙江省地表水资源质量年报（2022年）》和《浙江省国家地下水水质监测评价报告（2023年）》。

【水生态监测】 2023年，省水文管理中心组织对21个典型供水水库及重要湖泊进行浮游植物普查，每月开展浮游植物监测1次，每季度开展浮游动物监测1次，全年共完成检测指标近3000项次，在此基础上编制完成《浙江省重点湖库浮游植物监测分析报告》等报告。

【检验检测机构管理】 2023年，省水资源监测中心加强全省水质监测行业管理工作，印发《2023年全省水质监测管理工作计划表》《关于做好2023年度标准查新工作的通知》等，根据新《检验检测机构资质认定评审准则》要求完成管理体系文件修编，完成年度管理评审工作和年度水质监测资料会审。组织全省参加太湖流域水文水资源监测中心质量考核工作，组织对各市检测人员进行年度标准样品考核。全年编制检测报告50份，并按国家市场监督管理总局的要求，分季度完成检测报告清单的报送工作。组织开展全省水质监测安全风险隐患大排查，修订《易制毒易制爆化学品安全管理制度》《仓库管理制度》《废弃物管理制度》等并做好制度上墙工作，进一步完善“三个职责清单”。组织开展各类水质监测安全培训30余次，水质监测安全演练1次，全省参加安全生产培训和演练200余人次。主办2023年水质检测技术和实验室管理培训班，程序文件和质量手册及其附录修订稿宣贯培训班。完成杭州、台州和嘉兴3个分中心18个参数的扩项评审工作，于6月7日取得由国家市场监督管理总局批准的检验检测机构资质认定证书。11月8日，顺利通过国家市场监督管理总局等八部委组织的对国家级资质认定检验检测机构进行的“双随机、一公开”监督抽查。

（郑淑莹）

水旱灾害防御

Flood and Drought Disaster Prevention

041～053 页

水旱灾害情况

【概况】 2023 年，浙江省梅雨量 168.0mm，较常年少 51%，北多南少，分布不均。因梅雨量偏少影响，全省共有 45 个县（市、区）发生水利旱情，集中在浙西、浙中南、浙东南沿海地区。受第 5 号“杜苏芮”、第 6 号“卡努”和第 11 号“海葵”等 3 个台风影响降雨后，全省大部旱情得到明显缓解。

【梅雨特征】 2023 年 6 月 17 日，浙江入梅，较常年（6 月 8 日）晚 9 天；7 月 11 日出梅，较常年（7 月 8 日）晚 3 天，梅期 24 天，较常年短 6 天。梅雨量 168.0mm，较常年少 51%，北多南少，分布不均，台州和温州偏少 60%～70%。集中性强降雨时段少，梅雨带南北摆动幅度较大，全省出现三轮集中性强降雨过程，其余时段以局部分散性降雨为主。6 月 19—24 日，第一轮集中性降雨，降雨量超过 100mm 范围占省域面积 69%，全省降雨量 115mm（占总梅雨量 68%）。受强降雨影响，运河（杭嘉湖东部平原）发生编号洪水，嘉兴站最高水位 2.20m（超保 0.34m）；钱塘江干流上游发生超警洪水，常山站最高水位 82.02m（超警 0.02m）。7 月 1 日，淳安县陈家村站最大 3 小时降雨量 159.5mm，最大 6 小时降雨量 192.5mm，均超当地历史实测。

【台风特征】 2023 年，浙江省主要受到第 5 号“杜苏芮”、第 6 号“卡努”和第 11 号“海葵”等 3 个台风影响。

第 5 号台风“杜苏芮”给全省带来严重影响。“杜苏芮”为 1961 年以来登陆福建中南部对浙江影响严重台风之一，影响浙江降雨总历时长达 5.5 天，全省降雨量 112.2mm。“杜苏芮”台风呈现以下特点：

（1）强降雨区域集中。降雨量超过 100mm 区域占省域面积 35%，主要集中在温州（244.0mm）、台州（188.1mm）、宁波（176.1mm）和丽水（112.0mm），其他地区降雨小于 80mm。

（2）强降雨时段集中。强降雨时段集中在 27 日，温州市、台州市单日降雨量分别达 113.0mm、101.6mm；13 个县（市、区）降雨量大于 100mm，其中 2 个超过 150mm，文成县 181.1mm，黄岩区 167.9mm。

（3）局地降雨强度大。有 7 个站单站累计降雨量超过 800mm，集中在温州地区，较大的有平阳县泰丰电站水库 998.1mm、平阳县白云 882.3mm、平阳县凉头水库 870.2mm。鳌江发生 1 场编号洪水。

第 6 号台风“卡努”影响期间，浙江多分散性雷阵雨，未发生大范围集中降雨。7 月 30 日 8 时至 8 月 4 日 16 时，全省降雨量 14.3mm，2 个设区市降雨量大于 20mm，5 个县（市、区）降雨量大于 30mm，19 个站点降雨量大于 100mm。

受第 11 号台风“海葵”外围影响（9 月 2 日 8 时至 6 日 8 时），浙江全省降雨量 15.0mm，6 个设区市降雨量大于 10mm，较大的有温州 37.4mm、台州

26.3mm、丽水 17.9mm；21 个县级降雨量大于 25mm，较大的有泰顺县 56.7mm、台州市黄岩区 53.0mm、苍南县 49.3mm。

【干旱特征】 2023 年，全省 1 月 1 日至 7 月 11 日（7 月 11 日出梅）降雨量 695mm，较常年偏少 28%，为有记录以来最少（此前最少为 2007 年的 705mm）；降雨空间分布不均，降雨量最大的衢州市 996mm，较常年偏少 23%，最小的舟山市 514mm，较常年偏少 30%；全省大中型水库蓄水总量 263.65 亿 m^3，较常年同期偏少 5.74 亿 m^3；其中，绍兴汤浦水库蓄水量 0.8 亿 m^3，较常年同期偏少 54.4%，致绍兴市区供水处于应急保供水状态；新安江水库蓄水量 158.02 亿 m^3，较常年同期偏多 6.31 亿 m^3，为后续抗旱供水和护航亚运奠定了较好的基础。随着出梅后晴热高温天气增多，部分以山塘、溪沟、山泉为水源的农村饮水工程显现供水紧张状况。截至 11 月，慈溪市、兰溪市、绍兴市越城区、绍兴市柯桥区、绍兴市上虞区、磐安县、义乌市、舟山市普陀区、三门县、永康市等 10 个县（市、区）维持水利旱情预警，全省生活生产用水基本平稳。

【灾害损失】 2023 年，全省因梅雨、台风强降雨引发洪水灾害损坏堤防 778 处、护岸 349 处、水闸 55 座、塘坝 110 处、灌溉设施 43 处、机电泵站 2 个，水利工程设施直接经济损失 3.15 亿元，为 2019 年以来最低，仅占 2019—2022 年平均值的 15%。

水旱灾害防御基础工作

【概况】 2023 年，全省水利系统推动水旱灾害防御各项工作落细落实落到位，特别围绕杭州第 19 届亚运会营造良好水环境。全省滚动发布洪水预报 12500 站次，风暴潮预报 22 期 220 站次；向公众发布山洪预警短信 173.6 万条、水雨情信息 1 亿余条。省级发布水情分析 244 期、山洪灾害 24 小时预报预警 32 期 435 县次、点对点短临预警 406 县次。调度全省大中型水库累计预泄 7.22 亿 m^3、拦蓄洪水 82.76 亿 m^3，沿海平原河网累计排水 29.1 亿 m^3，浙东引水工程向绍兴、宁波、舟山供水 6.46 亿 m^3，保障全年汛情、旱情总体平稳可控。落实防汛防台期间“八张风险清单”管控机制，动态下发风险提示单。全省出动 8.32 万人次检查 5.46 万处次水利工程，对检查发现的风险隐患实行清单化闭环管理。

【动员部署】 2023 年，党中央、国务院、水利部和省委、省政府高度重视水利防汛工作。习近平总书记作出一系列重要指示批示，要求坚持人民至上、生命至上，强化会商研判，做好监测预警，以“时时放心不下”的责任感全力抓好各项安全防范措施落实，切实把保障人民生命财产安全放到第一位，努力将各类损失降到最低。国家防总副总指挥、水利部部长李国英赴象山、余姚调研水库大坝白蚁隐患防治工作，要求明确目标，落实责任，提升能力，坚决守住水库大坝安全底线。水利部多次派出工作组赴浙江省检查指导防汛。省委书记易炼红，省委副书记、省长王浩，常务副省长徐文光，副省长李岩益等省领导多次检查指导，多次批示指示，要求牢固树立“一个目标、三个不怕、四个宁可”（指不死人，少伤人、少损失；不要怕兴师动众，不要怕“劳民伤财”，不要怕十防九空；宁可信其有、不可信其无，宁可信其重、不可信其轻，宁可十防九空、不可失防万一，宁可事前听骂声、不可事后听哭声）理念，进一步增强底线思维、极限思维，按照“四个提级”（指提级对待、提级谋划、提级部署、提级应对）的要求，密切关注、科学研判、及时预警，切实扣紧“防范链”、拧紧“责任链”，全面筑牢防汛防台的铜墙铁壁。省水利厅党组书记、厅长李锐深入研究部署，关键时刻指挥协调；厅领导率领厅机关各处室、厅属各单位各司其职，共同防御洪涝台旱灾害。

面对第5号强台风“杜苏芮”对浙江省的严重影响，国务院、省委、省政府和水利部周密部署，全力防御。中共中央政治局委员、国务院副总理张国清赴浙江检查指导台风防御工作，要求相关地区全面落实船只回港避风、人员转移避险等防御措施，最大限度减少灾害损失。省委书记易炼红指示，要求各地全力应对，尤其是确保人民群众生命安全，做到提前安全转移群众。省委副书记、省长王浩指示，各级严格落实责任制，人员转移应转尽转快转，且安全才可返回，工作要坚决果断。常务副省长徐文光到杭州西险大塘、湖州太湖大堤现场察看堤防建设、工程加固等情况，实地检查防洪工作。副省长李岩益赴江山市、常山县、开化县等地检查防汛防台工作。水利部派出工作组到浙江台州、温州、丽水等地检查指导台风防御。省水利厅党组书记、厅长李锐亲自坐镇指挥，全程动态会商，多次专题听取水雨情变化情况汇报，分析形势，梳理风险点，对台风防御工作进行动态部署。省水利厅派出工作组，在温州、台州、丽水等地协助指导台风防御工作。

【备汛工作】 2023年2月6日，省水利厅印发《浙江省水利厅关于开展2023年度水旱灾害防御汛前大检查的通知》（浙水灾防〔2023〕5号），组织开展水旱灾害防御汛前准备和风险隐患大排查。3月中下旬，由11位厅领导带队，分赴各市开展汛前省级督查，加强服务指导，推动问题整改。据统计，各地出动检查人员6.57万人次，检查工程3.74万处，排查整治风险隐患1363处，汛前全部完成整改或落实安全度汛措施。4月23日，按照省防指“十个再查一遍”（指对地质灾害、小流域山洪、山塘水库河网、城市内涝和城市安全运行、水上船舶、交通运输、安全生产、人员转移“八张风险清单”以及杭州第19届亚运会场所、应急保障等两个专题共十个重点方面进行再检查、再整治、再落实）要求，以小流域山洪和山塘水库河网为重点，组织各地再次开展为期2个月的风险隐患大排查大整治活动。各地共检查防汛点位47635处，累计排查发现问题隐患1583个，梅汛前完成整改或落实措施。

全省立足中华人民共和国成立以来发生过的最大洪水和最大风暴潮，入汛前组织分析八大流域防洪形势和海塘防潮形势，11个市分析各自辖区水旱灾害防御形势，研判风险、制定措施。全面检视和修订水旱灾害防御应急工作预案、山洪灾害防御预案、抗旱保供水方案，编制大中型水库和重要闸站年度控制运用计划。完成浦阳江、东苕溪、甬江、飞云江、鳌江、曹娥江等流域洪水调度方案修编。

省水利厅落实省级防汛抢险和洪水调度专家96人，储备编织袋、土工布、救生衣（圈）、舟艇等防汛抢险物资2.59亿元。联合绍兴市上虞区组织举办了省级水旱灾害防御演练，配合水利部太湖流域管理局开展流域洪水调度桌面推演，检验预案、锻炼队伍。组织录制流域防洪调度、山洪防御、工程度汛等视频课件，供基层责任人学习。全省组织各类演练156次，其中山洪灾害防御演练61次；组织各类培训546次，培训10.18万人次，其中“山洪来了”培训249期6.9万人次。

【“四预”（预报、预警、预演、预案）落实】 2023年，省级启动或调整应急响应10次（防梅雨2次，防台风8次）。全省滚动发布洪水预报12500站次，风暴潮预报22期220站次；向公众发布山洪预警短信173.6万条、水雨情信息1亿余条。省级发布水情分析244期、山洪灾害24小时预报预警32期435县次、点对点短临预警406县次。落实防汛防台期间“八张风险清单”管控机制，动态下发风险提示单。全省出动8.32万人次检查5.46万处次水利工程，对检查发现的风险隐患实行清单化闭环管理。充分利用广播、电视、短信、微信等公共渠道，第一时间发布山洪预警到村、到户、到人，并严格落实“叫应—反馈”机制。先推演后实战，加强水利工程联合调度，充分发挥水利工程体系防洪减灾和蓄洪兴利的整体作用。据统计，全省共发出调度令1169份，大中型水库累计预泄7.22亿m^3、拦蓄洪水82.76亿m^3，沿海平原河网累计排水29.1亿m^3，浙东引水工程向绍兴、宁波、舟山供水6.46亿m^3，有力保障了全年汛情、旱情总体平稳可控。

5月23日，全省水旱灾害防御演练在绍兴上虞举行。演练模拟杭州第19届亚运会期间，受强台风影响，风、雨、潮三碰头，导致曹娥江、姚江、绍兴平原等多个河网监测站点超保、堤防出现险情的防洪态势，省市县三级水利部门依托浙里“九龙联动治水”应用等数字化平台，开展水雨情监测预报、山洪灾害防御、流域洪水预报调度、水利工程一体化调度、堤防险情应急处置等5个科目实战化演练，现场观摩演练200余人。

【能力建设】 2023年，省水利厅推进水利基础设施建设，提升水旱灾害防御能力。杭州西险大塘、杭嘉湖南排西部通道等65项开工建设，开化水库等170项加快建设，浙东、浙中水资源配置通道等114项加快推进前期，扩大杭嘉湖南排后续西部通道工程（西线）、仙居县北岙水库工程等28项可行性研究获批，镜岭水库、安华水库扩容提升等一批多年想干未干的大事取得突破。

闭环管控除隐患。习近平总书记对长堤蚁患作出批示后，省水利厅迅速行动，抓紧做好全省水利工程蚁患全面排查应急整治及普查工作，累计发现并整治隐患1042处。完成12座大中型水库防洪调度和汛限水位执行情况省级督查，指导落实问题整改。全省各地完成水毁水利工程修复0.98万处，确保度汛安全。

提升山洪防御能力。以阻水桥涵、干支流交汇点、外洪顶托段、堰坝和在建工程等为重点，累计检查山洪灾害防御重要村落11000余处，发现并整改各类问题534处。将位于沟口、桥涵的生活、生产或旅游区域纳入山洪灾害风险区清单管理，全覆盖开展风险区动态清单调整，组织复核防御对象等清单信息，确定全省山洪防御重点村落1.15万个、影响人员24.14万人、山洪责任人67602人。新建山洪重点村落关联测站462处，新建高风险区声光电预警站857处，动态复核预警阈值，遴选关联测站5430个，进一步完善监测站点—小流域—危险区—预警指标—责任人之间的关联关系，不断完善预报预警、监测预警、现地预警（声光电预警、预警员预警）互为补充的山洪灾害预警体系。在温岭市试点开展山洪灾害动态预警模型研究，完成50个山洪重要村落预警阈值动态复核，调整“警戒水位”“危急水位”线，提高预警精准度。优化迭代“山洪智防”，强化预报、预警、预演、预案“四预”措施，完善高等级预警叫应机制，提升智能化防御水平。4条重点山洪沟防洪治理项目和安吉等地12条小流域山洪灾害防御能力提升建设全部提前完成。组织开展富阳“7·22”强降雨复盘，举一反三，总结经验教训，梳理改进措施，形成任务清单。

水旱灾害防御改革创新。推进大中型水库汛期控制运用水位动态管理。省水利厅印发《关于加强大中型水库汛期控制运用水位动态管理工作的指导意见》，推动水库调度运用和气象水文预报深度融合，充分发挥水库防洪、灌溉、供水、生态等综合效能。全省已有13座大中型水库开展相关研究工作，其中，皎口、长诏、长潭、青山等8座大中型水库已完成方案审查。建立风险动态研判管控机制。省市县三级全面建立小流域山洪、山塘水库河网风险研判管控工作机制，严格落实“三单”（指风险提示单、预警响应单、管控指令单）要求，强化防汛防台水利风险隐患全过程管控。坚持数字赋能实战实效，建成水库、山塘、海塘、小流域山洪、在建水利工程等各类风险研判管控模块，并上线“浙水安全”应用，实现风险清单自动生成、线上下发、动态闭环。深化流域预报调度一体化。按照实现数字化改革实战实效再突破的要求，加快构建以流域为单元，跨区域、跨业务的预报调度一体化工作体系和智能模块。东苕溪、曹娥江流域上线投入实战运行，“三图一清单”（指概化图、水位图、风险图和风险清单）接入“浙水安全”应用。钱塘江干流、浦阳江、瓯江、苕溪、运河（杭嘉湖东部平原）、鳌江等流域智能模块实现最小化系统上线。

【制度建设】 2023年，省水利厅制定出台规范性文件，加强大中型水库汛期控制运用水位动态管理工作，印发《浙江省山洪灾害预警与应急转移避险工作规则》，进一步健全水旱灾害防御制度体系。2月6日，省水利厅印发《关于加强大中型水库汛期控制运用水位动态管理工作的指导意见》（浙水防灾〔2023〕6号），明确坚持安全第一、因地制宜、科学调度的基本原则，根据流域暴雨洪水特性、水库下游安全泄放能力，确定洪水调度阶段动态控制运用水位，进一步挖掘水库防洪能力，提高洪水资源利用水平。12月11日，省水利厅联合省防指办印发《浙江省山洪灾害预警与应急转移避险工作规则》（浙水灾防〔2023〕21号），完善山洪灾害预警与应急转移避险机制，有效应对山洪灾害风险，切实保障人民生命安全。

【护航亚运】 2023年，省水利厅制定护航亚运水旱灾害防御专项方案，分析6大赛区41个杭州第19届亚运会场区存在洪旱风险，并指导制定护航亚运方案。5月31日，印发《新安江、富春江水库保障亚运专项调度方案》（浙水灾防〔2023〕18号），一月一会商，统筹发电与保供水，动态研究发电计划，在库区降雨量、来水量较多年均值少的不利情况下，控制出库水量，保障杭州第19届亚运会期间新安江水库高水位运行，为应对可能出现的紧急事件做好准备。以杭州第19届亚运会期间遭遇强台风为背景，组织开展水旱灾害防御应急演练。杭州第19届亚运会期间，派出应急强排车2辆、操作人员12人，参与杭州市富阳区北支江配水作业，为水上比赛区域营造良好水环境。开展守护河湖水生态空间专项行动，排查侵占河湖问题1637个，清理非法占用河道岸线19km、建筑和生活垃圾超1.5万t、拆除违法建筑1.1万m^2，全力做好杭州第19届亚运会核心区重点水域水环境管护。

防御梅雨强降雨

【概况】 2023年，浙江梅雨期偏短，降雨量区域分布差异明显；梅雨不典型，降雨总量偏少但强降雨时段集中，杭嘉湖东部平原、钱塘江发生超警超保洪水。梅雨期间，全省滚动发布洪水预报3454站次，洪水预警23期，省级发布水文分析简报37期，向公众发布水雨情信息864万条，发布24小时山洪预警信息6期99县次，点对点发布短临预报预警26县次。全省大中型水库最大拦蓄洪水总量33.76亿m^3，其中新安江水库拦蓄洪水总量18.19亿m^3。青山水库、分水江水库、合溪水库、富春江水库等4座大型水库和青山殿、严家、齐溪等19座中型水库最高水位超过汛限水位。

【动员部署】 2023年，省委、省政府高度重视水利防汛工作。入梅后第一轮（19日开始）集中强降雨，致杭嘉湖东部平原有16站水位超警，6月23—24日钱塘江干流上游常山站出现双峰洪水。6月24日，省委书记易炼红，省委副书记、省长王浩分别就梅雨防御工作作出重要指示。省水利厅党组书记、厅长李锐第一时间部署水利系统迅速贯彻落实省委、省政府主要领导重要指示精神，要求全省水利系统干部职工切实提高政治站位，对防汛应急响应提级看待、提级履职、提级应对，狠抓梅雨防御各项措施落实。为做好梅雨防御工作，省水利厅党组成员、总工程师陈烨兴在入梅前、三轮集中降雨过程多次组织会商，进行针对性部署，要求各地要思想高度重视，落实落细各项应对措施，严格执行24小时值班值守和领导带班制度，密切监视水雨情，及时启动应急响应；加强监测预报预警，及时发布预警信息；科学调度水工程，充分发挥水利工程的防洪减灾作用；严防山洪灾害，及时叫醒叫应基层政府；严格落实水利工程安全度汛措施，确保安全。

【强降雨期监测预警】 2023年梅雨期间，全省滚动发布洪水预报3454站次、洪水预警23期，省级发布水文分析简报37期，向公众发布水雨情信息864万余条。6月19—24日集中性强降雨期间，全省水文部门密切监视水雨情动态，加密与气象部门会商，省市县纵向、流域内统筹，预报调度一体联动会商研判，运用洪水预报模型，分析研判流域上下游洪水演进过程，不间断滚动开展预报作业，及时发布洪水、山洪预警。动态预报嘉兴、常山、衢州和兰溪等站洪峰水位、最大流量及出现时间，研判洪水演进及涨落消退过程，及时发布洪水专业和公众预警，6月23日16时，提前26小时发布嘉兴水文站洪水蓝色预警并逐步升级为红色，为平原河网预排和水利工程调度等提供技术支撑。山洪预警方面，结合气象预报降雨分布，省级对县（市、区）联合发布24小时山洪预警信息6期99县次；跟踪局地短历时强降雨分布，动态发布短临预警，省对县（市、区）点对点发布短临预报预警26县次。市县水利部门通过山洪灾害预警平台，向乡镇、村防汛责任人定向发送预警短信34.48万条。

【水工程调度】 2023年梅雨期间，全省大中型水库最大拦蓄洪水总量33.76亿m^3，新安江水库拦蓄洪水总量18.19亿m^3。杭嘉湖、绍兴、宁波、温州等平原河网启动泵站和水闸候潮排涝，累计排水量超8亿m^3。梅雨期末，全省大中型水库蓄水总量264.02亿m^3，较入梅增蓄28.88亿m^3，较常年同期偏少5.52亿m^3。新安江水库水位104.66m，蓄水量158.02亿m^3，较入梅增蓄18.14亿m^3，较常年同期偏多6.38亿m^3，为杭州第19届亚运会期间新安江水库较高水位运行提供有力保障。

【响应应对】 2023年，为防御梅汛第一轮强降雨，省水利厅于6月21日启动水旱灾害防御Ⅳ级响应，并于27日结束。6月17—28日，省水利厅组织专班抽查全省271座水库和324座山塘巡查责任人巡查情况，压实巡查责任，对发现问题落实整改，确保水利工程安全度汛。

防御台风洪涝

【概况】 2023年，浙江省主要受第5号台风“杜苏芮”、第6号台风“卡努”和第11号台风“海葵”影响。在省委、省政府和省防指坚强领导下，全省水利系统把防御台风作为中心工作，有效保障人民群众生命财产安全，最大限度减轻灾害损失。

【防御第5号台风“杜苏芮”】 2023年第5号台风“杜苏芮”于7月21日8时在西北太平洋洋面生成，随后向北偏西方向移动，强度逐渐加强，7月24日20时加强为超强台风，25日8时升至17级以上（62m/s），7月28日9时55分前后在福建省晋江市沿海登陆，登陆时中心附近最大风力有15级（50m/s，强台风级），中心最低气压945hPa。第5号台风“杜苏芮”影响浙江期间，降雨强度大、滞留时间长、影响范围广，对温州、台州、宁波、丽水等地造成较大影响。全省水利系统坚决贯彻习近平总书记关于防汛救灾工作的重要指示精神，坚持人民至上、生命至上，始终把“一个目标、三个不怕、四个宁可”重要理念贯穿防台风全过程，在省委、省政府坚强领导下，在省防指统一指挥下，按照水利部要求，全面动员，科学防御，有效保障了全省水库山塘、重要堤防等水利工程安全，充分发挥了水利工程防灾减灾作用，最大限度减轻了灾害损失。

面对第5号台风“杜苏芮”严重影响，省水利厅主要领导亲自坐镇指挥，全程动态会商，6次专题听取水雨情变化情况汇报，分析形势，梳理风险点，对台风防御工作进行动态部署。7月26日下午，省水利厅党组书记、厅长李锐召开专题视频会议，部署第5号台风“杜苏芮”和山洪灾害防御工作。28日，省防指防汛防台调度会议后，第一时间召开会议传达贯彻落实省领导讲话精神，并就相关工作作出部署。根据省水利厅水旱灾害防御应急工作预案，26日13时，省水利厅启动水旱灾害防御（防台）Ⅳ级应急响应，27日17时，调整至Ⅲ级，相关应急工作组按照预案投入运转工作。

省水利厅加密预报，提前预警。密切监视水情、雨情、工情，加密制作洪水预报、山洪预报产品，及时发布预警信息，全省预报沿海潮位4期40站次，滚动发布江河洪水预报660站次、洪水预警6站次；省级发布水雨情信息145万余条，未来24小时山洪预警8期160县次（其中红色预警25县次、橙色预警39县次）。省级优化山洪灾害短临预报预警研判频次，由原来的每小时一次加密为每15分钟一次，有效延长山洪灾害预见期，共计发布点对点短临预报预警40期。全省各地通过山洪灾害预警平台发送预警短信56.4万条，严格落实红色、橙色预警“叫应”机制。

全程管控，科学调度。台风影响前，协调各地开展预泄预排，温州、宁波、绍虞平原河网累计预排3.7亿m^3，全省大中型水库累计预泄0.8亿m^3；台风影响期间，调度水库实行拦洪错峰，平原沿海沿江水闸泵站等口门全力外排，温州、宁波、绍虞、温黄平原河网累计排水10.0亿m^3，绍兴曹娥江大闸累计排水1.3亿m^3，全省大中型水库累计拦蓄11.1亿m^3。

紧盯风险，清单管控。按照“八张风险清单”管控要求，对5个市37个县（市、区）动态下发水利工程风险提示单

5张，对强降雨区652座病险山塘、超限制运行水库进行风险提示，精准管控风险。组织对1136个在建水利工程进行再排查，重点检查28个在建工程的53处穿（破）堤施工点位，督促做好防台应急物资准备和设施设备检查以及停工和人员撤离工作。通过省级“山洪智防”平台制作下发山洪灾害重点风险清单7期，发出风险预警145县次，每隔12小时汇总管控清单、人员转移情况。据统计，全省山洪灾害转移人员34767人。

加密巡检，确保安全。省水利厅派出4个工作组，在温州、台州、丽水等地协助指导台风防御工作。厅领导带队在黄岩、椒江等地开展督导检查。7月26日以来，省级水库山塘安全度汛专班抽查水库116座、山塘186座，市县抽查水库1008座、山塘700座，整体情况良好。23日以来，各级水利部门及工程管理单位累计对14066个山洪灾害防御、水库山塘等水利防汛责任人进行了抽查，累计派出30520人次、检查水利工程17870处次，发现隐患，及时处置。

【防御第6号台风“卡努”】 2023年第6号台风“卡努”于7月28日2时在菲律宾以东洋面生成，随后向西北方向移动，强度逐渐加强，31日17时加强为超强台风（风力16级，风速52m/s），8月2日5时进入24小时警戒线，在浙江省以东海域24小时警戒线内滞留长达3.5天，4日5时起转向西北方向移动，逐渐远离浙江省。第6号台风“卡努”紧随第5号台风而来，又恰逢农历天文大潮汛（农历六月十五至十九日），行动速度慢，路径变数大，防御台风各项应急工作难度大。面对第6号台风“卡努”的影响，全省水利系统坚决贯彻习近平总书记关于防汛救灾工作的重要指示精神，在省委、省政府坚强领导下，立足台风正面登陆的最不利形势，时刻紧盯防汛重点部位和关键薄弱环节，周密部署防汛防台各项准备工作，科学防范小流域山洪、水库山塘河网风险，确保人员不伤亡、水库山塘不垮坝、重要堤防不决口。

全面部署。在第5号台风影响后期，省水利厅着手研究第6号台风防御工作，制定第6号台风“卡努”防御工作方案，分析面临形势和主要问题，提出主要任务和对策措施。7月30日下午，召开第6号台风专题部署会，并启动水旱灾害防御（防台）Ⅳ级应急响应。7月31日上午，召开全省水利系统防御第6号台风视频会商会，全面部署第6号台风防御工作。8月3日上午，省水利厅党组召开理论学习中心组扩大学习会，认真学习贯彻习近平总书记对防汛救灾工作作出的重要批示精神，传达学习省委常委会会议精神，研究部署第6号台风“卡努”防御及下阶段防汛防台工作。带队或派员参加省防指11个督导工作组，赴全省设区市指导台风防御，全力做好水利技术支撑。根据台风动向，下发《水旱灾害防御工作提示单》2期，组织梯次做好第6号台风“卡努”防御准备。

及时预警。加强值班值守，密切关注台风动向，动态监视雨情、水情、工情和汛情，加密开展洪水预报，及时发布山洪灾害预警。7月30日以来，省级发布水文简报23期，发布未来24小时山洪预警信息3期（蓝色预警12县次），点对点发布山洪短临预警信息11县次；各地累计发布山洪预警短信3.2万条。

滚动摸排。下发《关于开展6号台风“卡努”防御风险隐患再排查再整治的紧急通知》（传真电报〔2023〕38号），专题部署风险隐患再排查工作。截至8月4日，各地累计派出26075人次、检查水利工程17621处次，排查整治新增风险隐患378处。省市县累计抽查山洪灾害防御、水库山塘等水利防汛责任人6660人，抽查1171座水库、1360座山塘巡查责任人。

严密防控。层层放大“八张风险清单”研判管控机制，动态研判小流域山洪、海塘、水库、山塘、在建工程等防台风险，按照精准范围、精准对象、精准措施强化风险管控。持续加强山洪灾害监测预警，将易受山洪灾害威胁的厂房、景区、农家乐等纳入预警范围，落实预警责任人；加密高水位运行水利工程和病险库塘巡查检查，发现险情及时处置；重点关注低标海塘、在建海塘风暴潮风险，及时加固薄弱塘段，督促落实17个在建海塘工程26个穿堤破堤施工点位的临时封堵措施和7个拦河围堰施工项目防潮闭合。按照物资队伍前置要求，落实4支抢险队伍共36人，配置排水泵车等抢险装备，在余姚、苍南、杭州等地进入待命状态。

科学调度。根据气象预报，逐库研判大中型水库纳蓄能力，梯次做好受第5号台风影响超汛限水位水库下泄至汛限水位，加大沿海口门外排，做好腾库迎洪准备，预测台风转向后，及时提醒各地调整调度策略，在防洪安全前提下充分利用雨洪资源，发挥好水库防洪保供效益。超汛限运行的454座小型水库全力下泄，降低水位。对2座超汛限的小型三类坝水库发函督办，利用泵排、倒虹吸等强排措施迅速降低水位。

【防御第11号台风“海葵”】 2023年第11号台风“海葵”于8月28日8时在西北太平洋洋面生成，随后向偏西方向移动，强度逐渐加强，9月3日10时加强为超强台风（中心气压935hPa，风速52m/s），3日15时30分前后在台湾省台东县沿海登陆，登陆时中心气压945hPa，风速48m/s（强台风级），5日6时45分前后在广东省饶平县沿海再次登陆，登陆时中心附近最大风力有8级（18m/s）。第11号台风“海葵”影响期间，正逢天文大潮汛（农历七月十六至十九日），浙江主要河口沿海水位站最高水位都超警戒水位。8月31日下午，省水利厅召开防台会商会，传达贯彻落实省防指及水利部太湖局有关部署要求，分析研判第11号台风“海葵”防御形势，研究部署防御工作。会后，省水利厅启动水旱灾害防御（防台）Ⅳ级应急响应，下发《关于做好第11号台风“海葵”防御工作的通知》（传真电报〔2023〕47号），部署做好台风防御工作。强化病险库塘安全管理，严格落实险库放空、病库病塘限蓄措施。落实低标准海塘加固、巡查措施，提前关闭海塘旱闸、封堵缺口、涵洞和临时通道，防止海水倒灌。受影响地区严格落实在建水利工程安全度汛措施，加固临时设施、施工设备；科学实施流域防洪调度，沿海平原科学调度沿海、沿江闸泵，提前预降河网水位。同时，紧盯山洪灾害易发区和强降雨重合区，筑牢山洪灾害预报预警、监测预警、现地预警“三道防线”，及时发布预警，严格落实高等级预警“叫应”机制。9月4日，随着台风西移远离浙江，省水利厅结束水旱灾害防御（防台）Ⅳ级应急响应。

【台风灾害损失】 2023年，全省因台风强降雨引发洪水灾害损坏堤防348处、护岸334处、水闸42座、塘坝94处、灌溉设施28处、机电泵站2个，水利工程设施直接经济损失2.13亿元。

水利抗旱

【概况】 2023年，受梅雨量偏少影响，全省共有45个县（市、区）发生水利旱情，集中在浙西、浙中南、浙东南沿海地区。台汛期受3个台风外围影响，全省大部旱情得到明显缓解。据10月30日统计，全省降雨量1252.7mm，较多年平均少17%，全省大中型水库蓄水总量258.56亿m^3（蓄水率79%），较常年同期多13.17亿m^3，其中新安江水库蓄水量149.07亿m^3（蓄水率84%），较常年同期多8.56亿m^3。

【抗旱决策部署】 2023年，针对出梅后多晴热高温天气且降雨明显偏少的情况，全省水利系统主动加强与气象、农业、建设、应急等部门的会商研判。7月12日，省水利厅下发《关于做好出梅后水旱灾害防御工作的通知》（传真电报〔2023〕24号），要求各县（市、区）结合供水能力和需求，认真研判保供形势，做好中长期水量平衡分析，合理安排供用水计划。7月中旬，召集全省各设区市分析研判抗旱保供水情况，提前部署相应措施，牢牢掌握抗旱工作的主动权。

【旱情监测预报预警】 2023年，全省水利系统不断加强数字化建设，建设使用旱情监测预警平台。利用“浙水安全”数字化应用，动态掌握前期水雨情、水库蓄水、供水能力，及时发布旱情预警；深化“浙水好喝”数字化应用，融合水源地信息、农业灌溉水量、城市水厂、工业自备水等多维数据，依托保供预测等模型，提升对旱情的感知、分析、评估能力，实现了对供水状况的实时监测、保供天数的精准预测、保供能力的科学研判，有效增强旱情风险防范主动性。11月初，全省10个县（市、区）维持水利旱情预警，其中慈溪市、兰溪市、绍兴市越城区、绍兴市柯桥区、绍兴市上虞区维持黄色预警，磐安县、义乌市、舟山市普陀区、三门县、永康市维持蓝色预警。

【用水管理】 2023年出梅后，省水利厅及时组织各地修订细化市县级抗旱应急预案，提高旱情处置应对能力。组织各类水库（水电站）根据蓄水现状、用水需求以及未来旱情发展趋势，细化优化调度运用计划，加强与水厂联动，根据水位变化趋势，及时调整供水计划，保障供水安全、生产安全。如绍兴市根据汤浦水库蓄水情况，按“先河道、后水库”原则动态调整原水限供比例，有序开展供水区市区保供水工作，实现“水库不断供”和“确保生活用水不影响、力保生产用水不限供”目标，截至12月21日，汤浦水库蓄水量3394万m^3，可供水量1500万m^3。推进旱警水位应用。为科学设定干旱预警指标，完善抗旱预案启动条件，提升干旱灾害防御水平，于2022年制定完成的38个旱警水位，在2023年的抗旱保供中发挥了积极作用。如部分地区根据旱警水位及时启动了旱情预警，水库在预泄时根据旱警水位科学设定预泄目标，实现防汛抗旱两手抓，电站根据旱警水位优化了发电用水计划，优先保障了群众生产生活用水。

【供水工程建设】 2023年，全省完成多项应急水源和引调提水工程建设。1月，缙云县潜明水库引水工程通水，有效保障了约23.5万人的生产生活用水；6月，嵊泗县海水淡化厂正式投入生产，全面解决了嵊泗本岛的供水问题；绍兴市推进实施汤浦水库应急取水工程，于8月底建成投运，设计供水规模15万m^3/d；10月，丽水市滩坑引水工程全线贯通，有效提高了丽水市区及沿线乡镇供水水质和保证率。

【水资源调配】 2023年，省水利厅统筹流域区域，联合调度水利工程，实现抗旱水源的统一管理和优化配置。浙东引水工程向宁波市、绍兴市、舟山市等地累计供水7.43亿m^3，乌溪江引水工程向下游供水0.93亿m^3，其中向龙游县供水0.39亿m^3，向金华境内供水0.15亿m^3，有力保障了重点区域和重要城市供水安全。

（胡明华）

水利规划计划

Water Conservancy Planning

055～068 页

水利规划

【概况】 2023年，省政府印发《浙江水网建设实施方案（2023—2027年）》；省水利厅联合省发展改革委印发《浙江省水资源节约保护和利用总体规划（2021—2035年）》等2个规划，联合相关地市人民政府印发《浦阳江流域中上游干流"1＋3"蓄滞工程实施方案（2023—2027年）》等2个方案；省水利厅编制印发《数字孪生浙江水网建设先行先试（浙东区域）实施方案》等重大应用建设方案。开展《浙江省水安全保障"十四五"规划》中期评估等重点专题研究。

【水利规划编制】 2023年2月，经省政府同意，省水利厅联合省发展改革委印发《浦阳江流域中上游蓄滞工程调整专项规划》，以确保流域防洪安全为核心任务，以调整中上游蓄滞工程布局为工作重点，完善了流域防洪体系，明确了规划工程措施、非工程措施和建设时序。

3月，经省政府同意，省水利厅联合绍兴市人民政府、金华市人民政府印发《浦阳江流域中上游干流"1＋3"蓄滞工程实施方案（2023—2027年）》，聚焦解决流域突出防洪薄弱环节，通过实施浦江县双溪水库、安华水库扩容提升、诸暨市同山蓄滞洪、诸暨市高湖蓄滞洪区现代化改造等"1＋3"蓄滞工程，优化调整流域防洪工程体系，提升流域防洪安全保障能力，为流域经济社会高质量发展提供坚实的水安全保障。是月，经省政府同意，省水利厅联合宁波市人民政府印发《甬江流域防洪治涝十大工程实施方案（2023—2027年）》，通过实施甬江流域防洪治涝十大工程，进一步完善流域防洪治涝工程体系，补齐防洪减灾工程短板，提升流域防洪减灾能力，为推动宁波市现代化滨海大都市建设提供强有力的水利支撑和保障。

4月8日，省政府出具《关于浙江省水资源节约保护和利用总体规划的批复》（浙政函〔2023〕34号）；4月23日，省水利厅、省发展改革委联合印发《浙江省水资源节约保护和利用总体规划（2021—2035年）》（浙水计〔2023〕15号），立足水资源空间均衡，全面强化水资源节约和保护，加强水资源现代化管理，构建高水平水资源配置网，提高水资源供给系统韧性和应对极端干旱能力，是规划期内全省水资源节约、保护、利用、管理工作的指导性文件和重要依据。其中，钱塘江河口水资源配置规划主要成果纳入该规划，不再单独印发。

5月10日，省政府办公厅印发《浙江水网建设实施方案（2023—2027年）》（浙政办发〔2023〕32号），提出"三纵八横十枢"现代化水网框架基本形成等主要目标，明确完善高水平水资源配置体系、高标准防洪保安体系、高品质幸福河湖体系、高效能智慧水利体系、高质量水网管理体系等5方面16项主要任务，打造浙东、浙中、浙北水资源配置通道等16项水网标志性工程。组织开展市县级水网规划编制和审核，开展浙江市县级水网先行区的培育和遴选，组织申报水利部第一批市县级水网先导区，经水利部审核，宁波市成功入选全国第一批市级水网先导区。

10 月 10 日，省水利厅印发《数字孪生浙江水网建设先行先试（浙东区域）实施方案》（浙水计〔2023〕33 号），围绕供水安全、水质安全、工程安全，聚焦萧绍宁平原，构建水网智能感知体系、智能水网模型、基础支撑体系，建设具有“四预”功能的水资源调配、防洪排涝调度、水生态调度等业务应用，保障浙东区域用水安全。编制数字孪生水网五年建设实施方案，构建“1＋3＋11”浙江省数字孪生水网（指 1 个省级数字孪生水网，浙东、浙中、浙北 3 大水资源配置通道数字孪生水网，11 个市级数字孪生水网），进一步提升浙江省区域水资源调配、应急处置能力。围绕规划监管、项目前期、投资管理等方面，推进 10 余个业务场景的建设和迭代，强化省市县三级联动，进一步完善“浙水畅通”应用。是月，编制完成《大溪流域综合规划（报批稿）》，紧扣“共同富裕”“高质量”两大主题，结合经济社会发展需求、流域现状，以防洪保安全、水资源保障、水资源保护和水生态修复、流域管理为重点，对全流域水利发展进行了全面、系统的部署和安排，作为规划期内流域保护、治理、开发和管理的重要依据。

持续迭代完善《杭嘉湖区域防洪规划》，遵循“蓄泄兼筹，以泄为主”的原则，运用系统思维方法，构建形成层级分明、功能清晰、分级管控的防洪排涝格局。配合太湖流域管理局，开展东南区域水网规划编制和太湖流域防洪规划修编。配合长江水利委员会，开展长江流域防洪规划修编工作。

【重点专题研究】 2023 年，省水利厅完成《浙江省水安全保障“十四五”规划》中期评估，从总体情况、目标指标、建设任务、管理任务、改革任务等方面进行评估，客观评价规划实施的阶段性成效，认为规划总体实施情况良好，确定的主要指标、重点任务、重大工程等各项目标任务取得阶段进展，水安全保障各项事业成效明显；对规划项目进行调整优化，新增实施类项目 27 项，新增储备类项目 32 项，调出实施类项目 10 项，调出储备类项目 7 项。

完成《太湖流域防洪规划修编浙江专题》，重点完成了水利分区及重点城市防洪能力复核与形势分析、设防标准选定、区域设计暴雨及设计洪水复核、区域治理方案、城市防洪排涝方案及非工程措施研究等工作。

完成《城市防洪安全评估专题》，调查了现有县级以上城市的防洪排涝标准，根据现有的流域防洪规划等的设防标准和《防洪标准》（GB 50201—2014）进行评估；筛选出现有设防标准和规划设防标准不达标及可进一步提标的城市名录；并根据最新的城市总体规划、国土空间规划等成果，结合“十四五”水利规划实施项目，谋划安排相应达标工程，提出对策措施。

完成《浙江省市县水网建设规划编制技术导则》，规范和明确浙江省市县级水网建设规划编制的总体原则、目标任务、编制内容和技术要求，从水网架构、水资源保障体系、防洪保安体系、幸福河湖体系和智慧水利体系等方面指导浙江省各市县级水网建设规划的编制，提高编制水平。

完成《浙江省水安全评价指标体系研究》，围绕防洪减灾、水资源优化配置、水生态保护修复等方面，提出可量化、可评估的水安全指数，帮助分析各地水安全的主要问题，找到解决问题的关键点，提高水安全水平。

【重大战略支撑】 2023 年，省水利厅参与长江经济带高质量发展、长三角一体化发展等国家重大战略，参与编制《浙江省进一步推动长江经济带高质量发展若干政策措施的实施方案》等政策文件，起草《浙江省水利厅贯彻落实习近平总书记在进一步推动长江经济带高质量发展座谈会和深入推进长三角一体化发展座谈会上重要讲话精神的工作举措》，细化落实水利支撑保障措施。

省水利厅作为成员单位，参与全省重要战略，在共同富裕示范区建设、扩大有效投资“千项万亿”工程、海洋强省、交通强省、杭甬双城记、美丽浙江、服务业高质量发展、绿色低碳发展和能源保供稳价等战略中，谋划水利目标任务，为重大战略提供坚强的支撑保障作用。

按照《财政部办公厅　住房城乡建设部办公厅　水利部办公厅关于开展“十四五”第三批系统化全域推进海绵城市建设示范工作的通知》（财办建〔2023〕28 号）中明确的程序，省水利厅全程参与 2023 年度海绵城市示范性项目集中评审，与省住房和城乡建设厅、省财政厅联合公布 2023 年海绵城市示范性工程备选项目清单。

重大水利项目前期工作

【概况】 2023 年，全省共推进海塘安澜等 85 项重大水利项目前期工作，完成可研批复 36 项，投资规模 651 亿元，其中省级审批 29 项（表 1）；出具行业意见 45 项。

表 1　2023 年省级审批的重大项目清单

序号	项目名称	行政区	总投资/亿元	审查意见（文号、日期）	批复（文号、日期）
1	杭州本级海塘安澜工程（三堡至乔司段）一期	杭州	34.5	浙水函〔2023〕65 号，2023 年 1 月 20 日	浙发改项字〔2023〕54 号，2023 年 3 月 15 日
2	嘉兴港区海塘安澜工程（嘉兴电厂海塘）	嘉兴	0.9	—	浙发改项字〔2023〕56 号，2023 年 3 月 15 日
3	台州洪家场浦强排工程（台州湾新区段）	台州	10.7	浙水函〔2022〕668 号，2022 年 8 月 17 日	浙发改项字〔2023〕57 号，2023 年 3 月 16 日

续表

序号	项目名称	行政区	总投资/亿元	审查意见（文号、日期）	批复（文号、日期）
4	绍兴本级海塘安澜工程（曹娥江大闸段）	绍兴	5.6	浙水函〔2022〕531号，2022年6月22日	浙发改项字〔2023〕96号，2023年4月19日
5	东苕溪（德清段）防洪能力提升工程	湖州	14.7	浙水函〔2023〕5号，2023年1月4日	浙发改项字〔2023〕124号，2023年5月24日
6	湖州市南太湖新区启动区防洪排涝工程	湖州	17.2	浙水函〔2022〕41号，2022年1月17日	浙发改项字〔2023〕142号，2023年6月13日
7	乐清乐柳虹平原排涝工程（二期）	温州	9.5	浙水函〔2022〕523号，2022年6月21日	浙发改项字〔2023〕143号，2023年6月15日
8	诸暨浦阳江治理三期工程	绍兴	18.9	浙水函〔2022〕682号，2022年8月25日	浙发改项字〔2023〕147号，2023年6月21日
9	绍兴越城区海塘安澜工程	绍兴	4.7	浙水函〔2022〕615号，2022年7月26日	浙发改项字〔2023〕174号，2023年7月24日
10	瑞安飞云江治理二期工程	温州	23.6	浙水函〔2022〕756号，2022年9月19日	浙发改项字〔2023〕188号，2023年7月31日
11	扩大杭嘉湖南排后续西部通道工程（西线）	杭州	45.1	浙水函〔2023〕509号，2023年6月29日	浙发改项字〔2023〕189号，2023年7月31日
12	绍兴杭州湾南翼平原排涝及配套工程	绍兴	47.6	浙水函〔2023〕288号，2023年4月18日	浙发改项字〔2023〕190号，2023年7月31日
13	缙云县棠溪水库工程	丽水	24.7	浙水函〔2023〕372号，2023年5月15日	浙发改项字〔2023〕191号，2023年7月31日
14	温岭九龙汇调蓄工程	台州	16.3	浙水函〔2023〕229号，2023年3月23日	浙发改项字〔2023〕192号，2023年7月31日
15	瑞安海塘安澜工程（飞云江北岸下埠至上望段海塘）	温州	5.6	浙水函〔2023〕170号，2023年3月7日	浙发改项字〔2023〕211号，2023年8月7日
16	仙居县北岙水库工程	台州	13.5	浙水函〔2023〕542号，2023年7月14日	浙发改项字〔2023〕228号，2023年8月29日
17	龙港海塘安澜工程（城区片海塘）	温州	27.6	浙水函〔2023〕308号，2023年4月24日	浙发改项字〔2023〕236号，2023年8月30日

续表

序号	项目名称	行政区	总投资/亿元	审查意见（文号、日期）	批复（文号、日期）
18	龙港海塘安澜工程（江南涂肥艚港海塘）	温州	10.4	浙水函〔2023〕306号，2023年4月24日	浙发改项字〔2023〕237号，2023年8月30日
19	杭州本级海塘安澜工程（上泗南北大塘）二期	杭州	16.1	浙水函〔2023〕513号，2023年6月30日	浙发改项字〔2023〕243号，2023年8月31日
20	龙港海塘安澜工程（新城片青龙湖海塘）	温州	10.0	浙水函〔2023〕307号，2023年4月24日	浙发改项字〔2023〕258号，2023年9月15日
21	扩大杭嘉湖南排后续东部通道（麻泾港枢纽工程）	嘉兴	21.3	浙水函〔2023〕453号，2023年6月13日	浙发改项字〔2023〕275号，2023年9月27日
22	温州龙湾区海塘安澜工程（龙江路至南口大桥段海塘）	温州	7.9	浙水函〔2023〕364号，2023年5月12日	浙发改项字〔2023〕300号，2023年10月20日
23	嵊州三溪水库工程	绍兴	19.6	浙水函〔2023〕238号，2023年3月27日	浙发改项字〔2023〕301号，2023年10月20日
24	兰溪“三江”防洪安全综合提升工程	金华	9.9	浙水函〔2023〕511号，2023年6月29日	浙发改项字〔2023〕314号，2023年10月30日
25	瑞安金潮港流域防洪排涝综合治理工程	温州	23.9	浙水函〔2023〕563号，2023年7月20日	浙发改项字〔2023〕324号，2023年11月3日
26	台州椒江治理工程（临海段二期）	台州	13.2	浙水函〔2023〕115号，2023年2月16日	浙发改项字〔2023〕328号，2023年11月8日
27	钱塘江北岸海塘安澜工程（老盐仓至尖山段海塘）	省本级	15.7	浙水函〔2023〕685号，2023年9月6日	浙发改项字〔2023〕329号，2023年11月8日
28	杭州临安区里畈水库加高扩容工程	杭州	22.8	浙水函〔2021〕381号，2021年6月3日	浙发改项字〔2023〕336号，2023年11月10日
29	临海海塘安澜工程（南洋涂海塘）	台州	11.5	浙水函〔2022〕683号，2022年8月25日	浙发改项字〔2023〕337号，2023年11月10日

（资料来源：省水利厅计划处）

【杭州本级海塘安澜工程（三堡至乔司段）一期】 该工程任务为防洪御潮，并改善提升城市景观和市政交通功能。工程建设内容及规模：提标加固海塘3.97km，加固丁坝4座，新建穿堤涵闸1座，提升改造七堡挡潮闸和七堡水文站；提升改造之江东路4km，新建地下停车库3处、地面停车场2处，总机动车位472个；新建地面非机动车道约4km；公园绿化26.89万m^2，布置滨水岸带生态景观节点7处；新建配套管理及服务建筑15426m^2，拆复建配套管理及服务建筑1031m^2，提升改造建筑及其他构筑物1202m^2；建设园路及铺装场地，包括空中漫步道约750m；海塘亮化提升等。项目估算总投资345003万元。

【嘉兴港区海塘安澜工程（嘉兴电厂海塘）】 该工程任务以防潮为主，兼顾改善沿塘生态环境。主要建设内容包括：提标加固现有嘉兴电厂海塘1.32km等。项目估算总投资8705万元。

【台州洪家场浦强排工程（台州湾新区段）】 该工程任务以排涝为主，兼顾改善区域水生态。工程主要建设内容及规模：拓浚河道10.75km，新开河道2.66km，新建护岸长度23.90km；整治调蓄水面207亩；新建闸（站）2座；布置防汛道路约1.44km，沿线河道生态绿化9.37hm^2，滨水慢行道约9.25km等。项目估算总投资107142万元。

【绍兴本级海塘安澜工程（曹娥江大闸段）】 该工程任务以防潮排涝为主，结合改善滨海生态环境。工程建设内容及规模：提标加固海塘共计2.36km，提标加固左岸盘头1座，新建护塘河护岸0.5km、鱼道进口1处；改造提升九七丘堤、导流堤园区景观面积共计30625m^2，生态提质绿化面积175930m^2，新建绿道1.6km等。项目估算总投资56151万元。

【东苕溪（德清段）防洪能力提升工程】 该工程任务以防洪排涝为主，兼顾改善水生态环境。工程主要建设内容及规模：提标加固东苕溪干流右岸堤防19.38km、阜溪右岸堤防8.92km；拆除现有城南排涝站，移址重建新城南闸站；原规模提升改造9座水闸及城西排涝站1座；新建亲水节点8处，结合堤顶车行道路建设绿道约28.3km，堤防亮化提升等。项目估算总投资146511万元。

【湖州市南太湖新区启动区防洪排涝工程】 该工程任务以防洪、排涝为主，兼顾改善水环境、修复水生态。工程主要建设内容及规模：提标堤防11.90km，整治河道34.4km，新建护岸52.4km、堤防13.7km；整治湖漾5处；新改建口门闸站12座；新建生态水处理设施1座（5万t/d），新建区域内闸（站）11座。项目估算总投资171720万元。

【乐清乐柳虹平原排涝工程（二期）】 该工程主要建设内容及规模：新建节制闸1座，拆建闸站2座，下移重建闸站1座，新建闸站1座，拓浚河道1.1km，新建护岸1.2km，整治河道8.21km，拆建桥梁7座。项目估算总投资94859万元。

【诸暨浦阳江治理三期工程】 该工程主要建设内容及规模：加固提升堤防 23 段，总长度 62.6km；新改建交叉建筑物 69 处，其中移址重建电排站 1 座，拆建闸站 2 座，加固改造闸站 1 座，新（改）建穿堤涵闸 35 座，修复沿线涵闸 14 座、输水渠 1 处，改造机埠 14 座及新建桥梁 1 座；新建滨水节点 1 处，包括滩地生态修复、建设园路及铺装场地等；新建便民服务点 4 处；堤防景观绿化及亮化提升等。项目估算总投资 189379 万元。

【绍兴越城区海塘安澜工程】 该工程任务以防潮排涝为主，结合改善滨海生态环境。工程主要建设内容及规模：提标加固海塘 2.71km，新建丁坝 10 座、加固丁坝 1 座；提标加固闸站 1 座；拼宽桥梁 1 座；新建绿道 2.18km、文化节点 1 处、休闲亭廊 6 座、便民服务中心 2 处、瞭望塔 1 座；沿塘生态修复面积 10.7 万 m^2。项目估算总投资 47235 万元。

【瑞安飞云江治理二期工程】 该工程任务以防洪为主，结合排涝，兼顾改善水生态环境等综合利用。工程建设内容及规模：新建堤防 21.77km；新建改建水闸 30 座，旱闸 3 座；新建管理房 1 处，防汛仓库 5 处；新建景观节点 7 处，其中新建便民服务点 1 处，建设园路及铺装场地等；沿线新建便民服务点 3 处；堤防景观绿化提升等。项目估算总投资 235753 万元。

【扩大杭嘉湖南排后续西部通道（西线工程）】 该工程任务以防洪排涝为主，结合改善运西平原河网水生态环境，丰富应对东苕溪洪水的应急防御手段。工程主要建设内容及规模：新建闲林港进水口和南湖进水口，设计排涝流量 $80m^3/s$、$250m^3/s$；新建隧洞 10.9km，衬后内径 10.5m；新建闸站 3 座，结合闲林港进水口竖井布置隧洞控制闸，宽 10.5m，高 10.5m；南湖进水口检修排水泵站，设计流量 $2.1m^3/s$；南湖进水口反向配水流量和泵站设计流量均为 $10m^3/s$；新建顾家桥港保障中心；新建管理用房面积约 $5510m^2$；进水口周边河道整治约 2.74km。项目估算总投资 450803 万元。

【绍兴杭州湾南翼平原排涝及配套工程】 该工程任务以排涝为主，兼顾改善区域水生态环境。工程主要建设内容及规模：整治河道总长 9.63km，新建护岸 13.10km，拆除桥梁 17 座；整治镜湖，新增调蓄容积 650 万 m^3，恢复水域面积 1474.73 亩，新建护岸 9.22km；新建水闸 13 座，总净宽 270m；新建闸站 4 座，总净宽 110m，总排涝流量 $60m^3/s$，总引水流量 $30m^3/s$。项目估算总投资 475865 万元。

【缙云县棠溪水库工程】 该工程任务以防洪、供水为主，结合水生态环境改善、灌溉、发电等综合利用。工程主要建设内容及规模：修建道路 13.39km；修建 7m×7m 导流洞 1250m；修建混凝土面板堆石拦河坝 1 座，最大坝高 79.0m，总库容 4280 万 m^3；溢洪道布置于大坝右岸，设 3 孔×6.0m 泄洪闸；泄水放空洞位于左岸，由导流洞改造而成，洞长约 1250m；引水发电隧洞位于大坝左岸，长562m，进水口为岸塔式结构；发电厂房为地面引水式，装机容量为1800kW；调节池调蓄库容10万m^3；输水系统从水库下游到潜明水库引水工程赤溪管道预留接口处，全长3.79km，设计引水规模1.8m^3/s；管理房建筑面积2000m^2；生态修复工程；信息化系统1项。项目估算总投资246663万元。

【温岭九龙汇调蓄工程】 该工程任务以防洪排涝为主，结合改善区域水生态环境，有力提升周边耕地质量和灌溉保障能力。工程建设内容主要包括：整治调蓄水面91hm^2，新建护岸11.74km；新建2座闸站，1号、2号水闸净宽分别为15m、32m，泵站设计流量均为15m^3/s；新建3座水闸，1号水闸净宽90m，2号、3号水闸净宽均为35m；新建5座节制闸，水闸净宽均为5m；建设14个水位监测站、4个雨量站、2个流量监测站、1个城乡用水监测站点、15个水源地水位监测站点等。项目估算总投资163114万元。

【瑞安海塘安澜工程（飞云江北岸下埠至上望段海塘）】 该工程任务以防潮排涝为主，兼顾生态修复、管护提效等。工程建设内容及规模：提标加固海塘4.8km；移址扩建上望闸站、场四水闸；归并重建旱闸5座；新建管理用房600m^2；生态修复109000m^2；新建2处便民服务点850m^2，2处廊架等。项目估算总投资56225万元。

【仙居县北岙水库工程】 该工程任务以防洪、供水、改善流域水生态环境为主，结合灌溉、发电等综合利用。工程主要建设内容及规模：新建导流洞700m，衬后洞径7.0m×7.0m；新建常态混凝土单曲重力拦河拱坝1座，最大坝高113m，水库总库容6498万m^3，坝顶设3孔×12m溢流表孔、坝身设2孔泄洪中孔（孔身尺寸6m×7m）；新建二道坝1座并改建堰坝1座；新建发电引水隧洞长484m；新建发电厂房及升压站，装机容量为16000kW；供水及生态放水建筑物结合坝体布置和生态机组泄放；发电引水隧洞出口钢管设置支管作为灌溉引水管，设计流量1.5m^3/s；保留老坝主体部分并拆除老坝高程182.00m以上坝体；建设上坝道路1.88km和库区巡查道路3.34km；配套建设管理用房2200m^2；建设水电站35kV电力送出线路10.5km。项目估算总投资134704万元。

【龙港海塘安澜工程（城区片海塘）】 该工程任务以防潮（洪）排涝为主，结合改善提升滨海城市景观。工程主要建设内容及规模：提标加固海塘14.911km，新建水利管理房1050m^2；提升改造水闸3座，封堵沿线码头涵洞37座；配套建设2处节点、6处便民服务设施，绿化6.2万m^2，场地铺装4万m^2，海塘亮化提升等。项目估算总投资276385万元。

【龙港海塘安澜工程（江南涂舥艚港海塘）】 该工程任务以防潮排涝为主，结合改善提升滨海城市景观。工程主要建设内容及规模：提标加固海塘7.4km，建设防汛道路6.4km；提升加固琵琶闸，新建旱闸 3 座；配套建设便民服务点 3 处，绿化 6.5 万 m^2，建设园路及铺装场地约 4.1 万 m^2，堤防亮化提升等。项目估算总投资 104054 万元。

【杭州本级海塘安澜工程（上泗南北大塘）二期】 该工程任务以防洪御潮为主，兼顾提升排涝能力、改善生态环境。工程主要建设内容及规模：提标加固海塘 18.8km；新建龙潭泵站，移址重建小江闸站，原址提标改造闸站 4 座，改造机埠及排水管 19 处；加固丁坝 16 座，盘头 7 座；新建管理房 1800m^2；配套建设亲水节点 4 处、便民服务及巡查休憩点 9 处，盘头生态化改造 4 处，背水坡生态修复 15.1 万 m^2，江滩生态修复 18.2 万 m^2 等。项目估算总投资 160680 万元。

【龙港海塘安澜工程（新城片青龙湖海塘）】 该工程任务以防潮排涝为主，结合改善提升滨海城市景观。工程主要建设内容及规模：提标加固海塘 5.7km，建设防汛道路 4.7km；拆除重建北闸（3 孔×5m）；新建水利管理房 560m^2；配套建设 1 处节点、3 处便民服务设施，绿化 6.1 万 m^2，场地铺装 2.8 万 m^2，海塘亮化提升等。项目估算总投资 100117 万元。

【扩大杭嘉湖南排后续东部通道（麻泾港枢纽工程）】 该工程任务以防洪排涝为主，结合改善河网水生态环境。工程主要建设内容及规模：新建麻泾港泵站，设计流量 150m^3/s，备用 30m^3/s；新建出水盾构隧洞，长度 2.43km，开挖洞径 11.3m，衬后洞径 9.1m，以及进水竖井、出水竖井等；新建管理用房 3260m^2；清理泵站区域内的垃圾填埋场约 26520m^3，泵站管理区景观绿化约 15200m^2。项目估算总投资 212807 万元。

【温州龙湾区海塘安澜工程（龙江路至南口大桥段海塘）】 该工程任务以防潮（洪）排涝为主，兼顾改善沿江水生态环境。工程建设内容及规模：提标加固海塘 5.25km；新建蓝田泵站，设计流量 50m^3/s；提标加固蓝田水闸（3 孔×6m）、大浦水闸（1 孔×5m）；改造旱闸 4 座；封堵避风港船闸 1 座；建设管理用房 1120m^2；建设桥下防汛连接道路 0.9km；堤身绿化 7.14 万 m^2；新建便民服务点 5 处，保护管线等。项目估算总投资 78853 万元。

【嵊州三溪水库工程】 该工程任务以防洪、灌溉为主，结合改善水生态环境、发电等综合利用。工程建设内容及规模：新建导流洞 990m，衬后洞径 7.0m×7.0m；新建拦河坝 1 座，坝型为混凝土面板堆石坝，最大坝高 106m，坝顶长度 466m，水库总库容 4448 万 m^3；新建泄水建筑物，主坝右岸布置岸边式溢洪道，设置 3 孔×8m 泄洪闸；左岸布置泄洪放空洞，洞长 745m；新建发电引水建筑物，主坝右岸布置引水发电洞，洞长 1022m；新建发电厂房及升压站，装机容量 2000kW；新建防汛道路 4967m；新（改）建坝下提升工程，修复坝下护岸长 650m，改建拦河堰坝 1 座，改建灌溉渠道进水闸 1 座，新建交通桥 1 座，下游坝坡及坝下景观绿化等；新建管理用房 2230m^2；新建水电站10kV电力送出线路5km。项目估算总投资195663万元。

【兰溪“三江”防洪安全综合提升工程】 该工程任务以防洪为主，结合改善水生态环境。工程主要建设内容及规模：综合提升堤防40.91km，其中堤防提标加固0.80km，堤后增设压渗平台28.52km，堤顶道路提升改造40.91km；提升改造护岸1.86km；9座排涝站出水管道提升改造，更新改造沿线20座机埠，新建旱闸1座、人行桥1座；新建便民节点3处。项目估算总投资98989万元。

【瑞安金潮港流域防洪排涝综合治理工程】 该工程任务以防洪排涝为主，结合改善水生态环境。工程主要建设内容及规模：新建金潮港岩头桥上游至河口段两岸堤防，堤防长度23.26km；新建闸站5座、水闸14座，水闸总净宽133m，泵站总流量$80m^3/s$，拆除重建翻水站1座，新建涵闸9座、旱闸22座，新建水利管理房$770m^2$；金潮港渡槽卡口切滩长度200m；平原河道沙门溪、蛇排河—金施桥河整治长度共8.09km，新建护岸12.30km；西涂河疏浚2.08km；河道沿线拆建桥梁8座；新建亲水便民节点15处，新建仿石文化墙$1352m^2$，绿化苗木及种植$22940m^2$，堤防亮化提升等。项目估算总投资239391万元。

【台州椒江治理工程（临海段二期）】 该工程任务以防洪为主，兼顾改善沿江环境。工程主要建设内容及规模：两水山劈山工程，劈山宽度200m，控制河宽400m，开挖至－7.00m高程，同步整治灵江二桥下游滩地，切滩面积$0.14km^2$；新建伏龙滩防洪堤3.3km，防洪标准为50年一遇；新建两水排涝涵闸1座（单孔6m×4m），新建穿堤排水管涵6条；改建灵江二桥，沿线堤防绿化提升等。项目估算总投资132051万元。

【钱塘江北岸海塘安澜工程（老盐仓至尖山段海塘）】 该工程任务以防洪御潮为主，结合排涝、水文化提升、沿塘生态环境改善等综合利用。工程主要建设内容及规模：提标加固海塘34.2km，含加固堤脚7.5km；整修丁坝盘头4座，改造旱闸10座；改扩建谈家埭排涝闸（2孔×5m）；新建上塘河闸前防汛交通桥1座；利用盐官基地展陈古海塘文化，沿塘布置水文化节点4处，配套建设便民服务点7处等；建设监测感知、通信网络等信息化基础设施等。项目估算总投资156600万元。

【杭州临安区里畈水库加高扩容工程】 该工程任务以防洪、供水为主，结合灌溉、发电、改善水生态环境等综合利用。工程主要建设内容及规模：现状大坝加高35.0m，加高后最大坝高107.5m，水库总库容增加至5981万m^3；新建混凝土重力副坝，坝长307.0m，最大坝高44.0m；新建泄水建筑物，布置在主坝，采用“3表孔＋2中孔”型式，表孔总净宽24m，中孔断面2.5m×3m；泄洪发电洞改建，新建进水口，加固衬砌隧洞198m；原一级电站报废，二级电站原址重建，装机容量5000kW；更新完善大坝安全监测系统，新建上坝道路 2.82km 和防汛道路 4.34km。项目估算总投资 228273 万元。

【临海海塘安澜工程（南洋涂海塘）】 该工程任务以防潮排涝为主，兼顾改善提升滨海生态环境，并融合道路交通等功能。工程主要建设内容及规模：提标加固海塘 7.39km；新建南洋排涝闸（5孔×4m）及桥梁 1 座；原规模提标穿礁排涝闸（5 孔 × 4m）；建设防汛道路 7.2km；配套建设管理用房 600m² 和工程数字化、海塘智慧管理体系及自动化监测系统等；建设景观节点 5 处、便民服务点 2 处、游步道约 7.5km；海塘亮化提升等。项目估算总投资 114883 万元。

水利投资计划

【概况】 2023 年，全省水利建设完成投资 784.8 亿元。水利基础设施建设成效位列全国第一，获水利部通报表扬；中央财政水利发展资金绩效评价获评全国优秀，评价结果再次位列全国第一；省级部门财政管理绩效综合评价获先进单位。规范省级部门项目支出预算管理工作，开展对口帮扶。

【省级及以上专项资金计划】 2023 年，全省共争取省级及以上专项资金 108.3 亿元。中央资金 19.9 亿元（不含宁波市 0.3 亿元）中，中央预算内投资 8.58 亿元，主要用于新建大中型水库、大型灌区续建配套改造、五大江河干堤加固；中央财政专项资金 11.32 亿元，主要用于水系连通及水美乡村建设试点县、200～3000km² 中小河流综合治理、中型灌区续建配套改造、新建小型水库、小型水库维修养护、水土流失治理、农业水价综合改革、山洪沟治理、山洪灾害防御能力提升、水资源节约与保护、幸福河湖试点、农村饮水工程维修养护、河湖长制国家激励等。中央下达浙江省 2023 年投资计划 71.2 亿元，完成投资 71.2 亿元，完成率 100%，完成中央资金 19.9 亿元，完成率 100%。安排省级资金 88.4 亿元，其中重大水利项目 56.9 亿元，重点用于海塘安澜千亿工程、水网骨干工程（48.6 亿元，占比 85.5%）；一般水利项目和水利管理任务 31.5 亿元，主要用于中小流域治理、小型水库除险加固、山塘整治、圩区整治、水土流失治理、中型灌区续建配套改造、幸福河湖建设试点、农饮水工程管护等项目。

【水利投资年度计划及完成情况】 2023 年，全省水利计划投资 700 亿元，全年完成投资 784.8 亿元，完成率 112.1%。全省海塘安澜等重大水利项目投资计划 300 亿元，完成投资 434.5 亿元，同比增长 27.8%。2023 年各设区市投资计划和完成情况见图 1。

【投融资改革】 2023 年，省水利厅抢抓国家政策窗口期，争取落实增发国债项目 158 项，获得增发国债资金 228 亿元。水利投资实现市场投资超 400 亿元，与财政投入的比例达 1∶1，其中社会资本投入超 90 亿元。组建专项债券省级专家团队开展技术指导服务，推动落实专项

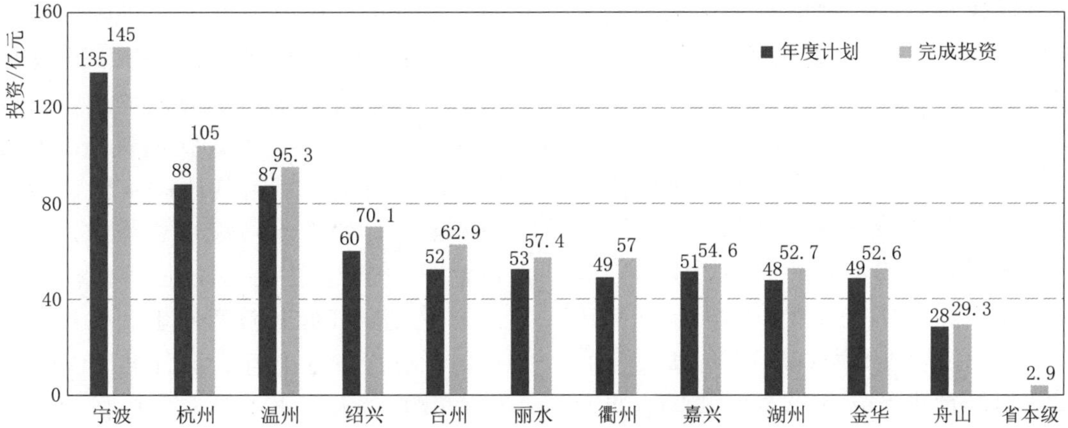

图 1 2023 年各设区市投资计划和完成情况

（省水利厅计划处 供图）

债券 133.6 亿元；召开重大项目推介会，会同金融机构推出“幸福河湖贷”，拓展“规划综合贷”“绿色发展贷”政策支持范围，实现信贷投放 185.8 亿元，同比增长 33.6%；持续攻坚汤浦水库 REITs 试点，国家发展改革委正式受理，争取全国水利首单发行；绍兴、上虞、平阳、松阳等地盘活水利领域存量资产和龙港、瑞安争取金融支持的案例得到水利部认可、印发文件推广。

【水利综合统计】 2023 年，省水利厅按时完成中央水利建设投资月报，跟踪掌握各地中央投资水利建设项目的投资计划落实、资金安排、项目建设进度等，协调相关部门督促各地更好地完成中央水利投资建设任务。省水利厅共编制全省水利建设统计月报 11 期，并在省水利厅官网发布。省水利厅完成《2022 年水利综合年报》《水利建设投资统计年报》《水利服务业统计年报》等统计报表工作，编印《浙江水利统计资料（2022 年）》。

【专项资金绩效评价】 2023 年，省水利厅完成 2022 年度中央财政水利发展资金绩效评价工作，被财政部和水利部联合评为优秀等次，评价结果位列全国第一。

【省政府督查激励水利事项】 2023 年，根据省政府办公厅《关于对 2022 年落实有关重大政策措施真抓实干成效明显地方予以督查激励的通报》（浙政办发〔2023〕39 号），省政府对 2022 年水利建设投资项目落实、解决防洪突出薄弱环节、美丽幸福河湖建设和水库系统治理（除险加固）工作成效明显的杭州市余杭区、宁波市奉化区、宁波市宁海县、湖州市德清县、绍兴市诸暨市、金华市武义县、衢州市柯城区予以督查激励。省水利厅对上述地区，在水利现代化治理试点安排方面予以优先支持。

【部门项目支出预算】 2023 年，省财政批复水利部门项目支出预算 9.87 亿元，其中用于省管海塘建设 2.52 亿元。

坚持绩效导向，推进项目实施成效与预算安排挂钩，切实提升财政资金使用效益。

【对口帮扶】 2023年，省水利厅学习传达国家和省委、省政府关于帮扶和援疆援藏援吉等要求，从规划、项目、资金、技术、人才等各方面组织做好相关工作。落实省级以上补助资金6.2亿元，加快推进开化县域水网建设，重点支持开化水库工程和水利民生实事项目建设。带动引导部分国有企业、民营企业助力消费帮扶，帮助销售农产品达15.2万元以上，有效助力低收入农户增收。

组织新疆阿克苏地区与兵团一师水利系统骨干共同来浙交流培训，深入解决受援地水利工程建设任务重、水文监测、工程监管能力不足等的问题，累计参训人员70余名。补助援疆资金190万元，推动完成《阿克苏地区水网建设规划》编制，建立水网规划总体布局、谋划重点水网建设项目，匡算总投资超1000亿元。开展浙新两地水利系统交流互访，浙江省水利厅、浙江省水文管理中心、浙江水利水电学院、中国水利博物馆等单位赴新疆考察调研，协助推进地震后堰塞湖水文测量、新疆河湖长学院建设、塔里木河水文化建设等工作，有效支撑浙新两地水利业务与人才培养工作交流互动。

（陈宇婷、陈凯炜、常贵宾、李景双）

水利工程建设

Hydraulic Engineering Construction

069～095 页

重点水利工程建设

【概况】 2023年，全省重大水利工程项目全年计划投资300亿元，截至12月底完成投资434.5亿元，完成率144.8%。开工建设重大项目47项，台州市朱溪水库工程等12项重大工程完工见效。

【开化水库工程】 该工程位于钱塘江源头、衢江流域常山港干流马金溪上游，坝址距离开化县城区25km，坝址以上集水面积233km²。工程任务以防洪、供水和改善流域生态环境为主，结合灌溉，兼顾发电等综合利用。工程为Ⅱ等大（2）型工程，主要建筑物级别为2级，设计洪水标准为500年一遇；次要建筑物级别为3级，设计洪水标准为50年一遇。水库正常蓄水位251.00m，死水位205.00m，设计洪水位258.35m，校核洪水位258.50m，总库容1.84亿m^3，调节库容1.36亿m^3，防洪库容0.58亿m^3，电站装机容量1.38万kW。工程由拦河坝、溢洪道、引水发电系统（兼有放空功能）、生态流量泄放设施、升鱼机（开化水库升鱼机和齐溪水库升鱼机）等组成。主坝为混凝土面板堆石坝，最大坝高85.5m，坝顶长度385m。输水工程线路全长48.0km，其中干线总长31.1km。工程初步设计于2021年10月21日获批，工程概算总投资45.54亿元，批复总工期36个月。工程于2022年3月23日开工建设，截至2023年12月底，坝体已填筑至设计高程；溢洪道开挖已完成，混凝土浇筑完成62.3%；发电厂房混凝土浇筑完成60.5%；发电引水隧洞掘进已完成；坝顶调度中心正进行装饰装修作业；输水隧洞主洞累计掘进19919m；输水管线累计安装完成4839m。工程累计完成投资37.46亿元，占总投资45.54亿元的82.26%，2023年完成投资10.01亿元。

【湖州市苕溪清水入湖河道整治后续工程】 该工程位于杭嘉湖区域湖州地区，涉及湖州市本级、长兴县、德清县和安吉县。工程是在苕溪清水入湖河道整治主体工程的基础上开展的河道整治工程，是保障苕溪清水入湖河道整治工程整体功能有效发挥的延续和补充工程。主要建设内容包括环湖河道整治工程、东西苕溪治理工程、闸站扩排工程等。具体内容如下：

（1）湖州市本级，新建毛安桥泵站，设计流量为18.7m^3/s。

（2）德清段，加高加固三里塘段、湘溪口段、洋口圩段堤防总长3.69km，拆建水闸1座，新建涵闸2座，新建新民桥闸站，设计排涝流量50m^3/s，引水流量25m^3/s，水闸净宽1孔×6m。

（3）长兴段：①整治合溪新港15.85km，加高加固堤防24.43km；沿线拆建闸站1座、泵站1座、桥梁8座，改建水闸3座；②整治横山港11.23km，加高加固堤防15.59km；沿线拆建水闸1座、涵闸1座、闸站4座、桥梁7座；③加高加固晓墅港堤防12.54km，沿线拆建涵闸6座、闸站6座、泵站3座；④移址重建小浦闸，水闸净宽2孔×23m。

（4）安吉段：加高加固晓墅港堤防

13.58km；改建水闸12座、泵站6座，拆建桥梁1座。工程初步设计于2021年10月20日获批，工程概算总投资13.95亿元，批复总工期36个月。截至2023年12月底，湖州市本级段已完成全部建设内容，德清段堤防工程已完成，新民桥闸站工程完成42%，长兴段累计完成77.2%，安吉段完成堤防改造加固13.58km、闸泵站改造18座。工程累计完成投资8.28亿元，占总投资的59.35%，2023年完成投资2.33亿元。

【衢州市柯城区寺桥水库工程】 该工程位于衢江支流石梁溪上，坝址位于衢州市柯城区石梁镇坎底村上游约900m处，距衢州市区约15km。工程任务以防洪、灌溉和改善生态环境为主，兼顾发电。工程等别为Ⅲ等，水库规模为中型。挡水建筑物级别为2级，设计洪水标准为100年一遇；泄水建筑物、放空建筑物、发电引水建筑物级别为3级，设计洪水标准为100年一遇；消能防冲建筑物级别为3级，设计洪水标准为30年一遇；电站厂房建筑物级别为5级，设计洪水标准20年一遇。水库总库容3589万m^3，正常蓄水库容3295万m^3，死库容140万m^3。校核洪水位278.51m，设计洪水位278.10m，防洪高水位276.90m，正常蓄水位275.00m，梅汛期防洪限制水位270.00m，台汛期防洪限制水位272.50m，死水位210.00m。工程建设内容主要由拦河坝、泄洪建筑物、导流/放空建筑物、发电引水系统、厂房、对外交通及生活管理区等组成。工程初步设计于2021年7月25日获批，概算总投资23.51亿元，批复总工期53个月。工程于2021年11月19日开工建设，截至2023年12月底，花木线还建公路完成94%，左岸趾板槽开挖完成98%，右岸趾板槽开挖完成85%，坝体下游填筑至188.00m高程，已完成坝后量水堰浇筑，上坝公路完成69%，洞坞大桥湿接缝、防撞墙钢筋制安全部完成，胜堂殿二号大桥下部结构完成，桥梁板安装完成40%；胜堂殿一号桥桥梁板安装完成，路基开挖填筑及路基挡墙完成85%。工程累计完成投资14.51亿元，占总投资的61.72%，2023年完成投资4.28亿元。

【云和县龙泉溪治理二期工程】 该工程位于云和县瓯江干流上游龙泉溪石塘水库库区内。工程任务以岸坡整治和管理提升为主，兼顾改善水环境。主要建设内容包括：整治岸坡6.61km，其中龙泉溪青龙潭段左岸0.28km、右岸3.95km，长汀段左岸1.69km、右岸0.69km；新建管理道路6.65km，其中龙泉溪青龙潭段右岸0.05km，长汀段左岸2.70km、右岸3.90km；建设避灾点2处及便民设施等配套工程。工程初步设计于2021年4月15日获批，概算总投资9324万元，批复总工期24个月。工程于2021年8月28日开工，截至2023年12月底，青龙潭段主体工程完工，并完成岸坡整治及防汛道路建设4km；长汀段左岸完成岸坡整治、路基开挖填筑及水稳层浇筑4km，完成灌注桩浇筑371个，盖梁浇筑241个，长汀右岸完成栈桥空心板安装2km，桥面现浇层完成约1.2km。工程累计完成投资

9316万元，占总投资的99.91%，2023年完成投资316万元。

【平阳县鳌江南港流域江西垟平原排涝工程（二期）】 该工程位于平阳县萧江镇和龙港市城西社区。工程等别为Ⅲ等，夏桥泵站和萧江闸站主要建筑物级别为2级，设计洪（潮）水为50年一遇；次要建筑物级别为3级。排涝标准为城镇区域20年一遇3日暴雨不超过城镇规划地面高程，农田满足10年一遇3日暴雨4日排出不成灾。主要建设内容包括新建萧江闸泵（萧江水闸和萧江泵站）和夏桥泵站。萧江水闸与萧江泵站分离新建，位于萧江塘河入江口处，闸槛高程取−1.00m，共3孔，每孔净宽6m，设计洪（潮）水标准50年一遇，设计流量195m³/s，萧江泵站设计流量为40m³/s。夏桥泵站位于夏桥水闸西侧，沪山内河入江口处，设计流量100m³/s。工程初步设计于2020年11月18日获批，概算总投资4.58亿元，工程总工期36个月。工程于2021年8月14日开工，截至2023年12月底，萧江闸站（萧江水闸、萧江泵站）的施工内容已全部完成，市电已接入并通电，萧江泵站的泵机组已完成试运行。夏桥泵站的主体工程已全部完成，房屋装饰装修工程完成98%，景观绿化等附属工程完成约90%，机电及自动化安装基本完成，泵机组已在柴油发电机供电下调试运行，但因市电暂未接入，未进行泵机组试运行。工程累计完成投资5.04亿元，占总投资4.58亿元的110.04%，2023年完成投资1.72亿元。

【杭州市青山水库防洪能力提升工程】 该工程位于杭州市临安区。工程任务为提高水库洪水前期泄洪能力，提升水库拦蓄能力，为洪水精细化调控奠定良好基础，兼顾生态、景观等需求。主要建设内容包括：新建泄洪洞、电站尾水渠加固和泄洪渠改造等，其中新建泄洪洞由进口闸、隧洞和出口段等组成，设计过流流量364m³/s，泄洪洞全长581.0m，电站尾水渠加固总长871.4m，泄洪渠改造总长654.0m。青山水库在汛限水位23.16m，预泄能力提升到500m³/s。工程初步设计于2021年4月24日获批，工程概算总投资2.00亿元，工程总工期20个月。工程于2021年7月24日开工建设，截至2023年12月底，已完成主体工程完工验收、水土保持设施专项验收、环境保护设施验收。工程累计完成投资2.00亿元，2023年度完成投资0.37亿元。

【太湖环湖大堤（浙江段）后续工程】 该工程是国务院批准的太湖流域防洪规划和太湖流域综合规划确定的太湖流域重要治理骨干工程之一，涉及湖州市本级、长兴县。主要建设内容包括环湖大堤达标加固和平原入湖河道整治工程。环湖大堤达标加固长度12.61km，其中湖州市区段3.47km，长兴段长9.14km；新（重）建入湖口门建筑物13座，新建桥梁2座；平原入湖河道整治长度16.13km，新（重）建入湖口门建筑物95座，跨河桥梁17座。环湖大堤按照100年一遇的防洪标准建设，合溪新港按照50年一遇的防洪标准建设，其他入湖河道整治按照20年一遇的防洪标准建设。工程初步设计于2021年3月获批，工程概算总投资24.24亿元，工程总工期36个月。工程于2021年6月开工，截至2023年12月底，市本级段已通过完工验收、水土保持设施专项验收；长兴段施工2标、3标已完成全部工程量，施工4标已完成沉渎港堤防6.6km、41座闸站、6座桥梁，施工5标已完成19座闸站主体结构和上部结构。工程累计完成投资22.74亿元，占总投资的93.81%，2023年完成投资5.95亿元。

【台州市永宁江闸强排工程（一期）】 该工程位于台州市黄岩区。工程任务以防洪排涝为主，兼顾生态环境改善等综合利用。工程等别为Ⅱ等。永宁江闸主要建筑物级别为2级，次要建筑物级别为3级，设计洪水标准为50年一遇，挡潮标准为100年一遇；王林洋东闸、西闸主要建筑物级别为2级，次要建筑物级别为3级，设计洪水标准为50年一遇。新前北城片排涝标准为20年一遇最大24小时降雨不受淹，农田排涝标准为10年一遇3日降雨4日排出。主要建设内容包括除险加固提升永宁江闸（10孔×8.0m，设计过闸流量1600m^3/s）、新建王林洋东闸（2孔×6.0m）、新建王林洋西闸（1孔×6.0m）、新建王林洋东闸管理用房（建筑面积约263.15m^2）、新建王林洋西闸管理用房（建筑面积约139.3m^2）、拆除重建永宁江闸生产辅助用房（建筑面积3361.4m^2）、改建永宁江闸管理区、改建水位站8处、新建水位站6处、新建潮位站1处、新建专业水文站1处等。工程初步设计于2020年11月22日获批，概算总投资1.73亿元，工程总工期24个月。工程于2021年4月6日开工建设，截至2023年12月底，项目已基本完工。工程累计完成投资1.73亿元，2023年完成投资0.47亿元。

【玉环市漩门湾拓浚扩排工程】 该工程位于玉环市漩门湾二期、三期围区内，是一项以解决防洪排涝为主，兼顾水环境改善、水资源保护、疏浚淤泥资源化利用的综合性水利工程。漩门湾二期、三期及上游乡镇街道城建区排涝标准为20年一遇最大24小时暴雨不受淹，二期农业区排涝标准为10年一遇最大24小时暴雨24小时排出。主要建设内容包括湖泊及河道拓浚工程、水闸工程、淤泥处置工程以及一期堵坝拆除工程等，具体内容如下：①河湖工程，拓浚河道总长18.84km，其中漩门江2.22km、解放南闸河0.74km、人民塘闸河2.96km、知青闸河2.54km、前山闸河1.95km、内一环河5.77km、清淤节制闸入湖河道2.66km；拓浚湖泊面积1.74km^2，其中漩门湖1.29km^2、人民湖0.45km^2；保留水面（新城湖）17.5km^2；②水闸工程，新建玉环湖排涝闸，净宽40m；改建苔山排涝闸，净宽40m；改建节制闸4座，其中泗头闸净宽18m，知青塘闸、人民塘闸、前山闸净宽均为9m；③淤泥处置工程，处置河湖清淤土方912万m^3；④拆除一期堵坝长145m。工程初步设计于2020年8月获批，工程概算总投资11.56亿元，工程总工期48个月。工程于2021年6月23日开工，截至2022年12月31日，河湖疏浚工程已完成总进度的85.9%；前山闸和人民闸均已完成主体工程施工，知青闸已完成地基处理，苔山闸完成上下游围堰施工及部分老闸拆除；淤泥处置真空预压造地工程已完成3～4区块约1227亩。工程累计完成投资5.74亿元，占批复概算投资的49.65%，2023年完成投资2.02亿元。

【苍南县江南垟平原骨干排涝工程】 该工程主要建设内容包括：拓浚排涝河道总长123.7km，新建闸（站）3座，建设绿道28.3km、绿道人行桥24座、滨水湿地1处、沿河休闲节点7处，新建或拆建沿线阻水桥梁共102座。工程排涝标准为江南垟平原城市建成区和规划区20年一遇暴雨基本不受淹，农田20年一遇3日暴雨3日排出且受淹时间不超过24小时。工程初步设计于2021年1月11日获批，工程概算总投资24.58亿元，工程总工期60个月。工程分为苍南段和龙港段两部分实施，分别于2021年4月6日、2021年7月5日开工建设。截至2022年12月底，苍南段完成龙金运河治理12km，新建绿道桥梁17座；完成横二河标段河道治理0.8km，拆建交通桥1座。龙港段完成纵一河、横一河建设，并组织了分部工程验收。基本完成垦区内河道湖西河建设。2023年度完成河道建设15.2km，新建护岸14.6km。工程累计完成投资17.03亿元，占总投资24.58亿元的69.28%，2023年完成投资3.70亿元。

【舟山市大陆引水三期工程】 该工程是国家172项节水供水重大水利工程之一，也是浙东引水工程的重要组成部分，是从大陆向舟山海岛引水，增加舟山本岛及其周边部分岛屿的生活、工业等供水的引调水工程。工程主要由宁波至舟山黄金湾水库引水三期工程（包括宁波陆上段工程和镇海至马目跨海输水管道工程）、岛际引水工程（包括金塘岛引水工程和岱山县引水工程）、大沙调蓄水库工程和水务调度信息化管理系统等内容组成。工程输水线路总长179.9km（其中隧洞长1.4km，陆上输水管道长81.9km，跨海输水管道长96.6km），建设大沙调蓄水库1座、泵站6座（新建4座、改造2座），设计引水流量为1.2m^3/s。工程概算总投资23.6亿元，工程总工期39个月。工程于2016年9月开工建设，截至2023年底，镇海至马目跨海输水管道工程、大沙调蓄水库工程和水务调度信息化管理系统等3个子项目和岱山县引水工程完工，宁波陆上段工程已完成泵站施工，已完成管道施工16km，金塘岛引水工程海上段已完成全部施工。工程累计完成投资27.53亿元，占总投资24.3亿元的113.29%。2023年度开展竣工验收准备工作。

【台州市朱溪水库工程】 该工程位于浙江省台州市黄岩区和仙居县境内，水库坝址位于连头溪和溪上溪汇合口下游600m处，距朱溪镇4.5km。朱溪水库是以供水为主，结合防洪、灌溉，兼顾发电等综合利用的大型水库。水库总库容1.26亿m^3，供水调节库容0.98亿m^3，防洪库容0.31亿m^3。工程建成后，可使台州市南片供水区和朱溪流域供水区城乡综合供水保证率达95%，灌溉供水保证率达90%，改善人口约350万人；提高坝址下游沿岸城镇和农田的防洪标准至20年一遇，水库控制最大下泄流量200m³/s（梅汛期600m³/s），相应防洪库容为3082万m³，保护人口8.4万人，耕地0.32万hm²。工程初步设计于2016年5月24日获批，工程概算总投资37.44亿元，工程总工期55个月。工程于2017年7月26日开工建设，截至2023年12月底，朱溪水库工程下闸蓄水；交通洞封堵、导流洞封堵完成；发电厂房、放水阀室屋面封顶；输水堰缺口段堰体浇筑完成；压力钢管安装及外包混凝土完成；埋管施工完成（除遥岩洞口连接段）；调节池左右岸混凝土护坡完成；护坦及海漫施工完成；长滩主洞衬砌开始施工；遥岩阀室、上朱阀室主体施工完成；调压井井身衬砌施工完成。累计完成投资37.43亿元，占总投资37.44亿元的99.97%，2023年完成投资1.46亿元。

【扩大杭嘉湖南排工程（嘉兴部分）】 该工程位于杭嘉湖东部平原嘉兴市境内，涉及海盐县、海宁市、桐乡市和嘉兴市秀洲区。主要建设内容为：新建南台头排水泵站设计排水流量150m³/s，装机容量10MW；新建长山河排水泵站设计排水流量150m³/s，装机容量9.6MW；整治河道总长120.14km，新建和加固沿河堤防112.9km，新建和加固护岸237.78km，加固节制闸6座，涉及新建、拆建跨河桥梁78座。工程初步设计于2015年2月16日获批，概算总投资45.43亿元，总工期48个月。工程于2015年9月9日开工建设。至2022年底，工程完工并发挥效益，累计完成投资45.43亿元。2023年度开展竣工验收准备工作。

【扩大杭嘉湖南排工程（杭州八堡排水泵站）】 该工程位于规划京杭运河二通道一线船闸东侧，排水河道利用规划京杭运河二通道，排水口设在头格村附近的钱塘江北岸海塘上。工程等别为Ⅰ等，主要建筑物为1级，次要建筑物为3级，排水设计流量为200m³/s。工程初步设计于2018年3月15日获批，工程概算总投资12.95亿元，工程总工期36个月。工程于2019年1月16日开工，至2022年底，工程完工并发挥效益，累计完成投资12.95亿元。2023年度开展竣工验收准备工作。

【杭州市西湖区铜鉴湖防洪排涝调蓄工程】 该工程位于杭州市西湖区之江地区，北至双灵路、规划灵富路，南至袁富路，东至杭富沿江公路（铜鉴湖大道），西至规划经二路、灵龙路，距离杭州市区约20km。工程初步设计于2018年10月24日获批，工程概算总投资14.44亿元，工程总工期36个月。工程于2019年8月6日开工建设，主要建设内容为：开挖铜鉴湖面积1.35km²，总库容500万m³，沿湖建设护岸28.3km；新建铜鉴湖引排隧洞约2.2km，设计分洪流量40m³/s；新建配水泵站1座，设计流量2m³/s；新建周浦北闸、下羊闸。工程等别为Ⅲ等，铜鉴湖隧洞进出口、铜鉴湖泵站、周浦北闸、下羊闸、铜鉴湖护岸等主要建筑物级别为3级，设计防洪标准为20年一遇，排涝标准20年一遇，概算总投资14.44亿元。至2022

年底，工程完工并发挥效益，累计完成投资14.44亿元。2023年度开展竣工验收准备工作。

【绍兴市上虞区虞东河湖综合整治工程】该工程位于上虞区东部，工程防洪排涝范围主要包括虞北平原的小越、驿亭和丰惠平原的梁湖、丰惠等四个乡镇。建设内容包括皂李湖、白马湖、小越湖、孔家岙泊、东泊和西泊等“六湖”整治，建设湖岸工程40.14km，清淤279.66万m^3；新建皂李湖堤防1.37km；整治虞甬运河、皂李湖河、皂李湖支河、盖南河起始段等河道15.19km；新建皂李湖—白马湖隧洞长2.38km、白马湖—西泊隧洞长0.34km，引水流量为5m^3/s；新建节制闸6座；布置水净化预处理设施1处；新建及拆建桥梁26座。工程初步设计于2015年7月25日获批，工程概算总投资12.03亿元，工程总工期48个月。工程于2015年12月20日开工，至2022年底，工程完工并发挥效益，累计完成投资12.22亿元。2023年度开展竣工验收准备工作。

【温瑞平原东片排涝工程】 该工程位于温州市龙湾区和温州经济技术开发区，其中龙湾区片包括蒲州、状元、瑶溪、永中、海滨、永兴六个街道及永兴北围垦、永兴南围垦和天城围垦区，经开区片包括沙城、天河、海城、星海四个街道及龙湾二期围垦区、经海园区（天城南围垦）和丁山围区。项目主要建设任务包括：整治河道76条，总长144.23km；新（改）建水闸2座；新建大罗山引水隧洞1条，洞长3.073km；改建配套桥梁48座。工程设计排涝标准：城区为50年一遇3日暴雨4日排出控制河道最高水位不超过地面控制点高程；农田为10年一遇3日暴雨4日排出。项目共分三期实施，其中一期、二期属于龙湾区，三期属于经开区。工程初步设计于2017年11月获批，工程概算总投资35.51亿元，工程总工期66个月。工程于2018年8月开工，至2023年底，龙湾区片：东排1标累计完成91.77%，东排2标累计完成89.14%，东排3标累计完成66.56%，东排5标段累计完成59.45%，东排6标累计完成46.95%，东排11标累计完成57.76%，东排10标已完成工程完工验收；经开区片：瓯飞起步区东门浦河道主体工程已完成，文学浦正进行地质异常段排水板搭设，四甲浦便道已完成。工程累计完成投资18.81亿元，占总投资的52.97%，2023年完成投资1.12亿元。

【临海市方溪水库工程】 该工程位于临海市括苍镇境内，永安溪流域支流方溪上，坝址地处方溪村上游约450m，控制流域面积84.8km^2，是以供水为主，结合防洪、灌溉、发电等综合利用的中型水库，总库容7205万m^3，工程等别为Ⅱ等，拦河坝为2级建筑物，泄水建筑物及发电引（供）水建筑物为3级建筑物，发电厂房和临时建筑物为4级建筑物。拦河坝、泄水建筑物及发电引（供）水建筑物设计洪水标准为100年一遇；发电厂房设计洪水标准为50年一遇。方溪下游括苍镇防洪标准从5年一遇提高到20年一遇，水库下游村庄防洪标准提高到10年一遇。水库年供水量7000万m^3，供水范围为牛头山水库供水区的部分城镇需水缺口和临海西部山区的白水洋、括苍和永丰等3个乡镇城镇供水以及方溪下游0.62万亩农田灌溉。工程初步设计于2013年3月30日获批，工程概算总投资11.5亿元，工程总工期36个月。工程于2018年4月8日开工，2021年12月29日通过蓄水验收。2021年12月底，完成坝体填筑、混凝土面板浇筑、溢洪道混凝土浇筑等施工，具备下闸蓄水条件。工程累计完成投资15亿元。2023年临海市方溪水库主体工程顺利通过完工验收。

【三门县东屏水库工程】 该工程位于台州市三门县境内，是以供水为主，兼顾防洪、发电等综合利用的水利工程。工程由东屏水库、长林水库、输水建筑物及永久交通工程等组成，其中长林水库为东屏水库的引水配套工程。两水库库容相加近3000万m^3，其中东屏水库库容2733万m^3，长林水库库容206万m^3。工程为Ⅲ等工程；东屏水库拦河坝、泄水建筑物、供水建筑物、消能防冲建筑物级别为3级，设计洪水重现期为100年；长林水库拦河坝、泄水建筑物、输水建筑物进口、消能防冲建筑物级别为4级，设计洪水重现期为50年；两水库间输水隧洞、下游河道护坡及护岸级别为4级，设计洪水重现期为50年。水库主要供水范围为三门县中部地区工业及城乡生活用水（包括六敖镇、健跳镇、横渡镇、蛇蟠乡、健跳临港工业园区、龙山涂围垦、规划蛇蟠岛旅游度假区和火电厂），并可向下游灌区提供114万m^3的灌溉用水。工程初步设计于2016年8月21日获批，工程概算总投资7.04亿元，工程总工期36个月。工程于2017年8月23日开工，截至2023年12月底，施工1标已完成东屏导流洞和长林导流洞验收工作、完成输水隧洞全线贯通，二次衬砌及底板已浇筑完成，已移交开展隧洞口作业、上坝道路完成98%工程量，满足通车要求；长林大坝坝体混凝土浇筑已至111.50m高程（坝顶高程为111.50m），完成坝体混凝土浇筑约5万m^3，完成坝体浇筑工作；东屏大坝已完成左、右坝肩开挖及场地平整工作，已完成26组槽段施工（共计40组）；狮白线改道标段已完成交工验收；泄洪渠交通桥主体基本完成。工程累计完成投资7.03亿元，占总投资7.04亿元的99.86%。2023年完成投资0.20亿元。

【松阳县黄南水库工程】 该工程位于丽水市松阳县境内，坝址位于松阴溪支流小港黄南村上游，距松阳县城约35km。是一座以供水、灌溉、防洪为主，结合改善水生态环境、发电等综合利用的中型水库，总库容9196万m^3，年供水量5700万m^3。水库建成后，与东坞水库联合调度，可使松阳县城乡生活、工业用水保证率提高至95%。工程等别为Ⅲ等，拦河坝为2级建筑物；溢洪道、放水管、输水建筑物进水口和发电引水建筑物进水口等为3级建筑物；输水隧洞、发电引水隧洞、电站厂房和升压站为4级建筑物；下游河道的护坡、护岸等为4级建筑物。拦河坝、溢洪道、放水管、发电及输水进水口设计洪水重现期为100年，校核洪水重现期为2000年；输水隧洞、发电引水隧洞、发电厂房、升压站设计洪水重现期为50年，校核洪水重现期为100年；溢洪道消能防冲设施设计洪水重现期为30年。工程初步设计于2016年2月4日获批，工程概算总投资18.07亿元，工程总工期52个月。工程于2017年6月8日开工，大坝工程于2018年10月实施截流并开始填筑施工，2019年11月11日主体填筑完成，输水隧洞工程于2019年12月16日全线贯通，2020年7月30日通过蓄水验收，2020年8月6日下闸蓄水，2021年11月18日通过工程配套电站机组启动验收。截至2022年12月底，主体工程完成，进行工程扫尾，累计完成投资18.1亿元。2023年度开展竣工验收准备工作。

【义乌市双江水利枢纽工程】 该工程位于义乌市义乌江与南江汇合口下游约2km处，距离义乌市区12km。工程任务以供水、防洪为主，结合改善生态环境，兼顾灌溉、航运和发电等综合利用。工程建设内容主要包括蓄水区工程、堤岸工程、拦河坝改造工程和管理维护区工程等四部分。工程等别为Ⅲ等，拦河坝枢纽改造（泄水闸和生态放水闸）建筑物级别为3级，设计洪水标准为50年一遇，校核洪水标准为100年一遇；堤防、石溪排涝闸、穿堤涵管等交叉建筑物级别为3级，设计洪水标准为50年一遇；蓄水区内隔堤、节制闸和灌溉泵站等次要建筑物级别为4级，设计洪水标准为20年一遇。水库正常蓄水位54.20m，相应库容1733万m^3，死水位50.8m，相应死库容233万m^3，兴利库容1500万m^3，拦河坝50年一遇设计洪水位为56.81m，100年一遇校核洪水位为57.24m，总库容2980万m^3，日均供水量20万m^3。工程所在地义乌市规划中心城区防洪标准为50年一遇，排涝标准为20年一遇。工程供水范围为义乌市主城区、城西区、佛堂区、义亭区和上溪区，供水对象为一般工业用水。工程初步设计于2020年6月22日获批，工程概算总投资35.92亿元，工程总工期36个月。工程于2020年12月23日开工，截至2023年12月底，Ⅰ标段蓄水区土石方（含砂石）开挖556.4582万m^3；北堤堤身填筑完成9.5万m^3及挡墙护岸等相关配套工程；完成北堤穿堤建筑物箱涵3座及部分挡墙砌筑；完成1号、3号、5号节制闸闸室主体结构、闸门安装。Ⅱ标段蓄水区土方（含砂石）开挖约332.9935万m^3，西堤堤坝回填约12.9773万m^3，西堤挡墙1600m，完成西堤造型土方回填30.1871万m^3。Ⅲ标段蓄水区土方（含砂石）开挖约211.15万m^3，南堤填筑4.16万m^3，西堤水工填筑1.615万m^3，完成南堤堤岸排水沟施工1300m，南堤仿松木桩施工480m，南堤挡墙完成200m，西堤挡墙700m，西堤及湿地造型土方回填约20.82万m^3。累计完成投资32.6亿元，投资完成率90.76%，2023年完成投资3.00亿元。

【诸暨市陈蔡水库加固改造工程】 该工程位于钱塘江流域浦阳江支流开化江上游，大坝坐落于诸暨市东白湖镇，坝址以上集水面积187km^2，总库容1.164亿m^3。工程任务以防洪、供水为主，兼顾灌溉等综合利用。工程建设内容包括：

主坝坝顶、护坡、防渗结构加固改造；副坝坝顶、护坡、防渗结构加固改造；泄洪闸闸门、启闭设备与控制系统、启闭平台及启闭机室加固改造等。工程等别为Ⅱ等，为大（2）型水库。拦河坝（主坝、副坝、非常溢洪道改造成的副坝）、泄洪闸、原输水放空洞进水口、新建输水隧洞进水口等主要建筑物级别为2级，设计洪水标准为100年一遇；原输水放空洞（不包括进水口）、新建输水隧洞（不包括进水口）建筑物级别为3级，设计洪水标准为30年一遇，校核洪水标准为100年一遇；泄水消能防冲建筑物设计洪水标准为50年一遇。水库供水范围、供水对象，供水保证率为95%；灌溉范围为陈石灌区，灌溉保证率90%；生态用水按照坝址处天然多年平均流量的10%确定，加固改造后多年平均城乡供水量为7831万m^3、灌溉水量997万m^3、生态用水量1522万m^3。工程初步设计于2020年8月29日获批，工程概算总投资9.92亿元，工程总工期30个月。工程于2020年11月27日开工，截至2022年12月底，主体工程完成，累计完成投资9.92亿元。2023年度开展竣工验收准备工作。

【温州市瓯江引水工程】 该工程位于温州市鹿城区、瓯海区、浙南产业集聚区和龙湾区境内。工程自渡船头取水口和瓯江翻水站取水口取水，通过输水隧洞引水，沿程分别向鹿城区、瓯海区、浙南产业集聚区等15处分水口配水。工程任务为城市应急备用供水、灌溉、河网生态补水及防洪排涝。工程设计水平年为2030年，城镇供水年保证率为95%，农田灌溉设计年保证率90%，多年平均年引水量7.43亿m^3，多年平均引水流量25m^3/s。主要建设内容包括：新建渡船头取水枢纽，改造提升瓯江翻水站取水枢纽，新建渡船头至丰台输水建筑物（含输水隧洞、埋管、顶管、调压井、控制阀、南村加压泵站、泽雅调流站等）及分水隧洞与分水口等。瓯江引水工程1标段于2021年1月22日开工建设，2标段和3标段EPC工程总承包于2021年7月完成签约并开工建设。工程初步设计于2020年9月8日获批，工程概算总投资54.98亿元，工程总工期60个月。工程于2021年4月10日开工，截至2023年12月底，开工作业面已达33处，隧洞累计进尺达62.40km，完成隧洞总长的77%，渡船头取水枢纽沉砂池开挖施工，泵站水泵层开展混凝土浇筑，埋管段已完成全部围护灌注桩。1标段和3标段已同步开展二次衬砌作业，累计完成衬砌8.9km。工程累计完成投资21.72亿元，占总投资的39.51%，2023年完成投资8.61亿元。

【好溪水利枢纽流岸水库工程】 该工程位于金华市磐安县境内，坝址位于流岸村上游约1km处，距仁川镇2.5km。该工程是好溪水利枢纽和好溪流域水资源配置体系的重要组成部分，水库供水范围分磐安县供水区和永康市供水区。工程主要建筑物有拦河坝、泄水建筑物、放水建筑物、发电引水建筑物、发电厂及升压站、泊公坑引水、水库向新城区（新渥）输水、上坝公路及进厂公路、环库防汛道路、管理用房等。水库总库容3147万m^3。工程等别为Ⅲ等，水库规模为中型。工程初步设计于2020年6月18日获批，工程概算总投资15.68亿元，工程总工期42个月。工程于2020年11月27日开工，截至2023年12月底，混凝土重力坝工程已浇筑至高程353.00m，累计完成混凝土浇筑12.24万m^3；泊公坑引水工程包含泊公坑隧洞进口支洞（235.04m）、泊公坑主洞（4775.6m）、半坑支洞（330.573m）和下爿坑支洞（326.092m），共计5667.305m。已完成泊公坑隧洞进口支洞235.04m和主洞4636m的开挖及支护；水库向新城区（新渥）输水工程包含流岸隧洞（682m）、柳坡隧洞（1091.6m）、后宅1号隧洞（3387.4m）和后宅2号隧洞（569m），共计5730m，已于2023年7月12日全线贯通；发电引水隧洞工程全长392.6m，已完成进口段开挖及支护272.6m。工程累计完成投资14.33亿元，占总投资的91.39%，2023年完成投资2.40亿元。

重大水利工程竣工验收

【概况】 2023年，全省完成苕溪清水入湖河道整治工程（余杭区段）、桐庐县富春江干堤加固三期工程等重大水利工程竣工验收工作，见表1。

表1 2023年重大水利工程竣工验收情况

序号	设区市	县（市、区）	项目名称	竣工验收时间
1	杭州	余杭区	苕溪清水入湖河道整治工程（余杭区段）	11月21日
		桐庐县	桐庐县富春江干堤加固三期工程	12月5日
2	温州	温州市	温州浅滩一期围涂工程	11月26日
		瑞安市	瑞安市丁山三期西片围涂工程（北区片）	4月11日
		平阳县	平阳县显桥水闸除险加固工程	3月29日
3	嘉兴	平湖市	平湖塘延伸拓浚工程	10月25日
4	湖州	湖州市	苕溪清水入湖河道整治工程（湖州段）	12月18日
		德清县	苕溪清水入湖河道整治工程（德清段）	11月13日
		安吉县	苕溪清水入湖河道整治工程（安吉段）	12月18日
		长兴县	苕溪清水入湖河道整治工程（长兴段）	12月18日
5	绍兴	柯桥区	柯桥区瓜渚湖直江柯北段拓浚工程	5月29日
6	舟山	舟山市	舟山市六横小郭巨二期围垦工程	12月25日
7	台州	台州市	台州市栅岭汪排涝调蓄工程	6月28日

（资料来源：省水利厅建设处）

【苕溪清水入湖河道整治工程（余杭区段）】 该工程位于杭嘉湖平原南部杭州市余杭区。该工程的任务以防洪为主，结合排涝等综合利用。该工程主要建设内容为：新建堤（岸）总长8.94km；沿线新建水闸2座，新建闸站2座；拆建桥梁1座；新建排水管涵17处；新建堤后排水沟1条。该工程莲花溪出口至下塘段设计防洪标准为50年一遇，主要建筑物级别为3级。麻车段设计防洪标准为20年一遇，大洋段设计防洪标准为20年一遇，主要建筑物级别为4级。工程于2015年11月12日开工，2023年11月21日通过省发展改革委和省水利厅组织的竣工验收。

【桐庐县富春江干堤加固三期工程】 该工程位于桐庐县富春江镇。工程任务以防洪为主，结合排涝、沿江生态修复等综合利用。工程主要建设内容为：新建、加固堤防总长9288m，其中沙湾堤5145m，上泗俞赵堤4143m；沿线建设配套排涝闸站3座、灌溉机埠5座，同时进行沿江生态修复。沙湾堤堤防建筑物级别为4级，防洪标准为20年一遇；上泗俞赵堤堤防建筑物级别为5级，防洪标准为10年一遇；排涝标准为10年一遇24小时暴雨24小时排出。工程于2018年12月1日开工，2023年12月5日通过省发展改革委和省水利厅组织的竣工验收。

【温州浅滩一期围涂工程】 该工程位于温州市瓯江口外，介于灵昆岛（属温州市龙湾区）和霓屿岛（属温州市洞头区）之间。工程主要任务为围涂造地、连岛兴港等综合利用。工程主要建设内容为北围堤、南围堤、东围堤和1座排涝闸。其中，北围堤5.288km、南围堤6.276km、东堤5.088km，排涝闸布置于北围堤上，总净宽18m，最大排涝流量调整为183m^3/s。该工程等别为Ⅲ等，围堤为3级建筑物，按50年一遇防潮标准设计。排涝闸为2级建筑物，排涝标准为50年一遇，挡潮标准为100年一遇。闸堤衔接段建筑物级别为2级，挡潮标准为100年一遇。工程于2003年4月9日开工，2023年11月26日通过省发展改革委和省水利厅组织的竣工验收。

【瑞安市丁山三期西片围涂工程（北区片）】 该工程位于瑞安市飞云江口东海岸，东临大海，西靠温瑞平原老海塘，南为南区片海域，北与丁山一期及龙湾二期围涂工程相接。工程主要任务为通过围涂近期发展水产养殖，滩涂面积为8704亩。主要建设内容为：新建海堤1637m、1号施工便道3814m、水闸1座，水闸总净宽35m（7孔×5m）。工程为Ⅲ等工程。主要建筑物海堤、水闸级别为3级；1号施工便道级别为4级，临时建筑物围堰级别为5级。海堤防潮标准为50年一遇，1号施工便道防潮标准为10年一遇，龙口度汛标准为10年一遇，水闸防潮标准为50年一遇；排涝标准为20年一遇3日暴雨4日排出。工程于2016年6月27日开工，2023年4月11日通过省发展改革委和省水利厅组织的竣工验收。

【平阳县显桥水闸除险加固工程】 该工程位于平阳县麻步镇与水头镇交界显桥村，带溪与鳌江汇合口上游约500m处。工程主要任务以挡潮、排涝、蓄淡灌溉为主，兼顾改善水环境综合利用。工程主要建设内容为：拆除老闸，在老闸下游80m处新建显桥水闸，包含上游护底段、闸室段、下游消能防冲段三部分。主要建筑物包括水闸闸室、上下游翼墙、上下游护坦、消力池及防冲槽，次要建筑物包括水闸上下游护岸，临时建筑物为水闸施工围堰及导流明渠。工程等别为Ⅲ等，主要建筑物级别为3级，次要建筑物级别为4级，临时建筑物级别为5级。工程于2018年11月1日开工，2023年3月29日通过省水利厅组织的竣工验收。

【平湖塘延伸拓浚工程】 该工程位于嘉兴市。工程建设任务为提高太湖流域水环境容量，改善太湖流域和杭嘉湖东部平原水环境，提高区域水环境优化配置能力，完善流域和区域排涝格局，兼顾航运等综合利用。工程主要建设内容为建设排水主干河道总长77.75km，其中利用现状河道长度共计19.20km，疏浚、拓浚及新开河道长度共计58.55km，排水干河出海口新建独山闸1座，新建沿河节制闸10座。对河道上相关阻水桥梁及建筑物进行拆建或改建。独山闸为Ⅰ等工程，主要建筑物级别为1级，次要建筑物级别为3级。南郊河左岸堤防等级为2级，设计洪水标准为重现期100年；北市河右岸堤防等级为3级，设计洪水标准为重现期50年；独山干河两岸堤防、南郊河右岸堤防及北市河左岸堤防等级为4级，设计洪水标准为重现期20年。排水干河两侧支河上的通航节制闸及节制闸为4级建筑物，设计洪水标准为重现期20年，校核洪水标准为重现期50年。工程于2008年3月15日开工，2023年10月25日通过省水利厅组织的竣工验收。

【苕溪清水入湖河道整治工程(湖州段)】 该工程位于杭嘉湖平原西部，湖州市南浔区、吴兴区和南太湖新区境内。工程建设任务为通过对苕溪流域主要河道的水环境改善和河道整治工程，减少入太湖的污染负荷，改善太湖和苕溪流域的水环境状况，提高流域防洪能力，兼顾航运等综合利用。工程主要内容为：拓浚西苕溪干流河道9.42km，退建两岸堤防17.98km，拆建节制闸6座、泵站3座；导流西岸加高加固堤防长12.78km，新建护岸20.84km，新建防汛道路12.09km，拆建节制闸3座、泵站3座、闸站4座；导流东大堤涉及加固护岸20km；河道清淤28.27km，种植亲水植物等水生态修复29.79万m^2。白雀塘桥至太湖口段堤防防洪标准为100年一遇；西苕溪干流下目村至霅水桥左岸、严家坟铁路桥至霅水桥右岸堤防防洪标准为50年一遇；下目村至严家坟铁路桥右岸堤防防洪标准为20年一遇；导流港左岸洪东湾至埭溪段堤防防洪标准为20年一遇，其余堤段防洪标准均为10年一遇。工程于2014年5月开工，2023年12月18日通过省水利厅组织的竣工验收。

【苕溪清水入湖河道整治工程(德清段)】 该工程位于杭嘉湖平原西部德清县，涉及下渚湖、康乾、乾元、洛舍、阜溪等多个镇街，上游起于德清县康介山村与杭州市余杭区交界，下游止于洛舍镇洪东湾与湖州市吴兴区交界。工程任务为通过苕溪流域主要河道的水环境改善和河道整治工程，减少入太湖的污染负荷，改善太湖和苕溪流域的水环境状况，提高区域防洪能力，兼顾航运等综合利用。工程主要建设内容包括：整治河道 39.09km，其中导流西岸（康介山—洪东湾）30.33km，阜溪右岸（横塘桥闸—导流港）8.76km；共加高加固堤防 39.09km，新建护岸 39.09km，新建防汛道路 39.09km；沿岸拆建水闸 8 座、泵站 14 座。导流西岸湘溪大闸至洪东湾、阜溪右岸堤防防洪标准为 20 年一遇，设计洪水位 6.90～4.67m；导流西岸康介山至湘溪大闸堤防防洪标准为 10 年一遇，设计洪水位 6.88～4.47m。工程于 2013 年 10 月 28 日开工，主体工程于 2014 年 12 月 31 日开工，2023 年 11 月 13 日通过省发展改革委和省水利厅组织的竣工验收。

【苕溪清水入湖河道整治工程（安吉段）】 该工程位于杭嘉湖平原西部安吉县。工程任务为通过对苕溪流域主要河道的水环境改善和河道整治，减少入太湖的污染负荷，改善苕溪流域的水环境状况，提高区域防洪能力，兼顾航运等综合利用。工程主要建设内容包括：西苕溪干流安吉段河道整治 45.75km，其中拓浚河道 0.58km；新建护岸 42.03km，加固护岸 4.76km，加高加固堤防 66.11km，退建堤防 4.44km，新建防汛通道 69.69km，拆建水闸 14 座、泵站 6 座。浑泥港河道整治 8.59km，其中拓浚河道 2.38km；加高加固堤防 12.76km，退建堤防 3.93km，新建防汛道路 16.69km，拆建水闸 10 座、泵站 1 座。西苕溪干流右岸乌象坝至阳光枢纽段、左岸梅溪（老龙坝）至小溪口段堤防防洪标准为 50 年一遇，其余堤防防洪标准均为 20 年一遇。西苕溪干流右岸乌象坝至阳光枢纽段、左岸梅溪至小溪口段堤防及交叉建筑物级别为 2 级，其余堤防及交叉建筑物级别均为 4 级。工程于 2015 年 4 月 28 日开工，2023 年 12 月 18 日通过省水利厅组织的竣工验收。

【苕溪清水入湖河道整治工程（长兴段）】 该工程位于杭嘉湖平原西部长兴县。工程任务为通过长兴港、杨家浦港、西苕溪水环境改善和河道整治工程，减少入太湖的污染负荷，改善太湖和长兴平原的水环境状况，提高流域防洪能力，兼顾航运等综合利用。工程主要建设内容包括西苕溪干流长兴段、长兴港、杨家浦港河道整治及其水环境改善工程，涉及河道总长 61.18km。西苕溪干流长兴段整治河道总长 20.5km，拓浚河道 15.87km，拆建节制闸 7 座、新建 1 座，拆建泵站 7 座；长兴港河道整治长 18.58km，拆建节制闸 7 座、新建 2 座，拆建泵站 13 座；拆建跨河桥梁 10 座、利用 5 座、拆除 7 座，新建涵洞 1 座；杨家浦港整治河道长 22.1km，新建分洪闸 1 座，拆建节制闸 5 座，拆建泵站 5 座，移位新建桥梁 2 座，拆建桥梁 9 座，拆除桥梁 1 座，利用现有桥梁 11 座。西苕溪干流左岸长兴段、长兴港画溪桥—太湖口段堤防防洪标准为 50 年一遇，其余堤防防洪标准均为 20 年一遇。西苕溪干流长兴段左岸堤防及交叉建筑物级别为 2 级，右岸堤防及交叉建筑物级别为 4 级；长兴港林城—画溪桥段堤防及交叉建筑物级别为 4 级，杨湾—太湖口段堤防及交叉建筑物级别为 3 级；杨家浦港堤防及交叉建筑物级别为 4 级，胥仓桥分洪节制闸主要建筑物级别为 2 级。应急工程于 2012 年 9 月开工，主体工程于 2015 年 7 月开工，2023 年 12 月 18 日通过省水利厅组织的竣工验收。

【柯桥区瓜渚湖直江柯北段拓浚工程】 该工程位于绍兴市柯桥区北部地区的滨海大河、三江大河瓜渚湖直江，沿线途经华舍、安昌、齐贤等街道。工程任务以防洪排涝为主，兼顾水环境改善等综合利用。工程主要建设内容包括河道拓浚、护岸、绿化、阻水桥梁改建等，河道治理总长度 15.78km。其中，瓜渚湖直江柯北段起自三江大河终于滨海大河，河道治理长度 4.68km，桥梁拆除重建 1 座，拆除 2 座；滨海大河安昌段起自杨树江终于瓜渚湖直江出口，河道治理长度 3.72km，桥梁拆除重建 4 座；三江大河城区段起自东小江，终于越城区边界镜水桥，河道治理长度 7.38km，桥梁拆除 3 座。工程等别为Ⅲ等，主要建筑物级别为 3 级，次要建筑物级别为 4 级。工程防洪标准为 50～100 年一遇，排涝标准为 20 年一遇。工程于 2018 年 1 月 18 日开工，2023 年 5 月 29 日通过绍兴市发展改革委和绍兴市水利局组织的竣工验收。

【舟山市六横小郭巨二期围垦工程】 该工程位于舟山市六横岛的西南部，小郭巨山、外青山、白马咀及炮台岗一带。工程任务为城建、工业和港口建设提供用地，提高防洪排涝能力。工程主要建设内容为：海堤总长 6553m，其中新建郭巨堤 4393m、青山堤加高闭气 1800m、炮台堤加高闭气 360m；郭巨山水闸净宽 5 孔×5m（底槛高程－2.00m），外青山水闸净宽 5 孔×5m（底槛高程－2.00m），外青山通航孔（300t 级）净宽 1 孔×15m（底槛高程－4.50m）；围区临时河道 5080m；西沙排水闸净宽 7 孔×3m（底槛高程－2.00m）等。工程等别为Ⅲ等，海堤、水闸、通航孔等主要建筑物级别为 3 级，设计挡潮标准为 50 年一遇，海堤允许部分越浪；围区临时河道建筑物级别为 4 级；施工围堰等临时性建筑物为 5 级。围区排涝标准为 20 年一遇 24 小时暴雨当天排出。工程于 2012 年 4 月 1 日开工，2023 年 12 月 25 日通过省发展改革委和省水利厅组织的竣工验收。

【台州市栅岭汪排涝调蓄工程】 该工程位于台州市路桥区、椒江区。工程主要以防洪排涝为主，结合水环境改善和应急备用水源等综合利用。工程主要建设内容为排涝河道、桐屿低地调蓄区、栅岭汪排涝隧洞、栅浦闸扩建和内河节制闸、引水工程、桥梁工程等。排涝河道总长 16.70km，其中下分水河长 4000m，高新河长 4682m，东山河长 2470m，永宁河长 5548m。低地调蓄区水面 1.8km^2，栅岭汪排涝隧洞长 1498m，20 年一遇排水量 1452 万 m^3。新建栅浦 2 号闸，闸孔净宽 2 孔×5m，新建内河节制闸（即 2～4 号闸），其中 2 号闸闸孔净宽 2 孔×5m，3 号、4 号闸闸孔净宽均为 1 孔×15m。工程等别为Ⅲ等，主要建筑物栅浦 2 号闸级别为 2 级，设计洪（潮）水标准为 100 年一遇；河道、调蓄区、隧洞、内河节制闸级别为 3 级，设计洪水标准为 20 年一遇，调蓄区及内河节制闸校核洪水标准为 50 年一遇。堵坝等次要建筑物级别为 4 级，设计洪水标准为 10 年一遇，校核洪水标准为 30 年一遇。工程城区排涝标准为 20 年一遇洪水 24 小时排出，农田排涝标准为10年一遇。椒江南岸自永宁江闸下至城区段防洪（潮）标准为100年一遇。工程于2011年3月12日开工，2023年6月28日通过省发展改革委和省水利厅组织的竣工验收。

病险水库除险加固

【概况】 2023年，浙江省病险水库除险加固工作列入了省政府十方面民生实事，全年计划完成200座，并写入2023年度省政府工作报告，实际完成256座。

【病险水库除险加固完工项目】 至年底，全省水库除险加固工程完工256座，见表2。其中杭州28座、宁波10座、温州6座、湖州13座、绍兴32座、金华73座、舟山10座、衢州32座、台州42座、丽水10座，超额完成省政府对省水利厅的考核目标。

表2　2023年浙江省水库除险加固工程完工项目清单

序号	设区市	完成数/座	水库清单
1	杭州	28	石子塘、上游、前坑坞、钦堂直坞、桃源坞、湾斗、上坞、石基塘、金坞、田弄、密坞、石岩门、就岭脚、黄山、横山坞、石状坞、关里、强盗坞、红卫、乌石、高坎、清河塘、后垅、海塘、山里、高坊坞、大坞、牌坊坞
2	宁波	10	镇岭下、后茅山、寺祥岭、紫微岙、龙角岩、寨基、桐山、十字路、宣化堰、西岙
3	温州	6	荆源、金狮、山门坑、胜天二号、圆井、岩坑
4	湖州	13	蛟坞、杨坟坞、葵山、干山坞、芮家坞、迁迢、沿景坞、黄栗坞、莫劳坞、施家坞、东坞、长春、平堰
5	绍兴	32	大坑、方丈、道场、白水墩、长龙岗、梅溪湾、王了坑、凤林、尖坑、王宅坑、裘家坞、石坦庙、西坑湾、大岭、王木、上游、人造湖、东风、高家田、官元、梅树湾、双龙、沽塘、石门、大郎、敖坑、下庄坂、团丘、上游、十亩岭下、杨树、胡角头
6	金华	73	洪塘坑、翁家畈、东坑、沉湖塘、虎皮塘、大箬溪、杨村垅、陈林坞、松溪、寺前湾、解放、水牛岭脚、抱弄坑、秋塘、磨下坑、塘里、西山塘、茶壶里、新作塘、阴坑垅、大坞陈、里枝坞、上梅垄、罗塘、西湖塘、源里垅、大丘田、洪垅、东湖、骑马塘、五指岩、大坟坑、下塘、龙坞、水仙洞、王坞坑、里坑、南山坑、和平、斗天、方塘、小溪口、金竹坑、西塘、上产、石垅塘、东垅、小箬溪、窄塘、官龙、朱里、腰身坞、马公塘、群英、塘坞坑、里外塘、黄源、东溪滩、清明塘、大塘里、大湾、廿四步、金山岭、丁坑、石仓、里坞垅、金狮岭、乔亭、平湖、山河溪、红峰、湖湾、黄都塘

续表

序号	设区市	完成数/座	水 库 清 单
7	舟山	10	枕头山、桃树湾、南浦岙里、范家、姚家湾、翁浦湾、大岙、五星、童家岙、贾施岙
8	衢州	32	塘底大坞、汪坞、塘湖、冬大塘、蛇坑、茶坞弄、西坞、白渡、坞塘、青塘、莲塘垄、慈古塘、高古塘、碧家河、安仁、高垅、塘里、毛塘垄、大坑、南洋、十里丰东湖、杉树坞、撑口、板塘、井源口、寺坞、匹力塘、牛头塘、花坞二、七里岙、红旗岗、胡村
9	台州	42	东孔、狮子口、二亩山、岩板寺、桐坑溪、黄塘坑、岭脚、马塘弄、济里堂、岩门、方山、东山陈、虎柜头、石鸡娘、长田、后郑桥、岙里、水帘洞坑、胡家岙、津溪岙、龙潭背、岩头山、里小塘、黄山塘、里院、石门、大岙田、道场岙、龙珠潭、良潭、大林、新益、水竹、十八浒、十二坑、毛儿坑、幸福、谷岙、墨坑、水平坑、九都、后岭
10	丽水	10	浣溪、高洋、马蹄泉、黄塘、广溪、天门、上周坑、安福、关弄、朱坑

（资料来源：省水利厅建设处）

江堤海塘工程建设

【概况】 2023年，浙江省对钱塘江、瓯江、飞云江、椒江等流域主要江河堤防以及沿海干堤、海塘进行加固建设。完成干堤加固任务108.6km，完成年度目标的135.8%。常山县常山港治理二期工程等工程完工见效。海塘安澜工程全年计划开工110km，已开工161.1km，开工率146.5%。

【杭州市萧山区浦阳江治理工程】 该工程主要任务以防洪为主，兼顾排涝，结合两岸滩地治理及水环境整治。堤防加固总长55.06km（左岸25.33km、右岸15.61km、西江塘14.12km）；西江塘主要建筑物级别为1级，防洪标准为100年一遇；浦阳江干流堤防主要建筑物级别为2级，防洪标准为50年一遇；建设防汛道路58.3km；拆建排灌站9座、机埠35座，新建穿堤涵闸和船闸各1座，箱涵及涵管接长22处；滩地治理24处，总面积363.62万m^2，拆除子堤6处；疏浚临浦以上主河槽11.97km；营造江内滩地景观绿化135.0万m^2。2023年11月，经省发展改革委重大设计变更（浙发改项字〔2023〕322号）同意取消部分滩地建设内容、取消沿线全部驿站和浮动码头、减少1364亩用地，概算投资调整为37.79亿元。施工总工期为58个月。至2023年底，一期工程、二期工程、三期工程均已完工验收，四期工程完成茅潭江农田整治项目（切滩）工程，累计完成投资约37.13亿元，占批复概算投资98.25%，2023年完成投资2.39亿元。

【常山县常山港治理二期工程】 该工程任务以防洪为主，结合排涝、灌溉及改善生态环境等综合利用。招贤堤堤防级别为4级，据家堤、何家堤、团村堤、胡家淤堤、阁底堤、象湖堤、汪家淤堤、鲁士堤、大溪沿堤堤防级别为5级，据家护岸、新站护岸、西塘边护岸级别为5级，交叉建筑物级别与所在堤防一致。新建及加固堤防28.875km，包括琚家堤、何家堤、团村堤、胡家淤堤、阁底堤、象湖堤、汪家淤堤、招贤堤、鲁士堤、大溪沿堤等10段堤防。新建护岸8.275km，包括琚家护岸、新站护岸、西塘边护岸。堤防生态化改造12.06km，包括滨江堤、外港堤、南门溪左岸、南门溪右岸4段堤防。工程总投资8.81亿元。至2023年底，该工程完工，累计完成投资88083万元。

【江山港流域综合治理工程】 该工程是省重点建设项目、省“百项千亿防洪排涝工程”项目，工程初步设计于2017年12月获省发展改革委批复，概算总投资22.32亿元。主要建设内容包括：新建及加固堤防（护岸）111.3km，其中江山港干流55.7km、支流55.6km；采用路堤结合等形式修建绿道145.64km，共建设驿站22个；治理河道（渠道）水系62.65km，城区河道清淤2.55km，滩地治理3处；滩地景观节点改造15处，加固及改造生态景观堰坝共32座；水文及水利信息化系统建设，包括水位流量监测断面8处，水质自动监测站3座，水雨情监测点28处，闸站自动化监测8座，视频监控、信息管理系统平台等。工程等别为Ⅱ等，江山市城区及清湖镇（规划城区）段堤防为3级，防洪标准为50年一遇；镇区段堤防等级为4级，防洪标准为20年一遇；村庄、农田段堤防等级为5级，防洪标准为10年一遇。工程累计实施20个标段，其中完工验收标段15个：江山港城区段清淤标段、丰足溪水系标段、双塔底至四都标段、大夫第节点绿道标段、卅二都溪标段、贺村标段、贺村水系连通标段、广渡溪标段、凤林标段、长台溪长台标段、长台溪清湖标段、滩地修复贺村节点标段、峡口标段、达河溪标段、大泽淤滩地修复标段；在建标段5个：五百湖标段（形象进度90%）、浮桥头标段（形象进度90%）、数字水利标段（形象进度90%）、石门镇水系连通标段（形象进度65%）、峡口镇水系连通标段（形象进度45%）。工程于2018年4月正式开工建设，计划工期60个月。至2023年底，项目累计完成投资22.32亿元，2023年完成投资0.16亿元。

【三门县海塘加固工程】 该工程任务以防洪挡潮排涝为主，兼顾改善滨海生态环境。工程保护范围包括中心城区和健跳、浦坝等重要城镇，涉及保护人口约24.7万，实施后将有效恢复和提高区域海塘的防潮标准和御潮能力，提高区域防洪排涝能力。工程等别为Ⅲ等。海游大坝为2级建筑物，防潮标准为100年一遇（防洪标准为50年一遇）；蛇蟠海塘、六敖北塘、健跳塘、七市塘、浦坝北岸闭合塘、下栏塘、硖礁塘等7条海塘为3级建筑物，防潮标准为50年一遇；托岙塘、铁强塘、虎门孔塘、长乐塘等4条海塘为4级建筑物，防潮标准为20年一遇。排涝闸站均为3级建筑物，外侧防潮标准为50年一遇，内侧防洪标准为20年一遇。主要建设内容包括：加固提升海塘55.82km，按防潮标准分，100年一遇海塘7.28km（防洪标准50年一遇）、50年一遇海塘43.46km、20年一遇海塘5.08km；新（扩）建沿海口门闸泵5座，其中排涝闸站1座、排涝闸2座、排涝泵站2座，新增强排能力53m³/s；移址重建排涝闸1座（外黎新闸）。工程概算总投资11.98亿元，工期42个月。该工程于2020年6月16日开工，截至2023年底，六敖北塘标段已完工；蛇蟠海塘标段主体工程基本完成；托岙塘、铁强塘标段已完工；七市塘标段已完工；下栏塘标段已完工；虎门孔塘标段外海侧灌砌石、四角空心块、坝顶防浪墙已完工；健跳塘标段琴江泵站主体、海塘结构工程基本完成；浦坝北岸闭合塘标段坝顶防浪墙、水闸主体已完成；长乐塘标段水闸基础已完成，海塘防浪墙、灌砌石施工中；硖礁塘标段外海侧护坡完成，防浪墙基基本完成；海游大坝标段未开工。截至2023年底，完成概算投资8.71亿元，占总投资的72.70%，2023年完成投资2.93亿元。

【台州市循环经济产业集聚区海塘提升工程】 该工程任务以防洪挡潮排涝为主，兼顾提升海塘沿线生态环境。项目对沿海存在防洪（潮）能力低和安全隐患的海塘进行加固提升，并根据区域排涝要求新（改）建排涝闸（站）。工程等别为Ⅰ等。海塘和沿塘水闸等永久工程主要建筑物级别为1级，设计防洪（潮）标准为100年一遇，次要建筑物级别为3级。洪家场浦闸站外海侧临时建筑物级别为3级，设计防洪（潮）标准为50年一遇；其余临时建筑物级别为4级，设计防洪（潮）标准为20年一遇。主要建设内容由海塘提标加固、新开护塘河、水闸提标加固、新建闸站及沿塘生态修复等组成，其中提标加固海塘长约17.32km（包括十一塘段10.56km、三山北涂段3.23km、三山涂段3.53km）；新开塘河9.84km，河道面宽60m，新建护岸19.68km；提标加固建水闸5座，新建洪家场浦闸站1座（设计强排能力50m³/s）；沿塘生态修复115.1万m²，新建巡查站4处。工程概算总投资29.74亿元，建设工期为60个月。截至2023年底，先行段：外海侧抛石及土方回填完成工程量的80%，镇压层框格梁完成工程量的40%。一标段：十一塘东闸已完成，护塘河开挖完成约6km，土方固化完成7km，防浪墙拆除完成500m，框格梁浇筑完成1.5km，消浪平台灌砌石砌筑完成3km。二标段：三山北涂闸主体结构完成75%，护塘河开挖完成约2.5km，土方固化完成3km，防浪墙拆除完成200m，消浪平台灌砌石砌筑完成1km。累计完成投资约16.05亿元，占总投资的53.97%，2023年完成投资7.81亿元。

【海宁市百里钱塘综合整治提升工程一期（盐仓段）】 该工程是浙江省生态海岸带和海塘安澜千亿工程“双示范”项目，项目按照“安全+”建设理念，将盐仓段海塘建设与交通、城建、人居、旅游、生态和文化等内容相融合，打造拥有综合功能的现代化海塘。水利部分工程等别为Ⅰ等。海塘、水闸建筑物级别为1级，设计潮水标准为300年一遇；潮位观测站建筑物级别为2级，设计洪水标准、测洪标准均为100年一遇；护岸建筑物级别为3级；引水泵站建筑物级别为4级，设计洪水标准为20年一遇，校核洪水标准为50年一遇。项目建设总长度约7.6km。主要建设内容包括：7.09km海塘提标加固至300年一遇；新建市政道路5.94km（含隧道2.02km），调蓄区块11.65hm²，回头潮节点9.70hm²，生态滨水岸带7.09km，观潮平台和潮位观测站各1座；护塘河生态化整治5.89km，并配套数字化海塘建设等。项目初步设计于2021年8月31日获省发展改革委批复，概算总投资46.13亿元。工程于2021年12月8日开工，截至2023年底，水利部分完成海塘挡墙2741m、防浪墙328m、花箱1718m、低丁坝5座、高丁坝1座、护塘河3259m、西闸主体结构；市政部分完成隧道主体结构、新兴路大堤河桥梁板架设。累计完成投资约21.61亿元，占总投资的46.85%，2023年完成投资8.45亿元。

【钱塘江北岸秧田庙至塔山坝段海塘工程（堤脚部分）】 该工程位于海宁市盐官镇，全长25.6km，工程任务为防洪御潮，并按300年一遇标准设计。工程等别为Ⅰ等。主要建筑物级别为1级，堤脚加固按海塘300年一遇防洪（潮）标准要求设计，工程设计合理使用年限100年。主要建设内容为加固海塘堤脚16.475km，塘面修复9.57km，新建进出场交通斜道1座等。工程初步设计于2020年11月17日由省发展改革委批复，概算投资为5.88亿元，总工期36个月。工程于2021年7月21日正式开工建设，截至2023年底，塘面修复完成开挖及回填、塘面垄径石安放、塘面植生毯铺设＋表层覆土；完成防汛道路加高1230m，完成新仓主干道护坡两侧新建挡墙混凝土基础施工；累计完成扭王块安放2295m，累计完成围堰13880m，完成Z字块安放300m。自2021年开工至2023年12月累计完成投资4.41亿元，占总投资的75%，2023年完成投资1.23万元。

【钱塘江西江塘闻堰段海塘提标加固工程】 该工程位于杭州市萧山区闻堰街道，富春江、浦阳江汇合口下游钱塘江南岸。工程等别为Ⅰ等。海塘建筑物级别为1级，设计防洪标准为200年一遇，设计防潮标准为300年一遇。工程设计合理使用年限100年。工程任务以防洪御潮为主，兼顾生态修复、公共服务提升、饮用水水源保护等。主要建设内容包括：提标加固塘身5.56km，加固塘脚1.57km；改造生态滨水岸带5.56km，生态修复总面积16.87hm²（其中塘身为11.67hm²、塘前滩地为5.20hm²）；建设沿塘绿道5.56km；新建驿站2处、改建驿站1处，共440m²；将闻堰管理房二层改造为海塘现场监测管理中心，面积140m²；将华家管理房改造为古海塘文化展示馆，面积2030m²；建设智慧海塘管理系统和沿塘提升管护范围内安全监测设施等。工程初步设计于2021年11月1日由省发展改革委批复，概算总投资4亿元，工期36个月。截至2023年底，工程完成水下堤脚加固施工并通过分部工程验收；

完成堤顶5.56km全线新建防浪墙和2m宽铺装步行道施工，完成堤顶道路基层5km、水泥稳定层0.9km；堤顶景观完成70%，绿化种植完成45%；民俗公园和抗灾公园基本完成施工，文化公园主体基本完成，安澜公园设计方案初稿完成；闻家驿和万柳驿主体结构完成施工；文化展示馆外立面幕墙完成安装，三楼装修完成约50%。累计完成投资2.63亿元，占总投资的65.75%，2023年完成投资1.62亿元。

建设管理

【概况】 2023年，省水利厅加大工程质量检查和监管力度，加强水利工程建设管理数字化应用建设，并迭代升级"透明工程"场景应用，在水利部建设质量工作考核中位居全国第二，连续9年获A级优秀。

【工程创优夺杯】 2023年，姚江二通道（慈江）工程—澥浦闸站工程等5项工程获中国水利工程优质（大禹）奖，平阳县南湖分洪工程等7项工程获省建设工程钱江杯奖，扩大杭嘉湖南排八堡排水泵站工程等11项工程获评省建筑施工安全生产标准化管理优良工地。推选出海宁市百里钱塘综合整治提升工程二期（尖山段海塘）等60项省水利文明标化工地示范工程。2023年浙江省水利工程获奖项目见表3。

表3 2023年浙江省水利工程获奖项目

所获奖项	项 目
中国水利工程优质（大禹）奖	姚江二通道（慈江）工程—澥浦闸站工程
	萧山区蜀山片外排工程—大治河排涝闸站改建工程
	五江口闸及上游配套河道工程
	新城万丈塘提升改造一期工程
	杭州市第二水源千岛湖配水工程
省建设工程钱江杯奖	平阳县南湖分洪工程
	松阳县黄南水库工程
	扩大杭嘉湖南排工程（嘉兴部分）—南台头、长山河排水泵站工程
	北支江综合整治—上游水闸船闸工程
	杭州市富阳区新登镇贤明湖公园（一期）—鼍江景观堰坝工程
	绍兴市曹娥江综合整治工程（柯桥段）一标
	龙泉市瑞垟引水工程（一期）

续表

所获奖项	项　目
省建筑施工安全生产标准化管理优良工地	扩大杭嘉湖南排八堡排水泵站工程
	宁波奉化区葛岙水库工程
	杭州市青山水库防洪能力提升工程
	姚江上游余姚西分工程—瑶街弄调控枢纽
	环湖大堤（浙江段）后续工程（市本级段）施工2标
	新陡门闸站改建工程
	诸暨市陈蔡水库加固改造工程
	瑞安市滨江城防东延伸一期A段除险加固及生态修复工程
	海宁市洛塘河圩区整治项目［施工3标、机电设备与金属结构制作（采购）安装2标］
	瑞安市温瑞平原南部排涝（一期）工程下埠泵站
	衢州市本级衢江治理二期工程压潮堤施工标
省水利文明标化工地示范工程	海宁市百里钱塘综合整治提升工程二期（尖山段海塘）
	磐永供水工程（永康段）
	杭州市本级海塘安澜工程（上泗南北大塘）一期
	苕溪清水入湖河道整治后续工程（德清县段）新民桥闸站工程
	婺城区长湖出口段河道生态治理及排涝泵闸工程
	岱山县海塘安澜工程（城防海塘）
	苕溪清水入湖河道整治后续工程（湖州开发区段二期）（水利部分）
	绍兴市上虞区海塘安澜工程
	杭嘉湖北排通道后续工程（南浔段）中心城防施工标
省水利文明标化工地	杭州市萧围西线（一工段至四工段）提标加固工程施工Ⅰ标
	岱山县磨心水库及河库联网工程
	龙港市海塘安澜工程（双龙汇龙段海塘）施工Ⅰ标
	方溪水库引水及配套水厂工程
	绍兴市柯桥区海塘安澜工程
	杭州市本级海塘安澜工程（三堡船闸段海塘）
	杭州市本级海塘安澜工程（三堡至乔司段海塘）一期水利工程施工Ⅰ标
	余姚市陶家路江排涝枢纽及供水工程

续表

所获奖项	项目
省水利文明标化工地	苕溪清水入湖河道整治后续工程（长兴段）施工3标
	缙云县县城排水防涝综合治理工程—分洪隧洞设计采购施工（EPC）
	衢州市柯城区寺桥水库工程
	台州市黄岩区海塘安澜工程（椒江黄岩段海塘）
	乐清市海塘安澜工程（港区海塘）
	温州国家海洋经济发展示范区海塘安澜工程（浅滩二期生态堤）
	杭州市萧围西线（一工段至四工段）提标加固工程Ⅱ标
	杭嘉湖北排通道后续工程（南浔段）阳安塘施工标
	扩大杭嘉湖南排后续西部通道（南北线）工程先行段
	杭州市本级海塘安澜工程（珊瑚沙海塘）
	平湖市海塘安澜工程（嘉兴独山煤炭中转码头海塘）
	义乌市双江水利枢纽工程Ⅲ标段
	城镇防洪排涝工程（绿谷片防洪排涝口门控制工程）一期
	杭州市萧围西线（一工段至四工段）提标加固工程施工Ⅲ标
	东苕溪防洪后续西险大塘达标加固工程（杭州市段）土建施工标（K22＋000～K38＋715）及仓前试验段
	绍兴市澄潭江上游分洪洞工程
	东苕溪防洪后续西险大塘达标加固工程（杭州市段）土建施工标（K13＋000～K22＋000）
	丽水市大溪治理提升改造工程
	嘉兴中心河拓浚及河湖连通工程（一期）
	北仑区防洪排涝提升及水资源综合治理工程—王家洋泵站工程
	三门县东屏水库工程大坝施工标
	舟山市定海区海塘安澜工程（金塘片北部海堤）
	嘉兴港区海塘安澜工程（乍浦港三期至山湾段海塘）
	金华市九峰水厂及配套输水管道工程—取水工程
	苍南县江南垟平原骨干排涝工程（龙港段）龙金运河和新兰闸站工程
	宁波市江北区小西坝泵站工程
	永嘉县海塘安澜工程（乌牛堤）

续表

所获奖项	项　　目
省水利文明标化工地	椒江堤塘（防洪排涝）提升工程（海塘安澜江南、城西段海塘）施工Ⅱ标
	缙云县县城排水防涝综合治理工程Ⅲ标工程总承包（EPC）
	鹿城区乡村振兴共同富裕项目一期（温州市鹿城区仰义水库加固工程）
	海盐县海塘安澜工程（长山至杨柳山段海塘）Ⅰ标
	绍兴市上虞区虞北平原崧北河综合治理工程施工Ⅲ标
	东苕溪防洪后续西险大塘达标加固工程（杭州市段）土建施工标（上南湖区块）
	衢州市本级衢江治理二期工程百家塘堤（皂角段）
	嘉善县伍子塘流域整治工程
	嘉兴市九水水环境生态修复工程（一期）
	苕溪清水入湖河道整治后续工程（长兴段）施工2标
	苕溪清水入湖河道整治后续工程（长兴段）施工1标
	西苕溪主要支流流域综合治理（一期）之西苕溪流域综合治理工程（西溪）一期
	西苕溪主要支流流域综合治理（一期）之南溪流域综合治理工程
	江山市长坑垄水库备用水源提升工程
	苍南县海塘安澜工程（北片）—沙坡等4条海塘
	舟山市普陀区螺门湾生态建设工程

（资料来源：省水利厅建设处）

【工程建设管理数字化】　2023年，省水利厅深入贯彻“质量强国”战略，落实落细水利部推动新阶段水利高质量发展和省委、省政府实施三个“一号工程”、推动“信用浙江”建设等工作部署，立足工程建设全生命周期管理，迭代升级浙江省水利工程建设管理数字化应用平台，将全省400万元以上经省发展改革委立项审批的水利项目全部纳入在线监管，先后向1490项工程、470家企业发布预警2950余个，用数据链串起监管链、风险链、责任链；研发上线“在建工程度汛安全”模块，并在2023年第5号、第6号台风防御中实战演练，有度汛任务的在建重大水利工程实现在线动态监管；运用建模计算对2958家水利施工、监理、设计、检测、咨询等五类市场主体进行每周一次动态信用评价，信用评价结果应用于行业监管和施工招投标，使信用监管成为规范水利建设市场的重要手段和方式。

（邵战涛、陈云娥、董华飞、程伟伦）

“千项万亿”水网安澜提升工程

【概况】 2023年，浙江启动实施扩大有效投资“千项万亿”工程（“千项万亿”工程即围绕先进制造业基地、科技创新强基、交通强省、清洁能源保供、水网安澜提升、城镇有机更新、农业农村优先、文化旅游融合、民生设施等九大领域，每年滚动谋划推进1000个以上省重大项目，每年完成投资1万亿元以上），将水网安澜提升纳入九大领域之一，滚动实施省重大项目161个，5年计划投资3129亿元，加快构建“三纵八横十枢”的浙江水网总体格局。省水利厅聚焦水网安澜提升工程，全年提速实施西险大塘达标加固、杭州城西南排、宁海清溪水库等43项，新开工安华水库扩容提升、建德市“三江”治理提升改造工程等41项，谋划储备浙东及浙中水资源配置通道、湖南镇水库防洪能力提升、椒江河口水利枢纽等一批多年想干的重大项目前期，推动完成年度水利投资784.8亿元，再创历史新高。

【项目建设省级推动】 2023年，省委副书记、省长王浩亲自推动，实行专班运作、清单管理、体系推进，全过程服务协调“千项万亿”工程顺利推进。副省长李岩益定期调度会商，研究破解20个水利项目36个重难点事项，推动一批老大难项目顺利开工建设。杭州、金华、衢州等地政府分别召开“千项万亿”水利项目推进会，镜岭水库、杭州三堡海塘、仙居北岙水库等争取各级党委政府支持，分别创下“5个月取得水利部可研审查意见”“80天完成90多项前期审批”“16个月开工建设中型水库”等一系列历史性突破。

【机制建设】 2023年，在省级总专班机制统领下，省水利厅第一时间组建工作专班，深化“处室专责＋专班综合＋专门调度＋专家支持”运行机制，整合省水利厅系统资源力量，累计召开专项调度会30余次，推动解决42项影响项目推进的突出共性问题。与省级部门建立联动服务机制，与省发展改革委建立完善项目可研评估联合工作机制，与省自然资源厅成功探索河湖耕地共存共管办法，与省民政厅试点大中型水库可研前置要件审批并联推进模式，超常规推进项目前期工作。探索建立省级主导、省市联动的跨流域区域工程前期协调机制，推动安华水库扩容提升工程进入团结治水“快车道”，全面启动浙中城市群水资源配置工程前期工作。

【服务深化】 2023年，省水利厅持续优化行业内部审查审批流程，主动靠前服务，下放审批权限，推动项目审批提速增效。分片区、分项目深化“1对N”定点服务，充分发挥片长“情报员、协调员、监督员、服务员”作用，确保“每个项目有人盯、每个环节有跟踪、每个问题有反馈”。联合省级部门、各领域专家累计开展现场调研和蹲点服务80余次，指导各地在前置要件办理、优化施工组织等方面创新手段、先行先试。及时复盘总结项目推进中的经验做法，量身定制“推进项目100招”，从项目立项、可研、初设、开工建设等各环节挖潜解题思路，开展个性化培训指导，提升队伍整体能力水平。

（葛芳妙）

农村水利水电和水土保持

Rural Water Conservancy and Hydropower, Soil and Water Conservation

097～106 页

农村水利

【概况】 2023年，省水利厅全力抓好农村水利工程建设，全面启动农村供水单村水站改造提升，持续推进农业水价综合改革，湖州市南浔区、海宁市上塘河灌区入选水利部第一批21个深化农业水价综合改革推进现代化灌区建设试点。超额完成病险山塘整治、更新改造农田水利灌溉设施共2项省政府民生实事。浙江省在全国深化农业水价综合改革推进现代化灌区建设现场会、全国农村饮水安全保障工作推进会、全国绿色小水电示范电站现场会上作典型发言。省水利厅连续3年被浙江省乡村振兴领导小组评定为省实施乡村振兴战略实绩“优秀”等次，被省政府健康浙江建设领导小组办公室评定为省健康浙江建设“优秀”等次。连续5年获水利部水土保持规划实施情况评估“优秀”等次。

【农村供水】 2023年2月24日，省水利厅印发《关于印发浙江省农村供水薄弱环节提升改造实施方案的通知》（浙水农电〔2023〕7号）。全省全年提升改造农村供水薄弱环节566处，完成率121.7%，农村规模化供水覆盖率为89%，农村供水水质达标率为98.78%。持续开展农村供水工程明察暗访，省级暗访工程471处。12月13日，浙江省人民政府令第400号公布《浙江省农村供水保障办法》（自2024年2月1日起施行）。12月中下旬，抓好农村供水防冻保供工作，组织全省检查2.51万人次，排查工程9870处，包裹管网长度552km、水表28.4万个。

组织开展农村供水规范化水厂遴选工作，完成规范化水厂创建55座；开展标准化管理评价，全省283座农村供水工程完成标化创建，其中，16座农村供水工程被认定为省级标准化管理工程，4座水厂通过水利部标准化评价。

推动农村供水数字化管理，全年共有1864处水厂（站）水质水量在线监测接入浙江省城乡供水数字化管理系统，在线监测覆盖城乡人口比例达94.5%。迭代优化“浙水好喝”应用城乡区域保供智能模块与水源旱情预警模块，对县（市、区）区域保供、水源水量、水厂水质水量情况进行监测、预警，市、县（市、区）及时响应应急预案，有效提升农村供水保障水平。

【农业水价综合改革】 2023年4月，湖州市南浔区、海宁市上塘河灌区入选水利部第一批21个深化农业水价综合改革推进现代化灌区建设试点。7月，选择平湖市、桐庐县江南灌区、衢州市铜山源水库灌区、兰溪市东芝灌区、浦江县通济桥水库灌区、三门县东部灌区为省级深化农业水价综合改革推进现代化灌区建设试点。9月，海宁市上塘河灌区在水利部深化农业水价综合改革推进现代化灌区建设试点现场调度会上作交流发言。

以民生实事项目为引领，全年更新改造农田水利灌溉设施4468座，全省投入资金3.26亿元。其中，设施拆除重建731座、泵房局部改造和提升3451项、水泵和电气更换3839项、堰坝引水口改造1065项、引水渠系改造11.9km、自动化数字化改造1548座。项目受益人口196.7万，受益灌溉面积6.08万 hm^2。灌溉设施失修失管、灌溉效率低下的问题得到有效解决，小农水工程面貌“旧乱差”现象明显改善。

开展全省农业水价综合改革“五个一百”（指每年创建100座农业灌溉更新升级示范泵站机埠、100座农业灌溉更新升级示范堰坝水闸、100个改革示范灌区灌片、100个农民用水管理示范主体和100个改革示范村）优秀典型案例建设，各地159座农田水利灌溉泵站机埠、41座农田水利灌溉堰坝水闸、100个改革灌区灌片、100个农民用水管理主体、100个改革示范村入选，带动效应和牵引作用明显。

【农村水利建设】 2023年12月29日，围绕灌区建设管理，省水利厅编制印发《浙江省水利厅关于加强灌区建设管理“先建机制、后建工程”工作的通知》（浙水农电〔2023〕68号）。组织开展省市县三级农田灌溉发展规划编制，实施铜山源水库灌区、乌溪江引水工程灌区、桐庐县江南灌区、通济桥水库灌区、东芝灌区、源口水库灌区、鹿溪渠灌区、里石门水库灌区和好溪灌区等9个大中型灌区现代化改造项目，完成投资5.5亿元。组织开展节水型灌区创建，完成省级节水型灌区创建8个，并择优推荐至水利部。组织灌溉水有效利用系数测算工作，全省灌溉水利用系数达到0.612。指导各地科学制定灌溉用水计划，推进区域农业用水总量控制、定额管理，全省灌区保障春灌水量4.64亿 m^3，全年农业用水64亿 m^3，有力保障粮食和重要农产品的生产用水需要。

完成省政府民生实事病险山塘整治574座，创建美丽山塘587座，整治圩区1.97万 hm^2，超额完成年度任务。

【农村水利管理】 2023年，省水利厅贯彻落实水利部关于安全生产有关工作的部署，全面开展风险隐患排查工作，通过突出重点、细化方案、制定检查表单，及时发现问题并下发整改通知书，强化跟踪督促，形成闭环管理，守牢工程安全底线。组织省级服务专员6批130余人次对10市68个县（市、区）574座民生实事山塘现场指导。组织开展农村水利工程建设与运行管理培训班，提升山塘管理水平。高坝、屋顶山塘防汛预警纳入防洪减灾平台。针对预报24小时降雨量超100mm地区的山塘自动发布预警信息；梅雨和台汛期间，省市县三级联动，组织开展山塘巡查抽查，累计抽查山塘4008座，发现问题420个，全部完成整改。6月8日，印发《浙江省水利厅办公室关于开展2023年大中型灌区运行管理监督检查工作的通知》（浙水办农电〔2023〕13号），组织对全省122个大中型灌区开展运行管理情况排查和省市县三级联动监督检查，并对历年发现问题的整改进行“回头看”。6月9日，印发《浙江省水利厅关于深化农村水利工程标准化管理评价工作的通知》（浙水农电〔2023〕25号），进一步规范深化农村供水、大中型灌区、山塘、圩区等农村水利工程标准化管理评价工作，落实标准化管理常态化评价机制，全省43个灌区、1794座山塘、

76座圩区完成标准化创建，其中，省水利厅认定6个灌区、12座山塘、3座圩区为省级标准化管理工程，2个灌区通过水利部标准化评价。12月27日，印发《浙江省水利厅办公室关于开展2023年大中型灌区运行管理监督检查问题整改的通知》（浙水农电〔2023〕65号），以“一市一清单”的形式将96个问题整改项通知书下发至各市，强化跟踪督促。对发现的各类隐患和风险问题实行闭环管理，确保“发现一个、整改一个、销号一个”。

农村水电

【概况】 2023年，省水利厅修订《浙江省小水电管理办法》，创新开展1000kW以下小水电站“两不”“八有”（指不存在重大安全隐患、不存在“三合一”场所，有人员、有经费、有制度、有记录、有鉴定检测、有标志标识、有防护措施、有应急管理）建设，组织开展小水电站安全生产风险隐患排查和生态流量监督检查，在2023年水利部小水电站生态流量在线抽查中获“优秀”等次，综合得分排名第二。

【水电站标准化管理】 2023年1月10日，印发《浙江省水利厅关于开展1000千瓦以下小水电站“两不”“八有”创建工作的通知》（浙水农电〔2023〕1号），计划到2025年，全省单站装机1000kW以下的农村水电站实现“两不”“八有”目标。5月4日，印发《浙江省水利厅关于深化农村水电站标准化管理工作的通知》（浙水农电〔2023〕23号），完善农村水电站标准化管理工作体系，明确提出《浙江省农村水电站标准化管理精品工程评价标准》。6月8日，印发《浙江省水利厅关于开展2023年度农村水电站安全生产标准化评审（复评）工作的通知》（浙水农电〔2023〕24号），持续落实全省农村水电安全生产标准化工作。至年底，省市县三级共完成268座水电站标准化复评，19座水电站被认定为浙江省农村水电站省级标准化管理工程；完成“两不”“八有”创建电站数量为813座，超额完成年度603座的目标任务，省级组织市交叉检查指导31座电站。

【调整水电站标准化评审专家库】 2023年2月8日，省水利厅印发《浙江省水利厅办公室关于调整农村水电站安全生产标准化评审省级专家库的通知》（浙水办农电〔2023〕3号），对农村水电站安全生产标准化评审省级专家库进行调整。4月28日，印发《浙江省水利厅关于公布农村水电站安全生产标准化评审省级专家库成员名单的通知》（浙水办农电〔2023〕12号），经专家申请、市级推荐和省级审核，全省共有205名符合条件的水电、水工、金结专家被吸收进省级专家库。

【小水电风险隐患排查整治】 2023年，省水利厅根据《水利部办公厅关于切实做好2023年小水电站安全生产和安全度汛工作的通知》（办水电函〔2023〕101号）和《水利部办公厅关于迅速开展水利安全生产风险隐患排查整治行动的通知》（办监督函〔2023〕151号），组织开展小水电站风险隐患排查整治专项行动，组织有关单位分5个组共抽取121座重点监管名录内的水电站。经县级排查、省市抽查，全省共排查出风险隐患2089个，主要包括设施设备未按规定检测、安全管理不到位等问题。至年底，所有问题整改完成。

【小水电安全生产】 2023年，省水利厅根据《水利部办公厅关于印发〈小水电站大坝安全提升专项行动方案〉的通知》（办水电〔2023〕616号）要求，指导各地区开展小水电站大坝安全提升专项行动，建立工作台账，开展小水电站大坝安全鉴定和安全评估，全年完成154座水电站大坝安全评估工作。为加强农村水电站安全管理，委托水利部农村电气化研究所对绍兴市、丽水市于1998年前投产的未进行更新改造的246座农村水电站进行安全检测，分发相关县（市、区）农村水电站安全检测报告，要求指导督促相关水电站及时落实整改措施。12月29日，省水利厅修订《浙江省小水电管理办法》，加强小水电管理，保障运行安全和公共安全。

【绿色小水电示范电站创建】 2023年，省水利厅印发《浙江省水利厅关于做好2023年度绿色小水电示范电站首次申报及期满延续工作的通知》（浙水农电〔2023〕21号），指导各地创建绿色小水电示范电站，分水江五里亭水电站、毕浦水电站、北溪二级水电站、潜明水电站、直源水电站、百龙水电站、黄水水电站、为农水电站等8座水电站获评国家“绿色小水电示范电站”，下岸水电站、雅溪一级水电站、通济桥水电站等29座电站期满延续成功。全省累计创建265座绿色小水电示范电站，数量位居全国第一。

【水电产权交易试点】 2023年，浙江省开展小水电产权交易试点，探索建立政府引导、社会参与的资源整合模式。丽水市以破解小水电绿色改造和现代化提升融资困境为切入口，探索开展以“取水权”为质押物的“取水贷”改革，有效解决了小水电因缺少不动产权证书难以获得融资的问题。新昌县推进小水电资产整合和改造升级，打造“资源—资产—资金”的价值转化机制，形成项目投资分红、项目运营分红两种帮助村集体增收的路径，搭建农村集体经济消薄的新平台。

【生态水电示范区建设】 2023年，省水利厅对2022年省级生态水电示范区进行复核，对2023年申报的生态水电示范区建设情况进行现场指导服务，加强生态水电示范区建设的监督力度。全年建设6个生态水电示范区项目：淳安县枫林港二期生态水电示范区、文成县生态水电示范区建设项目、仙居生态水电示范区建设项目、青田县四都港水电生态化改造项目、青田县祯埠港水电生态化改造项目、遂昌县生态水电示范区建设2023年度项目。

【生态流量监管】 2023年，省水利厅将“浙江省农村水电站管理数字化应用”

整合至“浙江省水利工程运行管理平台”，并积极推进泄放及监测设施改造。全年新增116座电站生态流量信息接入监管平台，实时流量监测数据量较上年增加390座，动态视频监测较上年增加114座。抓严抓实小水电生态流量泄放监管，通过线上和线下相结合的方式，组织对小水电站生态流量泄放情况开展检查，并开展生态流量泄放及监管情况每月通报，全年共下发整改179条，全部限期整改到位，实现闭环管理。

水土保持

【概况】 2023年，全省持续推动水土保持高质量发展，出台《关于服务“千项万亿”工程提高水土保持方案审批效率的通知》，进一步提质水土保持方案审批。以宁波市为试点，推行水土保持生态环境损害赔偿。开展省市县三级水土保持专项检查、动态监测、遥感监管、水土流失综合治理、生态清洁小流域建设等工作。成功创建7个全国水土保持示范县（工程），列全国第一。全省水土流失面积减少至7146.68km²，水土保持率达到93.23%（按浙江省总面积计，下同）。8月，水利部办公厅印发全国水土保持规划实施情况2022年度评估结果，浙江省连续5年获“优秀”等次。

【自然资源集约利用考核】 2023年，省水资源管理和水土保持工作委员会办公室、省林长制办公室、省全面推行河湖长制工作联席会议办公室联合组织开展对各市的自然资源集约利用考核，经省委、省政府同意，通报考核结果，其中水土保持目标责任制专项评价优秀的设区市有湖州市、嘉兴市、丽水市、温州市、绍兴市、台州市、宁波市、金华市，良好的设区市有衢州市、舟山市、杭州市。

【水土流失动态监测】 2023年，按照水利部的统一要求及相关技术标准，应用卫星遥感技术，组织开展以县为单元的水土流失动态监测工作，全面准确地分析全省和分市、县水土流失面积和强度。9月30日，《浙江省2023年水土流失动态监测成果》通过省水利厅组织的审查验收；10月30—31日，通过太湖流域管理局组织的成果复核。12月19日，《浙江省2023年度省级监测区域水土流失动态监测成果》上报水利部水土保持监测中心、太湖流域管理局。

【水土流失综合治理】 2023年，全省完成水土流失治理面积452.35km²，超额完成年度计划任务（350km²）。其中，水利部门实施254.73km²，林业部门实施113.50km²，自然资源部门实施75.71km²，农业农村部门实施8.41km²。水土流失面积减少80.12km²，中度及以上水土流失面积减少3.8%。水土保持率达到93.23%。

【生态清洁小流域建设】 2023年，全省建设生态清洁小流域25条，其中国家级水土保持重点工程7项，省级水土保持工程18项。新增水土流失治理面积277km²，总投资2.37亿元，其中中央财政补助资金4007万元、省级财政补助资金 10031 万元。

【水土保持方案审批与验收】 2023 年，全省共审批水土保持方案（报告书、报告表）4563 个。规范生产建设项目水土保持设施自主验收程序与标准，严格自主验收报备管理及现场核查，全省共完成水土保持设施验收报备项目 2825 个。

【卫星遥感监管】 2023 年，全省共计开展 4 次卫星遥感监管行动，其中水利部下发 1 次、省级加密 3 次，共现场复核扰动图斑 7513 个，对发现的 805 个违法违规生产建设项目按时完成了核查、认定和整改，实现了闭环管理。依托浙江省水土保持数字化管理应用实现省市县三级协同管理。

【生产建设项目水土保持监测】 2023 年，省水利厅开展水土保持监测管理，按季度发布省级以上审批生产建设项目监测情况报告，整理季报 602 份，实施“绿黄红”三色评价。对国家和省级水土流失重点防治区内的 50 个项目，开展省级监督性监测。

【国家水土保持重点工程监督检查】 2023 年，省水利厅利用无人机和移动终端等技术手段，对全省在建的 7 个国家水土保持重点工程、6 个年度竣工验收的国家水土保持重点工程进行监督检查，对实施措施图斑进行现场复核。

【水土保持信息化建设】 2023 年，省水利厅在“全国水土保持监督管理系统”4.0 中，年度审批的生产建设项目相关信息录入全部完成，做到应录尽录。浙江省水土保持数字化管理应用投入使用，生产建设项目水土保持遥感监管图斑现场复核、疑似违法违规项目查处、整改等信息数据全部录入到位，实现了对违规违法项目的全链条“闭环”管理。生产建设项目水土保持监测季报按要求全部录入浙江省水土保持数字化管理应用。

【水土保持生态环境损害赔偿改革试点】 2023 年，省水利厅根据《水利部贯彻落实〈关于加强新时代水土保持工作的意见〉实施方案的通知》（水保〔2023〕25 号）要求，将水土保持生态环境损害赔偿研究纳入省水利厅水利改革试点项目清单和年度水土保持工作要点，在宁波市开展水土保持生态环境损害赔偿试点工作。宁波市在损害赔偿内容与范围、赔偿案件办理、损害鉴定评估程序、损害量化指标与方法、赔偿形式等开展了试点探索，奉化区、鄞州区、北仑区等地发生的 4 起水土保持违法违规事件共索赔 115 万余元。

【国家水土保持示范创建】 2023 年，省水利厅根据《水利部关于开展国家水土保持示范创建工作的通知》（水保〔2021〕11 号）要求，在各地积极申报、专家综合评审的基础上，择优推荐报送水利部。经水利部组织评审，12 月 28 日正式公布 2023 年度国家水土保持示范名单。临海市、泰顺县、江山市获评国家水土保持示范县，新昌县长诏水库水源地沃洲生态清洁小流域、桐庐县芦茨溪生态清洁小流域、杭州市第二水源千岛湖配水工程、浙江水利水电学院南浔新校区建设项目获评国家水土保持示范工程。

【技术培训】 2023年，省水利厅举办全省水土保持监测培训、生产建设项目水土保持方案编制技术培训、全省生产建设项目水土保持遥感监管工作培训，全省水土保持管理人员、水土保持从业人员650人次参加培训。

【生产建设项目水土保持方案质量核查】 2023年，省水利厅根据《水利部水土保持司关于开展水土保持方案质量抽查工作的通知》（水保监督函〔2022〕2号）要求，组织开展了浙江省生产建设项目水土保持方案质量抽查工作，抽查市县级审批生产建设项目水土保持方案143个，涉及方案编制单位112个。

单村水站改造提升

【概况】 2023年，经省政府同意，省政府办公厅印发《浙江省关于加快推进单村水站改造提升保障农村饮水安全的实施意见》，浙江省正式启动单村水站改造提升行动。至年底，全省单村水站开工6838座，开工率77.5%，超额完成开工70%的目标，获省委副书记、省长王浩批示肯定。

【谋划部署】 6月27日，省委副书记、省长王浩到遂昌接访群众关于农村饮水安全问题，提出开展全省单村水站改造提升的指示要求。6月27日，省水利厅党组书记、厅长李锐召开专题讨论会，研究部署单村水站改造提升相关工作。

7月6日，印发《浙江省水利厅关于全面开展农村供水安全保障情况调查的通知》（浙水农电〔2023〕27号），全面开展农村供水工程现状调查。7月15日，印发《浙江省水利厅关于成立推进农村供水水站提升改造工作领导小组并组建工作专班的通知》（浙水人〔2023〕20号），推进单村水站改造提升工作。

9月16日，经省政府同意，省政府办公厅印发《浙江省关于加快推进单村水站改造提升保障农村饮水安全的实施意见》（浙政办发〔2023〕51号），要求到2025年底，全省单村水站建设达标率达到100%，单村水站标准化管理达标率达到90%以上，农村供水水质达标率稳定在95%以上，全面增强农村饮水安全保障能力。明确采取“三个一批”改造提升8828座单村水站：一是覆盖替代一批（涉及单村水站1402座，服务保障人口42万）；二是新建改建一批（涉及单村水站4338座，服务保障人口120万）；三是巩固提升一批（涉及单村水站3088座，服务保障人口80万）。

10月12日，浙江省人民政府新闻办公室召开浙江省单村水站改造提升新闻发布会。省水利厅党组书记、厅长李锐作为主发布人，全面解读了《关于加快推进单村水站改造提升保障农村饮水安全的实施意见》。省建设厅党组成员、副厅长姚昭晖，省疾控局党组成员、副局长朱红作为副发布人参会；省委宣传部部务会议成员、省政府新闻办副主任骆莉莉主持。

11月2日，全省单村水站改造提升工作动员部署会在省人民大会堂召开。副省长李岩益出席会议并强调，要深入学习贯彻习近平总书记考察浙江重要讲话和关于农村饮用水工作的重要指示精神，认真落实省委、省政府决策部署，高标准、高质量全面推进单村水站改造提升，确保所有农村群众喝上放心水、优质水。省政府副秘书长陆伟利主持会议，省水利厅党组书记、厅长李锐作工作部署。

11月7日，《优质供水服务一村不落一人不少——浙江全面实施农村供水单村水站改造提升行动》在《中国水利报》第4版刊登，水利部副部长朱程清作出批示。

【工作推进】 2023年，省水利厅坚持周晾晒、月调度，全年共召开1次部署会、5次调度会、1次农村供水工程管理培训班。10个设区市（除嘉兴市外）63个县（市、区）均印发市级工作方案和县级实施方案。至年底，全省单村水站开工6838座，开工率77.5%，提前完成了开工70%的目标。其中，新建改建类开工率87.3%、覆盖替代类开工率75.2%、巩固提升类开工率64.6%。新昌县、瑞安市等23个县（市、区）开工率达100%，青田县、永嘉县、遂昌县等24个县（市、区）开工数达到100座以上。全省单村水站完工923座。

【机制建设】 2023年，省水利厅印发《浙江省单村水站改造提升统计晾晒工作实施方案》《浙江省单村水站改造提升明查暗访工作实施方案》《浙江省单村水站改造提升市县服务工作方案》（浙水农电〔2023〕41号）；印发《单村水站改造提升开工、完工标准（试行）》（浙水农电〔2023〕46号）；印发《浙江省单村水站建设标准（试行）》（浙水办农电〔2023〕27号）；印发《浙江省水利厅关于印发浙江省单村水站改造提升工作绩效评价办法的通知》（浙水农电〔2023〕59号），指导各地开展全面有序推动单村水站改造提升，推进高标准建设与高水平管理。

聚焦强降雨期高浊度原水处理关键工艺研究与应用、单村水站精准消毒处理与控制关键技术研究与应用、适用于山区海岛复杂环境的单村水站净水成套关键技术研究与应用、单村水站长效管护创新研究与应用，开展单村水站供水技术攻关“揭榜挂帅”项目申报，杭州市临安区水利水电局、缙云县水利局、浙江省水利河口研究院（浙江省海洋规划设计研究院）、浙江钱江水利供水有限公司、丽水市水利局、余姚市农村水利管理中心、遂昌县水利局、平阳县水利局等8家单位成功揭榜。

【试点建设】 2023年，省水利厅为进一步加快单村水站改造提升工作，鼓励各地创新探索、先试先行，发挥典型引领带动作用，选定遂昌县作为单村水站改造提升第一批试点，为全省单村水站改造提升工作探索新路径。11月，在遂昌县试点的基础上，确定松阳县、绍兴市上虞区、安吉县、青田县、金华市婺城区、余姚市6个县（市、区）为单村水站改造提升第二批试点，各试点在创新建管模式、强化要素保障、完善政策体系、健全管理机制等方面先行先试。

【典型经验】 2023 年，省水利厅为发挥先进典型的示范引领作用，全年共印发了 2 批典型案例。第一批典型案例为遂昌县、松阳县的经验做法，其中，遂昌县立足县域实际、紧扣百姓需求，全面梳理了全县城市和农村供水基本情况，于 8 月 29 日在全省率先印发实施方案，并印发了《遂昌县水站改造提升技术指南》；松阳县通过财政资金“拨”一点，整合资源“凑”一点，申请银行“贷”一点，社会融资“引”一点，企业自身“筹”一点等多元方式，破解筹资难题。第二批典型案例为绍兴市上虞区和长兴县的经验做法，其中，绍兴市上虞区在资金、用地、用电等要素保障上提出政策措施，在建设管理上实施融投建管一体化，实行项目建设一个法人、施工一个公司、设备一次采购、运维一管到位；长兴县通过进一步细化“三个责任”、发布地方标准、打造“智慧服务”、建立水质检测中心等，全方位打造单村水站长效管护模式。

（陈小红、穆家伟、唐晓盈、徐丹）

水资源管理与节约保护

Water Resources Management and Conservation Protection

107～113 页

水资源管理

【概况】 2023年，浙江省加快落实水资源刚性约束，强化取水、用水监管，大力推动水资源领域改革攻坚，连续第8年获得实行最严格水资源管理制度国家考核“优秀”等次。

【流域水量分配和水资源调度】 2023年2月，省水利厅印发《饶河流域水量分配方案》（浙水资〔2023〕4号），明确省内水量分配份额。3月，省水利厅印发《钱塘江流域2023年度水资源调度计划》《瓯江流域2023年度水资源调度计划》，明确流域年度水量分配额度和水量调度计划，保障了流域水资源合理高效利用。11月，省水利厅印发《浙东引水工程水资源调度方案》（浙水资〔2023〕19号），指导浙东引水工程的运行调度，推动水资源优化配置，保障浙东地区经济社会可持续发展。按照水利部部署，配合太湖流域管理局完成太湖流域水资源调度方案编制，做好太湖流域、新安江等跨省河流水资源调度年度计划制定和实施。

【取用水监督管理】 2023年，全省各级水利部门共新办取水许可证746本，续办取水许可证1161本，注销与吊销取水许可证1224本。全省年终有效取水许可电子证照保有量9003本，其中河道外取水许可证6328本，许可取水量196.62亿m^3。全省国家级重点监控用水单位50家，省级69家，市级698家。统计上报国家级重点监控用水单位2023年下达计划量和实际用水量，促进火力发电、钢铁、纺织、造纸、石化、化工、食品等7类高耗水行业和学校、宾馆、医院等用水单位的节水管理。至年底，全省工业、生活、服务业新改建取水在线监测点总计2742个，总投资3345万元；通过进一步规范设施安装、优化管线布设、统一标牌设立，分类提升取水构筑物外观风貌，实现取水口标准化建设总计3403个，总投资3779万元。完成大中型农业灌区渠首、千吨万人及以上供水工程、工业、生活及服务业自备取水户在线监测全覆盖的建设目标，取用水监测数据上报率、及时率、完整率均达95%以上。

【水资源费征收管理】 2023年，全省征收水资源费15.07亿元，其中省本级1.08亿元。根据《浙江省人民政府办公厅关于减负强企激发企业发展活力的意见》（浙政办发〔2022〕8号），全省范围内利用取水工程或者设施直接从江河、湖泊或者地下取用水资源的单位和个人所缴纳的水资源费，一律按规定标准的80%征收；省级及以上节水型企业在该基础上按50%～80%的折后标准征收，累计减征水资源费约4.96亿元。组织开展全省取用水管理和水资源费征收专项核查，共抽查43家重点取水户和20个论证项目，重点对取水户日常管理、水资源费征缴和建设项目水资源论证质量等情况进行核查。

【用水权改革】 2023年，安吉县出台了《安吉县农村集体山塘水库用水权确权管理办法（试行）》等制度，探索出了“确权发证—价值核算—流转开发—收益分配”的一整套水资源价值转化路径，打造“用水权抵押＋项目贷”的投融资模式，构建“企业＋村集体＋农户”的乡村振兴利益联结机制，实现了绿水青山向金山银山的高效转化。9月，安吉县农村集体山塘水库用水权改革成果亮相第18届世界水资源大会。

丽水市探索开展“取水贷”改革，以水电站取水权作为抵质押物，全市共完成贷款授信307亿元，发放贷款107亿元。松阳县创新了以灌区取水权做质押，以相关农旅产业收益为流水的组合质押模式，提升资产价值，破解灌区提升改造资金难筹措问题。浦江县以推进供水水库用水权回收回赎、集中保管、优化配置、流转交易等方式，提升资产、资源统筹能力和资产运营收益，累计授信额度22.63亿元，放款6亿元。

【自然资源集约利用考核】 2023年，根据《浙江省省级考核事项清理规范工作实施方案》（浙考办发〔2023〕3号）要求，浙江省自然资源集约利用考核整合了原最严格水资源管理考核、林长制工作考核、水土保持目标责任制考核等三项内容，省水利厅牵头开展首次考核工作。9月，浙江省水资源管理和水土保持工作委员会办公室、浙江省林长制办公室、浙江省全面推行河湖长制工作联席会议办公室联合印发《浙江省自然资源集约利用考核办法》《浙江省2023年度自然资源集约利用考核实施方案》，推进自然资源节约保护和集约利用，发挥考核导向作用。12月，省水利厅会同省林业局印发《关于做好2023年度自然资源集约利用考核自查工作的通知》（浙水资源〔2023〕27号），对各设区市自查自评工作进行部署。

（孙宗洋）

节约用水

【概况】 2023年，浙江省贯彻落实全面节约战略和节水优先方针，实施国家节水行动，加快推进农业节水增效、工业节水减排、城乡节水降损和非常规水利用。推动重点领域制度创新和改革攻坚，进一步提升全省水资源集约节约利用水平。推进火力发电、钢铁、纺织、造纸、石化、化工、食品等7类高耗水行业和学校、宾馆、医院等用水单位的节水管理。持续推进县域节水型社会达标建设，12个县（市、区）通过水利部复核验收并被命名为国家级节水型社会建设达标县加以公布。开展节水标杆引领行动，打造节水标杆酒店、节水标杆校园、节水标杆企业和节水标杆小区，推进节水型高校、公共机构水效领跑者建设。实施合同节水管理项目，抓好节水型企业、公共机构节水型单位、节水型灌区、节水型小区、节水宣传教育基地等节水载体创建。规范执行计划用水管理。加大节水宣传力度，提升公众节水意识。

【节水行动】 2023年4月8日，省政府印发《关于浙江省水资源节约保护和利用总体规划的批复》（浙政函〔2023〕34号），为浙江节约用水工作夯实了顶层设计、明晰了发展蓝图。5月24日，省水利厅等12部门联合印发《浙江省2023年度节水行动计划》（浙水资〔2023〕14号），明确了年度节水行动重点目标任务，并将任务细化分解到省级有关部门和各设区市。10月6日，省水资源管理和水土保持工作委员会办公室印发《浙江省节水工作部门协调机制2023年度工作要点》（浙水委办〔2023〕5号），进一步明确部门职责分工和目标任务。10月26日，省水资源管理和水土保持工作委员会办公室组织召开联络员会议，讨论研究统筹优化用水总量和强度双控管理、开展合同节水管理、实施重点领域水效率提升行动计划等工作。省水利厅结合2023年水资源管理和节约用水监督检查，开展重点任务实施情况专项督导，确保节水行动取得实效。全省用水总量169.6亿 m^3，万元GDP用水量较2020年降低13.0%，万元工业增加值用水量较2020年降低15.7%，城市公共供水管网漏损率5.13%，农田灌溉水有效利用系数提高到0.612，完成各项年度目标任务，进一步提升水资源利用效率。

【节水型社会建设】 2023年，省水利厅根据《浙江省节水行动实施方案》《县域节水型社会达标建设管理办法》，持续开展县域节水型社会达标建设。4月，配合全国节约用水办公室和太湖流域管理局完成县域节水型社会达标建设复核工作。9月29日，水利部公布第六批节水型社会建设达标县名单，宁波市海曙区、宁波市江北区、宁波市镇海区、泰顺县、金华市婺城区、金华市金东区、衢州市衢江区、龙游县、松阳县、庆元县、景宁畲族自治县、龙泉市等12个县（市、区）入选。全省达到国家标准的县（市、区）数量累计达到76个，覆盖率84.4%，提前超额完成“十四五”目标任务。10月3日，省水利厅、省节水办印发《关于开展2023年县域节水型社会达标建设审核工作的函》（浙水函〔2023〕748号）和《关于开展县域节水型社会达标建设评估工作的通知》（浙水资〔2023〕18号）。对照水利部修订印发的《节水型社会评价标准》（水节约〔2023〕245号），对申请2023年达标县审核的县（市、区）开展技术评审和现场复核，确定宁海县、龙港市、绍兴市越城区等3个县（市、区）通过省级审核。启动节水型社会建设达标县的五年一评估工作。

【再生水利用配置试点建设】 2023年2月13—28日，省水利厅、省发展改革委、省建设厅、省经信厅、省自然资源厅、省生态环境厅联合开展试点专项督导，对试点建设项目实施、目标任务完成情况等进行业务指导和跟踪评估。7月13—14日，省节水办在义乌组织召开典型地区再生水利用配置试点工作推进会，总结交流试点工作进展和经验做法，分析试点建设存在的主要困难和问题。8月3日，省水利厅会同省发展改革委、省建设厅、省经信厅、省自然资源厅、省生态环境厅对宁波市、长兴县、平湖市、绍兴市柯桥区、义乌市、玉环市等6个试点城市的再生水利用配置试点中期自评估报告进行复核初评。8月，6个试点城市顺利通过水利部黄河水利委员会组织的现场评估。12月1日，水利部办公厅印发《关于公布典型地区再生水利用配置试点中期评估结论的通知》（办节约函〔2023〕1173号），宁波市、义乌市获得优秀，平湖市、长兴县、绍兴市柯桥区和玉环市获得良好。

【节水标杆引领行动】 2023年，根据《关于开展节水标杆引领行动的通知》（浙水资〔2020〕15号）要求，省水利厅会同省经信厅、省教育厅、省建设厅、省文化和旅游厅、省机关事务局、省节水办继续加大推进力度，在全省重点用水领域开展节水标杆引领行动。6月9日，省水利厅、省教育厅、省机关事务局、省节水办联合印发《关于做好2023年度节水型高校申报工作的通知》（浙水资〔2023〕15号）。6月26日，省节水办下发《关于做好2023年度节水标杆单位申报工作的函》（浙节水办函〔2023〕3号），指导各地分步骤、按程序开展节水型高校、节水标杆单位申报工作。10月17—18日，省节水办组织专家评审，12月6日，省水利厅组织召开遴选工作会议。12月28日，省水利厅、省经信厅、省教育厅、省建设厅、省文化和旅游厅、省机关事务局、省节水办联合印发《关于公布浙江省2023年度节水标杆单位名单的通知》（浙水资〔2023〕24号），确定全省2023年度节水标杆酒店13个、节水标杆校园47个、节水标杆小区89个、节水标杆企业50个，节水标杆单位称号自发布之日起有效期为3年。省水利厅、省教育厅、省机关事务局、省节水办联合印发《关于公布浙江省2023年度节水型高校名单的通知》（浙水资〔2023〕26号），确定26所高校为2023年度节水型高校。

12月28日，省水利厅、省经信厅、省发展改革委、省建设厅、省节水办联合开展节水标杆园区建设，并联合公布浙江乐清经济开发区、杭州湾上虞经济技术开发区、义乌信息光电高新技术产业园区等3个园区为2023年浙江省节水标杆园区，有效期5年。

【水效领跑者建设】 2023年8月15日，省市场监管局、省水利厅、省节水办联合印发《浙江省用水产品水效领跑梯度培育行动方案（2023—2025年）的通知》（浙市监计〔2023〕13号），部署开展全省用水产品水效领跑梯度培育行动。12月8日，省机关事务局会同省发展改革委、省水利厅和省节水办组织召开2024—2026年公共机构水效领跑者遴选会议，遴选出杭州市民中心、台州行政中心、台州职业技术学院、金华稠州小学、瑞安市人民医院和淳安县机关服务中心等6家公共机构为水效领跑者。12月14日，省水利厅联合省机关事务管理局、省发展改革委向国家机关事务管理局推荐。

【节水载体建设】 2023年，省水利厅、省节水办联合省经信厅、省建设厅、省机关事务局持续推进节水型载体建设，全省新创建省级节水型灌区8个、节水型企业222家、节水型单位195家、节水型小区307个。组织开展省直公共机构节水型单位建设，第三批56家省级公共机构节水型单位通过复核并保留称号，12家单位达到浙江省省级公共机构节水型单位建设标准（第八批）。

【节水机制创新】 2023年12月13日，省水利厅等10部门联合印发《关于进一步推进合同节水管理工作的通知》（浙水资〔2023〕20号），引导和推动社会资本参与重点领域合同节水管理，2023年全省实施合同节水管理项目36项，吸引社会资本3684万元，年节水量927万m^3，平均节水率5.6%，年直接经济效益1375万元。联合中国人民银行杭州中心支行不断完善“节水贷”融资服务，引导金融机构加大对节水领域发展的支持，2023年全省“节水贷”签约贷款30.69亿元，受益企业和项目22个，为企业节约融资成本1600万元。持续推进公共供水企业取供水数据治理归集工作，印发《浙江省公共供水企业取供水数据治理归集工作进度通报》，不断提升数据归集率、完整率、规范率、准确率，夯实水资源管理和节水工作基础、提升治水精细化管理、科学化决策水平。

【节水宣传教育】 2023年1月12日，为强化节水宣传教育和示范引领，省节水办、省水利厅印发《关于开展浙江省2022年度“节水行动十佳实践案例”征集活动的通知》（浙节水办〔2023〕1号），组织各地做好实践案例推荐申报工作。3月17日，省节水办、省水利厅印发《关于公布浙江省2022年度“节水行动十佳实践案例”名单的通知》（浙节水办〔2023〕4号），评选出10个“节水行动十佳实践案例”和10个“节水行动优秀实践案例”，完成《节水行动实践案例汇编》。3月27日，省节水办、省水利厅印发《关于组织开展2023年“节水中国　你我同行”联合行动的通知》（浙节水办〔2023〕6号），开展节水宣传联合行动、“节水在身边”短视频征集活动、节水“五进”活动、节水话题活动等，为浙江省建设节水型社会营造良好的舆论宣传氛围。6月19日，省节水办、省水利厅印发《关于转发〈加强节水宣传教育的指导意见〉的通知》（浙节水办〔2023〕9号），推动全省建立健全节水常态化宣教机制，构建政府主导、部门协同、社会各界广泛参与的节水宣教工作格局。省水利厅入选“节水中国、你我同行”联合行动优秀组织单位，全省7项活动、2个短视频分别获评优秀活动和最佳创意视频。第四届“节水在身边”短视频征集活动中，获优秀奖1部、优秀组织单位1家。及时报送节水新闻稿件和宣传素材，178件稿件被全国节水信息专报、中国水利报、全国节水办官网、全国节水办官微采用，在《全国节约用水办公室关于2023年节水信息采用情况的通报》中，省水利厅综合得分位列全国第五。

根据《浙江省节水宣传教育基地建设标准》，组织各地多渠道筹措资金，开展省级节水宣传教育基地建设。11月26日，省水利厅、省节水办印发《关于公布第五批浙江省节水宣传教育基地名单的通知》（浙水资〔2023〕21号），确定10个展馆、基地为“第五批浙江省节水宣传教育基地”。组织各地利用已建成的节水宣传教育基地，发挥宣传窗口和主阵地作用，引导全社会形成节约用水的良好风尚和自觉行动。

【计划用水管理】 2023年，全省共有6833家河道外自备取水户纳入取水计划管理工作，下达取水计划总量为180.85亿m^3。其中，向955家公共供水取水户下达取水计划量88.83亿m^3，实际取水量73.92亿m^3。

（曹红蕾）

水资源保护

【概况】 2023年，浙江省加强饮用水水源地管理，完成82个县级以上集中式饮用水水源地年度安全保障达标评估。出台省级生态流量保障指导意见，全面开展已建大中型水库生态流量核定与保障工作。开展地下水超采区评估。加强地下水监测站点的自动监测和维护管理。

【饮用水水源地管理】 2023年3月，省水利厅完成82个饮用水水源地安全保障达标2022年度评估，会同省生态环境厅印发《关于公布2022年度县级以上集中式饮用水水源地安全保障达标评估结果的通知》（浙水资〔2023〕7号），其中67个水源地评估等级为优，15个水源地评估等级为良。11月，省水利厅印发《关于开展2023年度县级以上集中式饮用水水源地安全保障达标评估的通知》（浙水办资〔2023〕9号），开展2023年度县级以上集中式饮用水水源地安全保障达标评估工作。

【生态流量管控】 2023年4月，桐庐县、平阳县、长兴县、安吉县、开化县等5个试点纳入国家生态流量核定与保障先行先试名录。省水利厅印发《浙江省已建水利水电工程生态流量核定与保障先行先试工作实施方案》（浙水资〔2023〕11号），指导5个国家试点全面完成先行先试任务。11月，省水利厅印发《关于开展已建大中型水库生态流量核定与保障工作的通知》（浙水资〔2023〕22号），全面推进大中型水库生态流量保障。12月，联合水利部太湖流域管理局出台《关于进一步做好太湖流域及东南诸河河湖生态流量保障工作的指导意见》（太湖资管〔2023〕254号），推进流域河湖生态流量保障工作提档升级。

开展重点河湖生态流量监测评估，建立日评价及月度监测信息通报制度，评价成果在浙里“九龙联动治水”应用公布。2023年，全省重点河湖生态流量达标率均达到95%以上。

【地下水管理】 2023年，浙江省开展地下水超采区评估工作。8月，评估成果顺利通过水利部组织的技术审核。按照《水利部办公厅关于做好2023年国家地下水监测工程运行维护和地下水水质监测工作的通知》（办水文〔2023〕86号）要求，督促各地落实管护责任、经费、人员，做好全省155个地下水水位自动监测站及2个水位、水质自动监测站管理维护。全省地下水监测信息到报率达99.84%。155个站点人工校测实现全覆盖，累计校测1062站次。按照水利部和太湖流域管理局工作要求，协助完成77个地下水监测站水质监测工作。

（高尚）

河湖管理与保护

Management and Protection of Rivers and Lakes

115～118 页

河湖长制

【概况】 2023年，浙江省坚决贯彻习近平总书记关于河长制必须一以贯之的重要指示精神，全面深化河湖长制，全域建设幸福河湖。河湖长制工作第4次获国务院督查激励。

【全域推进幸福河湖建设】 2023年7月6日，省委书记易炼红、省长王浩召开省级总河长会议，签发第1号省级总河长令，全面部署全域推进幸福河湖建设工作。各级党委政府对标对表，省市县三级联动，全年各地累计召开总河长会议165次、签发总河长令256份、召开联席会议226次。

【协同治理】 2023年，全省建立各级联防联控机制178个，开展联合整治活动242次，协同治理保护跨界河流。履行太湖流域片河湖长制轮值省工作职责，举办太湖流域片省级河湖长联席会议，统筹推进“四省一市”水环境综合治理。

【考核激励】 2023年，省水利厅进一步规范考核制度，将河湖长履职情况、河湖“清四乱”、河湖健康评价、推进全域建设幸福河湖工作等河湖长制指标纳入省自然资源集约利用考核。组织开展全省河湖长制工作成绩突出集体和个人评选工作，全省共评选成绩突出集体24个和成绩突出个人60名。

【专项行动】 2023年，省水利厅聚焦护航杭州亚（残）运会，紧扣水域岸线保护、排污口动态排查、采砂疏浚管理、涉河涉堤批后监管四个方面保障任务，组织开展“护航亚运”专项行动。各地围绕河长令部署开展四大专项行动，制定细化实施方案124个，发现并整改问题2.43万个；排查梳理亚运核心水域368个，发现并处理场馆周边水环境等问题1471个。

【数字化平台建设】 2023年，省水利厅利用省一体化数字资源系统（IRS）打通行业数据孤岛，省水利厅按照“一数一源一标准”要求全面搜集取水口、排污口、水质断面、生态流量等河湖基础数据。依托省水域调查数据和“浙政钉”政务协同平台，建立河长河段映射关系，实现全省5万名河湖长名录实时动态更新和河湖问题推送。2023年，调动全省河湖长开展巡河履职达292万人次以上，支撑各级河湖长协调处置河湖问题35万余个。

（汪馥宇）

幸福河湖建设

【概况】 2023年，省水利厅以省级总河长令发布实施《浙江省全域建设幸福河湖行动计划（2023—2027年）》，为今后五年幸福河湖建设提供了行动指南。在总河长令指引下，省河长办牵头抓总，18个成员单位分工负责加快推进江河安澜提质、河湖生态保护提升等五大行动，全年完成水美乡镇230个、亲水节点 425 个、新增滨水绿道 732km、各类滨水活动赛事 120 场等年度任务。

【幸福河湖行动计划实施】 2023 年 7 月 25 日，省水利厅发布《关于推动全域建设幸福河湖的令》（浙总河长令〔2023〕1 号），正式施行《浙江省全域建设幸福河湖行动计划（2023—2027 年）》（以下简称《行动计划》）。《行动计划》主要目标为构建以八大水系为轴的发展带，打造近百条各具特色的县域幸福母亲河，建设千余个高品质水美乡村，激发万余公里滨水岸带活力，形成全域幸福河湖“八带百廊千明珠万里道”基本格局。

【幸福河湖建设成效】 杭州市临安区昌西溪着重提升河道行洪能力，采取多种举措，新增水域面积 5 万 m^2。慈溪市八塘横江拆除多处阻水建筑，连通水系 9 处，有效提升了河道行洪排涝能力。

宁波市奉化区甬新河以西坞街道“万亩方”项目（指万亩永久基本农田集中连片建设项目）为契机开展农业面源污染治理，形成“源头减量、过程拦截、末端治理、循环利用、生态共富”“五位一体”的农业面源系统治理西坞模式。将农业面源系统治理的理念全方位融入于“万亩方”建设项目的规划、设计与工程建设中，每年可以削减总氮 23.72t、总磷 3.59t、氨氮 7.17t。

乐清市白溪实施美化亮化、水体月光景观打造以及建设绿化提升、游步道、休闲廊亭、月光用餐广场、亲水平台、夜间亮化等美化内容，新建生态堰坝 3 座，亲水平台 160m。景宁畲族自治县小溪实施水环境综合治理、铺设游客步道、堤坝绿化、河道生态环境修复等建设内容，打造“山青、水秀、岸绿、景美”的乡村休闲旅游景观带。

浦江县双姑源通过修复改造廊亭、新建平台增加滨水休闲空间，增设“双姑印象”文化解说牌提升水文化内涵，串联起沿线“白岩仙境”“姑源双石”“琴岩飞瀑”“石栏画水”等双姑十景，挖掘保护永安桥、黄岭古道、尚书第、方伯第、清燕堂、白岩山前古村落等，编织了双姑悠久历史文脉。

江山市江山港峡口段探索“水利+共富”模式，利用三卿口溪源头枫石村——中国现存最古老的窑址、古瓷村内传统夯土民居，推进陶瓷主题民宿开发，留住游客。安吉县南溪（章村镇段）通过活水入村带动村庄产业发展，沿线村庄发展乡村旅游业，有漂流 1 家，民宿、农家乐 131 家，周边百姓就业 800 余人。

（马跃东）

河湖空间管理

【概况】 2023 年，省水利厅完成水域调查工作并发布水域调查公报，初步建立以水面率为核心的水域动态监测机制，推进编制河湖岸线规划与水域保护规划，不断强化涉水活动监管，持续提升河湖智慧治理水平。

【水域调查成果公布】 省水利厅联合省自然资源厅于 2019 年在全国率先部署开

展全省水域调查工作，出台《浙江省水域调查技术导则》，建立省、市、县“三级联动”机制。2023 年，全面构建了包含河道、湖泊、水库、山塘、蓄滞洪区、人工水道、其他水域等 7 类 29 万余个对象 930 万个要素的省水域空间数据库，全面摸清水域水面线、临水线、管理范围线“三线”空间与属性数据，确定全省 11 个地市、90 个县（市、区）基准年现状水面率。9 月 8 日，省水利厅联合省自然资源厅发布《浙江省水域调查主要数据公报》，明确全省水域面积为 6921.12km^2，水面率 6.55%，相关数据成果纳入自然资源省域空间治理平台，实现数据共建共享，为全省各级河湖业务开展提供本底资料。

【水域动态监测机制建立】 2023 年 9 月 25 日，省水资源管理和水土保持工作委员会办公室、省林长制办公室、省全面推行河湖长制工作联席会议办公室印发《浙江省自然资源集约利用考核办法》（浙水委办〔2023〕4 号），将“水面率”纳入自然资源集约利用考核内容。开展全省水域动态调整，全面厘清各省、市、县水域变化情况与水面率数据“一本账”，并作为有关考核重要依据，充分发挥考核“指挥棒”作用。

【涉水活动监管】 2023 年，省水利厅实施河湖水域岸线保护、河湖库采砂与疏浚管理、涉河涉堤建设项目批后监管等专项行动。以清理整治妨碍河道行洪突出问题为重点，全面排查整治违规占用河湖、侵占水域岸线管理范围行为，持续清理整治河湖“四乱”问题，建立问题清单、目标清单、责任清单、销号清单，完成 3.8 万个水利部下发疑似图斑点位现场复核，整改销号河湖“四乱”问题 1.2 万个，实现问题动态清零。全面强化涉河涉堤建设项目批后监管，梳理自 2019 年《浙江省水域保护办法》实施以后涉河涉堤建设项目，其中许可项目 5548 个、在建项目 1656 个，这些项目占用水域 932.2 万 m^2，提出补偿水域 1228.3 万 m^2，排查整改问题 393 个，进一步规范了涉水临时工程审批、度汛方案备案报备、项目专项验收等工作。

【河湖管理数字化建设】 2023 年 7 月，水域监管“一件事”入选第三批省级重大贯通应用，通过省级统建县域视角下的水域监管“一件事”统一平台，并打通基层智治综合应用，建立网格员通过基层智治综合应用向各级水利部门反馈河湖问题的通道，各级水利部门在省级水域监管“一件事”数字化应用平台开展复核整改销号的闭环管理。截至 12 月，完成水域监管“省—市—县—乡”全覆盖，实现功能贯通、机制贯通、数据贯通，赋能基层河湖治理。

（周裕成）

水利工程运行管理

Hydraulic Engineering Operation Management

119～132 页

水利工程安全运行

【概况】 2023年，浙江省各级水行政主管部门及水利工程管理单位全面开展风险隐患排查整治，突出重点推动改革攻坚，做好水利工程运行管理各项工作。在防御梅雨洪水、决战台风“杜苏芮”“卡努”中，确保水库无一垮坝，主要江河堤防、标准海塘无一决口，守住水利工程安全底线。发挥水利工程在防洪排涝、灌溉供水、生态改善等多方面作用。

2023年底，按照“工程运管”应用数据，有水库4268座，规模以上水闸2263座、泵站685座、闸站1059座，5级以上堤防2075条、总长9381.70km，5级以上海塘793条、总长1811.83km，见表1～表3。

表1 2023年全省规模以上水利工程（水库、水闸、泵站、闸站）数量 单位：座

工程规模		合计	大（1）型	大（2）型	中型	小（1）型	小（2）型
水利工程	水库	4268	5	29	161	726	3347
	水闸	2263	2	14	334	895	1018
	泵站	685	1	11	96	372	205
	闸站	1059	2	12	78	442	525
总　计		8275	10	66	669	2435	5095

表2 2023年全省规模以上水利工程（堤防、海塘）数量 单位：条

工程规模		合计	一级	二级	三级	四级	五级
水利工程	堤防	2075	16	85	194	1269	511
	海塘	793	83	267	93	252	98
总　计		2868	99	352	287	1521	609

表3 2023年全省规模以上水利工程（堤防、海塘）长度 单位：km

工程规模		合计	一级	二级	三级	四级	五级
水利工程	堤防	9381.70	94.19	560.75	1027.70	6162.55	1536.51
	海塘	1811.83	344.11	693.84	293.79	343.36	136.73
总　计		11193.53	438.3	1254.59	1321.49	6505.91	1673.24

（资料来源：省水利厅运管处）

【安全责任制落实】 2023年2月，省水利厅印发《浙江省水利厅关于全面落实2023年度水库大坝等水利工程安全管理责任人的函》（浙水函〔2023〕113

号），要求明确并及时公布水库大坝、水闸、泵站、堤防、引调水工程等水利工程安全管理责任人。对有管理单位的水利工程明确政府行政责任人、水行政主管部门责任人、主管部门（产权人）责任人、管理单位责任人、技术责任人和巡查责任人；对无管理单位的水利工程明确政府行政责任人、水行政主管部门责任人、主管部门（产权人）责任人、技术责任人和巡查责任人。水利工程安全管理责任人由工程所在地水行政主管部门督促工程主管部门（产权人）按隶属关系进行落实，并按监督管理权限分级公布。

4月，省水利厅印发《关于公布2023年全省大中型水库大坝等水利工程安全管理责任人和蓄滞洪区防汛责任人的通知》（浙水运管〔2023〕5号），公布大中型水库大坝（含水电站大坝）、大型水闸、大型泵站、二级以上堤防（含海塘）安全管理责任人。市县级水行政主管部门根据管理权限公布其他水利工程安全管理责任人。所有责任人录入浙里“九龙联动治水”应用“工程运管”栏目，实行动态管理，其中水库防汛“三个责任人”（行政责任人、技术责任人、巡查责任人）同步录入全国水库运行管理信息系统，并组织水库防汛“三个责任人”完成全国水库运行管理平台上课程学习。在防御梅雨洪涝和“杜苏芮”“卡努”台风期间，省水利厅成立工作专班，每日抽查水库山塘责任人履职情况，保证责任人到岗到位。

【水利工程安全度汛】 2023年4月，省水利厅召开全省水旱灾害防御工作视频会议，传达全国水旱灾害防御工作会议、水利工程运行管理工作会议及水库安全度汛会议精神和省领导批示精神，分析水利工程安全度汛形势，部署水库安全度汛重点工作。汛前，组织开展以水库为重点的水旱灾害防御暨安全生产汛前督查，组织各地出动6.57万人次，检查水利工程3.74万处，治理风险隐患1363处。

4月，省水利厅印发《浙江省水利厅关于做好2023年度水库安全度汛工作的通知》（浙水运管〔2023〕4号），贯彻落实水利部有关部署要求和全省水利工作会议精神，确保水库安全运行和效益充分发挥。要求各地全面落实安全管理责任，有效落实安全管理措施，加快推进水库配套设施改造提升，重点抓好病险水库安全度汛，深入开展隐患排查整治，切实加强控制运用管理，进一步强化险情处置和信息报送。

5月，省水利厅办公室转发《水利部办公厅关于进一步做好病险水库安全度汛工作的通知》（浙水办运管〔2023〕8号），就做好病险水库安全度汛工作作专门部署，要求组织摸排辖区内所有水库安全状态并及时更新，掌握病险水库开完工及验收情况，在浙里“九龙联动治水”应用“工程运管”栏目中动态更新并上传佐证材料。加强病险水库巡查，重点检查水库病险部位以及白蚁等害堤动物危害，科学及时处置发现的异常情况，落实落细安全措施。逐库制定并严格执行病险水库限制运用措施，修订完善水库安全管理应急预案。加快推进病险销号，按照《浙江省水库除险加固（系统治理）实施方案（2022—2025）》，加快实施病险水库除险加固。

7月，省水利厅印发《浙江省水利厅关于进一步加强水库安全度汛工作的通知》（浙水运管〔2023〕13号），明确要求全面加强责任人履职尽责、进一步强化“四预”措施落实、突出抓好病险工程安全度汛、有效提升应用平台数据质量、持续开展隐患排查整治、切实增强应急处置能力。

11月，省水利厅印发《浙江省水利厅关于进一步加强病险水库安全管理工作的通知》（浙水运管〔2023〕26号），进一步加强病险水库安全管理，加快推进病险水库存量清零并建立长效管理机制，明确要求严格落实安全管理责任、切实强化安全管理措施、提速推进病险水库存量清零、建立健全常态化机制、加大监督检查指导力度等。

【水利工程蚁患防治】 2023年，省水利厅深入贯彻习近平总书记关于长堤蚁患重要指示批示精神，认真落实水利部部长李国英调研浙江蚁患防治工作期间提出的要求，准确把握浙江省气候条件和生态环境较为适宜白蚁生存的特点，高质量完成水利工程蚁患应急整治和普查工作，并建立健全水利工程蚁患防治“六个一”（即完善一套制度、编制一本指导书、制修订一批标准、落实一笔资金、推广一批技术、培育一支队伍）长效机制，保障了水利工程运行安全和效益发挥。

4月，省水利厅制定印发《浙江省水利工程白蚁等害堤动物隐患应急整治专项工作方案》（浙水办运管〔2023〕4号）。全省以土石坝水库、土质海塘、土质堤防为重点，通过专项排查，全面查清白蚁等害堤动物隐患和危害情况，科学组织开展应急整治，共发现139个水利工程存在蚁患616处，全部完成整治并通过专项验收。

5月，省水利厅办公室转发《水利部办公厅关于开展水利工程白蚁等害堤动物危害及防治情况普查的通知》（浙水办运管〔2023〕6号），部署开展水利工程蚁害普查工作。各级水利部门分级负责，专班推动，专业机构技术支撑，集中时间、统一标准开展普查。普查结果显示，浙江省水利工程蚁患危害总体可控，危害以轻度为主。

7月，省水利厅制定印发《关于加强水利工程蚁患防治工作的意见》（浙水运管〔2023〕7号），建立健全水利工程蚁患“防查治”“三位一体”工作机制，就蚁患防治落实预防六项举措、细化排查六项举措、严格整治六项举措以及保障措施提出了明确要求，确保水利工程安全运行。

9月，省水利厅编制印发《浙江省水利工程蚁患防治工作指导书》（浙水运管〔2023〕16号），进一步规范水利工程蚁患防治工作，着力提升基层蚁患防查治能力水平。该指导书适用于各级水行政主管部门和水利工程产权人（主管部门）、管理单位对土石坝水库山塘和土质堤防海塘工程开展的蚁患防查治工作，混凝土堤坝、堆石坝等参照执行。按照属地管理和分级管理原则明确了职责分工，对蚁患防治工作程序及注意事项提出了进一步要求。

9月，省水利厅在绍兴市上虞区举办水利工程蚁患防治现场会暨技术交流会，推广探地雷达法、高密度电阻法、物理锤探法等12项技术（产品），加快蚁患防治新技术应用。

10月，省水利厅会同省财政厅联合印发《浙江省水利工程维修养护定额标准（白蚁防治部分）》（浙水运管〔2023〕19号），细化了蚁患防治经费标准，积极争取中央财政补助3352万元，在年度部门预算中列支蚁患防治技术服务经费，常态化开展蚁患防治工作。

10月，省水利厅印发《浙江省堤坝白蚁防治技术导则（试行）》（浙水运管〔2023〕21号），加强堤坝白蚁防治技术管理，进一步规范白蚁防治工作流程，提升工作质量。

【水库大坝注册登记】 按照水利部《水库大坝注册登记办法》等有关规定和《水利部办公厅关于开展水库大坝注册登记复查换证工作的通知》要求，督促各地做好国家电网系统外的新建水库大坝注册登记和登记事项发生的水库大坝变更登记，水库大坝及配套设施全部完工并验收合格后3个月内办理注册登记或变更注册事项登记。18座国家电网系统水库由国家能源局大坝安全监察中心注册登记。至年底，全省（含国家电网系统）在册水库大坝4268座，其中，大型34座，中型161座，小型4073座。2023年全省在册水库大坝按市分布数量见表4。

表4　2023年全省在册水库大坝按市分布数量（含国家电网系统）

单位：座

规模市名称	大型	中型	小型	合计
杭州	4	14	618	636
宁波	6	26	363	395
温州	1	18	310	329
湖州	4	7	144	155
绍兴	6	13	533	552
金华	2	27	767	796
衢州	5	10	448	463
舟山	0	1	208	209
台州	4	15	326	345
丽水	2	30	356	388
合计	34	161	4073	4268

（资料来源：省水利厅运管处）

【水利工程安全鉴定】 按照水库等水利工程安全鉴定常态化要求，梳理2023年水利工程安全鉴定工作任务并分解至市县，纳入水利争先创优和综合考核，全年共完成水利工程安全鉴定333个。省水利厅组织审定钦寸水库、里石门水库、金清新闸、乌溪江引水工程枢纽拦河闸、姚江大闸、大嵩江大闸、瓯飞一期北1号闸、北2号闸等安全鉴定成果并印发鉴定书。组织专业机构对市县负责审查、审定的中小型水利工程安全鉴定成果进行复核。

【水利工程控制运用】 省水利厅组织指导各地编制水库、水闸、泵站控制运用计划，省级完成33座大中型水库、12

座大中型闸站的控运计划核准。指导汤浦水库等开展汛期运行水位动态控制试点。对水库、水闸、泵站控制运用情况进行线上、线下监督，动态掌握水库蓄水和放水情况，对超汛限或擅自放水的进行及时提醒，避免发生违规超蓄或放水现象。依托浙里“九龙联动治水”应用“工程运管”“智慧水库”栏目，动态监测工程蓄放水情况，指导科学调度。梅雨期间，大中型水库拦洪 18.98 亿 m^3，杭嘉湖及沿海平原闸泵排水 10.1 亿 m^3。台风期间，大中型水库根据预报趋势科学预泄，兼顾防洪安全和水资源保障安全。

【水库系统治理】 2023 年，全省完成水利工程安全鉴定 333 个，超年度计划 83%；水库配套设施改造提升完工 738 座，占年度计划的 123%；完成水库除险加固 256 座，占年度计划的 128%；完成水库降等报废 12 座。

至年底，全省累计完成水利工程安全鉴定 1322 个，完成水库除险加固 487 座，完成水库配套设施改造提升 1144 座，完成水库降等报废 27 座。

（柳卓、张炜、江炜）

水利工程标准化管理

【概况】 2023 年，省水利厅按照水利部及浙江省推进水利工程标准化管理的各项要求，结合浙江实际，制定标准体系、编制水库示范文本、开展水利工程标准化管理评价等各项工作，持续深化水利工程标准化管理。

【制度标准体系】 2023 年，省水利厅组织完成《引调水工程运行管理规程（试行）》《浙江省堤坝白蚁防治技术导则（试行）》《浙江省水利工程维修养护定额标准（白蚁防治部分）》《浙江省沿海防潮二道防线方案编制技术要求（试行）》等 4 项标准制定，开展《水利对象基础数据规范》立项申报，《大中型水库管理规程》《大中型水闸运行管理规程》《水利对象基础数据规范》等 3 项标准修订；印发了《浙江省水利工程标准化管理省级评价操作手册》，涵盖了大中型水库、小型水库、大中型水闸、大中型泵站、堤防、海塘等 6 类工程。

至年底，水利工程管理地方标准有 11 项，分别为《大中型水库管理规程》(DB33/T 2103—2018)、《小型水库管理规程》(DB33/T 2214—2019)、《山塘运行管理规程》(DB33/T 2083—2017)、《堤防工程管理规程》(DB33/T 2201—2019)、《海塘工程管理规程》(DB33/T 596—2019)、《大中型水闸运行管理规程》(DB33/T 2109—2018)、《泵站运行管理规程》(DB33/T 2248—2020)、《农村供水工程运行管理规》(DB33/T 2264—2020)、《农村水电站管理规范》(DB33/T 2008—2016)、《水文测站运行管理规范》(DB33/T 2084—2017)、《水利工程标识牌设置规范》(DB33/T 2196—2019)；由省水利厅颁发试行的水利工程管理标准有 3 项，分别为《大中型灌区运行管理规程（试行）》《圩区运行管理规程（试行）》《引调水工程运行管理规程（试行）》。

【全国水库示范文本编制】 2023年，水利部运管司印发了由浙江省水利厅运管处为主编制的《水利工程标准化管理工作手册示范文本编制要点（水库工程）》，供全国水库管理单位在编制水库工程标准化管理工作手册时参考使用。

【水利工程标准化管理评价】 2023年，省水利厅印发了《浙江省水利厅关于做好深化水利工程标准化管理评价工作的通知》（浙水运管〔2023〕1号）《浙江省水利厅关于深化农村水利工程标准化管理评价工作的通知》（浙水农电〔2023〕25号），出台了大中型水库、小型水库、大中型水闸、大中型泵站、堤防、海塘、农村供水工程、大中型灌区、山塘、圩区等10类水利工程标准化管理评价标准。

【标准化管理工程】 2023年，浙江省共完成水利工程标准化管理工程复核10592处，认定精品工程502处、省级标准化管理工程82处。2023年度通过水利部标准化管理评价工程22处，其中大中型水库9座，数量居全国第一，浙东引水工程被水利部认定为全国第一批标准化管理调水工程。2023年省级标准化管理工程分布分类数量见表5，2023年通过水利部标准化管理工程见表6。

表5 2023年省级标准化管理工程分布分类数量 单位：处

序号	设区市	小计	工程类型										
			大中型水库	大中型水闸	大中型泵站	大中型闸站	堤防	海塘	农村供水工程	大中型灌区	山塘	电站	圩区
1	省本级	4			1	1	1	1					
2	杭州	4	1		1				1		1		
3	宁波	14	11						1		1	1	
4	温州	11	1						1		1	8	
5	湖州	9	1				1		2	1	2		2
6	嘉兴	1											1
7	绍兴	13	2	2			1		2	1	1	4	
8	金华	13	1						2	1	3	6	
9	衢州	3							1	2			
10	舟山	2							1		1		
11	台州	3							3				
12	丽水	5							2	1	2		
13	合计	82	17	2	2	1	3	1	16	6	12	19	3

（资料来源：省水利厅运管处）

表 6　2023 年通过水利部标准化管理工程

序号	设区市	县市区	工程名称	工程类别及规模	备　注
1	省本级		浙东引水萧山枢纽工程	大型泵站	浙东引水工程单项工程
2	省本级		浙东引水萧山枢纽堤防工程	4 级堤防	浙东引水工程单项工程
3	省本级		姚江上游西排工程	大型泵站 中型水闸	浙东引水工程单项工程
4	宁波市	慈溪市	郑徐水库	中型水库	浙东引水工程单项工程
5	绍兴市	市本级	曹娥江大闸	大型水闸	浙东引水工程单项工程
6	绍兴市	市本级	曹娥江堤防（曹娥江大闸段）	2 级堤防	浙东引水工程单项工程
7	绍兴市	新昌县	钦寸水库	大型水库	浙东引水工程单项工程
8	省本级		钱塘江省管海塘	1 级 2 级海塘	
9	杭州市	市本级	青山水库	大型水库	
10	杭州市	市本级	三堡排涝工程	大型泵站	
11	宁波市	市本级	皎口水库	大型水库	
12	宁波市	奉化区	亭下水库	大型水库	
13	宁波市	奉化区	锦溪供水站	农村供水工程	
14	宁波市	余姚市	双溪口水库	中型水库	
15	温州市	瑞安市	马屿水厂	农村供水工程	
16	湖州市	长兴县	西苕溪水厂	农村供水工程	
17	湖州市	安吉县	老石坎水库	大型水库	
18	绍兴市	市本级	汤浦水库	大型水库	
19	绍兴市	上虞区	上浦闸灌区	大型灌区	
20	金华市	兰溪市	芝堰水库	中型水库	
21	金华市	东阳市	横店水厂	农村供水工程	
22	衢州市	市本级	铜山源水库灌区	大型灌区	

（资料来源：省水利厅运管处）

【维修养护】　2023 年，浙江省中央财政水利发展资金小型水库维修养护经费 5896 万元，项目涉及 53 个县（市、区），2780 座小型水库，其中小（1）型 415 座、小（2）型 2365 座。2023 年度纳入浙里“九龙联动治水”应用“工程运管”栏目且在有效期限内的物业服务有效合同共计 1424 个，涉及物业化服务经费10.48亿元。涉及水库物业化服务的合同金额约2.10亿元，其中大中型水库约0.49亿元、小型水库约1.61亿元。小型水库共4076座，平均每座小型水库约3.95万元/座。

【物业化服务企业】 至年底，全省承担水利工程物业化服务的单位有734家，其中，合同金额1000万元以上的有16家。物业管理合同金额数目为前三位的是浙江江能建设有限公司、浙江钱塘江海塘物业管理有限公司、杭州水电建筑集团有限公司，分别为1.03亿元、0.42亿元、0.36亿元。

【典型经验推广】 2023年10月24日，全国水库安全管理工作现场会在浙江省召开，省水利厅在会议上作典型交流发言。蚁患防治“六个一”工作经验被水利部推荐为基层十大治水经验，被《中国水利》杂志刊登并在全国推广。在省级层面出台全国首部《引调水工程运行管理规程》，为全国引调水工程规范化运行管理提供经验。

（吕天伟、罗林峰）

水利工程管理体制改革

【概况】 2023年，省水利厅践行习近平总书记“节水优先、空间均衡、系统治理、两手发力”治水思路，突出抓好蚁患防治，加快实施系统治理，深化标准化管理，推进不动产登记，实施开放共享试点，构建现代化水库运管矩阵，制定海塘条例配套政策，加强数字赋能，深化水利工程管理体制改革，建立长效管理机制，确保工程安全和效益充分发挥。

【水利工程确权登记】 至年底，全省规模以上水利工程产权化率78%，其中不动产权证书531本，国有土地使用证（海域使用权证）398本，政府授权水利部门颁发的设施所有证7826本，水利等部门自行颁发的设施所有权证355本。按工程类型，颁发不动产权证书前三位是水库、水闸、闸站，分别为303本、73本、70本；按设区市划分，颁发不动产权证书前三位是杭州市、绍兴市、台州市，分别为133本、111本、82本。

【水利工程管保范围划定】 2023年，按照水利部《“十四五”水利工程管理与保护范围划定实施方案》（水运管〔2022〕41号）和《浙江省水利工程管理与保护范围划定实施方案及分年度计划（2022—2024年）》（浙水运管〔2022〕8号）要求，全年完成15座水库、3座大中型水闸、7座大中型泵站、6座大中型闸站、44.6km堤防、15.6km海塘的管理和保护范围划定，年度计划全部完成。

【小型水库专业化管护】 2023年，通过县级统管、区域集中管护、政府购买服务、以大带小等管护模式，浙江省无管理单位小型水库100%实现专业化管护。全省无管理单位小型水库3085座，其中县级统管345座、区域集中管护277座、政府购买服务2527座、以大带小108座（部分水库存在两种及以上管护模式）。

【水库矩阵管理试点】 2023年，水利部印发《水利部关于加快构建现代化水库运行管理矩阵的指导意见》（水运管〔2023〕248号），加快构建以推进"四全"（指全覆盖、全要素、全天候、全周期）管理，完善"四制（治）"（指体制、机制、法治、责任制）体系，强化"四预"（指预报、预警、预演、预案）措施，加强"四管"（指除险、体检、维护、安全）工作为核心内容的现代化水库运行管理矩阵，全面提升水库运行管理精准化、信息化、现代化水平。根据《水利部办公厅关于印发现代化水库运行管理矩阵建设先行先试台账的通知》（办运管〔2023〕278号），宁波市等6个先行区域和青山水库等34座试点建设水库纳入水利部现代化水库运行管理矩阵试点。浙江省现代化水库运行管理矩阵试点建设先行区域和水库见表7和表8。

表7 浙江省现代化水库运行管理矩阵试点建设先行区域

序号	先行区域	先行区域类型
1	宁波市	市级
2	湖州市	市级
3	余杭区	县级
4	平阳县	县级
5	义乌市	县级
6	临海市	县级

（资料来源：省水利厅运管处）

表8 浙江省现代化水库运行管理矩阵试点建设水库

序号	水库名称	设区市	县（市、区）	水库规模
1	青山水库	杭州市	临安区	大（2）型
2	水涛庄水库	杭州市	临安区	中型
3	四岭水库	杭州市	余杭区	中型
4	康门水库	杭州市	余杭区	小（1）型
5	周公宅水库	宁波市	海曙区	大（2）型
6	皎口水库	宁波市	海曙区	大（2）型
7	双溪口水库	宁波市	余姚市	中型
8	三圣殿水库	宁波市	镇海区	小（1）型
9	珊溪水库	温州市	文成县	大（1）型
10	泽雅水库	温州市	瓯海区	中型
11	顺溪水库	温州市	平阳县	中型
12	夹坑水库	温州市	平阳县	小（1）型
13	老虎潭水库	湖州市	吴兴区	中型

续表

序号	水库名称	设区市	县（市、区）	水库规模
14	霞幕山水库	湖州市	吴兴区	小（2）型
15	合溪水库	湖州市	长兴县	大（2）型
16	赋石水库	湖州市	安吉县	大（2）型
17	凤凰水库	湖州市	安吉县	中型
18	汤浦水库	绍兴市	上虞区	大（2）型
19	陈蔡水库	绍兴市	诸暨市	大（2）型
20	钦寸水库	绍兴市	新昌县	大（2）型
21	沙畈水库	金华市	婺城区	中型
22	横锦水库	金华市	东阳市	大（2）型
23	巧溪水库	金华市	义乌市	中型
24	龙门脚水库	金华市	义乌市	小（1）型
25	太平水库	金华市	永康市	中型
26	高坪桥水库	衢州市	龙游县	中型
27	虹桥水库	舟山市	定海区	中型
28	牛头山水库	台州市	临海市	大（2）型
29	方溪水库	台州市	临海市	中型
30	梅岙水库	台州市	临海市	小（1）型
31	佃石水库	台州市	三门县	中型
32	潜明水库	丽水市	缙云县	中型
33	金坑水库	丽水市	青田县	中型
34	黄村水库	丽水市	莲都区	中型

（资料来源：省水利厅运管处）

【水利工程开放共享】 2023 年，省水利厅印发《关于加快推进水利工程开放共享试点工作的通知》（浙水运管〔2023〕12 号）、《关于公布水利工程开放共享试点工程名单的通知》（浙水运管〔2023〕17 号），组织开展水利工程开放共享调研，提出开放共享正负面清单，指导各地积极打造水经济新业态。择优选取 100 个水利工程作为开放共享试点，拓展休闲、旅游、文化、交通、养殖等功能，着力发挥“水利＋生态＋民生＋共富”综合效益。

【改革典型案例】 浙江省蚁患防治“六个一”工作经验。蚁患问题严重威胁水利工程安全运行和防洪安全。浙江省现有水库4268座、山塘1.6万座、堤防1.1万km、海塘2014km。堤坝大多数为土质类型，主要采用黏土为防渗材料，特别适宜白蚁筑巢栖息，蚁患防治任务繁重。近年来，省水利厅深入学习领会习近平总书记关于水库安全管理、长堤蚁患防治的重要指示批示和水利部部长李国英调研浙江蚁患防治工作期间提出的工作要求，准确把握浙江省气候条件和生态环境较为适宜白蚁生存的特点，坚持人民至上、生命至上，强化风险意识，坚持系统思维，建立健全水利工程蚁患防治“六个一”长效机制，保障了水利工程运行安全和效益发挥。

压实责任，完善机制，全方位强化要素保障。领导高度重视。2023年，省委书记易炼红，省委副书记、省长王浩第一时间作出指示批示，副省长李岩益研究部署，要求切实抓好水利工程白蚁防治工作。省水利厅党组高度重视，省水利厅党组书记、厅长李锐多次赴一线检查指导白蚁隐患防治。省市两级水利部门均成立由主要负责人担任组长的水利工程蚁患应急排查整治和普查工作领导小组，制订工作方案，清单化部署，专班化推进。强化责任落实。按照属地管理和分级管理原则，明确省、市、县各级水行政主管部门和水利工程主管部门、管理单位的蚁患防治工作职责。健全工作机制，层层压实责任，确保白蚁防治工作责任一贯到底，省市县基层单位各层级、水利工程“防、查、治”各环节全覆盖，确保责有人负，事有人干。健全制度规范。印发水利工程蚁患防治工作意见、工作指导书、技术导则，聚焦“预防、检查、治理、验收”四个环节，明确工作要求、细化工作内容、规范防治流程。修订水库安全管理“三个责任人”履职标准、《大中型水库管理规程》、《堤防工程管理规程》，明确将蚁患防治纳入管理范围。修订《浙江省水利工程维修养护定额标准及经费编制细则》，蚁患防治标准从2.35元/m^2的综合单价调整为按蚁情检查、蚁患灭治、预防监测分别测算费用，提升了定额标准的适用性和可操作性。稳定经费投入。各级水行政主管部门积极与发改、财政等相关部门沟通协调，多渠道筹措蚁患防治经费。省财政按照修订后的定额每年给予资金补助，市、县财政相应配套，每年落实蚁患防治经费4000万元以上。同时，省、市两级水行政主管部门在年度部门预算中落实蚁患防治技术服务经费，专项用于委托专业机构开展技术指导和实施效果第三方评估。

查治并举，防早治小，全过程落实防控举措。加强蚁患巡查。通过在线监测与线下排查“点面”结合，蚁患巡查与日常巡堤查险结合，推行监测装置24小时监测、巡查人员每两天巡查一次、专业机构每两个季度排查一次的常态化巡查机制。蚁患较重的地区，在汛前、主汛前，春秋两季白蚁外出活动高峰期等重要节点，委托第三方机构开展专业检查，做到蚁患“早发现、早治理”。加强蚁患查探。构建蚁患普查与详查相结合、地面与钻孔多维度的综合探测体系。

在白蚁活跃期采用直接查找法大面积巡查堤坝蚁患区及蚁源区，结合引诱柱、引诱堆及探测堆等方法，普查出防治范围内蚁患的重点区域及重点部位。在此基础上，采用先进探测技术，详细摸清蚁巢、蚁穴在纵向深度上的分布情况。加强蚁患治理。重点抓好“防入侵、防成年蚁巢”。针对在建水利工程（包括新建、改建、扩建、除险加固等），评估工程白蚁隐患风险，把蚁患防治措施纳入工程规划设计和建设内容，制定白蚁预防和治理专项方案。针对已建工程，在日常检查、年度检查、专项检查、安全鉴定中常态化排查蚁患，对存在白蚁危害的水利工程结合维修养护、除险加固及时开展灭治、消险等工作。加强蚁患预防。指导各地在山塘、水库、堤防等土质堤坝工程整治中，通过对土石坝套井、回填碾压等过程中掺入食盐或低毒环保药物、埋设监测控制箱、施放饵剂诱杀等方式，形成物理阻断，降低蚁患发生概率。如长兴县在浙江省苕溪清水入湖河道整治工程设计阶段即考虑白蚁预防经费概算，采用土壤掺药、埋设监测控制箱、施放饵剂诱杀等多种措施进行综合防治；玉环市、龙游县等地水库和山塘大坝以盐土隔离替代药物隔离，实现白蚁绿色防控。

创新引领，数字赋能，全维度提高防治成效。强化科技应用。组织创建白蚁防治实验室，加强防入侵、保根治等技术应用研究。积极采用现代化探测技术，建立白蚁自动化监测预警系统，实现动态监控和预报预警，蚁患发现效率大大提高。如杭州市余杭区采取并行电法检测，探测白蚁造成的渗漏通道，精准快速排查隐患；绍兴市上虞区引入双频探地雷达、三维智能高清钻孔电视成像仪等探测设备开展多维综合探测，详细摸清蚁巢在纵向深度上的分布情况，2019 年以来，共探测蚁巢 245 个，探测准确率达到 90%以上。强化奖励提效。积极鼓励地方因地制宜，出台奖励政策，激发巡查员的主观能动性。如象山县明确，发现散白蚁按 100 元/处、500 元/座封顶奖励；黑翅土白蚁和黄翅大白蚁按 300 元/处奖励，分飞孔数大于 10 孔的、泥被泥线面积大于 1m^2 的按 500 元奖励，经治理后主巢直径大于 60cm 的加倍奖励。强化督查考核。指导各地着力完善水利工程物业化考核办法，将白蚁巡查服务纳入物业管理公司日常巡查和水利工程标准化管理考核评价内容，加强对管理单位、物业化公司、白蚁防治公司履职情况督查考核，严格按照水利工程标准化管理要求做好日常维养。如绍兴市上虞区制定《水利工程标准化管理长效办法》，定期通报白蚁防治情况，未达到白蚁考核等标准的，按比例扣除当月物业管理费。强化宣传培训。加强水利工程运行管理人员培训，将水利工程白蚁等害堤动物防治作为水利工程运行管理人员培训重要内容，普及白蚁知识和排查方法，突出现场教学，提升水利工程蚁患排查实操技能和防治水平。通过报刊、电视、互联网等平台，多层次、多方式做宣传水利工程白蚁防治的重要意义、工作成效和典型案例，营造关注白蚁危害、共筑水利工程安全防线的浓厚氛围。

持之以恒，常抓不懈，全体系提升防治水平。优化防治工作体系。开展白蚁防治单位信用等级评定，促进水利工程白蚁防治市场健康有序发展，确保堤坝蚁患治理实效。完善蚁患处置闭环管控机制，构建由管理单位技术负责人、巡查员、防治单位专业人员参与的全链条管理体系，推进蚁患从发现—详查—防治—恢复闭环管控，确保蚁患不反复。如杭州市余杭区将白蚁防治与水利工程日常巡查相结合，采用“六色六化”管理模式强化闭环管控。强化科技创新赋能。组织有关单位加强对影响水利工程蚁患发现能力的研究和试验，开展白蚁影响水利工程规律性研究，切实提升白蚁发现能力和防治成效。总结各地白蚁防治先进经验做法，加强技术交流合作，开展高效、环保型防治药物研发和推广应用，推动“化学防治”向“绿色防治”转变。推进白蚁防治数字化建设，迭代提升白蚁防治应用场景，持续提升数字支撑蚁患防治能力。抓好重大隐患治理。对标水利部有关水利工程重大隐患治理工作任务，将蚁患防治作为重大隐患治理重要内容，做好项目实施，及时、全面、动态做好危害治理，同时，每年常态化新增、更新监测设施，定期报送监测数据，发现白蚁活动及时报警、灭治。

（吕天伟、罗林峰）

水利行业监督

Water Conservancy Industry Supervision

133～139页

综合监督

【概况】 2023 年，省水利厅统筹开展三大类 19 项监督检查工作，出台规范行政监督检查行为的实施意见，减轻基层负担，提升工作实效。

【水利监督工作统筹】 2023 年 4 月 12 日，省水利厅贯彻落实水利部、省委、省政府决策部署，印发《浙江省水利厅 2023 年监督检查计划》（浙水办监督〔2023〕5 号）。省水利厅各处室（单位）按照年度计划有序开展三大类 19 项监督检查工作，对 2773 个对象开展检查，发现问题 6714 个。至年底，整改完成 6542 个。

【监督检查】 2023 年，省水利厅坚持问题导向，对厅本级监督检查管理方式进行改革。梳理和统筹监督检查事项，形成《省水利厅行政监督检查事项清单》和《省水利厅行政监督检查事项技术服务清单》。9 月 13 日，省水利厅印发《关于规范省水利厅行政监督检查行为的实施意见》（浙水办监督〔2023〕10 号），推进“综合查一次”，切实减轻基层负担，提升行政监督检查实效。

【质量监督行政执法委托】 2023 年，根据《建设工程质量管理条例》（国务院令第 279 号）、《水利工程质量管理规定》（水利部令第 52 号）等有关规定，省水利厅委托省水利水电工程质量与安全管理中心行使水利工程质量监督的具体实施工作职能，并签订质量监督委托书，委托期限 5 年。

【水利监督业务培训班举办】 2023 年 11 月 22—24 日，省水利厅在杭州举办水利监督业务培训班，全省 160 余名水利监督相关领导和工作人员参加。

（郑明平）

专项监督

【概况】 2023 年，省水利厅切实抓好各项督查工作，完成对台州等 4 个设区市水行政主管部门及其质量监督机构的质量监督履职巡查。加强水利工程质量管理指导服务和水利工程运行监督，持续推进水旱灾害防御督查，开展水利资金使用督查、水土保持专项督查、水资源管理和节约用水督查。

【水利建设项目稽察与复查】 2023 年 7—11 月，省水利厅组建稽察组和复查组，完成 50 个项目的稽察工作，共发现 854 个问题，至年底已全部完成整改。复查 2022 年稽察的 50 个项目，稽察整改意见要求整改的 757 个问题中，已整改 756 个、正在整改 1 个，整改完成率 99.9%。

【质量监督履职巡查】 2023 年 10 月 31 日，省水利厅印发《关于开展 2023 年度质量监督履职巡查的通知》（浙水办监督〔2023〕12 号），派出 2 个检查组，分别检查嘉兴、衢州、舟山、台州等 4 个设区市水行政主管部门及其质量监督机构，检查对象延伸抽查至相应县（市、区），共发现问题30个。

【水利工程质量监管】 2023年，省水利厅加大水利工程质量管理指导服务力度，完成在建重大水利工程质量检查与技术指导服务81项、面上水利工程质量抽检80项、工程建设质量动态评估21项，对16家设计单位设计质量开展提升服务。组织开展全省水利工程质量检测专项检查行动，结合“双随机、一公开”抽查，对49家质量检测单位进行检查。对发现的各类问题实行清单式管理、闭环销号，进一步强化了水利工程参建各方的质量意识。

（陈云娥）

【水利工程运行监督】 汛前，省水利厅组织开展以水库为重点的水旱灾害防御暨安全生产汛前督查，组织各地出动6.57万人次，检查水利工程3.74万处，治理风险隐患1363处。对检查发现的安全隐患问题纳入“工程运管”应用，实行闭环管理，及时整改到位。

4月，省水利厅印发《浙江省水利工程白蚁等害堤动物隐患应急整治专项工作方案》（浙水办运管〔2023〕4号），以土石坝水库、土质海塘、土质堤防为重点，通过专项排查，全面查清白蚁等害堤动物隐患和危害情况，科学组织开展应急整治，共发现139个水利工程存在蚁患616处，全部完成整治并通过专项验收。

梅雨、台风期间，每日抽查水库山塘责任人履职情况和三类坝水库空库运行情况，督促各地开展风险隐患排查整改。调整充实水库山塘安全度汛工作专班人员，按照三类坝水库主汛期原则上一律空库运行的要求，逐库核实三类坝水库空库运行条件和有关措施落实情况，并报水利部备案。

（张炜）

【水旱灾害防御督查】 2023年2月6日，省水利厅印发《关于开展2023年度水旱灾害防御汛前大检查的通知》（浙水灾防〔2023〕5号），组织开展水旱灾害防御汛前准备和风险隐患大排查。全省水利系统派出检查人员6.57万人次，检查工程3.74万处，排查整治风险隐患1363处，汛前已全部完成整改或落实安全度汛措施。

4月23日，根据《浙江省人民政府防汛防台抗旱指挥部关于开展全省防汛防台风险隐患大排查大整治行动的通知》（浙防指〔2023〕4号）要求，省水利厅制定《浙江省小流域山洪、山塘水库河网风险隐患大排查大整治行动工作方案》（浙水灾防〔2023〕16号），在前期水旱灾害防御风险隐患汛前大检查基础上，以小流域山洪和山塘水库河网为重点，组织各地开展为期2个月的风险隐患大排查大整治活动。截至6月底，各地完成全覆盖检查，共检查防汛点位4.76万处，发现问题隐患1583个，全部完成整改。

聚焦水利安全生产和防汛防台重点领域关键环节，按照督查“三个100%”［指病险水库、病险海塘、隧洞施工3类工程（或工况）所有项目100%全覆盖到现场检查］要求，组织8个省级督查组对全省553座病险水库、82条262km

三类海塘、55个涉及隧洞施工工程开展全覆盖督查检查，发现并整改问题694个。5月19日，完成现场检查及问题反馈，发现水库问题397个、海塘问题32个、隧洞施工问题265个，所有问题通过“工程运管”“透明工程”应用跟踪落实整改闭环。

根据水利部要求，省水利厅组织各地全面排查1～5级堤防范围内县级以上公路、铁路、油气管道等穿堤或跨堤建筑物、设施影响堤防安全、降低防洪标准等防洪风险，确保堤防防洪安全。各地累计检查1～5级堤防海塘2946条(段)，发现问题第一时间督促落实处置措施，确保安全度汛。

以小流域为单元，重点考虑经济社会活动影响等因素，聚焦阻水桥涵、干支流交汇点、外洪顶托段、堰坝和在建工程等，2023年累计检查山洪灾害防御重要村落1.1万处，发现各类问题534个，全部完成整改或落实度汛措施。

5—9月，根据《浙江省水利厅办公室关于印发2023年监督检查计划的通知》（浙水办监督〔2023〕5号）要求，组织各市实地督查12座大型水库、重点中型水库（水电站）的防洪调度和汛限水位执行情况，调查发现问题10个，涉及调度指令单信息记录不规范、放水预警预案内容不完善等。截至9月底，全部完成问题整改。

（胡明华）

【水利资金使用督查】 2023年，省水利厅联合省财政厅对嘉兴市、衢州市、舟山市、台州市等4个设区市本级及下辖26个市县2022年度面上水利建设与管理任务以及省级补助资金进行了核查，同时对历年未整改到位125个问题开展“回头看”，推进完成76个问题整改销号。核查采取地方自查与委托中介机构重点抽查相结合的方式进行。2022年度省水利厅下达被核查市县的面上水利建设和管理任务共393个，经核查，实际已完成项目数385个，完成率97.96%。省财政厅、省水利厅分两批下达核查市县2022年度水利建设和发展专项资金120055.00万元，至核查日，资金分解率为100.00%；省补资金拨付至项目建设单位共计108068.72万元，资金拨付率为90.02%；项目建设单位已使用省补资金101717.62万元，资金使用率84.73%。核查发现各类问题共96个，主要集中在建设及管理任务完成、工程程序执行及实施过程管理、资金拨付到位及支付使用等方面。

（金晶）

【水土保持监督检查】 2023年7月24日，省水利厅印发《浙江省水利厅关于开展全省水土保持监督管理专项行动的通知》，组织开展省市县三级水土保持监督检查专项行动，对违法违规项目进行查处、督办、整改及落实。8月3日，印发《浙江省水利厅　浙江省交通厅关于印发浙江省交通项目水土保持协同监督检查实施方案的通知》（浙水农电〔2023〕32号），与交通运输部门开展交通运输项目水土保持协同监督检查，省级抽查了22个交通运输项目。全省各级水利行政主管部门对10197个在建生产建设项目水土保持监督检查全覆盖。其中，省级对水利部和省水利厅审批的

186个在建项目监督检查实现全覆盖。强化生产建设活动水土保持监管，现场监督检查生产建设活动276个。在检查基础上，省水利厅对25个重点项目下发整改督办意见。

（穆家伟）

【水资源管理和节约用水督查】 2023年11月，省水利厅组织开展水资源管理和节约用水监督检查，检查用水总量管控、取水许可规范审批及监管、水资源计量监测体系建设、饮用水水源地管理保护、节水行动重点任务落实情况，并针对问题进行整改落实。

（汤沂园）

水利安全生产

【概况】 2023年，省水利厅全面压紧压实安全生产责任制，切实加强安全生产监督管理，落实各项安全生产工作措施，有效防范了各类事故的发生。省水利厅在省安全生产委员会组织的2023年度安全生产和消防工作目标管理责任制考核中获评“优秀”等次，排名第五，在水利部开展的全国水利安全生产状况第一～第三季度评价中，省水利厅连续排名第一。

【安全工作部署】 2023年1月17日，省水利厅党组召开第2次会议，审议2022年度安全生产评价考核结果及2023年重点工作安排，听取关于分管厅领导、机关处室2023年度水利安全生产目标管理责任书制定情况的汇报。5月26日，省水利厅党组召开第12次会议，听取关于调整厅安委会组成人员及进一步明确职责分工建议情况的汇报。

4月17日，印发《2023年全省水利安全生产工作要点》（浙水办监督〔2023〕6号），提出树牢安全发展理念、健全安全生产责任体系、推进重点领域安全生产风险专项整治、加强安全生产依法治理、持续夯实安全生产基础等五方面16条具体工作意见。

4月23日，召开全省水利安全生产工作视频会议，传达全省安全生产和防汛工作电视电话会议精神，总结交流2022年安全生产工作，部署2023年安全生产重点工作，宣传贯彻《浙江省安全生产工作条例》。

6月12日，召开水利护航亚运、推进风险隐患大排查大整治行动专题视频会议，贯彻落实习近平总书记关于安全生产重要批示精神和省委、省政府有关安全生产、防汛防台、护航亚运等工作要求，推进全省水利安全生产、防汛防台风险隐患排查整治。

7月19日，印发《浙江省水利厅关于做好汛期水利安全生产工作的通知》（浙水监督〔2023〕14号），部署汛期水利安全生产工作。

9月7日，印发《浙江省水利厅关于做好护航亚运决战阶段工作的通知》（浙水河湖〔2023〕6号），部署开展风险隐患排查整治，全力护航亚运。

9月28日，印发《浙江省水利厅关于切实做好中秋、国庆期间安全防范工作的通知》，对安全生产、防汛防台风及

"双节"期间值班值守工作做出部署。

12月4日，召开厅系统安全生产工作会议，贯彻落实国务院安委会、省安委会有关安全生产工作会议精神，分析安全生产面临的形势，研究部署岁末年初安全生产重点工作。

【安全专项整治】 2023年1月10—20日，由省水利厅领导带队对厅直属单位开展春节前安全生产检查。

3月1日，印发《浙江省水利厅关于做好近期水利安全生产工作的通知》（浙水监督〔2023〕5号），要求各地各部门3—4月组织开展安全隐患大排查大整治行动。

3月8日，印发《浙江省水利厅办公室关于开展水旱灾害防御暨安全生产汛前省级督查的通知》（浙水办监督〔2023〕3号），组织开展水旱灾害防御暨安全生产汛前省级督查。

4月18日，印发《浙江省水利厅关于进一步加强水利工程隧洞施工安全管理工作的通知》（浙水监督〔2023〕6号），要求吸取近年来全国隧道施工重大及典型事故教训，加强水利工程隧洞施工安全管理，组织开展水利工程隧洞施工自查情况报告与大排查大整治行动。排查了全省水利工程隧洞施工项目风险点55个，落实安全管理责任人。

4月27日，印发《浙江省水利厅关于立即开展水利安全生产和防汛防台风险隐患大排查大整治行动的通知》（浙水监督〔2023〕8号），组织开展水利安全生产和防汛防台风险隐患大排查大整治行动。

4月28日，印发《浙江省水利厅关于开展有限空间作业安全专项整治行动的通知》（浙水监督〔2023〕9号），在全省水利行业开展有限空间作业安全专项整治。

5月18日，印发《浙江省水利重大事故隐患专项排查整治2023行动方案》，组织在全省水利行业开展重大事故隐患专项排查整治行动。截至8月18日，全省水利生产经营单位主要负责人学习研究水利重大事故隐患判定标准或重点检查事项793次，主要负责人带队开展重大事故隐患排查整治1065次，开展动火等危险作业重大事故隐患全面排查931次，开展本单位生产经营项目和场所外包外租全面排查768次，各级监管部门抽检检查的生产经营单位1208家。

5月29日，印发《浙江省水利厅办公室关于开展水利工程安全生产巡查与指导服务的通知》（浙水办监督〔2023〕8号）。6—11月，巡查组采取明察与暗访结合，明察水行政主管部门安全生产重点工作落实情况，暗访水利工程安全生产管理情况。抽查水利建设项目和运行工程共40个，巡查延伸至工程项目所涉及的县（市、区）水行政主管部门20个、相关厅直属单位1个，巡查发现问题367个，均在2023年整改闭环。

10月16日，印发《浙江省水利厅关于切实做好隧洞施工等水利安全生产工作的通知》（浙水监督〔2023〕16号），要求立即开展水利工程隧洞施工安全风险排查整治、立即开展水利施工现场交通安全风险排查整治。

12月4日，印发《浙江省水利厅关于做好岁末年初水利安全生产工作的通知》（浙水监督〔2023〕17号），部署开展开展冬春消防安全防范和风险隐患排查整治。

【安全宣教培训】 2023年5月29日，印发《浙江省水利厅办公室关于开展2023年全省水利“安全生产月”活动的通知》，制定水利“安全生产月”活动方案，以“人人讲安全 个个会应急”为主题，开展理论宣讲、教育培训、隐患曝光、问题整改、经验推广、案例警示、监督举报、知识普及等系列宣传活动。期间，组织开展习近平总书记关于安全生产重要论述宣贯活动466场，参与12955人次；“人人讲安全 个个会应急”网络知识竞赛答题27558人次；开展水利生产经营单位主要负责人“安全承诺践诺”活动120场，参与2522人次；开展宣传培训活动1395场，参与14490人次；水利生产经营单位组织事故应急演练555场，参与14445人次；农村村庄、城市社区、学校、家庭开展科普知识宣传和情景模拟、实战推演、逃生演练、自救互救等活动907场，参与8263人次；组织开展“安全宣传咨询日”现场活动98场，参与8820人次，网络直播15场，观看2992人。

11月13—15日，举办全省水利安全生产监督管理培训班，各市、县（市、区）水行政主管部门分管安全生产工作的领导及部门主要负责人以及厅机关有关处室、厅属单位从事安全生产管理工作的人员参加培训，培训内容包括安全生产形势及任务、安全生产有关文件解读、在建水利工程安全生产、安全生产巡查等。

【“安管人员”考核管理】 2023年，省水利厅完成第三批次三类人员安全考核工作，报名4060人，审核通过3857人，实际参加考试3550人，考核通过2873人，发证2873本。全年延期审核“安管人员”申请材料4327件，审核通过4326件，处理“安管人员”政务网审批办件5771件。

【安全考核评价】 至年底，省水利厅对11个设区市水利局、10个厅直属单位开展安全生产目标管理责任制评价。经综合评定，宁波、绍兴、温州、杭州、金华、衢州等6个设区市水利局被评为“优秀”等次，湖州、嘉兴、台州、丽水、舟山等5个设区市水利局被评为“良好”等次，省水利水电技术咨询中心、省水利河口研究院、省水文管理中心、浙江水利水电学院、省钱塘江流域中心、省水利科技推广服务中心等6个厅属单位被评为“优秀”等次，省水利防汛技术中心、浙江同济科技职业学院、中国水利博物馆、省水利水电勘测设计院有限责任公司等4个厅直属单位被评为“良好”等次。

（叶勇）

水 利 科 技

Hydraulic Science and Technology

141～153 页

科技管理

【概况】　2023年，浙江水利科技创新开展“揭榜挂帅”科技攻关，获2022年浙江省科学技术奖三等奖2项。评选2023年浙江省水利科技创新奖25项，列入2024年省自然基金水利联合基金资助计划10项。列入《2023年浙江省水利先进适用技术推广指导目录》技术（产品）47项。2023年水利科技统计发表论文533篇，出版专著、译著20部，专利授权198项。省水利厅赴遂昌县、平阳县开展“送科技下乡”活动。

【科技项目管理】　2023年，省水利厅深入实施科技创新首位战略，以科技助力“千项万亿”等重大水利工程实施，加快推进单村水站改造提升，组织了2023年浙江省水利工程带科研“揭榜挂帅”项目立项工作，确定2批共12个项目（表1）。获得国家重点研发计划课题1个；国家自然科学基金项目6个，见表2。省科学技术厅浙江省自然科学基金委员会下达2024年浙江省基础公益研究计划项目，“水利联合基金”资助项目10个，其中重点项目3个，探索项目7个，总资助金额160万元，见表3。

表1　2023年浙江省水利工程带科研“揭榜挂帅”项目基本情况

项目编号	榜单名称	揭榜单位	承担单位	项目负责人	完成时间
第一批					
RA＋202301	浙江平原河道堤防风浪及爬高研究	长兴县水利局	浙江省水利河口研究院（浙江省海洋规划设计研究院）	黄君宝	2027年7月
RA＋202302	平原河网城市排涝深隧关键技术研究	杭州市水务集团有限公司	杭州市水务集团有限公司	朱奚冰	2027年9月
RA＋202303	沿海深厚软基堤防（海塘）不均匀沉降的控制关键技术研究—复杂应力下堤防不均匀沉降机理及稳定控制	浙江省水利水电勘测设计院有限责任公司	浙江大学	张永进	2026年11月
RA＋202304	沿海深厚软基堤防（海塘）不均匀沉降的控制关键技术研究—基于土体容许应力比的海塘堤基稳定控制实用准则	海宁市水利建设管理有限责任公司	海宁市水利建设管理有限责任公司	俞耿锋	2026年12月

续表

项目编号	榜单名称	揭榜单位	承担单位	项目负责人	完成时间
第二批					
RA＋202305	单村水站长效管护创新研究与应用	平阳县水利局	平阳县水利局	雷秀明	2024 年 12 月
RA＋202306	适用于山区海岛复杂环境的单村水站净水成套关键技术研究与应用	丽水市水利局	北京资顺晨化科技有限公司	丁敏冲	2024 年 12 月
RA＋202307	强降雨期高浊度原水处理关键工艺研究与应用	杭州市临安区水利水电局	复旦大学	何坚	2025 年 12 月
RA＋202308	强降雨期高浊度原水处理关键工艺研究与应用	缙云县水利局	浙江同济科技职业学院	吕志升	2024 年 12 月
RA＋202309	单村水站精准消毒处理与控制关键技术研究与应用	浙江钱江水利供水有限公司	浙江钱江科技发展有限公司	潘伟军	2024 年 12 月
RA＋202310	单村水站精准消毒处理与控制关键技术研究与应用	浙江省水利河口研究院（浙江省海洋规划设计研究院）	浙江省水利河口研究院（浙江省海洋规划设计研究院）	温进化	2025 年 12 月
RA＋202311	基于新能源供电下数字化管控的集成膜净水成套设备研究与应用	余姚市农村水利管理中心	宁波舜建集团有限公司	劳冀韵	2025 年 6 月
RA＋202312	单村水站长效管护创新研究与应用	遂昌县水利局	浙江水利水电学院	姜利杰	2024 年 12 月

（资料来源：省水利厅科技处）

表 2　2023 年浙江省获得国家重点研发计划课题和国家自然科学基金项目

序号	项目名称	项目编号	负责人	单　位	项目类别
1	淤泥质海岸综合防护技术模式与示范应用	2023YFC3007904	陶爱峰	浙江省水利河口研究院（浙江省海洋规划设计研究院）	国家重点研发计划课题

续表

序号	项目名称	项目编号	负责人	单 位	项目类别
2	舟山群岛松林消退的时空格局及驱动机制	42301081	许洺山	浙江省水利河口研究院（浙江省海洋规划设计研究院）	国家自然科学基金
3	多源遥感信息精细解析的茶树炭疽病早期监测及演化模型研究	42371385	袁琳	浙江水利水电学院	国家自然科学基金
4	入口汽体渐析工况下高速诱导轮低温空化特性的研究	52376037	郭晓梅	浙江水利水电学院	国家自然科学基金
5	硅基钯电阻式 MEMS 高灵敏缓释氢传感器关键技术研究	62374148	闫树斌	浙江水利水电学院	国家自然科学基金
6	热力机械泛形界面微/宏尺度接触特性参数高精度预测理论、方法及试验研究	52305291	冯燕	浙江水利水电学院	国家自然科学基金
7	基于网络主权的网络空间命运共同体构建研究	20BKS181	徐铁光	浙江水利水电学院	国家自然科学基金

（资料来源：省水利厅科技处）

表 3　2024 年浙江省自然科学基金“水利联合基金”资助计划项目

序号	项目名称	立项编号	负责人	依托单位
1	变化环境下滨海城市洪涝潮灾害演化机制与增韧技术研究	LZJWZ24E090001	周永潮	浙江大学
2	基于多源数据驱动的暴雨山洪形成机制及动态预报预警研究	LZJWZ24E090002	叶盛	浙江大学
3	暴雨型山洪灾害动态预报预警研究	LZJWZ24E090003	钱镜林	浙江水利水电学院

续表

序号	项目名称	立项编号	负责人	依托单位
4	强潮河口盐水入侵驱动机制与快速预报	LZJWY24E090001	焦建格	中国计量大学
5	钱塘江河口盐水入侵驱动机制及智能预报技术研究	LZJWY24E090002	李若华	浙江同济科技职业学院
6	基于强潮河口区悬浮泥沙浓度遥感反演的盐度分析和预报研究	LZJWY24E090003	姬雨雨	浙江省水利河口研究院（浙江省海洋规划设计研究院）
7	基于级联提取框架的多云雨区域冬小麦遥感提取方法研究	LZJWY24E090004	董洁	浙江水利水电学院
8	强潮河口盐水入侵驱动机制研究及预测模型构建	LZJWY24E090005	孟珍珠	浙江水利水电学院
9	基于水-机-电多场耦合的抽蓄机组轴系振动机理与状态监测研究	LZJWY24E090006	张三霞	浙江水利水电学院
10	多水源城市原水系统的网络化协同控制与优化研究	LZJWY24E090007	凌荣耀	绍兴文理学院

（资料来源：省水利厅科技处）

【水利科技获奖成果】 根据《浙江省科学技术厅关于公布2022年度浙江省科学技术奖获奖名单的通知》（浙科发成〔2023〕50号），省水利厅获三等奖2项，见表4。2023年共评选出浙江省水利科技创新奖25项，其中一等奖2项、二等奖7项、三等奖16项，见表5。

2023年度水利科技统计共发表论文533篇，其中国际期刊论文147篇，科学引文索引（science citation index，SCI）、工程索引（engineering index，EI）收录论文142篇，国际会议论文51篇；出版专著、译著20部；专利授权198项，其中发明专利100项，软件著作权210项。

表4 2022年浙江省科学技术奖获奖名单

序号	成果名称	主要完成单位	主要完成人	奖 项
1	杭州市第二水源千岛湖配水工程关键技术创新与应用	浙江省水利水电勘测设计院有限责任公司、杭州市千岛湖原水股份有限公司、浙江大学、河海大学	张永进、赖勇、朱奚冰、陈舟、李进、沈才华、孙宏磊	科学技术进步奖三等奖

续表

序号	成果名称	主要完成单位	主要完成人	奖 项
2	高抗汽蚀泵关键技术及系列产品开发应用	浙江水利水电学院、浙江理工大学、利欧集团浙江泵业有限公司、浙江天德泵业有限公司	郭晓梅、崔宝玲、施高萍、林仁勇、林哲、张灵波、许浩浩	科学技术进步奖三等奖

（资料来源：省水利厅科技处）

表 5 2023 年浙江省水利科技创新奖获奖项目

序号	成果名称	主要完成单位	主要完成人
一等奖（共 2 项）			
1	丰水地区精准节水关键技术研究与实践	浙江省水利河口研究院（浙江省海洋规划设计研究院）、浙江大学	王士武、官宝红、李其峰、肖梦华、潘建、傅雷、金倩楠、姚水萍、苏龙强、郭玉雪、林峰、滑磊、徐海波
2	海塘安澜深厚淤泥地基加固关键技术创新与应用	浙江省水利水电勘测设计院有限责任公司	黄朝煊、袁文喜、吴蕾、方咏来、周衍银、李小勇、包纯毅、孙杭洋、李志杰
二等奖（共 7 项）			
1	自然水资源微循环灌溉系统试验研究与示范	杭州市富阳区水利水电工程质量安全服务保障中心、浙江大学、浙江省水利河口研究院（浙江省海洋规划设计研究院）	汪跃宏、卢成、时元智、郭宗楼、王士武、胡晓红、王尉英、沈黎、聂鹏程、阿古拉、王维
2	超大跨度平面直升钢闸门设计建造关键技术研究及应用	浙江江能建设有限公司、长江勘测规划设计研究有限责任公司、浙江省围海建设集团股份有限公司	周毓、祝胜、李卫国、程雪辰、吴敬红、庄陆挺、夏洪涛、朱占宏、黎华、张波、郑斌
3	基于系统耦合的历史水工程灾变机制及防控关键技术研究	浙江水利水电学院、兰溪市水务局、浙江省钱塘江流域中心、浙江省水利水电勘测设计院有限责任公司、浙江水专工程顾问有限公司	周建芬、秦子鹏、吴红梅、李骞、余延芬、徐永标、高景泉、何晓辉、章越峰、汝晓雪、郭润元
4	岬湾沙滩修复技术与应用	浙江省水利河口研究院（浙江省海洋规划设计研究院）	黄世昌、黄君宝、姚文伟、刘旭、穆锦斌、董伟良、邵杰、倪兴也、李新文

续表

序号	成果名称	主要完成单位	主要完成人
5	长距离大断面输水隧洞动态监控关键技术与应用	浙江省水利水电勘测设计院有限责任公司、苏州南智传感科技有限公司	邢恩达、张红纲、卢斌强、徐庆强、张浩、魏广庆、翟守俊
6	大型泵站三维协同设计和施工的关键技术创新与应用	浙江省水利水电勘测设计院有限责任公司、杭州市南排工程建设管理服务中心	虞鸿、徐肖峰、侯毅、结少鹏、孟金波、程欢、霍恒炎、任刚、梅斌、胡军伟、陈晓鸣
7	基于机理和非机理驱动的流域洪水预报调度一体化模型方法及数字流域平台关键技术	浙江省水利水电勘测设计院有限责任公司、浙江大禹信息技术有限公司	舒全英、郭磊、周焕、郑雄伟、叶垭兴、孙甜、闪丽洁、王青青、揭梦璇、陈成、官宇
三等奖（共16项）			
1	区域极端天气洪涝灾害预警决策支持系统建设	宁波市水务设施运行管理中心、中国科学院国家空间科学中心、浙江同济科技职业学院、宁波市水利水电规划设计研究院有限公司	朱新国、郑振浩、何杰颖、王雪、顾巍巍、张卫国、江雨田
2	面向多源数据感知与驱动的智慧灌区关键技术创新研究	金华市梅溪流域管理中心、浙江禹贡信息科技有限公司、浙大城市学院、浙江工业大学、北京新水源景科技股份有限公司、杭州富春江水电设备有限公司	郑雷、王铮、黄可谈、施兰霞、李锐、范翠翠、钱胜建、张仁贡、张海燕
3	水利工程物业化管理模式及监管体系研究	浙江省水利科技推广服务中心	罗林峰、江炜、裴瑶、陈韻俊、周小军、徐昌栋、胡卫星、潘伟军
4	温岭市新金清闸保护性加固关键技术研究及应用	温岭市排涝工程建设有限公司、浙江省钱塘江管理局勘测设计院、浙江省水利水电工程质量与安全管理中心、杭州水利水电勘测设计院有限公司、浙江水院勘测设计研究有限公司、杭州河口水利科技有限公司	王再荣、陈振华、吴晓翔、臧振涛、毛小魏、陈忆蓉、倪立建、郑安兴、许沿

续表

序号	成果名称	主要完成单位	主要完成人
5	南方丰水区农业水价综合改革关键技术与机制	浙江省水利河口研究院（浙江省海洋规划设计研究院）、中国灌溉排水发展中心、湖州市南浔区水利局	郑世宗、张亚东、黄万勇、顾涛、卢成、沈敏毅、肖梦华、翁湛、郑雷
6	浙江省用水结构演变驱动因子及水资源可持续利用评价体系研究	浙江省水文管理中心、浙江水文新技术开发经营有限公司	王贝、何锡君、孙英军、姚岳来、王冬、王蓓卿、章鲁琪、田玺泽、陈革强
7	面向数字孪生的椒（灵）江流域洪水智能预报调度关键技术研究	台州市水利水电勘测设计院有限公司、浙江大学、台州水文站、浙江禹贡信息科技有限公司	曾钢锋、尹志伟、刘莉、许月萍、杨德全、俞昌都、江衍铭、蔡裕军、郭玉雪
8	山洪灾害短历时风险预报预警关键技术研究及应用	宁波市水利水电规划设计研究院有限公司	江雨田、赵思远、朱从飞、顾巍巍、张卫国、林宇、程志强、张焱、孙飞飞
9	大型泵站复杂体形大体积混凝土温控防裂技术	中国水利水电第十二工程局有限公司、长江水利委员会长江科学院	顾荣彪、郜永勤、余勇军、冯展平、颉志强、胡军乐、魏星鹏、刘新建、田龙斌
10	多种波况作用下复式海堤堤后越浪空间分布规律研究	中国电建集团华东勘测设计研究院有限公司、浙江水利水电学院、岱山县水利局	董舒迪、赵海涛、顾晨、修海峰、欧阳丽、郑永明、张奕泽、俞演名、陈晓军
11	大中型水库正常蓄水位调整关键因子研究	杭州市水库管理服务中心、水利部交通运输部国家能源局南京水利科学研究院	落全富、张士辰、金樊、林荷节、陈文波、叶萍、孙青雪、何晓斌、邹鹰
12	南方丰水地区分质供水关键技术与政策研究	义乌市水务局、浙江省水利河口研究院（浙江省海洋规划设计研究院）、义乌市水务建设集团、义乌市第二自来水有限公司	邵志平、姚水萍、朱红斌、王士武、傅雷、杨才杰、王贺龙、周军、彭振华
13	涌潮对杭州湾潮汐变化的响应及预报	浙江省水利河口研究院（浙江省海洋规划设计研究院）	汪求顺、潘存鸿、潘冬子、胡成飞、郑君、陈刚、陈甫源、贺成奇、唐子文

续表

序号	成果名称	主要完成单位	主要完成人
14	智慧水利能力中心平台关键技术研究及应用	宁波市水利水电规划设计研究院有限公司	张卫国、顾巍巍、张芳、王新龙、程志强、江雨田、张猋、孙飞飞、范仲丽
15	深切河谷复杂水文地质条件下水电站大江截流关键技术	中国水利水电第十二工程局有限公司、中国电建集团中南勘测设计研究院有限公司	练新军、李洪林、吴文洪、郜永勤、兰天、王庆祥、李佳威、张曦彦、杨川
16	钱塘江杭州段水环境（水相及沉积物）中PPCP赋存特征与生态风险评估	浙江省水利河口研究院（浙江省海洋规划设计研究院）	王维、许开平、万杨、刘丽敏、陆宇苗

（资料来源：省水利厅科技处）

【水利科技服务】 2023年，根据省政协“送科技下乡”工作部署，省水利厅组织有关专家赴遂昌县和平阳县开展“送科技下乡”活动，捐赠水利防汛物资、开展技术培训、进行实地指导、予以项目支持，组织“幸福河湖建设”“水利工程安全生产”“山洪灾害防御”等4场培训。省水利厅紧扣“提升全民科学素质，助力科技自立自强”主题，开展“送科技进企业”“水利科技云讲堂”“全国科普日”等系列科普宣传活动，选拔优秀水利科普作品和科普讲解员。《水利千秋——穿越千年话水利》科普图书发布会被中国科协评为2023年全国科普日优秀活动。

【水利科技推广】 2023年，省水利厅遴选出47项技术（产品）列入《2023年度浙江省水利先进适用技术推广指导目录》，见表6。以“以奖代补”方式支持20个县（市、区）实施水利科技推广管理任务，开展利欧LNY－UF集成式陶瓷膜智慧水站试点应用。充分利用科技推广技术资源，以专题技术交流、技术分享、科普宣讲等多形式多载体，举办了水利工程蚁患防治现场会暨技术交流会、未来水利高质量发展专题论坛、单村水站改造提升技术交流会，“生态文明润童心携手护水迎亚运”等水利技术交流会和科普活动。

表6　2023年浙江省水利先进适用技术推广指导目录

序号	技术（产品）名称	持有单位名称	证书编号
1	土石坝渗漏瞬变电磁法诊断技术	浙江省水利河口研究院（浙江省海洋规划设计研究院）、浙江广川工程咨询有限公司	ZST2023001
2	基于ROV的水工建筑物水下安全检测技术服务	浙江省水利河口研究院（浙江省海洋规划设计研究院）	ZST2023002

续表

序号	技术（产品）名称	持有单位名称	证书编号
3	利用多维雷达结合瞬变电磁法探测海塘隐患的整套技术	浙江省钱塘江管理局勘测设计院、北京国电经纬工程技术股份有限公司	ZST2023003
4	河口海岸工程基础冲刷实时监测及安全预警技术	浙江省水利河口研究院（浙江省海洋规划设计研究院）	ZST2023004
5	融合自适应误差抑制技术的水工建筑物机器视觉监测系统研发与应用	杭州鲁尔物联科技有限公司	ZST2023005
6	长距离大断面输水隧洞光纤光栅动态监控技术	浙江省水利水电勘测设计院有限责任公司、苏州南智传感科技有限公司	ZST2023006
7	先张法预应力混凝土H型护岸桩	宁波一中管桩有限公司	ZST2023007
8	高强度塑钢组合板桩及生态护岸技术	海盐汇祥新型建材科技有限公司	ZST2023008
9	一种增韧型抗冲磨环氧树脂胶泥	杭州每步材料科技有限公司	ZST2023009
10	一种水泥无机渗透结晶改性材料	宁波磐固工程技术有限公司	ZST2023010
11	竖井贯流泵	利欧集团湖南泵业有限公司	ZST2023011
12	漏四堡ELPD（漏电回流谐波抑制装置）简称漏电回流节能装置、无电插座、智能感应及配套产品	江苏通球建筑科技有限公司、浙江宏诺四欧科技有限公司	ZST2023012
13	基于互相关法的推移质输沙率和级配实时观测分析技术	长江水利委员会长江科学院	ZST2023013
14	堤防新型防淤堵减压井成套技术	长江水利委员会长江科学院	ZST2023014
15	500级双轴取向聚氯乙烯（PVC-O）管材	河北万利泰欧勒管业有限公司	ZST2023015
16	滴灌型白蚁屏障墙综合防控技术	金华市恒安生物技术有限公司	ZST2023016
17	堤坝白蚁精准防控技术	绍兴市曙光科技开发有限公司	ZST2023017
18	“鼎昆”堤坝白蚁监测预警系统	浙江鼎昆环境科技有限公司	ZST2023018
19	白蚁生态防治干扰剂	浙江瀚达环境科技有限公司	ZST2023019
20	土石坝白蚁绿色综合防控技术	上海万宁有害生物控制技术有限公司	ZST2023020
21	山洪灾害声光电监测一体化预警系统	杭州定川信息技术有限公司、浙江省水利河口研究院（浙江省海洋规划设计研究院）	ZST2023021
22	模块化声光电一体杆	浙江滴石信息技术有限公司	ZST2023022

续表

序号	技术（产品）名称	持有单位名称	证书编号
23	基于压电技术的免维护一体式雨情监测站	杭州鲁尔物联科技有限公司	ZST2023023
24	一种基于北斗的平安水利数据遥测透传设备	浙江水文新技术开发经营有限公司	ZST2023024
25	流域洪水预报调度一体化模型方法及应用平台	浙江省水利水电勘测设计院有限责任公司、绍兴市水文管理中心	ZST2023025
26	水库大坝安全在线体检单系统	浙江广川工程咨询有限公司	ZST2023026
27	水库数字化监管应用平台	衢州市农村水利管理中心、杭州定川信息技术有限公司	ZST2023027
28	基于多光谱检测技术的电子河长示范应用	湖州师范学院、浙江嘉园智能科技有限公司	ZST2023028
29	水面救生机器人	珠海云洲智能科技股份有限公司	ZST2023029
30	数字孪生闸泵站设备运行模拟系统	浙江滴石信息技术有限公司	ZST2023030
31	基于内生安全端到端的水利数字互联底座	浙江鹏信信息科技股份有限公司	ZST2023031
32	基于无人船控制技术的流量测验系统	上海华测导航技术股份有限公司	ZST2023032
33	一体式积水监测杆	浙江瑞林信息科技有限公司	ZST2023033
34	超级夜视技术	杭州升默机器人有限公司	ZST2023034
35	基于物联网的智慧城市改善优化排水体系平台关键技术及应用	宁波点溪环保科技有限公司	ZST2023035
36	基于 GIS 和云计算技术的贵仁治水模型云平台	浙江贵仁信息科技股份有限公司	ZST2023036
37	天圻智能气象站	东方智感（浙江）科技股份有限公司	ZST2023037
38	智墒一体化土壤水分监测仪	东方智感（浙江）科技股份有限公司	ZST2023038
39	藻类和浮游动物人工智能识别分析（技术）	杭州万深检测科技有限公司	ZST2023039
40	玻璃纤维增强塑料连续缠绕夹砂管	浙江华丰新材料股份有限公司	ZST2023040

续表

序号	技术（产品）名称	持有单位名称	证书编号
41	磷石膏基污泥干化剂应用技术	长江水利委员会长江科学院、浙江水利水电学院、武汉湖振煜环境科技有限公司	ZST2023041
42	新型生态鱼窟应用技术	上善润物（浙江）水利科技有限公司	ZST2023042
43	一种海塘塘前生态空间塑造及养殖结合的技术	浙江广川工程咨询有限公司	ZST2023043
44	水生态环境智能监测无人船	中国水利水电科学研究院	ZST2023044
45	淤泥资源化利用技术	宁波高新区围海工程技术开发有限公司	ZST2023045
46	城市水土流失生态防控关键技术	长江水利委员会长江科学院	ZST2023046
47	混凝土生态嵌缝大块石护面技术	杭州河口水利科技有限公司	ZST2023047

（资料来源：省水利厅科技处）

（陶洁）

水利信息化

【概况】 2023 年，省水利厅建立健全工作推进机制，加强顶层设计谋划，推进试点建设，迭代业务应用，统筹协调全省水利数字化各项工作，完成 9 项水利部数字孪生流域先行先试任务，数字孪生钱塘江入选水利部数字孪生水利建设十大样板，数字孪生浙东区域水网入选水利部第一批省级数字孪生水网先行先试试点。省水利厅在 2023 年全国数字孪生水利建设现场会上作典型发言。

【工作推进机制健全】 2023 年，省水利厅建立“专班＋专员＋专家”工作机制，优化专班力量，确定厅机关各处室有关负责人为专员，组建专家指导服务组，统筹力量推进全省数字孪生水利建设。

【数字孪生水利规划体系构建】 2023 年，省水利厅构建“1＋3＋N”的浙江省数字孪生水利规划体系。10 月，联合省经信厅印发《关于全面推进浙江省数字孪生水利建设的意见》《浙江省数字孪生水利建设实施方案（2023—2027 年）》，系统谋划数字孪生水利“1136”顶层架构。制定数字孪生水利建设指引，编制完成数字孪生流域、数字孪生水网、数字孪生工程等 3 个建设实施方案以及水利感知体系规划。

【先行先试任务完成】 2023 年，省水利厅完成 9 项水利部数字孪生流域先行先试任务，通过水利部先行先试终期验收评估。其中，数字孪生钱塘江获评水利部数字孪生水利建设十大样板，同时和数字孪生金华横锦水库共同入选全国数字孪生水利典型案例。数字孪生浙东区域水网入选水利部第一批省级数字孪生水网先行先试试点。数字孪生曹娥江流域建设助力流域治理智慧化，入选全省数字经济创新提质“一号发展工程”典型案例。朱溪水库、汤浦水库、永宁江闸、安地灌区、上塘河灌区、八堡泵站等6个数字孪生工程初步完成阶段性建设。通过试点建设，已形成373项数据、105个模型成果。

【业务应用功能迭代】 2023年，省水利厅基于数字孪生流域、数字孪生水网和数字孪生工程建设，迭代相关业务应用，钱塘江流域防洪减灾数字化平台和浙东引水数字化应用在原有功能基础上，升级完善“四预”功能；持续推动浙里“九龙联动治水”应用升级，迭代“浙水畅通”“浙水美丽”等业务应用，开发部门预算管理、在建工程安全度汛等模块。

【“指尖上的形式主义”专项整治】 2023年，省水利厅按照省纪委要求，全口径分析排查厅系统所有应用，制订整改方案，保留省级贯通应用13个，整合兼并28个，核减取消7个。浙里“九龙联动治水”应用—水域监管一件事纳入第三批省级重大贯通应用，在全省与基层智治综合应用实现技术贯通。

【网络安全保障】 2023年，省水利厅制订护航亚运网络安保一系列方案，逐一梳理明确全省508个应用的保障任务；组织全系统开展网络攻防实战演练6次，创新开展水利行业钓鱼邮件专项演练和供应链网络安全专项检查，将风险降到最低。重保期间，组织省市县三级水利部门1860余人投入值班值守，阻断网络攻击59.2万余次，排查整改中高危安全漏洞365个。全省未发生重大网络安全事件。

【标准化工作】 2023年，省水利厅发布省级水利地方标准3部，见表7。由浙江省牵头的首个长三角区域统一水利地方标准启动立项工作。由浙江省主导的首个国际标准《涌潮高度观测技术规程》完成国家立项审批。《强谋划、拓供给、抓落地，浙江水利标准化工作成效显著》在水利简报2023年第27期刊登。

表7 2023年发布浙江省级地方标准统计

序号	标准名称	标准编号
1	海塘基础数据规范	DB33/T 584—2023
2	河湖水库清淤技术规程	DB33/T 1337—2023
3	美丽河湖建设规范	DB33/T 614—2023

（资料来源：省水利厅科技处）

（程哲远）

政 策 法 规

Policies and Regulations

155～163 页

水利改革

【概况】 2023年，省水利厅制订年度调研课题计划，开展“争创水利现代化先行省战略举措”等课题调研，落实营商环境优化提升“一号改革工程”要求，推进水利投融资、农村水利建管机制、全域创建幸福河湖、水旱灾害防御机制、水利工程建管机制、水利领域生态制度、水利“放管服”及水利数字化等八大领域改革攻坚工作，取得一定成效。

【营商环境优化提升“一号改革工程”落实】 2023年，省水利厅梳理涉水法规权责事项清单，认领维护服务事项国家级19项、省级1项，规范调整办事指南98项。落实营商环境优化提升“一号改革工程”年度任务，组织完成涉水审批“一件事”改革试点。组建服务扩大有效投资“千项万亿”工作专班，建立涉水审批服务直达机制，主动对接重大基础设施项目649个。研发“水利服务通”应用，上架浙里“九龙联动治水”应用，为企业群众提供高效便捷服务。

【水利改革创新成果】 2023年，省水利厅深入总结践行“八八战略”20周年实践脉络和经验启示，梳理水利贯彻落实“八八战略”制度性、理论性成果，总结提出全国首创性成果等五张清单。4月28日，印发《关于强力推进水利改革攻坚工作的通知》，明确8个方面33项改革任务，列出全省水利改革攻坚试点清单64项。全省水利系统取得创新经验118个，试点成效240余项（次）。丽水市探索“取水贷”改革获评2023年基层治水十大经验，安吉县山塘水库用水权改革亮相世界水资源大会，温州市创新生态环境损害赔偿机制管护河湖入选浙江省第三批生态环境损害赔偿十大典型案例。

【水利政策研究】 2023年，研究制定水利九方面20条促进民营经济高质量发展工作举措。4月12日，省水利厅提出6个重点调研课题和51个专项调研课题计划，经全省交叉打分，评选出全省水利系统优秀调研报告60篇（表1）。

表1 2023年浙江省水利系统优秀调研报告

奖项	名 称	单 位	参加人员
一等奖	开放共享理念在水库工程的探索与实践	省水库管理中心	俞飚、傅克登、彭妍、田浪静、哈长伟、董华飞
	浙江省水利重大项目前期工作情况调研	省水利水电技术咨询中心	陆列寰、张乐、朱晓玲、王卓林、刘宇明、王建
	浙江省河流治理历程及成效调研	省钱塘江流域中心	辛方勇、唐建涛、王立文、杜涛炜、李庆孟、叶寒楚

续表

奖项	名　称	单　位	参加人员
一等奖	浙江省河湖长制典型案例剖析与创新深化研究报告	省农村水利管理中心	朱晓源、王巨峰、张正松、万俊毅
	聚焦高质量发展推进“杭州水网”建设的研究	杭州市林业水利局	杨志祥、张丽虹、张玉伦、王帅兵、徐新、金姗姗
	关于规划建设“湖州水网”的研究报告	湖州市水利局	龚丁、江涛、沈晓金、薛国良、葛超锋
	宁波市小型水库高质量运行管护体制机制调查研究	宁波市水利局	张晓峰、张建勋、洪志跃、钟乐、卢桂营、金秋、何海瑞
	衢州水生态价值转化课题调研报告	衢州市水利局	钱志生、陈斌、周淑英、孙路风、吴红雨、刘梦垚
	持续做深“千万工程”中的水文章	省水利发展规划研究中心	朱法君、仇群伊、陈筱飞、陈玮
	瑞安主城区内涝成因及建议对策	瑞安市水利局	舒建忠、林树锋、李敏
二等奖	浙江省蓄滞洪区建设与管理调研	省水利发展规划研究中心	刘俊威、部宁静、王萍萍
	遇见幸福：浙江省河湖长制成效展调研	中国水利博物馆	陈永明、唐燕飚、魏晓明、杨建全、沈青
	基于海绵农田建设的慈城镇古县城治水思路探索	江北区农业农村局	张侃、彭来忠、谭婕、吴金波、朱陈亮
	水利工程资产价值转化典型案例与启示	省水利河口研究院（省海洋规划设计研究院）	黄海珍、穆锦斌、徐思雨、金倩楠、刘立军、严杰、周馨、李弘悦、黄君宝、员鹏、韩海骞、杨清清
	浙江省数字孪生流域建设现状问题及对策研究	省水利信息宣传中心	骆小龙、黄康、金宣辰、金路熠、邱雁
	高质量发展背景下嘉兴市水资源集约解决利用思路和对策	嘉兴市水利局	岳玉良、曹杰、邬家海
	多规合一背景下滨水空间共建共享	省水利河口研究院（省海洋规划设计研究院）	胡国建、张民强、吴剑峰、吴辉、尤爱菊、胡琳、王斌、徐海波、王尧、胡静雯、叶龙、周盛侄、郑汲

续表

奖项	名　　称	单　位	参加人员
二等奖	应用型本科高校产教融合的瓶颈与对策研究	浙江水利水电学院	陈光亭、白福青、李世平、俞姝
	关于开展水权交易改革，优化水资源配置的调研报告	金华市水利局	周国忠、曹胜余、陈洁、秦姝
	关于高水平建设绍兴现代水网的调研报告	绍兴市水利局	齐方良、胡国剑、俞军锋
	浙江省蓄滞洪区运用与建设情况调研报告	省水利防汛技术中心	周函、彭周锋、陈毛良、储善鹏、陈素明、冯蕾磊、唐超、管志凯、姚瑶
	深化“千万工程”在海岛地区供水保障方面的探索和实践	舟山市水利局	陈伟、赵清亮、王垚峰、华崇杰
	打造绿色水电示范区助力乡村共同富裕对策研究	省水资源水电管理中心	郑城、王晓飞、陈思豪、陈静、戴君儿
	海岛地区农田水利灌溉工程存在的问题及对策	定海区水利局	张臣达、童晓燕、李海峰、王雨杰、黄万勇
	温州重大水利项目推进问题及对策——以瓯江引水工程为例	温州市水利局	李红健、陈木永、孙新新
	关于加快构建衢江水网的调研	衢江区水利局	郑辉、江红远、陈文汇
	天台探索全域建设“15 分钟亲水圈”，打造“诗画浙江”的共富水脉	天台县水利局	叶伟志、周余丽
	义乌市全域幸福河湖建设现状及对策研究	义乌市水务局	邵志平、叶俊飞、廖辉
	水管家发展模式研究调研报告	省水利水电勘测设计院有限责任公司	柴红锋、徐晨、张晓鹏、余学彦、王超
	学思践悟新思想、强化党建引领、推动水利高职院校高质量协同育人模式与机制研究	浙江同济科技职业学院	张勇、吴玲洪、楼骏、周恺、高永胜、金璐、张峰、徐晶晶

续表

奖项	名　　称	单　位	参 加 人 员
三等奖	浙江省农村供水干旱条件下应对路径调研	省水利河口研究院（省海洋规划设计研究院）	曾剑、邱昕恺、郑世宗、翁湛、程衡、杨琼、叶碎高、肖万川、麻捷超、赵鲁灵
	浙江省水库移民实现共同富裕的路径探索调研报告	省水利水电勘测设计院有限公司	张永进、陈琦芳、毛子明、牛牧、朱恒、刘闻欣、夏正海、钟名军
	水利领域生态环境损害赔偿改革路径研究	省水利发展规划研究中心	孙伯永、刘志伟、郜宁静
	浙江省近年中小流域生态治理正负典型调研	省水利水电技术咨询中心	秦旭宝、唐瑜莲、蔡慧玲、王志平、王亦陈、王碗琴
	关于新形势下加强水利新闻发布工作的调研报告	省水利信息宣传中心	郑盈盈、徐鹤群、梅林蓉、郭友平
	湖州市平原河网地下“高速水路”关键技术研究调研报告	省水利科技推广服务中心	梅放、徐昌栋、罗林峰、刘文龙、张娜、郝晓伟、史黎翔
	水利防汛抢险队伍实战能力提升调研报告	省水利防汛技术中心	周函、彭周锋、汪胜中、姚瑶、唐超、伊成良、冯蕾磊、管志凯
	北斗通信在浙江水文应用情况调研	省水文管理中心	童增来、姚东、陈浙梁、李歆遒、张紫琳、言薇
	“千项万亿”新形势下清廉工地建设调研报告	省钱塘江流域中心	胡玲、姚怡斐、周肖璐、吴良炎、胡勇峰、陈文江、余延芬、孙超
	高职院校智慧教育发展现状及提升路径研究	浙江同济科技职业学院	朱兆平、王昌云、郑荣伟、严奉伟、陈园园、范燕、叶嵩、张真、方应喜、施鸿
	浙江省农林开发等活动水土流失防治对策研究	省水资源水电管理中心	郭秀琴、聂国辉、崔 丹、谢振华
	平湖市防洪排涝能力和水灾害防御对策分析	平湖市水利局	任伟良、胡静雅、马佳良、陶伊宁、陈宇峰
	用好“枫桥经验”金名片创新发展基层水利会	诸暨市水利局	吴国强、陈佳、张愉翊
	提升全省洪水预报成果共享手段和时效性调研	省水文管理中心	王淑英、王浩、邱超、陈金浩、刘福瑶、田玺泽、许波刘、秦巍、郦英、闵惠学

续表

奖项	名　称	单　位	参加人员
三等奖	椒江河口水利枢纽建设背景下“一江两岸”水网重构思路的调研报告	台州市水利局	姚加健、王俊、董立翔、杜媛
	探索海塘工程建设与水文化融合调研报告	镇海区农业农村局	崔俊涛、朱岩岩、余俊杨、施利松
	龙泉市水文化的传承保护与融合开发的探析	龙泉市水利局	曾春一、叶华平、郑子丹、季雅琦
	关于浦江县水库用水权价值实现路径研究	浦江县水务局	楼劲松、余国晨、王小杭
	关于岱山海岛全域水资源综合开发利用的调研报告	岱山县农业农村局	许海波、施传琪、蒋俏芬、李波
	永康市“大综合一体化”水行政执法改革的实践与思考	永康市水务局	谢纯、朱志豪、盛欣然
	新时期推进节水工作的调研和思考	桐乡市水利局	张浩锋、胡哲、沈卓群
	安吉县农村集体山塘水库用水权价值实现机制研究报告	安吉县水利局	柳初晓、马炳华、项云、谢彩虹
	贯彻落实新发展理念下的水利科技创新问题与对策调研报告	省水利科技推广服务中心	陈韻俊、梅放、徐昌栋、李斌、吴静、史黎翔
	深化推进河（湖）长制有关法律问题探索	金东区水务局	章程、沈佳蕙
	龙湾区水库山塘报废降等土地利用调研报告	龙湾区农业农村局	林福廷、冯文康、张杨、徐丽貌
	浙江城乡融合模式下灌区现代化管理创新机制研究	海宁市水利局	钱鸿伟、王宇、李晨毅、俞沈泉、盛慧、周必成
	商品混凝土在水利工程应用情况调研	省水利水电工程质量与安全管理中心	廖承彬、葛瑛芳、金棋武、江兴南、衡阳、谢慧、施荣跃、傅国强
	关于实施钱塘江南北源沟通工程打通开化县雨洪资源生态价值转换通道的思考	开化县水利局	陈东、邵涌峰、唐舟
	关于缙云县农村饮用水保障情况的调研报告	缙云县水利局	宋观勇、江赛、吕霞飞、高欣、应宙峰、蔡沈明、李佳恒、陈炎灿、朱坚勇
	关于水利工程建设指挥部管理的思考与建议	临海市水利局	张杰、林江、许璟璐、莫一波、林家业、陈楚楚

（资料来源：省水利厅政法处）

【水利改革创新典型经验评选】 2023年，省水利厅组织各地总结提炼具有先进性、典型性、示范性的年度地方改革创新经验，收到地方报送的改革经验118条，经省水利厅评选，确定2023年度地方水利改革创新典型案例7个（表2）。

表2 2023年度地方水利改革创新典型案例

序号	地 区	案 例
1	温州市	温州市创新水利领域生态环境损害赔偿机制管护河湖
2	绍兴市	高站位 高效率 高标准 推动水利工程产权改革再深化
3	丽水市	丽水市探索“取水贷”改革 打造全国基层治水新样板
4	安吉县	安吉县聚焦山塘水库用水权改革 探索“绿水生金”新路径
5	绍兴市柯桥区	深耕国家级典型地区再生水利用配置试点 打造高耗水产业集聚区再生水利用配置样板
6	乐清市	乐清市生产建设项目水土保持极简审批
7	宁波市鄞州区	“四个一”提升在建项目水土保持全周期监管质效

（资料来源：省水利厅政法处）

依法行政

【概况】 2023年，省水利厅配合省政府修订出台《浙江省农村供水保障办法》，制定规范性文件10个，加强重大行政决策管理，组织开展水利普法活动，进一步完善依法行政制度体系。

【法规体系建设】 2023年11月13日，省人民政府第28次常务会议审议通过《浙江省农村供水保障办法》，于2024年2月1日起正式施行，进一步夯实了浙江省农村供水安全保障的法律基础。加强立法前期研究和项目储备，开展《浙江省河湖水域条例》立法调研，完成《浙江省海塘建设管理条例》实施一年总结评估。

【规范性文件管理】 2023年，省水利厅法制审核行政规范性文件、重大行政决策、行政委托等各类文件25件，出台《浙江省水利厅关于服务“千项万亿”工程提高水土保持方案审批效率的通知》等10件行政规范性文件（表3），备案省司法厅。按照省人大和省司法厅要求，开展规范性文件的集中清理和涉及营商环境、涉企信用的专项清理，废止规范性文件5件。

表3 2023年省水利厅印发的规范性文件

序号	文 件 名 称	文 号	统一编号
1	浙江省水利厅关于停止执行《浙江省农村水电管理办法》部分条款的通知	浙水农电〔2023〕3号	ZJSP18-2023-0001
2	浙江省水利厅关于印发《关于加强大中型水库汛期控制运用水位动态管理工作的指导意见》的通知	浙水灾防〔2023〕6号	ZJSP18-2023-0002

续表

序号	文 件 名 称	文 号	统一编号
3	浙江省水利厅关于印发《浙江省沿海防潮二道防线方案编制技术要求（试行）》的通知	浙水运管〔2023〕2号	ZJSP18－2023－0003
4	浙江省水利厅关于印发《浙江省山塘安全管理办法》的通知	浙水农电〔2023〕9号	ZJSP18－2023－0004
5	浙江省水利厅印发《关于加强海塘安全鉴定工作的意见》的通知	浙水运管〔2023〕10号	ZJSP18－2023－0005
6	浙江省水利厅关于印发《浙江省水利先进适用技术推广指导目录管理办法》的通知	浙水科〔2023〕1号	ZJSP18－2023－0006
7	浙江省水利厅　浙江省人力资源和社会保障厅关于印发《浙江省水利工程专业职务任职资格评价条件和评审规则》的通知	浙水人〔2023〕23号	ZJSP18－2023－0007
8	浙江省水利厅关于公布规范性文件清理结果的通知	浙水法〔2023〕14号	ZJSP18－2023－0008
9	浙江省水利厅关于印发浙江省小水电管理办法的通知	浙水农电〔2023〕66号	ZJSP18－2023－0009
10	浙江省水利厅关于服务“千项万亿”工程提高水土保持方案审批效率的通知	浙水农电〔2023〕67号	ZJSP18－2023－0010

（资料来源：省水利厅政法处）

【重大行政决策】　2023年，省水利厅制定《浙江省水资源节约保护与利用总体规划》《杭嘉湖区域防洪规划》、出台《浙江省全域幸福河湖建设行动计划》等3件重大行政决策事项，按照《浙江省重大行政决策程序规定》要求履行重大行政决策管理各项程序。

【执法指导】　2023年，省水利厅出台《浙江省水利系统行政合法性审查工作指引（试行）》。联合省高院、省检察院、省公安厅、省司法厅印发《浙江省河湖安全保护专项执法行动工作方案》，开展河湖安全保护专项执法行动，立案查处涉水违法行为1200多件。组织开展全省水行政执法技能竞赛和培训。

【普法宣传】　2023年，省水利厅组织开展“世界水日”“中国水周”系列普法宣传活动，举办“3·22”世界水日主题宣传暨首届“最美浙江人·最美水利人”发布活动、第四届浙江省“亲水节”暨“安吉水文化展示中心”启动仪式等。组织参加《中华人民共和国黄河保护法》

网络答题，组建“浙水助共富·共筑大水网”法治宣传实践团，赴全省各地宣传习近平法治思想、水法律法规等。深入开展以案释法工作，编制《浙江省海塘建设管理条例》以案释法情景剧。完成“八五”普法规划中期评估，获浙江省“八五”普法中期成绩突出个人1人。组织申报第二批浙江省法治宣传教育基地，全省水利系统共4家单位入选，分别是湖州水生态法治展示馆、丽水市水情法治教育基地、中国水利博物馆及浙江水利水电学院水文化研究教育中心。

（黄臻）

能　力　建　设

Capacity Building

165～182 页

组织人事

【概况】 2023年底，省水利厅系统干部职工共有7000余人，其中行政（参公）149人、事业2199人、企业2477人、离退休干部2200余人。其中，省管干部21人（除8名厅领导外，正厅2人、副厅11人）；正处领导干部（不含厅属高校，下同）51人，副处领导干部81人，40岁以下处级领导干部占比15.4%；二级巡视员3人，一级调研员9人，二级调研员10人，三级调研员14人，四级调研员25人。

2023年，省委、省政府任免省水利厅系统干部11人。省水利厅系统交流提任干部15人，职级晋升20人，制度性交流1人，安置军队转业干部1人，双向挂职锻炼8人。

【厅领导任免】 2023年2月13日、3月1日，浙政干〔2023〕7号、浙组干任〔2023〕3号、浙组干通〔2023〕78号文通知，杨炯任浙江省水利厅一级巡视员，免去其浙江省水利厅党组成员、副厅长职务。

2023年3月20日、3月31日，浙政干〔2023〕12号、浙组干任〔2023〕8号文通知，陈烨兴任浙江省水利厅党组成员、总工程师。

2023年5月20日、5月30日，浙委干〔2023〕125号、浙政干〔2023〕26号文通知，范波芹任浙江省水利厅党组副书记、副厅长，免去其浙江省水文管理中心党委书记、委员、主任职务。

2023年5月20日，浙组干通〔2023〕289号文通知，免去杨炯的浙江省水利厅一级巡视员职级。

2023年7月3日、7月16日，浙政干〔2023〕32号、浙组干任〔2023〕18号文通知，吴宏晖任浙江省水利厅党组成员、副厅长。

2023年8月14日，浙组干任〔2023〕20号文通知，周红卫任浙江省水利厅党组成员。

【其他省管干部任免】 2022年12月27日、2023年1月10日，浙委干〔2022〕254号、浙政干〔2023〕1号文通知，张勇任浙江同济科技职业学院党委委员、书记；王卫标任浙江同济科技职业学院院长；免去江影的浙江同济科技职业学院党委书记、委员职务；免去梁国钱的浙江同济科技职业学院院长职务。

2023年8月28日，浙政干〔2023〕41号文通知，王建军任浙江水利水电学院副院长；免去赵玻的浙江水利水电学院副院长职务。

2023年10月31日、11月15日，浙委干〔2023〕238号、浙政干〔2023〕48号文通知，邬杨明任浙江省水文管理中心党委委员、书记、主任。

2023年12月26日，浙组干任〔2023〕42号文通知，免去张日向的浙江省水利厅党组成员职务。

【厅管干部任免】 2023年1月12日，浙水党〔2023〕3号文通知，免去钱燮铭的浙江省水利厅农村水利水电与水土保持处二级巡视员职级；免去马哲敏的浙江省水利厅办公室二级调研员职级；免去周成良的浙江省水利厅财务审计处二级调研员职级；免去支向军的浙江省农村水利管理中心四级调研员职级。

2023年3月9日，浙水党〔2023〕13号文通知，宣伟丽任浙江省水利厅建设处处长、一级调研员，免去其浙江省水利厅河湖管理处处长、一级调研员职务职级；葛捍东任浙江省水利厅运行管理处处长、一级调研员，免去其浙江省水利厅监督处处长、一级调研员职务职级；郁孟龙任浙江省水资源水电管理中心（浙江省水土保持监测中心）主任，免去其浙江省水利水电工程质量与安全管理中心主任职务；廖承彬任浙江省水利水电工程质量与安全管理中心主任，免去其浙江省水资源水电管理中心（浙江省水土保持监测中心）主任职务。

2023年3月9日，浙水党〔2023〕15号文通知，免去陈舟的浙江省水利水电勘测设计院有限责任公司党委副书记、委员，纪委书记、委员职务；免去郑雄伟的浙江省水利水电勘测设计院有限责任公司党委委员职务；免去戴景康的浙江省水利河口研究院（浙江省海洋规划设计研究院）党委委员、副院长，纪委书记、委员职务；免去江兴南的浙江省水利水电工程质量与安全管理中心副主任职务。

2023年3月9日，浙水党〔2023〕23号文通知，李荣绩任浙江省水利厅河湖管理处处长，免去其浙江省水利信息宣传中心主任职务；涂成杰任浙江省水利厅监督处处长，免去其浙江省钱塘江流域中心党委委员、副主任职务；陈兰川任浙江省水利厅建设处副处长。

2023年3月21日，浙水党〔2023〕24号文通知，邢云任浙江省水利信息宣传中心主任（试用期一年），免去其浙江省水利厅规划计划处副处长职务；胡玲任浙江省钱塘江流域中心党委委员、副主任（试用期一年），免去其浙江省水利厅河湖管理处副处长职务；赵昕任浙江省水利厅规划计划处副处长（试用期一年）；柳卓任浙江省水利厅运行管理处副处长（试用期一年）；梁彬任浙江省水利厅河湖管理处副处长（试用期一年）；尹吉国任浙江省水利厅农村水利水电与水土保持处副处长（试用期一年）；谢根能任浙江省水利厅办公室二级调研员；刘晖任浙江省水利厅人事教育处三级调研员。

2023年4月25日，浙水党〔2023〕30号文通知，免去楼琦的浙江省水库管理中心二级调研员职级。

2023年5月12日，浙水党〔2023〕35号文通知，钱银芳任浙江省水利厅科技处二级巡视员；徐庆南任浙江省水利厅水资源管理处（浙江省节约用水办公室）一级调研员；彭洪任浙江省水利厅运行管理处一级调研员。

2023年6月16日，浙水党〔2023〕41号文通知，免去谢根能的浙江省水利厅办公室二级调研员职级。

2023年6月16日，浙水党〔2023〕42号文通知，胡国建任浙江省钱塘江流域中心党委委员、副主任（试用期一年），免去其浙江省水利河口研究院（浙江省海洋规划设计研究院）党委副书记、委员职务；刘志伟任浙江省水利水电勘测设计院有限责任公司党委委员、纪委书记；杨才杰任浙江省水利河口研究院（浙江省海洋规划设计研究院）党委副书记、纪委书记，免去其浙江省水利河口研究院（浙江省海洋规划设计研究院）副院长职务；张民强任浙江省水利河口研究院（浙江省海洋规划设计研究院）党委委员、副院长，免去其浙江省钱塘江流域中心党委委员、副主任职务；穆锦斌任浙江省水利河口研究院（浙江省海洋规划设计研究院）副院长（试用期一年）。

2023年7月13日，浙水党〔2023〕44号文通知，免去徐庆南的浙江省水利厅水资源管理处（浙江省节约用水办公室）一级调研员职级；免去陈书锋的浙江省水库管理中心一级调研员职级。

2023年8月18日，浙水党〔2023〕51号文通知，免去葛培荣的浙江省农村水利管理中心二级调研员职级。

2023年8月29日，浙水党〔2023〕54号文通知，免去朱兆平的浙江同济科技职业学院党委委员、副院长职务。

2023年9月22日，浙水党〔2023〕63号文通知，免去金启明的浙江省水利厅建设处一级调研员职级。

2023年9月22日，浙水党〔2023〕64号文通知，朱宝东任浙江省水利厅财务审计处二级调研员。

2023年9月28日，浙水党〔2023〕69号文通知，张清明、江锦红任浙江省农村水利管理中心二级调研员；张兴国任浙江省水库管理中心四级调研员；李梅凤任浙江省农村水利管理中心四级调研员。

2023年9月28日，浙水党〔2023〕72号文通知，汪胜中任浙江省农村水利管理中心副主任，免去其浙江省水利防汛技术中心（浙江省水利防汛机动抢险总队）副主任（副队长）职务；郭陈为任浙江省水利防汛技术中心（浙江省水利防汛机动抢险总队）副主任（副队长）（试用期一年），免去其浙江省农村水利管理中心一级主任科员职级。

2023年10月19日，浙水党〔2023〕78号文通知，吴敏启任浙江同济科技职业学院副院长，试用期一年。

2023年12月8日，浙水党〔2023〕85号文通知，贺春雷任浙江省水利厅办公室主任，免去其浙江省水利厅财务审计处处长职务；免去郭杨明的浙江省水利厅办公室主任、二级巡视员职务职级。

2023年12月15日，浙水党〔2023〕90号文通知，马建良任浙江省水利厅财务审计处副处长、三级调研员。

2023年12月8日，浙水党〔2023〕91号文通知，姚岳来任浙江省水利厅水旱灾害防御处处长，免去其浙江省水文管理中心党委委员、副主任职务；金晖任浙江省水文管理中心副主任，免去其中国水利博物馆副馆长职务；免去陈烨兴的浙江省水利厅水旱灾害防御处处长职务。

2023年12月28日，浙水党〔2023〕95号文通知，何斐任浙江省水利厅河湖管理处一级调研员；何雷霆任浙江省水利厅运行管理处二级调研员；赵志华任浙江省水利厅人事教育处二级调研员，免去其浙江省水利厅人事教育处副处长职务；王淑芳任浙江省水利厅监督处三级调研员，免去其浙江省水利厅监督处副处长职务；陈志刚任浙江省水利厅水旱灾害防御处三级调研员，免去其浙江省水利厅水旱灾害防御处副处长职务；徐慧任浙江省水利厅办公室三级调研员；王小卫任浙江省水利厅规划计划处三级调研员；曹红蕾任浙江省水利厅水资源管理处（浙江省节约用水办公室）三级调研员；魏珂任浙江省水利厅水旱灾害防御处三级调研员；陈云娥、邵战涛任浙江省水利厅建设处四级调研员；陈小红任浙江省水利厅农村水利水电与水土保持处四级调研员。

2023 年 12 月 28 日，浙水党〔2023〕96 号文通知，刘进宝任浙江同济科技职业学院党委委员、副院长（试用期一年）；楼骏任浙江同济科技职业学院党委委员；俞勇强任中国水利博物馆副馆长（试用期一年）。

【工作专班设立】 2023 年 3 月 7 日，浙水人〔2023〕7 号文通知，决定成立省水利厅推进“千项万亿”工程水利工作专班和服务扩大有效投资“千项万亿”工程专班。

2023 年 5 月 9 日，浙水人〔2023〕13 号文通知，决定成立水利工程白蚁等害堤动物隐患应急整治和防治情况普查工作专班。

2023 年 7 月 15 日，浙水人〔2023〕20 文通知，决定成立推进农村供水水站提升改造工作领导小组并组建工作专班。

水利队伍建设

【概况】 至年底，全省水利行业从业人员 97163 人。其中，水利系统内人员 16697 人，同比减少 1.2%。在水利系统人员中，公务员（参公人员）1923 人，占比 11.5%；事业人员 11055 人，占比 66.2%；国有企业人员 3719 人，占比 22.3%。35 岁及以下 5347 人，占比 32.0%；36～45 岁 4365 人，占比 26.1%；46～54 岁 4809 人，占比 28.9%，55 岁及以上 2176 人，占比 13.0%，平均年龄 42 岁。水利系统内专业技术人员 10508 人，平均年龄 39 岁，占比 62.9%；技能人员 1162 人，平均年龄 52 岁，占比 7.0%。获得省部级以上荣誉称号的高层次专业技术人才、高技能人才共 425 人次，其中 2023 年新增高层次专业技术人才、高技能人才 7 人次。全年共举办培训 2.57 万人次。

【教育培训】 2023 年，省水利厅系统聚焦习近平总书记“节水优先、空间均衡、系统治理、两手发力”治水思路、习近平总书记考察浙江重要讲话精神，围绕水安全保障“十四五”规划、浙江水网建设、“千项万亿”和最严格水资源管理等重点内容，举办线上线下培训 74 期，培训 2.57 万人次；通过安全生产网校平台学习人数 2.04 万余人次。2023 年省水利厅举办培训情况见表 1。

表 1　2023 年省水利厅举办培训情况

模块	培训类型	人次
政治理论	厅管干部学习贯彻党的二十大精神暨“八八战略”二十周年学习培训	146
	厅系统党务纪检干部培训	116
综合素质	市县水利部门新任领导干部、分管水利乡镇长	125
	厅系统普通干部线上培训	4000
业务提升	省级组织	21000
	受水利部、其他地方单位委托	360
总计		约 2.57 万

（资料来源：省水利厅人事处）

【院校教育】 2023年，浙江水利水电学院（以下简称“浙江水院”）拥有国家级课程7门、省一流课程112门，省级课程思政教学团队2个，国家级教学成果二等奖1项，省级教学成果奖14项。工程学ESI潜力值98.78%。获2023年度浙江省科学技术进步奖三等奖1项、2023年度中国商业联合会科技进步奖二等奖2项、第十五届中国商业联合会服务业科技创新奖二等奖1项、浙江省生态环境科学技术奖一等奖1项、浙江省商务厅2023年度对策类课题及国际经济贸易研究优秀成果奖二等奖1项。拥有省工程研究中心2个，省级软科学基地2个，省国际科技合作载体2个，省重点实验室、省新型高校智库、国家水情教育基地、省水文化研究教育中心、水利科学家学风传承示范基地和省高校高水平创新团队各1个，省级实验教学示范中心5个，省非物质文化遗产传承教学基地1个，省级大学生校外实践教育基地4个。2023年，浙江水院获批教育部留学生“专升本”试点单位，南浔校区入选当年度国家水土保持示范工程。学校拥有杭州钱塘、湖州南浔两个校区，占地面积2501.7亩，总建筑面积73.24万m^2。2023年，浙江水院面向21个省招生5210人，其中本科招生4560人；毕业生初次就业率达93.01%，毕业生一年后就业率达96.30%。毕业生职业发展与人才培养质量排名位列全省高校第一。

2023年，同济学院录取新生3850人，技能优秀免试生招生实现零的突破，招生计划完成率100%，新生报到率98.5%，招生规模再创新高。成人教育招生559人。共有毕业生3797人，2023届毕业生初次就业率98.29%，居全省同类院校前列。

该校2023年引进新教师42人，其中博士11名、正高级1名、副高级5名。入选第二批全国职业教育教师企业实践基地1个，获评省普通高校优秀教师教学发展中心1个，全国工商联人才中心产教融合示范实训基地1个，打造浙江工匠黄俞淇大师工作室。该校学生获得全国职业院校技能大赛高职组一等奖1项，二等奖1项，三等奖3项；第八届中国国际“互联网+”大学生创新创业大赛铜奖1项；第十五届全国大学生结构设计竞赛三等奖1项。该校教师获全国水利职业院校第三届教师教学能力大赛一等奖第一名、国家在线精品课程1门、首批“十四五”职业教育国家规划教材4部。该校师生获浙江省高校思政微课大赛特等奖1项、一等奖1项、三等奖2项。组织906名师生圆满完成杭州第19届亚运会、亚残运会志愿服务工作，获省级亚运先进集体1个、先进个人6名。水利水电工程智能管理团队立项第二批水利职业教育教师教学创新团队，与景宁县、缙云县等政府合作打造“山海协作水利职教共同体”。2023年，该校完成各类培训、考试（鉴定）20000余人次，培训费到款额770余万元。成功举办第九届全国水利行业职业技能竞赛，4名浙江选手均进入竞赛前10名。“同科·水博”社区学院的典型示范案例获省教育厅官网报道。入选省清廉机关工作示范点重点培育单位、省百家清廉建设成绩突出单位、首批全省高校示范性党群服务中心，入选全省高校“双带头人”教师党支部书记工作室1个、第三批全省高校党建“双创”培育创建对象3个、省直机关2023年先锋党支部1个，获评省直机关工会先进职工小家1个。

【专业技术职务工作】 2023年5月27日，2023年度全省水利专业高级工程师职务任职资格评价业务考试在浙江水利水电学院举行，共1684人报名，实际参考人数1439人。考试最高分87.5分，最低分35分，平均分62.07分。考试成绩合格线为60分，合格人数896人。

9月9日，2023年度省级单位水利专业工程师职务任职资格评价业务考试在浙江同济科技职业学院举行，共90人报名，实际参考人数71人。考试最高分84.2分，最低分48.5分，平均分71.6分，该次考试成绩合格线为60分，考试合格人数64人。

9月10日，省水利厅印发《省水利厅、省人力资源和社会保障厅关于印发浙江省水利工程专业职务任职资格评价条件和评审规则的通知》（浙水人〔2023〕23号）。

12月28日，省水利厅印发《浙江省水利厅关于公布丁羲楠等77名同志具有水利工程专业工程师职务任职资格的通知》（浙水人〔2023〕35号），77人通过评审，具有工程师职务任职资格。

12月29日，省水利厅印发《浙江省水利厅关于马祺聪等28名同志初定中级专业技术职务任职资格的通知》（浙水人〔2023〕36号），28人初定工程师职务任职资格。

2023年，68人获得正高级工程师职务任职资格，489人获得高级工程师职务任职资格。2023年全省各行政区水利系统专业技术人员职务结构统计见表2。

表2　2023年全省各行政区水利系统专业技术人员职务结构统计

行政区	专业技术人员总量/人	正高级		副高级		中级		初级		副高及以上比例/%	副高及以上占比排名
		人数	比例/%	人数	比例/%	人数	比例/%	人数	比例/%		
杭州	625	18	2.88	162	25.92	306	48.96	139	22.24	28.80	1
宁波	885	8	0.91	200	22.60	415	46.89	262	29.60	23.50	3
温州	823	4	0.49	149	18.10	317	38.52	353	42.89	18.59	10
湖州	407	2	0.49	80	19.66	200	49.14	125	30.71	20.15	8
嘉兴	476	4	0.84	105	22.06	231	48.53	136	28.57	22.90	4
绍兴	711	6	0.83	110	15.48	352	49.51	243	34.18	16.31	11
金华	929	4	0.43	174	18.73	423	45.53	328	35.31	19.16	9
衢州	548	8	1.46	109	19.89	279	50.91	152	27.74	21.35	6
舟山	82	2	2.44	20	24.39	38	46.34	22	26.83	26.83	2

续表

行政区	专业技术人员总量/人	正高级		副高级		中级		初级		副高及以上比例/%	副高及以上占比排名
		人数	比例/%	人数	比例/%	人数	比例/%	人数	比例/%		
台州	729	4	0.55	153	20.99	358	49.11	214	29.35	21.54	5
丽水	495	3	0.61	98	19.80	224	45.25	170	34.34	20.41	7

（资料来源：省水利厅人事处）

【技能人才】 2023年，全省技能人才队伍共有1162人，其中高级工以上802人，占比69%。中国水利博物馆刘新获评浙江工匠，宁波市三江河道管理局单海涛、江山市碗窑水库管理中心徐小玲、慈溪市水利局王迪获得全国水利技能大奖，浙江景昌建设有限公司陈亦旭、临平区水利工程运行管理站郭春香获得全国水利技师能手。长兴县综合行政执法局王晴晴、杭州市临安区水利水电局水利管理中心许宇平、杭州市综合行政执法队龚苏杭获得省“金蓝领”。2023年全省各行政区水利系统技能工人技能等级结构见表3。

表3 2023年全省各行政区水利系统技能工人技能等级结构

行政区	技能人才队伍总量/人	高级技师		技师		高级工		中级工		初级工		技师及以上比例/%
		人数	比例/%	人数	比例/%	人数	比例/%	人数	比例/%	人数	比例/%	
厅系统	54	9	16.7	27	50.0	13	24.1	3	5.5	2	3.7	66.7
杭州	59	0	0.0	31	52.5	23	39.0	5	8.5	0	0.0	52.5
宁波	122	1	0.8	61	50.0	39	32.0	15	12.3	6	4.9	50.8
温州	117	0	0.0	12	10.3	14	12.0	14	12.0	77	65.8	10.3
湖州	54	0	0.0	21	38.9	28	51.9	2	3.7	3	5.6	38.9
嘉兴	63	12	19.1	30	47.6	10	15.9	6	9.5	5	7.9	66.7
绍兴	182	0	0.0	77	42.3	34	18.7	20	11.0	51	28.0	42.3
金华	305	3	1.0	58	19.0	160	52.5	36	11.8	48	15.7	20.0
衢州	40	7	17.5	28	70.0	2	5.0	2	5.0	1	2.5	87.5
舟山	5	0	0.0	3	60.0	1	20.0	0	0.0	1	20.0	60.0
台州	95	0	0.0	30	31.6	25	26.3	21	22.1	19	20.0	31.6
丽水	66	3	4.5	10	15.2	30	45.5	19	28.8	4	6.1	19.7

（资料来源：省水利厅人事处）

（陈炜）

财务管理

【概况】 2023年，浙江水利财务审计工作紧紧围绕水利中心工作，坚持党建统领、业务为本、创新变革，以党建品牌为引领，以主题教育为主线，以实干争先为目标，落实财会监督，推进财务审计工作走深走实，为新阶段水利高质量发展提供有力支撑和保障。

【预决算单位】 2023年，省水利厅所属独立核算预算单位共16家。其中，行政单位1家，参照公务员管理的事业单位2家，公益一类事业单位8家，公益二类事业单位5家，决算单位数量与预算一致。至年底，省水利厅本级及所属预算单位实有人数2339人，其中，在职人员2325人（含行政编制人员95人，参照公务员法管理人员56人，事业编制人员2174人），离休人员14人。

【部门预算】 2023年，省水利厅部门收入全年预算数247375.16万元。其中，一般公共预算财政拨款收入144138.85万元，占58.3%；事业收入65888.81万元，占26.6%；经营收入13626.59万元，占5.5%；其他收入12583.75万元，占5.1%；使用非财政拨款结余和专用结余1903.31万元，占0.8%；年初结转和结余9233.85万元，占3.7%。

省水利厅2023年部门支出全年预算数247375.16万元。其中，基本支出119752.51万元（含人员经费支出89560.07万元，日常公用经费支出30192.44万元），占48.4%；项目支出113166.94万元，占45.8%；经营支出14455.71万元，占5.8%。

2023年，省水利厅部门财政拨款收入全年预算数148966.17万元。其中，2023年公共预算财政拨款收入144138.85万元，占96.8%；年初财政拨款结转和结余4827.32万元（一般公共预算财政拨款结转和结余4827.32万元），占3.2%。

省水利厅部门财政拨款支出全年预算数148966.17万元。其中，基本支出79896.85万元（含人员经费支出59377.71万元，日常公用经费支出20519.14万元），占53.6%；项目支出69069.32万元，占46.4%。

【部门决算】 2023年，省水利厅部门决算总收入241564.05万元。其中，2023年收入232043.48万元，占96.1%；使用非财政拨款结余和专用结余335.97万元，占0.1%；年初结转和结余9184.60万元，占3.8%。

全年累计支出241564.05万元。其中，2023年支出220205.29万元，占91.2%；结余分配8829.72万元，占3.6%；年末结转和结余12529.04万元，占5.2%。

2023年，省水利厅部门财政拨款总收入148966.17万元。其中，2023年一般公共预算财政拨款收入144138.85万元，占96.8%；年初结转和结余4827.32万元（含一般公共预算结转和结余4827.32万元），占3.2%。

全年累计支出148966.17万元。其中，本年支出142738.15万元，占95.8%；年末结转和结余6228.02万元，占4.2%。

【收入情况】 2023年，省水利厅部门决算本年度收入合计232043.48万元。其中，财政拨款收入144138.85万元（其中，一般公共预算财政拨款收入144138.85万元，政府性基金财政拨款0.00万元）；事业收入64512.78万元（其中，财政专户管理资金收入17961.86万元，其他事业收入46550.92万元）；经营收入10828.62万元；其他收入12563.23万元，比2022年增加8003.41万元，增长3.6%。

【支出情况】 2023年，省水利厅部门决算年度支出合计220205.29万元。其中，基本支出114574.20万元，项目支出95908.63万元，经营支出9722.46万元，比2022年增加3752.94万元，增长1.7%。

基本支出114574.20万元，占2023年支出52.0%，比2022年增加9958.37万元，增长9.5%。其中，人员经费支出87135.32万元，占基本支出76.1%，比2022年增加4496.13万元，增长5.4%；日常公用经费支出27438.88万元，占基本支出23.9%，比2022年增加5462.24万元，增长24.9%。

项目支出95908.63万元，占2023年支出43.6%，比2022年减少8493.22万元，下降8.1%。其中，基本建设类项目支出31008.36万元，占项目支出32.3%，比2022年减少7009.62万元，下降18.4%。

经营支出9722.46万元，占2023年支出的4.4%，比2022年增加2287.79万元，增长30.8%。

【年初结转和结余】 经结余调整，2023年初，省水利厅结转和结余资金合计9184.60万元。其中，基本支出结转1854.09万元，项目支出结转和结余7330.51万元，经营结余0.00万元。

经结余调整，2023年初，省水利厅财政拨款结转和结余资金合计4827.32万元。其中，基本支出结转1637.25万元，项目支出结转和结余3190.07万元。

【收支结余及结余分配】 2023年，省水利厅决算收支结余21022.79万元。其中，基本支出结转3247.01万元，项目支出结转和结余16669.62万元，经营结余1106.16万元。使用非财政拨款结余和专用结余335.97万元。

2023年，省水利厅决算结余分配8829.72万元，其中，缴纳企业所得税1921.36万元，提取专用结余2063.62万元，事业单位转入非财政拨款结余4844.74万元。

【年末结转和结余】 2023年末，省水利厅结转和结余资金合计12529.04万元。其中，基本支出结转270.29万元，项目支出结转和结余12258.75万元，经营结余0.00万元。

2023年末，省水利厅财政拨款结转和结余资金合计6228.02万元。其中，基本支出结转0.00万元，项目支出结转和结余6228.02万元。

【资产、负债、净资产】 至年底，省水利厅直属行政事业单位资产总计720187.87万元，比2022年增加41781.90万元，增长6.2%；负债总计32444.11万元，比

2022年增加614.75万元，增长1.9%；净资产总计687743.76万元，比2022年度增加41167.15万元，增长6.4%。

【预决算管理】 2023年，省水利厅有效争取财政资金支持，2023年争取一般公共预算资金安排13.83亿元，全年核定一般公共预算资金安排14.41亿元（不含结转和结余资金）。

持续深化财政管理综合绩效评价作为省政府考核内容的重要作用，落实落细《浙江省省级部门财政管理绩效综合评价办法》有关要求，加强预算编制、预算执行、预算绩效、政府采购、非税收入管理、资产管理、会计管理、财务管理及经费控制等八大方面具体考核指标梳理分析，增强数据预警能力，层层压实工作责任，稳步提升部门财政综合绩效管理各业务、各环节工作质量，获评2022年省级部门财政管理绩效综合评价先进单位。

编实编细2024年部门预算，围绕2024年“综合统筹、规范透明、约束有力、讲求绩效、持续安全”的预算改革目标及深化零基预算管理改革、健全党政机关过紧日子长效机制、完善预算支出标准体系建设等15项省级预算改革主要措施，严格落实省水利厅党组“保总量、调结构”有关要求，以水利改革发展需求为导向，研究制定部门预算编制指导思想、编制原则和具体要求，坚持“统筹协调、突出重点、精准保障”，通过预算布置会、专项会审、数据审查等，全面强化政策宣贯和业务指导，协调处理预算问题，2024年收支预算26.97亿元，同比增长14.9%，连续4年突破20亿元，其中一般公共预算16.36亿元，同比增长18.3%，有力保障水利重点工作资金需求。

下发《做好2023年度预算管理工作的通知》，分处室、分单位、分项目将2023年预算执行工作任务进行细化分解，并对执行计划、政府采购、成果应用、绩效监管、财经纪律等事项进行统筹布置和重点强调，全年开展预算执行通报10次、执行率预测分析4次、预算工作约谈1次，持续跟进、重点跟踪部门预算执行情况，2023年纳入财政执行考核资金总量为14.51亿元（含结转和结余资金），全年度执行14.13亿元，执行率97.33%，再创新高。

做好决算、政府财务报告基础性工作，强化财务年终业务管理，认真研究分析数据取数口径、报表钩稽关系、单位基础资料等信息，多维度核实衔接核算端口、财务报表、非税收入、资产报表、政府采购、企业报表等数据，严格遵照“收支真实、数据准确、内容完整、报送及时”编制要求，加强对部门及厅属单位2022年决算、政府财务报告的编审管理，压实主体责任，高效组织协调，圆满完成部门决算、政府财务报告编报工作。

全面加强省水利厅系统预决算公开工作的组织领导，严格落实《中华人民共和国预算法》及其实施条例各项规定，强化数据公开的系统化、模板化、规范化管理，严格做好预决算公开数据审查、内容审核和质量管理，保障预决算公开信息内容完整、数据准确、格式规范、说明清晰，按规定时间、内容、格式、形式等高效完成部门及厅属单位2023年预算、2022年决算的对外公开工作。

【财务能力建设】 2023年，省水利厅做好整体账务设计与指导，举办财务专题讲座、基层财务管理培训等，组织高校成本核算、专用基金和专用结余会计核算分析，加强重点财务业务、政策培训解读，落实顶层结构建设与链条式工作管理，自上而下推动财务持续发展，最大限度提高财务业务的准确性与规范性。

加强财务管理和会计核算能力建设。全面深化省水利厅系统财务管理与指导工作，依托省水利厅本级财务审计处核算监督能力，持续强化核算、预算专岗管理，综合应用职业判断、内部控制、流程管理等措施，严控审批流程、规范工作流程、完善监督流程，协调预算、核算、决算、政府财务报告数据梳理，多维度关联衔接数据，杜绝基础性错误，示范引导厅系统单位不断规范财会业务。

强化资金使用管理和预算调节控制。坚持“以预算定支出、无预算不支出”的工作要求，建立资金使用管理和预算调节控制机制，持续关注重点经费支出情况和厅属单位预算变化、资金需求等情况，合理统筹调整调配预算指标，2023年年中争取追加调整紧急资金需求预算0.94亿元，全面保障水利防汛物资储备和抢险应急保障、浙江水利水电学院人才引进、浙江省数字孪生水网、流域和工程建设实施方案编制等重点紧急项目及抚恤金等基本支出资金需求。

持续规范政府采购管理及非税收入管理。进一步规范单位采购行为，梳理编制《政府采购制度汇编》等政策性文件手册，2023年完成政府采购执行建议书审批、审核2200余条，持续做好政府采购意向公开、政府采购项目履约验收结果公告、2023年度预算单位采购贫困地区农副产品预留份额申报等工作。全面加强梳理统计月度、年度非税收入及返还市县资金清算情况，规范非税收支和票据管理，及时更新行政事业性收费目录及清单。

落实对公银行账户管理及公款竞争性存放。做好对公银行账户和公款存放监管，加强公款竞争性存放管理指导，严格落实银行账户开立、变更、撤销审批（备案），及时完成省水利厅本级公款续存工作，指导研究院、推广服务中心等厅属单位做好2023年公款竞争性存放实施，按时组织报送公款存放报表。

【财务审计监管】 2023年，省水利厅推进财会监督“全程在线”，动态监控预算执行、绩效执行、资金支付、政府采购、资产使用、公款存放、非税收入等业务，规范部门预决算编制、公开和数据使用，以预算约束、数字审核、绩效考评、审计评价等举措，落实财务风险防范和财经纪律宣贯，不断规范单位财务运行，筑牢风险防范屏障。

加强财会监督工作组织领导。专题研究学习《关于进一步加强财会监督工作的意见》，对依照法定职责实施部门监督、进一步加强单位内部监督等重点内容进行研究分析，结合省水利厅厅属各单位实际，厘清工作职责、明确工作目标、压实监督责任、协调存在问题，全面加强督促指导，保障财会监督事项决策部署到位、职责履行到位。

抓好外部审计协同配合。全力配合省本级共同富裕涉农相关政策和资金、省政府十方面民生实事等6项国家审计和乡村振兴领域巡审联动工作，发挥牵头抓总统筹协调作用，强化与处室（单位）协同协调、与审计组沟通交流，统筹好取证答复的程序性与时效性，加强点对点沟通，防范化解业务分歧，确保审计工作高效开展、高质完成。

常态化开展内部审计及专项审计调查。制订2023年度内审计划，采用“线上+线下”模式开展审计工作，2023年开展了财务收支、绩效工资发放情况、厅管领导干部任期经济责任审计、厅属企业工资收入分配及钱塘江流域中心基建项目等审计，实现对厅属单位审计全覆盖。

牵头抓好审计问题整改。针对厅主要领导任期经济责任审计等外部审计及内部审计发现问题事项，落实“七张问题清单”管理，建立跟踪督促机制，抓好审计整改“后半篇文章”，其中完成当年发现内审问题整改35个，问题整改率97%。

加强内控体系建设。不断完善覆盖预算管理、收支管理、采购管理、资产管理、建设项目管理、合同管理等核心内部经济活动领域与关键环节的内部管理制度体系，不断实现内部管理规范化、规范制度化，组织厅属单位完成2022年度内控报告编报，进一步加大业务组织与指导服务力度，开展厅属单位内控建设评估指导，督促厅属单位进一步完善内控体系，强化内部控制约束，规范单位运行。

开展单位财务管理综合分析评价。分析应用财务数据结果，为厅属单位进行财会体检，通过归集财务数据、梳理财务指标、提炼财务要素等方式，深入分析厅属各单位财务管理状况，综合评价单位财务管理能力水平及单位事业发展，揭示单位财务管理及经济活动中存在的问题和不足，进一步规范单位财务行为，提高单位管理能力和整体财务工作水平。

2023年财会监督工作获得省财政厅高度肯定，在财政部财会监督工作座谈会上作典型发言。

【财务改革创新】 2023年，省水利厅推动财务业务变革创新，以资产管理、资金保障、国企改革、水利基础设施管理等为切入点，增强国资国企管理能力，促进资金资源高效利用，保值增值、促管增效，不断提高财务服务大局的工作能力。

国有资产管理成效突出。统筹管理厅系统资产配置、出租、处置等事项，对单位资产配置限额、资产租赁和有偿使用、资产处置等进行前端控制管理，及时组织行政事业单位国有资产报告、企业财务会计决算报表、国有资产统计报表以及企业国有资产管理情况专项报告编报工作，荣获2022年度行政事业性国有资产报告、国有企业财务会计决算以及国有企业经济效益月报工作成绩突出单位。

关键业务事项保障有力。根据习近平总书记扎实推进白蚁防治研究工作的重要批示指示精神及护航亚运有关要求，多次与省财政厅协调对接，争取调配资金用于浙江同济科技职业学院建设水利工程白蚁防治实验室及省水利防汛技术中心护航亚运配水作业等项目，促进白蚁防治实验研究工作、保证杭州第19届亚运会场馆水质水量。

国企改革持续深化。围绕企业分类处置方案，谋划财政统一监管企业整合方案，推动省水利厅系统小、弱、散企业重塑；完成水文中心下属浙江水文新技术开发经营公司和钱塘江中心下属浙江省钱塘江管理局勘测设计院公司制改制，批复同意钱塘江中心下属浙江省钱塘江建设开发总公司公司制改制方案和同济学院下属杭州大禹水利工程咨询有限公司国有股权对外公开挂牌转让。

水利基础设施政府会计核算不断推进。建立线上晾晒机制，联合省财政厅不定期通报，先后赴10个地级市调研座谈，收集梳理水利基础设施底数，完善资产云平台全省水利公共基础设施资产管理应用。至年底，全省录入卡片55278张，总价值2643.77亿元，基本建立了全省水利基础设施资产管理框架体系。

【财务宣传服务】 2023年，省水利厅全面梳理水利财务重点工作，发布《2023年财务审计工作要点》，提炼共计5大类20项财务审计中心工作，将全年财务审计工作纲领化、条目化、责任化，推进水利财务审计工作开展。

组织召开财务审计年度工作会议，总结2022年财务工作及特色、亮点，明确2023年工作思路和打算；组织财务管理交流研讨座谈会2期，加强重点财务业务、政策培训解读，提高各岗位财务管理综合业务能力。

深入开展财务“大走访大调研大服务大解题”，多次赴厅属单位（企业）、市县水利局等开展调研交流，加强对厅属单位（企业）的指导服务，深入摸排财务领域突出问题，着力解决厅属单位节水灌溉试验站扩建、企业生产用房不足等急难愁盼问题。

强化对外交流，先后赴省市场监督管理局、省建设厅、中国计量大学、浙江工商大学等开展财务审计工作交流研讨，对预决算管理、财务管理、会计核算、政府采购、审计管理、资产管理、公共基础设施管理、科研项目管理、财务信息化建设等重难点财务审计工作及政策进行学习交流、研究讨论，提升财务监督管控能力。

持续加强审计成果应用。建立内部审计抄告单和风险提示警示机制，把审计发现的普遍性、多发性、典型性问题，梳理形成提示清单，不定期汇总更新整理发布，供厅系统各单位学习借鉴。2023年共发放抄告单31份、风险提示单3期，发挥审计“治已病、防未病”的重要作用。

（金晶、陈鸿清）

政务工作

【概况】 2023年，省水利厅坚决贯彻习近平总书记考察浙江重要讲话精神，政务工作抓学习、强统筹、优服务，始终围绕中心服务大局，激发比学赶超澎湃动力，提档升级职工办公环境，全力保障机关高效运转。

【政务服务】 2023年，省水利厅起草重要文件、讲稿等综合性文稿上千篇，累计收发文1万余件，召开全省水利工作会等各类会议75次。学习贯彻习近平总书记考察浙江重要讲话精神，出台水利贯彻落实“155”举措。出台《贯彻创新深化改革攻坚开放提升 强力推进三个“一号工程”的意见》等水利实施方案。争取到第一批“省长基金”500万元，成功立项厅机关办公楼近30年来首次大修，实现历史性突破。开展食堂后勤服务质量提高行动，组织毅行、兴趣小组等工会活动。接待省部级领导和兄弟省市单位70多批次考察交流。

【协调督办】 2023年，省水利厅协调做好浙东运河博物馆展陈提升工作。推动水利工作融入省委、省政府重大报告和重大政策，单村水站改造提升项目成为新增省政府督查激励事项，水利事项连续第5年列入省政府民生实事。结合全省综合考核改革趋势，重塑厅系统综合考核和省对市县综合考核体系。完成第23届水利大禹杯评选。

【政务公开】 2023年，省水利厅统筹提质增效与风险防范，持续提升政务公开工作水平和实效。全年主动公开政府信息8326条，其中门户网站公开信息6705条，“浙江水利”微博、微信、头条、澎湃等新媒体发布信息1621条。全年通过视频、图片、文字等多种形式开展政策解读9篇，召开新闻发布会5场，举办在线访谈3次。全文公开主办的人大建议、政协提案办理答复件18件。持续做强水利政务新媒体矩阵，“浙江水利”一网两微围绕中心工作推出16个专题，累计发稿2000余篇，微信公众号影响力排名继续保持全国水利系统前列。规范政府信息公开申请办理工作，满足人民群众对政府信息的合理需求。全年共接收和答复政府信息公开申请14件，按时办结答复率100%。

（柳贤武）

水利宣传

【概况】 2023年，浙江水利宣传工作紧紧围绕中心，服务大局，牢牢把握正确舆论导向，精心策划组织宣传活动，推进建立常态化新闻发布机制，组织媒体开展采风活动，抓好“浙江水利”一网两微三号运维，以开拓创新的精神扎实推进日常宣传、深度宣传、典型宣传，不断扩大水利宣传的覆盖面和影响力，各项工作取得了新的成效，为浙江水利高质量发展凝聚了共识，汇集了力量。

【新闻发布和媒体专访】 2023年，省水利厅围绕防汛备汛、“千万工程”实施20周年、单村水站改造提升等重大主题和重点工作，组织新闻发布会或接受媒体专访，及时发布权威信息，有效引导了舆论，使水利重点工作赢得了社会和群众更为广泛的理解与支持。

4月13日，省水利厅举行“汛来问江河2023”新闻发布会。省水利厅党组成员、总工程师陈烨兴出席发布会，介绍了2023年水文中长期趋势预测预报分析、迎汛备汛工作准备、防洪骨干工程建设、水库山塘安全管理以及“四预”数字支撑能力提升等工作情况。

6月5日，省水利厅新闻发言人、副厅长黄黎明参加省委宣传部组织的“千万工程”实施20周年主题采访活动新闻通气会，介绍了浙江水利20年水安全保障成效、水利推进“千万工程”实施情况。

7月8日，省水利厅新闻发言人、副厅长黄黎明参加由省政府新闻办公室主办、浙江经视承办的《有请发言人》栏目“接力二十年‘浙’里向未来”主题节目录制，以《从浙东引水看水安全保障20年》为主题，介绍了浙江水安全保障20年的工作及成效。

10月12日，省水利厅会同省建设厅、省疾控局在省政府新闻办平台召开“浙江省农村供水单村水站改造提升”新闻发布会。省水利厅党组书记、厅长李锐作为主发布人，从背景意义、主要目标、推进举措、保障措施四方面全面解读《关于加快推进单村水站改造提升保障农村饮水安全的实施意见》。

【媒体采风】 2023年，省水利厅聚焦“千项万亿”水网安澜提升工程、河湖长制、民生实事等主题组织媒体采风活动，新华社、人民网、中国青年报、浙江日报等中央及省级主流媒体刊发相关报道。

2月9—10日，省水利厅组织开展了“‘千项万亿’涌春潮 水网安澜竞提升”媒体采风活动。新华社、人民网、农民日报等7家主流媒体记者走进海宁百里钱塘综合整治工程、湖州环湖大堤（浙江段）后续工程、杭州城西南排工程现场，实地感受各地水网安澜提升工程建设热潮。

5月19—20日，省水利厅组织开展了“幸福河湖 文化之旅”媒体采风活动，中国水利报、浙江经视等媒体的9位主播赴衢州市柯城区、龙游县、松阳县等地，实地报道幸福河湖建设成果。

8月始，省水利厅联合新华社行进式开展浙江治水20周年媒体采风活动，近距离感受钱塘江及沿岸的生态之美、人文之美和产业之变、动能之变。新华每日电讯、解放军报、光明日报、中国青年报、浙江日报等多家中央及省级主流媒体在头版等重要版面转载刊发相关报道。

10月17—18日，省水利厅组织开展了“‘重要窗口’看水利 民生实事浙水行”媒体采风活动。中国网、中国青年报、浙江日报、浙江之声等7家主流媒体记者在武义县、新昌县、绍兴市越城区等地，实地感受水利民生工程为社会公众带来的效益。

10月26—28日，省水利厅联合水利部宣传教育中心组织开展采风活动。新华社、央视、光明日报等中央媒体赴安吉县、绍兴市越城区、新昌县、绍兴市柯桥区等地，实地感受“千万工程”、幸福河湖建设成效，调研汤浦-镜岭水库REITs试点进展。

【“世界水日”主题宣传】 2023年3月22日，由省委宣传部、省水利厅主办的“世界水日”主题宣传暨首届“最美浙江人·最美水利人”发布活动在杭州举行。

首届“最美浙江人·最美水利人”评选宣传活动于2022年11月启动，历经推荐审核、展示评价、全民点赞、实地考察、会议研究等环节。发布活动之前，“最美浙江人·最美水利人”入选人物（团队）和提名人物走上红毯，接受致敬。发布活动通过“美丽浙江”“浙江水利”“钱江视频”等网络平台进行现场直播，分为“平波护安澜”“绿水涌共富”“暖泉润民生”“瀚海行远舟”四个篇章，通过播放VCR、现场采访、口播颁奖词等形式，多角度展现了“最美浙江人·最美水利人”干在实处、走在前列、勇立潮头的责任担当，展示新时代浙江水利队伍“忠诚干净强政治、担当作为兴水利”的精神风貌。

【浙江水利网站和政务新媒体宣传】 2023年，浙江水利网站围绕水利中心工作，及时开展厅系统重要会议、重大活动报道，发布水利工作动态，策划推出“创新改革开放大家谈”“聚焦全省水利工作会议”“节水在行动”“一把手谈安全”等四个专题，采编各类宣传稿件1900多篇。浙江水利微信公众号、微博等政务新媒体策划汛来问江河2023、向人民报告、“八八战略”在身边、护航亚运、水利在行动等宣传专题11个，刊发稿件3190篇。浙江水利微信公众号在2023年度全国水利系统官方微信排名第二。

【水利新闻发布培训】 2023年11月14—15日，全省水利新闻发布培训班在绍兴市举办，各市、县（市、区）水利（水电、水务）局分管负责人、新闻发言人，厅机关各处室、厅属各单位分管负责人参加该次培训。该次培训邀请了复旦大学、浙江省委党校的专家和学者授课，采用专题讲座、实操演练等形式，讲授全媒体时代的传播形势，新闻发布的总体要求、基本原则、技巧方法。培训期间，学员们参观了浙东运河文化园。

（郭友平）

水 文 化

【概况】 2023年，省水利厅举行“世界水日”主题宣传暨首届“最美浙江人·最美水利人”发布活动，揭晓“最美浙江人·最美水利人”个人（团队）。举办第四届“浙江省亲水节”，展现浙江治水历史功绩和伟大成就，动员公众参与节水护水行动。加强重要水利遗产保护利用，发布首批全省重要水利工程遗产资源名录。推进水旅深度融合，评选发布水旅融合精品研学线路。

【“最美浙江人·最美水利人”发布】 2023年3月22日，由省委宣传部、省水利厅主办的“世界水日”主题宣传暨首届“最美浙江人·最美水利人”发布活动在杭州举行。毛永强、石建荣、朱奚冰、郑雄伟、胡永成、姜丽君、梅道亮、崔柏昱、蔡良琪、潘建谓、中国水利博物馆“水花朵朵开”志愿服务者团队、浙江省水文管理中心水情预报部团队等12组获“最美浙江人·最美水利人”个人（团队），曾剑、周伟丰、宋建明、瞿威飞、孟金波、封国平、傅江烨、张峰等8位获“最美浙江人·最美水利人”提名奖。

【第四届“浙江省亲水节”举办】 2023年3月28日，第四届“浙江省亲水节”在安吉举办，以“水亲浙里　水美浙江”为主题，通过与水文化融合的水利工程、精品研学线路、文化丛书、文化展馆等载体，展现浙江治水历史功绩和伟大成就，动员公众参与节水护水行动。

【水旅融合精品研学线路发布】 2023年3月28日，省水利厅推进水旅深度融合，充分展示独具特色的水文化魅力。在第四届“浙江省亲水节”中评选发布8条水旅融合精品研学线路，分别是：建德“千年严州府　三江繁华驿”，绍兴“循千年运河　醉诗路越韵”，浦江“万年上山　浦江水仓”，古今相融、展现地域特色的衢州“源起阙里　水到衢成”，金华“山水田园　诗画梅溪”，德清“防风古国　人德水清”，安吉“苕溪之夏　韵动浦源”，聚焦杭州第19届亚运会、展望澎湃未来的“探涌潮奥秘　赏世界奇观”钱塘涌潮。

【首批浙江省重要水利工程遗产资源名录发布】 2023年9月26日，省水利厅加强重要水利遗产保护利用，发布首批全省205处古堰坝、古闸等重要水利工程遗产资源名录。其中，杭州市20处、宁波市20处、温州市26处、绍兴市16处、湖州市17处、嘉兴市12处、金华市17处、衢州市26处、舟山市8处、台州市26处、丽水市17处。通过树立水利遗产标识碑牌等方式，开展水利遗产保护。

【《浙江水利年鉴2022》荣获“浙江省优秀省级专业年鉴”】 2023年12月4日，《浙江水利年鉴2022》（以下简称“年鉴”）被浙江省人民政府地方志办公室评为2023年度“浙江省优秀省级专业年鉴”。年鉴全面系统地记载2021年度浙江水利工作的基本情况，收录水利工作的政策法规文件、统计数据及相关信息。年鉴共设特载、专文、大事记、水文水资源、水旱灾害防御等21个专栏，收录了26幅图片，共计53.9万字。于2022年12月由中国水利水电出版社出版发行。

（柳贤武）

党 建 工 作

Party Building

183～186 页

党务工作

【概况】 2023年，省水利厅坚持以习近平新时代中国特色社会主义思想为指导，深入贯彻党的二十大和省第十五次党代会、省委十五届三次全会、省委十五届四次全会精神，坚决贯彻落实中央、省委决策部署，以开展学习贯彻习近平新时代中国特色社会主义思想主题教育为工作主线，为谱写中国式现代化浙江新篇章作出水利贡献提供坚强保障。

【理论学习】 2023年，省水利厅全面落实“第一议题”制度，推动理论学习常态化、制度化。全年召开党组理论学习中心组和“第一议题”学习35次，深入系统学习了习近平总书记考察浙江重要讲话、习近平总书记关于治水的重要论述精神及中央、省委重要会议精神，推动厅系统理论学习走深走实、入脑入心。

【学习贯彻习近平新时代中国特色社会主义思想主题教育】 2023年，省水利厅牢牢把握“学思想、强党性、重实践、建新功”总要求，认真贯彻省委“走前列、当先锋、作示范”部署，第一时间召开学习贯彻习近平新时代中国特色社会主义思想主题教育动员部署会和专题学习会。充分挖掘习近平同志在浙江工作期间赋予浙江水利的宝贵财富，梳理形成26项习近平总书记水利“足迹”。印发《中共浙江省水利厅党组开展“循迹溯源学思想促践行”活动实施方案》，引领推动厅系统党员干部挖掘好、守护好、传承好习近平总书记留给浙江水利的宝贵财富。组织厅系统处级以上党员分级分批开展“循迹溯源学思想促践行”。

【调查研究】 2023年，省水利厅聚焦水利中心任务，厅领导带头深入调查研究，形成“6项重点+61个专项”课题成果，持续抓好改革破题。省水利厅学习贯彻习近平新时代中国特色社会主义思想主题教育做法和成效被人民网、浙江日报等中央、省级多家媒体报道宣传，整改整治工作在全省推进会上作交流发言，“以忠诚担当书写兴水惠民新篇”做法在第17期《今日浙江》专栏刊发，得到省委第十一巡回指导组肯定。

【党员教育】 2023年5月，省水利厅在浙江红船干部学院举办厅系统党务纪检干部培训班，来自厅机关、厅属单位116名党务纪检干部参加培训。9月，省水利厅党组召开党建高质量发展座谈会，确立“党建统领、业务为本、创新变革”三位一体发展目标，提出“1+1+N”党建工作思路，推动“书记抓、抓书记”责任传导落实。出台进一步加强基层党建工作若干措施，开展基层党建典型案例征集，举办机关、事业、企业、高校4期党支部书记培训交流会，推动基层党建分类指导、融合发展、能力提升。

【支部建设】 2023年，省水利厅开展第二轮“水利先锋支部”创建，公布省水利厅办公室党支部等35个党支部为2023年水利先锋支部，省水利厅人事教育处党支部、浙江同济科技职业学院水利工程学院水利工程党支部2个党支部被评为省直机关“先锋支部”，省水利厅农水水电水保处党支部书记王亚红被评为全省担当作为好支书，省水利水电勘测设计院郑雄伟入选水利部第四届“最美水利人”提名奖。“党建进工地”品牌被选为全省性党建品牌培育项目。开辟“浙水党建”微信公众号专栏，及时宣传党建典型做法，持续扩大水利党建影响力。

迭代升级党支部标准化建设，完善分类评价指标体系，进一步夯实基层组织基础。加强基层党组织规范化设置，指导基层党组织换届选举，提升党支部堡垒指数。深入贯彻发展党员工作细则，发展新党员411名。

纪检工作

【概况】 2023年，省水利厅以全面建强清廉机关模范机关“双建争先”为工作重点，以“走在全省基层党建前列、走在全国机关党建前列”为目标，聚焦“党建统领、业务为本、创新变革”，着力打造新时代水利党建高地新样板和“清廉水利”建设标志性成果。

【党风廉政】 2023年，省水利厅强化“一把手”和领导班子监督，与派驻纪检监察组联合修订完善“五张责任清单”，扣紧全面从严治党责任链。厅党组班子成员定期分析研究分管领域党风廉政建设形势，督促各处室主要负责人、厅属单位“一把手”强化责任落实。厅党组与派驻纪检监察组定期开展面对面廉情沟通会商，推动“两个责任”同向发力。

【清廉水利】 2023年，省水利厅深化推进“清廉水利”建设持续攻坚，聚焦违反中央八项规定及其实施细则精神、水利工程建设、行政许可审批、涉企岗位、外业人员等，深入排查梳理廉政风险点，完善防控措施。组织开展违规吃喝问题专项整治，厅系统党员领导干部带头作出承诺，党员全覆盖开展自查。

【思想教育】 2023年，省水利厅强化年轻干部思想教育，编印年轻干部违纪违法典型案例，组织全系统40周岁以下干部职工观看《系好“第一粒扣子”——我省近年来年轻干部违纪违法案件警示录》。6月，开展“以案为鉴明纪法、勤廉并重树标杆”集中警示教育月活动，组织党员干部赴乔司监狱开展现场教育，提升警示效果，教育引导党员干部“干事且干净、干净加干事、干事能成事”。“清廉水利”建设做法在省直机关党的工作暨纪检工作会议上作交流发言并在《旗帜》杂志刊登；同济学院入选省直机关清廉机关示范点建设培育，荣获“浙江省清廉建设成绩突出单位”称号，受省委办公厅通报表扬。

组织开展纪检干部教育整顿，省水利厅系统18名纪检干部全程参与，落实学习教育、检视整改、巩固提升等环节规定动作，组织开展全覆盖交流研讨，纪委书记带头上党课，深入开展自查自纠、谈心谈话，强化党性分析，有效提升了纪检干部政治素质、斗争精神和业务能力。

精神文明建设

【概况】 2023年，省水利厅坚持高标准严要求做好浙江水利精神文明建设工作，推动精神文明建设与水利中心工作深度融合，为浙江水利高质量发展提供精神动力支持。

【最美水利人】 2023年，省水利厅联合省委宣传部开展首届“最美浙江人·最美水利人”评选表彰，副省长李岩益出席发布仪式并颁奖，新华社、人民网、浙江日报等多家主流媒体宣传，得到广泛好评。

【主题宣讲】 2023年，省水利厅组织开展“‘八八战略’在身边”宣讲大赛，来自厅系统20名参赛选手围绕“八八战略”实施20周年主题演讲，形象展示浙江水利系统忠实践行“八八战略”取得的成效。浙江同济科技职业学院的田雅雯参加省直机关决赛并获二等奖。开展“慈善一日捐”活动，捐赠善款43.5万元。

群团及统战工作

【概况】 2023年，省水利厅推动群团工作，丰富职工活动，组织走访慰问困难党员、老党员工作，提升水利系统统战工作水平，着力锻造高素质的水利干部队伍。

【职工活动】 2023年，省水利厅落实职工福利政策，组织开展各类慰问，推动疗休养、春秋游，加强文体兴趣小组管理，补助240万元提升厅属单位职工之家，举办厅系统趣味运动会以及篮球、乒乓球、羽毛球、登山等系列赛事。颁发“光荣在党50年”纪念章13枚。春节、七一前夕，厅领导带头走访慰问老党员、困难党员。

【荣誉获奖】 2023年，水文中心胡永成工作室获评省级劳模创新工作室、入选长江经济带劳模和工匠人才创新工作室联盟。省水利厅荣获水利部桥牌比赛第一名、省直机关乒乓球混合团体冠军、足球联赛银奖等荣誉。

【统战工作】 2023年，省水利厅制定《厅党组成员与党外代表人士联系制度》，密切党员领导干部与党外人士关系。开展团员青年主题教育，组织青年群体开展“青年文明号”创建，与省直机关团工委开展青年联学，组织“幸福1＋1”青年交友活动。

（田浪静）

学 会 活 动

Learning Activities

187～198 页

浙江省水利学会

【学会简介】 浙江省水利学会（以下简称“省水利学会”）于1958年由浙江省水利厅、中国电建集团华东勘测设计研究院有限公司（原能源部水利部华东勘测设计研究院）、中国水利水电第十二工程局有限公司（原电力工业部新安江水力发电工程局）共同发起成立。

省水利学会是由浙江省水利科学技术工作者和单位自愿结合组成的学术性、地方性非营利性社会团体，是省水利科学技术事业的重要社会力量。省水利学会依托浙江省水利厅，党建领导机关是中共浙江省科学技术协会科技社团委员会（以下简称“省科协科技社团党委”），接受业务主管单位省科协的领导和社团登记机关省民政厅的监督管理，并接受中国水利学会的业务指导。

2023年，省水利学会领导机构为第十一届理事会，共有理事51人，其中常务理事17人，监事3人。至年底，省水利学会有单位会员125家，个人会员1100人。下设19个专业委员会，分别是水工建筑与施工技术专业委员会，地质与勘测专业委员会，河口海岸与泥沙专业委员会，水文、水资源与水环境专业委员会，水旱灾害防御专业委员会，农村水利专业委员会，水利信息技术专业委员会，滩涂湿地保护与利用专业委员会，水利科技推广专业委员会，工程造价专业委员会，水文化专业委员会，水利风景区专业委员会，水利科普专业委员会，水利工程管理专业委员会，水利规划与政策专业委员会，引调水工程管理专业委员会，海塘工程专业委员会，河道与水生态专业委员会，涌潮研究专业委员会。全省11个设区市均建立了市级学会。

省水利学会的业务范围包括：开展学术交流和科学考察活动，组织重点学术课题和重大技术经济问题的探讨，编辑出版学术书刊、学会通讯；普及科技知识，推广先进技术经验，积极开展技术开发、技术推广和技术咨询活动，向有关部门提出合理化建议，接受委托开展项目评估与论证、项目管理与咨询、科技成果鉴定、技术职务资格评审等；开展国（境）内外学术交流活动，加强同国（境）内外水利科技技术团体和科技工作者的友好往来与合作，加强与兄弟学会的联系与交流；举荐科技人才，积极发展新会员，通过各种形式的技术培训，不断提高会员的学术与业务管理水平；积极开展为水利科技工作者服务的活动，反映会员的意见和要求，维护合法权益；奖励在学会活动和科技活动中取得优异成绩的集体和个人。

【概况】 2023年，省水利学会围绕水利创新、改革、发展，充分发挥5A级学会优势和桥梁纽带作用，组织开展学术交流、课题研究、奖励推荐、科普宣传、服务基层等工作，成效突出。贯彻落实长三角一体化发展战略，省水利学会联合上海、江苏、安徽、江西四省（直辖市）水利学会在建德举办了首届长三角水论坛暨水利先进技术（产品）推介会。主动服务水利中心工作，组织召开单村水站技术交流会和全省水利工程蚁患防治现场会暨技术交流会，做好杭州第19届亚运会期间涌潮技术服务保障工作。主动服务科技创新，开展17项水利科技成果评价，组织完成2023年省水利科技创新奖评选和省水利学会科技创新团队组建，领衔开展2023年度省科协软课题《“双碳”背景下浙江绿色储能工厂实现路径研究》项目。主动服务重大水利工程，组织遴选“工程带科研”项目建议和2023年省水利科技计划项目申报指南建议。现场服务东苕溪防洪后续西险大塘达标加固工程（杭州市段）等重大工程。主动服务基层，省水利学会首家县级科创服务站在苍南成立，助力地方水利高质量发展。

【荣誉成果】 2023年，省水利学会荣获“浙江省品牌社会组织”称号，获评省科协2023年度工作绩效评价优秀单位、2023年度省科协科普工作优秀组织单位、2023年度省科协资源环境联合体优秀学会。省水利学会联合省水利厅主办的“生态文明润童心 携手护水迎亚运”科普活动入选2023年度省科协科普工作典型案例。

【学会建设】 2023年，省水利学会组织召开省水利学会第十一届理事会第四次理事（通讯）会议，调整部分常务理事、理事和专委会主任委员，全年共吸纳浙大城市学院等4家单位会员，18名个人会员，收取会费42.6万元。完成学会年度年检工作，并申报全省品牌社会组织，经省科协推荐、省民政厅评审，省水利学会最终被评为2023年浙江省品牌社会组织。

【学术交流】 2023年3月29—31日，省水利学会联合上海、江苏、安徽、江西四省（直辖市）水利学会共同举办了首届长三角水论坛暨水利先进技术（产品）推介会。论坛设1个主论坛、4个平行分论坛，聚焦“共建共享推进长三角现代化水网建设”主题，邀请中国工程院院士钮新强、王浩分别作《高质量建设国家水网与区域水网》《从流域视角看城市洪涝灾害防治与韧性提升》主旨报告。围绕新时期水利高质量发展、长三角一体化发展典型成果、水利技术创新等内容开展研讨，组建长三角绿色生态一体化发展产教联盟，共商长三角一体化水利领域发展思路举措。来自水利部、长三角地区有关领导、专家学者和技术成果持有单位代表500余人参会，58家技术成果持有单位在会议现场展示了各类水利先进技术（产品），19家企业展示了建德特色水产品。

9月7—8日，省水利学会联合浙江省水利科技推广服务中心在绍兴市上虞区承办全省水利工程蚁患防治现场会暨技术交流会，分析、总结和交流浙江省水利工程蚁患防治工作经验和先进技术，普及蚁患重点防、普及查、精准治管理和技术知识，提升基层水利工程蚁患防治能力和水平。

11月30日至12月1日，省水利学会在温州市组织召开单村水站技术交流会，共有48个市县、29家企业、150余人参会。

【科普宣传】 2023年世界水日、中国水周期间，省水利学会联合省气象学会、省林学会、省气象科普中心组织开展了“天气气候水 代代向未来”主题宣传活动，专家作“气候与水利”科普报告，并通过省科协“科学+”微信矩阵、网易直播间等网络媒体同步直播，全网约 107 万观众观看了报告会。

全国科普日期间，省水利学会联合省水利厅在德清县主办“生态文明润童心 携手护水迎亚运”水利科普活动，组织职工、大中小学生、团员青年走进浙江省现代水利示范园参观、体验，并邀请学会专家作《水害离我们有多远》的专题科普培训，增强了参与者水安全、水忧患、水道德意识，提升了水科学素养。

省水利学会发动会员单位组织科普活动，涌潮专委会每日在浙里办—潮来了、钱塘江防灾减灾平台、浙江水利和同一条钱塘江微信公众号对外公布钱塘江潮汛信息，为社会和公众服务。科普专业委员会成立“节水小分队”，赴钱塘江、运河、西湖等世界文化遗产开展“强化依法治水 携手共护母亲河”主题活动。省水利学会推荐的《水利千秋——穿越千年话水利》水文化图书科普发布会获 2023 年全国科普日优秀活动，推荐的《潮涌钱塘 勇立潮头》等 5 项作品入选“科普中国”栏目。支持省科协系统科普活动，推荐省科普联合会会员 5 名。

【创新发展】 2023 年，省水利学会开展 2023 年水利科技创新奖评选，共评出获奖成果 25 项，其中“丰水地区精准节水关键技术研究与实践”“海塘安澜深厚淤泥地基加固关键技术创新与应用”2 项成果获一等奖，“自然水资源微循环灌溉系统试验研究与示范”等 7 项成果获二等奖，“区域极端天气洪涝灾害预警决策支持系统建设”等 16 项成果获三等奖。组织会员申报省科协软课题 4 项，最终《“双碳”背景下浙江绿色储能工厂实现路径研究》《平原河网生态补水体系研究》入选 2023 年度省科协软课题研究立项。征集科技工作者建议 17 条。涌潮专委会联合组织了 2023 年涌潮科考活动，举办涌潮科考新闻发布会。

【能力提升】 2023 年，省水利学会组织专家完成省重点工程“东苕溪防洪后续西险大塘达标加固工程”的服务方案，并针对设计提出“天然泳场”“堤顶公园”“硬核堤防”“良渚治水动漫馆”等建议。成立“苍南科技创新服务站”，开展技术培训、海塘施工现场指导，促进省级学会与苍南县水利建设和管理单位的产学研合作，推进先进科技成果转化应用，破解重大工程建设难题。

【会员服务】 2023 年，省水利学会为会员单位进行科技项目和奖项申报辅导，发挥省水利学会专家优势，组织完成“南方丰水地区分质供水关键技术与政策研究”等 17 项科技成果评价，为奖项滚动培优提供支持。面向会员征集并遴选 47 篇论文，出版《地方水利技术的应用与实践（第 33 辑）》，宣传基层技术应用和实践经验。与省水科院联合主办《浙江水利科技》双月刊，发表最新水利科技进展论文。面向会员开展第五届学会优秀论文评选，评选出优秀论文148篇，并汇编成《第五届浙江省水利学会优秀论文集》，发会员学习。组织会员参加2023中国水利学术大会，考察南水北调中线穿黄工程、小浪底水利枢纽等重点工程。

【重点工作】 2023年，省水利学会与省科协学会部党支部、省水利厅科技处党支部党建联建、业务联动，开展“党建红”引领“科技蓝”循迹溯源。省水利学会落实长三角一体化发展战略，提议长三角三省一市共建共享科技资源、人才资源，共同推进水利高质量发展，提出的采用轮值制举办长三角水论坛倡议得到长三角其他省市学会响应，举办了首届长三角水论坛，得到浙江卫视等10余家省内外媒体的宣传报道，中国水利报整版报道2名院士在内的专家观点。支撑省水利厅完成2023年省科技奖提名成果审查工作，提名8项成果参评省科技奖，最终2项成果获评省科技进步奖三等奖。征集“工程带科研”重大科技项目建议77项，上报省水利厅10项，其中4项被选录2024年厅科技计划项目申报指南。面向广大水利科技工作者征集《科技工作者建议》，编制工作者建议汇编供决策参考。完成省水利学会科技创新团队组建方案，提出4个创新团队组建方向，推进科创团队围绕基层水利问题进行攻关研究，提升各地建设和管理科技水平。组建水利工程运行管理省级专家库和浙江省农村供水领域省级专家库，服务全省工程运行管理和单村水站改造提升。

（裴瑶）

浙江省水力发电工程学会

【学会简介】 浙江省水力发电工程学会（以下简称“省水电学会”）成立于1983年，是浙江省水电科学技术工作者自愿组成的学术性、地方性的非营利性社会团体，也是全省水力发电科学技术事业的重要力量。省水电学会的业务主管单位为省科协，党建领导机关是省科协科技社团党委，接受中国水力发电工程学会的业务指导和社团登记管理机关省民政厅的监督管理。省水电学会挂靠在省水利厅，办事机构设在省水利水电勘测设计院有限责任公司。

2023年，省水电学会领导机构为第七届理事会，共有理事46人，其中常务理事15人。至年底，学会有单位会员48家，个人会员1800人。下设4个专业委员会，分别是绿色水电专业委员会、大坝安全监测专业委员会、水电站运行管理专业委员会、机电设备专业委员会。

省水电学会的业务范围包括：围绕全省水电开发的生产建设和运行管理中的问题，开展学术交流活动，组织重点学术课题攻关和重大技术经济问题的探讨及科学考察活动；及时总结、评价科研成果和先进生产管理经验；普及科学技术知识，推广科技成果和传播生产技术经验；积极开展中介业务，搞好科技咨询服务，向有关部门和单位提出合理化建议，接受委托进行工程项目评估、论证与咨询、科技成果鉴定、技术职务资格评审等；编辑刊印学术书刊和学术资料，出版学会通讯；开展技术培训和继续教育工作，通过各种形式努力提高会员的学术和业务水平，培养、发现和推荐水电科技人才；加强与省内外、国内外有关科学技术团体、科技工作者的友好往来与合作交流；积极开展为水电科技工作者服务的活动，反映会员的意见和要求，维护会员的合法权益；奖励在学会活动和科技活动中取得优异成绩的科技工作者；完成上级交办的其他业务。

【概况】 2023 年，省水电学会组织召开第七届二次会员代表大会，常务理事会 2 次，举办学术交流会 2 场。在世界水日、中国水周等活动期间，参加省水利厅、省科协组织的科普活动，宣传水电法律法规。与省水利学会联合编辑出版发行《地方水利技术的应用与实践（第 33 辑）》论文集 1 辑、学会会刊《浙江水利水电》4 期。参加中国水力发电工程学会举办的学习贯彻党的二十大精神线上培训班、学会党委书记讲党课主题活动、“众心向党，自立自强”主题实践活动，省科协举办的学习贯彻习近平总书记考察浙江重要讲话精神专题宣讲会。

【学会建设】 2023 年，省水电学会做好会员管理工作，通过省水电学会信息系统（一期），完善会员登记信息，通过信息化手段对个人会员信息进行管理。及时在省科协“数字科协”的“学会管理系统”中填报了学会信息和会员信息并实时更新。为了减轻会员单位负担，根据省委、省政府《关于进一步做好减轻企业负担工作助力营商环境优化提升“一号改革工程”实施方案》精神，经常务理事会审议决定，学会于 8 月下发《浙江省水力发电工程学会关于免缴 2023 年度学会会费的通知》（浙水电学秘〔2023〕7 号），免除全体会员单位 2023 年度会费。

【学术交流】 2023 年 3 月 29—31 日，首届长三角水论坛暨水利先进技术（产品）推介会在建德市召开，论坛以“共建共享 推进长三角现代化水网建设”为主题，围绕新时期水利高质量发展、长三角一体化发展典型成果、水利技术创新等内容开展研讨，为进一步促进区域内涉水资源要素自由流动与优化配置、以现代化水网支撑长三角一体化高质量发展探索有效路径。省水电学会承办主题为“未来水利高质量发展”的专题分论坛，开展题为“畅想未来水利，筑梦 2035”的圆桌对话。来自浙江、上海、江苏、安徽、江西五省（直辖市）及中国水利学会、水利部太湖流域管理局等的领导、专家学者和技术成果持有单位代表 500 余人参加会议，58 家技术成果持有单位在会议现场展示了各类水利先进技术（产品）。

2023 年，省水电学会与省水利学会合作，面向会员开展论文征集，完成《地方水利技术的应用与实践（第 33 辑）》论文集的编辑、出版和发行工作，收录论文 47 篇。该论文集作为行业学术信息和成果的交流平台，总结和推广全省水力发电科技工作者工程建设、管理实践经验，受到全省水利水电科技工作者广泛欢迎。

【创新发展】 2023年5月20日，省水电学会协办的2023中国水电青年科技论坛在杭州市召开，该次论坛旨在深入贯彻落实党的二十大精神，有序构建新发展格局，推进生态文明建设，全方位推动水电、风电、太阳能等清洁可再生能源高质量发展，团结引领广大青年科技工作者为实现“双碳”目标接续奋斗，促进社会经济高质量发展，争做有理想、敢担当、能吃苦、肯奋斗的新时代好青年。按照惯例和实际需求，该次论坛主要邀请水电行业45岁以下的青年科技工作者参加，并由水电青年人才作为主持人及学术报告人，采用了线上线下相结合的模式，线下参会170人，线上观看直播1000多人次。该次论坛同时也作为科技部、中央宣传部、中国科协共同倡导的2023年全国科技活动周和全国科技工作者日的活动内容，开展了科学家精神宣讲活动。

【能力提升】 2023年7月17—19日，省水电学会主办的2023年南方省（自治区）水电学会联络会暨学会工作交流会在杭州市召开，来自湖南、湖北、广东、广西、云南、贵州、四川、福建、浙江九省（自治区）水电学会领导及代表共20余人参加了会议。该次会议专题报告《新时代小水电绿色发展》重点阐述了绿色小水电示范电站的必要性、实现目标、核心要求及保障措施。专题报告《以水网撑起浙江经济社会高质量发展》论述了建设浙江水网是经济社会高质量发展的客观要求。代表们围绕学术活动、科技奖励、自身建设、科普竞赛等内容进行交流，各自介绍了近年的重点工作以及工作经验，对各自面临的问题、困难进行了讨论。7月18日，组织参观考察了曹娥江大闸，就大闸的基本情况、施工技术、运行管理等进行了介绍、探讨和交流。

【科普宣传】 2023年世界水日、中国水周，省水电学会支持会员单位开展科普活动。参加省水利厅、省科协组织的科普活动，宣传水电法律法规，普及水电知识。

【会员服务】 2023年，省水电学会出刊学会会刊《浙江水利水电》4期，从把稳政策与行业发展积极引导方向，搭好信息桥，以报道水利行业热点关注、行业要闻、学术研讨等为主，同时，发布学会动态、专业培训等信息，刊登会员单位科技论文。该会刊向会员免费赠阅，为会员间学术交流和信息传递提供良好平台，促进学会与会员之间的联系和沟通。

【重点工作】 2023年，省水电学会秘书处和各分支机构履行服务科技工作者、服务创新驱动发展、服务全民科学素质提高、服务党和政府科学决策四个服务方向职责，组织会员参加南方省（自治区）水电学会联络会暨学会工作交流会和首届长三角水论坛暨水利先进技术（产品）推介会。加强学会党的建设，组织学习贯彻党的二十大精神，发挥中共浙江省水力发电工程学会理事会功能型支部领导作用，强化党对学会的政治引领。

（黄艳艳）

浙江省水土保持学会

【学会简介】 浙江省水土保持学会（以下简称“省水保学会”）于2012年2月由浙江省水利水电勘测设计院有限责任公司、浙江省水利河口研究院和中国电建集团华东勘测设计研究院有限公司共同发起成立，依托省水利厅开展服务，是由省内从事水土保持科学技术工作者、管理者和从事水土保持的企事业单位组成的全省性、学术性的非营利性社会团体法人，是浙江省水土保持事业的重要社会力量。

省水保学会为省科协所属省级学会，接受社团登记管理机关省民政厅的监督管理，接受中国水土保持学会的业务指导。学会秘书处设在省水资源水电管理中心（省水土保持监测中心），下设水土保持预防监督、规划设计、综合治理、监测、科普教育、数字化（遥感遥测）、城市平原河网区水土保持生态建设、工程绿化、生态碳汇等9个专业委员会，现有个人会员1593人，单位会员176家。

省水保学会的宗旨：坚持以邓小平理论、“三个代表”重要思想、科学发展观和习近平新时代中国特色社会主义思想为指导，深入贯彻习近平总书记系列重要讲话精神，遵守宪法、法律、法规和国家政策，践行社会主义核心价值观，遵守社会道德风尚，团结和动员广大水土保持科技工作者，认真贯彻党的方针政策，努力推进生态文明建设；坚持民主办会，倡导科学精神，恪守职业道德；加强与境内外水土保持相关科研团体的合作与交流，促进水土保持科学技术的创新、普及和推广，促进科技人才的成长，促进水土保持科技与市场的结合；实施环境与生态可持续发展战略，为构建资源节约和环境友好型社会作出贡献。

省水保学会的业务范围：组织水土保持学术交流活动和科技考察活动，开展与境内外水土保持相关科研团体、科技组织和个人的合作和交流；研究和推广水土保持先进技术，普及水土保持科技知识；编辑出版会刊和有关学术刊物、技术专著与科普读物及相关的音像制品，开展优秀科技项目、论文与书刊的评选活动；开展职业培训及相关从业人员业务培训工作，举办科技讲座及科技展览等相关活动；受有关部门的委托，进行水土保持技术资格评审，科技项目的评估与论证，科技文献编纂与技术标准的编审等工作。组织科技工作者参与水土保持科技政策、发展战略及有关政策法规的制定，为各级决策部门提出合理化建议；承担相关业务主管部门委托的工作；为会员和水土保持科技工作者服务，反映会员的正当要求，维护会员的合法权益，促进会员的职业道德建设、学科的学风建设，做好行业自律。

【概况】 2023年是省水保学会换届（第三届）后的第一年，学会以习近平新时代中国特色社会主义思想为指导，深入贯彻党的二十大精神，全面落实习近平总书记关于治水的重要论述精神，严格按照中国水土保持学会和省协推进学会高质量发展的决策部署，紧紧围绕中共中央办公厅、国务院办公厅《关于加强新时代水土保持工作的意见》和全省水土保持中心工作，提升学会政治引领力、学术影响力、创新服务力、文化传播力和会员凝聚力，推进全省水土保持高质量发展。

【学会建设】　2023 年 2 月，省水保学会组织召开 2023 年度第一次专业委员会工作会议，学习了党的二十大和省第十五次党代会报告中生态文明建设有关内容以及中共中央办公厅、国务院办公厅《关于加强新时代水土保持工作的意见》，各专业委员会总结了 2022 年度工作，并就 2023 年度工作从水土流失预防保护、综合治理、监测监管、科技创新、学术交流等方面开展了交流与研讨。至年底，新增单位会员 10 家，个人会员 97 人，年内新增会员达 6%。

3 月，省水保学会理事会功能型党支部联合省水利河口研究院广川咨询党总支、浙江农林大学环境与资源学院、碳中和学院党委、临安区水利水电局机关党委，在浙江农林大学开展“党建引领碳汇聚力 植树共建水保先行”支部共建活动，签约合作党建共同体暨浙江农林大学校外实践导师受聘仪式。

【调研考察】　2023 年 6 月，省水保学会组织学会单位会员赴江西省鹰潭市调研中国生态系统研究网络（CERN）重点站——中科院鹰潭红壤生态实验站，考察了实验站土壤质量演变与农田养分循环调控、红壤质量监测及合理化种养结合模式示范推广，学习了红壤有机资源管理及土壤有机物质转化、土壤侵蚀与水土保持等方面的设施设备、研究成果等内容及低丘红壤区土壤改良与治理、水土保持监测与“国家水土保持监测站点优化布局工程”建设等方面的经验。

12 月，组织学会单位会员赴台州市国家水土保持示范工程 82 省道延伸线、浙江仙居抽水蓄能电站开展绿化考察交流活动，考察交流了工程建设过程中通过工程措施、植物措施相结合的治理模式以及最大限度地保护环境、保护植被、改善生态环境的典型经验。

【科普宣传】　2023 年 3 月，省水保学会参与由省水利厅主办，中共安吉县委、安吉县人民政府承办的第四届浙江省“亲水节”宣传活动，拍摄水土保持宣传视频，在安吉县水土保持科技示范园、节水教育基地开展水土保持科普宣传。

4—11 月，开展“水土保持国策宣传进党校”活动，组织省级专家为市、县（市、区）党校的中青班、乡镇干部、公务员培训、业务骨干等做宣讲 3 期，涉及 200 余人，增强广大干部在新形势下保持水土的意识和防治水土流失的紧迫感、责任感、使命感。

【创新发展】　2023 年，省水保学会针对浙江省典型水库消落带，针对水位波动频率高、水位变幅落差大、生境条件差、植物筛选难度大等多重挑战，发挥科研院所、高校、技术推广等单位在各自领域的优势，联合开展全省典型水库消落带绿化治理及碳汇提升关键技术研究，并在示范区建设中集成应用，优化形成可复制可推广的水库消落带综合治理的技术体系和技术规范，提出水库消落带碳汇核算方法与生态服务功能综合评价方法，为浙江省水库消落带生态修复工程提供技术支持，对美丽乡村建设和国家共同富裕示范区建设具有推动作用。

水土保持生态环境损害赔偿机制研究是2023年浙江水利改革试点项目之一，主要研究水土保持生态环境损害赔偿界限标准、应用方法、适用范围和应用要点，形成水土保持生态环境损害赔偿管理运行体系。项目完成了"五个一"（指一套管理办法、一个调查及鉴定评估技术指南、一本操作手册、一场案例模拟、一批实践案例）成果，是全国范围内首次系统性的创新工作，具有很高的前瞻性、创新性和实用性，基本形成了可复制、可推广的水土保持生态损害赔偿工作体系。

【能力提升】 2023年4—12月，省水保学会继续开展全省水土保持方案编制质量抽查和全省生产建设项目监督性监测工作。对市县级水行政主管部门2022年度审批的水土保持方案报告书和报告表，随机抽取112家方案编制单位、143项水土保持方案报告书和报告表组织专家进行质量评定。对全省正在监测的1600余个项目，按照约10%的比例，并结合监测单位业务承接情况，每年选取约50个项目进行监测质量评定。对质量相对较差的单位进行通报，对提高方案编制的质量和规范水土保持监测工作起到促进作用。

【会员服务】 2023年4—8月，省水保学会组织开展全省生产建设项目水土保持方案评审专家库更新工作。经个人自荐和单位推荐，共计推荐专家370人，经审核、公示等环节，确定316人为全省生产建设项目水土保持技术评审专家。

5月，省水保学会举办全省水土保持监测培训，全省水土保持行业200余名管理人员参加培训，培训内容包括浙江省水土保持工作总体任务和要求、《关于加强新时代水土保持工作的意见》解读、遥感和GIS在水土保持工作的应用等。

6月，按照水利部生产建设项目遥感监管工作要求，学会举办了全省生产建设项目水土保持遥感监管工作培训，培训内容包括生产建设项目水土保持遥感监管技术要求、遥感监管软件操作讲解等，为全省开展生产建设项目遥感监管工作提供了技术服务。

8—10月，组织开展全省第三届优秀设计评选工作，各会员单位积极推荐优秀设计成果参评。共收到水土保持规划、设计、监测等设计成果31项，经形式审查、专家评选和公示等环节，评选出一等奖1项、二等奖5项、三等奖9项（表1），并按要求推荐了8项优秀成果申报第四届中国水土保持学会优秀设计奖，荣获三等奖4项。

11月，承办中国水土保持学会科技协作工作委员会年会暨学术交流会议，以探讨新时代水土保持高质量发展为主题，展示近期水土保持重大科技成果与进展，交流水土保持先进理念、设备、材料、工艺、方法等。学会组织会员参

表 1　浙江省水土保持学会第三届优秀设计成果名单

序号	项目名称	主要完成单位	主要完成人
一等奖（共 1 项）			
1	浙江水利水电学院新校区建设水土保持方案	湖州南太湖水利水电勘测设计院有限公司、湖州市南浔区水利局、浙江水利水电学院	朱兴军、胡吕平、汪卫军、丁建强、唐春晖、傅江烨、戚王月、华敏、姜玉涛
二等奖（共 5 项，排名不分先后）			
1	浙江省水土保持“十四五”规划	浙江省水利水电勘测设计院有限责任公司	朱春波、郑钧潆、牛俊文、宋立旺、郝咪娜、许晓平、穆家伟、蓝雪春、田耀金
2	衢州市水土流失重点预防区和重点治理区划定	衢州市水利局 浙江中冶勘测设计有限公司	黄颖伟、周淑英、索亚萍、霍世坚、楼益龙、陈凯豪、朱志俊、何兴龙、张瑞芳
3	安吉县后山坞生态清洁型小流域水土流失综合治理项目	安吉县水利局、浙江广川工程咨询有限公司	刘克军、田刚、施静波、徐康、金宇、郑向成、杨思思、裘涛、李奕建
4	浙江省水土保持数字化管理应用提升平台	杭州水保科技有限公司、杭州定川信息技术有限公司	周祖煜、严立丰、步永伟、孙明龙、郭宪杰、崔朋阳、李昱彤、杨文兵、王凯
5	杭州市第二水源千岛湖配水工程水土保持设计	浙江省水利水电勘测设计院有限责任公司	许晓平、牛俊文、郝咪娜、田耀金、宋立旺、张博、蓝雪春、朱晓莹、张卫飞
三等奖（共 9 项，排名不分先后）			
1	湖州市水土保持“十四五”规划	中国电建集团华东勘测设计研究院有限公司、湖州市水利局	李陆平、魏阜森、杨凯、刘克军、李健、王静、牛振华
2	长兴县和平水库片区生态清洁小流域水土流失综合治理项目	长兴县水利局、浙江广川工程咨询有限公司	曹晓峰、刘祥超、傅萍萍、田刚、李庆远、费峰、郑方磐
3	平阳县怀溪生态清洁小流域综合治理项目	浙江省水利水电勘测设计院有限责任公司	田耀金、张杰杰、程岚、徐小燕、于来会、穆家伟、许晓平

续表

序号	项目名称	主要完成单位	主要完成人
4	宁海县饮用水水源地上游香榧经济林水土流失防治措施研究	宁波市水利水电规划设计研究院有限公司、宁海县水利局	张平、佟光臣、张涛、张预定、黄朝辉、丁康
5	舟山 500kV 联网输变电工程（第二联网通道部分）水土保持方案	中国电建集团华东勘测设计研究院有限公司、国网浙江省电力有限公司建设分公司	王峰利、赵晓红、刘健、李健、牛振华、李江、沈海军
6	新建杭州经绍兴至台州铁路水土保持监测技术咨询服务	中国电建集团华东勘测设计研究院有限公司、杭绍台铁路有限公司	严桥、赵满、杨凯、应丰、陈国良、陈妮、李健
7	莲都区丽龙高速公路南山互通至丽新公路建设工程水保方案及监测	浙江广川工程咨询有限公司	时腾飞、田刚、裘涛、赵聚国、石鑫、马昌臣、陈梦银
8	杭州至海宁城际铁路工程水土保持监测方案	浙江中冶勘测设计有限公司、浙江杭海城际铁路有限公司	张禹、何兴龙、李磊、张瑞芳、邓建林、韩岳锋、章建明
9	华电长兴和平风电场工程水土保持方案编制、监测及验收服务	浙江广川工程咨询有限公司	田刚、裘涛、石鑫、梁靖枚、熊志福、刘祥超、马昌臣

（资料来源：省水保学会）

加学术交流，开阔会员眼界，并组织参会代表考察千岛鲁能胜地国家水土保持科技示范园和下姜生态清洁小流域国家水土保持示范工程。

配合中国水土保持学会组织开展生产建设项目水土保持方案编制及监测单位水平评价工作。一方面为单位会员提供星级评价咨询服务，指导完成星级证书申报的材料准备和网上填报工作；另一方面受中国水土保持学会的委托，完成水平评价证书的发放管理服务工作，落实工作责任，缩短办事时限，精简证明材料，提高服务效能。

（钟壬琳）

地　方　水　利

Local Water Conservancy

杭州市

【杭州市林业水利局简介】 杭州市林业水利局（以下简称“杭州市林水局”）是主管杭州全市林业、水利工作的政府部门，其主要职责是：负责生活、生产经营和生态环境用水的统筹和保障；负责节约用水和水土保持工作；指导全市水资源保护和水文工作；指导农村水利工作；负责落实综合防灾减灾规划相关要求，组织编制洪水干旱灾害防治规划和防护标准并指导实施；指导水利设施、水域及其岸线的管理、保护与综合利用；制定水利工程建设与管理的有关制度并组织实施；组织开展水利行业质量监督工作；指导全市水利人才队伍建设。

杭州市林水局内设职能处室9个，分别是办公室、组织人事处、法规与计财处、国土绿化处、森林湿地和自然保护地管理处、森林防火处、水利规划建设处、水资源管理与水土保持处、水旱灾害防御与运行管理处。直属事业单位共7家，分别是杭州市森林和野生动物保护服务中心（参公单位）、杭州市水文水资源监测中心、杭州市河道与农村水利管理服务中心、杭州市林业和湿地科学研究院、杭州市水利发展规划研究中心、杭州市水库管理服务中心、杭州市南排工程建设管理服务中心。至年底，杭州市林水局在编人员35人；直属事业单位在编人员195人，其中参公在编人员18人，事业在编人员177人。

【概况】 2023年，杭州市全速推进水网建设，全年完成水利投资105亿元，创历史新高，入选省水利厅2023年水利投资工作典型案例。杭州市林水局获浙江省第二十三届水利“大禹杯”银杯奖，获“全国水文先进集体”“浙江省集体林权制度改革成绩突出集体”“浙江省海塘安澜千亿工程成绩突出集体”“浙江省水旱灾害防御工作成绩突出集体”“浙江省‘五水共治’工作成绩突出集体”等荣誉称号。拱宸桥水文站入选水利部第四届水工程与水文化有机融合案例、全国第一批百年水文站。京杭运河（杭州段）滨水公园入选大运河国家文化公园典型案例。桐庐县卢茨溪生态清洁小流域、杭州市第二水源千岛湖配水工程入选2023年度国家水土保持示范点。千岛湖入选全国第二批美丽河湖优秀案例。

【水文水资源】

1. 雨情。2023年，杭州市平均降水量1197.5mm，较多年平均值偏少27%。汛期全市面平均降雨量876.7mm，比2022年偏多30.4%，比常年雨量偏少18%。入梅出梅偏晚，梅雨期24天，较常年偏少2天，梅雨不典型。全市梅雨量214.0mm，比常年梅雨量偏少18%，梅汛期出现3轮主要降雨过程。出梅后至汛期结束，杭州市主要遭受3场短历时强降雨和两场台风，2场短历时强降雨引发山洪，致灾严重；“杜苏芮”台风影响期间，全市平均面雨量38.8mm，降雨量较大的地区为萧山47.4mm、钱塘43.5mm和临安41.6mm，最小的为富阳33.5mm；“卡努”台风对杭州市基本无影响。

2. 水情。2023 年，水情形势较为平稳。入梅前汛情平稳；梅汛期间，全市共出现 2 场洪水过程。6 月 21—25 日运河流域、萧绍平原发生超警戒水位洪水；6 月 30 日至 7 月 1 日运河流域上塘河发生超警戒水位洪水；7 月 1 日 4—12 时淳安县发生局地强降雨，引发小流域山洪，武强溪发生接近警戒水位洪水，部分防洪标准较低的河道发生洪水漫堤。台汛期，“7・19”强降雨和第 5 号台风“杜苏芮”对全市影响较小，全市主要江河水位均明显低于警戒水位，18 座大中型水库水位均低于汛限；“7・22”强降雨导致富阳上官、常绿、大源和萧山楼塔、河上一带发生严重山洪，大源溪新关站水位急速上涨，最高水位 4.03m，最大涨幅 3.21m，富春江、青山、英公和岩石岭等 4 座大中型水库超汛限；“9・16”连续降雨造成富春江、青山、分水江、里畈、岩石岭和罗村等 6 座大中型水库超汛限。

3. 水资源。2023 年，杭州市水资源总量 115.26 亿 m^3。全市总供水量 29.10 亿 m^3，总用水量 29.10 亿 m^3，总耗水量 15.37 亿 m^3，总退水量 9.39 亿 m^3。其中：农田灌溉用水量 7.96 亿 m^3，占 27.3%；林牧渔畜用水量 1.98 亿 m^3，占 6.8%；工业用水量 4.38 亿 m^3，占 15.1%；居民生活用水量 7.17 亿 m^3，占 24.6%；城镇公共用水量 6.47 亿 m^3，占 22.2%；生态环境用水量 1.15 亿 m^3，占 4.0%。万元 GDP 用水量 14.51m^3，万元工业增加值用水量 8.79m^3，较去年分别下降 7.0%和 6.5%。全市平均水资源利用率 25.3%，农田灌溉水有效利用系数 0.612，达到省定目标要求。

【水旱灾害防御】 2023 年，杭州市汛情总体平稳，但局部地区强降雨频发，山洪致灾严重。汛期发生 2 场洪水，主要经历“杜苏芮”“卡努”2 个台风。强化预报预警预演预案，完成《杭州市 2023 年水雨情趋势预测》《2023 年钱塘江（杭州段）潮汐趋势分析》等 10 期中长期分析报告，对全市汛期及全年水雨情趋势进行预测，预测成果精度较高，与实况基本吻合。汛期开展东苕溪、分水江、钱塘江杭州段和主城区等主要江河湖库代表站洪水预报共 6 期，汛期累计发布山洪灾害预警 9 期，为水利工程调度提出科学建议，为全市水旱灾害防御提供决策依据。68 个省级报汛站共上报报文 14523 条，人工报汛及时率和准确率 100%，为洪水预报预警调度提供基础信息；向县级水利部门发送雨量预警通知单 189 份、预警短信 20032 条，预警及时率和准确率 100%。全市累计建成水文遥测站 2037 处，实现 23 个江河重要控制断面洪水预报方案全覆盖。汛期（4 月 15 日至 10 月 15 日）累计发布降雨预警通告单 189 份，预警短信 7 万条。联合萧山区、富阳区在钱江枢纽开展全市水旱灾害防御演练，全年共开展演练 33 场次 2317 人次。组织各地修编各类防御预案 1350 个，杭州第 19 届亚运会场馆“一点一方案”54 个。持续开展隐患排查，组织开展 6 轮水利隐患大排查，累计出动 7.1 万人次，检查工程 5.3 万处次，排查风险 294 项并落实动态闭环整改。科学调度水利工程，梅汛期（6 月 17 日至 7 月 11 日）发出调度令11份，水库累计调蓄洪水3.73亿m^3，平原河网排涝1.32亿m^3，防灾减灾成效明显。杭州第19届亚运会期间，建立新安江、富春江等水库联调联控双向机制，累计增加下泄水量21亿m^3，确保城市供水不受咸潮影响；加强钱塘江河口区生态配水管理，大中型泵闸站年配水量20.81亿m^3；杭州第19届亚运会主场馆和亚运村周边河道水体能见度超过1m；持续从外江引配优质水源4346万m^3，成功防御八月十八天文大潮，保障杭州第19届亚运会水上比赛项目顺利开展。

【水利规划计划】 2023年，杭州市为统筹解决水灾害、水资源、水生态、水环境等水安全问题，扎实推进杭州水网、水资源节约保护和利用、城市防洪排涝等规划编制：《杭州水网建设规划》获市政府批复；《杭州水网建设规划实施方案（2023—2027年）》由市林水局印发；《杭州市城市防洪排涝规划》通过市级技术审查，并征求部门和政府意见，报省水利厅审核；《杭州市水资源节约保护和利用总体规划》经市政府批复同意，由市林水局和市发改委联合印发；6月，完成《杭州市水安全保障"十四五"规划中期评估》。

【水利基本建设】 2023年，杭州市全年完成水利建设投资105亿元，为浙江省投资计划下达任务的113%，同比增长47%，完成率居全省第一，完成量稳居全省第一方阵。水利民生实事总体完成率125.5%，其中西部通道工程主体工程4个作业面全部开工，顾家桥港及留下河段完成竖井上部开挖支撑，先行段完成竖井下部衬砌；西险大塘工程全线开工，主体工程完成15km；新开工提标加固海塘28.3km，完成更新改造灌溉设施284座，完成病险水库除险加固28座，完成山塘整治88座。

【重点水利工程建设】 2023年，杭州市全力推进"千项万亿"等重大水利工程建设，完成投资54.6亿元，完成率117%，同比增长128%。新开工重大项目数量创纪录。以三堡至乔司海塘一期、城西南排（西线）为代表的13个重大水利工程实现开工。在率先探索海塘融合审批模式的基础上，超常规推进三堡至乔司段海塘的整体报批，3天内取得可行性研究批文、行业意见、初步设计批文，再次刷新前期工作"杭州速度"，并获省政府领导批示肯定。在建工程取得阶段性成效：杭州第19届亚运会期间依托北支江综合整治工程的富阳水上运动中心精彩亮相；汛前八堡排水泵站、青山水库防洪能力提升、萧山五堡闸站、余杭新陡门闸站等4项工程完工投入运行；萧山浦阳江治理、临安双溪口水库、西险大塘先行段等3项主体工程完工；城西南排、西险大塘、海塘安澜等重大工程加快推进，完成干堤加固17.5km；苕溪清水入湖（余杭段）、桐庐干堤加固三期等36项工程通过竣工验收。

【水资源管理与节约保护】 2023年，杭州市水资源总量115.26亿m^3，比2022年减少10.0%。其中，地表水资源量113.64亿m^3，地下水资源量26.94亿m^3（含重复计算量）。全市平均产水系数 0.49。地表水资源空间分布与降水量空间分布基本相似，总体趋势由西部山区向东部平原递减。全市全年用水总量 29.10 亿 m^3，按年平均人口计算，人均水资源量 925.9m^3。万元地区生产总值用水量和万元工业增加值用水量较去年分别下降 7.0％和 6.5％。节水载体创建成效显著，完成创建节水标杆酒店、学校、小区、企业共 31 家，21 家企业获得浙江省节水型企业称号，53 家单位和小区获得浙江省节水型单位和小区称号。

【河湖管理与保护】 美丽河湖建设。2023 年，杭州市高位推进全域建设幸福河湖工作，创建市级美丽河湖 26 条（段、个），亲水节点 57 个，水美乡镇 27 个，高品质水美乡村 20 个，完成中小河流治理 147.9km。临安区全面完成幸福河湖试点县建设，建德市启动 2023—2024 年全国水系连通及水美乡村建设县试点，千岛湖入选全国第二批美丽河湖优秀案例，新安江入选太湖流域片幸福河湖典型案例。全年完成水利部卫星遥感疑似问题图斑复核 7001 个，省水域动态监测图斑复核 520 个，推进 109 个水利部、省督查“四乱”问题和 1877 个市县自查问题销号；完成河湖管理范围划界复核 2210km，公示山区河道“四个责任人”（河长责任人、防汛抗洪人民政府行政首长责任人、主管部门责任人、巡查管护责任人）9147 个。指导完成全市 191 个镇街基层治理平台与省水域监管“一件事”贯通。

钱塘江防潮。持续深化钱塘江防潮安全长效管理，扎实做好“护航亚运”钱塘江防潮安全管理工作。2023 年共开展隐患排查整改、联合整治和日常督查检查 1600 余次。改造提升 3750m 防潮安全设施和 191 处宣传警示标识，推进智慧防潮建设 2km。开展钱塘江防潮安全宣教培训，通过地铁、广播、电台等发布防潮安全管理提醒，沿江驿站和宾馆投放《钱塘江观潮安全中英双语手册》。联动 16 家单位、部门，完成“安澜钱江，护航亚运”2023 年杭州市钱塘江防潮安全暨水域管理综合演练。全年累计劝阻下堤下江 8.3 万余人次，保障了钱塘江杭州段 157km 岸线 69 万余名观潮群众安全。

【水利工程运行管理】 2023 年，杭州市压紧压实水利工程管理责任，公布 1375 个水利工程“安全管理责任人”，554 座水库、60 座泵闸站汛前完成控制运行计划编制报批，75 座病险水库完成度汛方案编制报批，水利工程安全度汛率 100％。完成水利工程安全鉴定 32 项，完成水库配套设施提升改造 92 座，完成 3 座大中型、30 座小型水利工程产权证办理，完成 2 座部级、4 座省级、108 座市级、251 座县级水利工程标准化创建，省级以上管理平台水利工程数据准确率全年保持 100％。逐库落实 75 座病险水库二类限蓄三类放空的管控措施，全年组织水利工程督查检查 605 座次，形成问题清单跟踪闭环整改。

【水利行业监督】 2023 年，杭州市林业水利行业深入贯彻落实党的二十大精神和习近平总书记关于安全生产重要论述，统筹发展和安全，秉持“三管三必须”（指管行业必须管安全、管业务必须管安全、管生产经营必须管安全）的责任担当，紧扣“平安护航亚运”主线，围绕安全生产大排查大整治行动，全面推进水利施工企业安全生产标准化创建，开展生产经营单位安全生产主体责任年等行动。安全生产领域改革发展成效显著，安全监管扎实有效，安全形势稳定有序，质量安全平稳有升，有效推动安全生产治理模式向事前预防转型，全年安全零事故，省水利厅安全生产目标责任制考核获优秀等次。

2023 年，杭州市水利工程质量监督检查 792 次，2490 人次，发现和整改质量安全问题 1799 个，帮助提升质量安全管理事项 286 项。全市面上工程质量抽查和安全巡查发现并整改质量隐患 173 个，安全隐患 98 个。全市组织开展《质量强国建设纲要》培训 142 人次；开展《水利工程质量管理规定》水利干部培训 9 期共 336 人次，对 119 个在建工程培训 764 人次；成功创建市级水利文明标准化工地 9 个，推荐并获评省级水利文明标准化工地 7 个，省级建设优良工地 3 个。5 月，杭州市第二水源千岛湖配水工程、萧山区蜀山片外排工程—大治河排涝闸站改建工程荣获 2021—2022 年度中国水利工程优质（大禹）奖。7 月，富阳区北支江综合治理工程—上游水闸船闸、新登镇贤明湖公园（一期）—鼍江景观堰坝工程获评“钱江杯”。

【水利科技】 2023 年，杭州市林水局按照水利部试点任务要求开展数字孪生分水江流域建设，构建分水江流域多目标优化调度模型、重要区域水力学模型，数字模拟仿真引擎，水利知识平台、流域防洪调度、水资源管理与调配等应用。2 月，组织数字孪生分水江建设方案评审会进行评审；12 月，完成省水利科技重大课题《基于数字孪生的水库群联合预报调度关键技术研究（以分水江流域为例）》科技成果评价；12 月，数字孪生分水江作为数字孪生钱塘江的重要组成部分，成功入选水利部数字孪生水利建设典型案例和数字孪生水利建设十大样板名单。

【政策法规】 2023 年，杭州市本级认领水利领域行政检查事项 48 项，任务完成率、信用规则应用率、掌上执法率均达到 100%。共组织“双随机、一公开”抽查 42 次，抽查事项覆盖率 100%。“双随机”抽查占比 51.21%，跨部门联合“双随机”监管率 41.66%。围绕营商环境优化提升“一号改革工程”要求，开展水土保持方案审批、取水许可、涉河涉堤涉水“一件事”审批改革试点工作，进一步推进行政审批提质增效。2023 年在富阳区、建德市先行试点推行，推动惠企便民举措落到实处、取得实效。2023 年市本级完成水利“最多跑一次”办件 167 件，其中行政许可 70 件、行政备案 66 件，为公众提供依法刊印的水文资料查阅、使用服务 31 次。开展“节水你我同行”世界水日暨中国水周和《杭州市钱塘江防潮安全管理办法》主题宣传活动，发送公益短信 31 万余条，发放宣传册 1 万余册。

【综合演练】 2023 年 6 月，“安澜钱江，护航亚运”2023 年杭州市钱塘江防潮安全暨水域管理综合演练在杭州市奥体中心码头开展。该次演练共设置水域执法及救援船艇展示、智慧防潮预警事件、水域突发事件应急处置 3 个演练科目，是钱塘江防潮安全管理工作开展以来参演规模最大、参演人次最多、参与范围最广、协同力量最强、技术含量最高的一次钱塘江水域安全管理综合演练，涉及各级水利、公安、交通等 16 家单位（组织），参演人数 100 余人，出动装备包括各类船艇 25 艘、无人机 4 架、救护车 1 辆。

【农村饮用水】 2023 年，杭州市深入调研，制订全市农村供水水站提升改造方案，单村水站开工率 83%。全面落实杭州第 19 届亚运会保障举措，杭州市林水局将“保障百姓喝好水　护航亚运保民生”确定为 2023 年度“美丽林水护航亚运”优秀实践案例。临安区告岭水厂荣获农村供水水站省级标准化工程，成功创建市级标准化精品工程 16 座，省级规范化水厂（站）8 座。杭州市临安区、建德市入选省农村供水建设和运行管理机制改革试点，临安区入选单村水站供水技术攻关“揭榜挂帅”和“健康浙江”典型案例。

【农业水价综合改革】 2023 年，杭州市创建省级农田水利灌溉泵站机埠、农田水利灌溉堰坝水闸、改革灌区灌片、农民用水管理主体和改革示范村 72 处，市级示范点 111 处。市本级（连续六年）和临安区等 6 个县（市、区）获得省级考评优秀。1 月，农田水利灌溉工程更新升级纳入省政府民生实事，9 月超额完成 284 处，完成率 125%。全年共完成农灌工程更新升级 640 座。临安区、建德市在全省农业水价综合改革培训会上作典型发言。

【河湖长制工作】 2023 年，杭州市以总河长令的形式推动全域幸福河湖建设，市委、市政府主要领导对河湖长制工作多次作出指示批示，各级河湖长履职尽责，共召开总河长、联席会议 51 次，签发总河长令 31 个，各级河湖长巡河巡湖近 20 万人次。2023 年度市级河湖长平均履职积分排名全省第一。全面开展 2011 位各级河湖长和 27 位县级总河长年度述职。首次以市政府名义对河长制工作成绩突出的 10 个集体和 16 名个人进行嘉奖。将河长制工作纳入市自然资源集约利用考核。深化与黄山市跨界联合河湖长制度，成立钱塘江流域水环境共治共保联盟；全市建立跨区域联防联控机制 18 个，联合开展活动 20 次。淳安县跨省联动、杭州市富阳区北支江蓝藻防控、桐庐县“一支队伍管执法”等活动获省政府领导批示肯定。入选国家级河湖相关工作典型案例 10 个。2023 年市控以上地表水断面Ⅰ～Ⅲ类水质比例、功能区达标率均为 100%。千岛湖、新安江分别入选全国美丽河湖、太湖流域幸福河湖典型案例。

【水库山塘系统治理】 2023 年，杭州市林水局印发《杭州市小型水库和重要山塘系统治理实施方案（2024—2025 年）》，加快推进杭州市小型水库和重要山塘系统治理，提高防范化解风险能力。全市上下强力推进水库山塘病险清零，纳入省级民生实事的水库除险加固完成28座，完成率126%；山塘综合整治完成91座，完成率130%，全省排名第一，获得市主要领导批示肯定。在除险保安的基础上，持续开展水库安全设施达标行动，完成水库配套设施提升改造98座。全面深化水利工程标准化管理，闲林水库通过水利部评价，桐庐新舍里山塘通过省级评价，32座水库、16座山塘成功创建市级精品工程。

【青山水库列入现代化水库运行管理矩阵全国试点】 2023年，杭州市青山水库以全省水库类工程最高分通过水利部标准化管理现场技术评价。杭州市在全面推进水库工程标准化管理的基础上，强化数字赋能，积极推进数字孪生水库工程建设，为列入全国现代化水库运行管理矩阵试点奠定了坚实基础。根据《水利部办公厅关于印发现代化水库运行管理矩阵先试先行台账的通知》（办运管〔2024〕278号），杭州市青山水库列入现代化水库运行管理矩阵全国试点。

【水利工程开放共享】 2023年，杭州市探索水利工程开放共享工作机制，形成《杭州市水利工程开放共享工作实施意见》《杭州市关于开展水利工程开放共享创建评价工作的通知》《杭州市水利工程开放共享评星标准（试行）》等首创工作成果，指导市域范围内20座开放共享试点工程开展评价。

【水利科普宣传和水文化】 2023年，杭州市水利科普馆共接待参观团组154批次，线下受益11000余人。擦亮“亲水之旅”研学品牌，结合时事热点开展“迎亚运”“节水护水”“保护湿地”“预防溺水”“水文化遗产保护”等系列研学活动20次，吸引300余组家庭参与。结合世界水日、科普日等节点，开展“江河情·水滴行”志愿服务，累计开展水利科普宣传志愿服务14次，其中“共护母亲河 携手迎亚运”世界水日宣传活动被中国水利报、中国网、潮新闻等媒体刊文宣传，潮新闻客户端阅读量达10.3万人次。活化水文化遗产，发布《浙水遗韵·诗画杭州》水文化遗产丛书，加强重要水利遗产保护利用。9月26日，省水利厅公布浙江省首批重要水利工程遗产资源名录，其中杭州20处。编印发放“杭州水印”杭州水情教育基地手绘地图，汇聚杭州32处水情教育场所，不断丰富水利科普内涵、拓展水利科普举措。

（袁秋月）

宁 波 市

【宁波市水利局简介】 宁波市水利局是主管宁波全市水利工作的市政府工作部门。主要职责是：负责保障水资源的合理开发利用；负责生活、生产经营和生态环境用水的统筹和保障；按规定制定水利工程建设与水利水务设施管理的有关制度并组织实施；负责指导水资源保护工作；负责全市排水行业监督管理，指导全市城镇排水和污水处理、再生水利用工作；负责指导市级污水处理厂建设；负责节约用水工作；负责指导水文工作；负责指导水利水务设施、水域及其岸线的管理、保护与综合利用；负责指导监督水利工程建设与水利水务设施的运行管理；负责水土保持工作；负责指导农村水利水务工作；负责指导水政监察和水行政执法；负责开展水利水务科技、教育和对外交流工作；负责落实综合防灾减灾规划相关要求，组织编制洪水干旱灾害防治规划和防护标准并指导实施。

宁波市水利局内设职能处室8个，分别为办公室、组织人事处、规划计划处（挂审计处牌子）、水资源管理处（挂市节约用水办公室牌子）、建设与安全监督处、河湖管理处（挂行政审批处牌子）、水旱灾害防御处、排水管理处，另设机关党委，行政编制36人。直属事业单位共8家，分别为宁波市水政监察执法保障服务中心、宁波市水文站、宁波市水务设施运行管理中心、宁波市水利工程质量安全管理中心、宁波市水资源信息管理中心、宁波市河道管理中心、宁波市水库管理中心、宁波市水利发展研究中心。

【概况】 2023年，宁波市水利局全年完成水利投资186亿元，为年度目标的103.3%，同比增长21.4%，完成量保持全省第一。提速推进以甬江流域防洪治涝十大工程为核心的重大水利工程建设。全年完成病险水库除险加固41座、病险山塘整治90座，河道堤防提标加固7处14km，水利工程安全鉴定74项，实施水利工程标准化管理复评1187个，其中创建标准化管理精品工程67个；完成小流域治理工程45km。加强小流域山洪风险区域扩面排查；新建声光电设备123套。制定了《宁波市全域建设幸福河湖实施方案（2023—2027年）》。累计建成美丽河湖38条、美丽河湖片区28个、水美乡镇17个，完成中小河流治理25km、河湖库塘清淤157万m^3；完成污水管网检测1607km、修复210km、清淤7800km，新增污水处理能力9万t/d。编制完成《宁波现代化水网建设规划》等规划方案，颁布实施《宁波市供水和节约用水条例》，出台《宁波市节约用水奖励办法（暂行）》，出台3个地方性标准，完成水利高质量发展指标体系，水利管理体系进一步健全。

【水文水资源】

1. 雨情。2023年全市平均降水量为1341mm，比上年少18.6%，比多年平均值少12.1%，属偏枯年份，为2007年以来最少。2023年降水量年内分布极不均匀，较常年同期呈明显“凸”字形分布，其中7月面雨量达329mm，较常年偏多108%，其余月份均较常年偏少，其中1月、3月、9月、10月、12月偏少50%左右；汛后期降水量严重偏少，出现了一定程度的旱情。全市降水量空间分布不均，总体呈现山区多沿海少的局面。从流域分区看，各流域平均降水量均比2022年和多年平均值少，其中，奉化江及甬江干流区（城市供水区）、姚江流域（余慈区）比多年平均值偏少10%左右，其余流域偏少15%及以上。从行政分区看，宁海县大部、余姚市南部和宁波市市区东部降水量较大，慈溪和其余沿海地区较小。降水量高值区为宁海县大部、余姚市与宁波市海曙区交界山区和宁波市北仑区，年降水量为1600mm及以上，其中宁海县的龙潭站年降水量为1840mm，为全市最大值。余姚市南部、宁波市市区西部、市区东部降水量为1400～1600mm。宁波市市区中南部、北部和余姚市中部年降水量为1300～1400mm。余姚市北部、慈溪市大部、东部沿海降水量为1300mm以下，其中象山县的大目涂站年降水量为969mm，为全市最小值。2023年全市平均水面蒸发量802.4mm（E601型陆上水面蒸发器），比上年少5.2%，比多年平均值多1.5%。年水面蒸发量最多的为慈城站951.9mm，最少的为皎口水库站572.8mm。

2. 水情。2023年宁波市水情形势总体平稳。汛期受第5号“杜苏芮”、第6号“卡努”台风影响和“8·28”短历时暴雨影响，市级及以上河道出现了短历时超警戒水位，其他时段均低于警戒水位。“杜苏芮”台风影响期间，奉化江干流北渡站最高水位3.38m（超警戒水位0.98m），姚江干流余姚站最高水位2.13m（超警戒水位0.03m），姚江干流丈亭站最高水位2.10m（超警戒水位0.10m），32座大中型水库共有4座水库最高水位超过汛限水位，分别为力洋水库、皎口水库、胡陈港水库、黄坛水库。“卡努”台风影响期间，甬江干流宁波站最高潮位2.79m（超警戒水位0.29m），32座大中型水库中黄坛水库最高水位超过汛限水位。“8·28”短历时暴雨影响期间，甬新河姜山站最高水位1.94m（超警戒水位0.04m）。

3. 水资源。2023年，宁波全市地表水资源量（河川径流量）为60.46亿m^3，比上年少32.1%，比多年平均值少23.1%；地下水资源量为18.50亿m^3，扣除与地表水重复计算量（14.48亿m^3）后为4.02亿m^3，2023年全市水资源总量为64.48亿m^3，比上年少31.5%，比多年平均值少22.5%。产水系数为0.49，产水模数为65.7万m^3/km^2。2023年，宁波市总供水量为22.76亿m^3，较上年增加2.6%，其中地表水源供水量为22.06亿m^3，占总供水量的96.9%；污水处理回用及雨水利用量为0.69亿m^3（不包括用于河湖生态补水的再生水利用量），占总供水量的3.0%；浅层地下水源供水量仅为0.01亿m^3。在地表水源供水中，蓄水工程供水量为12.47亿m^3，引水工程供水量为1.17亿m^3，提水工程供水量为5.63亿m^3，由境外引水工程（跨流域调水工程）为生活及工农业生产提供的供水量为2.79亿m^3。全市乡镇级以上公共水厂53座，总供水能力501.73万t/d。其中县级以上公共水厂22座，总供水能力420万t/d；乡镇级公共水厂31座，总供水能力81.73万t/d。全年乡镇级以上公共水厂供水量11.11亿m^3（不含姚江水厂和航丰水厂），由水库供水10.77亿m^3（占96.9%），其余由河道（溪道）供水；其中向市区供水的五大水厂（江东、北仑、东钱湖、毛家坪、桃源）供水量5.59亿m^3，均由水库供水。

2023年宁波市总用水量为22.76亿m^3，比上年增加2.6%。居民生活用水量为5.52亿m^3，比上年增加2.8%，其中城镇居民生活用水量为4.45亿m^3，农村居民生活用水量为 1.07 亿 m^3；生产用水量为 16.60 亿 m^3，比上年增加 2.4%，其中第一产业用水（包括农田灌溉用水、林牧渔用水和牲畜用水）7.04 亿 m^3，第二产业用水（包括工业用水和建筑业用水）6.99 亿 m^3，第三产业用水（包括商品贸易、餐饮住宿、交通运输、仓储、邮电通信、文教卫生、机关团体等各种服务行业）2.57 亿 m^3；生态环境用水量 0.64 亿 m^3。全市河湖生态配水量（河道内用水及再生水补水）为 6.78 亿 m^3，较上年增加 13.0%。全市总耗水量为 12.19 亿 m^3，总耗水量占总用水量的 53.6%，其中生活用水耗水量为 2.32 亿 m^3，生产用水耗水量为 9.27 亿 m^3，生态用水耗水量为 0.60 亿 m^3。2023 年全市人均综合年用水量为 235m^3，万元 GDP 用水量为 14.8m^3，万元工业增加值用水量为 10.0m^3，农田（包括水田、水浇地和菜地）灌溉水有效利用系数为 0.623，亩均用水量为 301m^3，城镇居民人均生活用水量为 57.3m^3/年，农村居民人均生活用水量为 54.8m^3/年。

【水旱灾害防御】 2023 年，宁波市全年完成病险水库除险加固 41 座、病险山塘整治 90 座，河道堤防提标加固 7 处 14km，水利工程安全鉴定 74 项，实施水利工程标准化管理复评 1187 个，其中创建标准化管理精品工程 67 个；完成小流域治理工程 45km。加强小流域山洪风险区域扩面排查；新建声光电设备 123 套。制定《甬江流域洪水调度方案（2023 年）》，建成宁波市大中型水库统一调度管理平台，强化流域内水库统一调度管理；三江河道沿岸 120 余座水闸和强排泵站实现联合统一调度。制定《城市供水水源旱情预警和应急调度预案》，针对春节后及年末蓄供水紧张形势，强化水资源联网联调，严格控制水库下泄水量，落实境外引水、备用水源利用等保供水措施，有效保障了全域供水安全。

【水利规划计划】 2023 年，宁波市政府与省水利厅建立市厅合作机制，联合印发《甬江流域防洪治涝十大工程实施方案（2023—2027 年）》。宁波市政府印发实施《甬江流域防洪治涝规划（2021—2035 年）》《宁波现代化水网建设规划》，深化甬江流域防洪治涝、水网总体格局和具体工程布局。进一步加强和规范局本级各类项目的建设（采购）管理，修订《宁波市水利局本级项目建设管理办法》。配合市人大常委会开展流域防洪工程建设情况“集体视察＋专项审议＋专题询问＋满意度测评”综合监督工作。

【水利基本建设】 2023 年，宁波市全年完成水利投资 145 亿元，为年度目标的 107.5%，同比增长 14.8%，完成量保持全省第一。提速推进以甬江流域防洪治涝十大工程为核心的重大水利工程建设：葛岙水库等重大续建项目提前完工，清溪水库等重点工程顺利推进，宁波至杭州湾新区引水工程建成投用，江北区下沉式再生水厂（一期）项目投产运行；宁波枢纽片区防洪排涝工程、柏坑水库扩容主体工程、第二工业水厂等新建项目实现开工建设；实现主汛期前甬江流域内大中型水库全部具备预泄设施条件；海塘安澜工程累计开工222km，提前两年完成省、市计划的开工任务，107km问题海塘基本消除重大安全隐患。全年提请市政府重大项目“1245”统筹推进机制协调事项10项，有效协调解决了宁波枢纽片区先导工程质量安全监管、余姚北排二通道文物保护报批、下姚江堤防整治工程用地报批等相关问题。

【重点水利工程建设】 2023年，全市海塘安澜等重大水利项目完成投资92.1亿元，完成率138.5%，同比增长13.6%。其中“千项万亿”水网安澜提升工程完成投资74.4亿元。葛岙水库工程于6月29日完工验收；宁波至杭州湾新区引水工程于8月4日正式建成投入使用；柏坑水库扩容工程主体工程于9月1日全面开工；第二工业水厂工程于9月20日开工建设；皎口水库至溪下水库联通工程于10月25日完成首次爆破，全面开工；海曙沿山干河河道整治、界牌碶泵站等20项工程实现开工，完成年度目标。

【水资源管理与节约保护】 2023年，宁波全市水资源总量64.48亿m^3，地表水资源量（河川径流量）60.46亿m^3，地下水资源量18.50亿m^3，扣除与地表水重复计算量（14.48亿m^3）后为4.02亿m^3。2023年全市节约水资源量0.89亿m^3，其中通过建设节水灌溉工程、改善农业灌溉条件、农业水价综合改革等措施，农业节水0.24亿m^3；通过中水回用、企业节水技术改造等措施，全市重点工业企业节水0.49亿m^3，城市节水（包括居民生活和城镇公共）0.16亿m^3。完成了《宁波现代化水网建设规划》等规划方案编制，颁布实施了《宁波市供水和节约用水条例》，出台了《宁波市节约用水奖励办法（暂行）》，出台3个地方性标准，完成水利高质量发展指标体系建设，水利管理体系进一步健全。11月16—17日，由省建设厅和省发展改革委组成的考核组对宁波市第四轮国家节水型城市建设工作进行复查，经审议，宁波市以全省第一通过国家节水型城市省级复查。

【河湖管理与保护】 2023年12月4日，省委常委、宁波市委书记彭佳学，宁波市委副书记、市长汤飞帆共同签发了宁波市2023年第2号总河长令，发布实施《宁波市全域建设幸福河湖实施方案（2023—2027年）》。累计建成美丽河湖38条、美丽河湖片区28个、水美乡镇17个，完成中小河流治理25km、河湖库塘清淤157万m^3；完成污水管网检测1607km、修复210km、清淤7800km，新增污水处理能力9万t/d；开展“护佑母亲河 建功幸福河”专项比武活动，推进“甬水清”江河湖库环境整治专项行动；制定《中心城区河道环境事件应急处置预案》，累计生态调水5亿m^3，城区河道水环境总体逐步向好。

【水利工程运行管理】 2023年，宁波市水利安全生产风险管控“六项机制”、数字孪生甬江流域、数字孪生周公宅—皎口梯级水库等全国试点基本完成建设任务，数字孪生甬江流域防洪应用入选水利部推荐应用案例。高分通过第四轮国家节水型城市省级复查、国家典型地区再生水利用配置试点城市建设中期评估，成功入选全国现代化水库运行管理矩阵建设先行区。五江口闸及上游配套河道等 2 项工程获中国水利工程优质（大禹）奖，水工程与水文化融合工程案例——澥浦闸站获省部级双荣誉。

【水利行业监督】 2023 年，宁波市水利局按时完成重大建设项目涉水审批；针对改革试点、审批制度改革在全省作典型发言，涉河建设、水土保持、取水许可事项“三合一”列入市级改革试点，水利政务服务无差评。对滨水新产业、新业态实行包容审慎监管，出台有关涉水包容审慎监管政策性文件，制定《宁波市水行政轻微违法行为不予处罚事项清单》和实施流程。出台《宁波市地方性法规规章设置的水行政处罚事项裁量基准》《宁波市城市公共供水定额用水管理暂行办法》两个规范性文件；印发《宁波市水利局　宁波市轨道交通集团有限公司关于推进水土保持、涉河建设部门协同机制（试行）》，印发《宁波市水利市场主体施工、设计、监理企业信用信息评价标准（试行）》，并应用到第一、二、三季度打分，针对打分情况及时复盘；印发《关于进一步明确水利建设市场主体信用评价相关工作要求的通知》规范评分行为，印发《宁波市水利建设市场信用评价专家管理办法》和《宁波市水利建设市场主体信用评价专家考评细则》规范专家行为，印发《宁波市水利建设市场主体主要从业人员信用评价标准》，细化责任到人。

【水利科技】 2023 年，宁波市水利局完成浙江省水利科技项目申报 45 项，确立宁波市水利科技项目 73 项，其中 28 项为重点项目。完成《大中型水库表面变形 GNSS—机器视觉融合监测及大坝安全馈控关键技术研究》《山洪灾害短历时风险预报预警关键技术研究及应用》《余姚市鹿亭乡水土保持现状调研分析与监管保障综合措施研究》《基于 GNSS 实时监测的土石坝表层变形时序分析研究》等 29 个水利科技项目验收。

【政策法规】 2023 年 3 月 6 日，《宁波市水利局中心城区河道环境事件应急处置预案（试行）》正式印发，明确建立分级分类的应急处置方式，全力护航亚运水环境。7 月 1 日起，开始试行《宁波市供水和节约用水条例》。12 月 15 日，发布《农田灌溉水有效利用系数测算规范》《小型农村供水站运行维护规范》和《水利水务设施基础感知点位设置规范》等 3 项宁波市地方标准，自 2024 年 1 月 15 日起实施。

【行业发展】 2023 年，宁波市探索市域“水务一体化”，实现从源头到龙头，从原水到供水到排水再到再生水的全过程全领域行业管理。宁波市水务环境集团为现代化水网建设提供强有力的体制机制基础和投融资支撑。水利数字化改革在全国先行先试。完成全国智慧水利试点城市先行先试任务，其中山洪灾害预报预警平台入选全国优秀应用案例。数字孪生甬江流域和数字孪生周公宅—皎口梯级水库 2 个项目列入全国试点，中期评估优秀，其中“数字孪生甬江流域防洪应用”被水利部评为推荐案例。宁波市智慧水利应用支撑平台基本建成，形成全市统一的智慧水利数据仓。建设管理机制不断创新，制定《宁波市水利建设工程项目相关保险实施办法》，安全生产责任保险纳入工程保险范围，相关做法被水利部网站转载。建立全市水利工程质量安全“红黑榜”，海曙五江口闸站、镇海区澥浦闸站获水利部“大禹杯”。全国首创对企业关键岗位个人实行信用评价，信用评价体系逐步完善。

【水利民生实事项目】 2023年，宁波市召开全市农村供水部署推进会，农村饮水保供工作入选水利部《农村饮水安全简报》；奉化锦溪水站通过省水利厅标准化管理评价。农村供水薄弱环节建设年度计划任务完成率100%，农村供水感知体系建设年度计划任务完成率100%。至年底，海塘安澜建设完成29.89km，完成率124.52%。整治完成病险水库10座，完成率166.67%。存量二类坝开工任务完成35座，整治完成病险山塘33座，完成率126.92%。更新改造灌溉设施。年度民生实事项目完成258座，完成率125%。

【全国“六项机制”试点建设】 2023年1月29日，水利部监督司印发《水利安全生产风险管控“六项机制”建设试点方案》，选取4个省7个水利项目开展试点工作，宁波市清水环通工程建设、镇海区澥浦闸站2个项目入选，并按要求完成试点工作。6月27日，水利部在宁波召开全国“六项机制”研讨会，宁波市作试点工作经验交流。

【水网先导区建设】 2023年9月27日，水利部召开“推进水网先导区建设”新闻发布会，公布了宁波市等7个国家市级水网先导区名单。12月14日，正式印发《宁波市水网先导区建设实施方案（2023—2027年）》，将以全域“一城一水一网”为目标，全面打造“三江四路六通道十枢纽”的水网总体格局。

【蝉联水利“大禹杯”金杯奖】 2023年10月24日，省政府印发《关于表彰浙江省第二十三届水利“大禹杯”竞赛活动优胜单位的决定》，通报表彰水利工作突出的22个县（市、区），其中宁波市获金杯奖，宁海县获铜杯奖，奉化区获提名奖。宁波市姚江二通道（慈江）工程—澥浦闸站工程和五江口闸及上游配套河道工程名列其中。

【国家节水型城市省级复查】 2023年11月16—17日，由省建设厅和省发展改革委组成的考核组对宁波市第四轮国家节水型城市建设工作进行复查。经审议，宁波市以全省第一高分通过国家节水型城市省级复查。

【幸福河湖建设】 2023年12月4日，省委常委、宁波市委书记彭佳学，宁波市委副书记、市长汤飞帆共同签发了宁波市2023年第2号总河长令，发布实施《宁波市全域建设幸福河湖实施方案（2023—2027年）》，以河湖治理体系和治理能力现代化为目的，形成“十廊百河千村”的全域幸福河湖总体格局，全面绘就“水韵三江、幸福港城”的诗画江南宁波画卷，争创幸福河湖市域样板。

（蔡蕙）

温 州 市

【温州市水利局简介】 温州市水利局是主管温州全市水利工作的政府部门，其主要职责是：负责保障水资源的合理开发利用；负责生活、生产经营和生态环境用水的统筹和保障；按规定制定水利工程建设与管理的有关制度并组织实施；指导水资源保护工作；负责节约用水工作；指导水文工作；指导水利设施、水域及其岸线的管理、保护与综合利用；指导监督水利工程建设与运行管理；负责水土保持工作；指导农村水利工作；开展水利科技、教育和对外交流工作；负责落实综合防灾减灾规划相关要求，组织编制洪水干旱灾害防治规划和防护标准并指导实施；完成市委、市政府交办的其他任务。温州市水利局承担了市委市政府多个议事协调机构：市河长制办公室（市全面推行河湖长制工作联席会议办公室）、市水资源管理和水土保持工作委员会办公室、市节约用水办公室、市珊溪水利枢纽水源保护管理委员会办公室等。

温州市水利局内设机构 6 个，分别是办公室、规划计划处、行政审批处、水资源与运行管理处、建设处（监督处）、人事处。直属副县级事业单位 2 家，分别是市珊溪水利枢纽管理中心、市温瑞平水系管理中心；科级事业单位 7 家，分别是温州市水政管理服务中心、市水文管理中心、市水利规划发展研究中心、市水利建设管理中心、市水利运行管理中心、市水旱灾害防御中心、市河湖管理中心。至年底，温州市水利局编制 25 人（其中工勤人员 2 人），实际在岗 23 人（其中工勤人员 1 人）；事业编制 237 人，实际在编在岗 212 人（其中参公人员 10 人）。

【概况】 2023 年，温州市水利局荣获浙江省第二十三届水利“大禹杯”银杯奖；全省水利工作综合考核获评市级水利部门优秀；获评浙江省 2023 年度自然资源集约利用考核优秀，排名居全省第二；获评全省海塘安澜千亿工程成绩突出集体；获评 2023 年度全省水旱灾害防御工作突出集体；连续 5 年获省水土保持目标责任制考核优秀，泰顺县创成国家级水土保持示范县。深化河湖长制，创新推出一河长两助手、部门联合督查、河长分级约谈等亮点做法。推进三大江沿线生态环境整治，创新开展水利领域生态环境损害赔偿改革，平阳鳌江水利风景区入选第二十一批国家水利风景区；瓯海、瑞安、文成、泰顺入选浙江省第一批全域幸福河湖建设项目。发布全国首部《公共机构水效领跑者评价》地方标准。出台市级生态流量监督检查办法，率先建立海塘口门安全管理工作机制。完成水利部试点数字孪生飞云江建设，珊溪、泽雅等 4 座水库入选水利部现代化水库运行管理矩阵试点，平阳入选全国先行区域。

【水文水资源】

1. 雨情。2023 年，温州市平均降水量 1607.8mm，折合水量 194.35 亿 m^3，比常年同期偏少 12.9%，比 2022 年多 1.8%，属偏枯水年。空间上，降水量排名前三的县（市、区）分别为平阳县（1762.4mm）、苍南县（1729.5mm）、泰顺县（1728.0mm），后三名为龙港市（1453.0mm）、温州市龙湾区（1099.5mm）、温州市洞头区（1035.9mm）。时间上，降水主要集中在 6—8 月，降水量占全年的 51.4%。温州市 6 月 17 日入梅，7 月 11 日出梅，梅雨期持续 24 日，比常年偏短 6 天；梅雨量 87.2mm，比多年平均梅雨量 280.8mm 偏少 69.0%。7 月 28 日，第 5 号台风“杜苏芮”在福建省晋江市沿海登陆，受其外围云系影响，给温州市带来持续强降雨，过程累计雨量较大，全市超过 300mm，降水区域达 52%。7 月 25 日 20 时—31 日 8 时，全市平均面雨量 269.9mm，县级面雨量较大的有文成县（379.3mm）、平阳县（336.0mm）、苍南县（298.1mm）。

2. 水情。受低涡东移影响，4 月 19 日鳌江内河最高水位 3.06m，超过警戒水位 0.06m，其余平原河网水位全年均在警戒水位以下。受第 6 号台风“卡努”和天文大潮影响，瓯江和飞云江年最高潮位出现在 8 月 2 日，温州站最高潮位 4.54m（黄色警戒水位），灵昆站最高潮位 4.31m（黄色警戒水位），瑞安站最高潮位 4.16m（黄色警戒水位）。8 月 3 日，鳌江站出现最高潮位 4.25m（黄色警戒水位）。受第 5 号台风“杜苏芮”影响，鳌江流域发生洪水，洪水编号“鳌江 2023 年第 1 号洪水（0727）”，埭头站实测洪峰水位 14.22m，超警戒水位 0.22m，洪峰流量 1050m^3/s。

3. 水资源。2023 年，温州市水资源总量为 103.24 亿 m^3，比多年平均水资源总量偏少 25.1%，比 2022 年偏少 2.8%；人均拥有水资源量为 1058m^3，比 2022 年少 3.6%。全市 20 座大中型水库年末蓄水总量为 11.67 亿 m^3，平均蓄水率 68%，同比增加 0.25 亿 m^3，其中珊溪水库蓄水量同比增加 0.50 亿 m^3。全市总供水量 16.83 亿 m^3，其中地表水源供水量 16.61 亿 m^3，地下水源供水量 0.02 亿 m^3，其他水源供水量 0.20 亿 m^3。2023 年全市总用水量 16.83 亿 m^3，比 2022 年增加 0.23 亿 m^3，其中农田灌溉用水量 5.55 亿 m^3，林牧渔畜用水量 0.50 亿 m^3，工业用水量 2.66 亿 m^3，城镇公共用水量 2.12 亿 m^3，居民生活用水量 4.69 亿 m^3，生态与环境用水量 1.31 亿 m^3。全市水资源利用率为 16.2%。全市全年耗水量为 9.90 亿 m^3，平均耗水率为 58.8%。全市日退水量为 119.86 万 m^3，年退水总量为 4.37 亿 m^3，其中入河退水量为 2.41 亿 m^3。万元 GDP 用水量 19.28m^3，万元工业增加值用水量 9.27m^3，人均用水量 172.45m^3，农田灌溉亩均用水量 338.58m^3，农田灌溉水有效利用系数达到 0.607。

【水旱灾害防御】 汛期前，温州市开展多轮防汛检查，落实 2318 个水利工程安全管理和山洪防御村落防御责任，完成 324 处隐患闭环整改。修订 1876 个村山洪灾害防御预案，完成 114 套声光电设备和 160 处关联雨量站建设。在汛期间，为防御“杜苏芮”等台风，发布洪水预报 47 期、山洪预警 131 期、风险提示单

86期、预警短信16.6万条。科学调度泽雅等9座中型水库，拦蓄洪水3.19亿m^3。首次启用南湖分洪工程，分洪3900万m^3，台风期间有效降低水头水位0.3～0.8m，成功防御8月份30多轮强对流天气和9.21南部地区极端暴雨天气。首次开展不定地点、不定程序的小流域山洪灾害预警、人员紧急转移等防御实战演练，平阳苍南山洪灾害成功避险经验入选水利部2023年全国山洪灾害预警避险典型案例。

针对2023年上半年降雨比往年偏少的情况，深入分析旱情发展趋势，科学制订供水计划。截至10月8日8时，珊溪水库水位137.25m，可供水量5.12亿m^3，泽雅水库水位100.93m，可供水量0.34亿m^3，保供天数250天以上，达到预期调度目标，成功保障杭州第19届亚运会期间供水需求。截至杭州第19届亚运会结束，温州市累计生态调水约2.56亿m^3：瓯江翻水站翻水1.74亿m^3，珊溪水库生态调水7883万m^3，泽雅水库生态调水383万m^3，改善了龙舟湖周边河道水环境。

【水利规划计划】 2023年10月，温州市水利局完成《温州市水安全保障“十四五”规划》中期评估并经人大常委会审议；12月，《温州市水资源总体规划》和《温州水网建设规划》获市政府批复。全年温州市本级水利建设与发展专项资金共安排2.375亿元，其中市级水利规划及课题研究274.7万元，水生态环境提升1080万元，防灾减灾能力提升4836.24万元，重点水利工程建设15051.5万元，水利工程管理2507.56万元。至年底，专项资金转移支付共1.493亿元，局本级各项目支出3375.14万元。全年完成水利投资95.3亿元，其中中央投资完成2.93亿元。水利管理业投资增速47.3%。全年争取省级以上水利专项资金补助14.8亿元，31个项目入围特别国债支持清单，获补助22.1亿元。

【重点水利工程建设】 2023年，全市计划实施推进重点水利工程70个，其中27个项目列入省扩大有效投资“千项万亿”清单。鹿城区七都岛西段标准堤加固工程、瑞安市飞云江治理二期工程（桐田段）等3个项目顺利完工。赵山渡引水工程渠系扩能保安工程、乐清市海塘安澜工程（中心区海塘）、瑞安市海塘安澜工程（滨江城防东延伸段海塘）等22个项目开工建设。瓯江引水工程、国家海洋经济发展示范区海塘安澜工程（浅滩二期生态堤）、鹿城区海塘安澜工程（仰义塘）、洞头区陆域引调水工程等一批重点水利工程有序推进。温州市温瑞平原西片排涝工程、乐清市乐柳虹平原排涝工程（一期）等27个省扩大有效投资“千项万亿”项目完成投资47.9亿元，完成率122.0%，其中永嘉县海塘安澜工程（乌牛堤）、平阳县海塘安澜工程（宋埠西湾海塘）等12个新开工项目全部开工并顺利推进。

【水资源管理与节约保护】 温州市获浙江省2023年度自然资源集约利用考核优秀，实行最严格水资源管理制度专项评价和水土保持目标责任制专项评价优秀。在省级节水型社会100%达标基础上，国家级县域节水型社会达标累计达到 11 个县（市、区）。持续开展温州市节水宣讲团“百场六进”（进社区或小区、进学校或高校、进农村或文化礼堂、进企业、进机关、进广场）活动、“节水在身边”抖音视频征集、“为未来节水”公开课比赛、节水单位媒体采风、典型节水案例展示等宣传活动。瑞安市“节约用水从我做起”节水科普进校园主题活动获评 2023 年“节水中国、你我同行”联合行动优秀活动，平阳县水利局《节水拯救未来》、温州鹿冕传媒有限公司、温州市水利局《末日惊醒》获评 2023 年“节水中国、你我同行”联合行动最佳创意视频，温州市新闻网、温州市教育局获评“公民节约用水行为规范”主题宣传活动优秀组织单位。水资源刚性约束不断强化。深入实施用水总量强度双控，完善市、县两级用水总量和效率控制目标体系，制定“三大江”（指瓯江、飞云江、鳌江）水量年度调度方案，认真落实计划用水、用水总量统计、定额管理、节水评价等制度。全面完成市、县两级水资源节约保护和利用总体规划修改报批，完善市域水资源保障体系。积极推进重点水资源优化配置工程建设，按时完成省水安全保障“十四五”规划年度目标任务。全面完成取水口标准化建设，实现非农自备取水在线监控全覆盖，自备取水监控“三率”（指及时率、准确率、完整率）保持在 95%以上。按时完成市、县两级水资源费在线征缴系统贯通，减轻企业行政缴费难度，实现在线征缴 581 笔 1480 万元。加强用水数据核查，完成全市 12 家公共供水企业用水数据归集。深入推进珊溪—赵山渡水库等县级饮用水水源地安全保障达标建设，按时完成年度自评估。推进永嘉县、平阳县、苍南县等地工业水厂建设，全面落实跨流域调水受水区域水源分质供水。执行《温州市非常规水管理办法》，提升已有海水淡化、中水回收利用等非常规水利用工程利用率，全市城市再生水利用率达 17%以上。节水行动深度推进。围绕《温州市人民政府办公室关于印发温州市节水行动实施方案的通知》（温政办〔2020〕77 号），全面完成农业节水增效、工业节水减排、城镇节水降损等各项目标任务，高质量完成农田灌溉有效利用系数测算分析，提升农业用水水平。加强城镇供水管网漏损治理，完成供水管网新建改造 96.08km，全市城镇供水管网漏损降低至 6.09%。推进公共机构节水，发布全国首部《公共机构水效领跑者评价》地方标准，完成瓯江口漏损治理、苍南县人民医院、平阳县人民政府县府大院等合同节水项目签订，合同金额超 1400 万元。

【河湖管理与保护】 2023 年，温州市深化河湖长制工作，强化河湖管护，推进全域幸福河湖建设。5 月 16 日，市级总河长签署 2023 年度第 1 号总河长令《温州市 2023 年度河湖长制工作要点》；9 月 28 日，签署第 2 号总河长令《温州市全域建设幸福河湖行动计划（2023—2027 年）》。制定印发《温州市河湖长工作规程》《温州市河长制办公室工作规则》等文件，规范河湖长制工作流程。深入开展“三大江”沿线生态环境整治、

“护航亚运”水域岸线保护行动，累计排查整改河湖岸线水域问题8369个，排查整治瓯江沿线各类问题646个、飞云江沿线问题154个、鳌江沿线问题76个。优化河湖长履职服务与管理，全市各级河湖长累计巡河33.6万余次，协调解决各类河湖问题10.8万余个。规范民间河湖长队伍建设，发动组建民间河湖长宣讲团，持续开展“六进”活动，全年发放绿水币345万个。持续推进河湖空间管控，复核水利部下发疑似碍洪问题图斑4379处，整改销号确属碍洪问题79处，整治涉河“四乱”问题点位3857处、非法占用河道岸线9.2km，清理建筑和生活垃圾15243.3t，拆除违法建筑4505.9m^3，保障河道行洪通畅。全面启动全域幸福河湖建设，新增省级美丽河湖14条、水上碧道136.74km，治理中小河流 15.64km、治理农村水系275.35km，建设高品质水美乡村28个、高品质共富亲水IP13个；打造水美乡镇29个、亲水节点62个，数量居全省第一。11月21日，瓯海、瑞安、文成、泰顺入选全省第一批全域幸福河湖建设项目，为全省入选最多。12月8日，平阳鳌江水利风景区入选第二十一批国家水利风景区名单。完成平阳县2022—2023年浙江省幸福河湖试点县建设，推进平阳县2023—2024年国家水系连通及水美乡村建设县建设，完成投资5.24亿元。

【水利工程运行管理】 2023年，温州市2318个水利工程全面落实安全管理责任人。科学审批674个水库水闸控制运行计划，329座水库水雨情预测预报、水库调度运用方案、水库大坝安全管理（防汛）应急预案等“三个重点环节”全面落实。完成了70座水利工程安全鉴定和50座小型水库和水闸安全鉴定抽查复核。新增（修复）防溺水警示标识与防护设施3000余个，完成水利设施国际化标识牌改造1430处，全市防溺水巡查超5万人次。高标准完成89座小型水库系统治理，1090座水利工程完成标准化复核评价，打造市级标准化精品工程53座，24座水利工程申报省级标准化评价，9处水利工程开放共享案例入选省水利厅水利工程开放共享试点。珊溪、泽雅、顺溪、夹坑等4座水库和平阳县入选水利部现代化水库运行管理矩阵试点。制定印发了《温州市海塘口门安全管理工作机制》，永久封堵71个海塘口门，全面落实348个海塘口门的“三个责任人”（指主管部门责任人、主体责任人、巡查监管责任人）。

2023年，温州市24座农村供水工程标准化管理创建通过市级精品工程评价，瑞安市马屿水厂获评水利部标准化管理工程。温州市城乡同质化供水覆盖率达到97.5%以上，农村供水水质达标率稳定在95%以上。完成412座灌溉机埠泵站、堰坝水闸更新改造，完成投资1400余万元，累计提升农田灌溉面积42.4km^2。64个案例入选省级“五个一百”（指一百个机埠泵站、一百个堰坝水闸、一百个灌区灌片、一百个农民用水组织、一百个示范村）典型案例。瑞安市江北灌区、平阳县北引灌区获评省级节水型灌区。完成120座重要山塘系统治理，34座山塘获评省级美丽山塘。完成山塘标准化管理创建 31 座，其中市级精品工程 3 座，瑞安市清凉山塘获评省级标准化管理工程。全国首创农村水利全生态服务综合保险，将已建成的高标准农田、农田灌溉设施（含灌区）、3 级（含）以下江海堤防设施及农村饮水设施纳入保险保障，进一步健全农村水利设施长效管护机制，有力增强农村水利设施防灾减灾能力。

温州市水利局、温州市生态环境局、温州市综合行政执法局印发《温州市小水电站生态流量监督检查办法》，规范生态流量领域行政执法流程，生态流量达标率从 46%提升至 99.8%，每年下泄生态流量超 15.8 亿 m^3，实时监控率达到 90%。平阳县顺溪水电站获评水利部一级标准化电站，龙湾区天河等 8 座水电站通过省级标准化精品工程评价。高质量引领“两不八有”创建，创建“两不八有”电站 149 座，温州市在全省水电会议上作典型经验交流发言。

【水利行业监督】 2023 年，温州市开展水利工程建设项目合同标后履约检查，排查整治质量问题 600 余条，警示约谈 20 家市场主体。联合市人社局召开工程建设领域保障农民工工资支付风险警示工作会议，印发《温州市工程建设领域农民工工资支付监管工作指引》，深入推进“六项制度”（指工资保证金制度、工资专用账户管理制度、委托银行代发工资制度、实名制管理制度、按月足额支付工资制度、施工现场维权信息公示制度）有效落地，全面规范水利建设领域劳动用工管理，维护劳动关系和谐稳定。统筹推进安全生产隐患大排查大整治和重大事故隐患专项排查整治 2023 行动，建立企业自查、县级抽查、市级督导工作机制，全量起底排查水利工程 656 项，整治隐患 1050 个，其中重大隐患 13 个，约谈施工企业 5 家，全年未发生安全生产事故。成功组织近十年规模最大的全市水利安全事故灾害综合应急演练，有效提升安全生产应急处置能力。获全国水利安全生产知识网络竞赛优秀组织奖，2023 年度温州市政府安全生产考核和浙江省水利厅安全生产考核均获优秀。

依托浙江省水利厅“透明工程”数字化应用，强化全生命周期、全闭环管理，2023 年全市入库项目 463 个，概算总投资 819 亿元。

完成赵山渡水库下游水毁修复应急工程等 8 项初步设计审查，组织设计审查专题讨论会 26 次，指导完成瑞安市滨江城防东延伸段海塘等 5 项初步设计和 6 项设计变更工作。推进全市水利工程竣工验收存量销号，创新实施“333”竣工验收机制（3 个文件：三年实施方案和年度计划、月度通报、滞后项目督办函；3 张清单：正常待验、历史遗留、小型微型验收项目清单；3 本书：指导手册、典型案例库、重点工程“一项一策”），完成水利工程竣工验收 110 项，完成率达 175%。浅滩一期围涂工程、平苍引水工程、苍南县江南海涂围垦工程等 15 项重点历史遗留项目竣工验收。

【水利科技】 2023 年，温州市持续开展瓯江、飞云江和鳌江三大江治理基础性研究。开展 2023 年度瓯江地形测量及江心屿分流比测量、飞云江地形、断面测量等工作，编制《瓯江河口简报》，探究瓯江河口、飞云江河口近期的水文情势变化、河势变化趋势、堤防安全、水环境与生态河口建设等，分析存在的问题，为瓯江和飞云江河口的保护和治理提供对策和建议。开展《瓯江西洲岛河段整治初步研究》，谋划瓯江西洲岛整治方案。

开展科技研究工作。申报省水利厅科技项目，温州市本级2023年共有4个项目列入省水利厅科技计划项目。其中，《水工程群联合智能调度方法关键技术研究》被列为重点项目，《海塘安澜工程软基沉降机理及控制标准研究》列为海塘安澜专项的重大项目，《全生命周期数字孪生海塘关键技术研究及系统研发》为海塘安澜专项的重点项目。完成2024年度水利科技需求征集及2024年度水利科技计划项目申报和项目调查备案，申报省水利厅科技项目9项。

开展学术大讲堂及技术交流学习会。举办全域幸福河湖建设学术大讲堂、2023年数字水利技术沙龙；组织赴瓯江引水工程现场考察学习；举办单村水站改造提升技术交流会；承办中国水利学会河口治理与保护专业委员会工作年会暨“河口水安全”学术交流会。

【政策法规】 2023年，温州市水利局深入学习贯彻落实习近平法治思想，开展集中学法20期次，系统学习《浙江省山塘安全管理办法》等新修订水利法规，认真收看亲清政商云学堂“法治素养提升”系列专题讲座、参加黄河保护法网络答题活动，不断提高干部职工的法治素养和法治水平。全面自查法治工作成效，配合第十三届市委第三轮巡察组对水利开展的法治督察，全面细致开展自查，梳理近3年共计25项法治工作台账，完成全部建议事项整改。不断推进科学、民主、依法决策，梳理水利合法性审查事项，印发《市水利局合法性审查事项目录清单》并报市司法局备案。全年对4个行政规范性文件、14个经济合同进行合法性审查，审查率100%。深入推进依法治理，制定年度法治宣传教育责任清单，利用“世界水日”“中国水周”“宪法日”等契机，组织开展水利法治宣传教育主题活动。完成涉水审批“一件事”省级改革试点任务，推出多业主多项目并联综合审批新模式，审批事项数量下降57.14%。完善标准化建设，起草《温州市水利局行政审批工作管理规定》，精简40%涉企评估类中介服务事项并予以公布。

【行业发展】 2023年，温州市水利局贯彻温州市委人才创新首位发展战略，谋划实施“真心引才、用心育才、暖心留才”计划，招录培育一大批高层次专业优秀人才，进一步改善水利干部队伍素质结构。先后2次面向全国“985”“211”高等院校组织开展高层次水利人才选聘，共引进14名水利专业硕士，引进人数创近年新高。更新充实水利讲师团师资力量，制定印发《2023年度干部职工教育培训计划》，组织开展水利专业技术人员继续教育培训，培训人次达1892人次。每季度开展局系统干部职工平时考核，通过实施周记实、月小结、季考核方法，促进干部履职担当。

调整水利工程系列职称评审委员会

专家库成员，完善中级职称业务评价公共基础部分试题库，为科学公正开展水利职称评审创造条件。

2023年，温州全市水利系统共有3人获评正高级工程师、23人获评副高级工程师、53人获评工程师。至年底，温州市水利局系统共有在编在岗干部235人，其中本科以上学历212人，占90.2%；研究生学历51人，占21.7%；工程师46人，占19.6%；副高级工程师53人，占22.6%；正高级工程师4人，占1.7%。

【珊溪水源保护】 2023年，制定印发《珊溪水库船舶管理实施方案》，实施"一船一档一清单"制度，推动库区船舶长效规范管理。持续开展水源保护联合执法，监督指导属地严打涉水涉库违法违规行为，库区水秩序得到有力维护。深入开展违规畜禽养殖督查监察，成功在泰顺试点畜禽养殖物业化管理模式。从严管控水库水域岸线，成立岸线空间管理专班，统筹珊溪、赵山渡水库岸线管理和乱点整治工作。深入开展"亲近水源地·爱心献库区"系列公益活动，推动"科技大棚""羊肚菌基地"项目落地库周落后村，以特色产业扶持实现"牵手帮共富"。加强安全生产管理，针对重点设施、重要节点开展安全隐患检查，确保安全隐患化解到位。持续开展水生态健康评估，全年珊溪水库水质保持Ⅰ～Ⅱ类水平，为全市经济社会发展提供优质水源保障。

【水网安澜提升工程】 2023年，温州市人民政府印发《温州市水利工程建设"大会战"三年行动方案的通知（2023—2025年）》（温政办〔2023〕28号），开工建设永嘉县菇溪分洪、龙港市城区片海塘等22项重大水利项目，开工率100%，其中12个省"千项万亿"项目开工。乐柳虹平原排涝二期、金潮港流域防洪排涝综合治理等13项工程可行性研究报告获批，总投资175亿元。乐柳虹平原排涝一期、海经区浅滩二期等一批续建项目加快推进，瓯江引水获第二批省扩大有效投资重点建设红旗项目，龙湾南口大桥至海滨围垦海塘主体完成。

【单村水站改造提升】 2023年，温州市全面启动单村水站改造提升三年行动，计划投资6.7亿元，到2025年年底完成新改建单村水站595座、管网延伸覆盖替代单村水站43座、巩固提升单村水站844座。至年底，完成单村水站改造提升开工542座，844座巩固提升单村水站全部开工。11月，省水利学会联合温州市水利学会在温州市举办全省单村水站改造提升技术交流会，会议推广了一批典型技术成果，为全省单村水站改造提升提供了支撑。

【水利民生实事】 2023年，温州市全力办好水利民生实事，增进民生福祉。完成灌溉设施更新升级191座，改善农田灌溉面积20.67km²，其中17座机埠泵站和6座堰坝水闸成功入选省级典型案例。完成病险水库除险加固6座、病险山塘综合整治39座，改善农田灌溉面积7.2km²，累计受益人口3.7万人。完成海塘安澜工程新开工9项，开工56.92km。完成农村供水薄弱环节改造提升158处，累计提升9.19万农村居民"喝好水"幸福感。打造完成美丽河湖水上碧道17条，建成136.74km，完成投资2.04亿元，累计新增水域面积31040m²、修复保护滩林地6km²。创新实施农村水利全生态服务综合保险，高效解决一批农村供水工程灾后抢修、抗旱保供问题，全市保险理赔资金超500万元。深入推进水生态环境损害赔偿制度改革，印发《水生态环境损害赔偿案件办理指南》，办理水利领域生态损害赔偿案件14件，赔偿总金额达700多万元，入选浙江省第三批生态环境损害赔偿十大典型案例。高质量完成水利部先行先试数字孪生飞云江建设，飞云江8座大中型水库、255处重要断面的洪水演进实现全过程模拟，全面提高流域防洪减灾能力。推进瑞安砂石资源投融资试点，通过砂石资源经营权抵押，飞云江治理二期等重大水利项目获授信31亿元。

（何佳楠）

嘉 兴 市

【嘉兴市水利局简介】 嘉兴市水利局是主管全市水利工作的市政府工作部门。主要职责是：指导水文、水资源保护工作，负责保障水资源的合理开发利用；承担水情旱情监测预警工作，组织编制水旱灾害防治规划和防护标准并指导实施；制定水利工程建设与管理制度并组织实施；指导农村水利工作；指导水利设施、水域及其岸线的管理、保护与综合利用；负责节约用水与水土保持工作；指导监督水利工程安全运行，负责水利工程建设的质量、安全生产监督管理；承担水行政执法、联合执法监管辅助工作，协助跨区域水事纠纷预防调处工作；开展水利科技、教育和对外交流工作。

市水利局内设4个职能处室，分别为办公室、规划计划与建设处（监督处）、水资源水保处（市节约用水办公室）、人事教育处，另设机关党委。下属事业单位共9家，公益一类正处级事业单位1家，为嘉兴市杭嘉湖南排工程管理服务中心；参照公务员法管理的正科级事业单位1家，为嘉兴市河湖与农村水利管理服务中心（市水旱灾害防御中心）；公益一类科级事业单位7家，分别为嘉兴市水利水电工程质量管理服务中心、嘉兴市水文站、嘉兴市杭嘉湖南排工程长山河枢纽管理所、嘉兴市杭嘉湖南排工程南台头枢纽管理所（海盐河道管理站）、嘉兴市杭嘉湖南排工程盐官枢纽管理所（海宁河道管理站）、嘉兴市杭嘉湖南排工程独山枢纽管理所（平湖河道管理站）、嘉兴市杭嘉湖南排工程桐乡河道管理站。至年底，嘉兴市水利局共有行政人员11人、事业人员137人（参公19人、事业118人）。

【概况】 2023年，嘉兴市全年完成水利全口径投资54.6亿元，完成率106.2%。打赢第5号台风"杜苏芮"和极端强降雨防御战。加快推进扩大杭嘉湖南排后续东部通道麻泾港枢纽工程等一批重大项目开工建设，开工项目总数居全省前三。完成省政府扩大有效投资

“千项万亿”重大水利工程投资25亿元，完成率110.6%。完成市政府扩大有效投资“551X”工程重大项目投资21.37亿元，完成率108.4%。运用数字孪生水网辅助决策平台，强化水利工程科学调度，获得水利部部长李国英、副部长王道席等多位领导批示肯定。提前7个月完成省政府民生实事“海塘安澜工程8.5公里”开工任务。加快推进老旧泵站提档升级，列入省政府民生实事的“更新改造灌溉设施159座”，实际完成改造199座，完成率125%。以全省第二名的成绩在全省实行最严格水资源管理制度考核中获评优秀，创下参评该项考核以来历史最佳成绩。在全省首届水利工程质量监督技能竞赛中获得第一名，在全省水利监督培训班上就质量监督工作作典型经验发言。在全省水行政执法技能竞赛中获团体二等奖，另有1人获浙江省水行政执法技术标兵。海宁上塘河灌区获评国家节水型灌区，海宁市水利局在全国中型灌区现代化建设技术交流研讨会上代表浙江作典型发言。编制出版嘉兴重要水文化遗产集萃《浙水遗韵·水印嘉兴》，全套书籍获评省图书出版界最高奖“树人奖”。推动全市12处水利遗产列入省级遗产名录，34处水工遗产完成立碑保护。

【水文水资源】

1. 降水。2023年嘉兴市全年平均降水量1196.4mm（折合降水水量50.5223亿m^3），较上年偏少5.1%，较多年平均偏少2.1%。属平水年。

2. 水资源。全市水资源总量21.1976亿m^3，全市人均水资源占有量381m^3，较上年水资源总量偏少15.2%，较多年平均偏少11.8%。其中地表水资源量18.0644亿m^3，地下水资源量6.4706亿m^3，地下水与地表水资源重复计算量3.3374亿m^3。

3. 供水量。全市供水总量18.8677亿m^3，其中地表水源供水量18.5790亿m^3，占98.5%；其他水源供水量占1.5%。本地河网提水占91.5%，跨流域调水占8.5%。

4. 用水量。全市总用水量18.8677亿m^3，其中生产、生活、生态用水结构为73.9∶23.6∶2.5。

5. 用水效率。全市万元地区生产总值用水量26.7m^3（当年价），万元工业增加值用水量14.7m^3（当年价）。

【水旱灾害防御】 2023年3月，嘉兴市水利局联合市财政局申报2023年度嘉兴城防水毁项目，获批中央资金203万元，市级配套资金180万元。印发《关于开展2023年度水旱灾害防御汛前检查暨安全生产检查的通知》（嘉水〔2023〕14号），组织技术人员对辖区内枢纽闸站泵站、海塘、重要行洪河道、在建水利工程和水雨情监测预报预警系统度汛准备情况进行重点检查。3月，累计出动检查人员5513人次，检查水利工程5308处，查出隐患39处，并在汛期前全部完成整改。5月，按照全省安全大排查要求，开展水旱灾害防御第二轮大排查大整治行动，累计检查水利工程380处，查出隐患5处，并在主汛期前均完成整改。6月主汛期前，组织调研全市圩区防汛度汛情况，编制完成《嘉兴市圩区控制运行规则（试行）》。

做好第6号台风“卡努”、第11号台风“海葵”防御工作，调度嘉兴南排工程与嘉兴城防工程，印发重要水利工程调度通知单81份。嘉兴南排工程累计排水量19.77亿m^3。嘉兴城防工程防汛调度10次，运行833台时，排水量3425万m^3。市区城市换水运行1次，运行39台时，向城内引调水162万m^3。

【水利规划计划】 2023年，嘉兴市水利局完成省扩大有效投资“千项万亿”2024年重大建设项目实施计划、2024年嘉兴市本级政府投资项目计划及财政资金计划、2024年中央预算内水利投资建议计划、2024—2026年水利项目计划等编报工作，编制2024年全市水利重点项目分月推进计划。

编制完成《扩大杭嘉湖南排新通道工程（嘉兴部分）总体方案》《嘉兴市水安全保障“十四五”规划中期评估》《嘉兴市全域水系重构实施方案（2021—2035年）》《嘉兴市城市防洪规划（2021—2035年）》。

推进扩大杭嘉湖南排后续东部通道（麻泾港枢纽工程）前期工作，完成风险评估、用地预审和选址、财承、可研批复以及先行工程开工。完成扩大杭嘉湖南排后续东部通道工程（南台头干河整治工程）及扩大杭嘉湖南排新通道嘉兴市外环河工程可研初稿编制。

全市争取上级资金32.69亿元，相比2022年多争取资金17.88亿元。其中，中央资金2.3亿元，特别国债9.88亿元，省补资金8.08亿元，专项债10.98亿元，金融工具1.45亿元。

【水利基本建设】 2023年，嘉兴市完成竣工验收项目31项，完成率达193%。扩大杭嘉湖南排工程（嘉兴部分）南台头、长山河排水泵站获2023年度浙江省建设工程钱江杯（优质工程）。海宁市百里钱塘综合整治提升工程一期（盐仓段）等7个项目成功申请钱江杯挂牌项目，并实行动态考核管理。嘉兴中心河拓浚及河湖连通工程等8个项目创建2023年度浙江省水利文明标化工地。

嘉善水系连通及农村水系综合整治工程项目、海宁市百里钱塘综合整治提升工程项目入选全省水利工程“党建进工地”第一批典型案例。

【重点水利工程建设】 2023年5月，嘉兴港区海塘安澜工程（乍浦港三期至山湾段海塘）、平湖市海塘安澜工程（嘉兴独山煤炭中转码头海塘）全线开工建设，实际开工8.69km，提前完成2023年度省政府民生实事“海塘安澜工程8.5km”开工任务。省政府扩大有效投资“千项万亿”重大项目、省水利厅重大项目实施计划中的嘉兴市本级防洪提升工程（一期）、平湖市城市防洪扩展工程、桐乡市城市防洪工程、嘉善县绿谷片防洪除涝口门控制工程4项新开工任务与扩大杭嘉湖南排后续东部通道（麻泾港枢纽工程）、长三角生态绿色一体化发展示范区生态水网工程、平湖市海塘安澜工程（嘉兴独山煤炭中转码头海塘）、嘉兴港区海塘安澜工程（嘉兴电厂海塘）等4项力争开工任务均提前启动，开工率均达100%。国家重大项目平湖塘延伸拓浚工程顺利通过竣工验收。

【水资源管理与节约保护】 2023年，嘉兴市发布《2023年度全市水资源承载能力评价结果的通报》，对水资源临界超载地区的高耗水行业企业用（取）水继续实行限批，严格取水许可、节水评价、计划用水和定额管理，全市用水总量控制在21亿m^3以内。

全面推进取用水监测计量标准化建设，自7月5日起，实施《取水设施建设与管理规范》（DB3304/T096—2023）地方标准。取水计量装置安装率、取水许可在线监测率均为100%，实现水资源费在线征缴全覆盖，平湖市列入浙江省水资源费在线征缴试点。全年全市征收水资源费2125.66万元，水资源费减免征收548.92万元，其中节水型企业和节水型标杆企业优惠32.75万元。开展县级以上饮用水水源地名录复核工作，嘉善县、平湖市、海盐县完成县级以上饮用水水源地名录修订工作。

承办水利部太湖流域管理局开展的太湖流域片节水型社会建设现场会，并就进一步推进太湖流域节水型社会高标准建设，实施农业节水增效、工业节水减排、城镇节水降损方案措施作典型经验交流发言。编制印发《嘉兴市节水行动2023年度实施计划》，结合“两化”改造，推进工业节水减排，创建省级节水高校1个，省级节水型企业27家，省级节水标杆小区6个，省级节水标杆企业3个，省级节水宣传教育基地1个。落实节水奖励政策，全年共发放节水奖励261.3万元。

全面实施分质供水，全市共建有工业水厂7家，供水规模35.2m^3/d。预计到2025年年底，全市建成工业水厂供水规模50万m^3/d，工业水源分质供水率达50%以上。

【河湖管理与保护】 2023年，嘉兴市印发《关于深化河湖长制推进全域幸福河湖建设的通知》《嘉兴市全域建设幸福河湖行动计划（2023—2027年）》等市级总河长令2个，制定实施《2023年嘉兴市河湖长制工作要点》，开展中小河流治理117.3km，创建美丽河湖34条（省级9条、市级25条），建设水美乡镇12个，完成河湖清淤453.43万m^3。15分钟亲水圈覆盖全市809个行政村，达标率81.4%。嘉善县、海盐县被评为2021—2022年浙江省幸福河湖建设试点优秀单位，推动跨区域水环境治理新发展等3个案例入选《2023年浙江省河湖长制典型案例》，全市7个饮用水水源地连续3年获评优秀。全市1780km河湖管理范围划界复核均通过省级审核。

【水利工程运行管理】 2023年，嘉兴市水利局对全市88项大中型水利工程、94项规模以上小型水利工程开展督查检查。持续推进“三化”改革试点，规模以上水利工程产权登记率达到88%。完成203项水利工程标准化复核评价工作。对13项新建、改扩建、除险加固或已建未创建的水利工程开展标准化管理创建工作。

组织开展全市水利工程安全鉴定工作，组织完成海盐县秦山核电一期围堤海塘安全鉴定和海盐城市防洪工程安全鉴定项目评审，完成印发《长山闸、新华闸、南门闸和平湖市独山外闸安全鉴定报告书》。组织开展全市海塘二道防线方案编制工作，批复同意平湖市、海盐县防潮二道防线方案。开展嘉兴市城市防洪工程穆湖溪泵站、三店塘枢纽闸站、南排长山河闸站、南台头闸站和盐官排涝闸站管理和保护范围划定方案审查工作。组织开展水利工程白蚁等害堤动物危害及防治情况普查。

杭州塘闸、太浦河堤防（陶庄）汾湖穿堤、新桥港闸站、白沙湾至水口标准海塘、大曲排涝泵站、海盐县东段二期围堤、洛塘河堤防、含山塘堤防等8个水利工程入选全省100个水利工程开放共享试点名单。

【水利行业监督】 2023年，嘉兴市水利局制定印发《2023年监督检查计划》，针对水旱灾害防御、水利工程建设与运行、水资源管理开展督查检查。完成扩大杭嘉湖南排后续东部通道工程（麻泾港枢纽工程）勘察设计标、嘉兴港区海塘安澜工程（嘉兴电厂海塘）施工标、嘉兴机场配套河道工程五标段等5个项目11个标段开标的监督工作。

全市质监项目122个，总投资154亿元。全市限额以上建设项目质量监督受理和覆盖率达100%。全年累计开展质量监督活动145次，开展质量检测35次，累计发现并整改质量安全隐患540个，投入检测费用74.79万元。5个监督项目获评2023年度浙江省水利文明标化工地。

【水利科技】 2023年，嘉兴市数字孪生水网（杭嘉湖平原）试点项目通过水利部太湖流域管理局验收。《拓平台 强统筹 多目标 嘉兴市数字孪生水网取得新突破》在《浙江水利》第26期专刊印发。数字孪生水网（杭嘉湖平原）建设获水利部和水利部信息中心（水文水资源监测预报中心）有关领导批示肯定。嘉兴市水旱灾害防御决策调度一体化应用迭代升级，降雨预报数据从未来24小时总计预报更新为未来24小时每小时预报，潮位预报数据从单一天文潮预报数据转变为天文潮和钱塘江涌潮综合分析预报数据。

【水土保持】 2023年，嘉兴市审批水土保持方案报告493件，完成水土保持设施验收备案174件，查处未批先建等违规项目33个，征收水土保持补偿费3412万元，减免680万元。现场复核水利部下发疑似违法违规扰动图斑360个，认定违规扰动图斑25个，均已完成整改。复核省级下发疑似违法违规扰动图斑3批共251个，认定违规扰动图斑33个，整改完成率100%。

强化水土保持监测。制定水土保持监督检查专项行动方案，运用无人机等设备，依托数字化技术开展检查，共监督检查项目557个，发现问题54个，均已整改销号。核查水土保持设施验收备案项目152个，核查比例达65%。开展水土保持监测工作，监测在建生产建设项目423个，监测率100%。

推进生态清洁小流域试点建设。平湖市生态共富小流域水土流失综合治理项目（曹桥小流域）和南湖区生态共富小流域水土流失综合治理项目（大桥小流域）为2024年省级及以上资金水土流失综合治理项目。

【政策法规】 2023年，嘉兴市水利局印发《嘉兴市水利局关于加强合法性审查工作的通知》，加强合法性审查范围管理，规范审查流程。根据《嘉兴市人民政府2023年立法工作计划实施方案》，联合嘉兴市原水投资有限公司，编制印发《嘉兴市域外配水工程管理办法》。

【行业发展】 2023年，嘉兴市水利局在全市水利系统中评选首届“最美水利人”15名，评选“红船水利先锋队”3支，推荐嘉兴撤地建市“40年·40人”先锋人物、先进会计工作者、嘉兴良匠培养项目、青年工匠培养项目、2023年度全市开放型经济成绩突出个人、嘉兴市湿地保护专家、选人用人工作专项检查人才库等先进个人人选近20人次。

（孙铭洁）

湖 州 市

【湖州市水利局简介】 湖州市水利局是主管湖州全市水利工作的政府部门，其主要职责是：拟订并组织实施水资源、水利工程、水旱灾害等方面的规划、计划，以及政策、制度和技术标准等；组织实施最严格水资源管理制度，实施水资源的统一监督管理；监督、指导水利工程建设与运行管理；负责提出水利固定资产投资规模、方向、具体安排建议并组织指导实施；负责和指导水域及其岸线的管理、保护与综合利用，重要江河、水库、湖泊的治理、开发和保护，以及河湖水生态保护与修复、河湖生态流量水量管理和河湖水系连通等工作；负责落实综合防灾减灾规划相关要求，组织编制重要江河湖泊和重要水工程的防御洪水抗御旱灾调度及应急水量调度方案，并组织实施；负责指导水文水资源监测、水文站网建设和管理，发布水文水资源信息、情报预报和湖州市水资源公报；负责指导水土保持工作，组织实施水土流失的综合防治、监测预报并定期公告；负责指导农村水利改革创新和社会化服务体系建设；负责、指导和监督系统内行政监察和行政执法，负责重大涉水违法事件的查处，协调、指导水事纠纷的处理；负责组织开展水利科学研究、科技推广与引进，以及涉外合作交流等工作；负责推进水利信息化工作；负责指导系统内安全生产监督管理工作。

湖州市水利局内设机构6个，分别为办公室、规划计划处、建设处（挂监督处牌子）、水资源管理处（挂河湖管理处、政务服务管理处牌子）、水旱灾害防御处（挂运行管理处牌子）、农村水利水电与水土保持处。直属事业单位7家，分别为湖州市太湖水利工程建设管理中心、湖州市水情监测预警与调度中心、湖州市河湖管理中心、湖州市农村水利水电管理中心、湖州市水利工程质量与安全管理中心、湖州市水文中心、湖州市直属水利工程运行管理所。至年底，湖州市水利局共有在编干部职工123人（其中公务员编制17人，参公编制52人，事业单位编制54人）。

【概况】 2023年，湖州水利系统深入贯彻习近平总书记考察浙江重要讲话精神，推进创新深化改革攻坚开放提升，全面投身“在湖州看见美丽中国”实干争先主题实践，开展学习贯彻习近平新时代中国特色社会主义思想主题教育，全年完成水利总投资52.7亿元，连续两年突破50亿元。全面落实“千项万亿”决策部署，谋深谋实“湖州水网”，太嘉河后续全面完工，大钱水闸正式投运，安吉两库引水全线贯通、实现通水，环湖大堤后续基本建成，太湖大堤实现百年一遇全线闭合。苕溪清水入湖后续、杭嘉湖北排通道后续、西苕溪流域综合治理工程全线铺开、快速推进，开工建设东苕溪（德清段）防洪能力提升、南太湖新区启动区防洪排涝工程。持续深化河湖长制，开展“三清理一提升”（清理水葫芦、渔网渔簖、沉船废船，提升河长履职实效）、“护航亚运”水域岸线保护、涉河涉堤批后监管等专项行动，高质量举办全省“深化河湖长制全域建设幸福河湖”推进会，幸福河湖省级试点全域覆盖。成功防御梅雨洪水、安吉大溪“9·27”暴雨，有效应对上半年干旱少雨情况，保障河湖安澜。提前超额完成水库除险加固、山塘整治、灌溉设施提升改造，群众好评率保持在99%以上。湖州市南浔区入选全国首批深化农业水价综合改革推进现代化灌区建设试点，水资源费在线征缴全域推广，水库山塘水权交易经验做法在世界水资源大会上专题发布。长兴县荣获全省水利“大禹杯”金奖，安吉县荣获“提名奖”，湖州市荣获全省水利年度综合考核优秀、自然资源集约利用考核优秀，荣获“全省河湖长制成绩突出集体”“全省水旱灾害防御成绩突出集体”。

【水文水资源】

1. 雨情。2023年，湖州全市平均降水量1397.3mm，接近多年平均年降水量1388.9mm，属平水年份。其中，汛期平均降水1087.5mm，占全年降水量的77.8%，较常年（935.7mm）多16.2%。逐月分布看，7、9月特别丰水，8月偏少，5、6月正常略偏多；空间分布看，西部山区和丘陵地带偏多，东部平原偏少，遥测单站最大降水量为安吉县大溪站1568.0mm。6月17日入梅，7月11日出梅，入梅、出梅时间均较常年略偏晚，梅雨期24天，接近常年（23.2天）。梅雨量285.1mm，较常年梅雨量（231.3mm）偏多23.3%。全市受“杜苏芮”“卡努”台风影响较小。

2. 水情。2023年，湖州汛期总体平稳，未发生流域性洪水。东部平原河道代表站菱湖站发生4次水位超警戒过程，最高水位2.23m，超警戒水位0.37m。东苕溪、西苕溪、长兴平原河道未发生超警戒洪水。在河口、合溪、老石坎、赋石、老虎潭5个重点大中型水库中，合溪水库出现4次水位超汛限过程，最高水位22.94m，超汛限水位0.94m。其余4个水库梅汛期及台汛期均未超汛限水位。

3. 水资源。2023年，全市水资源总量38.96亿m^3，较多年平均40.40亿m^3少3.6%，较2022年34.50亿m^3多12.9%。全市平均产水系数0.48，产水模数66.9万m^3/km^2。人均拥有水资源量1133m^3，亩均耕地水资源量3092m^3。全市境外流入水量47.77亿m^3，区域内自产地表水量 37.75 亿 m^3。大中型水库年末蓄水总量比年初增加 0.1 亿 m^3，耗水 6.95 亿 m^3，出境水量 78.59 亿 m^3。供水总量 12.78 亿 m^3，其中地表水供水 12.4348 亿 m^3，地下水供水 0.0008 亿 m^3，中水回用 0.3418 亿 m^3，供水量满足各行业用水需求。用水总量 12.78 亿 m^3，其中农林牧渔畜用水量 7.20 亿 m^3，工业用水量 2.33 亿 m^3，居民生活用水量 1.69 亿 m^3，城镇公共用水量 1.13 亿 m^3，生态用水量 0.43 亿 m^3。各行业耗水总量 6.95 亿 m^3，耗水率 54.4%。城镇居民、城镇公共用水、工业用水年退水量 2.47 亿 t，途中渗失后，年退水入河总量 1.36 亿 t。

【水旱灾害防御】　2023 年上半年，湖州降雨偏少，11 座大中型水库水位持续走低，老虎潭、合溪水库降到历史最低水位（32.8m、16.36m），部分水库供水受影响。水利系统加强用水管控、水源调配，并向太湖流域管理局争取新增东太湖应急取水 2900 万 m^3，保障全市供水安全。汛前，扎实开展水旱灾害防御隐患大排查大整治专项行动，出动检查人员 1.47 万人次，检查点位 1.2 万处，整改隐患 119 处。落实水利工程安全管理责任人 1142 人，做好水旱灾害防御应急预案、山洪灾害防御、水利工程控运计划、在建工程度汛预案的修订、审查、批复。组织市、县、乡、村四级广泛开展水旱灾害防御业务培训和演练，累计开展培训 7 场，培训 1356 人次；开展演练 10 场，参加人员 3243 人次。成功开展“护航亚运”湖州市水旱灾害防御防汛防台综合应急演练。汛期严格执行 24 小时值班制度，密切监视雨情、水情、工情变化，及时发出预报、预警。全年发出强降雨预警单 161 份、山洪灾害预警单 14 份，联合气象部门发布山洪灾害预警短信 5900 余条，开展洪水预估分析 24 次，为防汛决策提供科学依据。持续完善山洪灾害预警体系建设，完成声光电预警设备安装 83 套，建设山洪灾害关联雨量站 67 个。9 月 27 日晚，安吉天荒坪镇、山川乡、上墅乡出现短时强降雨，最大雨量为天荒坪镇（227.2mm），造成天荒坪镇大溪村横坑段部分山体塌方。水利部门发出汛情通告 9 份、预警短信 1190 条、叫应叫醒山洪灾害防御责任人 50 人次，转移危险区域群众 175 人，实现了“不死人、少伤人、少损失”的防汛目标。

【水利规划计划】　2023 年，全市完成水利总投资 52.7 亿元，计划完成率 110.2%，完成水利管理业投资 37.91 亿元，同比增长 17%。规划建设“湖州水网”，系统谋划以“苕运高速水路、南太湖水安全保障、苕溪水库群扩容增效”为核心的工程体系，着力打造“一湖三脉，八溇八塘，十库十枢”水网格局。加快推进项目前期，安吉县老石坎水库加高扩容工程完成立项受理，取得省政府占地和淹没区禁建令，并通过可行性研究技术审查，苕溪尾闾河道整治提标工程完成项目建议书编制。7 个水利项目成功争取特别国债 14.9 亿元，全年争取省级及以上补助资金 8 亿元，其中中央资金 1.3 亿元，省级资金 6.7 亿元。编制《“西塞山科学谷”水利专项（防洪排涝）规划》，完成《湖州市水安全保障

"十四五"规划》中期评估，制定印发《湖州市级水利建设与发展专项资金管理实施细则》，进一步加大农村水利支持力度。强化日常资金管理，完成省级水利专项资金5788万元和市级水利专项资金2.41亿元的分解、下达和拨付等工作，组织完成2022年省级水利专项资金绩效自我评价。

【水利基本建设】 2023年，湖州市全面加快农村水利工程建设，推动农村水利基础设施提档升级。强化统筹协调，组织编制《湖州市农田灌溉发展规划》。办实办好水利民生实事，完成病险水库整治13座、病险山塘整治9座、灌溉设施更新改造172座，综合完成率138.9%，列全省第一。全面落实农村供水工程县级统管模式，提标改造农村饮用水薄弱点7处；启动109座单村水站改造提升工作，持续改善农村居民饮水条件。有序建设标准化水厂，长兴西苕溪水厂、德清英宏水厂分别入选水利部、省水利厅标准化供水工程。落地实施安吉洪家坞、德清后坞、桥坑等3条生态清洁小流域水土流失综合治理项目，治理水土流失面积17.2km^2，完成率143.3%。强化水土保持监管，检查水土保持生产建设项目855个，审批建设项目水土保持方案828件，"浙江水利水电学院南浔新校区建设项目"成功入选国家水土保持示范工程。扎实推进小农水工程建设，整治圩区12片、13.14万亩，治理中小河流82.4km，创建美丽山塘14座，3座小水电通过标准化复评，20座小水电完成"两不八有"（不存在重大安全隐患、不存在"三合一"场所，有人员、有经费、有制度、有记录、有鉴定检测、有标志标识、有防护措施、有应急管理）创建工作，小水电生态流量实时监控率达到80%。

【重点水利工程建设】 2023年，湖州市重点水利工程完成投资26.2亿元，完成率138%，排名全省第二。其中，环湖大堤（浙江段）后续工程市本级段全面完工，长兴段完成主体工程建设，65km太湖大堤全线达到百年一遇防洪标准，完成投资5.95亿元，完成率149%。安吉两库引水工程全线贯通、正式通水，完成投资4.9亿元，完成率163%。太嘉河及环湖河道整治后续工程全面完工，完成投资1.1亿元，完成率109%。杭嘉湖北排通道后续工程（南浔段）7个标段全部开工建设，完成投资4.1亿元，完成率136%。苕溪清水入湖河道整治后续工程（市直管和三县段）市本级段、安吉县段全面建成，德清县段完成堤防和新民桥闸站下部结构建设，长兴县持续推进主体建设，完成投资5.5亿元，完成率140%。西苕溪流域综合治理工程（一期）基本完成"绿水青山就是金山银山"示范区幸福河湖余村试点工程子项，其余3个子项加快建设，完成投资3.1亿元，完成率103%。南太湖新区启动区防洪排涝工程1标段开工建设，完成投资2亿元，完成率100%。东苕溪（德清段）防洪能力提升工程1标段开工建设，完成投资1.5亿元，完成率151%。

【水资源管理与节约保护】 2023年，湖州市全面强化水资源刚性约束，抓好用水总量和强度“双控”，全市总用水量12.78亿m^3（农业用水7.20亿m^3，工业用水2.33亿m^3，综合生活用水2.82亿m^3，生态用水0.43亿m^3），万元GDP用水量31.1m^3，较2020年下降16.2%；万元工业增加值用水量11.9m^3，较2020年下降14.4%，水资源集约利用水平不断提升。高标准推进节水载体建设，成功创建省级节水标杆校园5所、节水标杆企业3家，创建省级节水型单位（小区）15个、省级节水型企业24家，重点监控高耗水行业用水户节水型企业创建率达到100%。开展取水户信用监管，建立取水户信用档案。大力推进取水口标准化建设，全市453个取水户全部实现在线监测计量，管网内用水数据归集率保持在90%以上。老虎潭水库、对河口水库、合溪水库、赋石水库、凤凰水库5个县级以上饮用水水源地安全保障评估全部优秀。发布《湖州市水资源节约开发与利用保护总体规划》，有力推进“节水型社会”建设。落实惠企减免政策，累计减免水资源费1650万元，受益企业240余家。推广“节水贷”，发放节水优惠贷款11亿元，为浙江长天建设开发有限公司、湖州水务集团提供资金支持。深化水资源管理改革，实现全市域水资源费在线征缴，完成22座水库山塘水权交易，经验做法在世界水资源大会上专题发布。湖州市荣获最严格水资源管理制度专项评价优秀，安吉县、长兴县入选全国已建水利水电工程生态流量核定与保障先行先试县，长兴县高分通过国家再生水利用配置试点中期评估。

【河湖管理与保护】 2023年，湖州市持续推进水域监管，完成河道管理范围划界复核1230km，排查整治河湖“四乱”问题1284个，清理非法占用河道岸线383km、围堤10.1km、非法网箱养殖46m^2，拆除违法建筑1.06万m^2，清理建筑和生活垃圾2548t。组织开展涉河涉堤建设项目批后监管专项行动，出动2700余人次，实地检查近五年涉河涉堤项目，发现水域占补不平衡、乱堆等问题29个，全部整改到位，实现执法闭环。利用遥感和无人机技术对全市范围内省、市、县级河道、水库、大中型湖泊进行动态监测，完成2790余处水域变化图斑复核。围绕“护航亚运”，做好河道保洁工作，先后投入河道保洁人员13.8万人次、打捞船只7.85万船次，打捞水葫芦18万t，全力保障亚洲运动会水环境。深入开展防汛保安专项执法行动，移交综合执法部门立案3起，罚款11万元。强化水域监管，累计出动水行政执法人员6000余人次，检查河道2.68万km，发放河湖问题督查单292张。联合公安、综合执法等部门开展执法49次，现场制止水事违法行为62起，查处非法捕捞案件12起，维护良好的水事秩序。

【水利工程运行管理】 2023年，湖州市全面落实水利工程安全管理责任，完成水利工程安全鉴定24项。其中，水库2座、水闸8座、闸站14座。持续开展水库除险加固与系统治理，完成水库除险加固13座、水库配套设施改造提升57座，划定湖州市吴兴区稍康水库管理保护范围，规模以上水利工程产权登记率达到97%。深化标准化管理，全面完成标准化管理复核503项，创建标准化管理精品工程41项，其中，导流东大堤(湖州段)、赋石水库灌区、西苕溪水厂等10项工程通过标准化管理省级评价，老石坎水库通过水利部标准化管理评价。全面开展白蚁等害堤动物普查整治，完成45座水库、13座山塘、33段堤防的应急整治。

【水利行业监管】 2023年，湖州市水利局围绕民生实事、安全生产、水生态环境三大领域，八大水利重点监督事项，梳理制定24项监督检查工作计划，全年累计开展线上监督检查186次，发现并销号问题1652个，45个监督事项纳入“互联网＋监管”范畴，年均执法检查100人次以上。制定实施《2023年度全市水利工程质量与安全联动交叉检查方案》，组织开展全市各县（市、区）联动交叉检查5次，参与检查39人次。推行“水旱灾害防御＋安全生产”“执法检查＋双随机”等“综合查一次”，针对安吉两库引水工程隧洞多、战线长，涉及爆破、特种设备作业等复杂情况，联合公安、应急管理等11个部门开展集中检查7次。围绕“施工临时用电、涉水工程碍洪”等省级“七张问题清单”、市级“拔钉除患”问题，销号整改89个临时用电问题、18个涉水工程碍洪问题。全年创建省级水利文明标准化工地9个，市级水利安全文明标准化工地21个，湖州市入选全省水利监督样板市。全年水利安全生产形势总体平稳，目标责任制考核获市级优秀。

【水利科技】 2023年，湖州市深入推进重大课题研究，东部平原高速水路、东西苕溪流域防洪能力提升、城市防洪问题与对策研究、“五谷丰登”水利专项规划等4个研究课题均形成方案初稿。依托水利学会，开展“水文预报技术交流沙龙”“浙江水利水电学院第三届亲水节”“2023数智水网学术年会”等相关活动，推动学术交流创新。《基于大数据和机器学习的流域综合干湿预警技术研究》《杭嘉湖东部平原环湖水系水文-生态响应机理及环境水流估算研究》《考虑生态浮岛影响的精细化数字水网模型研究》等3个科技项目成功立项。联合市气象部门，开展《多模式精细化降水订正产品在安吉两库水资源调度中的应用研究》。加强水利科技人才培养力度，定期举办“青年论坛”“处长讲堂”“太湖学堂”等教育培训活动，选派5名业务骨干担任水利科技特派员、农村工作指导员，打造高技能人才创新工作室5个。提升水利科技咨询服务水平，编制《湖州水文监测管理和评价规范》《河流洪水预警管理规范》，6篇论文获得全省水利学会优秀论文奖。9月1日，在全国水利遗产保护发展联盟2023年成员大会上，就“太湖溇港遗产保护”作交流发言。

【政策法规】 2023年，湖州市全面推进法治政府建设，修订完善《中共湖州市水利局党组重大问题议事规范》，对105项局重大事项进行依法民主决策。严格落实法律顾问制度、公职律师管理办法，委托律师在签订重大协议、法律事务咨询等工作中提供法律服务，法律顾问全年参与规范性文件制定和文书审查13次。加强行政规范性文件管理，梳理水利规范性文件10件，建议保留8件、废止2件。制定公示《〈湖州市太湖溇港世界灌溉工程遗产保护条例〉行政处罚裁量基准》，把好合法审查关、公开公示关。加强政务公开，依申请公开政府信息6件，答复率达100%，受理行政许可审批51件，备案公示率达100%。强化《湖州市太湖溇港世界灌溉工程遗产保护条例》（以下简称《条例》）的宣传贯彻，专门制定宣传贯彻实施方案，出台配套政策和制度7项，面向县（市、区）、乡镇、村开展宣讲培训17次，发放《条例》单行本、重要问题释义1.5万余份，推动溇港保护深入人心。结合世界水日、“八五”普法、宪法宣传日开展涉水法律法规集中宣传教育。全年无水事纠纷、无行政复议案件被纠错、无行政诉讼案件败诉。

【行业发展】 2023年，湖州市紧紧围绕数字经济创新提质“一号发展工程”，顺利完成浙里“九龙联动治水”应用湖州节点建设，实现用户贯通、数据贯通、业务贯通、能力贯通。建成水利数字驾驶舱，包括1个综合驾驶舱和湖水安全、湖水节约、湖水好喝3个专题驾驶舱。成功上线“节水一件事”应用，“水域监管一件事”应用实现县（市、区）全覆盖。以“河长在线（湖州）”应用为基础，制定出台河湖长问题处置流程技术规范，以“灌区用水管控和智能调度（农业水价）系统”为基础，出台全省首个农田水利灌溉泵站更新升级技术规范。深入推进水文化建设，编撰出版《浙水遗韵·清丽湖州》；《湖州市水利志》形成初稿；大兴港水闸、大钱水闸、浙江水院南浔校区水系整治工程和德清县东苕溪综合整治工程等4个项目入选全省水工程与文化有机融合典型案例；德清“防风古国 人德水清”、安吉“苕溪之夏 韵动浦源”入选全省首批水旅融合精品研学路线。德清县洛舍漾入选国家水利风景区，浙江省现代水利示范区（德清洛舍）成功入选国家水情教育基地。

【重点工作】 2023年，湖州市水利局开展学习贯彻习近平新时代中国特色社会主义思想主题教育，开办读书班4期，集中学习天数超7天，县处级以上领导带头讲党课7人次。组织党员干部赴德清大闸、南太湖新区滨湖开展“循迹溯源‘两山路’、学思践悟新思想”专题活动，实地感悟新思想的真理力量和实践伟力。高质量开展调查研究，先后赴基层开展调研21次，撰写调研报告6篇，形成成果转化运用清单16项，解决42个基层急难愁盼问题。

开展“在湖州看见美丽中国”实干争先主题实践。完成“重大项目谋划破局落地、办实办好民生水利实事”等5项承诺事项。每月对21项重要指标进行通报排名，每季召开水利系统实干争先例会，先后评选7个“奔跑者”先进集体和4名“奋斗者”先进个人。

持续深化河湖长制，不断提升河长履职实效。市、县两级共召开总河长会议、联席会议18次，发布总河长令13个，全市各级河长累计巡河23.8万次，问题发现率22.8%。强化监督检查，全年开展督查检查 67 次，发现问题 308 个，下发交办单 101 份，所有问题全部按时整改到位。持续深化“三清理一提升”（清理水葫芦、渔网渔簖、沉船废船，提升河长履职实效）专项行动，共计打捞水葫芦 18 万 t，清理沉船废船 664 艘、渔网渔簖 5.3 万条。全域推进幸福河湖建设，印发实施《湖州市全域建设幸福河湖行动计划（2023—2027 年）》，全面完成县级幸福河湖建设规划修编，全年建成省级美丽河湖 11 条、水美乡镇 11 个，打造城乡亲水节点 20 个，“15 分钟亲水圈”覆盖率达到 94.8%，幸福河湖省级试点县（市、区）全覆盖。安吉浒溪入选全国幸福河湖示范项目，长兴县、德清县入选幸福河湖试点建设优秀单位，德清县荣获省政府美丽幸福河湖督查激励，作为全省唯一县（市、区）和省水利厅签订幸福河湖建设战略合作协议。8 月 10—11 日，全省“深化河湖长制全域建设幸福河湖”推进会在长兴召开，水利部副部长朱程清出席会议并讲话，副省长李岩益发布全域建设幸福河湖动员令。会上，发布了《湖州市高质量建设幸福河湖报告》，湖州、苏州、无锡、常州签订了《环太湖四地市联合河湖长协作机制备忘录》，人民日报、光明日报、中央电视台等 27 家主流媒体广泛报道。

着眼太湖流域水情变化和湖州防洪薄弱短板，编制《湖州水网建设规划》（下简称《规划》）。市人大全程跟踪指导《规划》编制工作，开展集中视察，主持召开座谈会、人大代表见面协商会，并于 6 月 28 日召开的人大常委会上审议通过了《关于湖州水网规划建设情况的审议意见》。7 月，《规划》初稿形成；9 月，形成水网项目库；11 月，召开专家审查会；12 月，市人大第 38 次主任会议讨论通过了审议意见的反馈情况，并报省水利厅审查。

推进单村水站改造提升，排摸确定 109 座单村水站提升改造任务，其中管网延伸替代 53 座、改造 22 座、巩固提升 34 座。全年开工建设单村水站 103 座，开工率 94.5%，完工 67 座，提标改善约 2 万名农村居民饮水条件。

（葛超锋）

绍 兴 市

【绍兴市水利局简介】 绍兴市水利局是主管全市水利工作的市政府工作部门。主要职责是：负责保障水资源的合理开发利用；负责生活、生产经营和生态环境用水的统筹和保障；按规定制定水利工程建设与管理的有关制度并组织实施；指导水资源保护工作；负责节约用水工作；指导水文工作；指导水利设施、水域及其岸线的管理、保护与综合利用；指导监督水利工程建设与运行管理；负责水土保持工作；指导农村水利工作；开展水利科技、教育和对外交流工作；负责落实综合防灾减灾规划相关要求，组织编制洪水干旱灾害防治规划和防护标准并指导实施。市水利局内设机构 5 个，分别为办公室、规划计划处（河湖管理处）、建设安监处、水政水资源处（行政审批服务处、节约用水办公室）、水旱灾害防御处（运行管理处）。下属事业单位7家，分别是绍兴市曹娥江流域中心（绍兴市曹娥江大闸运行管理中心）、绍兴舜江源省级自然保护区管理中心（绍兴市汤浦水库管理中心）、绍兴市防汛防旱应急保障中心（参照公务员管理）、绍兴市水利工程管理中心、绍兴市水文管理中心、绍兴市水土保持与小水电管理中心、绍兴市水利水电工程质量安全管理中心（绍兴市水利发展规划研究中心）。

【概况】 2023年，绍兴市完成水利投资70.1亿元，完成率116.6%，较2022年同期增长25.4%。推进柯桥区全国典型地区再生水利用配置试点项目建设，15万t/d输水管线正式投入运行，再生水利用量达4700万t。提前一个季度完成省政府民生实事，完成率135.1%，建成美丽河湖17条、亲水节点34个、水美乡镇16个，改造提升农村供水工程184座，惠及13.8万余人。建成浙东运河文化园，习近平总书记亲临考察。绍兴市获第二十三届水利“大禹杯”金杯奖，在全省水利工作综合绩效考核和自然资源集约利用考核中均列全省第一，连续九年在全省实行最严格水资源管理制度考核中获优秀等次，连续三年在全省水土保持目标责任制考核中获优秀等次，水利领域连续两年获省政府督查激励。

【水文水资源】

1. 雨情。2023年，绍兴市平均降水量1208.2mm，比多年平均（1469.3mm）减少17.8%，比上年（1483.0mm）减少18.5%，总体来看，呈“夏丰冬枯”的特点。梅汛期偏短、雨量偏少、强降雨集中，出梅后持续晴热少雨。6月17日入梅，较常年（常年6月8日）偏迟9天，7月11日出梅，较常年（常年7月8日）偏迟3天，梅期24天，较常年偏少6天（常年30天）。台汛期受第5号台风“杜苏芮”、第6号台风“卡努”影响，雨量不大，对全市影响较小。

2. 水情。绍兴市江河水势较为平稳，全市15个主要河道站均无超警戒水位。梅雨期降雨量明显偏少，曹娥江、浦阳江、绍兴平原河网和水库水情较为平稳。曹娥江通明（上）站于6月24日9时55分出现最高水位4.25m，超警戒水位0.15m。第5号台风“杜苏芮”期间，受台风带来的强降雨影响，曹娥江上游及各支流均发生洪水，但河道水势较平稳，没有产生暴涨暴落的洪水过程。曹娥江干流及各支流水文站均未出现超警戒水位。浦阳江、枫桥江在台风期间均未出现超警戒水位。

3. 水资源。2023年，全市19座大中型水库年末蓄水总量3.7967亿m^3，占正常库容的44.4%，较上年年末（5.5119亿m^3）减少31.1%。

【水旱灾害防御】 2023年，绍兴市修编《水旱灾害防御应急工作预案》《水旱灾害防御工作规则》，开展水旱灾害防御形势专题分析。

开展水旱灾害防御基础工作。汛期，集中开展专项检查3轮，累计派出3.83万人次，检查点位近2.6万个，发现并整改问题517处。分级储备防汛物资1900余万元，调整落实市县两级抢险技术专家114名，抢险队伍10支，抢险人员308人。摸排核定山洪灾害防御重点村落681个，影响人员11578人，安装声光电设备120套。水利气象联合发布山洪灾害预警46期，触发山洪预警3196次，推送预警短信35945条次，转移危险区人员820人，实现人员零伤亡。全年市县两级组织各类培训77次，培训人数6662人；组织全省水旱灾害防御等各类演练42场，参演人数共计2939人。利用2019年第9号台风“利奇马”和2021年第6号台风“烟花”等洪水资料信息，修订嵊州站、诸暨站和绍兴站洪水预报方案。对接气象数值降雨预报，优化洪水预报模型，延长洪水预见期，提高预报精准度。

防御梅雨强降雨。梅汛期间，全市共出动4503人次、检查水利工程2713处次。梅雨强降雨期间，启动水旱灾害防御Ⅳ级应急响应，严格落实24小时值班制度，电话随机抽查山洪防御责任人。市县两级水利气象联合发布山洪灾害预警8期，各地共触发山洪监测预警13次，推送预警短信5132条次。按照“病库限蓄、险库放空”原则，对82座病险水库、70余处在建涉水工程落实“一对一”安全度汛措施。曹娥江大闸排水1.33亿m^3，绍虞平原各排涝水闸共排水1.37亿m^3，“两江”干流和平原河网重要控制站水位无一超警。

防御台风洪涝。“一对一”落实全市83处在建工程防台措施，严格执行“五停”（指停课、停工、停产、停运、停业）规定，及时撤离施工人员。对正在实施除险加固的水库山塘加强管理，畅通放空设施和溢洪道。受第5号台风“杜苏芮”影响，全市出现较明显降水。启动水旱灾害防御（防台）Ⅳ级应急响应，出动4595人次、检查水利工程3839处次，抽查321名各类水利工程防汛责任人履职情况。市县两级发布山洪灾害预报预警14期，触发山洪预警586次，发布预警短信4433条次，转移山洪灾害危险区人员820人。曹娥江大闸累计排水1.86亿m^3，绍虞平原各排涝水闸共排水1.67亿m^3。第6号台风“卡努”期间，全市面平均雨量18.3mm，启动水旱灾害防御（防台）Ⅳ级应急响应，出动4980人次、检查水利工程4330处次，发现并整改问题隐患83处。对48名各类水利工程防汛责任人开展履职抽查。市县两级发布山洪灾害监测预报预警5期。曹娥江大闸累计排水0.37亿m^3，绍虞平原累计排水0.09亿m^3。台风期间，曹娥江、浦阳江流域水情总体平稳，平原河网均未出现超警戒水位。

水利抗旱。2023年，绍兴市降雨总体偏少，汛期雨量较常年减少15.7%，汛后减少30%。大中型水库蓄水率持续偏低，特别是汤浦水库2023年累计面雨量为1156.5mm，较多年平均1549.8mm减少25.38%，全年累计入库水量为19087万m^3，较多年平均38454万m^3减少50.36%。出梅当日，汤浦水库水位仅22.7m；10月2日，水库水位突破历史最低值（19.92m）；12月31日8时，水库水位16.59m，蓄水量3326万m^3。绍兴市水利局制定《绍兴市区今冬明春应急保供水系统方案》，下达汤浦水库动态供水比例调度令。先后实施两期汤浦水库应急取水工程，新增应急取水能力35万m^3/d，市区应急取水能力提升到90万m^3/d。加强雨雪冰冻前期防范，完成渗漏检修3665起，未发生极端严寒天气下引起的大面积、集中性冰冻停水事件。浙东引水工程累计向绍兴方向引水9.27亿m^3，曹娥江引水工程累计引水2.35亿m^3。

【水利规划计划】 2023年，绍兴市水利投资70.1亿元，完成率116.6%；水利管理业投资同比增速65.5%。获省级以上补助资金3.7亿元，发行地方政府专项债券22.6亿元。完成《曹娥江流域防洪规划（2021—2035年）》《绍兴现代水网建设规划》批复，谋划水网骨干工程项目86个，总投资1555亿元，打造"两江一运河、十枢六通道"的现代水网总体格局。

【水利基本建设】 2023年，绍兴市将水库系统治理列入市"三农"政策支持项目，对财政相对薄弱的县（市、区）和任务重、推进力度大的地区进行奖补，发挥财政资金撬动作用，2023年兑换奖补2310万元。

启动农村供水共富提质行动。印发《绍兴市农村供水共富提质规划（2023—2025年）》《绍兴市深化推进农村供水共富提质行动保障农村饮水安全实施方案》。开工改造提升单村水站871座，基本完工184座。提前完成19处农村供水薄弱环节提升，完成率达111.8%。绍兴市上虞区列入全省单村水站改造提升试点县，绍兴市本级、新昌县单村水站工作案例获评2023年省级重点水利工作推进典型案例。创建省级规范化水厂5座，规模化供水覆盖率提升至94%，农村饮用水水质合格率达99.3%，城乡同质化供水覆盖率稳定在98%以上。

全力深化农村水利建设。深化农业水价综合改革，提升改造农业灌溉泵站机埠、堰坝水闸542座，其中41座水利工程入选全省"五个一百"优秀典型案例。加强灌区运行管理，农田灌溉水有效利用系数提升至0.609。嵊州市南山水库灌区和新昌县巧英水库灌区完成标准化管理创建，均入选省级节水型灌区。绍兴市上虞区上浦闸灌区通过水利部标准化管理评价。

全面推进水库山塘系统治理。完成水库除险加固32座，完成小型水库安全鉴定20座。完成高坝屋顶山塘复核调整和0.5万m^3以下山塘复核注销工作，建立山塘管理数据库，至年底全市注册山塘共计2661座。加快水库山塘分类处置，除小欢潭因涉甬金铁路推迟建设，2021年6月底前鉴定的病险二类坝水库均已开工。改造提升水库配套设施73座，创建美丽山塘93座。

加强水土保持管理。新增水土流失治理面积35.068km^2，全市水土保持率提高至91.63%。长诏水库水源地沃洲生态清洁小流域项目入选国家水土保持示范工程。创建小水电站"两不八有"（"两不"即不存在重大安全隐患、不存在"三合一"场所，"八有"即有人员、有经费、有制度、有记录、有鉴定检测、有标志标识、有防护措施、有应急管理）电站91座，小水电站生态流量及时率、完整率、达标率均保持在99%以上，其中入选省级标准化管理水电站4座。

【重点水利工程建设】 2023年，绍兴市紧紧抓住中央提出的“适度超前开展基础设施投资”的机遇，全面提速水利建设。镜岭水库工程、新三江闸排涝配套河道拓浚工程（柯桥片）、安华水库扩容提升工程等3项重大水利项目完成可研审查。三溪水库、杭州湾南翼平原排涝及配套工程等2项重大水利项目完成可研批复。绍兴市本级海塘安澜工程、越城区海塘安澜工程、杭州湾南翼平原排涝及配套工程先行段等3项重大水利项目完成初设批复。嵊州市曹娥江流域防洪能力提升工程（东桥至丽湖段）、杭州湾南翼平原排涝及配套工程先行段、绍兴市本级海塘安澜工程施工准备工程开工建设。省“千项万亿”重大水利开工数量位列全省第二。

绍兴市完成全域海塘安澜工程可研批复、开工建设。柯桥区段（5.85km）、上虞区段（13.58km）加快主体开工建设。市本级曹娥江大闸段（2.36km）完成可研、初设批复，主体开工建设。越城区段（2.71km）完成可研、初设批复，施工准备工程开工。

镜岭水库工程被列入水利部重点推进前期工作的66项重大水利工程清单以及省主导的23项省重大项目清单。工程可研报告仅用5个月获水利部行业审查意见，刷新浙江省报部审批最快速度。

11月1日，在省水利厅、绍兴市政府、金华市政府三方见证下，诸暨、浦江两地正式签署安华水库扩容提升工程建设合作协议，标志着存在60余年的历史遗留问题得到基本解决。按照协议约定，两地秉持“团结治水、系统治理、共同协商、遵循规划”的原则，“共谋、共商、共建、共管、共富、共赢”，合力加快工程开工建设，共同推进库区高质量发展。安华水库扩容提升工程计划总投资约38亿元。至年底，工程完成可研审查和用地预审。

【水资源管理与保护】 2023年3月，绍兴市越城区“数字化赋能农业高质量发展”案例入选浙江省节水行动优秀实践案例。6月，绍兴市印发《绍兴市节水行动2023年度实施计划》。创建省级节水型企业27家、省级节水标杆园区1家、省级节水标杆5家。新昌县成功创建省级节水宣传教育基地。

推进绍兴市柯桥区全国典型地区再生水利用配置试点项目，15万t/d输水管线正式投入运行，再生水利用量达4700万t，顺利通过水利部中期评估。严格水资源费征收，全市征收水资源费共计1.38亿元，落实水资源费阶段性减免政策，减征水资源费4000万元。绍兴市连续9年获省最严格水资源管理制度考核优秀。

6月，印发《绍兴市水资源节约保护和利用总体规划》，开展县级以上集中式饮用水水源地安全保障达标建设，完成8个县级以上饮用水水源地安全保障达标评估工作，达标率100%。

开展市级河（湖）长水质断面监测工作。全年参与累积评价的河长制断面138个，其中Ⅰ～Ⅲ类水质断面占97.10%；Ⅳ类水质断面占2.90%；满足功能要求断面132个，占总监测断面数的95.65%。全年参与累积评价的湖长制断面 30 个，其中Ⅱ类水质断面 17 个，Ⅲ类水质断面 13 个，Ⅰ～Ⅲ类水质占比 100％；满足功能要求断面 30 个，占总监测断面数的 100％。

【河湖管理与保护】 2023 年，绍兴市发布市县两级总河长令 16 个，召开市级总河长会议、联席会议。36 位市级河湖长牵头破解难点堵点问题 96 个。市县两级“总河长”年度巡河率达 99.3％，居全省第二位。持续完善“四个一”（一月一提醒、一月一督导、一月一通报、一月一考评）督考机制，深化项目化、清单式管理。落实督查、暗访、媒体曝光倒逼机制，全年上报和处置涉河涉水问题 4069 个，整改率达 98.8％。聚焦杭州第 19 届亚运会场馆等核心水域，做好 12 个水生态修复项目运行维护。组建“第三方专业力量＋乡镇精干力量”应急处置队伍 5 支，实行“定区、定岗、定人、定责”，做好水域保洁。

绍兴 6 个县（市、区）编制完成《全域建设幸福河湖规划（2023—2035 年）》，制定实施《绍兴市全域建设幸福河湖行动计划（2023—2027 年）》。建成美丽河湖 17 条、水美乡镇 16 个、城乡亲水节点 34 个、滨水绿道 50km，综合治理农村水系 168km，完成河湖健康评价 25 条。绍兴市越城区综合保税区水环境整治工程、绍兴市上虞区管溪“幸福河”工程等水环境治理工程完工见效。构建“水下森林”系统，修复梅龙湖、浙东古运河等重要水域生态 11.12 万 m^2，蜻蜓池水生态修复项目入选 2023 年“世界运河城市论坛之生态环境保护与修复”主题案例。诸暨市完成全国水系连通和水美乡村试点县建设，绍兴市越城区、绍兴市上虞区完成全省幸福河湖试点县建设。推动水旅融合，浙东运河文化园（浙东运河博物馆）建成开馆。绍兴市越城区东鉴湖国家湿地公园获全省大花园“耀眼明珠”称号，柯桥古镇（浙东运河）入选全省全域幸福河湖建设改革试点，绍兴市上虞区曹娥江“一江两岸”景观工程入选全国水利高质量发展典型案例。

开展“护航亚运”河湖水域岸线保护专项行动，通过市级督查、县级互查、镇街自查、公众监督等方式，发现并整改各类涉水问题 38770 个。复核销号水利部卫星遥感疑似问题图斑 2858 个，销号率达 100％。开展并整治违规占用水域、违规侵占岸线、河湖违规乱堆等五大专项行动，排查并整改问题 1281 个。联合公安、综合执法等部门，开展水环境整治“清河（湖）”“碧水 1 号”“找寻查挖”等系列专项行动，累计清理水草 18 万 t、清理渔网（地笼）1.2 万余个，整改劣Ⅴ类水和黑臭水体反弹等重点问题 103 个、一般问题 1977 个。核查水域遥感图斑 487 处，复核河湖管理范围 1620km。

贯通基层自治网格平台，全市“水域监管一件事”县、镇（街道）两级覆盖率、问题处置率均达 100％。“河长在线”数字化平台完成迭代升级，“河长-河段”空间数据治理创新推进。曹娥江数字流域预报调度一体化投入应用，并入选浙江省第五批实施三个“一号工程”典型案例。嵊州市河湖水域问题“找寻查挖”在线平台投入运行。

【水利工程运行管理】 2023年，绍兴市全面落实水库大坝、水闸、泵站、堤防等工程安全管理责任制，按权限公布6551名各类水利工程安全管理责任人。完成552座水库安全管理“三个责任人”培训。审核12座中型水库和2座大型水闸控运计划，复核上报7座大型水库（重要中型水库）和2座重要大型水闸控运计划。安全鉴定小型水库20座，完成中型平水江水库大坝安全鉴定审查，开展水库大坝安全鉴定抽查复核12座次。完成552座水库大坝注册登记复查换证工作，跟踪推进上虞万团水库、柯桥马坞水库、新昌莒山水库降等报废核查情况。开展全市水利工程白蚁隐患应急排查，发现隐患并闭环整治75处。完成水利工程白蚁等害堤动物危害及防治情况普查（2020—2022年）。9月7日，全省水利工程蚁患防治现场会暨技术交流会在绍兴市上虞区召开。

全面深化水利工程标准化管理，复核标准化管理工程1025处（其中运管类701处，农水类324处），创建标准化管理精品工程49处。曹娥江大闸、曹娥江堤防（曹娥江大闸段）、钦寸水库、汤浦水库等通过水利部标准化管理评价，通过数量位列全省第一。

按照“政府主导、市场参与，依法依规、尊重历史，试点先行、创新引领”的原则，推动水利工程产权化改革工作，登记办理水利工程不动产权164处。汤浦水库、上浦闸、上浦闸灌区分别取得全省首本登记要素齐全的大型水库、大型水闸、大型灌区不动产登记证书。绍兴市水利工程产权化改革工作获评全省2023年重点水利工作改革创新推进典型案例。

在全省率先印发《绍兴市水利工程开放共享试点建设评价标准（试行）》，建立管理单位自评、市级评价机制，推进11处水利工程开放共享机制创建，发挥“水利＋生态＋民生＋共富”综合效益。

【水利行业监管】 2023年，绍兴市河长办会同市治水办，加强杭州第19届亚运会场馆、通勤线路周边核心水域督查和问题跟踪督办力度，印发亚运水环境质量周报14期，联合开展水环境督查20次，排查并督办销号杭州第19届亚运会场馆周边涉水问题160个，销号率100%。

水利工程建设督查。开展质量与安全监督检查活动282次，发现问题1387个，均已落实整改。5月，组织开展面上水利工程质量抽检，发现实体检测不合格3项，均已完成整改。开展水利建设工程扬尘治理日常监管，做好建设工地柴油移动源分类分级管理。开展根治欠薪信访举报、案件调查工作，做好省农民工工资支付监管平台日常数据监督，指导并督促全市推进工资支付监管平台应用。2—9月，开展在建水利工程渣土专项整治，督促项目参建单位做好源头减量、依法消纳等常态化工作。绍兴市获评钱江杯（优质工程）1项、兰花杯（优质工程）2项，获评省级标准化示范工地4项、省建筑施工安全生产标准化管理优良工地1项，完成市标准化示范工地创建3项。

水利工程运行督查。开展汛前大检

查、防汛防台风险隐患大排查大整治、水利工程白蚁等害堤动物隐患应急整治和防治、台风防御风险隐患再排查再整治检查等专项检查。市级现场检查水库102座，堤防、海塘、闸泵站等工程63座，发现问题隐患60个，发出整改提示单14份，跟踪督办推进整改落实。

水土保持专项督查。开展在建项目全覆盖监督检查，对土地整治和低效林改造项目开展水土流失防治工作调查与技术评估。现场复核水利部下发疑似违法违规扰动图斑553个，认定违规扰动图斑80个，均已完成整改。

水利安全生产。组织开展水利安全生产、质监人员能力提升培训30余场，共计参与900余人次。开展“五进”（指进企业、进农村、进社区、进学校、进家庭）宣传活动，悬挂标语271条，编发安全提示短信756条。开展各类演练42场，营造“人人讲安全，个个会应急”的安全生产氛围。在岁末年初、汛前、汛期、杭州第19届亚运会等重要节点前，开展安全生产专项检查，发现问题1163处，均已整改或落实管控措施。推广“透明工程”数字化应用，累计发出风险预警509条、风险提醒7条。2023年，全市水利安全生产零事故，绍兴市水利局安全生产工作获评绍兴市安委办、省水利厅安全生产目标责任制考核优秀等次。

【水利科技】 2023年，绍兴市推广列入水利部年度水利先进实用技术重点推广指导目录、浙江省水利新技术推广指导目录的“流量在线监测”“取水监管”等系统，在工程中应用五丰生态桩、生态砌块、大体积混凝土防裂智能温控等技术。曹娥江大闸“液压油缸表面激光融覆技术及应用”获2022年度水利部综合事业局昆仑科技奖，“面向大型工程的高性能液压装备表面防护及制造关键技术与应用”获2022年度中国腐蚀与防护学会科学技术二等奖。汤浦水库“基于精细化集成和筛选技术的雨洪耦合预报调度系统”获2022年度浙江省水利科技创新三等奖。汤浦水库水源环境保护技术企业研究开发中心获评绍兴市企业研究开发中心。

数字孪生曹娥江流域先行先试试点项目完成流域防洪业务应用场景建设，顺利通过水利部验收。数字孪生曹娥江流域先后入选水利部数字孪生流域建设先行先试优秀应用案例、水利部数字孪生水利建设典型案例、2023年省委组织部第五批实施三个“一号工程”典型案例。

全市建成各类水文测站1224个，覆盖“两江一网”（指曹娥江、浦阳江，绍兴平原河网）、中小流域等重点区域，涵盖流量、水位等7种监测要素，构建水文全要素监测网络。至年底，全市40余条流域面积50km^{2}以上河流水雨情监测覆盖率达到94%以上，小（2）型以上水库水雨情监测覆盖率达100%。

【政策法规】 2023年，绍兴市水利局深入实施营商环境优化提升“一号改革工程”，持续深化行政审批制度改革，出台《绍兴市水利局行政许可及监督检查工作规则》《绍兴市水利局行政处罚事项自由裁量细化标准》《绍兴市水利局行政执法内部监督工作办法》，进一步规范水行政处罚和行政执法工作。公布《2023年市水利局重大行政决策事项目录》，将出台《绍兴水网建设规划》列入年度重大行政决策事项。制定《绍兴市水利局合法性审查事项目录清单》，完成行政规范性文件合法性审查7个。完成《绍兴市曹娥江流域管理办法》调研报告编制、立法指引、草案文本。开展水资源管理、取用水审批、涉河涉堤审批，建立一支191人的绍兴市建设项目涉水行政许可技术评审专家队伍，完成全市各类涉水行政许可1173件。配合市人大、市司法局完成地方性法规意见征询及调研座谈16次。2023年未收到行政复议和行政诉讼案件。

【水利民生实事工作】 2023年，绍兴市按照“能早则早、能快则快、能多则多”原则，召开水利民生实事部署推进会5次，下沉一线跑现场、强督导服务180余座次，完成4个方面326项水利民生实事，总体完成率135.1%。更新改造农田灌溉设施226座，为3万亩粮田提供灌溉保障，10余万人受益；综合整治32座水库、66座山塘等水源工程。中国网、中国青年报、中国水利报、浙江日报、浙江之声等多家新闻媒体赴绍兴市开展民生实事媒体采风活动。水利民生实事工作累计在中央媒体上刊发10余次，在省级媒体上刊发30余次。

【水文化建设】 2023年，绍兴市加强水文化遗产保护利用，科学评估水利遗产价值，提出重点保护利用对象名录，16处水利遗产入选全省首批重要水利工程遗产。多项举措融合弘扬绍兴水文化，成立绍兴市上虞区水文化研究会，出版《绍兴古井》，获评省级水工程与水文化有机融合典型案例2个，创建省级水文化研学精品线路1条。上虞曹娥江城防水利风景区案例入选国家水利风景区高质量发展典型案例。

（陈旻、滕洁莹、陈平安）

金 华 市

【金华市水利局简介】 金华市水利局是主管全市水利工作的市政府工作部门。主要职责是：负责保障水资源的合理开发利用；拟订水利发展规划和政策，起草有关涉水地方性规章草案，组织编制并监督实施重大水利规划；统筹和保障生活、生产经营和生态环境用水，组织实施最严格水资源管理制度，负责重大调水工程的水资源调度，指导开展水资源有偿使用工作、水利行业供水、农村供水工作；按规定制定水利工程建设与管理的有关制度并组织实施，审核规划内和年度计划规模内水利固定资产投资项目；指导水资源保护工作，组织编制并实施水资源保护规划；负责节约用水工作，组织实施用水总量控制等管理制度，指导和推动节水型社会建设工作；负责水土保持工作，指导水文工作和水利信息化工作；指导水利设施、水域及其岸线的管理、保护与综合利用。组织实施有关涉河涉堤建设项目审批（含占用水域审批）并监督实施，指导、监督黄土丘陵、低丘红壤治理开发；指导监督水利工程建设与运行管理；负责水利行业生态环境保护工作，指导农村水利工作和农村水利改革创新和社会化服务体系建设、农村水能资源开发、小水电改造和水电农村电气化工作；指导水事务监管和水行政执法，负责水利行业安全生产监督管理；组织开展水利行业质量监督工作，拟订水利行业的技术标准、规程规范、定额并监督实施；负责落实综合防灾减灾规划相关要求，承担水情旱情监测预警工作、防御洪水应急抢险的技术支撑工作，承担洪泛区、防洪保护区的洪水影响评价工作，组织制定水旱灾害防御水利相关政策并监督实施；承办省水利厅、市委、市政府交办的其他事项。

金华市水利局内设机构 4 个，分别是办公室、法制与水资源水保处（市节约用水办公室、行政审批处）、规划计划与建设处、工程管理与监督处。下属事业单位 9 家，分别是金华市河湖管理中心、金华市农村水利和水土保持管理中心、金华市水利规划建设和质量安全管理中心、金华市水文管理中心、金华市水旱灾害防御技术中心、金华市白沙溪流域管理中心、金华市梅溪流域管理中心、金华市金兰水库灌区管理中心、金华市九峰水库管理中心。至年底，金华市水利局在编职工 254 人，其中行政人员 13 人，事业人员 241 人（参公编制 27 人，事业编制 214 人）。

【概况】 2023 年，金华市完成水利投资 52.6 亿元。基本完成数字孪生钱塘江（兰江流域）、数字孪生金华横锦水库、数字孪生浙江安地灌区三个水利部数字孪生试点建设，其中数字孪生钱塘江（兰江流域）入选水利部 2023 年数字孪生水利建设十大样板名单。数字孪生钱塘江水陆一体多场景“四预”应用、横锦水库上下游一体化防洪智能调度应用入选水利部 2023 年数字孪生水利建设典型案例名录。全年出现极端强降雨 2 次，启动水旱灾害防御Ⅳ级应急响应 5 次，发布水旱灾害防御简报 17 期、山洪预警 13 期。全市发布干旱橙色预警 1 次，干旱黄色预警 2 次，干旱蓝色预警 7 次，启动抗旱Ⅳ级应急响应 2 次，先后开展会商研判 10 次，编制旱情分析报告 22 期。全市共征收水资源费 12334 万元。全市国家级节水型社会建设达标率 100%。义乌市深化工业水效论英雄改革案例入选 2023 年中国节水十大经典案例。兰溪市芝堰水库入选全国水利工程标准化管理工程名单。白沙溪水利风景区入选第二十一批国家水利风景区名单。浦江县、兰溪市、义乌市、永康市（按得分高低排序）获评全省水利工作综合绩效考评优秀县（市、区）。

【水文水资源】

1. 雨情。2023 年，金华市总体雨量偏少，平均降水量 1265.7mm，较 2022 年降水量减少 10%，较多年平均降水量下降 17.2%。根据金华市本级、兰溪市、义乌市等 15 个代表站降水量分析，7 月、8 月降水量较多年同期偏多。上半年降水量与下半年降水量相近，主汛期降水量占全年约 60%。6 月降水量为全年最大，占全年降水量约 20%；12 月降水量为全年最小。金华市 6 月 17 日入梅，7 月 11 日出梅，梅期 24 天，比常年（30 天）少 6 天。梅雨量 143.1mm，比多年平均梅雨量（327.2mm）减少56.3%，比2022年梅雨期（150.1mm）减少4.7%。汛期，全市平均降水量848.6mm，比2022年汛期（712.4mm）增加19.1%，比常年同期（964.9mm）减少12.1%。全市受台风影响不大，没有大范围、明显的强降雨过程。

2. 水情。2023年年末，全市主要江河水位与年初水位基本持平。全年仅东阳站因上游局部强降雨以及上游橡皮坝塌坝出现超警戒水位（超警戒水位0.21m），其余江河水位均未超警戒水位。

3. 水资源。2023年，金华市水资源总量63.24亿m^3，产水系数0.46，产水模数57.80万m^3/km^2，人均水资源量882.86m^3。全市29座大中型水库，年末蓄水总量5.09亿m^3，较2022年年末减少0.28亿m^3。全市总供水量16.09亿m^3，较2022年增加0.15亿m^3。全市年总用水量16.09亿m^3，其中：农田灌溉用水量6.21亿m^3，占总用水量的38.6%；林牧渔畜用水量1.22亿m^3，占7.6%；工业用水量2.93亿m^3，占18.2%；城镇公共用水量1.29亿m^3，占8.0%；居民生活用水量3.67亿m^3，占22.8%；生态环境用水量0.77亿m^3，占4.8%。全市年总耗水量9.51亿m^3，平均耗水率59.1%。年退水量3.74亿t。全市平均水资源利用率25.5%。

【水旱灾害防御】 2023年，金华市编制印发《金华市水利局“三库三溪”水旱灾害防御应急预案》《水利应急气象服务联盟运作机制》《金华市水利局水旱灾害风险研判管控机制》《金华市水利局雨雪冰冻灾害应急预案》《金华市水利局“护航亚运会、亚残运会”水旱灾害防御工作方案》《2023年金华市区水利抗旱专项预案》《金华市山洪灾害声光电监测预警设备运维管理制度（试行）》，修编完成《金华市水利局水旱灾害防御工作规则》《金华市水利局水利工程险情应急处置预案》《金华市水利局极端强降雨防御应急工作预案》《金华市水利局应对“五停”“五断”等极端情况工作指南》《金华市水旱灾害防御应急预案》《金华市水利工程险情应急处置预案》。

全市共有水利抢险队伍15支337人（其中2023年新增东阳、磐安、开发区3支县级水利抢险队伍），防汛物资储备仓库50个、防汛物资价值2562万元。组织开展水旱灾害防御演练10场，588人次参加。全年共经历15轮集中降雨和第5号台风“杜苏芮”等台风。全市共启动水旱灾害应急响应（防台）32次，其中极端强降雨响应2次、Ⅲ级响应3次、Ⅳ级响应27次，发布防御提示单56期，气象部门发布红色暴雨预警16次、橙色暴雨预警84次，与气象部门联合发布山洪预警57期，发送山洪预警短信95642条，叫应3475人次。市水利局启动水旱灾害防御Ⅳ级应急响应5次，发布水旱灾害防御简报17期、山洪预警13期。全市主要河道仅东阳站超警1次，没有发生流域性洪水，汛情总体平稳。梅雨期间，全市29座大中型水库蓄水量7.03亿m^3，蓄水率66%，比入梅前增加蓄水1.12亿m^3，均未泄（溢）洪。水库蓄水总量于6月30日达到最高值7.22亿m^3，蓄水率68%。全市发布干旱橙色预警1次、干旱黄色预警2次、干旱蓝色预警6次，启动抗旱Ⅳ级应急响应2次，市水利局先后开展10次会商研判，编制旱情分析报告22期。

【水利规划计划】 2023年，金华市印发实施《金华市水资源节约保护与综合利用规划》，在全省范围率先完成市级水资源规划报批工作。完成《金华市水安全保障“十四五”规划》中期评估并印发修编稿。完成《金华（浙中）水网建设规划》编制并通过省水利厅、市级部门审查。完成《金华市区城市防洪规划（修编）》编制并通过内审。配合省水利厅完成《浙江省水安全保障“十四五”规划》中期评估，协调相关县（市、区）完成省级规划项目库调整。

【水利基本建设】 2023年，金华市完成年度水利投资52.6亿元，年度计划完成率达108.2%。完成水利管理业投资19.83亿元，同比增长16.3%。市水利局以“三服务”为抓手，完成竣工验收项目46个，涵盖水库除险加固、山塘综合整治、护岸堤防安全、供水干管、小流域水土流失综合治理等五大类，年度任务完成率达153%。完成病险水库除险加固83座，山塘整治158座，灌溉设施更新改造179座。完成金华市婺城区金华江右岸婺城大桥至兰溪交界段堤防未达标、婺城区武义江石楠塘段堤防未达标、浦江县大陈江部分河道行洪能力不足等3处防洪薄弱环节整改销号。完成干堤加固3.85km、中小河流治理28km。制定印发《金华市单村水站改造提升工作方案》，年度项目总体开工率达94.1%。横店水厂通过水利部农村供水标准化管理工程评价，桥下等7座水厂通过省农村供水工程规范化水厂评价。通济桥、东芝灌区入选省深化农业水价综合改革推进现代化灌区建设试点名单。义乌、兰溪、永康、浦江4个县（市、区）农业水价改革工作获省级考核优秀，53个案例入选全省农业水价综合改革“五个一百”创建活动优秀典型案例名单。全市积极争取上级各类专项补助资金，其中，中央资金1.64亿元，省级资金4.69亿元，海绵城市资金1.2亿元。全市共20个项目成功申请专项债券，年内到位17.11亿元。17个项目（含代管1项）成功申请中央特别国债资金23.068亿元。

【重点水利工程建设】 2023年，金华市22个省、市重大项目计划完成年度投资17.73亿元，实际完成投资18.66亿元。其中9项省级重大投资实际完成投资11亿元，年度投资计划完成率89.3%。金华市本级金华江治理二期工程完成年度投资0.20亿元，乌引灌区（金华片）“十四五”续建配套与现代化改造工程完成投资0.3229亿元，金华市金东区金华江治理二期工程开工建设并完成投资0.75亿元，义乌市双江水利枢纽工程完成投资3亿元，义乌市义乌江美丽城防工程完成投资1.18亿元，磐安县流岸水库工程完成投资2.4亿元。10项省级重大前期项目中，浙中城市群水资源配置工程完成项建编制，浦江县外胡水库扩容工程开展可研编制，兰溪市赤溪游埠溪流域综合治理工程开展可研报批，金义新城区块水系综合治理工程、永康市城市防洪工程完成可研批复，兰溪市“三江”（兰江、衢江、金华江）防洪安全综合提升工程、东阳市石马潭水库工程、浦江县双溪水库工程、安华水库（浦江段）扩容提升工程先行段、金义高教园区水系综合治理工程开工建设。大力推进市区重大水利项目实施，市区“三库三溪”整治项目一期工程完成项目总体投资进度42.5%，二期工程完成初步设计批复工作；金华市乌溪江引水提升——衢江提水项目完成初步设计报告审查。

【水资源管理与节约保护】 2023年，金华市落实水资源有偿使用制度，全市共征收水资源费12334万元。完成9个县（市、区）首次自然资源集约利用考核工作。完成38个浙江省地表水重点水质站、12个国家地下水监测工程（水利部分）监测站、3个水生态监测断面的水质采样和监测，采集水样450余份，开展水质评价12次。共有有效取水许可证831本，安装取水实时监控点356个。开展县级以上饮用水水源地安全保障达标建设，2023年度全市县级以上饮用水水源地安全保障达标评估等级优秀7个，良好2个。

全面推进县域节水型社会达标建设工作，婺城、金东通过第六批国家级节水型社会达标建设验收。全市国家级节水型社会建设达标率100%。开展节水载体创建工作，创建省级节水型企业23家、省级节水型单位7个、省级节水型小区18个、省级节水型高校4家。开展节水标杆引领行动，建设节水标杆酒店2个、节水标杆校园4个、节水标杆企业10个、节水标杆小区3个、节水标杆园区1个。义乌市深化工业水效论英雄改革案例入选2023年中国节水十大经典型案例。义乌市获国家再生水利用配置试点中期评估优秀等级，位列全国第七、全省第二。

【河湖管理与保护】 2023年，金华市共有市、县、乡、村四级河湖长3023名，实现全市河道、水库河湖长全覆盖。推动河长履职尽责，实现线上动态考评，四级河长开展巡河13.4万人次，上报问题2.5万余个，办结率99.9%。完成省级“美丽河湖”创建10条，水美乡镇建设13个，亲水节点建设45个。加强河湖水域岸线管理保护，市级完成水域占用项目审批8个。持续排查整治河湖“四乱”问题，通过复核水利部下发的4051个河湖遥感图斑和省水利厅督查、市县自查，发现河湖“四乱”问题354个，均已整改销号。

【水利工程运行管理】 2023年，金华市根据《金华市水利工程名录管理办法（试行）》及2022年水利工程名录，对市域内建成并投入运行的山塘、堤防、水闸等15类工程进行新一轮复核增减，查清规模以上水利工程4979处。汛前，公布4694处水利工程安全管理“三个责任人”5015名。主汛期前，组织“三个责任人”及水利工程运管培训9次，1532人次参加。完成全市21座中型水库及市本级6座小型水库控运计划核准，编制水库水雨情监测预报预警方案。完成水利工程安全鉴定34处（水库32座、水闸2处），完成水库降等1座。完成水库系统治理157座。加强水电站安全运行管理和生态流量监管工作，完成水电站安全生产标准化复评30座，生态流量泄放实时监测比例提高至87%，全市水电站生态流量泄放监测数据完整率、及时率、达标率均达到考核要求。持续推进水利工程“三化”（产权化、物业化、数字化）改革三年行动计划，全市规模以上水库、水闸、泵站、堤防、闸站等5类工程管理和保护范围划界率达100%，确权颁证率达78%，物业化管理覆盖率达100%。超额完成2023年标准化管理工作创建任务，兰溪市芝堰水库高分通过水利部标准化管理工程评价，完成九峰、安地等20座市级精品工程打造。

【水利行业监督】 2023年，金华市开展水旱灾害防御和安全生产风险隐患大排查大整治以及水利重大事故隐患排查整治专项行动，发现各类风险隐患737个，均录入浙江省防洪减灾数字化平台并完成整改销号。落实全市水库山塘安全管理责任，公示全市797座水库“三个责任人”名单。圆满完成平安护航杭州第19届亚运会工作任务，全市水利系统未发生责任事故。

开展农村饮用水安全运行检查。累计出动人员749人次，对537处设施进行检查维护，出动应急抢修人员617人次，发送预警短信111477条。对全市范围内的14个国家基本水文站、水位站，以及70处国家基本雨量站、蒸发站开展巡查检查5轮次。

紧盯在建水利（涉水）工程安全。全市受监在建水利工程共193个213个标段，开展在建水利工程质量与安全检查1328次，出动2577人次，下发质量与安全监督意见512份。单位工程验收172个，完工验收项目164个，竣工验收项目27个，出具工程竣工验收质量监督报告26份。对10家参建单位下发违规警告卡，涉及21人次。下发停工通知1份，约谈参建单位29家47人次，行政处罚施工单位1家。

开展全市水利工程安全巡查。对全市29座大中型水库开展监督检查，小型水库抽查数量超过总量三分之一，对全市10个水行政主管部门、15个在建水利工程、40个运行水利工程和市本级所属水利工程开展安全巡查。

开展“安全生产月”活动。通过制作安全展板、设立咨询台、悬挂宣传横幅、发放宣传资料、播放警示教育片、开展知识竞赛等方式，开展安全生产宣传活动，解答群众关心的水利安全生产问题，传播水利安全生产理念、思路、措施和行为规范，提高公众关注水利安全、监督水利意识。

推进水利安全生产风险管控“六项机制”（风险查找、研判、预警、防范、处置和责任）建设。确定全市10个在建水利工程，10个运行水利工程参与“六项机制”试点建设。组织全市水利系统开展“六项机制”建设培训，明确建设标准、要求和时限，确保“六项机制”建设取得成效。

完成施工企业“三类人员”（主要负责人、项目负责人、专职安全生产管理人员）考试及企业安全生产标准化创建活动。完成435名水利水电施工企业安全生产“三类人员”考核审查及考试。对20家水利水电施工企业安全生产标准化创建开展评审，12家施工企业取得安全生产标准化二级资质。

依托“互联网＋监管”开展监督检查。梳理编制覆盖市本级监管事项目录清单，加强整合归集全市水利行业各类监管业务信息数据，建立监管数据推送反馈机制和跨地区跨部门跨层级监管工作协同联动机制，实现“一处发现、多方联动、协同监管”。全市水利系统开通“互联网＋监管”执法账号313个，掌上执法268次，“双随机”检查36次。

【水利科技】 2023年，金华市成功申报全省水利科技项目4个，分别是金华市梅溪流域水生态系统碳汇评估与提升策略研究、丘陵自流型灌区水资源智能调度数字孪生应用技术研究、在役灌区输水渡槽防渗防冲蚀及涂护关键技术研究、山区性灌区清淤创新技术研究与应用。

【政策法规】 2023年，金华市将单位GDP用水量纳入市对县（市、区）高质量发展绩效考核和自然资源集约利用考核范围。制定《金华市水行政处罚裁量基准》（金市水法〔2023〕4号），为全市相关行政处罚提供参考依据。完成行政执法证件新证申领、换证工作。组织开展“世界水日”“中国水周”主题宣传，开展“共护母亲河 节水在身边”短视频大赛和“珍惜点滴在指尖 爱护水源在心间”亲子主题绘画走秀等专题活动。

【行业发展】 2023年，金华市加强水利专业技术人员和技能工人相关业务知识培训。组织水利信息宣传、水利统计、安全风险管控、水土保持工作、水利工程质量管理规定、水文资料整编、水文测验技能等培训。开展金华市专业技术人员继续教育平台学时登记服务管理，并将相关培训计入水利专业科目和水利行业公需科目继续教育学时。金华市水利系统新增正高级工程师2人、高级工程师31人、工程师75人。

（毛米罗）

衢州市

【衢州市水利局简介】 衢州市水利局是主管全市水利工作的市政府工作部门。主要职责是：制定水利规划和政策；负责保障水资源的合理开发利用；负责生活、生产经营和生态环境用水的统筹和保障；按规定制定水利工程建设与管理的有关制度并组织实施；指导水资源保护工作；负责节约用水工作；指导水文工作；组织指导水利设施、水域及其岸线的管理、保护与综合利用；指导监督水利工程建设与运行管理；负责水土保持工作；指导农村水利工作；指导水行政执法和水行政监督管理，指导协调水事纠纷的处理；开展水利科技、教育和对外交流工作；负责落实综合防灾减灾规划相关要求，组织编制洪水干旱灾害防治规划和防护标准并指导实施；完成市委、市政府交办的其他任务。

市水利局内设4个职能处室，分别是办公室、规划建设处、水政水资源处

（挂行政审批服务处、市节约用水办公室牌子）和河湖运管处。直属事业单位8家，分别是衢州市河湖管理中心、衢州市农村水利管理中心、衢州市水资源与水土保持管理中心、衢州市信安湖管理中心、衢州市水文与水旱灾害防御中心、衢州市水利服务保障中心、衢州市乌溪江引水工程管理中心、衢州市铜山源水库管理中心。衢州市下辖6个县（市、区）均独立设置水利（林业水利）局。至年底，共有在编人员118人，机关15人，直属事业单位103人。

【概况】 2023年，衢州市水利局坚持“项目为王”这一主线，以擘画一张水网为抓手，在全省率先提出创建“全域幸福河湖示范区”，水利建设投资、民生实事、水利改革等重点工作提前超额完成。衢州市水利局连续2年获评省政府水土保持目标责任制考核、最严格水资源管理制度考核“双优秀”，获省第二十三届水利“大禹杯”竞赛银杯奖，获评2023年度全省水利工作综合考核优秀等次。

【水文水资源】

1. 雨情。2023年，衢州市平均降水量1721.5mm，比2022年（1978.5mm）减少13.0%，比多年平均（1837.8mm）减少6.3%，属平水年份。降水量时空分布不均，2月、6月、8月、9月和11月降水量比多年平均偏多，最大月平均降水量为6月349.6mm，较多年平均值（326.3mm）增多7.1%；7—10月，降水量572.3mm，较常年（496.4mm）增多15.3%；最小月平均降水量为12月46.4mm，较多年平均值（56.7mm）减少18.2%。衢州6月17日入梅，比常年（6月14日）偏晚；7月11日出梅，比常年（7月6日）偏晚；梅期24天，比常年（22天）偏长2天。全市平均梅雨量251.0mm，较常年梅雨量（449.8mm）减少44.2%。6月19—25日，出现一轮强降雨过程，降水主要集中在衢州中北部地区，平均雨量246mm；开化皇林坑雨量最大，为345.0mm。

2. 水情。2023年，全市整体平稳，仅常山（三）水位站于6月23日13时出现超警洪水（最高水位82.01m，超警戒水位0.01m）。衢州站出现两次洪峰，最高水位均未超出警戒水位61.20m：第一场出现于6月23日19时10分，最高水位60.38m，实测流量2470m^3/s；第二场出现于6月24日23时10分，最高水位60.72m，实测流量2920m^3/s。

3. 水资源。2023年，衢州市水资源总量81.52亿m^3，产水系数0.54，产水模数92.2万m^3/km^2。全市15座大中型水库，年末总蓄水量17.1537亿m^3，比2022年末增加10.7%。全市总供水量10.7997亿m^3，比2022年减少0.2801亿m^3，其中地表水源供水量10.5304亿m^3，占97.5%。全市用水总量10.7997亿m^3，平均水资源利用率10.6%，其中农田灌溉用水量5.8188亿m^3，占用水总量53.9%。万元GDP用水量50.8m^3，万元工业增加值用水量30.2m^3。

【水旱灾害防御】 2023年，衢州市未发生明显旱情汛情，整体平稳。在6月19—25日强降雨期间，发布山洪预报预警23期、预警短信20.18万条。发出水库及水利枢纽调度令25份，合理安排下泄时机和调蓄进程。在前期蓄水量普遍较少的情况下，拦蓄洪量3.43亿m^3，为梅汛期结束后全市生产生活、生态用水储备水源。梅汛期后期，全市降雨量明显偏少，市水利局发布干旱蓝色预警，编制抗旱预案，会同市防汛防台抗旱指挥部研究部署抗旱工作，制定全市大中型水库抗旱调度水位及用水计划表，调度乌溪江引水工程向下游供水9200万m^3，其中向龙游供水3900万m^3，向金华境内供水1500万m^3。

【水利规划计划】 2023年，衢州市计划完成水利投资49亿元，实际完成水利投资57亿元，完成率116%。其中，衢州市重大水利工程计划投资19.83亿元，实际完成投资26.7亿元，完成率134.6%。市水利局编制印发《2023年度水利建设计划及前期项目推进计划》。编制完成2024年市本级中央预算内水利投资计划、政府投资计划及预算。争取到重大项目前期研究经费644.86万元，重点保障湖南镇水库防洪能力提升工程、钱塘江干流防洪提升工程（市本级信安湖段）、衢北水网建设工程、衢南水网建设工程等项目。编制完成《衢州水网建设规划》，继续推进《衢州市城市防洪专项规划（2021—2035）》《钱塘江干流防洪提升工程（市本级信安湖段）》等规划和项目审批工作，完成《衢州市水安全保障"十四五"规划》中期评估工作。

【水利工程建设】 2023年，衢州市重点推进重大水利工程32项，其中建设类项目14项，前期类项目18项。加快推进市本级衢江治理二期、衢州市西片区水系综合整治、乌溪江引水工程灌区（衢州片）"十四五"续建配套与现代化改造项目、乌溪江西干渠灌区引调水工程（一期）、铜山源水库灌区"十四五"续建配套与现代化改造工程、柯城区寺桥水库、柯城区水系连通及水美乡村建设试点县、钱塘江源头重点流域水生态治理工程（龙游县）幸福水岸龙南片区一期、江山市江山港流域综合治理、开化水库、龙游县灵山港综合治理工程、衢江区芝溪流域综合治理工程等12项主体工程建设。衢州市柯城区大俱源流域水库（茗坑口）扩容引水工程、钱塘江干流防洪提升工程（龙游县段）等2项工程新开工建设。重点推进衢州市湖南镇水库防洪能力提升工程、龙游县佛乡水库工程、常山县龙潭水库工程、江山市张村水库工程、衢江区罗樟源水库工程等18项工程前期工作。

【水资源管理与节约保护】 2023年，衢州市编制完成《衢州市水资源节约保护和利用总体规划》，并召开新闻发布会进行规划解读。落地全省首个降低单位GDP用水量实施方案，加强水资源消耗总量和强度双控，万元GDP用水量和万元工业增加值用水量仍呈下降趋势。完成县级以上集中式饮用水水源地安全保障达标建设和自评工作，2023年省级评估结果为优秀。衢州市衢江区、龙游县入选水利部第六批节水型社会达标县（区）名单，国家级县域节水型社会创建实现市全域覆盖。举办2023年全省水资源管理业务工作培训班，并就龙游工业园区节水经验作典型经验交流。衢州市衢江区节水宣传教育基地、江山市节水宣传教育基地入选第五批省级节水宣传教育基地名单。衢州市水利局作为省内唯一入选单位，获评水利部第四届“节水在身边”短视频征集活动优秀组织单位，全国仅8家单位入选。

强化水生态价值转化，衢州市衢江区完成全省首宗取水权交易，为探索水权“有偿取用、市场交易”的水资源市场化配置积累经验。开化县开展取水权质押贷款探索，发放全市首笔取水权质押贷款。开展优质水源调查及开发利用调研，进一步发掘衢州好水。

【河湖管理与保护】 2023年，衢州市持续抓好涉河涉堤建设项目管理，针对乌溪江大桥、杭衢高铁范围内堤防先行段改造等方案分歧点，开展多轮对接，确定跨江堤防改造方案，推进甬金衢上高速、常山江航电枢纽等省、市重点涉河工程建设。完成衢江三级航道建设工程、常山江航电枢纽工程等8项涉河项目审批，开展12个在建项目批后监管。深化水域监管“一件事”工作，完成基层治理四平台（综治工作平台、市场监管平台、综合执法平台、便民服务平台）与浙里“九龙联动治水”应用对接，贯通水利部门与各责任部门、乡镇（街道）数据，实现全市“水域监管一件事”全覆盖。完成河湖管理范围划定复核1900km。完成714个“四乱”问题报送及整改。完成水利部下发的3039个河湖遥感图斑复核销号，认定违规扰动图斑9个，均已整改销号。

【水利工程运行管理】 2023年，衢州市加强水库安全运行管理，开展病险水库除险加固。将全市属于二类、三类坝的29座病险水库除险加固项目列入民生实事，实际整改32座，完成率110%。

衢州市探索小型水库管理体制改革，推动水库资源资产化、资本化，吸引社会力量参与水库管理，多渠道筹集管护经费。建立“以大带小”“国资公司代管”“物业公司代管”等县级统管模式。推动全市域开展水利工程产权化改革，探索打通水利工程“资产变资本、资本变资金”转化通道，破解重大项目建设阶段融资难共性问题。

【水利行业监督】 2023年，衢州市受理钱塘江中上游常山江（辉埠—双港口）航电枢纽项目、衢州市高铁新城基础设施配套“四网”（指水网、林网、路网、管网）建设工程等项目（含标段）30个，其中新开工项目19个，续建项目21个。高峰期质监项目23个，施工合同总价约17.8亿元，创历史新高。完成信安湖环湖绿道（衢州花园至塔底段）、市本级衢江治理二期工程压潮堤、钱塘江治理工程常山县常山港治理一期等11个工程单位工程暨合同工程完工验收。开展“三色管理”季度考评，检查项目36个（次）、检查单位65家（次），累计发出绿牌（好）1次、黄牌（一般）57次、红牌（差）7次。开展钢筋、岩石、土方压实度、混凝土强度、沥青路面厚度等检测85组（含市对县抽检14组），合格率87.1%。

【涉水依法行政】 2023年，衢州市

“双随机、一公开”抽查事项3个，抽查任务完成率100%，抽查计划公示率100%。深化“最多跑一次”改革成果，办理审批事项6件，群众满意率100%。全年无行政处罚案件。获全省水行政执法技能竞赛三等奖。

【河湖长制管理】 2023年，衢州市将河湖长制工作纳入市委、市政府对县（市、区）和市级部门年度综合考核，全面落实党政领导负责制。市委、市政府主要领导担任市级总河长，11名市委、市政府领导出任市级河湖长，形成“一级抓一级、层层抓落实”的河湖管理保护工作责任落实体系。健全完善全面推行河湖长制工作联席会议制度，吸收、扩大联席会议成员单位力量，合力破解问题顽疾。创新建立“三走进一报告”制度，即“走进重大幸福河湖建设项目、走进重点涉河涉水问题现场、走进重要亲水惠民示范窗口，重大事项即时书面报告”制度。深入实施“护航亚运”“找寻查挖”专项行动，发现并整改水污染盲区、漏洞、死角问题4497个，助力杭州第19届亚运会水上项目顺利举办。市、县、乡、村四级1914名河湖长完成巡河51790次，通过“河长在线”平台上报和处置问题5063个。全市12个国控断面、15个省控断面水质已连续5年优于Ⅱ类水。

【幸福河湖建设】 2023年，衢州市以“全省走前列、全国争一流”为目标，启动创建全域幸福河湖示范区行动，与省水利厅签订战略合作协议，着力提升衢州河湖功能品质、环境品质、文化品质、服务品质。制定《衢州市创建全域幸福河湖示范区行动方案（2023—2027年）》，方案编制涉水产业类、水利惠民类重大幸福河湖项目200余个，计划2023—2027年投资798亿元。在全省首创推出“幸福河湖贷”，打通水生态价值转化路径，首笔贷款已发放。龙游县灵山港国家幸福河湖建设试点通过验收；江山市达河溪中小河流治理项目入选水利部幸福河湖建设试点项目储备库；衢州市衢江区、常山县入围2024年省级全域幸福河湖建设项目县名单。

完成全国水系连通及水美乡村建设试点建设。柯城水系连通及水美乡村建设试点计划投资1.73亿元，已完成形象进度投资1.43亿元。探索国资公司物业化统管河湖的运营模式，由寺桥水库开发有限公司对衢州市柯城区县级以上河道绿道、绿化管护等开展统管。

完成衢州市衢江区芝溪流域治理工程、江山市大桥溪流域综合治理工程、常山县芳村溪流域综合治理工程二期等中小河流建设项目，共计综合治理90km。完成衢州市柯城区陈村、江山市贺村公园、常山县宋诗之河等区域亲水节点建设25个。完成江山港（峡口段）、芝溪（峡川失母湾—莲花五坦老桥）段、常山港（长风段）等美丽河湖建设项目12条。完成华墅乡、高家镇、小南海镇、峡口镇等水美乡镇建设12个。

幸福河湖工作被主流媒体宣传报道136次，其中被《人民日报》先后刊登报道2次，央视《新闻联播》、体育频道先后报道3次，浙江河湖长制专报专栏印发信息简报30余篇。

【水土保持】 2023年，衢州市审批水土保持项目535个，其中市本级156个。开展监督检查8次，监督检查项目443个。新增治理水土流失面积88.78km²。全年完成水土保持重点工程7个，包括衢州市黄坛口水库水源地、龙游县新槽片、江山市朝旭溪、江山市上垄、常山县新昌乡、开化县对门片、开化县炉新片等生态清洁小流域水土流失综合治理项目，总治理面积83km²。江山市获评全国水土保持示范县，入选水利部重点推进小流域综合治理提质增效试点县（全省2个）名单，江山市新塘边片区小流域提质增效项目获批中央资金补助1432万元。龙游县落地全省首个水土保持“生态信用贷”。水土保持专题课程首次纳入全市领导干部各类教育培训班常设课程目录。

【农村水利】 2023年，衢州市开展农村供水安全隐患排查整治。市委、市政府先后部署开展“全市农村饮用水安全大排查”“农民饮用水安全保障问题专项治理行动”，成立由市政府主要领导任组长的衢州市农村供水安全保障领导小组，将保障农村供水列入全市农业农村“十大专项”行动和民生“夯基工程”。在全省率先建立由信访部门牵头，衢州市水利局、衢州市住建局配合，各县（市、区）负责的农村饮用水问题处置应急联动机制，推进供水问题闭环管理。委托专业机构开展“四不两直”暗访，抽查水站（厂）106座，下发交办单18件，交办问题157个。对2022年旱季断流停供的62处水源地备用水源和补充水源进行整改提升，15座乡镇水厂全部纳入县级统管，实现县级统管全覆盖。完成省水利厅下达的52处农村供水薄弱环节提升改造任务，实际改造57处，完成率达110%。开设首档市民与公共领域对话节目《民生面对面》，关注农村饮用水安全保障问题，市长徐张艳参与录制并作现场点评。市人大常委会开展全市农村饮用水安全保障工作专题询问活动。

【农村水电】 2023年，衢州市完成小水电安全生产标准化复评18座，完成小水电“两不八有”创建58座。开展农村水电站清单摸排，完成生态衢州市“两不八有”市级抽查和生态流量泄放监督检查。完成5座电站大坝安全评估工作并报送水利部系统。

【单村水站改造提升】 2023年，衢州市组织编制《衢州市农村供水安全提升三年行动（2023—2025年）》，三年计划投资24.85亿元，对17个城市加强供水管网延伸建设，对9个乡镇水厂、482座单村水站实施改造提升工程。其中，158座单村水站改造提升列入省政府民生实事，338座单村水站改造提升列入市政府民生实事。

【党建与党风廉政】 2023年，衢州市水利局坚持党建统领，打造“水润信安”党建品牌，聚焦青年干部、技术专家两类群体，开设“红色学堂”“帮带学堂”“正反学堂”，推进党建“进项目、进试点、进课题”活动，不断激发干部内生动力，全力锻造高素质水利铁军。全面梳理、划定水生态价值转化等7类21个全市水利重大课题，建立“党委班子领题+处室领办”机制，推动破解7个重要课题，《衢州水生态价值转化课题调研报告》获评全省水利系统调研报告一等奖。助推全市水利系统争取省部级各类试点28个。“党建引领打造先锋工地”“党建引领助推浙皖闽赣四省边际河湖长联盟”两个党建项目分别获评2023年衢州市“党旗闪耀桥头堡”一等奖和三等奖。开化水库、龙游灵山港幸福河湖党建项目被省水利厅列为第一批“党建进工地”典型案例。构建“目标、项目、创新”三张清单交办机制，创新“四星”考评机制，推出“争先、项目、创新、作风”四星干部，强化“五维管理”体系，构建干部成长、网络意识形态、干部赛马比拼、干部交流、关心关爱“五维”（即学习维度、言行维度、实践维度、交流维度、关爱维度）体系。

（卢梦莹）

舟山市

【舟山市水利局简介】 舟山市水利局是主管全市水利工作的市政府工作部门。舟山市水利局主要职责是：负责保障水资源的合理开发利用；负责统筹和保障生活、生产经营和生态环境用水；负责制定水利工程建设与管理的有关制度并组织实施；负责指导水资源保护工作；负责节约用水工作；指导水文工作；指导水利设施、水域及其岸线的管理、保护与综合利用；指导监督水利工程建设与运行管理；负责水土保持工作；指导农村水利工作；承担涉水执法辅助工作、全市水域及其岸线管理与保护、河湖长制的具体工作，协助维持正常水事秩序；开展水利科技、教育和对外交流工作；负责落实综合防灾减灾规划相关要求，组织编制洪水干旱灾害防治规划和防护标准并指导实施等。

2023年，舟山市水利局内设机构5个，分别为办公室（政策法规处）、水资源管理处（市节约用水办公室）、规划建设处、运行管理处（水旱灾害防御处）、监督处（行政许可服务处）；下属事业单位4家，分别为市河湖管理中心、市农村水利管理站、市水利工程建设管理中心、市水利防汛技术和信息中心（市水文站）。至年底，舟山市水利局在编在岗人员59人，其中行政人员20人、事业人员39人（参公编制9人，事业编制30人）。

【概况】 2023年，舟山市践行习近平总书记“节水优先、空间均衡、系统治理、两手发力”治水思路和关于治水的重要论述精神，全力攻坚水网安澜，着力破解民生难题，纵深推进清廉水利建设。全年完成水利投资29.3亿元，同比增长10%以上；向上争取资金9.4亿元，创历年新高；11个水利项目列入中央特别国债清单，争取国债资金7.952亿元。定海五山水利工程全线完工，新开工建设海塘安澜工程9.1km，饮用优质水工程取得实质进展，虹桥水库至大沙水库隧洞联通工程开工建设，嵊泗大陆引水工程试通水。提前超额完成31个省民生实事项目，明确《舟山市全域建设幸福河湖行动计划（2023—2027年）》，顺利通过国家节水型城市第二轮省级复查，有效应对秋冬季干旱影响，开发建设数字孪生海岛水利项目并列入全省水利数字化改革试点。

【水文水资源】

1. 水雨情。2023 年，舟山市平均降水量 975.7mm，折合降水总量约为 14.21 亿 m^3，较多年平均偏少 24.8%，较上年偏少 28.6%，属枯水年。舟山市降水量年内分配不均匀，根据 7 个代表站降水量分析，1—3 月降水量 164.7mm，4—10 月降水量 700.1mm，11—12 月降水量 125.9mm，分别占全年降水量的 16.6%、70.7%、12.7%。降水量 6 月最大，平均降水量 208.9mm；10 月最小，平均降水量 39.9mm，分别占全年降水量的 21.1% 和 4.0%。舟山市年降水量地域分布不均，在 750～1300mm 之间，定海长春岭、金塘区域降水量为舟山市高值区，单站（金塘站）最大降水量 1242.0mm，嵊泗县和普陀东极区域降水量为舟山市低值区，单站（花鸟站）最小降水量 761.5mm，地域差值 480.5mm。

2. 水资源。2023 年，舟山市水资源总量 4.6458 亿 m^3，其中地表水资源量 4.6458 亿 m^3、地下水资源量 1.3212 亿 m^3，地表水资源量与地下水资源量重复计算量 1.3212 亿 m^3，产水系数 0.33，产水模数 31.9 万 m^3/km^2。全市人均水资源量 396.5m^3；全市 1 座中型水库（虹桥水库）年末蓄水总量 326 万 m^3，较 2022 年年末减少 360 万 m^3；舟山市总用水量 31957 万 m^3，其中农田灌溉用水量 2093 万 m^3、林牧渔畜用水量 347 万 m^3、工业用水量 20111 万 m^3、城镇公共用水 3158 万 m^3、居民生活用水量 5461 万 m^3、生态与环境用水量 787 万 m^3。

3. 水文监测。2023 年，舟山市新建水文测站 3 个，实施长春岭水文站管理房设施及低水位流量测验设施提升改造。日常加强对市本级水文测站 89 套设备的运行维护管理，全年开展 4 次日常维护和设备维修更换以及应急响应期间设备故障应急处置等工作，水文遥测设备正常运行率 95% 以上。定海潮位站、虹桥水库站、岑港水库站等 3 个省级基本报汛站每日人工报汛，定海老碶头站（白泉主河）、定海南善桥站（双桥前门畈河）、长春岭水文站、城北水库、陈岙水库、普陀糯米村站（朱家尖四丈河）、普陀龙山站（六横龙泉河）等 7 个省级基本报汛站每日自动报汛，接入省水雨情信息平台的水文测站水雨情信息全年自动实时上报。

【水旱灾害防御】 2023 年，舟山市开展汛前风险隐患大检查，重点对防汛准备工作、工程安全度汛、监测预警体系以及在复盘防御应对 2022 年第 11 号台风“轩岚诺”和第 2 号台风“梅花”中暴露出来的隐患和短板的整改落实情况开展督查检查，跟踪督促整改，汛前全部完成隐患整改，无法整改的落实管控措施，严禁“带险入汛”。汛期组织开展 4 轮检查，结合各个时期的检查重点，督促指导县（市、区）做好自查和问题整改。舟山市共出动检查人员 11463 人，检查各类工程 3700 余处、发现问题隐患 326 个，所有的隐患均以清单形式进行下发，并按时完成整改或落实隐患整改措施，确保水利工程安全度汛。

2023 年，舟山市紧盯防汛薄弱环节

和重点领域，全力做好梅雨期强降雨和第5号台风“杜苏芮”、第6号台风“卡努”、第11号台风“海葵”的防御工作，启动水旱灾害防御应急响应3次，均为防台期间的Ⅳ级响应。舟山市汛情运行总体平稳，未发生较大水利工程险情。制定《山洪灾害风险研判管控工作机制》《山塘水库河网风险研判管控工作机制》，指导县（市、区）和功能区管委会对山洪灾害重要村落、防御对象清单、责任人清单进行补充更新，确定94个重要村落，防御对象473人。加强山洪灾害监测预警、水雨情遥测平台、防汛会商指挥系统的维护，全年完成5套声光电设备、4处山洪关联站建设。汛期共发出山洪灾害预警单9份，发出山洪灾害预警短信9640余条，实施山洪转移45人次。共储备450余万元防汛抢险物资，专门成立以市、县两级水利专业技术人员为骨干的防汛抢险专家组，组建一支50人的水利应急辅助救援队。

【水利规划计划】　2023年，舟山市完成《舟山水网建设规划》和《舟山本岛水利综合规划》意见征求和修编完善。推进虹桥水库至大沙水库连通工程、岑港水库挖库扩容工程、海洋集聚区海塘安澜工程等重大省市水利项目前期工作，完成工程项目可行性研究报告的技术审查，协调推进岑港水库项目建议书、工程项目可行性研究报告编制等前期工作。

【水利基本建设】　2023年，舟山市水利投资计划28.3亿元（其中重大项目水利投资计划18.8亿元），年度实际完成水利投资29.3亿元（其中重大项目完成投资23.5亿元），完成率103.5%（其中重大项目投资完成率125%），4个县（市、区）和市本级均略超计划完成投资目标任务。舟山市水利设施投资计划20亿元，年度实际完成水利设施投资28.74亿元，较上年度16.5亿元同比增长74.2%。

【重点水利工程建设】

1. 海塘安澜工程。2023年，新开工海塘安澜工程9.1km，包括定海区海塘安澜工程的锡丈海塘、西蟹峙大岙塘提标加固工程和舟山市定海区海塘安澜工程（洋螺、锡丈等海塘）二期等3个项目。推进11个续建海塘安澜工程建设，除岱山城防海塘受政策处理略有影响外，总体进展正常，嵊泗县海塘安澜完工，舟山市海塘加固工程（市本级段）和普朱片中盈海塘基本完工。推进舟山市海洋集聚区海塘安澜工程前期，至9月底完成工程可行性研究批复，10月完成初设批复，12月完成施工、监理招投标。

2. 饮用优质水工程。

（1）大陆自来水管网接入工程。完成《甬舟供水一体化方案（审定稿）》和《宁波—六横引水工程项目建议书（报批稿）》；推进嵊泗县大陆（小洋山）引水工程海底管道铺设和薄刀咀泵站工程施工，并于12月7日海底管道铺设全线贯通，年度累计完成投资16000万元。

（2）库库联网工程。2023年，岛北输水管道提升工程完成管线敷设9.4km，累计完成投资约3069万元；长春岭及团结水库供水管道工程完工；虹桥水库—

大沙水库隧洞联通工程完成 EPC 招投标，于 12 月 29 日开工。

（3）岑港水库扩容。通过库区开挖扩容的方式，将岑港水库扩容 200 万 m^3，提升本岛优质水资源储备能力。完成施工和监理招投标，完成工程砂石及淤泥拍卖，岑港水库扩容工程于 12 月 27 日开工。

3. 大陆引水三期工程。2023 年舟山市大陆引水三期工程除涉铁段外完成全部工程建设任务，宁波陆上段共计完成管道铺设长度 16.2km，完成泵站建设 2 座；金塘引水段 21km 跨海管道全部完工，金塘陆上段完成管道工程 7km。涉铁段工程由宁波公务段落实施工单位，于 12 月初进场施工，计划于 2024 年 5 月底完成。

【农田水利工程】 2023 年，全面推进渔农村供水市级民生实事项目，计划完成渔农村供水管网改造 80km，实际完成 118km，完成率为 147.5%。城乡规模化供水工程覆盖人口比例提高到 98%，自来水普及率达 99.95%，2 项指标列全省前 3 名。山塘综合整治任务为 14 座，实际完成 17 座，完成率为 121.4%；完成美丽山塘建设 22 座，其中定海 6 座、普陀 4 座、岱山 4 座、嵊泗 2 座、新城 2 座、普朱 4 座。完成灌溉泵站升级改造 32 座，完成率 106.7%，完成总投资 205 万元，受益灌溉面积超 6km^2，受益人口约 1.4 万人。

【水资源管理与节约保护】 2023 年，舟山市取水许可总量 14636 万 m^3，计划下达总量 11500 万 m^3，其中市本级 6133 万 m^3。全年征收水资源费 1081.02 万元，其中市本级征收 508.85 万元。编制完成《2022 年度水资源公报》《2022 年度水资源管理年报和节约用水管理年报》。完成《舟山市水资源节约保护和开发利用总体规划》，为下一步水资源节约保护和开发利用指明方向。牵头完成省对市自然资源集约利用考核，完成自查报告和台账资料上报。全年用水总量 3.1957 亿 m^3（含舟山绿色石化海水淡化用水量），其中工业和生活用水量 2.8731 亿 m^3（含舟山绿色石化海水淡化用水量）。舟山市用水总量得到控制，用水效率进一步提高。完成虹桥、岑港、陈岙—洞岙、芦东—应家湾—沙田岙、小高亭和长弄堂等 9 座水库的 2023 年度安全保障达标建设自评估工作；完成 11 个本岛乡镇（街道）原水水质考核工作；完成 2023 年度监测工作，饮用水水源水库水质达标率 100%。新建供水管网 10.1km，完成率 101%；改造供水管网 40km，完成率 200%。6 月 16 日，舟山市水利局等 13 部门联合印发《舟山市节水行动 2023 年度实施计划》（舟节水办〔2023〕3 号），新增高校节水面积 233.33 万 m^2，审核清洁生产企业 16 家，创建省级节水型企业 2 家，创建节水型单位（小区）18 个。

【河湖管理与保护】 2023 年，舟山市完成河道综合治理 6 km，实施项目为普陀区双塘河水系综合治理工程。创建完成舟山市行政中心片河网水系、定海区城区水系、老大河等 3 项省级“美丽河湖”工程；创建完成定海区小沙街道、普陀区东港街道 2 个“水美乡镇”；建设完成新城舟山市行政中心片河网水系、定海区老大河、小卫平水库、普陀区城西片区、蛟头河坦岙、大永河，岱山县长西河道、岱南标准河道、嵊泗县枸杞乡桃源山塘共计9个“亲水节点”项目建设。完成河道管理范围划界复核260km，发现“四乱”问题104个，按照“一事一清单”要求及时整改，至年底全部清零销号。

【水利工程运行管理】 2023年，舟山市清单式落实水利工程安全度汛准备工作，抓好责任制落实，制定病险工程度汛措施，修订完善应急预案，快速整改完成检查发现的问题隐患；按照水库工程管理规范要求，完成1座中型水库、8座小型水库的控制运行方案审查审批，完成31座水库配套设施改造提升，确保重要水利工程管理规范、安全运行；累计完成26项水利工程的安全鉴定，实现超期鉴定工程全部销号，超额完成省水利厅下达的目标任务。

【水利行业监督】 2023年，舟山市部署开展全市质量提升专项行动，抽查全市9项重点工程，共发现问题57个，均完成整改。开展质量监督与安全检查67次，质监交底16次，实施监督检测23次，列席重要隐蔽单元验收27次，下发整改通知53份，约谈监理单位1家、施工单位3家，局部停工整改2处，行政处罚1项。推进“透明工程”治理端的应用，所有水利项目均在平台录入登记。8月30日，出台《舟山市水利工程建设施工现场实行执业人员影像考勤管理的实施意见》（舟水发〔2023〕99号），舟山市水利在建项目基本都安装了影像考勤系统。制定出台《舟山市水利工程建设招投标领域突出问题专项整治工作方案》（舟水发〔2023〕11号）《关于加强建设工程标后管理工作的通知》（舟水发〔2023〕8号），对全市范围内在建水利工程进行全覆盖式标后管理专项检查工作，开展2018年以来全市水利建设工程中涉及转包、违法分包、挂靠、串通投标、涉黑涉恶等违法犯罪行为线索和在招投标活动中设置各类不合理限制和壁垒等问题排查。全年舟山市完成市平台招标工作7项，累计交易额3.21亿元；开展水利安全生产和防汛防台风险隐患大排查大整治行动，舟山市共抽查工程813处，落实闭环整改。强化安全风险分析和预警，每季度对县（市、区）级水行政主管部门开展水利安全生产状况评价并公布排名。舟山市58家水利企业基本完成安全文明标化企业的自评材料准备工作。全年舟山市本级办件量156件，其中窗口直接办理事项109件，受理办结舟山市水利局内部流转事项47件，海洋产业集聚区水保登记10件。

【政策法规】 2023年，舟山市印发《舟山市水利局关于加强合法性审查工作的通知》（舟水发〔2023〕133号），制定合法性审查目录事项。加强行政合同管理，共对外签订行政合同38个，全部纳入审查管理范围。全年清理规范性文件14件，对其中4件决定废止。舟山市完成水政监察支队机构改革和职能调整，梳理划转行政执法事项31项。开展双随机检查9次，掌上执法检查125人次，实现掌上执法检查覆盖率100%。

建立健全水行政专项执法与生态环保、城管等跨部门联合执法、执法监督等机制，对妨碍行洪、侵占河湖岸线、违法取水等行为进行重点查处，巡查河道122km、水库库区74km^2，现场处理游泳、钓鱼等突出问题28次。

【省民生实事项目】 2023年，舟山市实施病险水库除险加固、山塘综合整治、海塘提标加固、灌溉设施提升等四大类共计31个省政府水利民生实事项目，均提前3个月超额完成。全年新开工建设海塘安澜工程9km，完成灌溉设施更新改造30座、完成率272%；完成病险山塘整治15座、完成率166%；完成病险水库除险加固10座、完成率125%。

【水利数字化改革】 2023年，舟山市强化大数据云监管，上线水灾害防御数字化平台，通过搭建可视化大屏，全面掌握全市水库山塘、海塘等水利工程的"健康状况"，汇聚水情雨情、洪水风险、山洪预警、水库泄洪、会商汇报等功能模块，塑造水灾害防御应用场景。新开发建设数字孪生海岛水利项目并列入全省水利数字化改革试点，采用数字仿真等可视化技术，通过对舟山本岛24座主要供水水源水库、5座城市公共水厂、规模以上工业自备取水的全过程监管实施数字化映射，智能化模拟、汇聚试点地区水文、气象等数据，建立供水量预测模型和需水模型，分析水源地可供水量、保供天数等，构建"智能预报、动态预警"的水资源决策场景。

【河湖长制工作】 2023年12月6日，舟山市印发《舟山市全域建设幸福河湖行动计划（2023—2027年）》。全年共发布总河长令13个，召开总河长会议5次，19名市级领导担任市级河湖长，开展巡查124次，巡查率159%。贯彻落实上级决策部署，发挥河湖长制工作联席会议职能，合力推动河湖长制工作，全年印发履职情况通报13期。全年召开联席会议9次，部署推进"护航亚运"河湖水域岸线保护专项行动、全域建设幸福河湖行动等工作，组织联合检查3次。全面摸排全市1052条河段，完成全市13693个入河排口的排查工作。发现违法占用水域、违规乱堆等问题300个，全部完成整改，累计出动保洁船2363船次、保洁人员8877人次，共打捞河道水草、清理岸线垃圾等1077t。

（戴奕群）

台 州 市

【台州市水利局简介】 台州市水利局是主管台州市水利工作的市政府工作部门。主要职责是：保障水资源的合理开发利用，统筹和保障生活、生产经营和生态环境用水；组织实施水利工程建设与管理，提出水利固定资产投资规模、方向、具体安排建议并组织指导实施；指导水资源保护工作；负责节约用水工作；指导水文工作；指导水利设施、水域及其岸线的管理、保护与综合利用；指导监督水利工程建设；指导监督水利工程运行管理、保护与综合利用；负责水土保持工作；指导农村水利工作；开展水利科技、教育和对外交流工作；负责落实综合防灾减灾规划相关要求，组织编制洪水干旱灾害防治规划和防护标准并指导实施。

2023年，台州市水利局内设机构6个，分别是办公室（人事教育处）、规划计划科技处、行政审批处（水政水资源水保处、台州市节约用水办公室）、建设与监督处、河湖与水利工程管理处、直属机关党委；下属事业单位8家，分别是台州市防汛防旱事务中心（台州市流域水系事业发展中心）、台州市农村水利与水保中心、台州市河湖水政事务中心、台州市水利工程质量与安全事务中心、台州市水情宣传中心、台州市综合水利设施调控中心、台州市水文站、台州市水利发展规划研究中心。至年底，台州市水利局有在编在岗人员118人，其中行政人员14人、事业人员104人（参公编制23人、事业编制81人）。

【概况】 2023年，台州市水利系统深入贯彻落实习近平总书记“节水优先、空间均衡、系统治理、两手发力”治水思路和关于治水的重要论述精神，以“构建现代水网、建设幸福水城”为目标，以“十大攻坚”（攻坚“大投资、大建设、大资源、大河湖、大防御、大改革、大安全、大党建、大落实、大宣传”）为抓手，在发展大局中展现了水利担当。其中，取得水利投资建设三个“全省第一”的优异成绩，即年度水利投资完成率居全省第一；重大水利项目投资完成率居全省第一；水利项目竣工验收76个，居全省第一。争取一批关键要素，抢抓中央万亿国债等政策“窗口期”，与中国农业发展银行台州市分行签署水利基础设施专项合作协议并获授信300亿元；争取省级及以上补助资金8.6亿元、特别国债7.97亿元、政府专项债和政策性贷款12.97亿元。谋划一批重大项目，在全省第一个举办重大水利储备项目谋划擂台赛，10个新谋划项目总投资655亿元，其中33个子项目开工3个。台州市实行最严格水资源管理制度考核荣获优秀，台州市水土保持工作目标责任制考核取得“五连优”；台州市临海市获评“国家水土保持示范县”；台州市水利局被表彰为全省海塘安澜千亿工程成绩突出集体、“五水共治”工作先进集体、河湖长制工作成绩突出集体、水旱灾害防御工作成绩突出集体。数字孪生椒江、现代化水库运管矩阵建设、水雨情监测、海塘变形监测等4项工作被列为国家级试点，河湖长推动幸福河湖等3项工作被列为省级试点；数字孪生椒江特色应用获选水利部推荐应用案例。台州市构建现代水网建设幸福水城、全域建设幸福河湖等专报信息得到省政府副省长胡伟、李岩益3次批示肯定；防台调度、水利建设等9项工作获新华社、《经济日报》等报道。

【水文水资源】

1. 雨情。2023年，台州市降雨量1290.8mm，比常年偏少20%以上。梅汛期雨量347.8mm，比常年偏少约40%，台汛期雨量556.4mm，比常年偏少10%以上。全年台州市梅雨不典型，梅雨量偏少，梅雨期雨量105.1mm；台汛期无台风登陆，台州市主要受第5号台风“杜苏芮”影响，降雨量为187.9mm。全年台州市有10个月雨量比常年偏少，只有4月和7月雨量比常年偏多。台州市各县（市、区）雨量均比常年偏少10%～40%，地区之间降雨分布差距仍然较大，其中台州市黄岩区、临海市、温岭市、仙居县雨量在1300mm以上，台州市椒江区、玉环市只有1100mm左右。最大为仙居县，雨量为1381.4mm，比台州市椒江区雨量1055.4mm多326.0mm。台州市最大降雨量站点为三门县岭根陈站，降雨量达到2103.5mm。

2. 水情。2023年，椒（灵）江流域未发生流域性大洪水，平原河网短暂出现过超警戒水位。受2022年秋冬连旱、2023年初较少降雨量的影响，台州市上半年旱情较为严重，河道水位较低，水库蓄水较少。汛前河网水位整体低于正常水位，16座大中型水库正常蓄水率只有39.0%。4月降雨量多于常年，河网整体水位有所回升，接近正常水位，大中型水库蓄水量有所增加，正常蓄水率43.3%。进入汛期后，5月、6月降雨量持续偏少，河网水位回落，水库总蓄水量变化不大。7月受第5号台风“杜苏芮”影响，台州市出现大范围降雨，干旱情况有所缓解，始丰溪沙段站出现超警戒水位，最高水位14.76m，超警戒水位0.26m；温黄平原、临海东部平原、大田平原、西江平原部分站点出现超警戒水位。8月底，台州市大中型水库蓄水量达到最高7.128亿m^3，正常蓄水率达到65.0%。此后江河水位一直较平稳，但水库蓄水持续减少，年末大中型水库正常蓄水率降至48.7%。根据旱情形势，台州市及时调整旱情预警，发布旱情预警6期。4月26日台州市调整台州南片区域旱情预警至蓝色，取消天台县、仙居县、三门县等3地旱情预警；6月30日根据水库蓄水情况，升级台州南片区域水利旱情预警至黄色，8月1日解除旱情预警。

3. 水资源。2023年，台州市水资源总量为56.53亿m^3，较2022年减少20.9%，较多年平均值减少37.8%；产水系数为0.45，产水模数为60.0万m^3/km^2；4座大型水库、11座中型水库（有供水功能）2023年年末蓄水总量为5.42亿m^3，较2022年年末增加1.05亿m^3；总供水量与总用水量均为14.21亿m^3，较2022年增加0.06亿m^3，平均水资源利用率为25.1%；耗水量为8.16亿m^3，平均耗水率为57.4%；退水量为2.95亿m^3；农田灌溉亩均用水量为398m^3；万元国内生产总值（当年价）用水量为22.8m^3。

【水旱灾害防御】 2023年，台州市多时段多层次多环节开展水旱灾害防御隐患排查整治，共出动7694人次，检查点位8000余处，对发现的140处隐患点、高风险点、薄弱点及隐患问题实行销号管理，逐一落实整改措施。针对强降雨发送强降雨提示单55期、预警短信87507条。编制《台州市山洪灾害风险研判管控机制》，围绕风险识别、研判、预警、管控、处置各环节，全面提高山洪灾害防御能力；落实预警“叫应”，制定《台州市山洪灾害预警叫应规则》；建立联合预警机制，在提高山洪预警及时性精准性的同时，拓宽公众预警发布渠道；组织台州市黄岩区、临海市争取2023年省级试点，开展小流域山洪灾害“四预”能力建设。严格执行水库控运计划，因地制宜、因库制宜，进行科学预排预泄，全年共下发温黄平原河网调度单124份，累计排涝量约7亿m^3。5月10日，台州市水利局印发《关于公布台州市级水旱灾害防御专家库成员名单的通知》（台水利办〔2023〕51号），组建涵盖气象、海洋等相关领域专家的台州市级水旱灾害防御专家库。

【水利规划计划】 2023年9月，省水利厅召开《浙江省椒江流域综合规划（2021—2035年）》复审会。台州市编制《台州水网建设规划》，形成报批稿，拟实施水网工程159项，总投资1366亿元。天台县里石门和龙溪水库联网工程、台州市洪家场浦强排工程（台州湾新区段）、温岭市九龙汇调蓄工程、仙居县北岙水库工程等4个项目可研获批。全年台州市新开工建设台州市洪家场浦强排工程（台州湾新区段）、台州市椒江区海塘安澜工程（山东十塘）、台州市椒江区海塘安澜工程（城区东段、外沙海塘）、温岭市九龙汇调蓄工程、台州市南片水资源优化利用工程、仙居县北岙水库工程等6个重大项目。全年台州市累计争取中央资金2.3亿元、省级资金6.3亿元，落实专项债券4.3亿元、一般债券1.6亿元；全年完成水利全口径投资62.95亿元，其中完成重大水利项目建设投资44.28亿元，完成水利管理业投资37.97亿元（部分投资资金重合）。

【水利基本建设】 2023年，台州市海塘安澜千亿工程累计完工33.2km，台州市椒江区章安堤塘除险加固工程、台州市椒江区前所堤塘除险加固工程、临海市海塘安澜工程（桃渚、涌泉片海塘）、临海市海塘安澜工程（南洋海塘）等13个海塘项目完工见效或基本完工，三门县海塘加固工程3条海塘完工验收；提速水资源保障工程，台州市朱溪水库工程下闸蓄水，台州市永宁江闸强排工程（一期）通水验收，仙居县北岙水库工程、方溪水库引水及配套水厂工程等4个重大防洪排涝项目开工建设。

【重点水利项目建设】 2023年，台州市在建重大水利项目32项。其中续建骨干工程28项、新开工项目4项。台州市朱溪水库工程下闸蓄水；台州市东官河综合整治工程河道工程外东浦泵站完工；台州市引水工程、台州市南部湾区引水工程基本完工；台州市椒江区海塘安澜工程（台电厂海塘）完成挡浪墙浇筑；台州市循环经济产业集聚区海塘提升工程东闸完工，三山北涂闸主体结构基本完成；台州市椒江区洪家场浦排涝调蓄工程东山湖东片湖区累计完成开挖60.16万m^3；椒江堤塘（防洪排涝）提升工程（海塘安澜江南、城西段海塘）Ⅰ标段基本完工；台州市七条河拓浚工程（椒江段）完成围堰施工；台州市黄岩区海塘安澜工程（椒江黄岩段海塘）芦东闸闸室主体结构基本完成；台州市永宁江闸强排工程（一期）通水验收；台州市路桥区青龙浦排涝工程十塘节制闸基本完工、海昌路桥标段完工结算；临海市东部平原排涝工程（一期）完成川南横河土方开挖；临海市海塘安澜工程（南洋海塘）基本完工；临海市方溪水库工程主体工程完工验收；方溪水库引水及配套水厂工程隧洞累计进尺1760m，水厂外管线累计完成2280m；临海市大田平原排涝二期工程（外排工程）2号排涝隧洞基本完工；台州市椒江治理工程（临海段）完成叶下线道路、治水公园切滩单位工程验收；临海市尤汛分洪工程累计完成上层开挖、支护2000m；温岭市南排工程（一期）张老桥隧洞工程完工验收；温岭市海塘安澜工程（东部新区海塘）完成上蒙南北闸拆除，闸基础开挖；玉环市普竹塘安澜工程外海侧施工完成，海堤内侧抛石混合料回填至6.5m高程；玉环市大麦屿海塘安澜永福闸改建工程完成闸门板安装；玉环市漩门湾拓浚扩排工程人民闸、前山闸水工混凝土结构完工，累计完成疏浚清淤770万m^3；三门县海塘加固工程六敖北塘、七市塘、下栏塘等多条海塘完工验收；三门县东屏水库长林大坝完成坝体浇筑；椒江治理工程天台始丰溪段累计完成干堤加固37.46km；仙居县永安溪综合治理及生态修复二期工程累计完成干堤加固15km。

【水资源管理与节约保护】 2023年5月30日，台州市召开全市节约用水工作联席会议，推动节水行动落细落实，提升节水型社会建设成效。6月13日，台州市印发《台州市2023年度节水行动计划》（台水利〔2023〕28号），督导推动节水六大重点领域目标任务全面完成。全年台州市创建省级节水型企业18家、市级节水型企业57家、市级公共机构节水型单位11家；创建省级节水标杆30家，其中酒店2家、校园4家（含高校1个）、企业9家、小区15家。推动水效领跑者建设，遴选台州职业技术学院、台州市行政中心2家公共机构，推荐至国家相关部委命名。推动出台地方水资源管理制度，12月20日，完成《台州市水资源节约保护和利用总体规划》（台政办发〔2023〕46号）向台州市委备案；12月30日，台州市人民政府办公室发布《关于全面加强水资源管理的通知》（台政办发〔2023〕48号），以台州市创建国家节水型城市为抓手，依法强化台州市水资源管理节约保护工作。全年台州市实现取水计量标准化建成率达标，取水监测计量新建完成127处任务量，取水监测计量改建完成132处任务量，取水设施标准化提升建设任务完成248处任务量；推进供水企业用水数据归集治理工作，辖区内公共供水企业取供水数据规范率、准确率、归集率和及时率显著提升；严格水源地准入和退出，开展佛岭水库水源地调出调研及对接，提出调出意见建议；动态更新水源地名录，开展“千吨万人”及乡镇级饮用水水源地名录更新及公布，复核确定县级以上饮用水水源地名录；开展长潭水库等8个县级以上饮用水水源地年度安全保障达标评估，并按时报送至省水利厅。

【河湖管理与保护】 2023年，台州市“美丽河湖”建设累计完成投资约1.64亿元，治理提升河道79.69km，新创建省级“美丽河湖”11条（个），创建水美乡镇19个、美丽池塘62个，新建设38个城乡亲水节点，亲水圈覆盖率达

81%。新打造高品质水美乡村21个。完成农村水系整治240.5km，其中完成中小河流治理省定任务20.3km，清淤疏浚95.3km，完成清淤136.2万m^3。推进河湖“清四乱”常态化、规范化，共发现河湖“四乱”问题1330个，全年整改率为100%，实现动态清零。台州市完成县级全域幸福河湖规划编制。

【水利工程运行管理】 2023年，台州市围绕病险水库山塘除险整治三年行动（2021—2023年），持续开展水库山塘除险整治，年度完成病险水库除险加固57座、病险山塘整治65座。完成水库、水闸、海塘等安全鉴定任务37个，完成年度任务的176%。推进水库系统治理工作，完成水库系统治理配套设施改造82座，完成年度任务的164%。推进水利工程深化标准化，水利工程标准化管理精品工程创建数44个，完成年度任务的244%。加快推进水利工程产权化改革，水利工程产权化率63%，超额完成年度目标。

【水利行业监督】

1. 标准化工地创建。2023年，台州市温岭市南排工程（一期）、临海市尤汛分洪工程等在建重大项目开展标准化工地建设，其中方溪水库引水及配套水厂工程、台州市黄岩区海塘安澜工程（椒江黄岩段海塘）、三门东屏水库工程大坝施工标、椒江堤塘（防洪排涝）提升工程（海塘安澜江南、城西段海塘）Ⅱ标段获评浙江省水利文明标化工地示范工程。台州市朱溪水库、台州市循环经济产业集聚区海塘提升等70个在建水利工程，1055名关键岗位人员开展考勤抽查系统建设，满勤率和关键人员到岗率有效提升。

2. 安全生产监管。4月20日，台州市印发《台州市水利局关于进一步加强水利工程隧洞施工安全管理工作的通知》，对在建6个水利隧洞工程开展施工重大事故隐患排查整治工作，至年底，发现的29个问题隐患均已完成整改。4月28日，台州市印发《台州市水利局关于立即开展水利安全生产风险隐患大排查大整治行动的通知》（台水利办〔2023〕49号），对辖区内水利工程进行安全生产风险隐患排查整治。全年共检查水利工程132个，自查水利设施971个，自查和督导检查发现隐患429个，至年底均已整改完成。5月26日，台州市印发《台州市水利行业有限空间作业安全专项整治实施方案》（台水利办〔2023〕54号）和《台州市水利重大事故隐患专项排查整治2023年行动方案》（台水利办〔2023〕55号），要求严格落实安全生产十五条硬措施，全面落实水利生产经营单位主体责任和水行政主管部门监管责任，以及对台州市水利工程涉及有限空间作业地区进行全面摸排，建立问题清单，对突出的安全问题实施跟踪督办、闭环管理。

【水利科技】 2023年，台州市完成浙里“九龙联动治水”应用市级节点建设，并协助推进台州市黄岩区、临海市、温岭市、玉环市、三门县完成浙里“九龙联动治水”应用试点县级节点建设；12月，台州市“数字孪生椒江”项目顺利通过水利部终期验收。全年台州市完成7个已建应用在IRS上的编目，并持续更新完善各项应用相关信息；深化椒江河口水利枢纽工程前期论证工作，完成该工程总体布局与河口系统治理方案征集和深化，完成相关项目建议书编制、审查、评估和报件准备，相关项目建议书已完成中咨公司咨询、省水利厅行业审查、省发展改革委咨询评估等工作，已具备基本报批条件。至年底，台州市已完成勘察类和10余项调查类工作。全年台州市共完成21项子专题（含项建书阶段）验收、3项子专题咨询、11项子专题初稿编制；已完成水沙模型试验中期验收。

【政策法规】 2023年，台州市完成年度重大行政决策事项目录、合法性审查事项目录清单编制；开展重大行政决策《台州市用水定额》民主决策；完成《台州市水资源节约保护和利用总体规划》等市政府重大行政决策送审文本草拟、合法性预审查等环节；提请台州市政府印发涉水规范性文件《关于进一步加强水资源管理的通知》；开展节水立法调研工作，推动将制定《台州市节约用水条例》列为台州市人大常委会2024年度立法计划的预备审议项目。强化行政争议化解，及时处置行政复议案件共3件，办理行政应诉案件2起，均以“维持原行政处罚”结案。落实大普法责任制，在“世界水日”“中国水周”“安全生产月”“民法典宣传月”等重要节点，深入开展入企进校、走进文化礼堂法治课堂、骑行宣传等特色水法规宣传、水情科普等活动，多形式学习宣传《中华人民共和国宪法》《中华人民共和国行政复议法》《中华人民共和国黄河保护法》《浙江省行政合法性审查工作规定》等内容。

【行业发展】 2023年，台州市一体架构“构建现代水网、建设幸福水城”多维布局，系统谋划“复兴官河水路”路径，加快推进椒江河口水利枢纽工程并已基本具备项目建议书受理条件，得到水利部总规划师吴文庆等肯定；“构建现代水网、建设幸福水城”连续2年被写入市党代会报告、市政府工作报告；台州现代水网建设思路成效得到副省长李岩益批示肯定。

【“千项万亿”水网安澜提升工程】 2023年，台州市共计21个水利项目（包括谋划项目1个、新建项目5个、续建项目15个）被列入浙江省扩大有效投资“千项万亿”重大水利工程项目清单（2023—2027年），年度计划投资21.9亿元。其中，列入省第一批重点项目6个（新建项目3个、续建项目3个），列入省第二批重点项目7个（全部为续建项目），年度计划总投资17.9亿元。1—12月，各项目总体有序推进，完成年度投资35亿元，占计划投资的159.8%，其中第一、二批完成投资28.4亿元，占计划投资的158.7%。台州市提前一季度完成洪家场浦强排工程（台州湾新区段）、温岭九龙汇调蓄工程、仙居北岙水库工程等3个“千项万亿”项目新开工目标任务；仙居北岙水库工程创造全省中型水库前期最快速度；台州市循环经济产业集聚区海塘提升工程入选2023年第二批省级“红旗”项目。

【特别国债项目】 2023年，台州市紧抓中央增发万亿特别国债重大机遇，成功申报特别国债项目15个，争取国债资金7.97亿元，为加快项目进度引来“活水”。15个特别国债项目按照资金投向领域分，其中中小河流治理项目5个，涉及国债资金0.822亿元；灌区建设改造项目2个，涉及国债资金0.85亿元；海塘安澜项目4个，涉及国债资金4.19亿元；区域重点防洪工程项目1个，涉及国债资金1.9亿元；水库、水闸除险加固项目3个，涉及国债资金0.21亿元。

【河湖长制工作】 2023年，台州市全面深化河湖长制，以全域建设幸福河湖凝聚治水合力，全市河湖生态面貌不断改善。河湖长制实现有能有效，市、县、乡、村四级6125名河湖长全年巡河30.7万次，并开展“护航亚运”河湖水域岸线保护专项行动，全年发现并解决问题3.3万个；市级河湖长签发交办单90余个，推动解决一批河湖管护难题。9月1日，以市级总河长令印发《台州市全域建设幸福河湖 创建水友好区域实施方案（2023—2027年）》（台总河长令〔2023〕第2号），加速构建“一县一廊一风情、一镇一村一风味、一村一河一风景”的全域幸福河湖新格局。

【水土保持工作】 2023年，台州市完成水土流失综合治理44.15km^2，为年度目标任务的119.3%，减少土壤流失量5.81万t，增产粮食1035t。全市共审批生产建设项目水土保持方案809项，对1187个在建项目水土保持进行监督检查，覆盖率100%。开展椒（灵）江流域“一江两溪”等重点小流域生态修复，结合国家森林城市创建、矿山复绿、新农村建设，推进水库库区退耕还林、废弃矿山生态修复，持续打造一批“水相连、林成荫、地连片”的水土保持示范工程。临海市成功创建国家水土保持示范县。

【农村饮水工作】 2023年，台州市投入运行管护资金840万元，落实供水感知体系提升25处，实现供水薄弱环节完工20处，创建规范化水厂4座；进一步强化县级统管，印发《台州市农村供水县级统管考核指导意见》，对县级统管单位开展考核，年度农村供水水质达标率达到98.39%，农村合格饮用水人口覆盖率达到99.98%；开展农村单村水站改造提升三年行动，明确三年累计完成649座单村水站提升改造，其中建设项目571座，落实“一站一策”项目库和“一县一方案”，年度开工467座，开工率82%，完工64处，完工率11%。

（奚林）

丽 水 市

【丽水市水利局简介】 丽水市水利局主要职责是：负责保障水资源的合理开发利用；统筹和保障生活、生产经营和生态环境用水；按规定制定水利工程建设与管理的有关制度并组织实施；指导水资源保护工作；负责节约用水工作；指导水文工作；组织指导实施水利设施、水域及其岸线的管理、保护、综合利用；指导监督水利工程建设与运行管理；负责水土保持工作；指导农村水利工作；监督管理水政监察和水行政执法，负责重大涉水违法事件的查处，指导协调水事纠纷的处理；开展水利科技、教育和对外交流工作；负责落实综合防灾减灾规划相关要求，组织编制洪水干旱灾害防治规划和防护标准并指导实施；组织编制并实施水资源保护规划；承担南明湖保护管理工作。

丽水市水利局内设机构3个，分别是办公室（挂法制处牌子）、规划建设与监督处、水利资源与运行管理处（挂市节约用水办公室、行政审批处牌子），另设直属机关党委，编制12名，实际在编15名；下属事业单位9家，分别为：市河湖管理中心、市水旱灾害防御中心（挂市水利防汛技术中心牌子）、市水政事务管理中心、市水利工程规划建设管理中心、市农村水利水电管理中心、市水资源水土保持管理中心、市水文管理中心、市南明湖管理所（挂丽水经济技术开发区水利服务站牌子）、市莲湖水库建设管理中心。其中参公单位3个，为市河湖管理中心、市水旱灾害防御中心（挂市水利防汛技术中心牌子）、市水政事务编理中心，参公和事业单位编制共78名（含2个周转编制）；国企1个，为市水利工程运行管理有限公司，编制40名，实际在编28名。

【概况】 2023年，丽水市完成水利投资57.38亿元，比2022年增长11.8%。联合中国人民银行丽水市分行印发《丽水市取水权抵质押贷款操作指引（试行）》，扩大“取水贷”范围，全市累计完成“取水贷”授信307亿元，发放贷款101.8亿元。“取水贷”工作成功获评水利部2023年度十大基层治水经验第一名，在全国水利工作会议上受到水利部部长李国英表扬肯定。丽水市水土保持目标责任制考核获全省优秀等级，已连续三年获得省考核优秀，被列为省级水土保持生态信用贷试点市。瓯江古堰成功入围首批国家水利遗产名录。丽水市水利局五水共治工作成效显著，荣获全省“五水共治”工作先进集体，受到省委、省政府表彰。丽水市水利局下属单位丽水市南明湖管理所作为清廉建设成绩突出单位受到省委办公厅通报表扬。

【水文水资源】

1. 雨情。2023年，丽水市平均降水量为1518.7mm，较2022年偏少14.9%，与多年平均偏少14.6%；非汛期累计降水量为387.1mm，占全年降水量的25.5%，为同期多年平均的86.5%；汛期累计降水量为1131.6mm，占全年降水量的74.5%，为同期多年平均的87.2%。其中7月为降水量最大月，丽水市平均降水量为212.8mm，为同期多年平均的123.8%；12月为降水量最小月，丽水市平均降水量为46.9mm，为同期多年平均的90.0%。丽水市各县（市、区）年降水量在1239.4～1675.3mm之间。

2. 水情。2023年，梅汛期在6月17日—7月11日，主要呈现特点是：入梅迟梅期短、梅雨不典型、局部降雨雨强大；仅出现1轮分散性连续降雨过程，发生在6月20—26日，全市主要江河水位均未超警。2023年丽水市台风偏少，仅受第5号台风“杜苏芮”影响，主要呈现特点是：过程累计雨量大；强降雨落区集中；短时强降雨集中，四都港流域雨强大；瓯江下游干流及下游干流以南支流河道水位上涨明显，其中四都港流域吴岸站超警戒水位0.08m。

3. 水资源。2023年，丽水市水资源总量141.0615亿m^3，比多年平均偏少26.2%。其中地表水资源总量141.0615亿m^3，地下水资源总量37.3830亿m^3，与地表水资源间重复计算量为37.3830亿m^3。全市产水系数0.54，产水模数81.4万m^3/km^2。人均年拥有水资源量5594.3m^3。丽水市有大中型水库32座，2023年年末总蓄水量38.2483亿m^3，比年初减少0.0155亿m^3。

【水旱灾害防御】 2023年，丽水市应对梅汛期一轮集中降雨、出梅后阶段性旱情、夏季多轮局地强降雨以及第5号台风“杜苏芮”、第11号台风“海葵”等，均未造成人员伤亡。主汛前，丽水市调整市县两级水利部门水旱灾害防御领导小组成员，汛前组织人员开展为期2个月的小流域山洪和山塘水库河网风险隐患大排查大整治，排除化解风险隐患部位601处；落实资金3728万元，完成水毁工程修复22处；储备价值1300万余元防汛物资。汛期，丽水市严格执行24小时值班制度，发送各类预警短信60万余条，下发调度令共计31次。7月14—28日，丽水市发布水利旱情蓝色预警。5月，龙泉市西溪自然村“6·20”山洪灾害预警避险做法入选2022年全国山洪灾害防御五大典型案例。

【水利规划计划】 2023年，丽水市全面对接国家水网、浙江水网建设布局，构建“一带二枢双链济省网 五脉多支群库润处州”的丽水水网总体格局，于12月正式印发《丽水水网建设规划》，共谋划水资源配置通道、水源工程等13类工程255个项目，估算总投资1536.7亿元。开展“十四五”规划中期评估，完成《丽水市水利发展“十四五”规划中期评估》《丽水市水利发展“十四五”规划中期评估》，优化全市水利项目建设梯次。景宁县双港水库及供水工程、浙东水资源配置通道（青田）引水工程、景宁县滩坑水库库尾消落带水生态修复与综合治理工程等3个重大项目纳入省“十四五”规划实施类项目库。联城水系整治工程、长江经济带瓯江干流（市本级段）流域保护及修复工程-丽水市城市内河整治提升工程（二期）、青田县船寮港流域综合治理工程等3个项目纳入储备类项目库。完成《瓯江流域水生态保护和修复（水利工程）效益核算体系研究》课题，为水利工程GEP核算提供依据，为GEP和GDP相互转换提供方向。

【水利基本建设】 2023年，丽水市完成水利投资57.38亿元，比2022年增长11.8%。水利管理业投资比2022年增长16.3%。全年共争取中央补助资金7.7亿元，省级补助资金11.16亿元，专项债10.4亿元，特别国债17.4亿元。

【重点水利工程建设】 2023年，丽水市续建重大水利建设项目22个，累计完成投资30.1亿元。丽水市8个项目［大溪治理提升改造工程、南城防山洪排涝项目（桐岭溪段）、小溪水利枢纽工程、龙泉溪云和段综合治理工程、兰溪桥水库扩建工程、好溪流域综合治理工程、松古平原水系综合治理工程、双港水库及供水工程〕纳入省“千项万亿”工程，共完成投资23.11亿元，其中双港水库及供水工程、龙泉溪云和段综合治理工程为2023年新开工项目。丽水市莲都区碧湖平原水系综合治理工程（一期）、龙泉市梅溪、八都溪、岩樟溪流域综合治理工程、青田县中部、西部引水工程、云和县浮云溪流域综合治理工程、松阳县松阴溪流域综合治理工程（一期、二期）、景宁县小溪流域综合治理工程（一期）、景宁县金村水库及供水工程进展顺利，缙云县潜明水库引水工程实现通水，丽水市城区排水防涝工程基本完工。至年底，丽水市单村水站改造提升工程已开工水站2917座，开工率91.1%。11月21日，印发《丽水市水利局 国网浙江省电力有限公司丽水供电公司关于加快推进丽水市单村水站用电建设的通知》（丽水利〔2023〕49号），通过取水贷、水投公司、水厂固定资产及特许经营权融资等方式共筹措全落实资金28.7亿元。

【水资源管理与节约保护】 2023年，丽水市总用水量7.3646亿m^3（不包括水电站发电等河道内用水），水资源利用率为5.2%。其中农田灌溉用水占57.5%，林牧渔畜用水占2.4%，工业用水占11.4%，城乡居民生活用水占16.3%，城镇公共用水占9.5%，生态环境用水占2.9%。城乡居民人均年生活用水量47.63m^3，农田灌溉亩均年用水量338.42m^3，万元工业增加值用水量14.32m^3，万元GDP用水量37.49m^3。全市总耗水量4.4670亿m^3，其中农田灌溉耗水量3.0141亿m^3，占总耗水量的67.5%。丽水市城镇居民生活、第二产业、第三产业退水总量为1.2960亿m^3。

【河湖管理与保护】

1. 河湖建设。2023年，丽水市“美丽河湖”建设累计完成年度投资15649万元，完成丽水市莲都区好溪、龙泉市梅溪、青田县方山源、缙云县方溪、遂昌县三归湿地、庆元县松源溪、景宁县小溪等13条美丽河湖建设任务，创建里程为126.33km；创建莲都区仙渡乡、龙泉市查田镇、青田县方山乡、云和县石塘镇、庆元县举水乡、缙云县仙都街道、遂昌县北界镇、松阳县四都乡、景宁县标溪乡等19个水美乡镇；完成中小河综合治理108.1km；完成亲水节点建设46个；完成河湖管理范围划定复核2760km。

2. 河湖“四乱”工作。2023年，丽水市开展河湖“四乱”排查与整治，发现问题756起，按要求已全部完成整改。丽水市河道砂石资源管理工作专班累计开展河道巡查148次，出动人员377人次，巡查44977km，覆盖全市9个县（市、区）的涉水工程及重要水域。通过督查暗访，交办事项49件，下发挂牌督办单1起，其中涉嫌非法采砂移交综合行政执法局立案12起。9个县（市、区）自行查处案件79起，结案43起，罚没款64.4万元，生态补偿1起（补偿274.9万元）。市本级开展水利执法，查处5起案件并移交综合行政执法局立案查处，其中非法采砂3起，非法取水1

起，违建1起。

3. 河湖长制工作。丽水市全年共召开总河长会议11次，专题协调会议17次，发布总河长令23条，建立联防联控机制15个，开展跨省、市、县三级联防联控活动17次，动态更新市、县、乡、村四级河长信息，累计巡河超8.5万人次，巡河共发现问题20774个，整改完成率达100%。重点部署开展“清剿水葫芦”专项整治行动，共出动8148人次，打捞处置水葫芦5052.1t，实现全域动态清零。完成全市首批142个责任河（湖）段进行健康评价，质量评定全“优”。时任市委书记胡海峰、市长吴舜泽联合发布2023年3号总河长令，编制下发《丽水市全域建设幸福河湖行动计划（2023—2027年）》，云和县、庆元县和松阳县入选全省首批20个全域幸福河湖建设项目县名单，开启丽水全域建设幸福河湖新篇章。

【水利工程运行管理】 2023年，丽水市水利工程安全鉴定数45座，水库管理和保护范围划定数9座，深化水利工程标准化管理精品工程29处。规模以上水利工程产权登记率为60%，实际完成率为73%。完成水利工程标准化管理复核数1115处。丽水市确定391座水库、17座水闸、3座闸站、188段堤防的“三个责任人”并予以公示，实现责任体系的全覆盖。完成29座中型水库和4座河床式水电站、17座水闸、3座闸站控制运用计划审批。丽水市对162座土坝、17座堆石坝、82段土质堤防进行白蚁等害堤动物的排查，共在35个工程中发现白蚁活动迹象，危害处数共计53处，均为幼年巢，已全部完成整治。

【水利行业监督】 安全生产监管。丽水市开展护航亚运、重大事故隐患、隧洞施工等8个专项排查整治。围绕高质量落实“两铁”（铁措施、铁手腕）要求，完成水利安全生产执法移交综合执法部门案件25起，共处罚金17.34万元。系统推动“综合查一次”，全年共开展检查点位2144个，其中开展集中性大检查4轮；检查发现各类问题4652个，整改完成率100%。推进“互联网+监管”，开展跨部门联合抽查184次，较2022年增长170%，同时减少即时检查455次。

水利工程建设管理。2023年，丽水市水利局结合全市水利工程建设质量提升三年行动实施方案，对全市18个在建项目开展了原材料、中间产品等进场情况专项整治；完成对水利工程施工企业资质、市场行为、体系管理、人员资格等情况的“双随机”抽查；开展安全生产巡查，共抽查全市40个在建水利工程，对9个县（市、区）和市本级共21个在建水利工程开展质量抽检。松阳县黄南水库工程和龙泉市瑞垟引水工程（一期）获2023年度浙江省建设工程“钱江杯”奖（优质工程）。丽水市大溪治理提升改造工程、缙云县县城排水防涝综合治理工程-分洪隧洞设计采购施工（EPC）、缙云县县城排水防涝综合治理工程Ⅲ标工程总承包（EPC）等3个项目（标段）获评2023年度浙江省水利文明标化工地。缙云县潜明水库引水工程施工Ⅰ标等7个工程获评2023年度丽水市水利建设工程安全文明施工标准化工地。全市水利工程建设未发生质量事故。全年丽水市完成水利项目竣工验收 27 个。

水土流失治理和水土保持监管。至年底，丽水市的水土保持率提升至 93.33%。2015—2023 年完成水土流失治理面积 713.66km^2，其中 2023 年完成水土流失治理 87.21km^2，全市完成水土保持方案审批 547 个。在建生产建设项目监督检查 648 个，累计发出监督检查意见 770 份。2023 年，丽水市共计征缴水土保持补偿费 1739.22 万元。

农村水电监管。2023 年，丽水市持续推进小水电绿色发展工作，新创建绿色小水电示范电站 5 座，占全省 2023 年度创建数的 62%；期满延续 18 座，累计创建 139 座，占全国 13%，占全省 52%。创建省级生态水电示范区 3 个，2016—2023 年，累计创建省级生态水电示范区 23 个，示范区创建数量占全省总数的 33%。开展农村水电站安全生产标准化工作，完成 1000kW 以上小水电安全生产标准化评审（复评）104 座，1000kW 以下小水电站“两不”“八有”创建 147 座。联合应急部门和电力部门建立全国首个小水电安全生产一体化联动监管机制，首次实现通过民事合同约定倒逼水电规范管理，推进安全关口前移。《丽水市智慧水电生态信用评价应用场景》入选第四届“新华信用杯”全国优秀信用案例。

【水利科技】 2023 年，丽水市水利局成功入选浙江省浙里“九龙联动治水”应用贯通试点市级单位，完成市本级平台用户体系和水利数据仓建设，实现省市县三级数据贯通。上架市本级数据目录 21 个，归集数据达到 4 亿条，省级数据回流达到 140 万条。向全省发布核心业务共享接口超过 26 条，共享数据超 40 万条。12 月，瓯江大溪数字孪生项目入选水利部数字孪生试点，完成瓯江大溪数字底板搭建，基本完成防洪四预应用功能模块建设，聚焦数字孪生、人工智能、物联感知等新一代信息技术，打造全省数字防洪样板工程，整合现有丽水市浙里“九龙联动治水”应用、瓯江防洪系统、河湖智能监管、洪水预报系统等，完成流域“四预”防洪功能建设工作。

【政策法规】 2023 年，丽水市水利局对政府信息公开申请 5 件、相关执法文书 10 余份、合同 70 余份等内容开展合法性审查。合法性审查落实“处室初审＋法制处再审＋重大事项法律顾问加审”的流程，全面保障审查质量。组织召开法治培训大会，邀请专家以《学习贯彻习近平法治思想》为题给丽水市水利局全体干部进行授课。在 3 月 22 日世界水日之际，丽水市水情教育基地正式开馆，成为丽水民众的节水法治宣教场所，该基地成功创建省级水情教育基地、省级节水宣传教育基地、省级法治宣传教育基地。与市教育局联动在全市 700 多家学校开展校园节水宣传，覆盖学生人数达 40 万人。通过进机关、进社区、进街道等多个阵地以及丽水日报、丽水电视台等多媒体开展广泛宣传，“世界水日”“中国水周”总宣传人次达 100 万。2023 年水利改革试点项目清单中丽水市水利局《涉水行政许可审批服务改革试点（市级）》被列为省级专项试点，全市已完成 7 个“一件事”审批案例。涉水审批“一件事”改革工作经验被《中国水利报》刊登报道。全年丽水市共办理审批件数1177件，其中市本级181件。

【水文化成果】 2023年，丽水市完成《浙水遗韵·山川丽水》编纂出版，其中共收录87项水文化遗产、习俗、技艺；配合水利部宣教中心完成《了不起的通济堰》编纂出版，中国宋庆龄基金会在北京主办该绘本的首发仪式。松阳县松阴溪干流综合治理工程入选全省第二批水工程与文化有机融合典型案例。9月1日，丽水市水利局作为水利遗产保护发展联盟5家发起单位之一，参加在四川省都江堰市召开的第一届水利遗产保护发展联盟2023年成员大会，会议对联盟成员单位进行授牌，公布联盟LOGO等。11月30日，丽水市水利局举办中国水利学会水利史与水利遗产专委会2023年学术研讨会，全国近百名水文化领域专家学者参会，研讨交流最新研究成果。

【水经济发展】 2023年，丽水市持续推进水经济五个百亿工程（共富水网、健康水业、绿色水能、幸福水旅、产业平台），围绕涉水新兴产业招大引强，成功招引贵州民族酒业（集团）有限公司来丽投资，一期项目总投资1.1亿元，建设年产1000t酱香酒生产线。聚焦绿色水电产业开发，加强丽水市梯级水库抽水蓄能利用研究，摸清梯级水库抽水蓄能资源。联合电力部门开展资源点现场踏勘，遂昌县天堂水电站启动小抽蓄方案论证工作。推进河道砂石料资源交易，摸排全市河道砂石资源存量，全市累计成交额80亿元，其中线上交易20亿元。以水电为切口创新“取水贷”，创新推出取水权质押贷款“取水贷”金融产品，采用“取水权质押＋双边登记”融资模式，有效解决了小水电等水利项目因缺少不动产权证书难以获得融资的问题，推进小水电绿色改造与现代化提升。截至2023年12月，完成“取水贷”授信307亿元，发放贷款101.8亿元，联合中国人民银行丽水市分行印发《丽水市取水权抵质押贷款操作指引（试行）》。

【南明湖景区管理】 2023年，丽水市深入挖掘南明湖沿线清廉文化，结合9个各具特色的展馆、阵地，打造“南明清风廉路”，丽水市南明湖管理所集体被授予“省级清廉建设成绩突出单位”荣誉称号。落实市人大视察南明湖保护管理工作，联合多部门开展联合执法行动33次，制作《丽水市南明湖保护管理条例》动画短视频，并开展7场专题宣传和68场随片宣传，进一步提升市民保护南明湖意识。切实解决群众关注的基础设施破损、违法捕鱼等问题，确保营造舒适整洁的景区环境。

（刘晓敏）

厅直属单位

Directly Affiliated Institutions

273～330 页

浙江省水库管理中心

【单位简介】 浙江省水库管理中心（以下简称“水库中心”）隶属于浙江省水利厅，是一家正处级公益一类事业单位。水库中心机构编制数17名，设主任1名，副主任2名。至年底，共有干部职工27名（含退休人员），其中参公编制20名（政策性超编），退休人员7名。水库中心的主要工作职责是：起草水库管理、保护的政策、规章制度，组织拟订技术标准；承担水库除险加固提标专项规划和实施方案编制技术管理工作，承担水库除险加固项目前期、建设管理和工程验收的辅助工作；承担水库调度规程、控制运用计划编制技术管理工作，组织大型和跨设区市中型水库控运计划技术审查，并协助监督实施；承担指导水库大坝安全运行管理、监督检查的辅助工作，组织大型和跨设区市中型水库大坝安全鉴定技术审查；承担水库大坝注册登记、水库降等报废的技术工作，承担大型和跨设区市中型水库大坝注册登记的辅助工作；承担水库工程管理范围和保护范围划定的技术工作，组织大型和跨设区市中型水库管理和保护范围划定方案技术审查；承担水库工程标准化、物业化管理的相关工作；承担水利工程管理体制改革和运行管理市场监管的辅助工作；组织开展全省水库管理技术研究与应用；承担水利民生实事专班工作；完成省水利厅交办的其他任务。

【概况】 2023年，水库中心共完成31座大型水库及1座跨设区市中型水库的控制运用计划技术审查；完成19座大型水库、31座中型水库和224座小型水库的运行管理指导服务；完成2座大型水库大坝安全鉴定技术审查和45座水库安全鉴定技术服务，完成35座水库降等或报废现场核查，完成44座病险水库除险加固前期工作技术服务，完成滩坑、紧水滩、湖南镇等3座大型电站水库管理和保护范围划定方案技术审查。

【水库安全检查】 2023年，水库中心围绕“人员不伤亡、水库不垮坝、重要堤防不决口、重要基础设施不受冲击”、确保城乡供水安全，以及为杭州第19届亚运会、亚残运会提供水安全保障等目标，组织开展水库安全度汛和运行管理检查指导工作。全年检查水库274座，其中大型水库19座、中型水库31座、小型水库224座。重点检查水库工程实体“三大件”（水坝、溢洪道、放水建筑物）安全运行状况、溢洪道畅通情况、“三个责任人”履职情况、“四预”措施落实情况等。建立健全“发现—交办—整改—督导—销号”工作机制，编制问题隐患清单，发出“一县一单”反馈函56份，落实专人督导，动态跟踪指导水库管理单位及时落实整改、消除隐患，做到对账销号、闭环管理。全面整改完成2023年水利部及太湖局检查发现的364个问题。组织水库水域侵占情况排查，开展大中型水库库容复测。

【水库控制运用】 2023年，水库中心每月跟踪推进22条水库安全管理重点事项，汛期加强“无自动测报、无视频监控、三通有制约、鉴定到临期、带病险运行、超限制运行、存重大问题”7类风险水库管理。严把控制运用计划技术审查关，完成31座大型水库及1座跨设区市中型水库控运计划技术审查。全力支撑防汛防台工作，按照省委“四个提级”（提级对待、提级谋划、提级部署、提级应对）要求，修订完善水库中心防汛防台应急预案，全面支撑厅水库度汛专班、水库堤闸组、工程技术组等度汛工作。加强超限制运行水库监测预警，贯通短信电话叫醒叫应渠道。紧盯病险水库日常限蓄或空库运行，督促整改落实。专班值守期间，组织省市县三级开展水库巡查责任人电话抽查4300余人次，编制20期水库山塘安全度汛专班日报（水库堤闸防台动态），确保水库无出险事故。

【水库安全鉴定】 2023年，水库中心紧盯水库安全鉴定到期清零，动态更新任务清单，每月跟踪晾晒各地进展，督促进度滞后市、县（市、区）按时按量完成鉴定任务。全省共完成安全鉴定173座，实现2023年年底前安全鉴定到期水库全部清零。组织开展下岸、白水坑等2座大型水库安全鉴定技术审查。加强安全鉴定技术指导，采取前期指导和后期审查相结合的方式，完成17个县（市、区）45座水库安全鉴定技术服务，“一库一表”反馈鉴定工作问题，指导市县重点把握安全鉴定主要工作流程、普遍存在的问题和需要注意的重点，提升鉴定工作质量。

【水库除险加固】 2023年，水库中心加快推进病险水库除险加固，督导水库民生实事进度，全年新开工小型水库除险加固201座，完工333座（包括民生实事项目256座），累计在建511座，竣工验收240座，2021年6月底前鉴定为二类坝的存量病险水库全部开工建设。加强病险水库除险加固前期工作指导服务，审核初步设计报告44座，结合工程现场，从水库除险加固建设思路、处置措施、技术手段上提出指导意见。

【水库降等报废】 2023年，水库中心总结近年来浙江省水库降等报废工作实际，编制《浙江省水库降等与报废操作指南》。加强水库降等报废技术服务，及时跟踪各地实施进展，加强全过程指导，从安全隐患、功能萎缩、投入产出效益合理性、拆小建大等因素做好技术审核把关，对实施必要性、审批验收程序完整性、措施落实到位性等方面做好指导服务，督促地方规范水库降等报废工作。全年对8个市21个县（市、区）的35座水库开展指导服务，完成降等8座，报废4座，并做好其余水库降等报废工作的跟踪指导服务。

【水库深化标准化管理】 2023年，水库中心通过水利部标准化管理工程引领，持续巩固深化浙江省水库标准化管理，完成全省水库工程标准化管理复核评价，打造市级精品工程135座，省级19座，国家级9座（含浙东引水工程2座水库）。完成17座大中型水库省级标准化管理工程评价，并引导各地申报水利部评价水库标准化管理工程。指导服务安吉老石坎、杭州青山、兰溪芝堰、绍兴汤浦、余姚双溪口、宁波皎口、宁波亭下等7座大中型水库，分别以954分、961分、958分、955分、953分、957分、955分的高分通过了水利部标准化管理评价。完成地方标准《大中型水库管理规程》修订立项论证报告及修订草案，通过省市场监督管理局的技术评估。承担《水利工程标准化管理评价指南（水库篇）》的编撰工作，11月21日，顺利通过中国水利工程协会组织的审定会，以指导全国水库工程标准化管理评价工作。先行启动现代化水库运行管理矩阵6个试点区域和34个试点水库建设。

【水库管保范围划定】 2023年，水库中心持续推进水库管保范围划定，全面完成能源部门管理的电站水库管保范围划定（或技术审核）。定期开展湖南镇、紧水滩和滩坑等3座大型电站水库工程管理与保护范围划定工作指导服务，完成方案技术审查和当地政府上报省政府申请批复相关工作；完成纳入《浙江省水利工程管理与保护范围划定实施方案及分年度计划（2022—2024年）》中的14座其他属性水库管理与保护范围划定的有关工作，标志着浙江省纳入实施方案的水库工程已全面完成划定工作。

【水库数字化改革】 2023年，水库中心做好整治“指尖上的形式主义”工作，迭代水利工程运行管理数字化应用。配合做好浙江省水利工程运行管理平台系统整改、整合工作，协调平台资源申请、迁移、域名变更等工作。开展浙水畅通1.0系列应用——迭代水利工程运行管理数字化应用工作。持续做好省“工程运管”应用和全国水库运行管理系统中水库相关数据治理。

【水库大坝注册登记】 2023年，水库中心全力做好水库大坝注册登记工作。按照水利部要求组织开展水库大坝注册登记复查换证工作，做好指导服务，督促各地按时保质保量完成全省4252座水库大坝注册登记复查换证。组织完成全省大型水库功能校对。完成临海市林溪、文成县九龙湖等10座中小型水库注册登记入库工作，完成11座降等与报废水库注销工作。

【水库系统治理】 2023年，水库中心全面深化水库系统治理，稳步推进小型水库“三通八有”（实现道路通、电力通、通信通和有人员、有资金、有制度、有预案、有物资、有监测设施、有放空设施、有管理房）改造提升，全年水库配套设施改造提升开工915座，完成823座，年度完成率137%。完成大坝安全监测设施改造286座，完成“千项万亿”水库系统治理年度投资21.87亿元，应急能力大幅提升。

【水利民生实事】 2023年，省水利民生实事专班认真贯彻省政府民生实事具体要求，定点定时、定标定责清单式推进项目建设。省水利厅牵头负责“除险保安”民生实事办理，具体承担“2+4”（指两个重大项目和四项任务，包括建设杭州西险大塘、杭嘉湖南排后续西部通道，开工建设海塘110km，更新改造灌溉设施1500座，整治病险山塘450座，整治病险水库200座）水利民生实事项目建设，项目投资、工作事项等综合强度位居全省前列，完成项目2747个，总体任务完成率122.7%。抓好晾晒激励，建立“多、快、好、实”指标体系，激励市县办好每一项民生实事，全年未出现红黄码滞后项目，月度晾晒进度在18个省级部门中位居前列。抓好督导服务，累计开展民生实事省级检查93次、339人次，现场督导服务930个项目，发现并整改问题633个，做到年中督查、年底审计无书面问题反馈。加强宣传引导，组织省内外主流媒体采风，扩大为民办实事效应，群众好评率99%以上。

【建立健全单位制度】 2023年，水库中心持续推进工作规范化、标准化和制度化，制定了《浙江省水库管理中心财务管理办法》《浙江省水库管理中心政府采购管理办法》《浙江省水库管理中心公务卡管理办法》等3项制度，修订完善《省水库管理中心党支部委员会议事规则》《水库管理中心支部党风廉政及意识形态工作分析制度》《浙江省水库管理中心“三重一大”议事规则》《浙江省水库管理中心财务报销与支付管理办法》《浙江省水库管理中心资产管理办法》等10项制度。结合中心人员岗位职责变动修改完善中心《岗位设置表》和《岗位职责表》。

【党建与党风廉政】 2023年，水库中心深入学习贯彻习近平总书记系列重要讲话精神、考察浙江重要讲话精神，学习贯彻省委十五届三次、四次全会精神等。深入开展学习贯彻习近平新时代中国特色社会主义思想主题教育，制订工作方案及30项事项清单，累计集中学习35次，组织发言交流7次，入选厅主题教育简报信息3条，开展循迹溯源8次。

充分发挥党建引领作用，认真学习贯彻落实习近平总书记关于长堤蚁患重要批示精神，建立健全白蚁防查治“六个一”工作机制。认真落实省委乡村振兴领域专项巡视反馈意见整改，制定全省病险小型水库除险加固任务清单。组织谈心谈话4次，引导中心党员干部弘扬传承“千辛万苦”建水库等浙江水利精神。修订完善“水库管理中心意识形态风险防控应急预案”，加强对厅网络平台关于水库信息的有效监测管理。规范工作时间之外政治言行，严格遵守党的规章制度。开展调研并谋划提出“1+1+N”中心党建高质量发展工作思路，打造“红色库堡垒”，强化党建与业务互容互促，品牌建设入选第一批《水利基层党建典型案例选编（“1+1+N”）专辑》。

完成支部换届工作。深化支部标准化2.0建设，全年召开党员大会5次，支委会15次，党课6次。落实党支部书记党建工作第一责任人职责，严格支部委员履职。制定完善党建及综合管理各类制度13项。组织赴井冈山开展主题党日活动。全体党员干部作出廉政承诺、签订党风廉政责任书，开展警示教育月活动和违规吃喝专项整治活动，开展廉政教育、廉情分析和节假日专题教育提醒，对公务出差人员，纪检委员行前提醒，与预算承担单位签订相关廉政责任书。梳理岗位廉政风险和失职渎职风险，梳理风险事项68项，制定防范措施124条。深入排查政商关系，深入排查违反八项规定精神和“四风”问题，组织谈心谈话活动4次，共计63人次。

（骆晓明）

浙江省农村水利管理中心

【单位简介】 浙江省农村水利管理中心（以下简称“农水中心”）为省水利厅所属正处级参照公务员法管理的公益一类事业单位，事业编制28名，设主任1名，副主任2名，所需经费由省财政全额补助。2023年初，农水中心实有人数38人；3月，退休1人；9月，退休1人，提任其他单位1人。至年底，农水中心实有人数35人。农水中心的主要职责是：起草农村水利建设和管理的政策、制度，拟订技术标准，承担大中型灌区、大中型灌排泵站、农村供水工程、圩区、山塘等工程建设和运行管理以及农业灌溉水源、灌排工程设施审批和农村集体经济组织修建水库审批的辅助工作，组织开展全省灌溉试验站网建设、农业灌溉试验及农田灌溉水有效利用系数测算分析、农业用水定额拟订，协助指导基层水利服务体系建设和管理、农业节水、水利血防等工作。

【概况】 2023年，农水中心指导全省完成9个大中型灌区续建配套与节水改造项目年度建设任务，年度投资约5.59亿元；山塘建设投资13.58亿元，完成山塘综合整治1320座（其中民生实事山塘整治574座）、美丽山塘创建587座，杭嘉湖圩区整治约19677hm^2；定期开展农饮水明察暗访。2月，农水中心获评2023年度厅系统综合绩效考评优秀单位；4月，农水中心获评全省河湖长制工作成绩突出集体。

【大中型灌区建设管理和技术审核】 2023年，农水中心指导乌溪江引水工程灌区、铜山源水库灌区、桐庐江南灌区、兰溪东芝灌区、浦江通济桥水库灌区、武义源口水库灌区、江山鹿溪渠灌区、天台里石门水库灌区和缙云好溪灌区等9个大中型灌区完成年度投资约5.59亿元（含中央资金约2.34亿元），完成上浦闸灌区和长潭灌区等2个灌区6期项目的竣工验收。组织37处地方申报国债项目并最终争取到21个灌区国债项目，合计国债资金约7.5亿元；提前完成南浔善含灌区等8个中型灌区实施方案技术审查。全面支撑梳理国家耕地保护和粮食安全考核水利10项指标，确保考核不失分。

【大中型灌区运行管理】 2023年，农水中心组织开展全省大中型灌区运行管理监督检查。其中，省级督查大中型灌区22个，17个“回头看”灌区新发现问题96个，在建灌区检查发现问题241个，以一市一清单反馈各地，全线跟进督促整改。实行农业用水旬报制，督促各地提前测算水量平衡，及时调整用水计划。组织地方根据水利部一张图审核要求并结合农田灌溉发展规划，完成全省大中型灌区内外边界一张图建设，累计修改上报45批230个次。

【山塘建设运行管理】 2023年，农水中心指导服务全省山塘综合整治1320座（其中列入“省政府十方面民生实事”的病险山塘整治574座），总投资13.58亿元，组织省级服务专员6批130余人次对10市68个县（市、区）574座民生实事山塘现地踏勘。开展“美丽山塘”创建、山塘基础数据整治，全省创建“美丽山塘”587座，完成山塘基础数据信息复核、更新6300余座，推进山塘“建管治”同步达标。高坝、屋顶山塘防汛预警纳入防洪减灾平台，针对预报24小时降雨量超100mm地区的山塘自动发布预警信息；梅雨和台汛期间，省市县三级联动，组织开展山塘巡查抽查，累计抽查山塘4008座，发现问题420个，全部完成整改，强化了山塘防汛预警能力，保障了山塘安全度汛。

【圩区建设运行管理】 2023年，农水中心开展圩区现场技术服务工作30余次，完成湖州市南浔区前口漾圩区、湖州市南浔区排西圩区、湖州市南浔区排东圩区、湖州市吴兴区太湖圩区、平湖市中华圩区、平湖市牌楼圩区等6个初步设计报告合规性审核。督促完成圩区整治约19677hm^2，超额完成年度目标任务。梳理分析杭嘉湖圩区防汛薄弱环节，共查找薄弱环节77处，形成防汛重点关注圩区基本情况表；加强防汛检查，先后赴桐乡市、平湖市、海盐县、嘉善县、湖州市吴兴区、湖州市南浔区、长兴县等县（市、区）开展防汛检查，发现并解决问题22余处，完成整改闭合。

【标准化管理】 2023年，农水中心印发《浙江省大中型灌区现代化建设技术导则（试行）》。拟定并印发《浙江省水利厅关于深化农村水利工程标准化管理评价工作的通知》，出台《浙江省农村供水工程、大中型灌区、山塘、圩区标准化管理评价标准（试行）》，指导省级标准化工程争创部级标准化灌区称号。全年累计完成2407个标准化工程复核、完成37个省级标准化工程评价，其中上浦闸灌区等7个农水工程通过水利部复核。对全省大中型泵站名录进行重新梳理，形成58个最新名录。

【农村水利创新改革和数字化建设】 2023年，农水中心牵头搭建以党建为引领的改革联盟，举办联盟成立会议，签订联盟合作协议，建立以党建联姻的改革合作机制。参与指导完成试点改革实施方案评审，并获得政府批复实施。指导推进3个列入水利部试点数字孪生灌区建设，其中，金华安地、海宁上塘河已部分上线运行。

【农业节水灌溉工作】 2023年，农水中心修改完善并印发《浙江省农田灌溉水有效利用系数测算分析工作考评实施细则（2023）》。完成2022年度全省农田灌溉水有效利用系数测算分析成果报告审查和市级系数测算分析工作考评，除宁波市和温州市考核良好外，其余9

个设区市为考核优秀。组织对11市19个县开展检查指导，反馈问题46个并抓好落实整改。组织开展全省农田灌溉水有效利用系数测算分析工作，2023年度全省农田灌溉水有效利用系数达到0.612。持续做好灌溉试验工作，在中心站和3个重点站开展水稻观测研究，并结合5个定额观测点，完成18种经济作物的定额观测、4种经济作物高效节水灌溉制度、2种新型条件下高效经济作物需水规律、3种养殖用水定额观测等试验任务。

【农水技术培训】 2023年，农水中心组织召开2023年度系数工作交流会和全省技术培训会议，讲解年度系数测算工作要点，剖析历年系数工作中存在的主要问题，提出相关对策，解读全省测算相关技术要点，参加培训150余人。在海宁市组织完成基层水利员培训，重点就农村水利基础（含灌区现代化建设）、白蚁防治、山塘防汛和农业水价综合改革等业务知识进行授课，110余名基层水利员参加培训。在宁波市组织完成2023年农村水利工程建设与运行管理培训班，重点就民生实事病险山塘综合整治、美丽山塘创建、山塘灌区和圩区标准化管理评价、白蚁危害堤坝的检查与防治等业务知识进行授课，各市、县（市、区）水利部门农村水利工程管理相关人员120余人参加培训。

【农村供水建设管理】 2023年，农水中心全面参与全链条8828座单村水站现状摸排，协助做好单村水站改造提升实施方案和工作部署推进工作，会同省水利厅制定印发《浙江省农村供水保障办法》（省政府令 第400号）及单村水站改造提升等建设标准和政策。助力超额完成全省单村水站改造提升开工70%的年度目标。定期开展农饮水明察暗访，赴兰溪市、平阳县、丽水市莲都区等31个县（市、区）完成对万安村供水站、下土天供水站等105个水厂（站）的明察暗访，帮助解决247个工程运维、县级统管等方面的问题，推动单村水站改造提升。

【党建与党风廉政】 2023年，农水中心开展学习贯彻习近平新时代中国特色社会主义思想主题教育，开展主题组织专题研讨交流，完成调研课题3项，其中《浙江省河湖长制典型案例剖析与创新深化研究报告》荣获2023年全省水利系统优秀调研报告一等奖。赴义乌市李祖村、浙东运河文化园、井冈山红色教育基地、曹娥江大闸、杭州市奥体中心、浙江展览馆“大道之行——‘八八战略’实施20周年大型主题展览”等开展循迹溯源学思想促践行暨主题党日活动。按照“1＋1＋N”党建工作思路，构建“154”党建工作框架，打造“红旗引领、农水惠民”党建品牌。与湖州市南浔区等8个现代化灌区试点所在单位党支部成立“深化农业水价综合改革推进现代化灌区建设试点”党建联盟。制定中心党风廉政责任清单，严格落实《2023年度意识形态工作责任分工》，开展“七个一”警示教育活动，建设“人清似水、廉心向农”主题廉政文化墙，修订完善管理制度10项，动态梳理更新廉政风险点和失职渎职风险点，严格落实法定节假日期间正风肃纪工作，筑牢拒腐堤坝。3月，农水中心党支部获评2022年度党建工作考核优秀和五星党支部。7月，农水中心党支部被评为厅系统水利先锋党支部。12月，农水中心青年理论学习小组被评为2023年度省水利厅系统青年理论学习示范小组；《深入学习贯彻党的二十大精神 以河湖长制为抓手奋力打造治水浙江样本》荣获中国水利职工思想政治工作研究会“学习贯彻党的二十大精神 打开水利事业发展新天地”主题征文优秀文章。全年党员组织关系转入1人，转出1人。

（张正松、李岳洲、贾怡、罗正）

浙江省水文管理中心

【单位简介】 浙江省水文管理中心（以下简称“水文中心”）为省水利厅所属公益一类事业单位，机构规格为副厅级。水文中心内设办公室、水情预报部、站网部、通信管理部、资料应用部、水质部（省水资源监测中心）等6个部室及之江水文站（同时挂浙江省水文机动测验队牌子）、分水江水文站和兰溪水文站等3个分支站，经费由财政全额保障。核定编制数90人，至年底，实有在编人员86人。水文中心的主要工作职责是：承担全省水文事业发展规划的编制并组织实施；承担指导水文水资源监测、水文情报预报、水利行业水质监测业务、水文通信、自动测报、全省水文设施的安全保护等具体工作；组织全省水文水资源监测资料的复审、验收和汇编；拟定全省水文行业的技术规范和标准；承担省级水文信息化系统、分支水文站的建设管理和运行维护。

【概况】 2023年，水文中心持续支撑水旱灾害防御工作，在运河水系发生编号洪水、沿海和浙南地区发生暴雨大暴雨、第5号台风“杜苏芮”影响期间，做好雨水情监测预报预警工作。加快雨水情监测预报“三道防线”（指气象卫星和测雨雷达、雨量站、水文站组成的雨水情监测）建设，全年新改建水文测站539个。强化水文数据传输安全，《基于内生安全的数字化水文端到端解决方案》项目成功入选“2023年浙江省数字化改革网络安全优秀案例”。承担“水利行业北斗三号短报文规模化应用示范”项目，扩展北斗三号短报文在雨水情监测、水准点校测、水坝形变监测、海塘形变监测等行业场景应用实践，为水利行业规模化应用提供支撑。开展全省重点河湖生态流量（水位）监测和评估，编制生态流量监测信息月度通报。开展地下水“双控”管理与保护相关工作，完成浙江省地下水超采区划定报告和全省地下水保护与开发利用规划。完成水文资料整汇编，推动地方水文开展集成改革，加快水文科技研究应用。持续迭代“浙江省江河湖库水雨情在线监测分析服务平台”，实现省市县全面贯通应用，为浙江省水利重大应用和“水利大脑”提供精准可靠的水文感知数源和好用的功能组件。

【水雨情预报预警】 2023年，水文中心向水利部信息中心报送实时水雨情信息数据1.13亿余条（站点5440个），其中汛期报送5700万余条，实现全省省级以上报汛站、全部已建大中型水库和大部分已建小型水库以及已建墒情站等实时信息的报送。全年报送各类基础信息5292万余条。梅雨期和台风影响期间，水文中心加密报送水情信息和分析材料，全年报送水利部信息中心各类材料3505余份。汛期，全省累计完成洪水预报12500余站次，风暴潮预报22期220站次，洪水预报合格率达到100%，预报成果优良率95%以上。全省累计发布洪水预警46期，24小时山洪灾害预报预警32期471县次，结合短临气象预报发布点对点短临预警408县次，水利旱情预警71期，覆盖8市48县（市、区）。

【水文护航亚运】 2023年，水文中心组织完善护航亚运水文保障方案和水文网络安全联防联控机制，开展护航亚运水文测报应急演练，完善涉杭州第19届亚运会场馆相关水文站预报方案。杭州第19届亚运会期间持续4天逐时监测富春江河段水位流量，完成富阳站水位分析预测12期，保障富阳水上皮划艇赛事成功举办。

【站网建设与管理】 2023年，水文中心加快推进雨水情监测预报“三道防线”建设，全年完成新建各类水文测站539个，其中水文站209个、水位站321个、雨量站9个。2023年，修订并印发《浙江省水文测站标准化管理评价标准》，全年完成687座国家基本水文测站的复核和10个省级标准化水文测站的评定。主动对接省自然资源厅，将全省范围内所有215个国家基本水文（位）站保护范围空间数据纳入浙江省域空间治理数字化平台“国土空间规划一张图”。累计对10个受工程影响水文测站开展技术指导，落实“工程+水文”措施，推进水利工程配套水文设施建设。开展浙江水文“大走访大调研大服务大解题”“水文服务基层”等工作，累计为81个县（市、区）解决185个问题。全覆盖完成全省500余名流量测验从业人员轮训。

【水文应急测报演练】 2023年6月29日，水文中心以2019年第9号台风“利奇马”为背景，以“护航亚运”为主题，联合杭州、金华等水文部门，在杭州市萧山区、桐庐县、杭州市富阳区、金华市等4个杭州第19届亚运会场馆所在区域开展应急测报演练。演练采用新技术新设备新手段开展流量、水位、雨量等水文要素监测，通过实战进一步检验省市县三级水文部门应急监测水平。

【水文数字化】 2023年，水文中心迭代升级水文业务应用，深化水文数字化“115N”（指1个数据仓，1个水文业务平台，实现站网布局、通信监控、预报预警、资料整编、业务分析5项业务、打造水文应用服务N个场景）工作体系，结合“指尖上的形式主义”专项整治工作，按照省委“十统一”（指入口、域名、界面、用户体系、云资源、数据、组件、运行检测、安全防护、IRS目录）要求，整合兼并“浙江省中小河流监测预报预警系统”“浙江省水雨情发布系统”等5个应用。持续建强水文数字底座，完善数据传输、协同机制，扩展现有水文数据传输效能，实现全省水文感知数据采集、传输、存储、共享、回流一平台协同处理。建立水雨情数据质量闭环管理机制，实时动态向水利数据仓归集，日均动态增长约600万条。

【水文资料整编及服务】 2023年，水文中心完成2022年度全省国家基本站、大中型水库、杭嘉湖巡测、地下水等四大类共11册水文资料的整编、审查、刊印工作。完成2023年度国家基本站水文资料即时整编、阶段审查和2023年度地下水资料月度整编工作。完成《中国水文年报（2022）》《浙江省泥沙公报（2022）》《浙江省跨行政区域河流交接断面水量分析（2022）》编制工作。2023年，水文中心通过“浙里办”政务服务窗口，全力做好政务服务增值化改革工作。全年受理水文资料查阅、使用服务166次，提供7393站年、402.2万组水文数据。

【水文集成改革试点】 2023年，水文中心按照“聚焦问题、确定方向、基层试点、省级集成、全省推广”方式，尊重基层首创，指导市县开展水文管理集成改革试点，为构建全省水文现代化发展机制探路。水文中心指导杭州市水文水资源监测中心制定出台全省第一个《专用水文测站建设与管理规范》（DB3301/T 0417—2023）地方标准。协助指导绍兴市水利局出台《绍兴市水文测站运行管理指导手册（试行）》，印发《浙江省水文管理中心关于转发〈绍兴市水文测站建设及运行管理指导手册（试行）〉和〈绍兴市水文测站设施设备运行维护第三方服务技术要求及考核管理示范文本（试行）〉的通知》供全省水文系统学习借鉴。

【水资源水生态服务】 2023年，水文中心组织开展294个水质站、21个水生态监测站、156个地下水监测站以及89处农村饮用水的水质监测和评价。完成《浙江省水资源公报（2022）》《浙江省地表水资源质量年报（2022）》《浙江省水资源资产负债表》《浙江省地下水超采区划定报告》的编制和用水统计工作，完成《浙江省国家地下水监测工程水质监测与评价报告（2023）》编制。开展24个重点河湖生态流量断面的生态流量（水位）监测和评估工作，编制《浙江省水生态监测与评价报告（2023）》《浙江省重点河湖主要控制断面生态流量监测信息》月报。试点创建马金溪生态流量保障机制，建立生态流量监测—评价—预报—预警—调度全链条业务体系，实现对控制断面生态流量“四预”功能。2023年，浙江省水资源监测中心通过国家市场监督管理总局扩项评审和全国国家级资质认定检验检测机构进行的“双随机、一公开”监督抽查。

【水文科技】 2023年，水文中心在分支水文站开辟水文试验场，面向市场主体提供新技术新设备试验服务，开展国产水平式ADCP、全断面时差法、泥沙在线监测等试验，之江水文站新增插针式墒情监测项目，分水江水文站新增斜管式水位机测试项目。《水情分析数据库表结构及标识符》（T/ZS 0475—2023）和《区域水资源综合评价规范》（T/ZS 0455—2023）等 2 项团体标准发布并施行。《图像识别水位监测系统建设规范》《水文通信平台北斗三号报文通信标准》已立项。“浙江省用水结构演变驱动因子及水资源可持续利用评价体系研究”荣获 2023 年度浙江省水利科技创新奖三等奖。“一种基于北斗的平安水利数据遥测透传设备”技术（产品）列入 2023 年度浙江省水利先进适用技术推广指导目录。“基于内生安全的数字化水文端对端方案”入选 2023 年浙江省数字化改革网络安全优秀案例名单。《浙江省降水特征及其参数空间变化分析》获第五届浙江省水利学会优秀论文一等奖。

【安全生产】 2023 年，水文中心制定安全生产工作要点，修订安全生产岗位职责，层层签订责任书，强化安全生产警示教育，压紧压实安全生产责任，开展 17 轮安全隐患自查及专项整治。紧盯“两会”、杭州第 19 届亚运会等关键节点，执行每日网络安全事件“零报告”制度，参加国家、省、市公安、水利、网信等部门组织的网络安全攻防演练，锻强中心网络安全防护能力和应急处置力量。

【援藏援疆】 2023 年 3 月，水文中心选派胡永成专家对来浙江参加集训的新疆阿克苏水文勘测局专业技术人员开展一对一培训，2 名接受培训的人员在 4 月举办的新疆水文勘测技能竞赛中，分别获得该项比赛个人第一名和第四名，阿克苏水文勘测局获团体一等奖。8 月，水文中心选派 2 位专家赴西藏自治区开展工作，专家组通过实地查勘和座谈会方式，深入了解阿里地区水文站网现状，结合当地实际，梳理阿里地区水文存在问题和短板，提出具体解决办法及未来发展的建议。

【人才队伍建设】 至年底，水文中心 86 名在编人员中，高级工程师及以上职称 46 人，中级工程师职称 24 人，其中，省“151”人才 7 人，省水利厅“325”拔尖人才 5 人，享受政府特殊津贴专家 1 人。注重源头储备和岗位交流，2023 年新招聘职工 4 名，选派 1 名职工至浙江省妇女联合会挂职锻炼。全年向水利部、太湖局、省水利厅等有关部门推荐申报相关专家、奖项等 40 人次。2023 年，中心领导班子获 2023 年度厅系统考核优秀；水文中心 1 名职工、1 个团体入选浙江省首届“最美浙江人·最美水利人”；1 名职工荣获水利厅系统青年学习标兵；1 名职工、1 个团队获护航杭州第 19 届亚运会、亚残运会浙江省先进个人，先进集体；1 名职工、1 个团体获全国水文先进个人，先进集体；2 名职工获水利厅系统 2023 年度水旱灾害防御工作成绩突出个人；2 名职工、1 个团体获水利厅系统水利护航亚运保障工作成绩突出个人、突出集体；1 名职工获浙江省自然灾害综合风险普查工作成绩突出个人。

【水文文化建设】 2023 年，拱宸桥水文站入选全国第一批百年水文站和第四届水利部“水工程与水文化有机融合案例”。衢州水文站入选浙江省第二批“水工程与文化有机融合典型案例”。分水江水文站、拱宸桥水文站、兰溪水文站、衢州水文站、温岭水文站、瓶窑水文站、诸暨水文站开展水文科普教育。

【党建与党风廉政】 2023年，水文中心召开党委理论学习中心组（扩大）学习会20次，其中安排集中研讨9次，落实党委理论学习中心组学习巡听旁听2次。水文中心开展学习贯彻习近平新时代中国特色社会主义思想主题教育，一体推进理论学习、调查研究、推动发展和检视整改，主题教育期间累计解决问题185个，梳理整改问题7个，修订完成制度16项。水文中心全力打造分水江水文站水利红色基地，累计接待24批次300余人开展循迹溯源。水文中心坚决贯彻省水利厅党组“1＋1＋N”党建工作思路，持续开展“一支部一品牌”创建，站网部（之江水文站）党支部“红色哨站”特色做法入选首批水利基层党建典型案例。水文中心办公室党支部获省水利厅系统“2023年先锋支部”称号。

（曹樱樱）

浙江水利水电学院

【单位简介】 浙江水利水电学院（以下简称“浙江水院”）是一所特色鲜明的工科类应用型本科高校。浙江水院前身为1953年的杭州水力发电学校，历经杭州水力发电学校、浙江电力专科学校、浙江水利水电学校、浙江水利水电专科学校等阶段，2013年经教育部批准升格为浙江水利水电学院，2014年成为水利部与省政府共建高校，2019年入选浙江省应用型建设试点示范院校，2020年列为水利部强监管人才培养基地组成单位（全国高校仅3家），2021年高质量通过普通高校本科教学合格评估，获批水利科学家学风传承示范基地。2022年，南浔校区建成并平稳运行，同年获批硕士学位授予单位立项建设，入选水利部首批节水型高校典型案例，获首批浙江省绿色学校（高等学校）。2023年，获批教育部留学生“专升本”试点单位，南浔校区入选当年度国家水土保持示范工程。浙江水院下设水利与环境工程学院、建筑工程学院、测绘与市政工程学院、机械与汽车工程学院、电气工程学院、经济与管理学院、信息工程学院、国际教育交流学院、马克思主义学院、继续教育学院、创业学院、体育与军事教育部等13个教学单位，浙江水利与海洋工程研究院、浙江水文化研究院和水科学研究院、南浔创新研究院等4个研究机构。设有本专科专业40个，其中本科专业34个，覆盖工学、理学、管理学、经济学和文学等5个学科门类。

【概况】 2023年，浙江水院全日制在校生15225人，其中本科生13356人；联合培养研究生86人。教职工958人，专任教师692人，其中高级职称专任教师占33.09%，硕士以上专任教师占82.23%，拥有国务院特殊津贴获得者1人、省“五一劳动奖章”1人、省宣传文化系统“五个一批”1人、省高校领军人才8人、省级教学名师2人、省高校优秀教师1人、省“151人才”17人、省一流学科带头人3人、省中青年学科带头人5人。拥有“十四五”省一流学科（B类）4个，省工程研究中心、省级软科学基地、省国际科技合作载体各2个，省重点实验室、省新型高校智库、国家水情教育基地、省水文化研究教育中心、水利科学家学风传承示范基地和省高校高水平创新团队各1个。有国家级一流专业1个，通过教育部工程教育专业认证专业2个，省一流专业11个，省优势专业1个，省特色专业7个，国家级一流本科课程1门，省一流课程111门，省级实验教学示范中心5个，省非物质文化遗产传承教学基地1个，省级大学生校外实践教育基地4个。建有省级重点支持的现代产业学院1个，获批教育部与浙江省协同育人项目117项，获国家级教学成果二等奖1项、省教学成果一等奖5项和二等奖9项。获省第十三届高校青年教师教学竞赛一等奖1项、二等奖2项。

【人才培养】 2023年，浙江水院进行人才培养模式改革，推进工程教育认证。组织修订2023版本科人才培养方案，制定《学科专业设置调整优化改革实施方案》。完成环境生态工程、地理信息科学、遥感科学与技术、机器人工程、智能电网信息工程、人工智能、智慧水利、智能感知工程和翻译等9个专业的学士学位授予权评审。落实100%教授主讲本科课程。推行学生学业过程性考核改革，出台《浙江水利水电学院关于过程性考核实施指导意见（试行）》。持续推行课程思政六进（进教材、进方案、进大纲、进教案、进课堂、进评价），课程思政100%全覆盖，设立思政社会实践教研室，制定《思政社会实践课程教学大纲》，设置思政课程18学分。《“水分子”思政社会实践》获评国家级一流课程，学校获全省高校课程思政活动优秀组织奖。《水利水电工程管理类专业“三维三新”人才培养模式创新与实践》获2023年高等学校水利类专业教学成果奖二等奖。落实OBE教育（指向成果导向教育）理念，组织省本科高校“四新”建设研讨会和新工科应用型人才培养研讨会，建有现代产业学院9个。与浙江海洋大学、浙江理工大学、中国计量大学等高校签订紧密型联培研究生协议，拥有硕士生指导资格教师90人。

开展“书记星课堂”“师长面对面暨校长下午茶”“导师午餐会暨教授午餐会”“水韵大讲堂”“学长浙漾说”“红石榴”等特色品牌活动。2023年，学生在国内外科技竞赛中获省级及以上奖项359项，其中获国家级奖项59项。获第十八届全国大学生智能汽车竞赛二等奖1项和三等奖1项、中国大学生工程实践与创新能力大赛银奖1项、第八届全国大学生水利创新设计大赛特等奖1项和二等奖2项等奖项。立项国家级大学生创新创业训练计划项目70项。2023年，浙江水院面向21个省招生5210人，其中本科招生4560人；毕业生初次就业率达93.01%，毕业生一年后就业率达96.30%。毕业生职业发展与人才培养质量排名位列全省高校第一。

【学科科研】 2023年，浙江水院优化学科布局，推动学科建设高质量有特色发展，获批水利工程、电气工程、机械工程、土木工程4个“十四五”省一流学科（B类）。工程学ESI潜力值98.78%。推进有组织科研，设立水科学研究院、南浔创新研究院，重点建设土木水利、资源环境、能源动力、机械电子信息、经管人文等以水利水电为特色的学科群。先进水利装备浙江省工程研究中心建设及运行情况评估获优秀等次。新增省部级以上项目26项，其中国家级项目6项、水利部重大项目1项。全年科研经费累计到款金额4420.80万元，科技成果转化13项。以第一单位获省科学技术进步奖三等奖1项、2023年度中国商业联合会科技进步奖二等奖2项、第十五届中国商业联合会服务业科技创新奖二等奖1项、省生态环境科学技术奖一等奖1项、省商务厅2023年度对策类课题及国际经济贸易研究优秀成果奖二等奖1项。

【师资队伍建设】 2023年，浙江水院坚守师德师风第一标准，出台《人才引育三年行动计划（2023—2025）》，引进人才125人，其中优秀青年博士及以上人才102人，柔性引进高水平专家4人。认定高层次人才205人，其中C1类人才3人、C2类人才3人、C3类人才2人、D1类人才91人、D2类人才96人、D3类人才10人。实施“南浔学者”“南浔青年学者”计划，其中认定一类学者2人、二类学者13人、三类学者6人、青年学者25人。成功申报国家留学基金管理委员会面上项目2人，地方合作项目2人，派出国内访问学者、访问工程师3人，在职攻读博士学位20人。

【社会服务与交流】 2023年，浙江水院支撑服务浙江省高质量发展建设共同富裕示范区、乡村振兴战略和“315”科技创新体系建设，聚焦“千项万亿”水网安澜提升工程、浙江水网、农村饮用水达标提标行动等水利中心工作。参加社科赋能山区26县跨越式高质量发展行动，入选浙江省新职业社会评价组织。建好水利部水利工程建设与管理人才培养基地，面向全国开展河湖长制培训等各类涉水培训近3万人次，设立浙江河（湖）长学院衢州分院和安吉分院，校地联合共护河湖，助力习近平生态文明思想的浙江实践。开展“把脉江河守安澜”活动，助力龙泉市实施农业灌溉更新升级、海宁上塘河灌区入选水利部全国第一批试点灌区。围绕“幸福河湖”“浙江水网”建设，与水利部农村电气化研究所、水利部产品质量标准研究所、江河安澜工程咨询有限公司签署合作协议。基于数字孪生的精准调水技术在省“百项千亿防洪排涝工程”项目瑞垟引水工程中得到应用，支撑水利数字化改革。

组织志愿者1200余人参与服务杭州第19届亚运会和亚残运会相关项目，获杭州第19届亚运会、亚残运会全国先进集体称号。承办国际会议6个，承办首届长三角水论坛暨水利先进技术（产品）推介会、2022年中国工程热物理学会热机气动热力学和流体机械学术会议、水安全与社会经济高质量发展论坛暨2023数智水网学术年会、新工科应用型人才培养研讨会等国内大型会议。举办钱江论坛48次。

【开放办学】 2023年，浙江水院牵头建设的“中国—吉尔吉斯斯坦鲁班工坊”立项中央援外项目，并列入首届中国—中亚峰会成果清单，入选2023年省共建“一带一路”国家高质量发展重点项目。获批教育部留学生“专升本”试点院校，新增“一带一路”国家来华留学生8人。与马来西亚拉曼理工大学、中兴通讯共建“一带一路”“丝路学院”，与国立新西兰理工学院签署中外合作办学备忘录。与白俄罗斯国立技术大学共同举办的“4＋0”本科合作办学项目——机械设计制造及其自动化专业本科教育累计培养192人。

【水文化育人】 2023年，浙江水院《中国水文化概论》获省“十四五”首批重点教材立项，《钱塘江与科学家群体》入选省高校原创文化推广行动作品，《水利千秋 廉润初心 浙江治水历史人物廉洁故事》作为“十四五”省水情教育规划成果之一正式出版。9月，出版水文化论文集《浙水安澜 掬水留香》，献礼浙江水院70周年校庆。参与编写的《浙江水利年鉴2022》《浙江自然资源年鉴2022》获评2023年度“省级优秀专业年鉴”。

【硕士学位授权点申报】 2023年，浙江水院多措并举推进硕士学位授予单位和授权点建设，走访调研多所省内外高校，召开硕士学位授权点申报推进大会，制定《硕士学位授予单位和授权点建设工作方案》，定期发布工作简报。修订《联合培养研究生管理暂行办法》，新增单列联培研究生招生计划30人。

【思政工作】 2023年，浙江水院2个项目获批2024年度高校思想政治工作质量提升综合改革与精品建设项目。获《中国近现代史纲要》省高校课程教学比赛一等奖1项，省高校思政微课大赛三等奖2项。《“水分子”思政社会实践》入选第二批国家级一流本科课程，“上善若水、以水育人——‘水分子’志愿服务育人工程”获全国水利德育教育优秀成果一等奖，阿木工作室获评省“三育人”先进集体，5支团队入选2023年全国大学生志愿宣讲团和志愿服务示范团队。浙江水院入选省课程思政教学改革联盟理事单位、“全国高校心理委员研究协作组”理事单位。

【现代产业学院建设】 2023年，浙江水院围绕行业产业需求培养推进产教融合，培养创新型卓越工程人才，建有现代产业学院9个。出台《现代产业学院建设与管理办法（试行）》，成立正泰数智低碳高端装备现代产业学院、网络空间安全产业学院和电机产业学院。其中，正泰数智低碳高端装备现代产业学院列入2023年省级重点支持现代产业学院建设。

【水科学研究院成立】 2023年10月27日，以“汇聚创新资源，凝聚创新力量，建水特色学科，助力水利高质量发展”为主题的水科学高端论坛暨水科学研究院揭牌仪式在浙江水院钱塘校区举行。浙江水院聘任长江设计集团首席科学家、中国工程院院士钮新强为水科学研究院第一届学术委员会主任委员，并作主旨报告。

【建校 70 周年庆祝大会】 2023 年，浙江水院成立 70 周年校庆筹备工作领导小组及工作机构，制定筹备工作总体方案，确定校庆主题为“构建水院共同体 奋力谱写高质量有特色发展新篇章”。10 月 28 日，浙江水院在南浔校区体育馆举行建校 70 周年庆祝大会，国家和省级有关部门、地方政府、企事业单位、科研院所以及省内外高校领导，全体校领导，浙江水院老领导、老教师，历届校友和在校师生代表，社会各界朋友参会。

【技术支撑项目】 2023 年 11 月 4 日，在印度维萨卡帕特南召开的国际灌排委员会第 74 届执行理事会上，由浙江水院水工程遗产研究团队提供技术支撑的安徽七门堰调蓄灌溉系统成功入选 2023 年（第十批）世界灌溉工程遗产名录。

【党建与党风廉政】 2023 年，浙江水院学习贯彻“贺信精神”（指 2003 年时任浙江省委书记习近平致学校建校 50 周年贺信之时，对学校作出“建设高质量、有特色的水利水电学校”重要批示），研究制定《推进高质量有特色发展三年行动计划》。完善党建工作例会和督促检查制度，一体推进主题教育、基层党建、思想政治、意识形态、“三全育人”、干部和人才队伍建设、师德师风建设、平安建设等各项工作。推进校内综合考核改革，形成“1＋2＋1＋N”考核制度体系。实施二级院系党建强院行动，推动学校党建整体建强。实施“双带头人”培育工程，教师党支部书记“双带头人”100％配备。新增省高校党建标杆院系 1 个、样板党支部 2 个、“双带头人”党支部书记工作室 1 个，水利先锋党支部 7 个，入选全省高校校企地党建联建典型案例 1 个，入选钱塘区政校企党建融合优秀案例 2 个，获评杭州市钱塘区政校企党建融合先进党组织 1 个。全年发展党员 287 人，组织开展入党积极分子培训 1301 人次、发展对象和学生党员培训 675 人次。

（刘艳晶）

浙江同济科技职业学院

【单位简介】 浙江同济科技职业学院（以下简称“同济学院”）由省水利厅举办，是一所从事高等职业教育的公办全日制普通高等院校。前身是 1959 年成立的浙江水电技工学校和 1984 年成立的浙江水利职工中等专业学校。2007 年经省政府批准正式建立浙江同济科技职业学院（以下简称同济学院）。同济学院由校本部（22.63hm^2）、大江东校区（42.39 hm^2）组成，总占地面积 65.02hm^2。同济学院坚持“立足浙江、面向全国、紧贴行业、服务发展、促进就业”的办学宗旨，按照“立足水利、一体两翼”的专业发展定位，形成了以大土木类专业为主体、以水利为特色的五大专业群，深化产教融合、校企合作、职普融通，推行中国特色学徒制，开展中高职一体化人才培养，助力现代职业教育体系建设，培养德智体美劳全面发展的高素质技术技能人才。同济学院具备招收外国留学生资格，设有水利工程学院、建筑工程学院、机电工程学院、经济与信息学院、艺术设计学院、马克思主义学院、通识教育学院、继续教育学院（浙江省水利水电干部学校）等 8 个教学单位，开设水利工程、建筑设计、工程造价等 26 个专业，是首批省属社会评价组织，为行业培训考证提供服务。

同济学院于 2008 年获“国家技能人才培育突出贡献奖”，2011 年被评为全国水利职业教育先进集体，2014 年高质量通过全国水利职业教育示范院校建设验收，2015 年被评为全国文明单位，2016 年被水利部确定为全国水利行业高技能人才培养基地，2018 年被认定为全国优质水利高等职业院校建设单位、教育部现代学徒制试点单位，2020 年被确定为浙江省“双高计划”[指高水平职业院校和专业（群）建设计划] 建设单位，2021 年高质量通过全国优质水利高等职业院校及教育部现代学徒制试点单位验收，获评浙江省文明校园，并成功入选全国水利人才培养基地，2022 年入选教育部中德先进职业教育合作项目（SGAVE 项目）试点院校、浙江省深化新时代教育评价改革综合试点校，获批浙江省示范性职工培训基地、示范性继续教育（社会培训）基地和社区教育示范基地，2023 年入选教育部浙江省共建“双元制”改革试点（德国企业和院校在华举办职业教育试点）院校、浙江省百家清廉建设成绩突出单位。

【概况】 2023 年，同济学院坚持以习近平新时代中国特色社会主义思想为指引，围绕贯彻落实党的二十大、省第十五次党代会精神，深入开展主题教育，坚持创新深化、改革攻坚、开放提升，聚力聚焦立德树人、提质增效、文明创建，圆满完成各项年度工作目标。至年末，同济学院共有全日制在校生 10262 人，教职工 608 人，其中专任教师 511 人，专任教师中硕士及以上学位比例 85.9%，双师素质教师（指同时具备理论教学和实践教学能力的教师）比例 86.66%。同济学院有享受国务院特殊津贴专家、浙江省（水利部）优秀教师、职教名师、专业带头人 20 人，入选浙江省“151 人才工程”、水利“325 拔尖人才工程”等省市级人才 50 多名；拥有教学科研仪器设备，价值 1.39 亿元，馆藏纸质图书和电子图书共计 125 万册；建有校内实训基地 22 个、联系紧密的校外实习基地 292 个。

【教学建设】 2023 年，同济学院打造“金字塔式”三教改革新生态，1 门课程入选职业教育国家在线精品课程，4 部教材入选首批“十四五”职业教育国家规划教材，参与项目获国家教学成果奖 2 项。1 个教师团队在全国水利职业院校第三届教师教学能力大赛中取得一等奖第一名。教学资源库、产教融合共同体、虚拟仿真示范实训基地、优质教材 4 个项目获得省级推荐申报国家级项目，水利水电工程智能管理团队成功立项第二批水利职业教育教师教学创新团队。中国特色学徒制培养模式、国家教学团队及水利专业群建设成果在光明日报、中国教育报、中国教师报报道。同济学院在 2022 年度省高职院校督导评估中名列第 12 位。

【招生就业】 2023 年，同济学院录取新生 3850 人，招生计划完成率 100％，新生报到率 98.5％，技能优秀免试生招生实现零的突破。成人教育招生 559 人。共有毕业生 3797 人，毕业生初次就业率 98.29％。

【育人工作】 2023 年，同济学院持续推动立德树人根本任务走深走实，完善“三全育人”工作格局。成功举办第二届水利院校德育教育研讨会。开展“大学生讲党的故事”宣讲活动，选送优秀作品获全省高校思政微课大赛特等奖。成功举办第十届“周恩来班”高质量发展研讨会，擦亮“伟人文化”育人品牌金名片。推进民族学生“培根铸魂”，建成“同心·同济”民族学生成长中心，民族学生育人模式的创新与实践研究成果获水利院校德育教育优秀成果一等奖。学生技能竞赛获国家级奖项 7 项，其中 1 项获国赛一等奖，获奖数量和级别均取得历史性突破。组织 906 名师生圆满完成杭州第 19 届亚运会、亚残运会志愿服务工作，获省级亚运先进集体 1 个、先进个人 6 名。

【数字化改革】 2023 年，同济学院实施数字化改革“一把手”工程，专班运作强力推进数字变革，引领学校管理整体智治。实施网络强基工程，完成光电混合缆 Wi－Fi 无线校园全覆盖。迭代升级各核心业务系统，全面梳理业务流程三张清单。持续开展“一数一源”治理，开展“数智同科”驾驶舱建设，初步实现校园 3D 可视化虚拟现实管理。推进教学数字赋能，完成“智慧水利公共虚拟仿真实训基地”一期建设。学校成功入选省职业教育信息化标杆校试点单位，获评 2023 年省高校网络信息化建设工作先进单位，数字化改革成效在浙江日报专刊报道。

【科研与服务】 2023 年，同济学院建设浙江省水利工程白蚁防治实验室，编写《浙江省水利工程白蚁防治常用技术分析》，开展温州、绍兴等地水利工程白蚁应急整治专项检查，完成嘉善县超 500km 圩区白蚁普查、防治。主持立项省级项目 7 项，立项省“领雁”研发攻关计划科技合作项目和单村水站供水技术攻关“揭榜挂帅”项目各 1 项，获全国商业科技进步奖 1 项，承接技术服务合同额首次突破 1000 万元，科技成果转化创新高，科研水平、服务能力实现“双提升”。稳定省内培训业务，积极拓展国家部委、新疆、青海等省外横向培训任务，全年共组织培训、考试 2 万余人次，培训费到款额 770 余万元。“同科·水博”社区学院的典型示范案例获省教育厅官网报道。

【人才队伍建设】 2023 年，同济学院坚持人才强校战略，设立“特聘专家”岗位筑巢引凤，实施“走进一流大学招聘宣传计划”，实行高层次人才引进快速反应机制，全年共引进博士 11 人，创历史新高。打造水利类全国职业教育教师企业实践基地品牌，牵头申报并成功入选第二批全国职业教育教师企业实践基地 1 个，获评省普通高校优秀教师教学发展中心 1 个。以实绩为导向，进一步完善自主评聘系列设置和分层分类评价业绩标准体系，深化职称评聘制度改革，更好发挥“指挥棒”作用。优化人才激励机制，2 名教师通过“直通车”新聘副教授，8 名博士被聘为校聘副高级，4 名教师入选学校第三批年薪制人才。

【开放合作】 2023 年，同济学院牵头成立“长三角绿色生态一体化建设产教联盟”，推动长三角地区绿色生态领域人才、技术的交流与协同发展。联合中国电建集团华东勘测设计研究院有限公司、河海大学成立华东地区水利电力行业产教融合共同体，合力打造产教协同发展“示范区”。加强校地合作，与景宁县、缙云县等政府合作打造“山海协作水利职教共同体”，与象山县政府及当地中职学校、企业共建产业学院，助推当地产业升级和经济发展，与温州市水利局战略合作，开展区域水安全、水资源、水环境等研究。完成精雕·数字化精密制造产业学院基地建设，打造浙江工匠黄俞淇大师工作室。立项全国工商联人才中心产教融合示范实训基地。深度参与小水电领域国际标准化组织（ISO）秘书处工作，承办发展中国家经济建设与绿色可持续发展研修班、孟加拉国家电网研修班等多个培训班。开拓“一带一路”国际合作新局面，主持 2 个国际标准开发，入选教育部浙江省共建“双元制”改革试点院校。

【文明校园建设】 2023 年，同济学院积极争创全国文明校园，高质量完成省文明校园复查工作。完善校园文明活动场所，以数字技术、产教融合形式，建成智能垃圾分类新时代文明实践站。学校文明校园建设案例获第三届水利职业院校水文化育人成果二等奖。

【综合治理】 2023 年，同济学院加快基础设施建设，实训综合楼建设全面推进，获中央预算内投资补助 2000 万元；校园环境提升、教学实训楼修缮、供水设施改造等工程顺利完工。做好校园无线网络全覆盖、教学楼环境提升、学生公寓 C 楼设施更新、“水润之家”党群服务中心建设、大学生心理健康教育指导中心建设、师生餐饮品质提升、健身中心建设提升和设置智能报销投递机等 8 件惠民实事。高质量举办省水利厅第二届职工趣味运动会，3 个职工小家获省直机关工会先进职工小家。依法治校工作稳步推进，积极申报浙江省全国依法治校示范校培育校。深化平安校园建设，建好智慧平安同科安防平台，做好“平安护航亚运”等特殊时段安全稳定工作。加大校友和教育基金会工作力度，不断汇聚办学合力。

【入选职业教育国家在线精品课程】 2023 年 1 月 12 日，教育部办公厅发布《关于公布 2022 年职业教育国家在线精品课程名单的公告》，同济学院“水利工程造价”课程被认定为 2022 年职业教育国家在线精品课程。

【4 部教材入选首批“十四五”职业教育国家规划教材书目】 2023 年 6 月 30 日，教育部办公厅发布《关于公布首批“十四五”职业教育国家规划教材书目的通知》（教职成厅函〔2023〕19 号），同

济学院共4种教材入选，分别是张燕主编的《居住区规划设计（第2版）》、吴宏平主编的《水泵与水泵站（第3版）》、朱友聪主编的《水利工程管理技术》以及郭雪莽主编的《水利工程概论（第2版）》。

【第九届全国水利行业职业技能竞赛】 2023年4月18—20日，同济学院承办第九届全国水利行业职业技能竞赛，来自全国各地的28支代表队、73名技能选手开展为期2天的河道修防工赛项竞技。由同济学院培训培养的4名浙江选手均进入前10名，副省长李岩益专门作出批示，为竞赛的成功举办点赞。

【入选全省清廉建设成绩突出单位】 2023年11月30日，中共浙江省委办公厅印发《关于表扬全省清廉建设成绩突出单位的通报》，同济学院入选全省百家清廉建设成绩突出单位。

【竞赛荣誉】 3月26日，获第十五届全国大学生结构设计竞赛三等奖1项。4月9日，获第八届中国国际“互联网＋”大学生创新创业大赛铜奖。5月21日，获浙江省第十八届“挑战杯”大学生课外学术科技作品竞赛金奖1项、铜奖7项。7月21—23日，获浙江省第九届国际“互联网＋”大学生创新创业大赛金奖1项、银奖4项、铜奖1项。7月22—25日，获全国职业院校技能大赛“环境艺术设计”赛项二等奖1项。9月9—12日，获全国职业院校技能大赛“水利工程BIM建模与应用”赛项三等奖1项。8月28日至9月2日，获全国职业院校技能大赛“地理空间信息采集与处理”赛项三等奖1项。9月17日，获全国职业院校技能大赛“消防灭火系统安装与调试”赛项三等奖1项。9月27日，获全国职业院校技能大赛高职组“智能节水系统设计与安装”赛项团体一等奖。10月12—14日，获第15届全国水利职业院校技能大赛（黄河杯）节水技术赛项单项团体奖第二名，个人单项一等奖4项、二等奖5项、三等奖5项。

【党建与党风廉政】 2023年，同济学院严格落实“第一议题”学习制度，建立贯彻习近平总书记重要指示批示精神闭环落实机制，确保党中央重大决策部署在学校落细落实。加强党对学校工作的全面领导，强力推进创新深化改革攻坚开放提升，实施提质培优、数字赋能、产教融合三个工程行动。全面实施“红色根脉强基工程”，大力培育党建创优成果，入选全省高校“双带头人”教师党支部书记工作室、示范性党群服务中心培育单位。深化党组织“对标争先”，建筑工程学院党总支入选全省高校党建工作标杆院系培育创建对象，经济与信息学院移动商务党支部、艺术设计学院环境艺术设计党支部入选全省高校党建工作样板支部培育创建对象，水利工程党支部获评省直机关2023年先锋党支部。切实加强理论武装，通过理论中心组学习、党员干部研讨交流、现场观摩、专家辅导报告等多种形式，开展全覆盖、全方位、全融合的学习贯彻习近平新时代中国特色社会主义思想主题教育。“钱江潮”理论宣讲名师工作室广泛开展“钱江潮涌”主题宣讲，不断将政治理论学习引向深入。深挖“清廉水利”育人基因，持续推进“清廉同科”建设，入选省清廉机关工作示范点重点培育单位。清廉建设成效在省纪委省监委内网、省教育厅官网报道。同济学院在全省教育系统专题会议上作典型发言。

（朱彩云）

中国水利博物馆

【单位简介】 中国水利博物馆（以下简称中国水博）是2004年7月经国务院批准，由中央机构编制委员会办公室批复设立的公益性事业单位，隶属水利部，由水利部和省政府双重领导。内设办公室、财务处、展览陈列处、研究处、宣传教育处5个职能部门。至年底，核定事业编制33名，实有在编人员30人。中国水博的主要工作职责是：贯彻执行国家水利、文物和博物馆事业的方针、政策和法规，制定并实施中国水博管理制度和办法；负责文物征集、修复及各类藏品的保护和管理，负责展示策划、设计、布展和日常管理工作；负责观众的组织接待工作，开展科普宣传教育、对外交流合作，做好博物馆信息化建设；承担水文化遗产普查的有关具体工作，开展水文化遗产发掘、研究、鉴定和保护工作，建立名录体系和数据库；承担水文化遗产标准制定和分级评价有关具体工作；开展水利文物、水文化遗产和水利文献等相关咨询服务，承担相关科研项目，开展国内外学术活动；组织实施中国水博工程及配套设施建设工作；承办水利部、省政府和省水利厅交办的其他事项。

【概况】 2023年，中国水博加快推进水文化建设，讲好中国水利故事。9月20日，习近平总书记考察绍兴浙东运河文化园时，馆长陈永明作为专家组组长向习近平总书记汇报讲解浙东运河发展演变历史和当地合理利用水资源、推进大运河保护等情况；组织开展主题宣讲和循迹溯源，激发全馆干部职工创新活力。扎实开展主题教育，党的建设全面加强，党建品牌创建成效显著。创新讲好水文化故事，推出“‘八八战略’指引下浙江河湖长制探索与实践成就展”“诗路水利遗产保护成果展”“三峡地区不可移动水利遗产展”“龙舟文化展”等专题展。组织召开中国水利博物馆（水利部水文化遗产研究中心）学术委员会会议和专题报告会。加强大禹文化研究，编制完成《中国禹迹图导读》。全年开展主题宣传和志愿服务80余场。强化国际传播能力建设，水文化展览亮相纽约联合国总部，组织开展“我们渴望的水”“国际青年河流对话”等国际交流活动，提升中华水文化国际影响力。

【荣誉成果】 2023年，中国水博推进创新深化、改革攻坚、开放提升工作，成效显著，获得多项荣誉。“水花朵朵开”志愿服务者团队获中共浙江省委宣传部、省水利厅授予的首届“最美浙江人·最美水利人”称号；“水花朵朵开”项目获共青团中央、中国青年志愿者协会颁发的“第十四届中国青年志愿者优秀项目奖”；中国水博获省水利厅授予的

"2023 年度厅系统综合考核优秀单位"称号；获水利部办公厅授予的"《公民节约用水行为规范》主题宣传活动优秀组织单位"称号；《水利千秋——穿越千年话水利》中国水利博物馆水文化科普图书发布会获"全国科普日优秀活动"称号；中国水利博物馆"水利千秋——穿越千年话水利"课程获"杭州市青少年第二课堂优秀拓展性课程评比大赛一等奖"，展示课程的老师获"优秀讲解员"称号；"锸神系列文创"获浙江省博物馆文创产品大赛银奖；浙江省水文化传播现状课题、河湖长制展陈调研分别荣获浙江省水利系统调研报告一、二等奖；中国水博选送作品获全球水博物馆联盟第四届"我们渴望的水"青少年艺术大赛一等奖（视频类）、特别提名奖（绘画类）；加强水文化国际合作，收获联合国儿童基金会、荷兰驻上海总领事、全球水博物馆联盟等单位致信感谢。支部建设卓有成效，研究处和宣教处党支部获浙江省水利厅"2023 年水利先锋支部"称号；理论宣传富有特色，水博青年干部分别在全国水利科普讲解大赛、水利青年英文演讲比赛、浙江省水利厅主题宣讲大赛、水利部党的二十大精神学习心得体会比赛中取得佳绩；1 名青年干部被评为"2023 年度水利厅系统青年理论学习标兵"。

【展览陈列】 2023 年，中国水博举办"峡山夹青天、江水流若兹——三峡地区不可移动水利遗产展"，讲述三峡水利故事。在杭州第 19 届亚运会背景下推出"'飞龙'兮翩翩——龙舟文化展"，展示历史悠久的中华龙舟文化。"浙里河湖·遇见幸福——'八八战略'指引下的浙江河湖长制探索与实践成就展"以群众最为关注的治水感受——幸福感为展览叙述重点，宣传展示提升老百姓幸福感的治水历程、治水故事、治水成就。持续完善"诗路水利"遗产展陈，正式开放"诗路水利遗产保护成果展区"。挖掘弘扬红色水利工程文化价值，推动"江南红旗渠"乌引工程上瀛头渡槽、衢州东村渡槽和德清武德闸（新民桥闸）等当代水利工程遗存与水利文化有机融合、创新展示。

【藏品管理】 2023 年，中国水博着力加强和规范藏品征集与管理工作，保障藏品安全。建立健全藏品管理制度，新增《中国水利博物馆藏品公众服务管理办法》，修订《中国水利博物馆藏品管理办法》《中国水利博物馆藏品征集管理办法》。成立馆藏品征集委员会及其办公室，负责水利藏品征集联络工作。新增藏品 1212 件（套），红旗渠修渠用工具等 32 件藏品入选浙江省第二批革命文物名录。深化水利"国之重器"相关研究，"南水北调中线工程见证物"入选国家文物局"100 件新时代见证物名单"。积极探索明清古海塘活态化保护利用，顺利实施包括石塘、柴塘、竹笼塘等多种塘型保护性迁移。

【学术研究】 2023 年，中国水博开展水利遗产研究保护和成果利用，召开中国水利博物馆（水利部水文化遗产研究中心）学术委员会会议，邀请水利、文博、考古领域资深专家学者为博物馆事业高质量发展建言献策。与绍兴市鉴湖研究会合作完成《中国禹迹图导读》，收录全国范围内的禹迹 651 处以及相关遗迹 26 处，记录考证禹迹传播与发展历程。深入开展浙江省水文化传播工程布局与河湖长制展陈调研，完成《浙江大运河与周边水网》《古海塘遗存（文物）抢救性保护与研究》《西南地区各民族水文化调查研究》等课题阶段性成果。编制完成《浙江省重要水利工程遗产倾斜摄影技术导则》，为丰富浙江省重要水利遗产保护手段、建立数字资料、提升保护质量奠定基础。

【交流合作】 2023 年，中国水博不断强化国际传播能力建设，在联合国水大会期间，协助全球水博物馆联盟在纽约联合国总部举办“水的漫步”展览，展示中国青少年对水未来的深刻思考，受到水利部主要负责人点赞表扬。在水利部的大力支持下，积极推动国际水文化交流，利用水博场地优势展示中荷水合作三十年成果，在第 18 届世界水资源大会推出“水，让世界更美好”专题展。成功主办第二届“国际青年河流对话”活动，以“河与和：探讨作为生命体的河流”为对话主题，向世界青年宣传中国治水成就和河流文化。举办第四届“我们渴望的水”青少年艺术创作大赛及历届获奖作品展，推动节水理念深入人心。受联合国儿童基金会邀请，参与“点亮儿童未来”活动。充分利用好全国水利博物馆联盟平台作用和成员单位特色资源，在安徽宿州、山东聊城开展以大运河文化为主题的培训和交流。

【宣传科普】 2023 年，中国水博创新开展“携手共护母亲河”“迎亚运·促生态”“诗路水韵·文化浙江”等主题宣传 60 余场，入选文化和旅游部长江主题国家级旅游线路和第二批浙江省法治宣传教育基地。结合世界水日、国际博物馆日、全国科普日等重要节日节点，策划开展水文化科普图书发布会、青少年水文化研学、水科普进社区、水科学课进图书馆、节水进校园等馆内外系列科普惠民活动。《最“水”的一本书》绘本在第三届自然资源好书荐读活动中，被评选为 20 本自然资源好书，入选教育部全国中小学图书馆推荐书目。设计推出文化联动形象“鍤神”、水元素插画《鍤神觉醒》《水纪元》以及“水博花海”系列主题明信片和数字油画等一系列文创新品，其中“鍤神系列文创”荣获 2023 年全省博物馆文创产品大赛银奖。

【志愿服务】 2023 年，中国水博发挥国家级基地平台优势，携手高校、中小学等，以“亲水课堂”进校园为载体，开展“学雷锋·助力河长制”“‘河’我一起，守护母亲河”“珍惜水、用好水”“防汛防台”等系列志愿服务活动 20 余场。深化完善“水花朵朵开”志愿服务工作，荣获首届“最美浙江人·最美水利人”称号和“第十四届中国青年志愿者优秀项目奖”，汇聚青年力量广泛普及节水理念。加强馆校共建，深化馆校合作，开发二十四节气、水科学系列课程，并为杭州市长寿桥小学、崇文实验学校、浙江宏达学校等 10 多所中小学校 1600 多名青少年学生和 450 名杭州第 19 届亚运会小记者开展多层次、多形式社教活动。

【内部治理】 2023年，中国水博贯彻上级有关要求，加强内部管理建设，及时调整内控建设领导小组成员，成立内控建设风险评估工作小组。坚持标本兼治，重在治本，结合实际新增和修订制度共计12项，内部管理运行体系日益完善。开展国家一级博物馆申报，经省水利厅批复同意，设立中国水利博物馆理事会，成员吸纳主管部门、当地政府、教育机构、水利文博专家学者。经省水利厅批复同意，成立“中国水利博物馆之友”，吸纳更多社会力量支持水博高质量发展。

【安全生产】 2023年，中国水利博物馆严格落实安全生产责任制，加强安全管理。为服务保障杭州第19届亚运会，实施并完成开馆以来首次大型基建维修，编制并落实《中国水利博物馆2023年亚运会和亚残运会公共安全保障工作方案》，杜绝安全风险隐患。全年开展各类突发事件应急救援演练18次，对消防、空调、水管、道闸、照明系统等各类设备设施的维修达300余次，实现设备运行安全零事故。坚持每周安全工作研判分析会、物业每日早会制度，加强对物业日常管理的抽查检查和整改落实，确保博物馆安全稳定运行。

【队伍建设】 2023年，中国水博党委认真贯彻落实新时代党的组织路线，坚持党管干部原则，扎实推进高素质干部队伍建设。建立水博青年人才库，研究出台《中国水博贯彻落实加强年轻干部教育管理工作清单》《中国水利博物馆新职工导师带徒工作办法》，成立工作专班和工作室，发挥导师传帮带作用，首批结成4对师徒。完善考核制度，进一步发挥考核指挥棒作用，研究出台《中国水利博物馆综合考核办法》《2023年中国水利博物馆综合考核实施意见》。全年共晋升管理岗1名，专业技术岗6名，参加外派锻炼5名，新招聘专业技术人员5名，专业人才队伍力量持续壮大。

【学习贯彻习近平新时代中国特色社会主义思想主题教育】 2023年，中国水博党委深入学习贯彻习近平总书记关于主题教育系列重要讲话和重要指示批示精神，推动树立和践行正确政绩观，紧紧围绕“学思想、强党性、重实践、建新功”总要求，推动主题教育走深走实走心。坚持调查研究，聚焦主责主业开展调研课题5项，实地考察27次。坚持检视整改，常态检视、党性分析、建章立制，推动水博园公建配套项目建设取得实质性进展。坚持教育整顿，从严自查自纠，以自我革命精神推动干部队伍高质量发展。

【党建与党风廉政】 2023年，中国水博党委坚持党建统领，做强红色引擎。全面落实“第一议题”制度，组织理论学习中心组学习会42次，专题学习研讨14次，交流发言58人次。创新党建工作载体，以“传承治水记忆 彰显文化自信”党建品牌矩阵为引领，党支部开展品牌创建和特色党建活动。以共建馆院校社区党建联盟为载体，与浙江同济科技职业学院、宁围街道水博社区加强联学共建交流活动。每个工作日向党员推荐学习，每月制定“工作清单”，推动党支部标准化规范化建设水平持续提升。

（王玲玲）

浙江省钱塘江流域中心

【单位简介】 浙江省钱塘江流域中心（以下简称“钱塘江中心”）是隶属于省水利厅的公益一类事业单位。2007 年，省钱塘江管理局参照公务员法管理。2010 年，省钱塘江管理局由监督管理类事业单位对应为承担行政职能的事业单位，下属杭州管理处、嘉兴管理处、宁绍管理处、钱塘江安全应急中心 4 家事业单位由社会公益类事业单位对应为从事公益服务的事业单位，并定为公益一类。2019 年 12 月，根据《中央编办关于浙江省部分厅局级事业单位调整的批复》（中央编办复字〔2019〕182 号），设立浙江省钱塘江流域中心（对外可使用浙江省钱塘江管理局牌子），作为省水利厅管理的副厅级事业单位。2020 年 4 月，根据省委机构编制委员会《关于印发〈浙江省钱塘江流域中心主要职责、内设机构和人员编制规定〉的通知》（浙编〔2020〕16 号），浙江省钱塘江管理中心、浙江省浙东引水管理中心、浙江省钱塘江河务技术中心，以及浙江省钱塘江管理局杭州管理处、嘉兴管理处、宁绍管理处整合组建浙江省钱塘江流域中心，机构规格为副厅级，对外可使用“浙江省钱塘江管理局”牌子，内设综合部、规划发展部、水域保护部、河湖工程与治理部、海塘工程部、防灾减灾部、河口治理部、浙东引水部、人事部 9 个机构，编制 235 名。钱塘江中心的主要工作职责是：协助拟订全省河湖和堤防、海塘、水闸、泵站、引调水等水利工程管理与保护的政策法规、技术标准，并督促实施；承担全省水域保护、岸线、采砂等规划和钱塘江相关规划编制的技术管理工作，以及规划实施监管的具体工作；承担全省水域及其岸线管理与保护、重要河湖及河口治理的技术管理工作，组织省本级涉水建设项目审批的技术审查；承担全省河（湖）长制水利工作，指导水利风景区建设管理的具体工作；承担全省河道和堤防、海塘、水闸、泵站、引调水等水利工程建设与运行的技术管理工作，协助指导全省河湖治理工作；组织实施钱塘江省直管江堤、海塘、省直管浙东引水工程及其后续工程的建设、维护和运行管理；组织开展钱塘江流域防洪调度基础工作，指导钱塘江海塘防汛抢险具体工作；组织开展钱塘江河口江道地形测量、河床演变分析等河口治理基础工作，以及涌潮保护与研究、预测预报工作；承担钱塘江流域河道水行政执法监督指导的基础工作；承担钱塘江河口水资源配置监督管理的辅助工作，承担浙东引水工程统一引水调度工作；完成省水利厅交办的其他任务。

【概况】 2023 年，钱塘江中心深入开展学习贯彻习近平新时代中国特色社会主义思想主题教育，持续深化“潮起先锋”“同一条钱塘江”品牌，各项工作稳中有进。省管海塘两项在建工程完成投资 2.19 亿元，海宁堤脚加固工程主体工程完工，西江塘工程水下部分通过分部验收。海宁安澜项目可研获省发展改革委批复，浙中城市群水资源配置工程形成项建阶段成果。浙东引水工程举行通水十周年新闻发布会，十年引水 60 亿 m^3；组织编制全国首个省级《引调水工程运行管理规程》并试行，浙东引水工程通过标准化管理水利部评价；浙东引水萧山枢纽全年引水量首次超 8.9 亿 m^3，杭州第 19 届亚运会保障期间引水 6400 万 m^3，为去年同期的 212%。筛选并复核全省水域变化动态监测图斑 4918 处（重要水域 401 处），测定净增水域面积 8.68 万 m^2。参与编制完成《浙江省全域建设幸福河湖行动计划（2023—2027 年）》，指导做好幸福河湖试点县建设、“一县一规划”编制，协助开展幸福河湖标准体系建设。数字孪生钱塘江试点项目通过水利部验收，入选水利部数字孪生十大样板候选名单。建成敕海庙古海塘文化长廊，钱塘江明清古海塘成功申报国家级水利工程遗产。钱塘江中心获全省海塘安澜千亿工程成绩突出集体荣誉，浙东引水工程、浙东海塘入选水利部“人民治水·百年功绩”治水工程。

【规划工作】 2023 年，钱塘江中心完成浙江省 90 县全域幸福河湖建设“一县一规划”服务指导工作。制定 2024 年全域建设幸福河湖项目申报遴选方案，并组织完成遴选，服务指导 20 个 2024 年全域幸福河湖建设项目实施方案编制。钱塘江中心持续助推第二批 11 个幸福河湖试点县建设，指导第四批国家水系连通和水美乡村建设县建德、平阳实施方案修改并通过水利部评审。支撑“厅全域建设幸福河湖前期谋划工作模块”工作，配合编制完成《浙江省全域建设幸福河湖行动计划（2023—2027 年）》。7 月，公布《关于推动全域建设幸福河湖的令》（浙总河长令〔2023〕1 号）及实施行动计划，高位推动全域幸福河湖建设的新阶段开始。历时三年的全省水域调查工作全面收官，钱塘江中心承办全省水域调查技术指导及成果复核工作。8 月，浙江省水域调查主要数据公报由省自然资源厅和省水利厅联合公布，全面摸清全省七大类水域基础信息，明确临水线、管理范围线等管控边界，建立了全省水域空间数据库，形成《浙江省水域调查成果报告》。

【流域管理】 2023 年，钱塘江中心协调发挥“同一条钱塘江枢纽管理联盟”作用，组织召开钱塘江河口地区防汛工作会议和钱塘江中上游水旱灾害防御技术交流会，迭代推进钱塘江流域防洪减灾数字化平台共建共享共用，充分发挥“两会两平台”机制优势，持续提升钱塘江流域防灾减灾协同水平。钱塘江中心进一步夯实流域防洪调度工作基础，组织开展新安江 40km 河道全地形、“闻堰水文站—江东大桥”段陆域三维激光、常山港及衢江段 369 个断面等的河道测量工作，汛前组织开展省级河道防洪潮能力调查，采集已建工程、在建工程、涉河涉堤工程数据及影像，开展行洪能力和风险研判分析，编制《2023 年钱塘江流域度汛形势分析报告》《河口堤塘工程防洪防台技术指南》《钱塘江流域中上游防御技术指南》，支撑上级和服务地方的流域水旱灾害防御工作，保障数字孪生钱塘江数据底板创建工作。

钱塘江中心保障护航亚运，派驻专家参与富阳水位调度会商，实地开展指导工作，为属地顺利度汛和保障杭州第19届亚运会提供技术支撑。浙东引水工程全年引水9.27亿m^3，保障省管海塘工程和省管枢纽工程安全运行、发挥效益，确保钱塘江流域经济发展安全。钱塘江中心开展江道测量、塘前滩地监测和涌潮观测等，组织河口水文江道情势评估、涌潮科考、涌潮形势预测和钱塘江河口洪潮灾害风险评估等工作，强化河口治理基础研究，完成杭州第19届亚运会保障任务。

【运行管理】 2023年，钱塘江中心紧紧围绕“推进浙江水利高质量发展，争创水利现代化先行省”总体目标，坚持高标准引领、高要求监管、高质量服务，扎实推进水利工程管理标准化管理。守住安全底线，实施安全鉴定“动态清零”，全年完成26座大中型水闸安全鉴定，达到计划目标的130%，在全国水闸安全鉴定计划完成情况上位于前列。开展25座（条）大中型水闸、泵站及4级以上堤塘安全鉴定成果复核，完成衢州乌溪江引水工程拦河闸安全鉴定工作；深入一线指导，开展水利工程“划界确权”，完成18座大型水利工程划界方案的批复，组织开展嘉兴穆湖溪泵站等6座大型水闸、泵（闸）站工程管理和保护范围划定方案评审，并跟踪指导完善报批稿；打造样板示范，助力水利工程“深化标化”，赴宁波、绍兴、丽水、湖州等地，指导、复核近20个申报省级标准化管理的闸泵堤（塘）工程，深入指导申报2024年度水利部评价的10余个精品工程；修订制度标准，提升水利工程“规范管理”，组织50余人次赴温州、宁波、绍兴、衢州、温州等地进行现场调研和座谈，完成《水闸基础数据规范》等3个标准修订工作的合同内容，完成《大中型水闸运行管理规程》修订送审稿，待市场监督局审查。

【河湖治理】 2023年，钱塘江中心服务指导全省美丽河湖建设，新增美丽河湖116条（个），长1094km，新建加固堤防202.7km，贯通滨水绿道1100km（新建139km），打造滨水公园、水文化节点、亲水平台等350个，新增绿化面积49万m^2，新增水域面积近8.6 hm^2，河湖沿线新开设农家乐、民宿305处，完成投资约11亿元。钱塘江中心作为主编单位起草的《美丽河湖建设规范》（DB33/T 614—2023）于11月正式发布。规范管理强化服务中小河流治理项目，全省累计完成河道建设长度632km，完成投资33.36亿元。新建加固堤防护岸长度410km，完成生态岸坡治理404km，新增改建生态堰坝327个，滨水绿道410km，水文化节点148个，亲水、便民设施430个。狠抓落实水系连通工作提效能，全省开展诸暨市、衢州市柯城区、建德市、平阳县等4个国家水系连通及水美乡村建设，完成河道整治182km，湖泊塘坝整治29个，完成投资9亿元。水源涵养21万m^2，增加水面面积13.3万m^2，受益村庄128个，受益人口35万人。突出特色推动水利风景区建设走深走实，2023年温州平阳鳌江水利风景区、金华婺城白沙溪水利风景区获推国家水利风景区申报资格，并顺利通过水利部审议，至此浙江省国家水利风景区已达44家；组织推荐绍兴市上虞曹娥江城防水利风景区、衢州市开化马金溪申报第三批国家水利风景区高质量发展典型案例，并成功入选。其中衢州市开化马金溪入选高质量发展典型案例重点推介名单（全国十佳）。

【河湖管护】 2023年，钱塘江中心开展全省水域动态监测、河湖清“四乱”、河湖库采砂与疏浚管理、涉河涉堤建设项目批后监管等工作，全面深化全省水域监管力度，全力支撑浙江省河湖水域监管中心工作，提升水域保护现代化水平与治理能力，为恪守河湖水域管控底线、保障新阶段水利高质量发展贡献力量。钱塘江中心利用AI Earth智能识别平台，运用智能识别算法，辅以无人机和人工复核，监测和处理全省水域变化图斑4918处（其中省级重要水域521处），按照水域类型、行政区划等分类统计分析水域变化，以“一市一单”形式通报各市水域变化数据，编制完成《2023年度全省水域监测报告》《2023年度省级重要水域监测报告》。根据监测结果，全省水域面积新增772.31万m^2，水域占用3666处，水域面积减少763.64万m^2，全省水域面积净增加8.68万m^2。发现确认“四乱”问题323个，完成复核水利部下发疑似“四乱”问题图斑38098处，确认并整改“四乱”问题224处，均已全部整改完成。审查审批富春江水电站大坝以下干流和浦阳江临浦高田陈以下支流河道管理范围内涉河涉堤建设项目10个，共计审批占用水域面积104405m^2，同河道拟补偿水域面积11938m^2；开展66个省级涉河涉堤建设项目，共计发现问题71个，下发《检查意见反馈单》66份，督促问题整改落实。钱塘江流域内移交涉水案件共涉及流域内8个设区市、36个县（市、区），案件移交综合行政执法部门231起，其中已有133起案件结案办理，结案率57.6%。

【浙东引水工程】 2023年1月11日，浙东引水工程入选水利部“人民治水、百年功绩”治水工程项目。3月27日，钱塘江中心于第三十六届“中国水周”成功举办浙东引水通水工程十周年暨引水总量达50亿m^3新闻发布会。10月9日，该工程首批通过水利部调水工程标准化管理评价。浙东引水工程再次成为全国标杆。2023年杭州第19届亚运会、亚残会期间，浙东引水头部萧山枢纽工程累计引水1.76亿m^3，实现2022年同期引水量的2.6倍；期间浙东引水沿线河网水位始终维持在高水位，总体水质达到Ⅱ～Ⅲ类，实现了“一江碧水护航亚运”，顺利完成浙东引水护航亚运保障工作。11月28日，钱塘江中心组织编写的《引调水工程运行管理规程（试行）》（浙水运管〔2023〕14号）由省水利厅发布施行，这是全国首部针对引调水工程运行管理的省级规程，为浙江省大中型引调水工程的运行管理提供规范化依据，标志着全省水利工程标准化管理体系得到进一步完善。2023年浙东引水工程引水头部萧山枢纽累计引水约9.27亿m^3，年引水量首次超多年设计平均引水量8.9亿m^3，为引水以来年度最大引水量。

【工程建设】 2023年，钱塘江中心持续推进三项工程建设。钱塘江北岸秧田庙至塔山坝段海塘工程（堤脚部分）位于海宁市盐官镇，全长25.6km，工程任务为防洪御潮，按300年一遇标准设计，主要建设内容为加固海塘堤脚16.475km，塘面修复9.57km，新建进出场交通斜道1座。工程于2021年7月21日开工建设，截至2023年12月底，工程累计完成板桩打设14180m，护坦浇筑13880m，扭王字块安放2195m，Z字块安放300m，完成大缺口管理房整修和新仓进出场主干道施工，基本完成塘面修复施工，累计完成投资4.72亿元，其中2023年完成投资1.18亿元。

西江塘闻堰段提标加固工程位于杭州市萧山区闻堰镇，富春江、浦阳江汇合口下游钱塘江南岸。工程任务以防洪御潮为主，兼顾生态修复、公共服务提升、饮用水水源保护等。主要建设内容及规模包括提标加固塘身5.56km，加固塘脚1.57km，改造生态滨水岸带5.56km，建设沿塘绿道5.56km，建设智慧海塘管理系统，沿塘提升管护范围内安全监测设施等。工程按原堤轴线布置，工程征地7.643hm²，不涉及永久基本农田。该工程于2022年1月28日开工建设，截至2023年12月底，完成1.57km塘脚加固，5.56km堤身防浪墙提标建设；累计完成投资2.55亿元。

海宁安澜工程位于嘉兴市海宁市，地处钱塘江河口强涌潮区，西起老盐仓大坝、东至小尖山，全长34.2km，工程以防洪御潮为主，结合排涝、水文化提升、沿塘生态环境改善等综合利用。工程建设内容为：①水利部分：提标加固海塘34.2km，含加固堤脚7.5km；整修丁坝盘头4座，改造旱闸10座；改扩建谈家埭排涝闸（2孔×5m）；新建上塘河闸前防汛交通桥1座；②非水利部分：利用盐官基地展陈古海塘文化，沿塘布置水文化节点4处，配套建设便民服务点7处等；建设监测感知、通信网络等信息化基础设施等。2023年11月8日，省发展改革委批复了钱塘江北岸海宁老盐仓至尖山段海塘安澜工程项目可行性研究报告（浙发改项字〔2023〕329号）；2023年12月5日，省发展改革委和省水利厅联合组织召开项目初步设计审查会议；2023年12月15日，省水利厅以“浙水函〔2023〕968号”文出具了项目初步设计报告行业审查意见。2023年12月25日，项目初步设计报告通过了省发展改革委基本建设综合办公室处务会议。

【数字化建设】 2023年，钱塘江中心牵头组织完成数字孪生钱塘江试点建设并通过水利部验收，入选数字孪生水利建设十大样板候选名单。钱塘江中心充分发挥在流域防洪防潮、工程管理、信息化建设等方面的技术积累、历史资料和人才支撑，牵头杭州市林水局、金华市水利局、兰溪市水务局、临安区水电局、桐庐县林水局等5家单位，构建省市县联动、干支流协同、标准统一的数字孪生钱塘江共建机制，探索数字孪生“流域—水网—工程”耦合建设模式，组建联合实验室，制定技术标准，推动感知、模型、底板等6项创新技术攻关，构建天空地一体化的流域水利感知网，形成全流域大体量轻量化水陆一体数字孪生数据底板，算据量达到7.59T，研发迭代预报调度一体化等10个水利专业模型、16个智能识别算法模型，为业务应用提供智能实用的“算法”服务；建设流域防洪“四预”、水资源管理、水工程运行、水域岸线监管等“2＋N”业务应用。试点项目获省部级以上领导肯定3次，国家级论坛推广6次，取得发明专利4项，发布团体标准2项，发表论文13篇，获得软著7项。系统在2023年汛期有效支撑地方政府防洪决策指挥，在杭州第19届亚运会保障中发挥了实效，为全国数字孪生流域建设和管理提供了示范经验。

【党建与党风廉政】 2023年，钱塘江中心严格落实“第一议题”制度，深入学习贯彻习近平新时代中国特色社会主义思想和习近平总书记最新讲话、最新指示批示精神24次。深入推进主题教育，开展循迹溯源“三进”（进枢纽、进工地、进流域）行动，组织集中学习12次、集体研讨5次，处级以上党员干部讲党课22次；大兴调查研究，党委成员领衔课题，开展省管海塘、浙中水资源配置等调研28次，协助解决问题29个，形成调研报告7份。深化“潮起先锋”，组建12支青年先锋（服务）队，激励支部（团队）和党员青年在重点工作中亮旗攻坚，全年推选先锋支部（团队）23个次，先锋之星74个次。打造“同一条钱塘江”服务品牌，作为甲方与杭州市富阳区委共建“幸福富春江”党建联盟；全力支撑保障杭州第19届亚运会，开展钱塘江中心迎亚运“强担当”“当喇叭”“出点子”“作示范”“传精神”“作奉献”六大行动，选派10名志愿者参与保障杭州第19届亚运会开幕式，组织200余人次参加杭州第19届亚运会涌潮派驻值守。持续推进“清廉钱塘”建设，特色化开展“十个一”警示教育活动，紧抓春节、中秋、国庆等节点开展正风肃纪检查3轮，组织开展“指尖上的形式主义”、违规吃喝专项整治行动，高质量完成驻点监督反馈问题整改，整改完成率达95%。深化精神文明建设，联合省委宣传部主办“为有源头活水来”跨钱塘江流域主题宣讲活动，开展2023“同一条钱塘江·同一个亚运梦”皮划艇活动、巡江护塘活动。

（李梦雨、黄赛男、李婧熠）

浙江省水利水电勘测设计院有限责任公司

【单位简介】 浙江省水利水电勘测设计院有限责任公司（以下简称“设计院”）成立于1956年，是一家大型的专业勘测设计单位。设计院历经浙江省水利厅勘测设计院、浙江省水利电力厅勘测设计院、浙江省水利电力勘测设计院、浙江省水利水电勘测设计院等阶段，于2021年12月27日正式更名为浙江省水利水电勘测设计院有限责任公司，注册资本6亿元。设计院具有各类资质及资信26项，其中拥有工程勘察综合资质甲级、工程设计水利行业甲级、建筑行业（建筑工程）甲级、工程咨询单位资信等甲级资质及资信13项。设计院的主要工作职责是：从事传统水利水电、水资源配置、水环境整治、水生态修复、水灾害防御、幸福河湖等工程的规划、咨询、勘察、设计和工程总承包业务，以及移民安置、水土保持、水利数字化等专项业务的规划设计实施。设计院下设二级部门15个，其中职能管理部门8个，科研部门1个，事业部6个；全资或控股子公司5家。至年底，共有各类专业技术人员1250人，其中副高以上职称429人（正高58人），中级职称360人，中级及以上职称人员占专业技术人员总数的64%；具有本科及以上学历人数占比88%；拥有水利部"5151"人才1人，省突出贡献中青年专家1人，省勘察设计大师1人，省"151"人才8人，水利部青年拔尖人才1人。

【概况】 2023年，设计院深入学习贯彻党的二十大和习近平总书记考察浙江重要讲话精神，坚决贯彻省委、省水利厅党组决策部署，持续推进"六大强院"工程，深入开展学习贯彻习近平新时代中国特色社会主义思想主题教育，扎实推进"红色匠心 浙水设计"党建品牌建设，推动党建与业务融合发展。聚焦省水利厅中心工作，深度参与浙江水网顶层设计、重大工程前期推进、水利数字化改革攻坚及水旱灾害防御，有效发挥智库作用。治理能力扎实提高，持续推进一体化管理体系建设，深化事业部制改革，全面加强人力资源管理、财务管理等各项工作。获浙江省科学技术奖、国家优质工程奖等省部级及以上科学技术奖、优质工程奖、优秀勘测设计奖等各类奖项24项，获发明专利、实用新型专利、软件著作权47项。获海塘安澜千亿工程突出贡献集体、全省自然灾害综合风险普查工作成绩突出集体和厅系统综合绩效考评优秀单位。

【重点规划任务】 2023年，设计院聚焦水利高质量发展和助力水利重大战略决策实施，围绕构建安全美丽的"浙江水网"、打造"重要窗口"水利标志性成果，全力支撑浙江水网实施方案、水资源节约保护和利用总体规划、太湖流域防洪规划（浙江专题）等重大规划。全力推进浙中、浙北、浙东三大水资源配置通道工程前期研究，为高水平优化全域水资源配置、落实水资源刚性约束等提供决策支持。

【重大项目推进】 2023年，设计院高质量支撑重大项目建设，顺利推进承担设计的89项"千项万亿"水网安澜提升重点项目，镜岭水库可研通过水利部审查、中国国际工程咨询有限公司评估，25项计划开工项目顺利开工建设。龙潭水库、石马潭水库等14个重点项目达到特别国债申报条件。

【数字化改革】 2023年，设计院承担推动数字孪生水网浙江试点方案编制，合力推进数字孪生流域、数字孪生水网和数字孪生工程等3个实施方案。加快推进六大流域预报调度一体化建设任务，实现汛前预报调度核心模块全部上线，在第5号台风"杜苏芮"期间有力支撑鳌江流域防洪调度。《数字孪生流域助力水利新型基础设施建设——数字孪生曹娥江流域建设助力流域治理智慧化》入选省委组织部数字经济创新提质"一号发展工程"典型案例。

【全域建设幸福河湖工作】 2023年，设计院承担浙江省全域建设幸福河湖行动计划、水美乡村建设指南、亲水圈建设指南等编制工作，开展杭州、嘉兴、丽水等6个地市的幸福河湖建设指导和上虞、临安、庆元等6个幸福河湖建设县设计咨询，助力安吉浒溪成功申报第二批全国幸福河湖试点，助推全省各地谋深加快幸福河湖建设。承担设计的龙游灵山港全国幸福河湖首批试点项目，以全国第一的成绩通过水利部复评，相关做法得到副省长李岩益和省水利厅党组书记、厅长李锐批示肯定。

【单村水站改造提升工作】 2023年，设计院党员干部带队攻坚，20余名技术骨干集中奋战60余天，统计分析复核全省8828座水站近300万条数据，5天完成遂昌县单村水站现状调查工作，支撑编制《浙江省单村水站改造提升实施方案》，为上级部门研究部署单村水站改造提升工作奠定坚实基础。

【体制机制改革】 2023年，设计院深入推进一体化管理体系建设，组建成立工程设计事业部、勘测检测事业部、省外国外事业部等3个事业部，新成立采购合同中心，事业部制总体框架基本完成构建。开展基于岗位的人力资源管理体系建设，全面构建基于岗位的任职资格和考核体系，建立健全事业部基于岗位的绩效工资分配机制。深化财务管理改革，正式推行模拟子公司核算，抓实全面预算管理工作，建立预算执行警报机制。

【市场经营】 2023年，设计院抢抓加快水利基础设施建设有利时机，巩固拓展勘测设计传统业务优势，持续加大数字化、幸福河湖、水资源规划咨询等新兴业务的培育，成功中标老石坎水库加高扩容、杭州市临安区里畈水库、龙游县佛乡水库、浙中城市群水资源配置等一批重点项目，积极开拓省外市场，勘测设计合同额再创新高。

【科技创新】 2023年，设计院谋划形成2023—2025年重点创优项目清单，重构《科研项目立项管理规定》。全年主办水利部重大课题1项，承担厅水利科技项目4项并顺利验收。累计获浙江省科学技术奖、国家优质工程奖等省部级以上奖项24项；获发明专利、软件著作权等47项。杭州市第二水源千岛湖配水工程关键技术创新与应用获浙江省科学技术奖三等奖；杭州大毛坞—仁和大道供水管道工程获国家优质工程奖；温州市瓯飞一期围垦工程（北片）勘察获全国优秀工程勘察设计行业奖三等奖；杭州市第二水源千岛湖配水工程、姚江二通道（慈江）工程—澥浦闸站工程分别获中国水利工程优质（大禹）奖。

【生产管理】 2023年，设计院持续完善"日监测协调、周例会调度、月会商晾晒"推进机制，全年召开重点项目开工会、协调会、推进会260余次，提升要素保障和问题协调效率。全年承担勘测设计项目533项，完成各类报告（含专题报告）3247本，设计图纸10.6万张，其中施工图5.2万张。建立重点项目客户诉求收集、反馈机制，多渠道收集并解决业主意见建议，形成“问题处理落实一张表”，实现闭环销号。

【质量管理】 2023年，设计院深入实施“质量立院”三年行动（2023—2025年），印发行动实施方案，围绕强化质量意识、夯实质量责任等8个方面，落实21条重点工作任务、39项落实举措。全面推进技术标准建设，全年参编行业标准5项，完成院技术标准167项。严格质量过程管控，持续开展质量案例“每周一学”活动，建立外部专家库开展技术指导和质量检查，定期对设计大纲、事先指导、设计评审、必备计算书等执行情况进行检查，全年组织开展质量检查4次，开展现场质量安全巡查208人次。

【人才培育】 2023年，设计院组建大师工作室2个，打造重点业务团队14个，评选专业技术带头人65位。强化干部队伍建设，开展中层干部三年任期考核和新一轮70位中层干部聘任工作；新选拔任用中层干部19人；组织中层干部（含7岗人员）分两期次赴省委党校开展“学思想、强党性、提能力、促发展”专题培训，进一步提升中层干部综合能力和管理水平。选派22位优秀青年内外部交流锻炼。全年新进应届毕业生、社会招聘129人。全年新增高级职称57人，郑雄伟荣获水利部第四届“最美水利人”提名奖、首届“最美浙江人·最美水利人”称号。

【生产用房】 2023年5月26日，省水利厅党组会议原则同意设计院购地新建生产用房的方案。8月29日，设计院成功竞得杭州市上城区艮北新城地块，实质性推动生产用房落地。12月1日，设计院生产用房项目完成杭州市上城区发展改革和经济信息化局立项备案，并于12月8日取得建设用地规划许可证。

【安全生产】 2023年，设计院扎实开展重大事故隐患专项排查整治等专项行动，组织召开安全生产工作部署会7次，院领导带队检查45项次，对发现的问题及时抓好整改，实现风险闭环管控。圆满完成杭州第19届亚运会重保值守任务，配合水利部、省水利厅开展网络攻防演练20余次，全年累计攻防106天，主动发现中危以上漏洞3200个，拦截外部攻击10万余次，封堵外部恶意IP 6132个。全院未发生安全生产责任事故。

【社会责任】 2023年，设计院发挥全国文明单位的示范作用，履行社会责任，围绕迎亚运、在职党员进社区、结对帮扶等工作，开展志愿服务，参加“慈善一日捐”、杭州市春风行动等公益活动，累计募捐17.1万元。举办“热血浙水人 点滴护安澜”无偿献血活动，献血量超7500mL，3名职工签订造血干细胞入库协议。

【学习贯彻习近平新时代中国特色社会主义思想主题教育】 2023年，设计院深入开展学习贯彻习近平新时代中国特色社会主义思想主题教育，高标准出台工作方案，建立“四张清单”，组织党委专题学习13次、集中研讨4次，带动全院专题学习达400批次。开展“沿着总书记足迹·感悟水利之美”的“五美”活动，学思攻坚重点问题22项，相关经验做法获《中国水利报》报道6篇、厅主题教育简报刊登6篇。

【党建与党风廉政】 2023年，设计院坚决贯彻新时代国有企业党的建设总要求，认真落实省水利厅党组“1＋1＋N”党建工作思路，以“红色匠心 浙水设计”党建品牌为抓手，深入推进“从严治院”工程，积极推动党建与业务融合发展。第一时间传达学习习近平总书记考察浙江重要讲话精神，研究制定17条贯彻措施，全力支撑浙东运河文化园布展攻坚。深化“红色匠心”党建品牌，实施“五匠”行动，推进“一联三创”活动，党员干部联系项目132个，现场服务1638人次，解决问题469个，全年创建特色支部23个，西江塘、百里钱塘项目入选水利基层党建典型案例，获评厅先锋支部3个。

2023年，设计院深入推进党风廉政建设，印发《关于进一步加强党建和党风廉政建设工作的通知》，清单式明确各级党组织、书记、副书记等职责85条。开展“反围猎守底线”、违规吃喝问题等专项整治，召开分片廉情分析会24次，“走访促勤廉”42次，组织各类廉政谈话2388人次。专项推进工程建设领域廉政风险防控，排查风险31项，逐项落实防控举措236条。

（陈赛君）

浙江省水利河口研究院
（浙江省海洋规划设计研究院）

【单位简介】 浙江省水利河口研究院（浙江省海洋规划设计研究院）（以下简称“研究院”）成立于1957年，是一家省级公益二类科研院所，隶属于浙江省水利厅。研究院的主要工作职责是：开展全省水利、海洋相关科学、政策法规、技术标准、规程规范、水文化、科普教育等研究；推进研究成果转化应用，开展技术咨询服务；承担水旱灾害防御、防汛抢险等技术支撑工作；承担河口水情与江道防汛形势分析，开展河口水下地形常规测量及应急防汛测量；开展水利工程质量仲裁检测、科技查新等工作；开展智慧水利、测绘与地理信息、水文测验、环境检测、安全鉴定与评估、质量检测与水电测试等研究及咨询服务；完成省水利厅交办的其他任务。研究院下设6个职能管理部门：综合办公室、党群工作部（监察室）、人力资源部、科研技术部、市场经营部、财务审计部；12个科研生产部门：战略发展规划研究所、河口研究所（水工研究所）、海洋研究所、河湖研究所、防灾减灾和工程安全研究所、水资源研究所、农村水利研究所（水土保持研究所）、智慧水利研究所、河海测验中心、测绘地信中心、水环境监测中心、浙江省水利水电工程质量检验站（岩土工程研究所）；2家下属企业：浙江广川工程咨询有限公司（以下简称广川咨询公司）、杭州定川信息技术有限公司（以下简称定川信息公司）。

至年底，该院职工 871 人，其中正高级职称 62 人，副高级职称 329 人；硕士研究生 410 人，博士研究生 46 人。该院获省部级人才称号 47 人次，其中水利部“5151”人才 3 人，水利部青年科技英才 1 人，浙江省“高层次人才特殊支持计划”科技创新领军人才 1 人，浙江省有突出贡献中青年专家 3 人，浙江省“151”人才 22 人，享受国务院政府特殊津贴 3 人；拥有水利部水利人才创新团队 1 个，具有各类资质 66 项。

【概况】 2023 年，研究院围绕浙江水利中心工作，全力保障“全领域全方位全链条”一体化支撑，党建业务双融双促，深化改革先行先试，科技创新稳扎稳打，年度目标全面完成，获得 2023 年度省水利厅系统综合考评优秀。

【防汛防台】 2023 年，研究院派出专家深入一线开展防汛值班、技术研判、服务当地 600 多人次。全面支撑 2023 年全省水旱灾害防御演练，开展中华人民共和国成立以来影响浙江的台风灾害统计分析，完成年度钱塘江 3 次大测量和 7 项常规预报，有力支撑安全度汛。全面保障富阳水上亚运赛场水位调控和蓝藻防控，“护航亚运”技术支撑得到杭州市富阳区委区政府致信表扬。

【数字孪生】 2023 年，研究院累计投入 14400 余人・天支撑浙水安澜、水利大事记、水利服务一码通等 31 项数字改革任务。开发建设的数字孪生金华横锦水库在水利部数字孪生水利建设现场会作典型交流。参与编制《浙江省数字孪生水利建设实施方案（2023—2027年）》，支撑数字孪生水利标准体系、技术联盟等谋划实施。《数字孪生浙江水网建设先行先试（浙东区域）实施方案》成为首个通过水利部审查的数字孪生水网方案。

【支撑服务】 2023 年，研究院支撑“‘千项万亿’水网安澜提升、浙江水网、幸福河湖建设、水资源管理、水利民生实事”等水利中心工作。牵头承担省水利工程带科研揭榜挂帅项目实施，协助水利部开展浙江省入海河口调查；参与全省土地综合整治工作，审核 294 个土地综合整治项目；参与编写《水利遗产调查技术规范》，参编的《水利工程文化融合导则》标准获得立项；支撑全省农田灌溉发展规划，规划成果获得省水利厅党组书记、厅长李锐批示；支撑现代化灌区建设，协助铜山源灌区成功创建数字孪生灌区国家试点。全年公益任务支撑补助 7000 万元，科研投入补助 2000 万元，为一体化支撑提供坚实保障。

【新型事业单位改革】 2023 年 11 月，《浙江省水利河口研究院新型事业单位改革方案》（浙编〔2023〕10 号）由中共浙江省委机构编制委员会印发，研究院为全省第一批 3 家改革试点单位之一，方案提出 7 个方面 19 条改革举措。

【社会化服务试点】 2023 年 9 月，省人力社保厅、省财政厅开展省属事业单位社会化服务薪酬激励试点工作，研究院为全省 6 家改革试点单位之一，制定

《社会化服务绩效激励试点实施方案》。

【学术交流】 2023年9月5日，“才聚钱江畔 共话浙水网”首届科技周活动开幕，活动通过名家讲坛、专题研讨、总工讲座、科技沙龙等形式共组织16场科技交流讲座；联合台湾大学、浙江大学举办两地三院校“韧性防灾减灾技术”学术交流会。

【科研管理与平台建设】 2023年，研究院修订《科技创新奖励办法》《科研项目经费管理办法》《标准化项目管理办法》；完成ISO质量管理体系修订和CMA体系修编，实现大型科研仪器设备开放共享，省级规范化数字档案室创建工作基本完成。

研究院与上海河口海岸科学研究中心组建野外观测研究联盟；推进计量平台建设，组建计量团队。充分发挥水利标技委作用，组织编制《浙江省水利标准体系》，指导省水利工程检测协会首个团体标准成功发布。

【科研成果】 2023年，研究院获得省部级科技奖项7项。其中一等奖3项，《水利空间信息全链条一体化关键技术与智能服务》获2023年全国地理信息科技进步奖一等奖，《南方稻田绿色高效安全灌排调控关键技术研究与应用》成果获2022年中国商业联合会科学技术一等奖。获得省部级工程奖（单项奖）7项，授权发明专利42项，首获1项美国专利。获发布省级以上标准8项，其中以主要单位获发布国家标准、国家计量技术规范各1项。获国家重点研发项目课题（专题）5项，国家自然科学基金、省自然基金项目7项。发表SCI收录论文20篇，EI收录论文3篇。省水利工程带科研揭榜挂帅项目1项，实施院揭榜挂帅项目《水库大坝和海塘工程安全智能预警关键技术》1项。

【规划评估和项目推进】 2023年，研究院组织开展“十四五”综合发展规划中期评估工作，总体指标完成良好，科技创新5项主要指标至年底已完成97%。研究院完成省灌溉中心站节水试验江东农业用地的扩面工作，调整钱江新城控规涉及钱江院区二期地块的规划方案。

【技术服务】 2023年，“浙水研”十大技术品牌基本形成。16项数字化改革专项立项实施。1项成果入选首届浙江科技创新合作大会成果，5项技术入选水利部适用技术推广名录，3项技术入选省水利先进适用技术推广目录。截至2023年12月8日，全院签订合同额9.33亿元，收款7.71亿元。

【安全生产】 2023年，研究院建立全员安全生产责任制，修订《院安全生产管理办法》，印发安全生产年度要点，清单化推进28项具体任务。开展重大事故隐患专项排查整治行动，切实做好杭州亚（残）运会等重要节点安全防范。开展院内24轮次交叉检查排查，编制安全生产应急预案，安全生产管理应用模块上线运行。全年未发生安全生产事故，2023年度水利厅安全生产目标责任制考核优秀。

【调查研究】 2023年，研究院深入开展“大走访大调研大服务大解题”调研活动，部署10项重点和5项一般调研课题，开展调研34次，协调解决问题13个，制定成果转化运用清单6份。撰写《科研院所管理机制调研报告》等调研材料15份，参加全国科研院所党建工作会议并作交流发言。《关于我省水利遗产留存现状及活化利用的建议》荣获之江科技智库2022年度优秀课题成果二等奖。《2022年浙江省水利厅系统干部职工思想动态调研报告》获全国水利系统2022年度水利思想文化建设二等优秀研究成果。

【党建与党风廉政】 2023年，研究院党委深入开展学习贯彻习近平新时代中国特色社会主义思想主题教育，全年党委理论学习中心组学习（扩大）会议和“第一议题”学习23次，各级党组织赴曹娥江大闸、浙东引水工程上虞枢纽、安吉余村等红色教育基地及工程一线开展循迹溯源学思想促践行78批次，讲党课153人次。凝练研究院“研浙水 谋安澜”党建品牌，打造“六航五力八张名片”党建工作体系（“六航”即政治领航“铸魂工程”、创新启航“凝心工程”、阵地续航“聚力工程”、先锋助航“强骨工程”、文化引航“塑形工程”、清风护航“固基工程”；“五力”即“头雁”引领力、“堡垒”战斗力、“远航”驱动力、“压舱”保障力、“破浪”革新力；“八张名片”即“红色高地”“擎旗先锋”“水研青锋”“同筑安澜”“红色工地”“揭榜挂帅”“水研智库”“数智红帆”）。夯实支部标准化建设，全年发展党员8名，建成“同心荟”统战工作室。曾剑获评首届“最美水利人”候选人，尤爱菊担任杭州第19届亚运会火炬手。综合办党支部、规划所党支部、河口所党支部3个院基层党支部获得2023年水利先锋支部称号。积极推进党建进工地载体建设，院属广川公司2个项目入选省水利厅“党建进工地”典型案例，获评省重点建设“红旗”项目。《浙江省水利河口研究院：强化党建引领 聚力科技创新》在《中国水利报》刊发。组织开展“勇创新立潮头”七一主题活动、“‘八八战略’在身边”宣讲活动、主题教育每周知识答题挑战赛、“研在水墨”二十大主题书画展等活动。

2023年，研究院推进全面从严治党，落实专项监督检查制度，开展2023年监督执纪“1＋X”专项检查，对4个基层党组织开展监督检查。开展廉政和失职渎职风险排查，常态化开展正风肃纪监督检查，发布《项目分包采购廉政风险防控手册》。贯彻落实加强对“一把手”和领导班子监督的工作机制，签订《党风廉政建设责任书》，落实党委委员分片廉情分析机制；开展警示教育月活动，邀请驻省生态环境厅纪检监察组副组长何一开展廉政专题讲座，组织党务干部赴浙江监狱陈列馆开展纪法警示教育，组织“清风徐来 廉洁花开——先锋支部育清廉”活动。

【群团工作】 2023年，研究院团委在全院面向广大团员和青年开展学习贯彻习近平新时代中国特色社会主义思想主题教育。河海测验青年先锋队、广川蓝精灵团队、智慧水网突击队3支团队申报省直机关青年文明号，研究院青年文明号创建工作获得省直机关书记陆发桃肯定。省水利厅系统第二届职工运动会研究院蝉联团体第一。

（孙杭明）

浙江省水利水电技术咨询中心

【单位简介】 浙江省水利水电技术咨询中心（以下简称“咨询中心”）是隶属于省水利厅的公益二类事业单位，具有工程咨询甲级资信、水利工程施工监理甲级资质等。通过 ISO 9001：2015 质量管理体系认证和“AAA”级信用等级认证。咨询中心共有内设机构 9 个，其中职能部门 4 个：综合办公室、事业发展部、技术质量管理部、财务审计部；生产部门 5 个：咨询一部、咨询二部、咨询三部（杭嘉湖水利研究中心）、咨询四部、项目管理部。另外，有下属企业 3 家：浙江省水利水电建筑监理有限公司、浙江水利水电工程建设管理中心有限公司、浙江水利水电工程审价中心有限公司。至年底，咨询中心共有在职职工 265 人，其中在编人员 42 人。咨询中心本级共有工作人员 93 人，其中大学本科及以上学历 90 人，硕士及以上学历 44 人；中级及以上专业技术职务任职资格 82 人，副高及以上专业技术职务任职资格 48 人，正高级专业技术职务任职资格 8 人。咨询中心共有退休人员 38 人。咨询中心的主要工作职责是：开展水利规划、项目建议书、可行性研究报告、初步设计及有关专题报告等编制、评估咨询及施工图审查等工作；提供水利行业技术标准、定额制订以及项目稽察、安全生产监督的技术支撑；开展水利项目行业审查和涉水项目审批技术审查，承担工程建设管理、安全鉴定和验收的技术支撑工作，以及水利统计分析、绩效评价；开展区域、流域重大水利问题研究；承担水旱灾害防御技术支持；开展水利工程建设全过程工程咨询、投资动态控制、项目管理、风险评估等技术服务工作。

【概况】 2023 年，咨询中心坚持以习近平新时代中国特色社会主义思想为指导，深入开展学习贯彻习近平新时代中国特色社会主义思想主题教育，全面支撑浙江水利中心工作，全面推进创新改革开放，全面完成年度工作目标任务。咨询中心获全省“五水共治”工作先进集体，获 2023 年全省水利系统优秀调研报告一等奖、三等奖各 1 项，获 2021—2022 年度中国水利工程优质（大禹）奖 2 项、2023 年度浙江省建设工程钱江杯（优质工程）1 项；咨询中心党委获五星级党组织，咨询第一党支部获 2023 年水利先锋支部。

【重大水利项目前期工作支撑】 2023 年，咨询中心全力助推“千项万亿”水网安澜提升工程，建立表格式清单化机制，不断优化重大项目技术审核，开展扩大杭嘉湖南排后续东部通道工程（麻泾港整治工程）可行性研究、安华水库扩容提升工程可行性研究、淳安县秋口水库工程规模论证等重大项目技术审核

43 项；开展扩大杭嘉湖南排后续西部通道（西线）工程、缙云县棠溪水库工程等初步设计复核 33 个；完成绍兴市上虞区海塘安澜工程、海宁市百里钱塘综合整治提升工程二期（尖山段海塘）等重大项目投资审核 54 项。围绕水利重大项目前期工作，编制完成《浙江省水利重大项目前期工作情况调研》，提出水利重大项目前期工作推进优化建议。开展 2022 年度中央财政水利发展资金绩效评价、省水利建设与发展专项资金绩效评价等专项资金项目绩效评价服务，编制《水利发展资金绩效评价工作指南》，完成全省 78 个县（市、区）的专项资金绩效复评工作，助力浙江获得优秀，并位列全国第一。开展水利投资统计服务工作，编制《浙江省水利建设投资统计指南》，起草《水利投资统计简报》11 期，录制短视频 3 期，解答好常见疑问，累计培训杭州、宁波、金华、丽水等 7 个地市的基层水利统计人员、重大水利项目法人 180 余人次。

【其他技术服务工作】 2023 年，咨询中心开展工程稽察、质量安全检查等技术服务工作，完成 50 个水利建设项目稽察、40 个水利工程安全巡查，对 40 个重大项目、40 个小型水库除险加固项目开展质量检查与技术指导服务，跟踪问题整改闭环；修订《浙江省水利建设工程文明标化工地创建指导手册》，对 62 个水利文明标化创建工地开展复核、指导，海宁市百里钱塘综合整治提升工程二期（尖山段海塘）等 60 个项目通过省水利文明标化工地验收，助力提升全省在建重大水利工程建设管理水平。助力苕溪清水入湖河道整治工程等 14 个重大项目完成竣工验收。助力 70 个水利工程通过省级标准化管理工程评价；23 个工程通过水利部标准化管理评价，浙东引水工程通过第一批水利部调水工程标准化管理评价。服务杭州、宁波 2 个地区单村水站改造提升工作。完成 21 个县（市、区）水库系统治理技术指导服务。完成全省中小流域治理、农村水系综合整治（水美乡村）试点共 71 个项目的前期评估和建设全过程跟踪指导，助力全域幸福河湖建设。完成服务扩大有效投资“千项万亿”工程涉水项目审查技术服务 76 项，其中水土保持方案技术服务 45 项、防洪评价报告技术服务 30 项、水资源论证技术服务 1 项。全过程参与省水利工程带科研揭榜挂帅工作，协助省水利工程带科研揭榜挂帅工作规则建设，保障单村水站供水技术攻关等两批次共 7 个课题揭榜工作。

【杭嘉湖区域重大水利问题研究】 2023 年，咨询中心支撑《太湖流域防洪规划修编》和新一轮《杭嘉湖区域防洪规划》研究、编制；推进杭嘉湖流域预报调度一体化智能模块迭代升级，推进浙江省防洪减灾数字化应用（杭嘉湖东部平原）建设，完成“1＋4”（“1”指驾驶舱大屏，“4”指预报调度、风险评估、管控预案、复盘模拟）应用场景的测试。

【内部管理改革】 2023 年，咨询中心优化体制机制，强化创新导向，将科技创新纳入年度绩效目标责任书；重塑考核体系，制定《绩效考评办法》，强化对水利中心工作和咨询中心重点工作的考核，体现“突出绩效、多维评价、客观公正”的考评原则，发挥考核“指挥棒”作用；优化内设机构职责职能设置，明确归口管理部门与其他职责部门的管理界限。进一步优化制度体系建设，新制定（修订）《费用报销管理办法》等16项管理制度。深化月例会机制，明确月度目标，晾晒重点过程，加强梳理总结，确保工作闭环；及时通报表彰在服务水利中心工作等各项重点工作中涌现出的突出集体和个人；开展季度“先锋部门”“争先创优之星”评选表彰，共评选出“先锋部门”12个次、“争先创优”之星24人次。

【人才培养】 2023年，咨询中心完成2批次6名中层干部选拔任用，中层干部队伍结构进一步优化。开展事业编制人员正高级、副高级职称竞聘（评），正高级、副高级各1人成功评聘；加强职称评审推进工作力度，4人取得高级工程师专业技术职务任职资格。加强人才引进力度，确定录用应届毕业生8名、专业技术人员5名；拓宽人才培养途径，选派10名各层次职工，到水利部建安中心、省水利厅、省工程咨询行业协会等上级部门进行锻炼。

【科技创新】 2023年，咨询中心深化科技创新，成功申报并完成浙江省水利重大项目前期工作情况调研等省水利厅2023年专项调研课题5项，完成水利领域争取政府专项债券对策等内部揭榜挂帅课题研究2项。与杭州城研中心合作开展水利工程生态价值转化和基于水安全保障导向的WOD模式探索课题研究。推进“浙水咨询”OA数字工作平台二期模块开发，分模块推进建设，综合办公、人力资源等模块上线运行；开展档案数字化及系统搭建，加强内部管理数字化。

【服务市场和业务拓展】 2023年，咨询中心深化合作交流，与衢州市柯城区人民政府、安吉县水利局等签署战略合作协议。开展全过程咨询技术标准体系建设，制定《全过程咨询综合性咨询作业指导书》等咨询中心内部工作标准，提升全过程工程咨询服务标准化。全年签订合同额2.6亿元，其中咨询中心本级签订合同额超2亿元。

【安全生产管理】 2023年，咨询中心每月开展安全生产检查和隐患排查，全年开展专项及日常安全检查60余批次，检查承担项目的工地现场等30余处，开展电气消防安全检测、消防器材更新等，落实整改措施。逐级签订年度安全生产责任书，落实各级安全生产责任。6月，开展“安全生产月”等活动，举办消防安全、应急救护培训和火灾应急演练；与海宁市水利局联合组织开展“主题教育进工地暨‘安全生产月’”，联合海宁市尖山新区专职消防队开展消防应急逃生演练和消防灭火比赛；在衢州市柯城区寺桥水库工程现场开展水利建设工程安全管理现场培训交流。年度安全生产目标管理责任制考核优秀。

【群团和综合保障工作】 2023年，咨询中心召开职工大会2次。1月，审议通过《住房补贴实施方案（暂行）》，建立并实施住房补贴制度；12月，审议通过《薪酬分配办法》，体现“效益优先、兼顾公平、业绩导向、优绩优酬”的分配原则，注重激励在保障重点任务、科技创新等工作作出突出贡献的业务骨干和关键岗位人员。制订职工年度疗休养方案，鼓励干部职工在安排好工作的前提下参加疗休养，职工参与率从87％提升至95％。营造民主和谐氛围，在办公系统中开设“@咨询中心 我有话要说”专栏，在线匿名征集职工意见建议，及时听取、解决职工关切。完成大会议室修缮、大楼空调更新、浙江水工大厦修缮，建设职工之家，改善办公环境。组织开展三八妇女节、“亲水课堂”进校园和“节水、护水、爱水”知识宣传、迎亚运毅行、中秋游园等各类活动，举办职工荣退仪式。

【党建和党风廉政】 2023年，咨询中心召开党委会25次、主任办公会5次，召开党委理论学习中心组学习8次，党委会“第一议题”学习25次。4—8月，开展学习贯彻习近平新时代中国特色社会主义思想主题教育，组织专题研讨3次，中心党政班子主题发言10人次；各党支部组织研讨19次，主题发言111人次；赴杭州第二水源千岛湖配水工程、曹娥江大闸枢纽工程、京杭大运河、安吉县余村、浙东运河文化园、义乌市李祖村、浙江展览馆（“八八战略”实施20周年大型主题展览）等地，开展“循迹溯源学思想促践行”现场学习15次，参与161人次；聚焦全省水利重大项目前期、水利工程标准化管理、中小流域生态治理、典型水利工程项目竣工财务决算编制等水利中心工作，结合“大走访大调研大服务大解题”系列活动，开展各类调研30余次，并形成调研报告；党委书记、党委领导班子成员、各党支部书记面向全体党员或所在支部党员讲授10场次党课；召开主题教育专题民主生活会，对照检视剖析，制定整改方案并全部完成整改。

深化“党建进工地”，落实省水利厅党组“1＋1＋N”党建工作思路，在海宁市百里钱塘综合整治提升工程成立临时党支部，组建党员先锋队，在衢州市柯城区寺桥水库工程，成立党员突击队。海宁市百里钱塘综合整治提升工程一期（盐仓段）项目获省住建系统“优秀红色工地”，项目党建与业务融合做法入选省水利厅公布的第一批“党建进工地”典型案例、《水利基层党建典型案例选编》（“1＋1＋N”专辑）。发展党员2名，完成4名预备党员转正。12月，开展党支部换届，优化调整党支部设置，党支部数由7个增加至8个。

制定《〈中共浙江省水利水电技术咨询中心纪律检查委员会工作规则〉（试行）》，加强和完善纪委制度建设；制定党员干部“八小时以外”管理行为准则，全员开展承诺书签订；修订加强对“一把手”和领导班子监督“五张责任清单”；开展“以案为鉴明纪法、勤廉并重树标杆”集中警示教育月；举办“浙水咨询”讲堂，邀请驻省生态环境厅纪检监察组领导讲授专题党课；组织参观胡公廉洁文化教育基地；开展所属企业审计和专项检查；结合月度工作例会，组织收看警示教育片，每个工作日推送警示教育案例和上级党风廉政建设有关规定。

（邢俊）

浙江省水利科技推广服务中心

【单位简介】 浙江省水利科技推广服务中心（以下简称“推广服务中心”），为正处级公益二类事业单位，下辖浙江钱江科技发展有限公司、浙江钱江物业管理有限公司、浙江省围垦造地开发有限公司、浙江省灌排开发有限公司等企业。至年底，实有事业编制34名，退休人员14名，直属企业员工200余名，其中党员56名。推广服务中心的主要工作职责是：承担全省水利科技成果转化和先进适用技术（产品）引进、试验、示范、推广等工作，开展水利新技术推广指导目录编制工作；开展水利科技推广、成果评价以及相关技术咨询服务；开展水利行业技术标准、规程规范的研究、编制、宣传、推广应用及评估等工作，提供水利工程标准化管理技术服务；承担水利新技术、新产品鉴定辅助工作。协助指导水利科技推广示范基地（项目）建设和管理；开展水资源节约、保护、管理及农饮水安全实用技术、设备的评估和推广应用，承担相关认证管理和信用评价具体工作；组织开展水利科普宣传、对外水利学术交流与合作；提供厅机关日常后勤服务和水旱灾害防御应急期间后勤保障；承担厅属相关国有资产管理的日常工作；完成省水利厅交办的其他任务。资产情况：①房产，推广服务中心名下房产面积共35881.50m²，包括钱江科技大厦34038.40m²，瑞晶国际商务中心房屋1843.10m²；因杭州市地铁10号线、机场快线文三路站建设，浙江钱江水利科技大厦辅楼及附属地下停车库拆复建项目2630.87m²（规划建筑面积）尚在建设；②土地，总计1164.85hm²，其中推广服务中心名下土地共868.44hm²，浙江省围垦造地开发有限公司名下土地296.41hm²，分布在杭州市钱塘区、慈溪市、绍兴市柯桥区、绍兴市上虞区等地。

【概况】 2023年，推广服务中心围绕创新深化改革攻坚开放提升，加快融合发展，全面打好“四抓四强”（指抓科技赋能，强创新；抓服务提优，强改革；抓变革重塑，强开放；抓督办激励，强担当）组合拳，做实做优“水利科技市”“学术创新台”“浙水红管家”“浙水鲜”四张名片。落实数字经济创新提质“一号发展工程”，按照“加快科技成果落地转化”要求，谋划打造高效共享的转化平台，在全国率先建成中国浙江网上技术市场水利科技分市场。技术支撑水资源、农村水利、工程运管等领域，服务水利“民生实事”，深度支撑单村水站改造提升行动，扎实做好白蚁防治等技术服务，进一步深化“工程带科研”机制，强化省水利厅机关及厅属13家单位水旱灾害防御后勤保障，抓好土地和房产等国有资产管理，稳步推进国有资产提质增效。

【荣誉成果】 2023年，推广服务中心1个支部获2023年水利先锋支部，1人获省直机关工委“诗颂二十大·奋进新征程”诗词创作比赛第一名，获一等奖，1人获省水利厅“‘八八战略’在身边”宣讲大赛三等奖。消防应急演练成果获水利部鼓励奖，“水安将军”获优秀集体奖，1项科技成果获省水利科技创新奖三等奖，2项调研成果获全省水利系统优秀调研报告三等奖，1人获省水利厅护航亚运保障工作成绩突出个人。

【水利科技成果征集与转化】 2023年，推广服务中心强化与地方水利、高校、企业多方合作，水利科技成果征集打开新局面。面向全社会公开征集水利新技术，共推荐和复核47项科技成果，涵盖水利工程建设与管理、白蚁防治、防灾减灾和水利数字化、农水和水环境等领域，形成年度水利先进适用技术（产品）目录，编制完成《水利科技成果汇编（2023年）》。中心围绕水利高质量发展，强化大科技支撑，突出“成果、平台、智库”，精心打造“水利科技市”名片，依托省科技厅中国浙江网上技术市场，发动引导40家创新主体、170余项成果入驻。加快构建以市场为导向的全周期科技成果转化机制，推进科技成果以协议公示、挂牌交易、竞价（拍卖）市场化定价方式交易，水利分市场促成转化交易近1000万元，实现从“0”到“1”的突破。

【水利科技创新深化】 2023年，推广服务中心深入贯彻长三角一体化发展战略，发动58家企业在“首届长三角水论坛暨水利先进适用技术推介会”现场进行了各类水利先进技术（产品）展示。构建跨界、跨领域、跨学科协同攻关机制，深化20个重大水利科技问题研究。开展“工程带科研”项目、重大科技问题、科技工作者建议征集，凝练的10项“工程带科研”研究方向中有4项被列入2024年省水利厅科技计划项目申报指南。谋划实施建德、缙云、高坪桥水库等基层创新项目，领衔1项省科协软课题，申报6项省水利厅科技计划项目，发表论文11篇。

【服务支撑】 2023年，推广服务中心聚焦“民生实事”、水利科技、取用水管理、工程运管等领域，强化技术支撑和服务。组织1名骨干驻点遂昌县全程服务，10余名技术人员赴金华市、衢州市开展技术服务，全年累计服务5批120余人次；全体成员参与“民生实事”山塘整治督导服务；围绕16个重大水利问题研究方向，依托“工程带科研”，谋划实施建德市优质水资源调查及水产业发展布局、缙云县大中小抽水蓄能电站、高坪桥水库水质现状调查及提升对策研究3个科创项目；参与完成2项调研成果获水利系统优秀调研报告三等奖。参与起草《浙江省水利工程运行管护（标准化）业绩成效考评细则》《浙江省水利工程运行管理专家库管理办法》《关于加快推进水利工程不动产确权登记工作的通知》等政策文件。

【后勤保障】 2023年，推广服务中心以厅机关为轴心，构建“1+N”大服务保障格局，服务范围辐射到省水利厅系统13家单位，服务对象达3000余人。在防御台风期间，做好防台后勤保障工作；组织“护航亚运”专项安全行动，落实每周护航亚运安全计划，落实24小时值班值守；抓好“服务＋数字”，建设“智慧食堂”，实现省水利厅系统9家食堂“一卡通刷、统一结算”和食材采购、食品安全数字化管控；推出“浙水红管家”公众号，配备智能化服务设施设备。抓好“服务＋标准”，制定6类服务管理手册，制作10余种后勤文创产品，举办“浙水红管家”厨艺技能比武大赛，33名选手同台竞技，以赛促学提升后勤服务品质。抓好“服务＋绿色”，打造“浙水鲜”名片，赴全省各地挖掘优质水生态产品。

【资产管理】 2023年，推广服务中心紧紧围绕“大服务支撑”各项改革任务，扎实推进各项目标任务。抓好土地和房屋资产的经营管理，资产收益稳步提升。完成土地使用基本情况调研，开展围垦土地回收及公开招租风险评估，协调处理绍兴市柯桥区4个“千项万亿”工程电力专线架设事宜。推进钱江科技大厦辅楼复建工程，加强与地铁集团、承建方等方面的沟通协调工作，基本完成钱江科技大厦地下车库主体工程及地下管线铺设。加强房屋出租管理，完成瑞晶国际大厦产证办理和出租备案审批手续，钱江科技大厦出租率近90%。

【安全生产】 2023年，推广服务中心践行安全发展理念，紧抓“组织领导、责任落实、检查整改、安全投入、宣传演练”五项重点工作。党委专题研究安全生产工作2次，主要领导专门召开部署会议2次，分管领导召开季度会议4次。部署两会、杭州第19届亚运会期间专项安全行动，围绕消防安全、动火作业、外包外租、用电用气、食品安全等领域检查170次，排查整改隐患110项。狠抓消防电梯、高压设备、电力线路、消防控制设备等改造，投入260余万元改造资金，更新提升设备安全。开展“安全生产月”等专题活动，组织消防灭火疏散逃生等7场应急演练，开展安全知识培训及警示教育建设，全年无安全事故，年度安全生产考核优秀。

【单村水站改造提升支撑服务】 2023年，推广服务中心组建单村水站改造提升攻坚小组，围绕破解水源、水浑、异味、无电等难题，梳理问题和需求清单，调动专家资源和骨干力量，全力支撑好、服务好全省单村水站改造提升行动。累计开展调研、服务5批次，120余人次，派驻1名特派员代表省水利厅赴遂昌县开展试点县驻点服务。在前期调查摸底、技术征集、用户调查等工作基础上，深化技术解决方案、运维保修、产品报价等要素，编制发布《全省单村水站改造提升技术优选推介清单》，供各地参考选用。在全省单村水站改造提升技术交流会上，推广服务中心、余姚市水利局、松阳县水利局、苍南县水利局以及9家成果持有单位分别交流分享，29家技术成果持有单位现场展示单村水站净水、消毒、监测等先进技术（产品），促进单村水站改造提升技术攻关和先进适用技术推广应用，持续推进农村饮水安全工作，受到基层普遍认可。

【水利工程蚁患防治支撑工作】 2023年，推广服务中心贯彻落实习近平总书记关于白蚁防治的重要批示精神和水利部关于做好水利工程白蚁等害堤动物隐患应急整治工作的通知要求，全力支撑省水利厅工程蚁患防治工作。落实好省水利厅“推广一批新技术，促进先进适用的蚁患防治新技术、新设备探索运用”工作部署，组织举办全省水利工程蚁患防治现场会暨技术交流会，在2023年推广目录中遴选白蚁防治技术产品5项，供各地参考选用。组织编制《浙江省堤坝白蚁防治技术导则（试行）》，为白蚁防治提供技术支撑。联合省水利厅在《中国水利》水利工程白蚁等害堤动物防治专辑发表《浙江省水利工程蚁患常态化防治实践与思考》论文，介绍浙江白蚁防治工作实践和经验。组织开展蚁患防、查、治管理和技术知识培训，强化不同岗位发现水利工程蚁患的能力和水平，挖掘防治技术亮点。

【党建与党风廉政】 2023年，推广服务中心围绕“1＋1＋5”党建工作思路，深入开展“一单位一特色、一支部一品牌”创建及创新实践活动，打造“党建领航·五色添彩”品牌矩阵。深化“循迹溯源学思想促践行”活动，组织开展“寻总书记‘浙’里足迹”系列主题党日活动10批112人次，推广服务中心党委、各党支部先后赴浙东运河文化园、余杭小古城村、安吉余村等10地开展“循迹溯源学思想促践行”活动，组织赴浙江省展览馆参观“大道之行——‘八八战略’实施20周年大型主题展览”。中心党委班子聚焦水利科技创新、直属企业改革、单位政治生态建设等开展4项专题调研。1项党建工作法入选省水利厅典型案例选编。

2023年，推广服务中心组织开展“立规矩、严纪律、转作风”专项活动，研究制定《干部职工纪律规矩“十守十禁”守则》。开展公款存放、大厦配电房改造等政府采购专项监督7次；开展违规吃喝问题专项整治和节假日正风肃纪检查4批，覆盖中心本级及直属企业。开展“外包合同”专项警示教育、廉政和失职渎职风险排查，完善风险防控清单。举办“纪检讲堂”和“清风”微课堂12期，推进廉政文化进岗位、进项目、进家庭。牢固树立“舆情风险也是政治风险”理念，在两会、杭州第19届亚运会、亚残运会等重大事件期间，落实“首席网络安全官”和专管员制度，做好公共场所电子显示屏摸排和管控。

（陈星宇）

浙江省水利信息宣传中心

【单位简介】 浙江省水利信息宣传中心（以下简称“信息宣传中心”）是厅直属公益一类事业单位，是在原浙江省水利信息管理中心和浙江省水情宣传中心基础上组建，于2019年11月举行单位成立揭牌仪式。核定编制数24人，领导职数1正2副。主要工作职责是：协助指导全省水利行业信息化和宣传业务工作；协助制定全省水利信息化中长期规划、省级水利信息化相关技术规范和技术标准；承担省级水利信息化重大项目的技术工作以及厅本级水利信息化项目建设和管理工作；承担政府数字化转型相关信息化工作。组织开展省级水利数据中心建设及数据管理工作；组织实施重大水利新闻报道。承担中国水利报浙江记者站相关工作。组织开展水利舆情监测、收集、分析工作；承办厅政务信息主动公开工作，组织政务新媒体的运行管理工作。开展厅网络中心、信息系统的安全运行维护工作；组织开展水情宣传教育，负责全省水利重要影像资料收集、整理和利用工作；组织开展水利志、水利年鉴编纂及水文化传播工作；完成浙江省水利厅交办的其他任务。

【概况】 2023 年，信息宣传中心认真贯彻落实省水利厅党组决策部署，服务保障水利中心工作，健全数据安全保障和电子政务项目管理机制，协助完成了数字孪生水利建设实施方案编制，推进数字孪生基础平台建设，专项整治“指尖上的形式主义”，网络安全和数据安全保障取得新成效。印发关于进一步加强水利宣传工作的意见等文件，健全水利宣传和舆情监测工作机制，加强媒体合作，组织重大宣传活动，在中央和省级媒体宣传报道数量创新高。中心支部荣获水利先锋支部称号，浙江省数字化改革网络安全工作成绩突出集体、网络与信息安全信息通报工作先进单位等荣誉。网络安全防守成绩“优异”，获水利部通报表扬，细化管控政务云资源管理举措获省大数据局通报表扬。《浙江水利年鉴 2022》被评为 2023 年度“浙江省优秀专业年鉴”。4 名党员干部荣获全省海塘安澜千亿工程成绩突出个人、全省河湖长制工作成绩突出个人、“‘八八战略’在身边”宣讲大赛二等奖等荣誉。

【水利数字化改革技术支撑】 2023 年，信息宣传中心全体信息线成员加入数改办工作专班，配合编制《浙江省数字孪生水利建设意见和实施方案》，明确了未来五年浙江省数字孪生水利建设的指导思想、建设目标、总体框架和重点任务。集中攻坚“指尖上的形式主义”专项整治任务，完成了 15 个整改应用的 IRS 目录下架及其云资源和数据资源的整合工作，将 48 个应用整合为 13 个应用。起草了《浙江省水利厅电子政务项目管理办法（试行）》，修订了信息宣传中心《电子政务年度部门预算项目管理办法》，完成省水利厅本级 16 个电子政务项目的绩效自评工作。编制了《厅电子政务项目建设技术要求》，推进电子政务项目实施。初步建成省级水利数据资产管理系统和全省水利一张图，新增归集数据 4.5 亿条、行业内外共享调用 9229 万次，数据活跃度约 76%；指导服务全省 68 个市县节点上线浙里“九龙联动治水”应用，数字孪生钱塘江、曹娥江等 9 个数字孪生流域试点项目上线运行。

【水利数据治理】 2023 年，省水利厅印发《数据安全管理办法（试行）》，强化了数据安全的保障机制。完成 2023 年度厅本级和数字孪生试点上报成果数据分类分级，识别厅本级重要数据目录 12 个。加强数据规范化管理，注销省公共数据平台无效接口 51 个，处理数据工单、超期未更新等各类数据问题 40 余起。协助完成水库实时信息等 3 个数据集向社会开放。

【网络安全保障】 2023 年，信息宣传中心坚持预字为先，全过程做好基础网络安全和重要系统运行保障工作。制定网络安保工作方案、实施方案、应急处置预案，全面梳理全省 508 个应用的保障任务，明确责任人，建立保障团队。组织全系统开展网络攻防实战演练 6 次，开展水利行业钓鱼邮件专项演练和供应链网络安全专项检查，常态化开展网络安全风险隐患排查整治，提升应用防护能力和队伍应急处置能力，筑牢网络安全防范屏障。组织各级水利部门值班值守，拦截阻断网络攻击，排查整改 365 个中高危安全漏洞，整改完成率达 100%。

【水利宣传】 2023 年，信息宣传中心坚持围绕水利中心工作，拓宽宣传渠道，加强央媒声量，推动“全域推进幸福河湖建设”等 12 条报道亮相中央电视台，28 条报道亮相浙江卫视新闻联播，创历史新高。与新华社联动策划推出“之江安澜 20 年”“钱江三日”等选题，发表系列文章视频 7 篇，每篇阅读量均破百万，其中《瞭望》杂志特稿一篇、新华每日电讯头版一篇。《中国水利报》头版报道浙江经验成效 25 篇，其中头版头条 3 篇，在全国省级水行政主管部门中排名第一。在《浙江日报》开设“一滴水的 72 变专栏”，发表文章 7 篇，每篇传播量超 5 万人次，生动展现浙江之水的精彩蝶变。建立常态化新闻发布机制，制定 2023 年度新闻发布计划，6 位厅级领导、10 位处长通过新闻发布会、新闻通气会、媒体采风、媒体专访等形式，向社会发布水利重大决策部署和取得的成效，发布场次创历史新高。举行“3·22”世界水日主题宣传暨首届“最美浙江人·最美水利人”发布活动，第四届浙江省“亲水节”主题宣传活动，联动实施“‘八八战略’20 周年”8 集微视频等专题报道，组织开展第一批省级水情教育基地评选，进一步扩大水利宣传影响力和覆盖面。

【水利舆情监测处置】 2023 年，信息宣传中心坚持 24 小时全媒体监测舆情信息，编制涉水舆情监测报告 80 期、水利防汛防台舆情分析研判专题材料 3 期、水利热点舆情报告 6 期，跟踪相关单位处置舆情事件 35 个。全省水利舆情总体平稳，未发生重大舆情事件。

【重点工作支撑服务保障】 2023 年，信息宣传中心组织精干力量参与省水利厅主题教育、“千项万亿”、水利宣传阵地建设、河湖长制等工作专班，参与绍兴浙东运河文化园内容提升、总河长会议筹备等重点工作，较好地完成了任务。主动对接厅机关处室和厅属单位，高质量做好网络技术、宣传、工会等服务保障工作，全年保障会议近 500 场次。强化业务应用公众服务保障，网站服务访问近 500 万次，台风路径发布系统服务社会公众超 3 亿次。

【党建与党风廉政】 2023 年，信息宣传中心深入开展学习贯彻习近平新时代中国特色社会主义思想主题教育，建立“支委领学、党课深学、集体研讨、循迹溯源”机制，党员认真学习“8种必学书目+4种拓展书目”，组织学习研讨35人次，前往浙东引水工程、浙东运河文化园等地开展循迹溯源现场学4次。围绕年度课题开展基层调研，形成调研报告3篇，出台文件2个。派出党员干部赴市县蹲点调研采访，系统总结“八八战略”实施20年基层水利取得的成果。全面落实省水利厅巡察整改、审计整改措施66项，制定《支委会议事规则》等制度7个。积极推介宣传省水利厅学习贯彻习近平新时代中国特色社会主义思想主题教育工作成效，相关成果得到学习贯彻习近平新时代中国特色社会主义思想主题教育官方网站、浙江日报、中国水利报头版头条等报道。结合中心工作特点和人员结构特点，打造“青年潮”党建品牌，争创青年文明号。

（郭友平）

浙江省水利发展规划研究中心

【单位简介】 浙江省水利发展规划研究中心（以下简称“规划中心”）下设综合科、科技研究科、发展研究科、规划研究科和基础研究科5个科室。编制人数22人，现有在编在职员工17人，其中副高以上职称8人。规划中心的主要工作职责是：组织研究国内外水利政策、法规。承担全省水利改革发展、政策法规重大问题的研究，提出水利改革发展建议；开展全省水利发展战略规划研究，开展全省流域综合规划、水资源综合规划和其他重要专项规划研究，负责水利规划管理的相关技术工作；协助开展省级水利规划的实施评估工作，参与研究提出省级其他涉水规划的技术意见；开展全省水利改革和创新发展技术指导；承担省水利厅交办的其他工作。规划中心承担浙江省水利厅科学技术委员会（以下简称“厅科技委”）的日常工作。

【概况】 2023年，规划中心服务水利中心工作，参与水利高质量发展的顶层设计和投融资改革，为省内水资源优化配置和水网建设提供有力支撑。深入开展调研，完成多项关键课题，为科学决策提供依据。积极参与政策法规改革和重大战略服务，保障水利政策法规的科学性和前瞻性。做好厅科技委工作，组织专题研讨，推动水利科技创新，为浙江省水利现代化贡献力量。

2023年，规划中心组织《飞云江流域系统治理研究》和《浙江省蓄滞洪区建设管理研究》等专题研讨会，邀请省内外专家学者，围绕水利领域的前沿问题和发展趋势进行深入探讨，为省水利厅党组科技民主决策提供参考。组织编制《持续做深“千万工程”中的水文章》《我省抽水蓄能电站涉水情况及建议》《拓宽水库规模论证思路的建议》和《钱塘江河口处于历史最小容积，密切关注亚运保障与明年防洪安全》等参阅报告4篇，为省水利改革发展思路提供参考借鉴。

【发展规划研究】 2023年，规划中心紧紧围绕水利高质量发展顶层设计，参与《浙江省水资源节约保护和利用总体规划》等多项重要规划编制，为水资源优化配置提供坚实的技术支撑。主动服务浙江水网规划建设，配合省水利厅编制完成《浙江水网建设实施方案（2023—2027年）》，助力水网规划体系的完善和实施。服务水网重大项目推进，参与椒江河口水利枢纽服务指导组具体工作，提高工程谋划质量。开展水利现代化先行的表述和评价指标、浙江大水网内涵及要求等发展战略研究，提出总体目标和指标设置原则，明晰指标计算方法和目标值。支撑投资计划和投融资改革，助力争取特别国债申报和预算项目管理，推动水利重大项目前期阶段开展“一项一策”融资模式研究。

【政策法规保障】 2023年，规划中心持续在政策法规和改革服务方面发挥积极作用。协助省水利厅开展水利法治建设、水利立法计划等工作，配合开展省级水行政规范性文件全面清理和重要水利政策的起草和修订工作，制定省水利系统行政合法性审查指引和事项目录清单，保障政策法规的时效性和科学性。开展“八八战略”实施20周年水利法治建设和“八五”普法规划评估。

【专项课题调研】 2023年，规划中心参与完成《浙江省水利高质量发展建设水利现代化先行省的路径研究》，起草提交《推进水务一体化“一城一主体”改革调研报告》。牵头实施典型水利基础设施不动产投资信托基金（REITs）试点项目调研，成果纳入水利部印发的水利基础设施不动产投资信托基金（REITs）操作指南。参与厅主要领导领衔的浙江省水利高质量发展建设水利现代化先行省的路径研究等重点调研课题1项，牵头完成水行政执法四项机制实施情况及建议、农业灌溉用水保障对策调研、浙江省蓄滞洪区建设与管理调研、珊溪水库在“温州水网”中的战略作用及能力提升研究、水利领域保险机制应用与险资进入途径研究、水利领域生态环境损害赔偿改革路径研究、浙江省抽蓄电站涉水情况调研等专项调研课题7项，参与水旱灾害巨灾保险政策研究等专项调研课题1项，提出一系列对策建议。在全省水利系统调研报告评选中，获得一等奖1项、二等奖1项、三等奖1项。

【重大战略服务】 2023年，规划中心积极参与长江经济带、长三角一体化、共同富裕示范区建设、海洋强省及“四大建设”等国家和省级重大战略工作，协助制定景宁、嵊泗两县高质量发展共同富裕实施方案，组织共同富裕试点和最佳实践案例评选。全年起草材料400余项，支持水利部及省级部门科学决策。

【党建与党风廉政】 2023年，规划中心深入落实“第一议题”制度，深化理论武装，开展学习贯彻习近平新时代中国特色社会主义思想主题教育，读原著、学原文、悟原理。全年共组织开展党员大会6次、支委会12次、支部集中学习会13次、组织生活会1次，促使党的政策方针贯彻到每一位干部职工。加强组织能力建设，开展党支部委员补选、修订多项内控制度，确保党的建设和单位发展两手抓两手硬。

（杨溢）

浙江省水利水电工程质量与安全管理中心

【单位简介】 浙江省水利水电工程质量与安全管理中心（以下简称“质管中心”）是隶属于省水利厅的纯公益性一类事业单位。机构成立于1986年，初始名称为浙江省水利工程质量监督中心站；1996年，经省编办批准（浙编〔1996〕88号文），浙江省水利工程质量监督中心站与浙江省水利厅招投标办公室、浙江省水利厅经济定额站合并，组建成立浙江省水利水电工程质量监督管理中心；2007年，经省编委批准（浙编〔2007〕39号文），将水利工程建设安全监督职能划入，机构全称更名为浙江省水利水电工程质量与安全监督管理中心；2019年11月，机构全称更名为浙江省水利水电工程质量与安全管理中心。质管中心核定事业编制27人（设主任1人，副主任2人），2023年在编人员26人，设置5个科室。至年底，在编的专业技术人员25人（其中教高6人、高工9人、中级及以下10人），财政全额拨款。质管中心的主要工作职责是：贯彻执行国家、水利部和省有关水利工程建设质量与安全监督管理的法律法规和技术标准，承担监督实施的技术支撑工作；协助拟订全省水利工程建设质量与安全监督、检测的有关制度、技术标准和规程规范；协助开展全省水利工程质量与安全监督管理，承担省级实施监督的水利工程项目质量与安全监督的辅助工作，参与重大水利工程质量与安全事故的调查处理；承担水利工程质量检测行业技术管理和全省水利工程质量检测单位乙级资质审查的辅助工作，开展全省水利工程质量与安全监督人员培训；组织开展全省面上小型水利工程质量抽检工作，参与水利工程建设质量考核；完成省水利厅交办的其他任务。

【概况】 2023年，质管中心对在建重大水利工程开展质量安全监督检查181次、完成率139%，确保省级监督项目质量安全，所监督项目未发生质量安全事故。开展全省面上水利工程质量抽检共80项，问题整改完成率100%。推进检测专项检查行动，对49家检测单位开展省市县三级联合检查，整治和规范检测市场秩序。全力支持水利部对浙江省水利建设质量工作考核以及厅组织的质量提升专项行动、质量普遍性问题专项整治行动等重点工作。

【质量安全监督】 2023年，质管中心监督工程37项，完成投资额近100亿元；开展监督检查181次，完成率139%，有效督促解决特种作业、隧洞施工、支模架搭设等方面问题1350个，确保监督工程全年无质量安全事故发生、总体形势平稳向好。严格执行质量与安全监督事权划分意见，落实省市县三级监督职责，做到责任到位、监管到位。落实省水利厅安委办副主任单位职责，开展在建水利工程安全生产专项排查整治，对发现的243个风险隐患均落实管控措施。举办首届全省质量与安全监督人员业务竞赛，有力提高监督人员队伍能力。推动质监标准化建设，全面梳理监督流程、工作要求和检查清单，推进质量监督标准化指导手册编制。

【技术支撑与服务】 2023 年，质管中心主动服务重大工程建设，参与重大水利工程初步设计审查，建立监督项目“创先争优”晾晒机制，创新设立“党员服务站”，集中攻坚“老大难”工程竣工验收，共提供指导服务 29 次，协调处理技术难点 10 多个，现场核备工程资料 30 余份，助推 41 项工程提前完成竣工等验收。配合省水利厅做好水利建设质量工作考核、安全生产考核、防汛防台检查、质量监督履职巡查等重点工作。参加省安委会组织的对丽水市 8 轮次安全生产大排查大整治督导服务和省平安办组织的历时 2 个月的“平安浙江”暗访检查。赴基层、对口支援单位开展技术指导帮扶，共开展授课 34 次，培训 3000 人次。

【面上水利建设项目质量抽检】 2023 年，质管中心抓细抓实面上质量抽检，从体系、行为和实体三个方面，综合评价面上工程建设质量，为省水利厅综合绩效考评工作提供准确可靠的数据支撑。全年抽查工程 80 项，参与专家 560 人次；发现问题 1220 个，整改完成率 100%；工程实体质量合格率从 2015 年的 82.9%提升至 2023 年的 95.0%。

【检测行业管理】 2023 年，质管中心加强对在浙执业的检测单位全过程监管，组织开展水利工程质量检测单位专项检查行动，对 49 家检测单位开展省市县三级联合检查，严肃查处违法违规行为，有力整治和规范检测市场秩序。完成 34 家乙级资质检测单位 73 个类别审查工作。抽查 15 家检测单位“双随机、一公开”检查，切实规范检测单位执业行为。

【数字监管能力建设】 2023 年，质管中心不断迭代升级监督平台电脑端“浙江省水利工程质量安全监督信息化管理系统”建设，持续迭代质监数字化应用，升级线上整改反馈、监督意见电子签名等功能板块，全面整合打通质监平台与透明工程之间信息交互、数据同步和场景贯通，做到数据来源可查、去向可追、应用合规。

【调查研究】 2023 年，质管中心组织开展商品混凝土在水利工程应用情况调研，掌握在建水利工程商品混凝土应用总体情况，了解省内水利工程建设商品混凝土质量管理现状以及现有的质量控制措施，围绕商品混凝土在水利工程应用过程中存在的问题，针对性地开展基层走访和座谈，汇总分析各地在商品混凝土质量管理过程中好的经验和措施，提出水利工程建设过程中商品混凝土质量管理的对策和建议。开展问卷调查 97 份，基层调查走访 3 个地市和 5 个县(市、区)，集中座谈 8 次，工地现场指导服务 5 次。针对商品混凝土在浙江省水利工程中应用广泛的现状，深入分析坍落度、骨料、外加剂等产品指标与水利工程现行规范标准的差异、混凝土入场后质量控制不完善等具体问题，在广泛调查研究基础上，形成《商品混凝土在水利工程应用情况调研报告》，获得

2023年度全省水利系统优秀调研报告三等奖。

【人员队伍建设】 2023年，质管中心不断优化人才培养模式，通过交流汇报、专家授课、技术培训、专项调研等方式，切实提升监督能力。加强对省、市、县监督人员技术培训与指导。召开市级质监工作会议，交流各地质监现状和经验做法；深入基层开展业务培训和指导服务，提升基层质量管理能力，全年共开展培训授课34次，培训3000人次。

【学习贯彻习近平新时代中国特色社会主义思想主题教育】 2023年，质管中心始终牢牢把握“学思想、强党性、重实践、建新功”总要求，坚持把习近平新时代中国特色社会主义思想转化为坚定理想、锤炼党性和指导实践、推动工作的强大力量。通过“五学联动”锤炼党性修养，筑牢党员思想根基；以问题导向，问需基层，为重大水利项目高质量建设提供质量管控依据；以推动发展为根本遵循，狠抓四项重点工作，在水利工程建设中促发展、显担当；坚持在建章立制、完善长效机制上下功夫，把主题教育中形成的好做法、好经验用制度形式固化下来，确保制度管常管长。

【党建与党风廉政】 2023年，质管中心以打造浙水“质安卫士”党建品牌为主线，结合在建重大水利工程质量安全监督工作难点和参建各方建设管理实际需求，在施工一线设立了“党员服务站”，推动中心党员干部学习到一线、工作到一线、服务到一线、成长到一线，推动中心党员提质服务按下“快进键”，助力浙江省重大水利工程建设跑出“加速度”。设站以来，多次开展党建联学、微党课、现场实训和业务授课，将工程建设现场作为党员干部重要的学习实践阵地，通过“质量监督＋党员服务”，实现质监业务“等你来办”向“我上门办”转变，不断推动新思想新理念进工地、到一线。

2023年，质管中心召开组织生活会2次，党员大会5次，支委会4次，支部学习会21次，支部书记上专题党课3次，赴红色基地党建活动3次，廉情分析会2次，开展廉政谈话2次，积极捐款2次，共41人次认领并点亮了微心愿。不断加强党风廉政建设，推进“清廉水利”建设，严格落实意识形态工作责任，全面加强意识形态定期分析研判和廉情分析，深入剖析廉政与失职渎职风险，持续抓好常态化廉政警示教育，开展全员三级廉政提醒谈话，召开一年两次廉情分析会，推进全面从严治党走深走实，确保中心无违法违规违纪情况发生。

（徐尧权）

浙江省水资源水电管理中心
（浙江省水土保持监测中心）

【单位简介】 2020年1月，省编委办（浙编办函〔2020〕57号文）批复成立浙江省水资源水电管理中心（浙江省水土保持监测中心）（以下简称“水资源水电中心”），为省水利厅直属公益一类县处级事业单位，经费来源为100%财政全额补助。水资源水电中心内设综合科、取用水管理科、节水促进科、水电管理科、水电发展科、水保技术科、水保监测科共7个部门。至年底，编制数36人，领导职数为1正3副，2023年底实有在编32人。水资源水电中心的主要工作职责是：承担实施国家节水行动和节水型社会建设的技术指导；协助拟订实施最严格水资源管理制度考核工作方案，组织开展考核技术评估工作，协助指导水量分配、河湖生态流量水量管理等工作；承担全省取用水管理的技术工作，承担省本级水资源论证、取水许可、计划用水、节水评价的技术管理工作，组织开展取用水监测、调查、统计和区域水资源承载能力评价的具体工作；协助拟订水资源管理、节约用水、农村水电、水土保持相关政策和技术标准；组织开展水能资源调查评价、农村水能资源开发规划编制，提出农村水电发展建议，协助开展水土保持相关规划组织编制和实施工作；承担全省农村水电建设与管理的技术工作，协助开展农村水电站安全管理工作，指导农村水电行业安全与技术培训；组织实施全省水土流失及其防治动态的监测和预报，组织开展全省水土保持监测网络的建设和管理，承担全省水土保持监测成果的技术管理工作；承担有关建设项目水土保持方案技术审核，承担全省水土流失综合防治管理的具体工作；承担省本级水资源费和水土保持补偿费征收辅助工作；承担省水利厅交办的其他任务。

【概况】 2023年，水资源水电中心深入开展学习贯彻习近平新时代中国特色社会主义思想主题教育，认真学习贯彻习近平总书记考察浙江重要讲话精神，推动党建与业务高度融合，围绕水利“保安全、稳增长、惠民生、利长远”，持续提升水资源、水电、水土保持服务能力和水平。支撑最严格水资源管理连续8年获国家考核优秀，水土保持工作连续5年获国家评估优秀等次，绿色小水电创建继续保持全国前列。

2023年，水资源水电中心组织开展全省优秀水土保持设计评选工作，推荐8项优秀成果申报第四届中国水土保持学会优秀设计奖，获得三等奖4项。搭建行业交流平台，组织技术培训2场，组织参加全国水土保持治理工职业技能竞赛，承办中国水土保持学会科技协作工作委员会年会。

【取用水管理】 2023年，水资源水电中心推进水资源费在线征缴改革，打通财政统一支付平台，基本实现在线征缴功能省域全覆盖，累计在线缴费10095万元。组织完成取水监测计量标准化建设任务，新改建监测点2837处，基本实现非农取水在线计量全覆盖。支撑2023年度浙江省自然资源集约利用考核工作。

【节水行动和节水型社会建设】 2023年，水资源水电中心完成宁海县等4个县域节水型社会达标县（市、区）创建、199个节水标杆单位和10个省级节水教育基地的技术评估工作。组织完成2023年度取水计划下达和实施。指导6个国家再生水利用配置试点工作，在水利部组织的中期评估中全部获评优良以上等次。研究制（修）订浙江省城市生活及服务业用水定额。

【用水统计调查】 2023 年，水资源水电中心组织完成 2023 年度浙江省用水统计调查工作，编制完成全年用水统计核算报告。组织完成 817 家国家、省、市三级重点监控用水单位名录调整和年度取用水信息统计报送。3 月底，组织完成 2022 年度节约用水管理年报编制工作。

【水资源管理数字化应用】 2023 年，水资源水电中心完成浙江省水资源管理数字化应用和浙水节约功能整合，迭代更新取用水问题闭环管理等应用模块，累计发布问题预警 1824 个。完成取水许可电子证照数据治理 1433 本。完成与水利部取用水管理平台业务整合，共享各类数据 787 万余条。

【水电安全生产】 2023 年，水资源水电中心深化水电站标准化管理，完成 268 座水电站标准化复评；针对装机 1000kW 以下水电站开展“两不八有”创建，累计完成 813 座。狠抓安全风险隐患排查整治，排查并整改问题 1196 个。组织开展老电站安全检测，完成检测 246 座，报废退出 11 座。

【水电生态流量管理】 2023 年，水资源水电中心指导各地水电站按照要求对泄放和监测设施进行改造提升，实现实时流量监测比例超过 60%，顺利完成年初制定目标。每月对生态流量泄放情况进行通报，生态流量泄放监测数据完整率、及时率、达标率总体情况较好，顺利通过水利部的检查。

【水电绿色转型发展】 2023 年，水资源水电中心开展小水电大坝安全提升专项行动，全年完成 154 座水电站大坝评估。积极实施水电生态修复治理，推进 6 个生态水电示范区建设。支撑绿色小水电示范电站创建，8 座水电站通过水利部评审，创建工作继续走在全国前列。

【水土保持监测管理】 2023 年，水资源水电中心按照季度整理发布全省生产建设项目水土保持监测季度报告，每期涉及省级以上审批项目 130 余个，指导生产建设项目单位水土流失防治，为各级监督管理部门精准监管提供技术支撑。完成 2023 年度水土流失动态监测工作，监测成果满足水利部《年度动态监测指南》及规划考核要求。3 月，组织编制《浙江省水土保持监测规划（2023—2027）》，规范监测站网运行，完成 10 个监测站标准化复核工作；4 个“国家水土保持监测站点优化布局工程”监测站通过部级评审。

【水土保持方案管理】 2023 年，水资源水电中心完成 43 个生产建设项目水土保持方案技术审核及前期服务工作，完成 143 个水土保持方案质量抽查，专项监督检查 24 个在建项目，提出整改意见 91 条。整理发布水土保持监测成果报告 4 期，并对 45 个“红”“黄”项目开展现场检查并督促整改。

【党建与党风廉政】 2023 年，水资源水电中心把学习好、宣传好、贯彻好习近平新时代中国特色社会主义思想作为首要政治任务。组织开展专题学习，开展“五学”（指集中深入学、专题研讨学、循迹溯源学、调查研究学、结合岗位学）联动，累计召开 9 次专题学习会、专题研讨 8.5 天，组织集中交流 4 次、主题党日 3 次、青年学习小组学习会 3 次，结合“循迹溯源学思想促践行”，实地感悟精神实质。组建党员先锋队，打造支部“党建进电站”品牌建设，探索学会“党建进企业”。

（徐硕）

浙江省水利防汛技术中心

【单位简介】 浙江省水利防汛技术中心（浙江省水利防汛机动抢险总队）（以下简称“防汛中心”）是浙江省水利厅所属公益一类事业单位。内设综合科、发展计划科、物资管理科、调度技术科和抢险技术科等 5 个科室。至年底，实有在编人员 20 人，专业技术占比 85%，本科学历以上占比 90%。防汛中心的主要职责是：承担防洪抗旱调度及应急水量调度方案编制技术工作，会同提出太湖流域洪水调度建议方案，参与重要水工程调度；承担山洪灾害防御、洪水风险评估、水旱灾害评价的技术管理工作；组织参加重大水利工程抢险，协助开展水旱灾害防御检查和指导工作；组织全省水利系统物资储备管理和抢险队伍建设，承担省级水旱灾害防御物资储备管理和防洪调度、防汛抢险专家管理，组织开展水旱灾害防御业务培训和演练；开展水旱灾害防御抢险处置技术研究和新产品新技术推广应用；承担权限内水库安全管理应急预案技术审查工作；完成省水利厅交办的其他任务。逐步转型为集水工程调度、山洪灾害防御、洪水评价等技术支撑和水利防汛物资、抢险队伍、抢险专家等应急保障于一体的综合型技术支撑单位。

【概况】 2023 年，防汛中心深入学习贯彻党的二十大精神，扎实开展学习贯彻习近平新时代中国特色社会主义思想主题教育，学习领会习近平总书记考察浙江重要讲话精神，认真落实厅主要领导调研中心工作部署要求，做好水旱灾害防御、防汛物资管理、抢险队伍建设、技术研究支持等工作。防汛中心荣获护航亚运省级先进集体，1 人荣获先进个人；2 人荣获厅水旱灾害防御工作成绩突出个人；抢险技术科荣获水利护航亚运保障工作厅级先进集体，2 人荣获先进个人；党支部蝉联“先锋支部”，实践做法先后在《浙江共产党员》《机关党建信息》和浙江党建网等刊发推介。

【水旱灾害防御应急保障】 2023 年，防汛中心在防御台风“杜苏芮”“卡努”“海葵”期间，调试保障装备 7478 台次，在温州、宁波等沿海城市前置布防 60 人次。参与抗旱保供调度会商、鳌江干流防御台风“杜苏芮”复盘、富阳“7·22”小流域山洪复盘。分赴省防指应急联合值班、厅汛期值班、杭州第 19 届亚运会保障值班、两处基地加强值班等

260人次。助力“科技下乡”，分别向平阳县、遂昌县赠送27万元水利防汛物资。连夜组织12名抢险队员，赴杭州市富阳区北支江增援配水作业，驻守一线22天。

【水旱灾害防御物资管理】 2023年，防汛中心加强水旱灾害防御物资管理工作。至年底，全省储备水利防汛物资11类150余个品种，价值2.59亿元，其中省本级6050万元。加大物资前置下沉力度，在兰溪市、安吉县、海宁市3处省级分储点的基础上，新增杭州市余杭区储备点，并在青山水库、闲林水库、老虎潭水库等水管单位前置安装应急启闸器。优化“1中心+4分储+22协议点”储备布局，实现11个设区市全覆盖。

【抢险队伍建设和应急训练演练】 2023年，全省水利抢险队伍107支3200余人，总队签约5支协议队伍，组建骨干队员110余名，辐射全省11个地市。联合绍兴市、绍兴市上虞区组织全省水旱灾害防御演练，举办第三届水利抢险队伍技能比武，联动6座杭州第19届亚运会城市水利部门，带动全省各类演练训练比武156次6万余人次，全力保障杭州第19届亚运会。组建堤防隐患探测仪、水下机器人、卫星通信系统、无人机等“主人制”操作团队，每月定期调试训练，卫星团队从完全不会到8分钟内实现通信联通。

【浙江省防汛物资储备杭州三堡基地迁建一期工程结算工作】 2023年，防汛中心全面厘清工程量，摸清项目底数，88项合同全部完成结算，委托专业审价机构完成初步财务决算；系统梳理台账资料，深入分析问题症结，基本完成佐证链条，56项维修事项全部完成认定。

【技术支撑工作】 2023年，防汛中心协助开展汛前省级水利督查，选派骨干驻点丽水市2个月，承担全省安全生产、防汛备汛等督导服务，攻坚排查病险水库、三类海塘等水利重大安全风险隐患，分片服务指导湖州市、舟山市农村供水单村水站改造提升，分组验收基层防汛防台体系标准化建设，参与护航亚运水旱灾害防御方案编制、大中型水库水位动态管理方案审查、水利工程开放共享试点实施、水利工程标准化评价模块构建等。

【制度建设与人才培养】 2023年，防汛中心修订《中层干部选拔任用管理办法》《专业技术岗位竞聘管理规定》《财务支出审批规定》《关于规范收受各类评审、验收等劳务费的规定》等制度，依法依规规范执行。推动关键岗位轮岗交流4人，交流提拔中层正职1人，推荐挂职三门县水利局副局长1人。开展“流域一张图”能力提升行动，以全省八大流域为主题，采取熟悉掌握、控制节点和特征值研究、比对分析、思考总结、巩固提升等“七步法”，分阶段渐进式学习研讨。2023年重点围绕苕溪流域，实地查勘了里畈水库、水涛庄水库、西险大塘、德清大闸、化子闸、姚江西排等控制性工程，业务骨干已可手绘流域干支流。

【安全生产】 2023年，防汛中心及时传达上级部署，组织警示案例学习，定期组织主题宣传活动。印发年度工作计划，分解细化目标任务，与各科签订“安全生产目标管理责任书”，层层传导压实责任。编制专项方案，梳理责任清单，重点保障护航亚运、防汛防台、“八八战略”二十周年等重大任务。定期开展检查、巡查、交叉互查，建立责任人自查、责任科普查、领导督查“三查”机制，引入第三方专业检查，从严从紧排查风险隐患。全年组织学习、培训、演练10多次，安全生产检查50余次。强化信息安全，加强日常监测，及时核查使用的主机、系统、端口和服务的运行状态，完善应急预案，确保第一时间响应处置。

【党建与党风廉政】 2023年，防汛中心深入贯彻落实党的二十大精神，高质量开展学习贯彻习近平新时代中国特色社会主义思想主题教育，深入学习贯彻习近平总书记考察浙江重要讲话精神和省委十五届四次全会精神，落实省水利厅党组“1＋1＋N”党建工作思路，谋划推动党建业务深度融合。开展读书会120次，专题研讨20余次，“人人讲党课”二轮分享。蹲点调研基层40余次，结合调研成果完成11项制度制（修）订，支部党建相关做法刊发于《机关党建信息》、“浙江机关党建”公众号，“防御先锋”支部品牌建设成效刊发于《共产党员》杂志、浙江党建网党媒头条，高精尖装备“主人制”创新做法刊登于《浙江水利简报》，《循迹溯源·防汛防台冲一线》《一线增“蓝”，护航亚运显担当》《以“红色”之名，走好防御台风“第一方阵”》等实践做法3次刊发于厅主题教育简报，党支部连续2年获评“水利先锋支部”，青年党员荣获“‘八八战略’在身边”宣讲大赛二等奖。选举产生新一届支委，接收预备党员1名，发展正式党员1名。

组织全体职工签订《廉政承诺书》，中层以上逐级签订《党风廉政建设责任书》，结合岗位进行个性化廉政承诺，全员覆盖开展廉政谈话。常态化开展警示教育活动，先后赴新四军苏浙军区纪念馆、湖州清廉馆开展走馆访廉。开展纠治“四风”行动，引导党员干部树立正确政绩观，推进作风建设常态长效。

（姚瑶）

附　　录

Appendices

331～425 页

重要文件

浙江省水利厅关于停止执行《浙江省农村水电管理办法》部分条款的通知

各市、县（市、区）水利（水电、水务）局：

为规范水能资源开发利用，根据全国人大法工委《关于开展水能资源开发利用有关政府规章、规范性文件集中清理工作的函》（法工办函〔2022〕281号）要求，对与上位法相抵触的条款进行清理，经研究，停止执行《浙江省农村水电管理办法》第九条“开发利用农村水电应当依法取得开发利用权。农村水电开发利用权的取得，应当遵循公开、公平、公正的原则，采取招标、拍卖、挂牌等方式确定”。请各地立即遵照执行。

浙江省水利厅

2023年1月18日

浙江省水利厅关于印发《关于加强大中型水库汛期控制运用水位动态管理工作的指导意见》的通知

各市、县（市、区）水利（水电、水务）局：

为充分挖掘水库防洪能力，提高洪水资源利用水平，科学合理设置大中型水库（以下简称“水库”）汛期控制运用水位，最大程度发挥水库功能效益，根据《中华人民共和国水法》《中华人民共和国防洪法》《浙江省水利工程安全管理条例》要求，我厅组织制定了《关于加强大中型水库汛期控制运用水位动态管理工作的指导意见》。现印发给你们，请结合实际，认真贯彻执行。

浙江省水利厅

2023 年 2 月 6 日

关于加强大中型水库汛期控制运用水位动态管理工作的指导意见

为充分挖掘水库防洪能力，提高洪水资源利用水平，科学合理设置大中型水库（以下简称“水库”）汛期控制运用水位，最大程度发挥水库功能效益，更好支撑“两个先行”，结合我省实际，提出本指导意见。

一、适用范围

本指导意见适用于综合利用的大中型水库，并同时具备以下基本条件：

（一）大坝为一类坝，泄放能力强。

（二）有专门的水库降雨预报，已制定洪水预报方案并建有运行稳定且预报精度较高的水雨情测报、洪水预报调度（有补偿调洪要求的水库包括下游防洪控制断面区间洪水预报）等系统。

（三）上游库区蓄洪、下游河道承泄能力无明显制约。

二、基本原则

（一）坚持安全第一。统筹兼顾库区安全、大坝安全和下游防洪安全，坚持局部利益服从整体利益。

（二）坚持因地制宜。根据暴雨洪水特性、经济社会发展等，合理制定分期动态蓄水目标，科学利用雨洪资源，平衡好防洪和兴利需求。

（三）坚持科学调控。综合研判，精准预泄，科学调蓄，充分发挥水库防洪和兴利功能。

三、汛期分期及控制水位

根据流域暴雨洪水特性，汛期可划为入梅前（入汛至气象宣布入梅）、梅雨期（气象宣布入梅至出梅）、梅台过渡期、台汛期、汛末（一般为 9 月 20 日至出汛，具体由各水库确定）等若干分期。水库根据雨洪规律、水库下游安全泄放能力确定各分期控制水位，并做好分期水位衔接。确定的控制水位应能在降雨有效预见期内（不超过5天）确保预泄至相应分期的汛限水位。水库控制水位上限原则上不超过水库正常蓄水位。

四、洪水调度阶段动态控制运用水位

水库洪水调度分预泄、拦洪、退水三个阶段，综合考虑雨洪预报、防洪安全、泄流保障、资源利用等因素，通过不同量级不同典型洪水的调度分析，研究确定汛期不同分期洪水调度阶段的动态控制运用水位。

（一）预泄阶段是指气象预报短期有较强降雨，场次洪水预报水位将超过正常蓄水位（有特殊规定的除外）且洪水还未入库的时期。水库控制运用水位不超过统筹降雨、洪水预报和水库纳雨能力计算确定的迎洪水位。迎洪水位不超过水库批复的汛限水位，同时不低于水库大坝安全限制水位和水库保证兴利基本需求的最低水位（旱限或者旱警水位）。

（二）拦洪阶段是指洪水入库水位持续上涨到开始下降的时期。水库应按照批复的流域洪水调度方案和水库控运计划科学蓄泄调度，原则上场次洪水水库最高洪水位不超过相应量级洪水的水库设计水位。若因政策处理不到位等原因，制约水库防洪能力发挥的，应根据实际情况确定水库不同量级洪水的特征水位。

（三）退水阶段是指水库水位开始下降且下游河道洪水开始消退，预报后续无明显降雨，水库在确保下游安全前提下，逐步泄放洪水的时期。退水阶段控制目标水位应与水库控制水位相同。

五、监督管理

（一）水库管理单位要根据结合实际，统筹经济社会发展对水库防洪与兴利功能的综合需求、水库调蓄与泄流能力、上游库区与下游河道行蓄洪能力，参照本指导意见所附的《水库汛期控制运用水位动态管理方案编制提纲》，合理制定汛期水位动态管理方案。

（二）各级水行政主管部门要积极稳妥推进水库汛期控制运用水位动态管理工作，加强对水库控制运用动态管理方案编制的指导和执行监督。

（三）水库汛期控制运用水位动态管理方案应报水行政主管部门核准。核准权限参照现行水库控制运用计划核准权限规定。

（四）水库管理单位应加强水库大坝高水位运行工况下渗漏、变形、应力等安全监测，动态研判水库安全运行态势，落实有效措施，确保安全。

六、施行时间

本指导意见自2023年3月15日起施行。

附件：水库汛期控制运用水位动态管理方案编制提纲（略）

浙江省水利厅关于印发《浙江省沿海防潮二道防线方案编制技术要求（试行）》的通知

沿海各市、县（市、区）水利（农业农村）局：

为满足地方沿海一线海塘安澜工程建成后的备塘处置需求，科学合理确定沿海防潮二道防线，优化备塘体系，释放备塘发展空间，指导沿海防潮二道防线方案编制，根据《浙江省海塘建设管理条例》、省人大常委会《关于制定〈浙江省海塘建设管理条例〉配套规范性文件的通知》和《浙江省海塘工程技术规定》等有关规定要求，我厅组织制定了《浙江省沿海防潮二道防线方案编制技术要求（试行）》。现印发给你们，请结合实际，认真贯彻执行。

浙江省水利厅

2023 年 2 月 27 日

浙江省沿海防潮二道防线方案编制技术要求（试行）

沿海防潮二道防线设立是应地方要处置备塘需求而开展的一项工作。为满足地方备塘处置需求，科学合理确定防潮二道防线，优化备塘体系，释放备塘发展空间，指导沿海防潮二道防线方案（以下简称“二道防线方案”）编制，根据《浙江省海塘建设管理条例》、省人大常委会《关于制定〈浙江省海塘建设管理条例〉配套规范性文件的通知》和《浙江省海塘工程技术规定》等有关规定要求，制定本技术要求。

一、适用范围

本技术要求适用于沿海一线海塘安澜工程建成后，地方政府处置备塘前，二道防线方案的编制。所称二道防线是指为减小沿海一线海塘决口后海水倒灌范围，减轻风暴潮灾害损失，利用现有备塘、隔堤和道路等组成的挡水设施。

二、总体要求

认真贯彻落实省委“创新深化、改革攻坚、开放提升”的重大决策部署，统筹发展和安全，遵循“加强一线、优化二线、规范管理、有序退出”的基本思路，依法依规科学编制二道防线方案。二道防线方案应包括基本情况、二道防线需求分析、备塘或相关设施调查、二道防线选取及安全评估、二道防线管护、实施计划等内容，并附二道防线分布图、典型断面图等图件。

三、基本资料

（一）区域地形地貌和气候水文等地理环境；一线海塘及其保护范围的面积、人口、耕地、城镇及村庄等；水利、交通、能源、通信等重要基础设施，农业、工商企业的规模、资产、产值等；历史洪潮灾害和生态环境等概况。

（二）区域国民经济和社会发展中长期规划，国土空间总体规划和水利、交通、能源等专项规划。

（三）政策法规、技术标准等相关编制依据。

四、二道防线需求分析

根据一线海塘防潮能力和保护区内经济社会发展情况，分析区域内设置二道防线的必要性，重点分析一线海塘决口后海水倒灌的范围及可能造成的影响和损失，以及现有备塘处置的需求。

五、备塘或替代设施调查

（一）全面摸清辖区内备塘情况，包括备塘名称、位置、长度、塘顶高程、塘顶宽度、典型断面结构、涵闸、缺口、其他交叉建筑物和产权人、主管部门、管护单位等情况以及存在的薄弱环节，初步分析其作为二道防线的可行性。

（二）摸排临近一线海塘的交通道路、公园绿道等基础设施，包括位置、长度、顶高程、顶宽度、断面结构、缺口、通道、其他交叉建筑物和产权人、主管部门、管护单位等情况，初步分析其作为二道防线的可行性。

六、二道防线选取及安全评估

（一）二道防线选取要求

1. 同一闭合区内的二道防线原则上应做到连续、封闭；

2. 二道防线优先从现有备塘中选取，有多道备塘的，综合考虑地方相关发展规划，尽可能择优选取临近一线海塘、结构相对牢固、连续、封闭的备塘；

3. 无备塘或备塘距离一线海塘较远时，二道防线可从临近一线海塘且具备一定挡水能力的交通道路、公园绿道等基础设施中选取。

（二）二道防线安全评估要求

1. 作为二道防线的备塘原则上不降低塘顶现状高程，其他替代设施顶高程应不低于同一闭合区内备塘的塘顶高程；

2. 二道防线顶最小宽度应满足抢险车辆单向通行，能宽则宽；

3. 参考《海塘工程安全评价导则》（DB33/T 852—2022）等规程规范，评价作为二道防线的交通道路、公园绿道等基础设施以及与二道防线交叉、连接的建筑物（构筑物）的安全可靠性，保证二道防线整体功能的发挥。

七、二道防线管护

（一）明确纳入二道防线的各挡水设施的管护责任主体和管护经费来源，提出日常巡查、专项检查、维修养护和水毁修复要求。

（二）分析二道防线薄弱环节及风险点，编制安全应急预案，提出工程与非工程措施。

（三）二道防线沿线各类口门原则上设置永久启闭设施，不具备条件的，应明确应急封堵措施并提出完善措施。

（四）鼓励作为二道防线的备塘开放共享，可融合建设公园、绿道等设施，但不得影响二道防线主要功能发挥。

八、实施计划

明确二道防线方案实施的具体任

务、责任主体、实施时间节点和经费保障等。

九、附图

二道防线平面布置图应以不小于1∶10000地形图作为工作底图，采用ARCGIS或CAD格式、1985国家高程基准、2000国家大地坐标系；应标注二道防线及对应的一线海塘轴线、起讫点等重要节点的坐标，标明涵闸、缺口、其他交叉建筑物（构筑物）类型、位置和管护责任主体、联系方式等信息。典型断面图采用CAD格式、1985国家高程基准。

本技术要求由浙江省水利厅负责解释，自2023年4月1日起施行。

浙江省水利厅关于印发《浙江省山塘安全管理办法》的通知

各市、县（市、区）水利（水电、水务）局：

为进一步加强山塘安全管理，规范山塘建设、综合整治、安全评定、运行管理等工作，保障山塘安全正常运行及下游防汛安全，发挥山塘效能，我厅组织修订了《浙江省山塘安全管理办法》，现印发给你们，请遵照执行。在执行过程中如有意见和问题，请及时函告我厅。

附件：浙江省山塘安全管理办法

浙江省水利厅

2023 年 3 月 1 日

浙江省山塘安全管理办法

第一章　总　　则

第一条　为了加强山塘安全管理，保障山塘安全正常运行，发挥山塘效能，根据《水库大坝安全管理条例》《农田水利条例》《浙江省水利工程安全管理条例》《浙江省农村集体资产管理条例》等法规，结合本省山塘管理实际，制定本办法。

第二条　本办法所称山塘是指毗邻坡地修建的、坝高 5m 以上并具有泄洪建筑物和输水建筑物、总容积 0.50 万 m^3 以上且不足 10 万 m^3 的蓄水工程。

本省行政区域内山塘的建设、注册登记、运行管理、安全评定、报废，适用本办法。

第三条　省水行政主管部门对全省山塘安全管理进行业务指导，建立省级山塘信息管理系统，组织拟订山塘的建设、运行管理、安全评定的政策、制度和技术标准。

设区市水行政主管部门对本行政区域内山塘安全管理进行业务指导，督促所属县（市、区）对省级山塘信息管理系统进行信息数据更新。

第四条　县级水行政主管部门对本行政区域内的山塘负责组织注册登记，实施山塘安全的行业监督管理，建立山塘安全监督管理规章制度。

根据《农田水利条例》《浙江省水利工程安全管理条例》等，设区市或县级水利、农业农村、林业、文化旅游、建设、民政、司法、功能区管委会等有关部门和省监狱管理局（以下统称“山塘主管部门”）负责对其直属单位所有的山塘安全实施监督管理。

乡级人民政府（街道办事处）负责对本行政区域内农村集体经济组织、民营企业、社会组织、公民所有的山塘安全实施监督管理。

第五条　山塘所有权人是山塘安全管理责任主体，对山塘安全管理负直接责任。农村集体经济组织、企业、事业单位、社会组织的主要负责人、公民本人是山塘安全管理的第一责任人。

山塘主管部门、乡级人民政府（街道办事处）应与山塘所有权人签订山塘安全管理责任书，每年汛前确定山塘安全管理责任人名单，包括管理责任人、行政责任人、技术责任人、巡查责任人。

县级水行政主管部门，每年汛前统一公布本行政区域内的山塘安全管理责任人名单及联系方式。并同步更新省级山塘信息管理系统相关信息。

汛期结束前山塘安全管理责任人发生变化的，山塘主管部门、乡级人民政府（街道办事处）应在5个工作日内报送县级水行政主管部门。

第六条 山塘应急管理应纳入所在乡（镇、街道）基层防汛防台体系，基层相关应急预案应包含行政区域内山塘的应急抢险内容。

第二章 建 设 管 理

第七条 新建山塘的选址应符合农田水利、农村供水等相关规划。

病险山塘综合整治、新建山塘必须符合相关技术标准。

病险高坝山塘综合整治、新建高坝山塘还必须符合涉及大坝安全的国家和行业技术标准。

第八条 病险山塘综合整治、新建山塘应编制实施方案或初步设计，并办理相关审批手续。

县级水行政主管部门应组织对病险山塘综合整治、新建山塘技术可靠性进行审查。新建山塘还应对其规划符合性进行审查。

第九条 病险山塘综合整治、新建山塘可根据实际需要，同步设置坝体表面变形、渗流量等安全监测设施。

第十条 病险山塘综合整治、新建山塘有条件的可以同步建成“美丽山塘”。综合考虑山塘自然禀赋、功能作用、地理位置等因素，以工程安全、设施完善、产权清晰、管护规范、环境美观为目标，结合当地生活、生产、环境等需要，发挥生态、社会效益。

第十一条 符合下列条件之一的山塘，应当通过降低溢洪道堰顶高程、扩大溢洪道泄洪能力、总体降低坝高等削减山塘总容积的方式进行综合整治，并在综合整治前由山塘所有权人在与山塘有关联的自然村和行政村予以公示：

（一）原功能萎缩或部分被其他措施替代但尚存在利用价值，削减山塘总容积后可保证山塘及下游防洪安全的；

（二）存在严重质量问题但实施报废有难度，削减山塘总容积后可正常发挥相应功能，并保证山塘及下游防洪安全的；

（三）原功能基本丧失但实施报废有难度，削减山塘总容积后可保证山塘及下游防洪安全的；

（四）对公共安全或者生态环境构成严重威胁，削减山塘总容积后可保证山塘及下游防洪安全的；

（五）因其他原因需要削减山塘总容积的。

第十二条 病险山塘综合整治、新建山塘及本办法第十一条所指综合整治的实施责任主体，在开工前，应组织设计和施工单位进行设计交底，按规定向县级水利工程质量监督机构办理工程质量监督手续；在施工过程中，应对工程质量进行检查，主动接受质量监督机构对工程质量的监督检查。

第十三条 病险山塘综合整治、新建山塘及本办法第十一条所指综合整治完工后，实施责任主体应及时组织有关单位进行完工验收，并应有县级水行政主管部门参加。完工验收应包括：①检查合同范围内项目建设内容完成情况；②检查施工现场清理情况；③检查已投入使用设施运行情况；④检查验收资料整理情况；⑤鉴定工程施工质量；⑥形成合同工程完工验收鉴定书（表）；⑦完成其他应当确认的事项。

工程设计及批准文件、施工图、质量监督资料等应及时归档。

实施责任主体不是所有权人的，应及时办理移交手续。

第十四条 新建山塘未履行相关审批手续的，县级水行政主管部门应责令建设责任主体停止违法行为、限期整改；逾期不整改的，责令限期予以拆除。

第三章 注 册 登 记

第十五条 山塘主管部门或乡级人民政府（街道办事处）应组织所有权人向县级水行政主管部门申报注册登记，提交山塘主要工程特性指标和山塘注册登记表。

第十六条 县级水行政主管部门利用省级山塘信息管理系统对山塘予以注册登记，并及时更新信息数据。

第十七条 已注册登记的山塘有下列情况之一的，山塘主管部门或乡级人民政府（街道办事处）应组织所有权人在1个月内向县级水行政主管部门办理变更事项登记，县级水行政主管部门于15日内更新省级山塘信息管理系统信息数据：

（一）完成综合整治并通过完工验收的；

（二）所有权人发生变化的；

（三）山塘主管部门或所在乡（镇、街道）发生变更的；

（四）主要工程特性指标发生重大改变的。

第十八条 经批准报废的山塘，山塘主管部门或乡级人民政府（街道办事处）应当在组织实施报废完成并验收后15个工作日内，组织所有权人向县级水行政主管部门办理注销手续。

因工程建设或其他原因占用、拆除的山塘，山塘主管部门或乡级人民政府（街道办事处）应当在开始实施后15个工作日内向县级水行政主管部门办理注销手续。

山塘坝高或容积等主要工程特性指标发生改变后不符合注册登记条件或者坝顶改建为公路且由公路管理机构组织实施养护的，县级水行政主管部门告知山塘主管部门或乡级人民政府（街道办事处）、山塘所有权人不再按照山塘管理，并办理注销手续。

第四章 运 行 管 理

第十九条 山塘主管部门或乡级人民政府（街道办事处）应提出山塘管理范围划定方案，经县级水行政主管部门审核后，报经县级人民政府或其授权的部门批准，并设置界桩或公告牌。任何单位和个人不得擅自移动、损坏界桩和公告牌。

在山塘管理范围内不得建造或设置影响山塘工程安全管理的建筑物和构筑物，不得进行爆破、打井、采石、采矿、取土、造坟等危害山塘安全的活动。具有供水功能的山塘，其饮用水水源保护范围内不得进行影响水源水质的活动。

第二十条 山塘坝顶原则上不作为交通道路，只有满足必要的安全通行条件方可通行车辆。不具备通行条件的应当设置隔离设施。

山塘坝顶改建为公路且技术等级不低于四级公路的，公路主管部门应与山塘主管部门或乡级人民政府（街道办事处）和县级水行政主管部门协商一致，建成后由公路管理机构组织实施养护，不再按照山塘管理。

第二十一条 高坝山塘、屋顶山塘和作为饮用水水源且日供水能力 200t 以上的普通山塘及总容积 5 万 m^3 以上的普通山塘应设置水位自动化监测、视频监控等设施，并实现智慧采集、实时传输、系统集成等功能，满足接入省水雨情监测预警信息系统的技术条件。

其他普通山塘可根据实际需要设置水位自动化监测、视频监控等设施，并实现智慧采集、实时传输、系统集成等功能。

第二十二条 建设项目确需全部或部分占用山塘的，应当与山塘所有权人和取用水的单位、个人协商，并经山塘主管部门或乡级人民政府（街道办事处）和县级水行政主管部门同意。

占用山塘的建设单位应建设与被占用的山塘功能及水域面积相当的替代工程；造成山塘所有权人或者取用水的单位、个人运行成本增加等其他损失的，应当依法给予补偿。

建设工程建成后划定的管理范围与山塘管理范围交叉重叠的，建设单位应当与山塘所有权人就后续山塘综合整治施工及维修养护达成一致并签订书面协议，并报建设工程主管部门和县级水行政主管部门备案。

第二十三条 利用山塘开展旅游、养殖等经营活动，不得影响山塘运行，危害山塘安全，破坏生态环境。

通过租赁、承包或使用权流转等方式利用山塘开展旅游、养殖等经营活动，经营者应当协助所有权人做好山塘安全管理有关工作，山塘安全保障措施、安全责任、管理要求等可通过合同予以约定。

禁止在溢洪道堰顶及妨碍行洪的其他部位设置子堰、拦鱼网。在溢洪道进水口上游设置拦鱼网的，与溢洪道堰顶的距离应大于溢洪道宽度的 2 倍且不小于 5m。

第二十四条 山塘所有权人负责山塘的日常运行管理工作，依照有关规定落实巡查管护人员和巡查管护经费。

所有权人应当建立健全日常维护、安全运行、应急处置等相关制度，加强日常巡查、维修养护、控制运行等工作，完善技术档案，规范操作规程，保障工程完好和运行安全。

积极推行集约化管理、物业化管护

模式，着力提升数字化管理水平。

第二十五条 巡查管护人员是山塘所有权人确定的山塘巡查管护具体责任人，其年龄应不超过65周岁、常年居住和生活在山塘所在地附近、身体健康、责任心强、熟悉所巡查管护山塘的基本情况。

实行集约化管理、物业化管护的，所聘请的巡查管护人员应具备一定的水利工程运行管理技能。

第二十六条 山塘主管部门、乡级人民政府（街道办事处）应每年组织一次巡查管护人员业务培训，帮助其了解水工建筑物维修养护规程和有关质量标准、掌握山塘工程运行管理方面的专业知识。年终对所管辖山塘巡查管理工作和巡查管护人员进行年终目标考核。

实行集约化管理、物业化管护的，巡查管护人员的技能培训、考核可以由用人单位完成。

第二十七条 山塘巡查管护的范围包括坝体、坝趾区、泄洪建筑物、输水建筑物、启闭设备、蓄水区岸坡、管理设施以及水体、水质等。作为饮用水水源的山塘，应通过观察山塘水生物、水源浊度以及嗅觉等感官性状，关注水体、水质，防范危及饮水安全的事件发生。

巡查管护人员发现山塘有异常情况，应及时报告山塘管理责任人并协助采取相应处置措施。情况紧急时，可直接向山塘主管部门或乡级人民政府（街道办事处）、县级水行政主管部门、县级防汛指挥机构报告。

第二十八条 高坝山塘、屋顶山塘和作为饮用水水源且日供水能力200t以上的普通山塘的巡查频次依照山塘运行管理的地方技术标准执行。

其他普通山塘的巡查频次由设区市或县级水行政主管部门另行规定。

第二十九条 巡查管护人员在进行巡查时应当注意自身安全。有条件的地方应组织巡查管护人员参加意外伤害保险。

第三十条 县级水行政主管部门应加强山塘巡查管理的技术指导，抽查复核山塘主管部门、乡级人民政府（街道办事处）对山塘巡查管理和巡查管护人员年终目标考核结果，考核合格的山塘给予一定的巡查经费补助。

对巡查工作到位、责任心强的巡查管护人员，有关部门应给予表彰，对于为保护群众安全或在山塘抢险中做出突出贡献的巡查员，应给予通报表彰。

巡查管护人员不按要求进行巡查、记录不规范、汇报不及时的，可视情况适当扣除其当年的巡查工作报酬；多次发生此类情况的，所有权人应更换巡查管护人员。对山塘出现安全隐患和发生安全事故，巡查管护人员不在现场或在现场知情不报的按有关规定追究责任。

第五章 安 全 评 定

第三十一条 山塘主管部门、乡级人民政府（街道办事处）应组织进行山塘安全评定。县级水行政主管部门审定山塘安全评定结论与意见。

第三十二条 山塘应在新建或综合整治完工验收后运行5年内进行首次安全评定，以后每10～15年进行一次安全评定。当遭遇特大洪水、发生重大事故或发生影响安全的异常现象后应组织专门的安全评定。

第三十三条 山塘安全评定结果分为安全山塘、基本安全山塘、病险山塘。

安全山塘：无影响工程安全运行的缺陷，按常规维修养护即可保证正常运行。

基本安全山塘：存在局部工程缺陷，工程基本安全，在一定控制运用条件及安全监控下能安全运行。

病险山塘：存在影响工程安全运行的严重缺陷和安全隐患，工程不安全，亟须加固整治或报废的山塘。

第三十四条 评定为病险山塘、基本安全山塘的，由县级水行政主管部门予以公告，并督促山塘主管部门、乡级人民政府（街道办事处）和所有权人及时消除安全隐患。

第三十五条 山塘主管部门或乡级人民政府（街道办事处）应限期组织对病险山塘、基本安全山塘进行综合整治或者报废处理。

未进行综合整治或者报废处理的病险山塘，采取降低正常水位或增加泄洪能力运行等临时处置措施可消除关键隐患的，经山塘主管部门或乡级人民政府（街道办事处）和县级水行政主管部门确认处置到位后，可在一定控制运用条件及安全监控下运行。采取临时处置措施不能消除关键隐患的病险高坝山塘和屋顶山塘，必须放空，不得继续蓄水。

基本安全山塘可在一定控制运用条件及安全监控下运行，也应及时进行综合整治，消除不安全因素。

第六章 报 废

第三十六条 符合下列条件之一的山塘，应及时完成报废处置：

（一）原功能丧失或被其他工程措施所替代，且无水资源进一步开发利用价值的；

（二）山塘基本淤满，无经济有效措施恢复的；

（三）遭遇洪水影响，工程严重毁坏，基本无恢复利用价值的；

（四）存在严重质量问题，无法蓄水或挡水建筑物失去挡水功能，且原有功能可采取其他工程措施替代的；

（五）其他原因需要报废的。

山塘报废处置作为一项安全措施，视同山塘综合整治。

第三十七条 山塘存在安全隐患，对公共安全或者生态环境构成严重威胁，应当报废的，由县级水行政主管部门组织技术论证，作出强制报废的决定，由山塘主管部门或乡级人民政府（街道办事处）组织制定报废实施方案并负责组织实施。

第三十八条 山塘需要报废且不属于前条情况的，山塘主管部门或乡级人民政府（街道办事处）应当依法组织技术论证，制定报废实施方案，报县级水行政主管部门批准后组织实施。

第三十九条 农村集体经济组织所有的山塘实施报废前，乡级人民政府（街道办事处）应在与山塘有关联的自然村和行政村予以公示，内容包括山塘概况、运行情况和效益、报废理由、所有权人或利害关系人的意见等。

第四十条 山塘报废实施方案的内容应当包括山塘工程概况、运行现状和效益、报废理由、报废技术措施（拆除挡水建筑物、排洪安全措施等）、经费预算、报废后土地利用方案，报废对下游防洪影响和采取的相应措施等。

第四十一条 县级水行政主管部门应组织对山塘报废实施方案进行技术审查，并对山塘报废工作实施监督。

第四十二条 山塘报废应严格按照批准的实施方案组织实施，确保防洪安全，不留隐患。

第四十三条 山塘报废实施完成后，由县级水行政主管部门组织验收，并有山塘主管部门、乡级人民政府（街道办事处）、所有权人及相关部门参加。

第四十四条 山塘报废后适宜改造成耕地的，应优先向当地国土部门提出申请并改造成耕地。

山塘报废不得要求建设等效替代水域工程，但报废后转为建设用地的除外。

第七章 附　　则

第四十五条 本办法所涉及术语解释：

（一）高坝山塘，是指坝高 15m 以上的山塘。

（二）屋顶山塘，是指失事后可能导致人员伤亡或房屋倒塌的山塘。一般同时具备以下条件：集雨面积 0.1km^2 以上、坝高 5m 以上且不足 15m、下游地面坡度 2°（3.49/100）以上且 500m 以内有村庄、学校和工业区等人员密集场所。

（三）普通山塘，是指坝高 5m 以上且不足 15m 的非屋顶山塘。

（四）坝高，是指建基面至坝顶之间的高差。

（五）坡地，是指地面坡度 2°（3.49/100）以上的区域。

第四十六条 下列工程不适用本办法：

（一）水电站蓄水建筑物、引水建筑物。

（二）河道上的拦水坝，包括堰坝、橡皮坝、翻板坝、闸坝、拱坝、重力坝等。

第四十七条 设区市设置的经济技术开发区、旅游度假区、新区等功能区管理委员会行使相当于县级的社会和行政管理职能的区域，本办法所明确的县级水行政主管部门的职责由功能区管理委员会履行。

设区市直接管理的其他区域，本办法所明确的县级水行政主管部门的职责由设区市水行政主管部门履行。

第四十八条 本办法由省水利厅负责解释。

第四十九条 本办法自 2023 年 4 月 1 日起施行。省水利厅以前出台的有关山塘安全管理的规定与本办法不一致的，以本办法为准。

浙江省水利厅印发《关于加强海塘安全鉴定工作的意见》的通知

沿海各市、县（市、区）水利（农业农村）局，各有关单位：

为加强海塘安全管理，规范海塘安全鉴定工作，根据《浙江省海塘建设管理条例》有关规定，我厅制定了《关于加强海塘安全鉴定工作的意见》，现印发给你们，请遵照执行。

浙江省水利厅

2023 年 7 月 25 日

关于加强海塘安全鉴定工作的意见

海塘是沿海、海岛及河口地区抵御海水侵袭和风暴潮灾害的重要水利基础设施，是保障沿海地区人民群众生命财产安全和经济社会发展的重要屏障。为加强海塘安全管理，进一步规范海塘安全鉴定工作，根据《浙江省海塘建设管理条例》，制定如下意见。

一、限期完成海塘安全鉴定

本省行政区域内的 4 级及以上海塘（不包括备塘），竣工验收鉴定书或竣工验收意见印发后 5 年内应完成安全鉴定，以后每隔 10 年应完成一次安全鉴定。运行中出现影响海塘安全的情况、海塘主管部门或者水行政主管部门有要求的，应及时完成安全鉴定。

二、落实海塘安全鉴定责任

海塘管理机构负责海塘安全鉴定的组织落实工作，承担制定海塘安全鉴定计划并落实海塘安全鉴定经费，委托具有相应工程设计资质等级的专业机构（以下简称“海塘鉴定机构”）承担海塘安全鉴定具体工作，组织落实三类塘、二类塘除险保安等鉴定意见建议，及时完成省、部相关应用系统信息动态维护等职责。

海塘鉴定机构承担海塘安全鉴定具体工作并对出具的鉴定结论负责，承担收集整理海塘有关资料，开展现场调查，开展或者委托开展必要的勘察、测绘、检测、探测等专项工作并编制专题报告（国家有资质规定的，专项工作承担机构应当具备相应资质等级），按照《海塘工程安全评价导则》（DB33/T 852）等技术规范开展海塘安全评价并编制海塘安全评价报告，出具海塘安全鉴定报告并及时将海塘安全鉴定报告送达海塘管理机构。

三、规范开展海塘安全鉴定

海塘安全类别分为一类塘、二类塘、三类塘。海塘安全鉴定范围包括海塘、交叉建筑物、管理设施等，海塘管理机构管理的小型水闸等交叉建筑物（设施）应纳入海塘安全鉴定，大中型水闸等交叉建筑物按照《水闸安全鉴定管理办法》等规定单独进行安全鉴定并宜与海塘同步完成。海塘安全评价包括防潮（洪）能力、渗流安全、结构安全、交叉建筑物安全影响、抗震安全、运行管理等。海塘安全鉴定报告应明确海塘安全类别的鉴定结论，对存在问题提出限期完成处理的意见、适时进行处理的建议，并对海塘管护工作提出建议。

四、限期开展海塘除险保安

海塘管理机构负责海塘除险保安的组织落实工作。鉴定结论为三类塘的除险加固应在次年开工，鉴定结论为二类塘的局部加固或大修、整改宜在 2 年内完成。实施除险加固、局部加固或大修、整改完成前，海塘管理机构应修订完善相关预案，落实安全度汛应急措施，确保海塘运行安全；涉及海塘融合建设的，应根据有关规定进一步完善相关管理工作，合理保障海塘融合功能。

五、加强安全鉴定监督管理

县级以上水行政主管部门可通过政府购买服务等方式，对海塘管理机构的安全鉴定工作进行核查，对海塘鉴定机构的安全鉴定质量进行抽查。海塘安全鉴定工作核查实行属地负责制；海塘安全鉴定质量抽查实行分级负责制，1 级海塘由省水行政主管部门负责，其他海塘由设区的市水行政主管部门负责，抽查比例（按评价塘段统计）不少于 20%。

核查抽查发现海塘鉴定机构、专项工作承担机构资质等级不符合规定的，按《建设工程勘察设计管理条例》《浙江省建设工程勘察设计管理条例》有关规定执行；核查发现海塘管理机构存在未及时组织完成海塘安全鉴定、未及时组织落实三类塘或二类塘除险保安的，由组织核查的水行政主管部门责令改正，必要时可约谈海塘管理机构负责人；抽查发现存在未开展或者委托开展必要的勘察、测绘、检测、探测等专项工作并编制专题报告，海塘安全鉴定专题报告内容不完整、结论意见明显不合理、承担机构未盖章，海塘安全评价报告章节不完整、采用的资料明显不符合实际、采用的技术规范已失效、评价依据明显不充分、评价结论明显不合理、鉴定机构未盖章，海塘安全鉴定报告内容不完整、鉴定结论明显不合理、出具时间未签署或者签署不完整、海塘鉴定机构未盖章的，由组织抽查的水行政主管部门责令改正，按规定将海塘鉴定机构、专项工作承担机构的市场主体信用信息纳入浙江省水利工程建设管理系统。

六、本意见自 2023 年 9 月 1 日起施行。

附件：海塘安全鉴定报告（格式）（略）

浙江省水利厅关于印发《浙江省水利先进适用技术推广指导目录管理办法》的通知

各市、县（市、区）水利局，厅属各单位：

为推动我省水利行业积极采用先进适用技术，切实发挥水利科技创新对水利改革发展的支撑引领作用，服务我省新阶段水利高质量发展，我厅修订形成《浙江省水利先进适用技术推广指导目录管理办法》，现印发你们，请遵照执行。

浙江省水利厅

2023 年 8 月 18 日

浙江省水利先进适用技术推广指导目录管理办法

一、总则

（一）为推动科技创新成果转化，促进先进技术在水利建设与管理中的推广应用，并规范水利先进适用技术推广管理工作，根据《中华人民共和国水法》《中华人民共和国促进科技成果转化法》《浙江省促进科技成果转化条例》等有关规定，结合我省实际，制定本办法。

（二）本办法所称水利先进适用技术，是指与当前浙江水利发展水平相适应，按照技术先进成熟管用、经济实用的原则遴选的水利技术。根据浙江省水利建设与管理需求和科技发展水平，在省水利厅指导下，由省水利科技推广服务中心（以下简称“推广服务中心”）制定《浙江省水利先进适用技术推广指导目录》（以下简称《推广目录》）。

（三）《推广目录》的实施与管理遵循客观、科学、公开、公正、公平的原则，接受社会监督，《推广目录》原则上每年发布一次。

二、组织与申报

（一）推广服务中心根据我省水利事业发展需求公开向社会征集列入《推广目录》的水利先进适用技术，满足相关条件的技术持有单位可申报。

（二）申报单位应为具有独立企事业法人资格的技术持有单位，管理规范，信用良好，3 年内无不良记录。

（三）申报《推广目录》的技术应同时具备下列条件：

1. 符合国家产业、技术政策，不涉及国防、国家安全的保密内容；

2. 工艺成熟、技术先进、经济合理；

3. 具有国内外应用实例，应用时间一年以上；

4. 技术适应性强，推广应用前景广阔；

5. 知识产权权属明晰。

（四）申报材料内容包括：

1. 申报书；

2. 企业工商营业执照、事业单位法人证书等复印件；

3. 专利证书或其他知识产权证明文件；

4. 具有相关资质的部门出具的技术性能、产品质量检测报告；

5. 应用证明、鉴定报告、获奖证明、无不良信用记录证明等资料。

三、遴选与发布

（一）《推广目录》遴选采用形式审查、专家评审和综合评议方式进行。

（二）推广服务中心负责对申报资料完整性和符合性进行形式审查，不符合条件或申报材料不符合要求的技术不予受理，需要补正的，一次性告知申报单位需要补正的材料。

（三）《推广目录》实行专家评审制，按领域成立专家评审组，各专家组人数为不少于5人的单数，按领域分类对新技术的安全性、可靠性、先进性、适用性、应用情况及推广前景等进行综合评审，形成《推广目录》建议清单。

（四）成立综合评议专家委员会，委员由技术、管理等方面的专家组成，人数不少于7人。委员会根据专家评审提出的建议清单进行综合评议，形成《推广目录》公示稿。

（五）评审结果在浙江水利网等公共媒体进行公示，公示期不少于5个工作日。

（六）在公示期内接受异议申诉。提出异议的单位或个人必须提供书面异议材料，并提供必要的证明文件。

（七）评审结果经公示无异议后，由推广服务中心发布《推广目录》，并向技术持有单位颁发《浙江省水利先进适用技术推广证书》（以下简称《推广证书》）。

（八）《推广目录》发布的信息包括技术名称、性能指标、适用范围、持有单位等。

四、实施与管理

（一）列入《推广目录》的技术持有单位应积极推动先进适用技术在浙江省内落地应用，及时反馈应用情况，在《推广证书》有效期内于每年1月底前向推广服务中心提交上一年度技术应用总结报告。

（二）县级以上水行政主管部门应当加强对水利科技成果转化推广工作的组织领导，引导推动水利规划、建设、管理、勘察、设计、施工、监理、咨询等相关单位优先选用《推广目录》中的先进适用技术。

（三）《推广证书》自发布之日起有效期三年，有效期满后自动失效。

（四）有下列情形之一的，取消该项技术列入《推广目录》的资格，已经列入《推广目录》的，公告《推广证书》作废，技术持有单位三年内不得再次申报《推广目录》：

1. 经国家有关产品质量监督检查不合格的；

2. 实际应用中不能按照申报的性能指标提供技术服务的；

3. 利用《推广目录》或《推广证书》进行虚假宣传的；

4. 违反相关法律、法规的其他行为。

（五）对伪造、假冒《推广证书》的

单位和个人，依法追究相关责任。

五、附则

本办法自 2023 年 9 月 20 日起施行，2017 年 9 月 19 日印发的《浙江省水利新技术推广指导目录管理办法（试行）》（浙水科〔2017〕4 号）同时废止。

浙江省水利厅　浙江省人力资源和社会保障厅关于印发《浙江省水利工程专业职务任职资格评价条件和评审规则》的通知

各市、县（市、区）水利（水电、水务）局、人力资源和社会保障局，省级有关单位：

现将《浙江省水利工程专业正高级工程师职务任职资格评价条件》《浙江省水利工程专业高级工程师职务任职资格评价条件》《浙江省水利工程专业工程师职务任职资格评价条件》《浙江省水利工程专业技术职务任职资格评审规则》印发给你们，请遵照执行。

浙江省水利厅
浙江省人力资源和社会保障厅
2023 年 9 月 10 日

附件 1

浙江省水利工程专业正高级工程师职务任职资格评价条件

第一章　总　　则

第一条　为贯彻落实习近平总书记关于人才工作的重要指示批示精神，客观公正评价水利工程专业技术人员的能力和水平，促进水利工程技术资格评价工作的制度化、规范化和科学化，根据国家有关职称制度改革精神和《关于深化职称制度改革的实施意见》（浙委办发〔2018〕4 号）、《关于推进工程领域职称社会化评价改革的意见》（浙人社发〔2018〕128 号）、《浙江省职称评审管理实施办法（试行）》（浙人社发〔2020〕47 号）等文件要求，结合水利行业特点和工作实际，制定本评价条件。

第二条　本评价条件主要适用于我省从事水利规划设计、技术开发、施工管理、运行管理、建设管理、行业管理工作的在职在岗专业技术人员，申报评审水利工程专业正高级工程师职务任职资格。

（一）规划设计：主要从事水利规划、勘测、设计咨询、环境评价等工作的专业技术人员。

（二）技术开发：主要从事水利工程技术服务、试验测试、应用开发、信息化等工作的专业技术人员。

（三）建设管理：主要从事水利工程项目管理、代建（咨询）、监理、质量与安全监督、工程概预算、招标代理等工作的专业技术人员。

（四）施工管理：主要从事水利工程施工、维修、设备安装等工作的专业技术人员。

（五）运行管理：主要从事水利工程运行管理等工作的专业技术人员。

（六）行业管理：主要从事水利防汛防台、水文水资源、河湖管理、农村水利、水土保持、水利法规等工作的专业技术人员。

第三条 按照本评价条件评审通过并获得水利工程专业正高级工程师职务任职资格证书，表明持证人具有相应的专业技术水平和能力，是聘任水利工程专业正高级工程师职务的重要依据。

第二章 申报条件

第四条 基本条件

（一）思想道德。申报人员应遵纪守法，具有良好的政治素质、职业道德、学术修养和敬业精神，热爱本职工作，履行岗位职责，能够坚持正常工作，注重发挥传帮带和行业示范引领作用。

（二）年度考核。申报人员近5年年度考核均为合格（或称职）以上，高技能人才在现工作岗位上近3年年度考核合格（或称职）以上。

（三）继续教育。申报人员应按要求参加继续教育，并达到专业技术人员继续教育相应学时规定。与所评职称专业相关的技能培训、技能人员继续教育学时，视同专业技术人员继续教育学时。

（四）评聘结合。事业单位申报人员应符合专业技术职务评聘结合要求。

第五条 资历条件

符合下列条件之一者可申报水利工程专业正高级工程师职务任职资格：

（一）取得水利工程专业高级工程师职务任职资格后，实际聘任水利工程专业高级工程师工作5年以上。

（二）具有相近专业高级专业技术职务任职资格人员，转评为水利工程专业高级工程师后，聘任年限1年以上，且高级专业技术职务聘任年限5年以上。

（三）原聘任非水利工程专业正高级工程师职务，因专业技术岗位变动，实际从事水利工程专业技术工作1年以上。

（四）获得相关职业（工种）特级技师、首席技师职业技能等级，且目前仍在与水利行业工作相关的技术技能领域工作。

第六条 取得下列标志性业绩成果之一的，不受资历条件限制，经两名本专业或相近专业正高级专家推荐，可直接提交水利工程专业正高级工程师职务任职资格评审委员会评审：

（一）被党中央、国务院采纳的水利工程专业相关政策建议、决策咨询等的第一完成人。

（二）国家级科技奖项的主要获奖者，如国家自然科学奖、国家技术发明奖、国家科技进步奖、中国专利金奖（须为专利发明人及设计人）。

（三）担任国家级重大科技项目负责人。

（四）在Nature或Science上发表论文1篇的第一作者或通讯作者（国内单位为第一作者单位）。

（五）长期在生产一线工程技术岗位从事技能工作，具有高超技艺技能和取得突出业绩的世界技能大赛金牌获得者、中华技能大奖获得者、享受国务院政府特殊津贴的高技能人才、新时代突出贡献浙派工匠、浙江大工匠。

第三章 评审条件

第七条 专业理论水平

系统掌握本领域的基础理论和专业理论知识，具备跟踪本专业国内外科技发展前沿的学识水平和技术创新能力，在开展科技创新、推动技术进步、培养科技人才、提高水利工程专业技术水平中起带头作用。

第八条 工作经历与能力

（一）具有主持或主要参加省部级科研项目和规划或大、中型工程建设项目的设计咨询、技术开发、施工管理、运行管理、建设管理、行业管理等工作经历。

（二）具有熟练运用本领域专业知识、技术标准、规范规程和先进技术，应用于科研和生产实际工作、开拓新的应用研究领域或解决关键性复杂技术难题的能力。

（三）具有指导本专业高级、中级专业技术人员开展专业技术工作的能力。

（四）在贯彻落实上级决策部署、重点工作、重大任务，特别是水旱灾害防御等急难险重任务中，具有发挥技术专长、提供重要决策支持的能力。

第九条 工作业绩

任现专业技术职务期间，取得下列工作业绩之一：

（一）主要参加1项以上国家自然科学基金、国家科技重大专项、国家重点研发计划等国家级科研项目，项目结题通过验收；主持1项以上省部级科研项目，项目结题通过验收。

（二）主持1项或主要参加3项以上省级发展规划、综合规划、专业规划、专项规划。

（三）主持1项大型、3项中型或主要参加3项大型以上工程建设项目的勘测设计、施工管理、建设监理、质量监督、项目管理等专业技术工作。

（四）主持1项大型、3项中型或主要参加3项大型以上工程的改扩建、信息化、运行管理等，取得明显成效，并通过鉴定验收。

（五）主持起草1项省级、3项市级或主要参加3项省级以上政策、法规文件，正式发布实施，成效显著。

第十条 工作成果

任现专业技术职务期间，取得下列成果之一：

（一）省级科学技术奖、国家级学（协）会科学技术奖的获奖者；市级科学技术奖、省级学（协）会科学技术奖二等奖以上的主要获奖者；国家级工程技术成果一等奖获得者或二等奖的主要获奖者；省级工程技术成果一等奖的主要获得者。

（二）主持或主要参加起草并正式公布实施的国家标准、行业标准1项以上；主持起草并正式公布实施的省级地方标准1项以上；主要参加起草并正式公布实施的省级地方标准3项以上。

（三）在生产科研实践中，主持或主要参加解决重大关键性技术难题，取得显著经济效益和社会效益；主持开发或推广应用新技术、新工艺、新方法、新材料3项以上，成效突出，且有推广证明，或纳入国家、部推广目录（清单）。

（四）获得发明专利或国家工法授权3项以上；获得实用新型专利授权、软件著作权、软件产品登记等9项以上。（均为第一完成人）

（五）正式出版学术技术一类著作或

译著1部以上；论文被SCI、EI等收录1篇以上；在全国中文核心期刊发表学术论文3篇以上。（均为独著、合著第一作者或通讯作者）

第十一条 长期在基层单位从事水利工程专业工作或长期在野外工作的专业技术人员，有解决实际技术难题或推广新技术的，经当地水行政主管部门审核，工作成果可适当放宽。

第四章 附 则

第十二条 建立水利工程专业正高级工程师职务任职资格量化评分标准，并根据行业发展情况进行适时调整完善。

第十三条 符合第六、十一条的申报人员，应参加评委会组织的面试答辩，面试答辩情况作为评审的重要依据之一。其他申报人员，评委会视情进行面试答辩或实地考察。

第十四条 本评价条件中涉及的工作经历与能力、工作业绩和工作成果等均与申报专业相关联，并且为聘任高级工程师职务期间或近5年内取得，同时提供相应的佐证材料。“佐证材料”是指能体现本人在所完成的业绩成果中地位、作用、项目完成情况、获奖以及行业影响力等情况的书面证明材料。

第十五条 符合第五条（四）、第六条的申报人员的业绩和成果为近5年内取得。

第十六条 本评价条件中有关词（语）或概念的特定解释：

（一）本专业或相近专业应结合实际从事的水利工程岗位理解，如水利水电工程、水文与水资源工程、水力学及河流动力学、港口航道与海岸工程、船舶与海洋工程、土木工程、农业水利工程、水土保持与荒漠化防治、工程力学、交通工程、勘查技术与工程、机械设计制造及其自动化、给水排水科学与工程、能源与动力工程、电气工程及其自动化、计算机科学与技术、地质工程、测绘工程、环境科学与工程、建筑学、城乡规划、风景园林等。结合水利行业发展需要，参照高等院校专业目录动态调整。

（二）“主持”是指担任规划、项目、课题、工程负责人、技术负责人（各1名）；“主要参加”是指规划、项目、课题、工程排名2～3位者、专项（专业、专题）负责人，或项目、课题、工程的次级子项目、子课题、子工程的负责人、技术负责人。“获奖者”是指获奖项目、课题各等级内额定获奖人员（获奖证书中有名字的人员），“主要获奖者”是指排名前5位的获奖者。

（三）著作是指“著”“编著”的水利行业相关技术成果，由专业出版社、大学出版社或省级以上出版社出版的作品；译著应是行业需要、经原作者同意、出版社出版的作品。

（四）基层工作是指连续在县级及以下的工作单位或地点工作1年以上。野外工作是指连续5年以上，在野外或施工一线从事地质、勘察、测量、施工、监理、水文观测等外业工作，且现在仍从事野外工作。

（五）凡冠有“以上”的，均含本级或本数量。

（六）“年”均为周年。

第十七条 申报人员有下列情形之一的，取消其评审资格（已通过评审的人员，取消其职务任职资格，由发证机关收回其任职资格证书），并从评审次年起 3 年内不得再申报相应职务任职资格评审：

（一）伪造、变造证件、证明等申报材料的。

（二）提交虚假申报材料的。

（三）有违纪违法行为，仍在处理、处罚、处分阶段或任现职期间曾有严重违法违纪行为，在申报材料中未有反映的。

（四）有其他弄虚作假、徇私舞弊行为的。

第十八条 本评价条件由浙江省水利厅、浙江省人力资源和社会保障厅按职责分工负责解释。

第十九条 本评价条件自 2023 年 10 月 10 日起施行。《浙江省水利工程专业正高级工程师职务任职资格评价条件（试行）》（浙水人〔2019〕32 号）废止。

附 1－1

浙江省水利工程专业正高级工程师职务任职资格评审量化评分表

<table>
<tr><th colspan="3">项　目</th><th colspan="5">评分等级及参考分值</th><th>分值</th></tr>
<tr><td rowspan="10">第一部分
经历与
能力
（20 分）</td><td rowspan="2">1</td><td rowspan="2">政治素质</td><td>国家级</td><td>省（部）级</td><td>市（厅）级</td><td>县（处）级</td><td>本单位</td><td rowspan="2">5.0</td></tr>
<tr><td>4</td><td>3</td><td>2</td><td>1</td><td>0.5</td></tr>
<tr><td rowspan="2">2</td><td rowspan="2">行业影响</td><td>国家级</td><td>省（部）级</td><td>市（厅）级</td><td>县（处）级</td><td>企（事）业单位</td><td rowspan="2">5.0</td></tr>
<tr><td>4</td><td>3</td><td>2.5</td><td>1.5</td><td>1</td></tr>
<tr><td colspan="2">评分说明</td><td colspan="6">1、2 两项均分别累计计分。政府授予（国徽章）的加 1.0 分。</td></tr>
<tr><td rowspan="2">3</td><td rowspan="2">任职年限</td><td>20 年及以上</td><td>15～19 年</td><td>10～14 年</td><td>5～9 年</td><td>5 年以下</td><td rowspan="2">5.0</td></tr>
<tr><td>5</td><td>4</td><td>3</td><td>1.5</td><td>—</td></tr>
<tr><td rowspan="2">4</td><td rowspan="2">基层野外</td><td>25 年及以上</td><td>20～24 年</td><td>15～19 年</td><td>10～14 年</td><td>5～9 年</td><td rowspan="2">5.0</td></tr>
<tr><td>5</td><td>4</td><td>3</td><td>2</td><td>1</td></tr>
<tr><td colspan="2">评分说明</td><td colspan="6">基层、野外经历可累加，但不重复。</td></tr>
<tr><td rowspan="3">第二部分
工作业绩
（40 分）</td><td rowspan="3">5</td><td rowspan="2">科研</td><td>国家级</td><td>省（部）级</td><td>市（厅）级</td><td>县级</td><td>科级
（本单位）</td><td rowspan="3">40.0</td></tr>
<tr><td>12</td><td>10</td><td>7</td><td>3</td><td>1</td></tr>
<tr><td>评分说明</td><td colspan="5">累计计分。角色系数：按排名依次为 1.0、0.8、0.7、0.6、0.5，之后排名均按 0.3 计；重要性系数：重大项目（自然基金重点项目、科研经费 100 万元以上）1.0，重点项目（自然基金面上项目、科研经费 50 万元以上）0.9，一般项目 0.7。水利部、浙江省水利厅下达的水利科技项目在对应等级的基础上加 2 分。</td></tr>
</table>

续表

<table>
<tr><th colspan="3">项　目</th><th colspan="15">评分等级及参考分值</th><th>分值</th></tr>
<tr><td rowspan="7">第二部分
工作业绩
（40分）</td><td rowspan="3">6</td><td rowspan="2">规划/
咨询/
决策</td><td colspan="3">全国</td><td colspan="3">全省</td><td colspan="3">全市</td><td colspan="3">全县</td><td colspan="3">项目
（乡镇级）</td><td rowspan="7">40.0</td></tr>
<tr><td colspan="3">12</td><td colspan="3">10</td><td colspan="3">7</td><td colspan="3">3</td><td colspan="3">1</td></tr>
<tr><td>评分说明</td><td colspan="15">累计计分。角色系数：按排名依次为1.0、0.8、0.7、0.6、0.5，之后排名均按0.3计，或非排名的负责人1.0，校对、审核、审查0.5，其他0.3。重要性系数：综合规划（咨询合同额100万元以上、综合性决策）1.0，专项规划（咨询合同额50万元以上、专题性决策）0.9，其他0.7。</td></tr>
<tr><td rowspan="3">7</td><td rowspan="2">工程建设
/运行</td><td colspan="3">Ⅰ等</td><td colspan="3">Ⅱ等</td><td colspan="3">Ⅲ等</td><td colspan="3">Ⅳ等</td><td colspan="3">Ⅴ等或
Ⅴ等外</td></tr>
<tr><td colspan="3">12</td><td colspan="3">10</td><td colspan="3">7</td><td colspan="3">3</td><td colspan="3">1</td></tr>
<tr><td>评分说明</td><td colspan="15">累计计分。角色系数：按排名依次为1.0、0.8、0.7、0.6、0.5，之后排名均按0.3计，或非排名的负责人、技术负责人1.0，校对、审核、审查0.5，其他0.3。重要性系数：项建、可研、设计、管理、施工、监理、质监等1.0，专项、专题、子项等0.7，其他0.3。</td></tr>
<tr><td colspan="2">计分说明</td><td colspan="15">5项业绩代表性业绩分数累加，超过40分按40分计。每项业绩分为等级分、角色系数、重要性系数之积。</td></tr>
<tr><td rowspan="10">第三部分
工作成果
（30分）</td><td colspan="2">成果类别</td><td colspan="3">A</td><td colspan="3">B</td><td colspan="3">C</td><td colspan="3">D</td><td colspan="3">E</td><td rowspan="10">30.0</td></tr>
<tr><td rowspan="4">8</td><td rowspan="3">技术奖励
（满分
18分）</td><td colspan="3">国家级</td><td colspan="3">省（部）级</td><td colspan="3">市（厅）级</td><td colspan="3">县（处）级</td><td colspan="3">本单位
（乡镇级）</td></tr>
<tr><td>一等</td><td>二等</td><td>三等</td><td>一等</td><td>二等</td><td>三等</td><td>一等</td><td>二等</td><td>三等</td><td>一等</td><td>二等</td><td>三等</td><td>一等</td><td>二等</td><td>三等</td></tr>
<tr><td>18</td><td>16</td><td>14</td><td>16</td><td>14</td><td>12</td><td>14</td><td>12</td><td>10</td><td>10</td><td>8</td><td>6</td><td>—</td><td>—</td><td>—</td></tr>
<tr><td>评分说明</td><td colspan="15">基础分累计计分。政府颁发（国徽章）、水利部大禹科技奖、浙江省水利科技奖等在对应级别的基础上加2.0分。</td></tr>
<tr><td rowspan="3">9</td><td rowspan="2">标准制定
（满分
18分）</td><td colspan="3">国家（行业）
标准</td><td colspan="3">省级地方
标准</td><td colspan="3">市级地方
标准</td><td colspan="3">团体标准</td><td colspan="3">—</td></tr>
<tr><td colspan="3">18</td><td colspan="3">16</td><td colspan="3">12</td><td colspan="3">6</td><td colspan="3">—</td></tr>
<tr><td>评分说明</td><td colspan="15">基础分累计计分。县级地方标准、企业标准、标准设计图集、工程定额等归入团体标准。</td></tr>
<tr><td rowspan="2">10</td><td rowspan="2">应用与
推广
（满分
18分）</td><td colspan="3">单项成果
转让费大于
1000万元
国家领导
批示</td><td colspan="3">单项成果
转让费
500万～1000
万元省部
级领导批示</td><td colspan="3">单项成果
转让费
100万～500
万元 市厅级
领导批示</td><td colspan="3">单项成果转
让费50万～
100万元
县级领导
批示</td><td colspan="3">单项成果
转让费
10万～
50万元</td></tr>
<tr><td colspan="3">18</td><td colspan="3">16</td><td colspan="3">12</td><td colspan="3">6</td><td colspan="3">3</td></tr>
</table>

续表

<table>
<tr><th colspan="3">项 目</th><th colspan="5">评分等级及参考分值</th><th>分值</th></tr>
<tr><td rowspan="10">第三部分
工作成果
（30分）</td><td>10</td><td>评分说明</td><td colspan="5">基础分累计计分。</td><td rowspan="10">30.0</td></tr>
<tr><td rowspan="3">11</td><td rowspan="2">技术创新
（满分
18分）</td><td>发明专利、国家工法</td><td></td><td>实用专利、省（部）级工法</td><td></td><td>软著登记</td></tr>
<tr><td>6</td><td></td><td>4</td><td></td><td>2</td></tr>
<tr><td>评分说明</td><td colspan="5">基础分累计计分。</td></tr>
<tr><td rowspan="3">12</td><td rowspan="2">论文专著
（满分
18分）</td><td>SCI、EI检索期刊或一类著作、译著（主编或副主编）</td><td>中文核心期刊或其他著作、译著（主编或副主编）</td><td></td><td>其他CN、ISSN刊号的刊物</td><td>著作、译著（本人撰写4万字以上）</td></tr>
<tr><td>18</td><td>6</td><td></td><td>4</td><td>2/4</td></tr>
<tr><td>评分说明</td><td colspan="5">基础分累计计分。</td></tr>
<tr><td colspan="2" rowspan="3">计分说明</td><td colspan="5" rowspan="3">基础分和累计附加分之和，基础分为5类成果中最高的一类等级分与角色系数之积累计计分，最高18分；附加分为基础分外的4类成果中分别选取最高分的1项累加。附加分按A、B、C、D、E对应3、2.5、2、1.5、1与角色系数之积计取，角色系数：按排名依次为1.0、0.8、0.7、0.6、0.5，之后排名均按0.3计。</td></tr>
<tr></tr>
<tr></tr>
<tr><td>第四部分
综合评价
（10分）</td><td>13</td><td>综合评价
（10分）</td><td colspan="5">一是调整评判误差。工作业绩超过40分或技术奖励累计分超过18分且其中有获得省科技进步奖以上的，可按超过部分的1/4折算，0～5分。二是发挥传帮带作用。有被列入政府及部门师资专家库、在各类培训机构授课、带领团队或辅导团队成员获得荣誉表彰等，0～1分。三是承担急难险重任务。在防汛防台、应急抢险等急难险重任务中勇于担当，作出贡献并有获得政府部门表彰、官方媒体报道、单位内部表扬等情况的，0～3分。四是突出基层导向。山区26县、海岛县，3分。五是用人单位评价。用人单位考核优秀的（单位优秀比例不超过25％的有效），按照优秀年份的比例酌情给分，0～2分。
累计超过10分，按10分计。</td><td>10.0</td></tr>
<tr><td colspan="8">合 计</td><td>100.0</td></tr>
</table>

附 1-2

浙江省水利工程专业正高级工程师职务任职资格评审量化评分表说明

一、总则

评分表由经历与能力、工作业绩、工作成果和综合评价等 4 部分组成。满分 100 分，其中经历与能力 20 分、工作业绩 40 分、工作成果 30 分、综合评价 10 分。

评分表制定依据为《浙江省水利工程专业正高级工程师职务任职资格评价条件》。

二、经历与能力

总分 20 分，包括政治素质、行业影响、任职年限、基层野外等 4 部分内容，计分方法为 4 项分值累加。

（一）政治素质

1. 名词解释：指为社会作出突出贡献，获得的各类表彰（荣誉），包括优秀共产党员、劳动模范、三八红旗手、先进个人（工作者）和集体荣誉等。政府授予的荣誉是指县级以上人民政府表彰（荣誉），证书所盖图章有“国徽”标志。

2. 评分规则：每项荣誉根据《评分表》对应项进行评分，累加后不超过该项对应的总分。集体荣誉不分排名，按照人均分计算。

3. 佐证材料：荣誉证书、表彰部门颁发的文件及相关支撑材料，其中集体荣誉需提供证明个人贡献的相关材料。

（二）行业影响

1. 名词解释：指在贯彻落实上级决策部署、重点工作、重大任务，特别是水旱灾害防御等急难险重任务中，具有发挥技术专长、提供重要决策支持的能力。以人才称号、技术专家、水利单位总工程师来评价。政府是指县级以上人民政府（盖“国徽”标志的图章），如：省 151 人才、市拔尖人才等人才称号，首席水利员、水利稽察专家等水利行业技术专家；水利单位总工程师指连续担任 5 年以上政府部门或水利单位总工程师职务。

2. 评分规则：各项分别评分累加计算，累计不超过对应总分。人才称号如有等级的，根据《评分表》从最高级依次降等计分，政府授予的在对应级别基础上加 1.0 分；技术专家按照聘任单位（事业单位）级别确定；水利单位总工程师根据单位行政级别或单位资质等级确定，详见表 2-1。

表 2-1 资质与《评分表》等级对应表

项目	国家	省级	市级	县级	本单位（科级）
施工		特级	一级	二级	三级
咨询			甲级	乙级	丙级
勘察设计		综合	甲级	乙级	丙级
监理			甲级	乙级	丙级

3. 佐证材料：任命（授予）文件、聘书、单位资质证明材料。

（三）任职年限

1. 名词解释：指聘任副高级专业技术职务［或获得相关职业（工种）特级技师、首席技师职业技能等］以来的年限。

2. 评分规则：年限按足年计算，不

连续的按照累计年限计算（聘任单位与工作经历对应）。

3. 佐证材料：聘任文件或聘书。

（四）基层野外

1. 名词解释：基层工作是指连续在县级及以下的工作单位或地点工作1年以上；野外工作指在野外或施工一线从事地质、勘察、测量、施工、监理、水文观测等外业工作，且现在仍从事野外工作。到野外（一线）出差或检查指导工作不能视作野外工作。

2. 评分规则：基层工作以评审对象单位所在地衡量，单位在县城（市区）以上城市不计分，年限不连续的按分段累计计算，援藏、援疆期间视同“基层工作”年限；野外工作年限不连续的按分段累计计算；基层工作年限与野外工作年限可累加，但不重复计算。

3. 佐证材料：工作简历、单位法人证书（营业执照）。

三、工作业绩

总分40分，根据评审对象提供的5项业绩情况进行计分，计分公式如下：

$$x=\sum_{i=1}^{5}\alpha_i\beta_iA_i$$

式中 x——业绩总分，最高为40分，超过40分的按40分计分；

α_i——第 i 项业绩的角色系数，角色系数的取值见表3-1；

β_i——第 i 项业绩的重要性系数，重要性系数取值见后续说明，其中没有特别说明的其业绩重要性系数为1.0；

A_i——第 i 项业绩的项目等级，等级最高分数的取值见指导表。

表3-1 角色系数对应表

角色	排名	1	2	3	4	5	6及以后
	非排名	负责人、技术负责人	项目经理			校对 审核 审查	
系数		1	0.8	0.7	0.6	0.5	0.3

注 针对非全过程参与的，角色系数按参与的时间比例折算，同一角色有多个成员，按排名计算。

（一）科研

1. 名词解释：指政府部门或学术性团体下达的各类各级水利科研项目。

2. 评分规则：该项目得分为等级分、角色系数、重要性系数之积。

水利部、浙江省水利厅下达的水利科技项目的等级分在对应等级的基础上加2分。子课题降一等级认定。

重要性系数：重大项目（下达文件明确的重大项目、自然基金重点项目、科研经费100万元以上）1.0，重点项目（下达文件明确的重点项目、自然基金面上/青年项目、科研经费50万元以上）0.9，一般项目0.7。

评审对象角色系数按结题文件确定。

3. 佐证材料：能证明项目来源、级别、起止年限、项目资金额度、本人排名和项目验收意见（主要包括立项文件、结题证书或成果登记证书）等材料。

（二）规划/咨询/决策

1. 名词解释：规划指列入政府或部门安排的涉水规划，如水利发展规划、水资源利用规划等；咨询指受政府或部门委托的涉水咨询服务，如浙江省水库功能调整路径研究、水资源综合评价等；决策指由政府或部门布置并为其提供了涉水决策支持的工作，如政策文件草拟、调研成果报告、参阅报告、行业专项（题）工作总结（比如《浙江省农村饮用水达标提标工作总结》）等。

2. 评分规则：该项目得分为等级分、角色系数、重要性系数之积。

重要性系数：咨询合同经费100万元以上（或综合规划、综合性决策）1.0，咨询合同经费50万元以上100万元以下（或专项/专业规划、专题性决策）0.9，其他0.7。

评审对象角色系数按规划的报批稿、咨询的结题稿、决策的主管部门认定等为依据确定。

3. 佐证材料：能证明项目来源（委托书、合同、文件）、起止年限、本人排名、报告关键内容和发布文件（或验收文件、审查意见、采纳意见）等材料。

（三）工程建设/运行

1. 名词解释：工程建设指针对具体工程项目建设各阶段的工作业绩，主要包括项目业主的建设管理，咨询设计单位的建设项目咨询、各阶段勘测设计，施工单位的施工及施工管理，以及与工程项目直接相关的专题研究、专项论证、监理、质监等工作；工程运行指针对工程具体项目运行的技术工作业绩，如管理标准化创建、水资源调度、防洪调度、河道管理、水文化建设、水情教育基地建设等。

2. 评分规则：该项目得分为等级分、角色系数、重要性系数之积。

项目业绩的等级根据项目立项批文批准的等级或相关技术规范规定的等级确定。

重要性系数：综合性的运行管理1.0，专（子）项运行管理0.7；建设管理与设计类业绩的重要性系数按照表3-2确定。

表3-2 建设管理与设计类业绩的重要性系数对应表

内 容	项建书、可研报告编制、各阶段的设计	专项论证报告（如洪评、地质、鉴定等）、专项设计、专题科研、咨询评估等	项目管理、施工、监理、质监	专（子）项管理、施工、监理、质监	其他工作
重要性系数	1	0.7	1	0.7	0.3

注 占项目建安总投资40%以下的标段认定为子项目；工程投资规模、产生经济社会效益等明显与表中不符的，评审专家可自行调整重要性系数。

3. 佐证材料：能证明项目来源（委托书、合同、立项文件、任命文件）、起止年限、本人排名、关键工作内容和批准文件（或验收文件、审查意见）等材料。

四、工作成果

总分30分，根据评审对象提供的技术奖励、标准制定、应用与推广、技术创新和论文专著等5类工作成果，计分方式采用基础分和累计附加分之和计算，基础分最高不超过18分。

（一）基础分计算

基础分计分公式如下：

$$x_i = \sum_{j=1}^{n} \alpha_j A_j$$

式中 x_i——第 i 类成果总分，最高为18分；其中 $i=8$，9，10，11，12；

α_j——第 i 类成果第 j 项成果的角色系数，角色系数的取值见表4-1；

A_j——第 i 类成果第 j 项成果的项目等级，等级最高分数的取值见指导表；

n——第 i 类成果数量总数。

表4-1 角色系数对应表

角色	排名	1	2	3	4	5	6及以后
	非排名	论文通讯作者、著作的主编、副主编					
系数		1	0.8	0.7	0.6	0.5	0.3

（二）附加分计算

在各类成果中分别选取最有代表性的1项工作成果，按照《评分表》按A、B、C、D、E对应3、2.5、2、1.5、1与表4-1角色系数之积得出相应成果类别的附加分。

（三）总分计算

计算方法：

工作成果总分=基础分+累计附加分

选取5类成果中基础分最高的作为上式的计算基础分，对应基础分以外的其他4类成果的附加分之和作为累计附加分。

（四）技术奖励

1. 名词解释：指政府或社会力量组织对科技成果作出积极肯定的评价，应具备成果名称、贡献者、评价组织者及成果等级层次等要素。如：政府组织的科学技术奖、自然科学奖、技术发明奖和科学技术进步奖等；社会力量组织的大禹奖、浙江省水利科技奖、优秀设计成果奖等。经国家政府部门批准的社会力量的技术奖励，须提供设奖单位被授权批准设立科技奖项文件或科技部门注册审批的文件。

2. 评分规则：大禹奖、浙江省水利科技奖等在对应级别的基础上加2.0分。集体的科技成果奖项只计算列入获奖证书或获奖文件中的明确的个人。本单位颁发的技术奖励不计分。

3. 佐证材料：能证明奖项来源（重点为社会奖项设立文件或目录）、奖项名称、获奖等别、本人排名等材料，仅仅提供二级证书的不予认可。

（五）标准制定

1. 名词解释：指正式发布的国家（行业）标准、各级地方标准等，也包括正式发布的标准设计图集、工程定额等。

2. 评分规则：县级地方标准、省级以上团体标准、正式发布的标准设计图集、工程定额均归入团体标准。

3. 佐证材料：能证明标准来源（委托书、合同、发布文件等）、本人排名、标准关键内容等材料。

（六）应用与推广

1. 名词解释：应用与推广包括科技成果转化和决策采纳两部分。科技成果转化是指技术创新成果（经科技行政主管部门登记）转移转化所取得的效益，以签订的成果转化合同中明确的成果使用、转让金额或成果作价投资额来衡量。决策采纳是指评审对象的决策咨询报告被政府采纳，其被采纳的证明材料包括主要行政领导批示、决策咨询报告的立项文件及审查意见、政策文件制定说明等。

2. 评分规则：科技成果转化根据转让合同金额来衡量，决策咨询报告采纳根据应用范围或领导级别来衡量。角色系数根据科技成果的知识产权份额占比或排名确定。

3. 佐证材料：科技成果转化的以能证明成果归属（成果登记证书、专利证书等）、本人排名、经济效益（转让合同、成果作价协议）等材料；决策被采纳的以能证明决策咨询报告立项（文件、审查意见）、主要领导批示、本人排名、被采纳的关键建议等材料。

（七）技术创新

1. 名词解释：指获得授权的发明专利、新型实用专利、软著登记、国家级工法和省（部）工法等。

2. 评分规则：以评审对象提交的技术创新成果内容计分。同一项工法按层次最高的计分，企业级工法不计分。

3. 佐证材料：能证明成果归属（证书、授权通知书等）、本人排名等材料。

（八）论文专著

1. 名词解释：正式发表的论文指具备 ISSN/CN 号，出版时间、期数，作者署名及署名单位，目录页码与论文页码等要素的学术论文；正式出版的著作或译著是指具备 ISBN 书号、CIP 数据信息和 CIP 核字号，通过合法出版社出版的出版物。

2. 评分规则：SCI、EI 检索期刊论文须有检索证明；核心期刊是指中文核心期刊（参照北大中文核心期刊目录），EI 会议检索论文按照核心期刊论文对待；外文期刊论文参照其他 CN、ISSN 刊号的刊物计分，其他不计分。通讯作者按照第一作者对待。

单部著作（译著）总字数不少于 10 万字（少于 10 万字，按照字数计算）。一类著作（译著）是指中央出版单位正式出版的（以国家新闻出版署公布为准）著作（译著）。评审对象撰写字数根据参与著作（译著）明确提及的内容推算（如在前言中提及“第四章由张三编写”，则第四章的字数为张三撰写的字数）。

3. 佐证材料：期刊封面、版权页、目录、正文、检索证明，著作封面、版权页（含有书号、字数的页）、目录、体现撰写内容与篇幅等材料。

国内中文学术期刊论文在中国知网、万方数据知识服务平台、维普网等数据库应能检索到，对于不能检索到且未提供编辑部出版证明和联系方式的，原则上不计分。

五、综合评价

1. 名词解释：综合评价以定性和定量相结合原则，针对定量指标无法准确反映，与评审对象实际贡献有差距的，根据评审对象综合能力进行定性评价。

2. 评分规则：本项由评审专家综合评判，累计超过 10 分，按 10 分计，主要从以下 5 个方面进行评判：

一是调整评判误差（最高 5 分）。工作业绩超过 40 分或技术奖励累计分超过 18 分的且其中有获得省科技进步奖以上的，可按超过部分的 1/4 折算，0～5 分。

二是发挥传帮带作用（最高 1 分）。有被列入政府及部门师资专家库、在各类培训机构授课、带领团队或辅导团队成员获得荣誉表彰等，0～1 分。

三是承担急难险重任务（最高 3 分）。在防汛防台、应急抢险等急难险重任务中勇于担当，作出贡献并有获得政府部门表彰、官方媒体报道、单位内部表扬等情况的，0～3 分。

四是突出基层导向（最高 3 分）。山区 26 县、海岛县，3 分。

五是用人单位评价（最高 2 分）。用人单位考核优秀的（单位优秀比例不超过 25%的有效），按照优秀年份的比例酌情给分，0～2 分。

3. 佐证材料：符合上述情况的相关证明材料。

附件 2

浙江省水利工程专业高级工程师职务任职资格评价条件

第一章 总 则

第一条 为贯彻落实习近平总书记关于人才工作的重要指示批示精神，客观公正评价水利工程专业技术人员的能力和水平，促进水利工程技术资格评价工作的制度化、规范化和科学化，根据国家有关职称制度改革精神和《关于深化职称制度改革的实施意见》（浙委办发〔2018〕4 号）和厅《关于推进工程领域职称社会化评价改革的意见》（浙人社发〔2018〕128 号）、《浙江省职称评审管理实施办法（试行）》（浙人社发〔2020〕47 号）等文件要求，结合水利行业特点和工作实际，制定本评价条件。

第二条 本评价条件适用于我省从事规划设计、技术开发、建设管理、施工管理、运行管理、行业管理工作的在职在岗专业技术人员，申报评审水利工程专业高级工程师职务任职资格。

（一）规划设计：主要从事水利规划、勘测、设计咨询、环境评价等工作的专业技术人员。

（二）技术开发：主要从事水利工程技术服务、试验测试、应用开发、信息化等工作的专业技术人员。

（三）建设管理：主要从事水利工程项目管理、代建（咨询）、监理、质量与安全监督、工程概预算、招标代理等工作的专业技术人员。

（四）施工管理：主要从事水利工程施工、维修、设备安装等工作的专业技术人员。

（五）运行管理：主要从事水利工程运行管理等工作的专业技术人员。

（六）行业管理：主要从事水利防汛防台、水文水资源、河湖管理、农村水利、水土保持、水利法规等工作的专业技术人员。

第三条 按照本评价条件评审通过并获得水利工程专业高级工程师职务任职资格证书，表明持证人具有相应的专业技术水平和能力，是聘任水利工程专业高级工程师职务的重要依据。

第二章 申报条件

第四条 基本条件

（一）思想道德。申报人员应遵纪守法，具有良好的政治素质、职业道德、学术修养和敬业精神，热爱本职工作，履行岗位职责，能够坚持正常工作，注重发挥传帮带作用。

（二）年度考核。申报人员近 5 年年度考核均为合格（或称职）以上。高技能人才应在现工作岗位上近 3 年年度考核合格。

（三）继续教育。申报人员应按要求参加继续教育，并达到专业技术人员继续教育相应学时规定。与所评职称专业相关的技能培训、技能人员继续教育学时，视同专业技术人员继续教育学时。

（四）评聘结合。事业单位申报人员应符合专业技术职务评聘结合要求。

（五）考评结合。申报人员应参加浙江省水利工程专业高级工程师职务任职资格评价业务考试，考试合格者方可申报评审。

第五条 资历条件

（一）具有本专业或相关专业博士学位，取得工程师职务任职资格后，实际聘任水利工程专业工程师 2 年以上。

（二）具有本专业或相关专业大学本科学历、研究生学历或硕士学位，取得工程师职务任职资格后，实际聘任水利工程专业工程师工作 5 年以上。

（三）不具备前两项规定的，但按本评价条件量化评分标准，自评分达到规定分值经两名水利正高级工程师实名推荐。

（四）原聘任非水利工程专业高级工程师职务，因专业技术岗位变动，从事水利工程专业技术工作 1 年以上。

（五）获得相关职业（工种）高级技师职业资格或职业技能等级后，从事技术技能工作满 4 年。

第六条 取得下列标志性业绩成果之一的，不受资历条件限制，经两名水利正高级工程师实名推荐，直接提交水利工程专业高级工程师职务任职资格评审委员会评审：

（一）在水利工程专业领域研究或技术工作中取得重要成果。国家科学技术奖获奖人员；省科学技术奖和大禹水利科学技术奖一等奖及以上获奖人员或二等奖的前五名完成人。

（二）在水利工程专业领域研究或技术工作中以第一作者或通讯作者（国内单位为第一作者单位）在 SCI 二区以上期刊正式发表论文 1 篇以上。

（三）在水利工程专业技术领域作出

重大贡献或突出成就获得的省（部）级劳动模范。

（四）已公布实施的国家或水利行业标准、国家级工法的第一完成人。

（五）长期在生产服务一线岗位从事技能工作，具有绝招、绝技、绝活的世界技能大赛银牌和铜牌获得者、全国技术能手、国家级技能大师工作室领办人、钱江技能大奖获得者、浙江杰出工匠、省“百千万”高技能领军人才培养工程入选的“杰出技能人才”。

第三章 评 审 条 件

第七条 专业理论水平

系统掌握本专业的基础理论和专业理论知识，具备了解并应用本专业新理念、新技术、新工艺、新设备、新材料的能力和水平，在科技创新、人才培养等工作中起骨干作用。

第八条 工作经历与能力

（一）具有主持或主要参加市厅级科研项目，主持小型以上或主要参加大、中型工程建设项目的规划设计、技术开发、建设管理、施工管理、运行管理、行业管理等工作经历。

（二）具有熟练运用本专业的理论知识、技术标准、规范和规程，协调处理相关专业技术工作、解决关键技术问题的能力。

（三）具有指导本专业工程师工作、学习的经历和能力。

第九条 工作业绩

任现专业技术职务期间，取得下列工作业绩之一：

（一）主持1项或主要参加2项市厅级以上科技项目，项目结题通过验收；主持2项或主要参与3项县处级科技项目，项目结题通过验收。

（二）主持1项或主要参加2项县处级以上的发展规划、综合规划；主持2项或主要参加3项县处级以上的专项（业）规划。

（三）主持1项或主要参加2项大中型、主持2项或主要参加3项小型工程建设项目的勘测设计、施工管理、建设监理、质量监督、项目管理等专业技术工作。

（四）主持2项或主要参与3项水利工程运行与管理的重要技术报告、专题报告并被采纳运用。

（五）主持起草1项市厅级或主要参加3项市厅级以上政策、法规文件，正式发布实施。

第十条 工作成果

任现专业技术职务期间，取得下列工作成果之一：

（一）省部级以上工程成果奖的获得者；市厅级以上科技奖项的主要获得者，或2项以上县级科技奖项的主要获得者。

（二）参加起草并正式公布实施的国家标准、行业标准1项以上；主要参加起草并正式公布实施的省级地方标准1项以上；主持起草并正式公布实施的市级地方标准2项以上。

（三）主持1项以上或主要参与2项以上开发或推广应用新技术、新工艺、新方法、新材料项目，取得一定成效。

（四）主持或主要参加1项获得发明专利或国家工法授权；主持3项或主要参加5项以上实用新型专利授权或省

（部）级工法；主持5项以上软件著作权登记。

（五）正式出版本专业或相关专业有价值的学术技术著作或译著1部以上；以第一作者在全国中文核心期刊或省部级重点期刊上发表论文1篇以上；以第一作者在一般期刊发表论文2篇以上。

第十一条 长期在基层单位或野外从事水利工作的专业技术人员，经当地水行政主管部门审核，工作成果可适当放宽。

第四章 附 则

第十二条 建立水利工程专业高级工程师职务任职资格 量化评分标准，量化评分标准和自评分规定分值根据行业发展情况进行适时调整完善。

第十三条 本评价条件中涉及的工作能力、工作业绩和工作成果等均与申报专业相关联，并且为聘任工程师期间或近5年取得，同时提供相应的佐证材料。“佐证材料”是指能提供本人在所完成的业绩成果中地位、作用、项目完成情况、获奖情况的书面证明材料。

第十四条 满足第五条（五）的高技能人才的工作业绩和工作成果等均与申报专业相关联，并且为获得高级技师职业资格或职业技能等级后取得的；满足第六条（五）的杰出技能人才为近5年内取得的。

第十五条 本评价条件中有关词（语）或概念的特定解释：

（一）本专业或相近专业应结合实际从事的水利工程岗位理解，如水利水电工程、水文与水资源工程、水力学及河流动力学、港口航道与海岸工程、船舶与海洋工程、土木工程、农业水利工程、水土保持与荒漠化防治、工程力学、交通工程、勘查技术与工程、机械设计制造及其自动化、给水排水科学与工程、能源与动力工程、电气工程及其自动化、计算机科学与技术、地质工程、测绘工程、环境科学与工程、建筑学、城乡规划、风景园林等。结合水利行业发展需要，参照高等院校专业目录动态调整。

（二）“主持”是指担任规划、项目、课题、工程负责人、技术负责人（各1名）；“主要参加”是指规划、项目、课题、工程排名2～3位者、专项（专业、专题）负责人，或项目、课题、工程的次级子项目、子课题、子工程的负责人、技术负责人。“获奖者”是指获奖项目、课题各等级内额定获奖人员（获奖证书中有名字的人员），“主要获奖者”是指排名前5位的获奖者。

（三）著作是指“著”“编著”的水利行业相关技术成果，由专业出版社、大学出版社或省级以上出版社出版的作品；译著应是行业需要、经原作者同意、出版社出版的作品。

（四）基层工作是指连续在县级及以下的工作单位或地点工作1年以上。野外工作是指连续5年以上，在野外或施工一线从事地质、勘察、测量、施工、监理、水文观测等外业工作，且现在仍从事野外工作。

（五）凡冠有“以上”的，均含本级或本数量。

（六）“年”均为周年。

第十六条 申报人员所学专业与从

事工作专业原则上须一致或相近，否则视为不具备规定学历，但已取得所从事专业国家注册类资格证书的除外。不一致或不相近的可通过连续一年以上本专业脱产继续教育学习，取得相应证书或证明后，将其高学历（学位）认定为本专业或相近专业。

申报人员有多个学历（学位）的，如有与申报专业一致或相近的学历（学位），可按其最高学历（学位）认定为本专业或相近专业。

第十七条 申报人员有下列情形之一的，取消其评审资格（已通过评审的人员，取消其职务任职资格，由发证机关收回其任职资格证书），并从评审次年起3年内不得再申报相应职务任职资格评审：

（一）伪造、变造证件、证明等申报材料的。

（二）提交虚假申报材料的。

（三）有违纪违法行为，仍在处理、处罚、处分阶段或任现职期间曾有严重违法违纪行为，在申报材料中未有反映的。

（四）有其他弄虚作假、徇私舞弊行为的。

第十八条 本评价条件由浙江省水利厅、浙江省人力资源和社会保障厅按职责分工负责解释。

第十九条 本评价条件自2023年10月10日起施行。《浙江省水利工程专业工程师、高级工程师职务任职资格评价条件》（浙水人〔2018〕33号）废止。

附 2－1

水利工程专业高级工程师职务任职资格评审量化评分表（总分100）（规划设计、技术开发）

<table>
<tr><th>序号</th><th>项　目</th><th colspan="5">评　分　等　级　及　得　分</th><th>说　明</th><th>分值</th></tr>
<tr><td rowspan="5">1. 经历与能力（25分）</td><td>政治素质</td><td>国家级：3分/项</td><td>省部级：2.5分/项</td><td>市厅级：2.0分/项</td><td>县处级：1.5分/项</td><td>科级（本单位）：0.5分/项</td><td></td><td>3</td></tr>
<tr><td>单位评价</td><td colspan="5">按照近5年获得单位年度考核优秀次数赋分（单位优秀比例不超过25%的有效），1.0分/次。</td><td></td><td>2</td></tr>
<tr><td>任职年限</td><td>>10年：2分</td><td>8～10年：1.5分</td><td>5～7年：1.0分</td><td colspan="2"><5年：0分</td><td></td><td>2</td></tr>
<tr><td>专业考试</td><td colspan="5">多次参加考试者，按近3年考试成绩最高分进行折算，即最高分×0.1。</td><td></td><td>10</td></tr>
<tr><td>学历学位</td><td>博士学历（学位）：3分</td><td>硕士学历学位：2.5分</td><td>硕士学历（学位）：1.5分</td><td colspan="2">本科双学历（双学位）：1.0分</td><td></td><td>3</td></tr>
</table>

续表

<table>
<tr><th>序号</th><th colspan="2">项 目</th><th colspan="6">评 分 等 级 及 得 分</th><th>说 明</th><th>分值</th></tr>
<tr><td rowspan="3">1. 经历与能力（25 分）</td><td colspan="2">野外工作</td><td colspan="2">>15 年：3 分</td><td>10～15 年：2.5 分</td><td>5～9 年：2.0 分</td><td>1～4 年：1.5 分</td><td><1 年：0 分</td><td rowspan="2">两项取其中得分高的一项量分。</td><td rowspan="2">3</td></tr>
<tr><td colspan="2">基层工作</td><td colspan="2">乡村：3 分</td><td colspan="2">集镇：2.5 分</td><td>县级城市：1.5 分</td><td>设区市以上：0 分</td></tr>
<tr><td colspan="2">中评委推荐</td><td colspan="6">投票通过率×2</td><td></td><td>2</td></tr>
<tr><td rowspan="9">2. 工作成果（20 分）</td><td rowspan="8">起评分</td><td rowspan="2">决策咨询</td><td>级别</td><td>A：国家级：10 分</td><td>B：省部级：8 分</td><td>C：市厅级：5 分</td><td colspan="2">D：县处级：3 分</td><td rowspan="9">根据《说明》中相关内容计算起评分和附加分。总得分为起评分和附加分之和，总得分应不超过代表性成果对应的上一级别分。最终得分由专家按照标准并综合难度、经济社会效益等情况确定。
最高不超过 10 分。</td><td rowspan="9">10</td></tr>
<tr><td>排名</td><td colspan="5">角色系数依次为：1.0、0.8、0.7、0.6、0.5，之后排名均按 0.3 计。</td></tr>
<tr><td rowspan="2">专著</td><td>级别</td><td>A：>5 万字：8 分</td><td>B：4 万～5 万字：7 分</td><td>C：3 万～4 万字：6 分</td><td colspan="2">D：<3 万字：5 分</td></tr>
<tr><td>排名</td><td colspan="5">角色系数依次为：1.0、0.8、0.7、0.6、0.5，之后排名均按 0.3 计。专著性质系数：优 1.0，良 0.8，一般 0.5。</td></tr>
<tr><td rowspan="2">标准制定</td><td>级别</td><td>A：国家标准或行业标准：10 分</td><td>B：省级地方标准或国家团标：8 分</td><td>C：市级地方标准或省级团标：5 分</td><td colspan="2">D：其他团体标准：3 分</td></tr>
<tr><td>排名</td><td colspan="5">角色系数依次为：1.0、0.8、0.7、0.6、0.5，之后排名均按 0.3 计。</td></tr>
<tr><td rowspan="2">论文</td><td>级别</td><td>A：国家核心期刊：10 分</td><td>B：省部级重点刊物：8 分</td><td>C：一般刊物：5 分</td><td colspan="2">D：论文集（技术总结）：2 分</td></tr>
<tr><td>类别</td><td colspan="5">论文性质系数：专业论文 1.0，工作总结 0.9，介绍性文章 0.8。</td></tr>
<tr><td colspan="2">附加分</td><td colspan="6">剩余成果按 A、B、C、D 对应 0.6、0.5、0.4、0.3 与角色系数之积计取，角色系数：按排名依次为 1.0、0.8、0.7、0.6、0.5，之后排名均按 0.3 计。</td></tr>
</table>

续表

<table>
<tr><th>序号</th><th colspan="3">项 目</th><th colspan="12">评 分 等 级 及 得 分</th><th>说 明</th><th>分值</th></tr>
<tr><td rowspan="9">2. 工作成果（20 分）</td><td rowspan="8">起评分</td><td rowspan="2">成果转化推广</td><td>效益</td><td colspan="3">A：≥1000 万元：10 分</td><td colspan="3">B：≥500 万元：8 分</td><td colspan="3">C：≥300 万元：6 分</td><td colspan="3">D：<300 万元：3 分</td><td rowspan="9">根据《说明》中相关内容计算起评分和附加分。总得分为起评分和附加分之和，总得分不超过代表性成果对应的上一级别最高分。
最高不超过 10 分。</td><td rowspan="9">10</td></tr>
<tr><td>排名</td><td colspan="12">角色系数依次为：1.0，0.8，0.7，0.6，0.5，之后排名均按 0.3 计。</td></tr>
<tr><td rowspan="2">专利</td><td>级别</td><td colspan="3">A：发明专利：8 分</td><td colspan="3"></td><td colspan="3">C：实用新型专利：4 分</td><td colspan="3">D：外观设计专利（软著登记）：2 分</td></tr>
<tr><td>排名</td><td colspan="12">角色系数依次为：1.0、0.8、0.7、0.6、0.5，之后排名均按 0.3 计。</td></tr>
<tr><td rowspan="4">获奖</td><td>级别</td><td colspan="3">A：国家级：（分）</td><td colspan="3">B：省部级：（分）</td><td colspan="3">C：市厅级：（分）</td><td colspan="3">D：县处级：（分）</td></tr>
<tr><td>档次</td><td>一</td><td>二</td><td>三</td><td>一</td><td>二</td><td>三</td><td>一</td><td>二</td><td>三</td><td>一</td><td>二</td><td>三</td></tr>
<tr><td>起评分</td><td>10</td><td>9.5</td><td>9</td><td>9</td><td>8.5</td><td>8</td><td>7.5</td><td>7</td><td>6.5</td><td>6</td><td>5.5</td><td>5</td></tr>
<tr><td>排名</td><td colspan="12">角色系数依次为：1.0、0.8、0.7、0.6、0.5，之后排名均按 0.3 计。政府颁发（国徽章）、水利部大禹科技奖、浙江省水利科技奖等在对应级别的基础上加 1.0 分。</td></tr>
<tr><td colspan="3">附加分</td><td colspan="12">剩余成果按 A、B、C、D 对应 0.6、0.5、0.4、0.3 与角色系数之积计取，角色系数：按排名依次为 1.0、0.8、0.7、0.6、0.5，之后排名均按 0.3 计。</td></tr>
</table>

<table>
<tr><td rowspan="5">3. 工作业绩（55 分）</td><td colspan="2" rowspan="2">项目等级</td><td colspan="3">国家级/Ⅰ等</td><td colspan="3">省部级/Ⅱ等</td><td colspan="3">市厅级/Ⅲ等</td><td colspan="3">县处级/Ⅳ等</td><td colspan="3">科级/Ⅴ等或Ⅴ等外</td><td rowspan="5">限选 5 项有代表性的工作项目。以单项最高得分确定项目等级基准分，其余 4 项在此基础上累计加分。
最终得分由专家综合工程投资规模、发挥经济社会效益、项目难度情况综合确定。最高不超过 55 分。</td><td rowspan="5">55</td></tr>
<tr><td>难</td><td>较难</td><td>一般</td><td>难</td><td>较难</td><td>一般</td><td>难</td><td>较难</td><td>一般</td><td>难</td><td>较难</td><td>一般</td><td>难</td><td>较难</td><td>一般</td></tr>
<tr><td rowspan="3">代表性项目起评分标准</td><td>主持</td><td>55</td><td>52.5</td><td>50</td><td>50</td><td>47.5</td><td>45</td><td>45</td><td>42.5</td><td>40</td><td>40</td><td>37.5</td><td>35</td><td>35</td><td>32.5</td><td>30</td></tr>
<tr><td>主要参加者</td><td>45</td><td>42.5</td><td>40</td><td>40</td><td>37.5</td><td>35</td><td>35</td><td>32.5</td><td>30</td><td>30</td><td>27.5</td><td>25</td><td>25</td><td>22.5</td><td>20</td></tr>
<tr><td>一般参加者</td><td>25</td><td>24</td><td>23</td><td>23</td><td>22</td><td>21</td><td>21</td><td>20</td><td>19</td><td>19</td><td>18</td><td>17</td><td>17</td><td>16</td><td>15</td></tr>
</table>

续表

<table>
<tr><th>序号</th><th colspan="2">项 目</th><th colspan="5">评 分 等 级 及 得 分</th><th>说 明</th><th>分值</th></tr>
<tr><td rowspan="3">3. 工作业绩（55 分）</td><td rowspan="3">其余 4 项项目加分标准</td><td>主持</td><td>2.5</td><td>2.25</td><td>2.0</td><td>1.75</td><td>1.5</td><td rowspan="3">限选 5 项有代表性的工作项目。以单项最高得分确定项目等级基准分，其余 4 项在此基础上累计加分。
最终得分由专家综合工程投资规模、发挥经济社会效益、项目难度情况综合确定。最高不超过 55 分。</td><td rowspan="3">55</td></tr>
<tr><td>主要参加者</td><td>2.0</td><td>1.75</td><td>1.5</td><td>1.25</td><td>1.0</td></tr>
<tr><td>一般参加者</td><td>1.5</td><td>1.25</td><td>1.0</td><td>0.75</td><td>0.5</td></tr>
</table>

附 2－2

水利工程专业高级工程师职务任职资格评审量化评分表（总分 100）（建设管理、施工管理）

<table>
<tr><th>序号</th><th>项 目</th><th colspan="5">评 分 等 级 及 得 分</th><th>说 明</th><th>分值</th></tr>
<tr><td rowspan="5">1. 经历与能力（25 分）</td><td>政治素质</td><td>国家级：3 分/项</td><td>省部级：2.5 分/项</td><td>市厅级：2.0 分/项</td><td>县处级：1.5 分/项</td><td>科级（本单位）：0.5 分/项</td><td></td><td>3</td></tr>
<tr><td>单位评价</td><td colspan="5">按照近 5 年获得单位年度考核优秀次数赋分（单位优秀比例不超过 25%的有效），1.0 分/次。</td><td></td><td>2</td></tr>
<tr><td>任职年限</td><td>>10 年：2 分</td><td>8～10 年：1.5 分</td><td>5～7 年：1.0 分</td><td colspan="2"><5 年：0 分</td><td></td><td>2</td></tr>
<tr><td>专业考试</td><td colspan="5">多次参加考试者，按近 3 年考试成绩最高分进行折算，即最高分×0.1。</td><td></td><td>10</td></tr>
<tr><td>学历学位</td><td>博士学历（学位）：3 分</td><td>硕士学历学位：2.5 分</td><td>硕士学历（学位）：1.5 分</td><td colspan="2">本科双学历（双学位）：1.0 分</td><td></td><td>3</td></tr>
</table>

续表

<table>
<tr><th>序号</th><th colspan="3">项目</th><th colspan="5">评分等级及得分</th><th>说明</th><th>分值</th></tr>
<tr><td rowspan="3">1. 经历与能力（25分）</td><td colspan="3">野外工作</td><td>>15年：3分</td><td>10～15年：2.5分</td><td>5～9年：2.0分</td><td>1～4年：1.5分</td><td><1年：0分</td><td rowspan="2">两项取其中得分高的一项量分。</td><td rowspan="2">3</td></tr>
<tr><td colspan="3">基层工作</td><td>乡村：3分</td><td>集镇：2.5分</td><td>县级城市：1.5分</td><td colspan="2">设区市以上：0分</td></tr>
<tr><td colspan="3">中评委推荐</td><td colspan="5">投票通过率×2</td><td></td><td>2</td></tr>
<tr><td rowspan="9">2. 工作成果（20分）</td><td rowspan="8">起评分</td><td rowspan="2">决策咨询</td><td>级别</td><td>A：国家级：10分</td><td>B：省部级：8分</td><td>C：市厅级：5分</td><td colspan="2">D：县处级：3分</td><td rowspan="9">根据《说明》中相关内容计算起评分和附加分。总得分为起评分和附加分之和，总得分应不超过代表性成果对应的上一级别分。最终得分由专家按照标准并综合难度、经济社会效益等情况确定。
最高不超过10分。</td><td rowspan="9">10</td></tr>
<tr><td>排名</td><td colspan="5">角色系数依次为：1.0、0.8、0.7、0.6、0.5，之后排名均按0.3计。</td></tr>
<tr><td rowspan="2">专著</td><td>级别</td><td>A：>5万字：8分</td><td>B：4万～5万字：7分</td><td>C：3万～4万字：6分</td><td colspan="2">D：<3万字：5分</td></tr>
<tr><td>排名</td><td colspan="5">角色系数依次为：1.0、0.8、0.7、0.6、0.5，之后排名均按0.3计。专著性质系数：优1.0，良0.8，一般0.5。</td></tr>
<tr><td rowspan="2">标准制定</td><td>级别</td><td>A：国家标准或行业标准：10分</td><td>B：省级地方标准或国家团标：8分</td><td>C：市级地方标准或省级团标：5分</td><td colspan="2">D：其他团体标准：3分</td></tr>
<tr><td>排名</td><td colspan="5">角色系数依次为：1.0、0.8、0.7、0.6、0.5，之后排名均按0.3计。</td></tr>
<tr><td rowspan="2">论文</td><td>级别</td><td>A：国家核心期刊：10分</td><td>B：省部级重点刊物：9分</td><td>C：一般刊物：8分</td><td colspan="2">D：论文集（技术总结）：5分</td></tr>
<tr><td>类别</td><td colspan="5">论文性质系数：专业论文1.0，工作总结0.9，介绍性文章0.8。</td></tr>
<tr><td colspan="3">附加分</td><td colspan="5">剩余成果按A、B、C、D对应0.6、0.5、0.4、0.3与角色系数之积计取，角色系数：按排名依次为1.0、0.8、0.7、0.6、0.5，之后排名均按0.3计。</td></tr>
</table>

续表

<table>
<tr><th>序号</th><th colspan="3">项　目</th><th colspan="12">评 分 等 级 及 得 分</th><th>说　明</th><th>分值</th></tr>
<tr><td rowspan="9">2. 工作成果（20分）</td><td rowspan="8">起评分</td><td rowspan="2">成果转化推广</td><td>效益</td><td colspan="3">A：≥1000万元：10分</td><td colspan="3">B：≥500万元：8分</td><td colspan="3">C：≥300万元：6分</td><td colspan="3">D：<300万元：3分</td><td rowspan="9">根据《说明》中相关内容计算起评分和附加分。总得分为起评分和附加分之和，总得分不超过代表性成果对应的上一级别最高分。
最高不超过10分。</td><td rowspan="9">10</td></tr>
<tr><td>排名</td><td colspan="12">角色系数依次为：1.0，0.8，0.7，0.6，0.5，之后排名均按0.3计。</td></tr>
<tr><td rowspan="2">专利</td><td>级别</td><td colspan="3">A：发明专利：10分</td><td colspan="3"></td><td colspan="3">C：实用新型专利：4分</td><td colspan="3">D：外观设计专利（软著登记）：2分</td></tr>
<tr><td>排名</td><td colspan="12">角色系数依次为：1.0、0.8、0.7、0.6、0.5，之后排名均按0.3计。</td></tr>
<tr><td rowspan="4">获奖</td><td>级别</td><td colspan="3">A：国家级：（分）</td><td colspan="3">B：省部级：（分）</td><td colspan="3">C：市厅级：（分）</td><td colspan="3">D：县处级：（分）</td></tr>
<tr><td>档次</td><td>一</td><td>二</td><td>三</td><td>一</td><td>二</td><td>三</td><td>一</td><td>二</td><td>三</td><td>一</td><td>二</td><td>三</td></tr>
<tr><td>起评分</td><td>10</td><td>9.5</td><td>9</td><td>9</td><td>8.5</td><td>8</td><td>7.5</td><td>7</td><td>6.5</td><td>6</td><td>5.5</td><td>5</td></tr>
<tr><td>排名</td><td colspan="12">角色系数依次为：1.0、0.8、0.7、0.6、0.5，之后排名均按0.3计。政府颁发（国徽章）、水利部大禹科技奖、浙江省水利科技奖等在对应级别的基础上加1.0分。</td></tr>
<tr><td colspan="3">附加分</td><td colspan="12">剩余成果按A、B、C、D对应0.6、0.5、0.4、0.3与角色系数之积计取，角色系数：按排名依次为1.0、0.8、0.7、0.6、0.5，之后排名均按0.3计。</td></tr>
</table>

<table>
<tr><td rowspan="5">3. 工作业绩（55分）</td><td colspan="2" rowspan="2">项目等级</td><td colspan="3">国家级/Ⅰ等</td><td colspan="3">省部级/Ⅱ等</td><td colspan="3">市厅级/Ⅲ等</td><td colspan="3">县处级/Ⅳ等</td><td colspan="3">科级/Ⅴ等或Ⅴ等外</td><td rowspan="5">限选5项有代表性的工作项目。以单项最高得分确定项目等级基准分，其余4项在此基础上累计加分。
最终得分由专家综合工程投资规模、发挥经济社会效益、项目难度情况综合确定。最高不超过55分。</td><td rowspan="5">55</td></tr>
<tr><td>难</td><td>较难</td><td>一般</td><td>难</td><td>较难</td><td>一般</td><td>难</td><td>较难</td><td>一般</td><td>难</td><td>较难</td><td>一般</td><td>难</td><td>较难</td><td>一般</td></tr>
<tr><td rowspan="3">代表性项目起评分标准</td><td>主持</td><td>55</td><td>52.5</td><td>50</td><td>50</td><td>47.5</td><td>45</td><td>45</td><td>42.5</td><td>40</td><td>40</td><td>37.5</td><td>35</td><td>35</td><td>32.5</td><td>30</td></tr>
<tr><td>主要参加者</td><td>45</td><td>42.5</td><td>40</td><td>40</td><td>37.5</td><td>35</td><td>35</td><td>32.5</td><td>30</td><td>30</td><td>27.5</td><td>25</td><td>25</td><td>22.5</td><td>20</td></tr>
<tr><td>一般参加者</td><td>25</td><td>24</td><td>23</td><td>23</td><td>22</td><td>21</td><td>21</td><td>20</td><td>19</td><td>19</td><td>18</td><td>17</td><td>17</td><td>16</td><td>15</td></tr>
</table>

续表

<table>
<tr><th>序号</th><th colspan="2">项目</th><th colspan="5">评分等级及得分</th><th>说明</th><th>分值</th></tr>
<tr><td rowspan="3">3. 工作业绩（55分）</td><td rowspan="3">其余4项项目加分标准</td><td>主持</td><td>2.5</td><td>2.25</td><td>2.0</td><td>1.75</td><td>1.5</td><td rowspan="3">限选5项有代表性的工作项目。以单项最高得分确定项目等级基准分，其余4项在此基础上累计加分。
最终得分由专家综合工程投资规模、发挥经济社会效益、项目难度情况综合确定。最高不超过55分。</td><td rowspan="3">55</td></tr>
<tr><td>主要参加者</td><td>2.0</td><td>1.75</td><td>1.5</td><td>1.25</td><td>1.0</td></tr>
<tr><td>一般参加者</td><td>1.5</td><td>1.25</td><td>1.0</td><td>0.75</td><td>0.5</td></tr>
</table>

附2-3

水利工程专业高级工程师职务任职资格评审量化评分表（总分100）（行业管理、运行管理）

<table>
<tr><th>序号</th><th>项目</th><th colspan="5">评分等级及得分</th><th>说明</th><th>分值</th></tr>
<tr><td rowspan="5">1. 经历与能力（25分）</td><td>政治素质</td><td>国家级：3分/项</td><td>省部级：2.5分/项</td><td>市厅级：2.0分/项</td><td>县处级：1.5分/项</td><td>科级（本单位）：0.5分/项</td><td></td><td>3</td></tr>
<tr><td>单位评价</td><td colspan="5">按照近5年获得单位年度考核优秀次数赋分（单位优秀比例不超过25%的有效），1.0分/次。</td><td></td><td>2</td></tr>
<tr><td>任职年限</td><td>>10年：2分</td><td>8～10年：1.5分</td><td>5～7年：1.0分</td><td colspan="2"><5年：0分</td><td></td><td>2</td></tr>
<tr><td>专业考试</td><td colspan="5">多次参加考试者，按近3年考试成绩最高分进行折算，即最高分×0.1。</td><td></td><td>10</td></tr>
<tr><td>学历学位</td><td>博士学历（学位）：3分</td><td>硕士学历学位：2.5分</td><td>硕士学历（学位）：1.5分</td><td colspan="2">本科双学历（双学位）：1.0分</td><td></td><td>3</td></tr>
</table>

续表

<table>
<tr><th>序号</th><th>项 目</th><th colspan="5">评 分 等 级 及 得 分</th><th>说 明</th><th>分值</th></tr>
<tr><td rowspan="3">1. 经历与能力（25 分）</td><td>野外工作</td><td>>15 年：3 分</td><td>10～15 年：2.5 分</td><td>5～9 年：2.0 分</td><td>1～4 年：1.5 分</td><td><1 年：0 分</td><td rowspan="2">两项取其中得分高的一项量分。</td><td rowspan="2">3</td></tr>
<tr><td>基层工作</td><td>乡村：3 分</td><td>集镇：2.5 分</td><td>县级城市：1.5 分</td><td colspan="2">设区市以上：0 分</td></tr>
<tr><td>中评委推荐</td><td colspan="5">投票通过率×2</td><td></td><td>2</td></tr>
</table>

<table>
<tr><td rowspan="9">2. 工作成果（20 分）</td><td rowspan="8">起评分</td><td rowspan="2">决策咨询</td><td>级别</td><td>A：国家级：10 分</td><td>B：省部级：8 分</td><td>C：市厅级：5 分</td><td>D：县处级：3 分</td><td rowspan="9">根据《说明》中相关内容计算起评分和附加分。总得分为起评分和附加分之和，总得分应不超过代表性成果对应的上一级别分。最终得分由专家按照标准并综合难度、经济社会效益等情况确定。
最高不超过 10 分。</td><td rowspan="9">10</td></tr>
<tr><td>排名</td><td colspan="4">角色系数依次为：1.0、0.8、0.7、0.6、0.5，之后排名均按 0.3 计。</td></tr>
<tr><td rowspan="2">专著</td><td>级别</td><td>A：>5 万字：8 分</td><td>B：4 万～5 万字：7 分</td><td>C：3 万～4 万字：6 分</td><td>D：<3 万字：5 分</td></tr>
<tr><td>排名</td><td colspan="4">角色系数依次为：1.0、0.8、0.7、0.6、0.5，之后排名均按 0.3 计。专著性质系数：优 1.0，良 0.8，一般 0.5。</td></tr>
<tr><td rowspan="2">标准制定</td><td>级别</td><td>A：国家标准或行业标准：10 分</td><td>B：省级地方标准或国家团标：8 分</td><td>C：市级地方标准或省级团标：5 分</td><td>D：其他团体标准：3 分</td></tr>
<tr><td>排名</td><td colspan="4">角色系数依次为：1.0、0.8、0.7、0.6、0.5，之后排名均按 0.3 计。</td></tr>
<tr><td rowspan="2">论文</td><td>级别</td><td>A：国家核心期刊：10 分</td><td>B：省部级重点刊物：9 分</td><td>C：一般刊物：8 分</td><td>D：论文集（技术总结）：5 分</td></tr>
<tr><td>类别</td><td colspan="4">论文性质系数：专业论文 1.0，工作总结 0.9，介绍性文章 0.8。</td></tr>
<tr><td colspan="3">附加分</td><td colspan="4">剩余成果按 A、B、C、D 对应 0.6、0.5、0.4、0.3 与角色系数之积计取，角色系数：按排名依次为 1.0、0.8、0.7、0.6、0.5，之后排名均按 0.3 计。</td></tr>
</table>

续表

<table>
<tr><th>序号</th><th colspan="3">项　目</th><th colspan="12">评　分　等　级　及　得　分</th><th>说　明</th><th>分值</th></tr>
<tr><td rowspan="9">2.
工作
成果
（20 分）</td><td rowspan="8">起评
分</td><td rowspan="2">成果
转化
推广</td><td>效益</td><td colspan="3">A：≥1000 万元：10 分</td><td colspan="3">B：≥500 万元：8 分</td><td colspan="3">C：≥300 万元：6 分</td><td colspan="3">D：＜300 万元：3 分</td><td rowspan="9">根据《说明》中相关内容计算起评分和附加分。总得分为起评分和附加分之和，总得分不超过代表性成果对应的上一级别最高分。
最高不超过 10 分。</td><td rowspan="9">10</td></tr>
<tr><td>排名</td><td colspan="12">角色系数依次为：1.0，0.8，0.7，0.6，0.5，之后排名均按 0.3 计。</td></tr>
<tr><td rowspan="2">专利</td><td>级别</td><td colspan="3">A：发明专利：10 分</td><td colspan="3"></td><td colspan="3">C：实用新型专利：4 分</td><td colspan="3">D：外观设计专利（软著登记）：2 分</td></tr>
<tr><td>排名</td><td colspan="12">角色系数依次为：1.0、0.8、0.7、0.6、0.5，之后排名均按 0.3 计。</td></tr>
<tr><td rowspan="4">获奖</td><td>级别</td><td colspan="3">A：国家级：（分）</td><td colspan="3">B：省部级：（分）</td><td colspan="3">C：市厅级：（分）</td><td colspan="3">D：县处或科级：（分）</td></tr>
<tr><td>档次</td><td>一</td><td>二</td><td>三</td><td>一</td><td>二</td><td>三</td><td>一</td><td>二</td><td>三</td><td>一</td><td>二</td><td>三</td></tr>
<tr><td>起评分</td><td>10</td><td>9.5</td><td>9</td><td>9</td><td>8.5</td><td>8</td><td>8</td><td>7.5</td><td>7</td><td>7</td><td>6.5</td><td>6</td></tr>
<tr><td>排名</td><td colspan="12">角色系数依次为：1.0、0.8、0.7、0.6、0.5，之后排名均按 0.3 计。政府颁发（国徽章）、水利部大禹科技奖、浙江省水利科技奖等在对应级别的基础上加 1.0 分。</td></tr>
<tr><td colspan="3">附加分</td><td colspan="12">剩余成果按 A、B、C、D 对应 0.6、0.5、0.4、0.3 与角色系数之积计取，角色系数：按排名依次为 1.0、0.8、0.7、0.6、0.5，之后排名均按 0.3 计。</td></tr>
<tr><td rowspan="5">3. 工作
业绩
（55 分）</td><td colspan="3" rowspan="2">项目等级</td><td colspan="3">国家级/Ⅰ等</td><td colspan="3">省部级/Ⅱ等</td><td colspan="3">市厅级/Ⅲ等</td><td colspan="3">县处级/Ⅳ等</td><td colspan="3">科级/Ⅴ等或Ⅴ等外</td><td rowspan="5">限选 5 项有代表性的工作项目。以单项最高得分确定项目等级基准分，其余 4 项在此基础上累计加分。
最终得分由专家综合工程投资规模、发挥经济社会效益、项目难度情况综合确定。最高不超过 55 分。</td><td rowspan="5">55</td></tr>
<tr><td>难</td><td>较难</td><td>一般</td><td>难</td><td>较难</td><td>一般</td><td>难</td><td>较难</td><td>一般</td><td>难</td><td>较难</td><td>一般</td><td>难</td><td>较难</td><td>一般</td></tr>
<tr><td rowspan="3">代表性项目起评分标准</td><td colspan="2">主持</td><td>55</td><td>52.5</td><td>50</td><td>50</td><td>47.5</td><td>45</td><td>45</td><td>42.5</td><td>40</td><td>40</td><td>37.5</td><td>35</td><td>35</td><td>32.5</td><td>30</td></tr>
<tr><td colspan="2">主要参加者</td><td>45</td><td>42.5</td><td>40</td><td>40</td><td>37.5</td><td>35</td><td>35</td><td>32.5</td><td>30</td><td>30</td><td>27.5</td><td>25</td><td>25</td><td>22.5</td><td>20</td></tr>
<tr><td colspan="2">一般参加者</td><td>25</td><td>24</td><td>23</td><td>23</td><td>22</td><td>21</td><td>21</td><td>20</td><td>19</td><td>19</td><td>18</td><td>17</td><td>17</td><td>16</td><td>15</td></tr>
</table>

续表

序号	项目		评分等级及得分					说明	分值
3. 工作业绩（55分）	其余4项项目加分标准	主持	2.5	2.25	2.0	1.75	1.5	限选5项有代表性的工作项目。以单项最高得分确定项目等级基准分，其余4项在此基础上累计加分。 最终得分由专家综合工程投资规模、发挥经济社会效益、项目难度情况综合确定。最高不超过55分。	55
		主要参加者	2.0	1.75	1.5	1.25	1.0		
		一般参加者	1.5	1.25	1.0	0.75	0.5		

附2-4

浙江省水利工程专业高级工程师职务任职资格评审量化评分表说明

一、总则

本指导标准由经历与能力、工作成果、工作业绩等3部分组成。满分100分，其中经历与能力25分、工作成果20分、工作业绩55分。

本指导标准制定依据为《浙江省水利工程专业高级工程师职务任职资格评价条件》。

二、经历与能力

总分25分，包括政治素质、单位评价、任职年限、专业考试、学历学位、野外工作、基层工作、中评委推荐等8部分内容，其中野外工作和基层工作合为一项按两者最高分计算，最终经历与能力得分为7部分分值累加。

（一）政治素质

1. 名词解释：指为社会作出突出贡献，获得的各类表彰（荣誉），包括优秀共产党员、劳动模范、三八红旗手、水利系统先进个人（工作者）和集体荣誉等。

2. 评分规则：每项荣誉根据《评分表》对应项进行评分。

（1）综合先进（劳模、先进工作者等）按级别计分，单项先进降低一个级别计分，颁奖者须为独立法人。

（2）抗洪抢险救灾过程中有重大立功表现，且获得政府部门书面通报表扬，按综合先进相应级别计分。

（3）除省科技厅、省建设厅审定的有关学会荣誉，如水利学会、水力发电学会、建筑业协会之外，其他群众团体、协会、学会荣誉不计分。工会、共青团表彰奖励不计分；文明员工奖励不计分。

(4) 获得本单位评比先进的，一律按科级计分。

(5) 作为“集体荣誉”贡献者，在计分时，可凭有关证明，根据申报人在其中所起作用酌情确定等级，降两个级别计。

3. 佐证材料：荣誉证书、表彰部门颁发的文件及相关支撑材料，其中集体荣誉需提供证明个人贡献的相关材料。

（二）单位评价

1. 名词解释：指用人单位对参评人员思想道德、专业素养、工作能力和成效等的综合评价，通过单位年度考核结果来判定。

2. 评分规则：按照近5年用人单位考核优秀次数赋分，1.0分/次（单位优秀比例不超过25%的有效），最高不超过2分。

3. 佐证材料：单位表彰文件、年度考核表等。

（三）任职年限

1. 名词解释：指聘任工程师专业技术职务（或获得相关职业（工种）高级技师职业资格、职业技能等级等）以来的年限。

2. 评分规则：年限按足年计算，不连续的按照累计年限计算（聘任单位与工作经历对应）。

3. 佐证材料：聘任文件或聘书（职业资格证书或职业技能等级证书）。

（四）专业考试

1. 名词解释：参加水利厅组织的全省水利工程专业高级工程师职务任职资格评价业务考试。近3年考试成绩在合格以上，方可参加评审。

2. 评分规则：按近3年考试成绩最高分×10%打分。

3. 佐证材料：考试成绩证书。

（五）学历学位

1. 名词解释：学历学位是评审对象学习能力和受教育水平的标志，主要包括博士学历或学位、硕士学历和学位、硕士学历或学位、本科双学历或双学位、本科学历或学位。

2. 评分规则：按照《评分表》打分。

3. 佐证材料：学历学位证书、教育部学历证书电子注册备案表、教育部学籍在线验证报告、教育部留学服务中心国外学历学位认证等材料。

（六）野外工作与基层工作

1. 名词解释：野外工作指在野外或施工一线从事地质、勘察、测量、施工、监理、水文观测等外业工作，且现在仍从事野外工作的（到野外（一线）出差或检查指导工作不能视作野外工作）。基层工作是指连续在县级及以下的工作单位或地点工作1年以上。

2. 评分规则：野外工作年限不连续的按分段累计计算；基层工作以评审对象单位所在地衡量，援藏、援疆期间视同乡村“基层工作”；山区26县、海岛县按上一等级计分。计分时取野外工作与基层工作两者最高分。

3. 佐证材料：工作证明、单位法人证书（营业执照）。

（七）中评委推荐

1. 名词解释：所属中级职称评审委员会（简称“中评委”）会议投票通

过率。

2. 评分规则：以投票通过率×2计算分值。

3. 佐证材料：直接系统提取。

三、决策咨询、专著、标准制定、论文

总分10分，根据评审对象提供的决策咨询、专著、标准制定、论文等4类工作成果，按照起评分加每一项剩余成果附加分计分。

（一）起评分计算

对所有决策咨询、专著、标准制定、论文等制定成果根据级别（详见《评分表》）、角色系数和性质系数进行逐项量化得分，取得分最高的作为代表性成果。当最高分有多个成果时，取上一级别分高的成果作为代表性成果。

1. 评分规则

起评分＝等级分×角色系数×性质系数

2. 角色系数

（1）A类论文的第二作者降低一个级别计分，B、C、D类论文第二作者不计分。发表在增刊论文降一个级别对待。

（2）专著、标准等制定、决策咨询作者角色系数依次为1.0、0.8、0.7、0.6、0.5，之后排名均按0.3计。

3. 性质系数

论文性质系数为专业论文1.0，工作总结0.9，介绍性文章0.8。专著性质系数：优1.0，良0.8，一般0.5。

（二）附加分计算

除代表性成果外，剩余成果根据级别（详见《评分表》）、角色系数、性质系数按加分方法逐一量化得分。

1. 评分规则

附加分＝等级分×角色系数×性质系数

2. 等级分

A类对应0.6分、B类对应0.5分、C类对应0.4分、D类对应0.3分。

3. 角色系数

（1）A类论文的第二作者降低一个级别计分，B、C、D类论文第二作者不计分。发表在增刊论文降一个级别对待。

（2）专著、标准等制定、决策咨询等角色系数依次为1.0、0.8、0.7、0.6、0.5，之后排名均按0.3计。

4. 性质系数

论文性质系数为专业论文1.0，工作总结0.9，介绍性文章0.8。专著性质系数：优1.0，良0.8，一般0.5。

（三）总分计算

总得分＝起评分＋每一项剩余成果附加分。

总得分应不超过代表性成果对应的上一级别分。若代表性成果对应的级别为A时，总得分不得超过10分。

评审专家可在该部分总分基础上，综合难度、经济社会效益等情况，作出±5%的调整。

（四）计算示例

某规划设计类申报人员任期内有以下成果：

C1：1篇核心期刊，第二作者，专业论文。

C2：1篇一般刊物，第一作者，工作总结。

C3：制定1项省级地方标准，排名第1。

C4：被杭州市政府采纳的决策咨询报告1份，排名第5。

计算过程如下：

1. 代表性成果的确定

C1：核心期刊对应级别A，第二作者降低一个级别，对应级别B为8分，论文性质系数1.0，8×1.0=8。

C2：一般刊物对应级别C为5分，论文性质系数为0.9，5×0.9=4.5。

C3：省级地方标准对应级别B为8分，角色系数为1.0，8×1.0=8。

C4：市厅级决策咨询报告对应级别C为5分，角色系数为0.5，5×0.5=2.5。

C1=C3>C2>C4。因C1和C3得分相同，C1和C3上一级别分均为10分，选择C1或C3作为代表性成果。

2. 起评分的确定

选择C3对应得分为起评分，8分。

3. 附加分的计算

C1：核心期刊对应级别A，第二作者降低一个级别，对应加分级别B为0.5分，论文性质系数1.0，0.5×1.0=0.5。

C2：一般刊物对应加分级别C为0.4分，论文性质系数为0.9，0.4×0.9=0.36。

C4：市厅级决策咨询报告对应加分级别C为0.4分，角色系数为0.5，0.4×0.5=0.2。

4. 该部分总得分计算

总得分=C3+(C1+C2+C4)=8+(0.5+0.36+0.2)=9.06。

9.06分<C3对应的上一级别分10分，故有效。

评审专家可在该部分总得分9.06分的基础上，作出±5%的调整。

（五）决策咨询

1. 名词解释：决策咨询是指评审对象的决策咨询报告被政府采纳。决策指由政府或部门布置并为其提供了涉水决策支持的工作，如政策文件草拟、调研成果报告、参阅报告、行业专项（题）工作总结（比如《浙江省农村饮用水达标提标工作总结》）等；咨询指受政府或部门委托的涉水咨询服务，如浙江省水库功能调整路径研究、水资源综合评价等。

2. 评分规则：以主要领导的肯定性批示为依据，根据应用范围或领导级别来衡量。

3. 佐证材料：主要领导批示、决策咨询报告的立项文件及审查意见、政策文件制定说明、本人排名、被采纳的关键建议等材料。

（六）专著

1. 名词解释：专著是指具备ISBN书号、CIP数据信息和CIP核字号，通过合法出版社出版的出版物。

2. 评分规则：根据专著总字数计分，具体详见《评分表》。

3. 佐证材料：专著封面、版权页（含有书号、字数的页）、目录、体现撰写内容与篇幅等材料。

（七）标准制定

1. 名词解释：指正式发布的国家标准或行业标准、省级地方标准或国家团标、市级地方标准或省级团标、其他团体标准，也包括正式发布的标准设计图集、工程定额等。

2. 评分规则：县级地方标准、正式发布的标准设计图集、工程定额均归入其他团体标准，计分方式参照《评分表》。

3. 佐证材料：能证明标准来源（委托书、合同、发布文件等）、本人排名、标准关键内容等材料。

（八）论文

1. 名词解释：正式发表的论文指具备 ISSN/CN 号，出版时间、期数，作者署名及署名单位，目录页码与论文页码等要素的学术论文。

2. 评分规则：

核心期刊是指中文核心期刊（详见北大中文核心期刊目录当年版）。列入三大检索（EI、SCI、ISTP）、外文刊物、按核心期刊对待。

“省部级重点刊物”是指省部级水利水电类公开出版的专业期刊，如《浙江水利科技》《浙江水利水电学院学报》等。

国际会议论文集认定为“一般刊物”。

发表在内刊、书评、研究通讯、未正式刊印论文、技术总结等归为论文集一档。

核心期刊类论文的通讯作者视为第一作者，核心期刊类论文的第二作者降低一个级别计分，其他类论文第二作者不计分。发表在增刊论文降一个级别对待。

国内中文学术期刊论文在中国知网、万方数据知识服务平台、维普网等数据库应能检索到，对于不能检索到且未提供编辑部出版证明和联系方式的，原则上不计分。

3. 佐证材料：期刊封面、版权页、目录、正文、检索证明。

四、成果转化推广、专利、获奖

总分 10 分，根据评审对象提供的成果转化推广、专利、获奖等 3 类工作成果，按照起评分加每一项剩余成果附加分计分。

（一）起评分计算

对所有转化推广、专利、获奖等成果根据级别（详见《评分表》）和角色系数进行逐项量化得分，取得分最高的作为代表性成果。当最高分有多个成果时，取上一级别分高的成果作为代表性成果。

1. 评分规则

起评分＝等级分×角色系数

2. 角色系数：角色系数依次为 1.0、0.8、0.7、0.6、0.5，之后排名均按 0.3 计。

（二）附加分计算

除代表性成果外，剩余成果根据级别和角色系数按加分方法逐一量化得分。

1. 评分规则

起评分＝等级分×角色系数

2. 等级分

A 类对应 0.6 分、B 类对应 0.5 分、C 类对应 0.4 分、D 类对应 0.3 分。

3. 角色系数

角色系数依次为 1.0、0.8、0.7、0.6、0.5，之后排名均按 0.3 计。

（三）总分计算

总得分＝起评分＋每一项剩余成果附加分。

总得分应不超过代表性成果对应的上一级别最高分。若代表性成果对应的级别为 A 时，总得分不超过 10 分。

评审专家可在该部分总分基础上，

综合难度、经济社会效益等情况，作出±5%的调整。

（四）计算示例

该部分总得分计算思路可参照决策咨询、专著、标准制定、论文部分。

（五）成果转化推广

1. 名词解释：指技术创新成果（经科技行政主管部门登记）转移转化所取得的效益。

2. 评分规则：以签订的成果转化合同中明确的成果使用、转让费或成果作价投资额来衡量。

3. 佐证材料：科技成果转化的以能证明成果归属（成果登记证书、专利证书等）、本人排名、经济效益（转让合同、成果作价协议）等材料。

（六）专利

1. 名词解释：指获得授权的发明专利、新型实用专利、外观设计专利、软著登记。

2. 评分规则：按照《评分表》计分。

3. 佐证材料：能证明成果归属（证书、授权通知书等）、本人排名等材料。

（七）获奖

1. 名词解释：指政府或社会力量组织对科技成果作出积极肯定的评价，应具备成果名称、贡献者、评价组织者及成果等级层次等要素。如：政府组织的科学技术奖、自然科学奖、技术发明奖和科学技术进步奖等；社会力量组织的大禹奖、浙江省水利科技奖、优秀设计成果奖等。经国家政府部门批准的社会力量的技术奖励，须提供设奖单位被授权批准设立科技奖项文件或科技部门注册审批的文件。

2. 评分规则：政府颁发（国徽章）、水利部大禹科技奖、浙江省水利科技奖等在对应级别的基础上加 1.0 分。集体的科技成果奖项只计算列入获奖证书或获奖文件中的明确的个人。本单位颁发的技术奖励不计分。

3. 佐证材料：能证明奖项来源（重点为社会奖项设立文件或目录）、奖项名称、获奖等别、本人排名等材料，仅仅提供二级证书的不予认可。

五、工作业绩

总分 55 分，根据评审对象提供的科研项目（基金）和工程技术项目按照起评分加其余 4 项项目加分合计得分。科研项目（基金）和工程技术项目合计不超过 5 项。

（一）代表性项目

确定评审对象提供的 5 项工作业绩的等级、难度和角色，根据《评分表》逐一量化得分，取得分最高的作为代表性项目。当最高分有多个业绩项目时，取上一等级最高分高的业绩项目作为代表性项目。

1. 项目等级的界定

（1）科研类项目等级根据立项单位的行政级别界定，水利部、浙江省水利厅下达的水利科技项目上升一个等级。

（2）工程类项目等级按照如下优先次序界定：①政府批文明确的工程规模；②依据相关规范规定的等（级）别；③工作成果适用的行政区域范围；④批准、立项的主管部门级别。

（3）其他项目根据服务对象行政级别、覆盖面、影响力等综合考虑确定。如浙里“九龙联动治水”平台、浙江省

“十四五”水文化建设规划等可认定为省部级项目。

(4) 如申报提交的业绩为子项目、子课题、子工程降低一个等级计分。占建安总投资40%以上(含)的主体标段,不降低等级;占建安总投资40%以下的标段认定为子工程。

(5) 工程投资规模、产生经济社会效益等明显与第(2)项界定的同等级项目不符的,评审专家可决定提高(降低)一个或几个等级计分。

2. 难度的界定

由评委根据对应项目的技术综合性、专业深度、创新性、成果影响度等因素进行相应把握。

3. 角色的界定

(1) 主持:是指担任规划、项目、课题、工程负责人、技术负责人(各1名)。

(2) 主要参加者:是指规划、项目、课题、工程排名2~3位者、专项(专业、专题)负责人,或项目、课题、工程的次级子项目、子课题、子工程的负责人、技术负责人。

(3) 一般参加者:是指承担项目具体实施工作,独立处理各种常见技术问题的专业人员,即前述两项之外的人员。

(4) 项目角色应提供业绩报告扉页、任命文件、中标通知书等能够证明自身角色的材料。如评审专家根据评审材料对角色身份仍有异议,可由评审小组组长召集评审专家集体讨论决定(在中评委推荐会议时)。

(二) 其余4项项目

除代表性项目外,其余4项项目根据项目等级、难度、角色对照加分标准查阅《评分表》逐一量化得分。

(三) 总分计算

总得分=起评分+每一项剩余业绩项目附加分。

1. 若代表性项目中角色为主持(即担任项目负责人或技术负责人)的,总得分不超过代表性项目对应的上两级项目等级的最高分;若代表性项目中角色为主要参加者或一般参加者的,总得分不超过代表性项目对应的上一级项目等级的最高分。总得分不超过55分。

2. 评审专家可在该部分总分基础上,综合难度、经济社会效益等情况,作出±5%的调整。

(四) 工程技术项目

包括规划、咨询、决策、工程建设和工程运行项目。

1. 名词解释

(1) 规划指列入政府或部门安排的涉水规划,如水利发展规划、水资源利用规划等。

(2) 咨询指受政府或部门委托的涉水咨询服务,如浙江省水库功能调整路径研究、水资源综合评价等。

(3) 决策指由政府或部门布置并为其提供了涉水决策支持的工作,如政策文件草拟、调研成果报告、参阅报告、行业专项(题)工作总结(比如《浙江省农村饮用水达标提标工作总结》)等。

(4) 工程建设指针对具体工程项目建设各阶段的工作业绩,主要包括项目业主的建设管理,咨询设计单位的建设项目咨询、各阶段勘测设计,施工单位的施工及施工管理,以及与工程项目直接相关的专题研究、专项论证、监理、质监等工作。

(5) 工程运行指针对工程具体项目运行的技术工作业绩，如管理标准化创建、水资源调度、防洪调度、河道管理、水文化建设等。

2. 佐证材料

能证明项目来源（委托书、合同、文件）、起止年限、本人排名、关键工作内容和发布/批准文件（或验收文件、审查意见、采纳意见）等材料。

附件 3

浙江省水利工程专业工程师职务任职资格评价条件

第一章 总 则

第一条 为贯彻落实习近平总书记关于人才工作的重要指示批示精神，客观公正评价水利工程专业技术人员的能力和水平，促进水利工程技术资格评价工作的制度化、规范化和科学化，根据国家有关职称制度改革精神和《关于深化职称制度改革的实施意见》（浙委办发〔2018〕4 号）、《关于推进工程领域职称社会化评价改革的意见》（浙人社发〔2018〕128 号）、《浙江省职称评审管理实施办法（试行）》（浙人社发〔2020〕47 号）等文件要求，结合水利行业特点和工作实际，制定本评价条件。

第二条 本评价条件主要适用于我省从事规划设计、技术开发、建设管理、施工管理、运行管理、行业管理工作的在职在岗专业技术人员，申报评审水利工程专业工程师职务任职资格。

（一）规划设计：主要从事水利规划、勘测、设计咨询、环境评价等工作的专业技术人员。

（二）技术开发：主要从事水利工程技术服务、试验测试、应用开发、信息化等工作的专业技术人员。

（三）建设管理：主要从事水利工程项目管理、代建（咨询）、监理、质量与安全监督、工程概预算、招标代理等工作的专业技术人员。

（四）施工管理：主要从事水利工程施工、维修、设备安装等工作的专业技术人员。

（五）运行管理：主要从事水利工程运行管理等工作的专业技术人员。

（六）行业管理：主要从事水利防汛防台、水文水资源、河湖管理、农村水利、水土保持、水利法规等工作的专业技术人员。

第三条 按照本评价条件评审通过并获得水利工程专业工程师职务任职资格证书，表明持证人具有相应的专业技术水平和能力，是聘任水利工程专业工程师职务的重要依据。

第二章 申报条件

第四条 基本条件

（一）思想道德。申报人员应遵纪守法，具有良好的政治素质、职业道德、学术修养和敬业精神，热爱本职工作，履行岗位职责，能够坚持正常工作，为水利事业发展服务。

（二）继续教育。申报人员应按要求参加继续教育，并达到专业技术人员继续教育相应学时规定。与所评职称专业相关的技能培训、技能人员继续教育学时，视同专业技术人员继续教育学时。

（三）年度考核。申报人员近 4 年年度考核均为合格（或称职）以上。高技能人才应在现工作岗位上近 3 年年度考核合格（或称职）以上。

（四）评聘结合。事业单位申报人员应符合专业技术职务评聘结合要求。

第五条 资历条件

（一）具有本专业或相关专业大学专科及以上学历，取得助理工程师职务任职资格后，实际聘任水利工程专业助理工程师 4 年以上。

（二）具有本专业或相关专业硕士学位或第二学士学位，取得助理工程师职务任职资格后，实际聘任水利工程专业助理工程师工作 2 年以上。

（三）不具备前项规定的学历和资历，但按本评价条件量化评分标准，自评分达到规定分值经两名水利高级工程师实名推荐的。

（四）获得相关职业（工种）技师职业资格或职业技能等级，从事技术技能工作满 3 年。

（五）符合《关于推进工程领域职称社会化评价改革的意见》（浙人社发〔2018〕128 号）相关条件的工程技术人才。

（六）原聘任非水利工程专业中级技术职务，因专业技术岗位变动，实际从事水利工程专业技术工作 1 年以上，可申报转评。

第六条 在生产一线工程技术岗位从事技能工作，具有绝招、绝技、绝活的世界技能大赛优胜奖获得者、省技术能手、省级技能大师工作室领办人、浙江工匠、省“百千万”高技能领军人才培养工程中入选的“拔尖技能人才”，不受资历条件限制，经两名本专业或相近专业高级专家推荐，可直接提交水利工程专业工程师职务任职资格评审委员会评审。

第三章 评审条件

第七条 专业理论水平

掌握本专业的基础理论知识和专业理论知识，了解本专业新技术、新标准、新规范、新工艺、新设备、新材料的现状和发展趋势。

第八条 工作经历与能力

（一）具有主持、主要参与或参与县处级以上科研项目，小型以上工程建设项目的规划设计、技术开发、建设管理、施工管理、运行管理、行业管理等工作经历。

（二）具有运用本专业的专业理论知识、技术标准、规范和规程，协调处理相关专业技术工作的能力。

（三）具有指导本专业助理工程师工作、学习的经历和能力。

第九条 工作业绩

任现专业技术职务期间，取得下列工作业绩之一：

（一）主持完成 1 项或主要参加 2 项县处级以上科技项目，项目结题通过验收。

（二）参与 1 项县处级以上的发展规划、综合规划或专项规划。

（三）参与 2 项小型以上工程建设项目的勘测设计、施工管理、建设监理、质量监督、项目管理等专业技术工作。

（四）参与2项水利工程运行与管理的技术报告、专题报告并被采纳运用；参与1项县处级以上政策文件和调研报告。

第十条 工作成果

任现专业技术职务期间，取得下列工作成果之一：

（一）县处级以上科技奖项的获得者；市厅级以上工程类、咨询类成果奖项的获得者。

（二）参加水利工程技术方面国家专利或软件著作权1项，或转让专利1项。

（三）参加编制技术标准、标准设计图集、工法、造价定额等1项，并经批准实施。

（四）参加开发或推广应用新技术、新工艺、新方法、新材料等2项，取得一定成效。

（五）正式出版本专业或相关专业有价值的学术技术著作或译著1部以上；正式发表论文1篇。

第四章 附 则

第十一条 建立水利工程专业工程师职务任职资格量化评分标准，量化评分标准和自评分规定分值根据行业发展情况进行适时调整完善。

第十二条 本评价条件中涉及的工作能力、工作业绩和工作成果等均与申报专业相关联，并且为聘任初级专业技术职务期间或近4年取得，同时提供相应的佐证材料。“佐证材料”是指能提供本人在所完成的业绩成果中地位、作用、项目完成情况、获奖情况的书面证明材料。

第十三条 满足第五条（四）的高技能人才的工作业绩和工作成果等均与申报专业相关联，并且为获得技师职业资格或职业技能等级后取得的；满足第六条的杰出技能人才为近3年内取得的。

第十四条 本评价条件中有关词（语）或概念的特定解释：

（一）本专业或相近专业应结合实际从事的水利工程岗位理解，如水利水电工程、水文与水资源工程、水力学及河流动力学、港口航道与海岸工程、船舶与海洋工程、土木工程、农业水利工程、水土保持与荒漠化防治、工程力学、交通工程、勘查技术与工程、机械设计制造及其自动化、给水排水科学与工程、能源与动力工程、电气工程及其自动化、计算机科学与技术、地质工程、测绘工程、环境科学与工程、建筑学、城乡规划、风景园林等。结合水利行业发展需要，参照高等院校专业目录动态调整。

（二）“主持或主要参加者”是指担任规划、项目、课题、工程排名前3位者，“重要参加者”是指规划、项目、课题、工程排名4～5位者，“一般参加者”是指承担项目具体实施工作，独立处理各种常见技术问题的专业人员，即前述两项之外的人员。“获奖者”是指获奖项目、课题各等级内额定获奖人员（获奖证书中有名字的人员），“主要获奖者”是指排名前5位的获奖者。

（三）著作是指“著”“编著”的水利行业相关技术成果，由专业出版社、大学出版社或省级以上出版社出版的作品；译著应是行业需要、经原作者同意、出版社出版的作品。

（四）凡冠有“以上”的，均含本级或本数量。

（五）“年”均为周年。

第十五条 申报人员所学专业与从事工作专业原则上须一致或相近，否则视为不具备规定学历，但已取得所从事专业国家注册类资格证书的除外。不一致或不相近的可通过连续一年以上本专业脱产继续教育学习，取得相应证书或证明后，将其最高学历（学位）认定为本专业或相近专业。

申报人员有多个学历（学位）的，如有与申报专业一致或相近的学历（学位），可按其最高学历（学位）认定为本专业或相近专业。

第十六条 申报人员有下列情形之一的，取消其评审资格（已通过评审的人员，取消其职务任职资格，由发证机关收回其任职资格证书），并从评审次年起3年内不得再申报相应职务任职资格评审：

（一）伪造、变造证件、证明等申报材料的。

（二）提交虚假申报材料的。

（三）有违纪违法行为，仍在处理、处罚、处分阶段或任现职期间曾有严重违法违纪行为，在申报材料中未有反映的。

（四）有其他弄虚作假、徇私舞弊行为的。

第十七条 本评价条件由浙江省水利厅、浙江省人力资源和社会保障厅按职责分工负责解释。

第十八条 本评价条件自2023年10月10日起施行。《浙江省水利工程专业工程师、高级工程师职务任职资格评价条件》（浙水人〔2018〕33号）废止。

附3－1

浙江省水利工程专业工程师职务任职资格评审量化评分表（总分100）

<table>
<tr><th>序号</th><th>项　目</th><th colspan="6">评　分　等　级　及　得　分</th><th>说　明</th><th>分值</th></tr>
<tr><td rowspan="6">1. 经历与能力（20分）</td><td>政治素质</td><td colspan="2">市厅级及以上：3分</td><td colspan="2">县处级：2分</td><td colspan="2">科局级（本单位）：1分</td><td>得分按最高级别计分，不累计。</td><td>3</td></tr>
<tr><td>单位评价</td><td colspan="6">按照近5年获得单位年度考核优秀次数赋分（单位优秀比例不超过25%的有效），1.0分/次。</td><td>多项累计最高不超过2分。</td><td>2</td></tr>
<tr><td>工作年限</td><td colspan="2">>10年：5分</td><td colspan="2">8～10年：4分</td><td colspan="2">5～7年：3分</td><td></td><td>5</td></tr>
<tr><td>学历学位</td><td colspan="3">本科（含大普）及以上：5分</td><td colspan="3">大专（含专业证书）：3分</td><td></td><td>5</td></tr>
<tr><td>野外工作</td><td colspan="2">>10年：5分</td><td colspan="2">6～10年：4分</td><td colspan="2">1～5年：3分</td><td rowspan="2">两项取其中得分高的一项计分。</td><td rowspan="2">5</td></tr>
<tr><td>基层工作</td><td>乡村：5分</td><td colspan="2">集镇：4分</td><td colspan="2">县级城市：3分</td><td>设区市以上：0分</td></tr>
</table>

续表

<table>
<tr><th>序号</th><th colspan="2">项 目</th><th colspan="13">评 分 等 级 及 得 分</th><th>说 明</th><th>分值</th></tr>
<tr><td rowspan="13">2. 工作成果（30 分）</td><td rowspan="8">起评分</td><td rowspan="2">决策咨询</td><td>级别</td><td colspan="4">A：省部级及以上：15 分</td><td colspan="4">B：市厅级：13 分</td><td colspan="4">C：县处级：10 分</td><td rowspan="9">根据《说明》中“量化说明”计算起评分和附加分。总得分为起评分和附加分之和，总得分应不超过代表性成果对应的上一级别分。最终得分由专家按照标准并综合难度、经济社会效益等情况确定。
最高不超过 15 分。</td><td rowspan="9">15</td></tr>
<tr><td>排名</td><td colspan="12">角色系数依次为：第一名为 1.0，第二至第五名均为 0.8，之后排名按 0.7 计。</td></tr>
<tr><td rowspan="2">专著</td><td>级别</td><td colspan="3">A：>5 万字：15 分</td><td colspan="3">B：4 万～5 万字：13 分</td><td colspan="3">C：3 万～4 万字：10 分</td><td colspan="3">D：<3 万字：6 分</td></tr>
<tr><td>排名</td><td colspan="12">角色系数依次为：第一名为 1.0，第二至第五名均为 0.8，之后排名按 0.7 计。</td></tr>
<tr><td rowspan="2">标准等制定</td><td>级别</td><td colspan="6">A：省级地方标准及以上：15 分</td><td colspan="6">B：一般标准性文件：10 分</td></tr>
<tr><td>排名</td><td colspan="12">角色系数依次为：第一名为 1.0，第二至第五名均为 0.8，之后排名按 0.7 计。</td></tr>
<tr><td rowspan="2">论文</td><td>级别</td><td colspan="3">A：省部级重点刊物及以上：15 分</td><td colspan="3">B：一般刊物：10 分</td><td colspan="3">C：论文集：8 分</td><td colspan="3">D：内部交流（技术总结）：5 分</td></tr>
<tr><td>排名</td><td colspan="12">第一作者（通讯作者）1.0，第二作者 0.7，第三作者 0.5，其他不计分。</td></tr>
<tr><td colspan="2">附加分</td><td colspan="13">剩余成果根据级别、角色系数按加分方法逐一量化得分。</td></tr>
<tr><td rowspan="4">起评分</td><td rowspan="2">成果转化推广</td><td>级别</td><td colspan="3">A：效益≥500 万元：15 分</td><td colspan="3">B：效益≥300 万元：13 分</td><td colspan="3">C：效益≥100 万元：10 分</td><td colspan="3">D：效益<100 万元：6 分</td><td rowspan="4">根据《说明》中“量化说明”计算起评分和附加分。总得分为起评分和附加分之和，总得分不超过代表性成果对应的上一级别最高分。
最高不超过 15 分。</td><td rowspan="4">15</td></tr>
<tr><td>排名</td><td colspan="12">角色系数依次为：第一名为 1.0，第二至第五名均为 0.8，之后排名按 0.7 计。</td></tr>
<tr><td rowspan="2">专利</td><td>级别</td><td colspan="4">A：发明专利：15 分</td><td colspan="4">B：实用新型专利：10 分</td><td colspan="4">C：外观设计专利（软著登记）：5 分</td></tr>
<tr><td>排名</td><td colspan="12">角色系数依次为：第一名为 1.0，第二至第五名均为 0.8，之后排名按 0.7 计。</td></tr>
</table>

续表

<table>
<tr><th>序号</th><th colspan="2">项 目</th><th colspan="8">评 分 等 级 及 得 分</th><th>说 明</th><th>分值</th></tr>
<tr><td rowspan="3">2. 工作成果（30 分）</td><td rowspan="2">起评分</td><td rowspan="2">获奖</td><td>级别</td><td colspan="2">A：省部级及以上：15 分</td><td colspan="2">B：市厅级：10 分</td><td colspan="2">C：县处级：6 分</td><td>D：科级：3 分</td><td rowspan="3">根据《说明》中“量化说明”计算起评分和附加分。总得分为起评分和附加分之和，总得分不超过代表性成果对应的上一级别最高分。
最高不超过 15 分。</td><td rowspan="3">15</td></tr>
<tr><td>排名</td><td colspan="7">角色系数依次为：第一名为 1.0，第二至第五名均为 0.8，之后排名按 0.7 计。</td></tr>
<tr><td colspan="2">附加分</td><td colspan="8">剩余成果根据级别和角色系数按加分方法逐一量化得分。</td></tr>
<tr><td rowspan="8">3. 工作业绩（50 分）</td><td colspan="2" rowspan="2">项目等级</td><td colspan="2">省部级/Ⅱ等以上</td><td colspan="2">市厅级/Ⅲ等</td><td colspan="2">县处级/Ⅳ等</td><td colspan="2">科级/Ⅴ等或等外</td><td rowspan="8">限选 5 项有代表性的工作项目。
根据《说明》中“量化说明”计算起评分和附加分，总得分为起评分和附加分之和。
最终得分由专家综合工程投资规模、发挥经济社会效益、项目难度情况综合确定。
多项累计最高不超过 50 分。
主持或主要参加者（排名前 3 位者）、重要参加者（排名 4～5）和一般参与者。</td><td rowspan="8">50</td></tr>
<tr><td>难</td><td>一般</td><td>难</td><td>一般</td><td>难</td><td>一般</td><td>难</td><td>一般</td></tr>
<tr><td rowspan="3">代表性项目起评分标准</td><td>主持或主要参加者</td><td>50</td><td>45</td><td>45</td><td>40</td><td>40</td><td>35</td><td>35</td><td>30</td></tr>
<tr><td>重要参加者</td><td>45</td><td>40</td><td>40</td><td>35</td><td>35</td><td>30</td><td>30</td><td>25</td></tr>
<tr><td>一般参加者</td><td>40</td><td>35</td><td>35</td><td>30</td><td>30</td><td>25</td><td>25</td><td>20</td></tr>
<tr><td rowspan="3">其余 4 项项目加分标准</td><td>主持或主要参加者</td><td colspan="2">2.5</td><td colspan="2">2.25</td><td colspan="2">2.0</td><td colspan="2">1.75</td></tr>
<tr><td>重要参加者</td><td colspan="2">2.25</td><td colspan="2">2.0</td><td colspan="2">1.75</td><td colspan="2">1.5</td></tr>
<tr><td>一般参加者</td><td colspan="2">2.0</td><td colspan="2">1.75</td><td colspan="2">1.5</td><td colspan="2">1.25</td></tr>
</table>

附 3-2

浙江省水利工程专业工程师职务任职资格评审量化评分表说明

一、总则

评分表由经历与能力、工作成果、工作业绩等 3 部分组成。满分 100 分，其中经历与能力 20 分、工作成果 30 分、工作业绩 50 分。

评分表制定依据为《浙江省水利工程专业工程师职务任职资格评价条件》。

二、经历与能力

总分 20 分，包括政治素质、单位评价、工作年限、学历学位、野外工作与基层工作等 5 部分内容，计分方法为 5 项分值累加。

（一）政治素质

1. 名词解释：指为社会作出突出贡献，获得的各类表彰（荣誉），包括优秀共产党员、劳动模范、三八红旗手、水利系统先进个人（工作者）和集体荣誉等。

2. 评分规则：每项荣誉根据《评分表》对应项进行评分。

（1）综合先进（劳模、先进工作者等）按级别计分，单项先进降低一个级别计分，颁奖者须为独立法人。

（2）抗洪抢险救灾过程中有重大立功表现，且获得政府部门书面通报表扬，按综合先进相应级别计分。

（3）除省科技厅、省建设厅审定的有关学会荣誉，如水利学会、水力发电学会、建筑业协会之外，其他群众团体、协会、学会荣誉不计分。工会、共青团表彰奖励不计分；文明员工奖励不计分。

（4）获得本单位评比先进的，一律按科级计分。

（5）作为“集体荣誉”贡献者，在计分时，可凭有关证明，根据申报人在其中所起作用酌情确定等级，降两个级别计。

3. 佐证材料：荣誉证书、表彰部门颁发的文件及相关支撑材料，其中集体荣誉需提供证明个人贡献的相关材料。

（二）单位评价

1. 名词解释：指用人单位对参评人员思想道德、专业素养、工作能力和成效等的综合评价，通过单位年度考核结果来判定。

2. 评分规则：按照近 5 年用人单位考核优秀次数赋分，1.0 分/次（单位优秀比例不超过 25%的有效），最高不超过 2 分。

3. 佐证材料：单位表彰文件、年度考核表等。

（三）工作年限

1. 名词解释：指参加工作以来的年限。

2. 评分规则：年限按足年计算，不连续的按累计年限计算。

3. 佐证材料：社保（本省内申报人员无须再提供社保缴纳证明，由系统自动获取人力社保部门相关数据。如在外省缴纳社保的申报人员，需由个人提供省外缴纳社保的相关证明）或单位证明。

（四）学历学位

1. 名词解释：学历学位是评审对象学习能力和受教育水平的标志，主要包括本科（含大学普通教育学历）及以上、大专（含专业证书）。

2. 评分规则：按照《评分表》打分。

3. 佐证材料：学历学位证书、教育部学历证书电子注册备案表、教育部学籍在线验证报告、教育部留学服务中心国外学历学位认证等材料。

（五）野外工作与基层工作

1. 名词解释：野外工作指在野外或施工一线从事地质、勘察、测量、施工、监理、水文观测等外业工作，且现在仍从事野外工作的（到野外（一线）出差或检查指导工作不能视作野外工作）。基层工作是指连续在位于县级及以下的工作单位或地点工作 1 年以上。

2. 评分规则：野外工作年限不连续的按分段累计计算；基层工作以评审对象单位所在地衡量，援藏、援疆期间视同乡村“基层工作”；山区 26 县、海岛县按上一等级计分。计分时取野外工作与基层工作两者最高分。

3. 佐证材料：工作证明、单位法人证书（营业执照）。

三、工作成果

总分 30 分，包括决策咨询、专著、标准等制定、论文以及成果转化推广、专利、获奖等 2 大部分、7 项内容，计分方法为各项分值累加。

（一）决策咨询、专著、标准等制定、论文

标准解释

1. 决策咨询。被政府采纳的决策咨询报告，其被采纳的证明材料包括领导批示、决策咨询报告的立项文件及审查意见、政策文件制定说明等。

2. 专著。指具备 ISBN 书号、CIP 数据信息和 CIP 核字号，通过合法出版社出版的出版物。

3. 标准等制定。正式发布的标准（标准设计图集、工程定额等）等。立项或者已经评审通过但还未正式发布的不予采纳。

4. 论文。

（1）刊登在公开发行刊物上的论文、取得正式刊号的专著。论文、专著获奖不单独作为评审项，由评委在对论文专著水平的评判中予以体现。

（2）“省部级重点刊物”是指省部级水利水电类公开出版的专业期刊，如《浙江水利科技》《浙江水利水电学院学报》等。

（3）国际会议论文集认定为“一般刊物”。

（4）发表在内刊、书评、研究通讯等归为论文集一档；未正式刊印论文、技术总结等归为内部交流一档。

（5）国内中文学术期刊论文在中国知网、万方数据知识服务平台、维普网等数据库应能检索到，对于不能检索到且未提供编辑部出版证明和联系方式的，原则上不计分。

量化说明

1. 代表性成果的确认。对所有论文、专著、标准等制定、决策咨询成果根据级别（详见《评分表》）、角色系数进行逐项量化得分，取得分最高的作为代表性成果。当最高分有多个成果时，取上一级别分高的成果作为代表性成果。

角色系数：论文第一作者（通讯作者）1.0，第二作者 0.7，第三作者 0.5，其他不计分。专著、标准等制定、决策咨询作者角色系数为：第一名为 1.0，第二至第五名均为 0.8，之后排名按 0.7 计。

2. 起评分的确定。代表性成果对应得分即为该部分起评分。

3. 附加分计算。除代表性成果外，剩余成果根据级别（见《评分表》）、角色系数按加分方法逐一量化得分。

加分方法：A 类对应 1 分、B 类对应 0.8 分、C 类对应 0.6 分、D 类对应 0.4 分。

角色系数：发表在增刊论文降一个级别对待，论文第一作者 1.0，第二至第五名均为 0.8，之后排名按 0.7 计。专著、标准等制定、决策咨询作者角色系数为：第一名为 1.0，第二至第五名均为 0.8，之后排名按 0.7 计。

4. 该部分总得分计算。

(1) 总得分＝起评分＋每一项剩余成果附加分。

(2) 总得分应不超过代表性成果对应的上一级别分。总得分不得超过 15 分。

(3) 评审专家可在该部分总分基础上，综合难度、经济社会效益等情况，对该部分总分作出±10%的调整。

佐证材料

1. 决策咨询。主要领导批示、决策咨询报告的立项文件及审查意见、政策文件制定说明、本人排名、被采纳的关键建议等材料。

2. 专著。封面、版权页（含有书号、字数的页）、目录、体现撰写内容与篇幅等材料。

3. 标准等制定。能证明标准来源（委托书、合同、发布文件等）、本人排名、标准关键内容等材料。

4. 论文。期刊封面、版权页、目录、正文、检索证明。

（二）成果转化推广、专利、获奖

标准解释

1. 成果是指经科技行政主管部门登记的成果；成果转化推广是指成果转移转化所取得的效益，使用转让、作价入股、自行转化等需要有一定数量的经济效益。经济效益以签订的成果转化合同中明确的成果使用、转让费或成果作价投资额来衡量。

2. 专利。指获得授权的发明专利、新型实用专利、外观设计专利、软著登记。

3. 获奖。指在工程或科研技术方面项目的获奖，其他方面的奖项（如论文、荣誉等）不在本项计分。

量化说明及计算程序

1. 代表性成果的确认。对所有成果转化推广、获奖、专利等成果根据级别（详见《评分表》）和角色系数进行逐项量化得分，取得分最高的作为代表性成果。当最高分有多个成果时，取上一级别分高的成果作为代表性成果。

角色系数依次为：第二至第五名均为 0.8，之后排名按 0.7 计。

2. 起评分的确定。代表性成果对应得分即为该部分起评分。

3. 附加分计算。除代表性成果外，剩余成果根据级别（详见《评分表》）和角色系数按加分方法逐一量化得分。

加分方法：A 类对应 1 分、B 类对应 0.8 分、C 类对应 0.6 分、D 类对应 0.4 分。

角色系数依次为：第二至第五名均

为 0.8，之后排名按 0.7 计。

4. 该部分总得分计算。

(1) 总得分＝起评分＋每一项剩余成果附加分。

(2) 总得分应不超过代表性成果对应的上一级别最高分。若代表性成果对应的级别为 A 时，总得分不超过 15 分。

5. 该部分总得分计算示例可参照决策咨询、标准等制定、论文、专著。

6. 同一项目获得多个奖项，不重复累计，取最高奖项计分。

7. 综合性奖项（如自然科学奖、星火奖、发明奖、科学技术奖等）直接对照标准计分。非综合性的单项奖项（如优质工程奖、优秀设计奖、优秀勘察奖、优秀工程咨询奖、优秀质量管理奖、科技推广奖等）降低一个级别对待。

佐证材料

1. 成果转化推广。科技成果转化的以能证明成果归属（成果登记证书、专利证书等）、本人排名、经济效益（转让合同、成果作价协议）等材料。

2. 专利。能证明成果归属（证书、授权通知书等）、本人排名等材料。

3. 获奖。能证明奖项来源（重点为社会奖项设立文件或目录）、奖项名称、获奖等别、本人排名等材料，仅仅提供二级证书的不予认可。

获奖等佐证材料除提供证书外，还需附相应文件。

四、工作业绩

总分 50 分。

(一) 标准解释

1. 业绩必须已经完工或结题验收。

2. 项目等级的界定。

(1) 科研类项目等级根据立项单位的行政级别界定，水利部、浙江省水利厅下达的水利科技项目上升一个等级。

(2) 工程类项目等级按照如下优先次序界定：①政府批文明确的工程规模；②依据相关规范规定的等（级）别；③工作成果适用的行政区域范围；④批准、立项的主管部门级别。

(3) 其他项目根据服务对象行政级别、覆盖面、影响力等综合考虑确定。如浙里“九龙联动治水”平台、浙江省“十四五”水文化建设规划等可认定为省部级项目。

(4) 如申报提交的业绩为子项目、子课题、子工程降低一个等级计分。占建安总投资 40%以上（含）的主体标段，不降低等级；占建安总投资 40%以下的标段认定为子工程。

(5) 工程投资规模、产生经济社会效益等明显与第 (4) 项界定的同等级项目不符的，评审专家可决定提高（降低）一个或几个等级计分。

(6) 应提供能证明项目等级的佐证材料，如批复或立项、委托书、合同书、计划下达文件等，不能提供有效证明的业绩条目，按最低等级的最低档次计分。

3. 角色的界定。“主持或主要参加者”是指担任规划、项目、课题、工程排名前 3 位者，“重要参加者”是指规划、项目、课题、工程排名 4～5 位者，一般参加者是指承担项目具体实施工作，独立处理各种常见技术问题的专业人员，即前述两项之外的人员。项目角色应提供业绩报告扉页、任命文件、中标通知书等能够证明自身角色的材料。

如评审专家根据评审材料对角色身份仍有异议，可由评审小组组长召集评审专家集体讨论决定（在中评委推荐会议时）。

4. 难度的判定。由评委根据对应项目的技术综合性、专业深度、创新性、成果影响度等因素进行相应把握。

（二）量化说明

1. 限定申报5个专业业绩项目。

2. 分别确认每项专业业绩项目等级。

3. 代表性项目的确认。对所有专业业绩根据项目等级、难度、角色进行逐项量化得分，取得分最高的作为代表性项目。当最高分有多个业绩项目时，取上一等级最高分高的业绩项目作为代表性项目。

4. 起评分的确定。代表性项目对应的得分即为专业业绩部分的起评分。

5. 附加分计算。除代表性项目外，剩余业绩项目根据项目等级、难度、角色对照加分标准查阅《评分表》逐一量化得分。

6. 该部分总得分计算。

（1）总得分＝起评分＋每一项剩余业绩项目附加分。

（2）若代表性项目中角色为主持（即担任项目负责人或技术负责人）的，总得分不超过代表性项目对应的上两级项目等级的最高分；若代表性项目中角色为主要参加者或一般参加者的，总得分不超过代表性项目对应的上一级项目等级的最高分。总得分不超过50分。

（3）评审专家可在该部分总分基础上，综合项目难度、经济社会效益等情况，对该部分总分作出±10%的调整。

7. 该部分总得分计算思路可参照论文、专著、标准、咨询部分。

五、其他说明

1. 以上所有论文、专著、标准、咨询、获奖、专利、成果转化推广、专业业绩等成果均为任现职以来取得。

2. 申报人最终得分为上述每项总得分之和。

3.《评分表》与本解释说明均为专家根据有关政策及标准集体研究决定，专业组评审时，以评审专家量化评审分数为准。

4. 申报人最终得分将作为评审大会专家投票的重要依据。

附件4

浙江省水利工程专业技术职务任职资格评审规则

第一章　总　　则

第一条　为贯彻落实习近平总书记关于人才工作的重要指示批示精神，客观公正评价水利工程专业技术人员的能力和水平，促进水利工程技术资格评价工作的制度化、规范化和科学化，根据国家有关职称制度改革精神和《关于深化职称制度改革的实施意见》（浙委办发〔2018〕4号）和《浙江省职称评审管理实施办法（试行）》（浙人社发〔2020〕47号）等文件要求，制定本规则。

第二条　水利工程专业职称评审坚持德才兼备、以德为先的原则，科学公正评价专业技术人才的职业道德、技术水平和实际贡献。

第三条 坚持分类评价，正高级职称采用“定量＋定性”相结合评价模式，在赋分量化基础上，重点关注申报对象在防汛防台、应急抢险等急难险重任务中，发挥技术专长、提供决策支持的能力素质。副高级职称实行“考评结合”，在通过业务评价考试基础上，采用赋分量化方式综合评价。

第二章 评审委员会

第四条 经省人力社保厅核准备案，组建水利工程专业正高级工程师评审委员会（简称“正高评委”），负责全省水利工程专业正高级工程师职务任职资格评审工作；组建水利工程专业高级工程师评审委员会（简称“高评委”），负责全省（宁波除外）水利工程专业高级工程师职务任职资格评审工作。评委会下设办公室，设在省水利厅人事教育处，负责评委会评审的日常事务工作，并对评审过程中产生的异议、举报进行查实、处理。

第五条 省水利厅在省水利河口研究院、浙江同济科技职业学院设置中级职称评审委员会（简称“中评委”），前者负责本单位及所属企业的专业技术人员工程师职务任职资格评审及高级工程师推荐工作，后者负责其他省级有关企事业单位专业技术人员的工程师职务任职资格评审及高级工程师推荐工作。各设区市和义乌市水利中评委负责本辖区内水利工程师职称评审工作。

第六条 水利职称评委会组成人员应当为单数，设主任委员 1 名，副主任委员 1～2 名。正高评委和高评委评审专家不少于 25 人，中评委评审专家不少于 13 人。根据工作需要，评委会下设若干个专业评议组，分类开展评审工作。评委会组织召开评审会议时，应邀请纪检监察部门派员监督。

第七条 评委会办公室负责组建相应的职称评审专家库，一般由本省范围内的同行专家组成，适当邀请省外专家参加，专家库总人数按照相应评委会规定人数的 3 倍以上建立。入库专家应为具有水利专业相应层级及以上职称的在职人员，没有相应职称的行政领导和已达到退休年龄并办理退休手续人员不再列入专家库。

第八条 专家库实行动态调整，每 3 年调整一次，每次调整人数在 1/3 以上，评委会办公室负责对专家在评审期间的表现进行考核管理，不能胜任的专家及时清理出库。

第九条 高评委设置常设评审组织，由评委会若干评审专家、省水利厅领导和评委会办公室人员组成，负责对引进的高层次、紧缺急需和外省调入等人才高级职称的评定和确认，纪检监察部门派员监督。

第三章 申报审核

第十条 申报人员应在规定时间内根据评审要求，准备申报材料，向所在单位或人事代理机构进行申报，并对申报材料的真实性作出承诺。用人单位应对申报材料进行审核，并在单位内部公示不少于 5 个工作日。经公示无异议后，逐级上报审核。其中，事业单位需在核定的岗位结构比例内推荐申报。

第十一条 省级单位中级职称申报对象，经所在单位或人事代理机构审核，省水利厅（行业主管部门）复核后推荐至省水利厅中评委评审。各设区市中级职称评审按有关规定执行。

第十二条 高级职称申报实行评审推荐。

省级单位申报对象，个人提出申请，所在单位或人事代理机构审核，省水利厅（行业主管部门）复核，省水利厅中评委评审推荐，评审通过的推荐至省水利高评委评审；

省级以下单位申报对象，个人提出申请，所在单位或人事代理机构审核，经当地市、县（市、区）水利（行业主管部门）、人力社保部门复核，报当地水利中评委评审推荐，评审通过的推荐至省水利高评委评审。宁波市高级职称评审按有关规定执行。

第十三条 正高级职称实行审核推荐。

省级单位申报对象，个人提出申请，所在单位或人事代理机构审核，省水利厅（行业主管部门）复核后，推荐至省水利正高评委评审。

省级以下单位申报对象，个人提出申请，所在单位或人事代理机构审核，经当地市、县（市、区）水利（行业主管部门）、人力社保部门复核后，推荐至省水利正高评委评审。

第十四条 评委会办公室按照申报条件对申报材料进行审核，申报材料不符合规定条件的，应当一次性告知申报人需要补正的全部内容。逾期未补正的，视为放弃申报。

第十五条 评委会办公室根据工作需要，组织专家对申报人员业绩成果进行实地复核。凡是发现申报业绩有冒名或现实情况严重不符的，一律按弄虚作假行为处理。

第四章 组 织 评 审

第十六条 水利工程专业正高级、高级、中级职称评审工作每年开展一次。高评委在召开评审会议前，应向省人力社保厅报告资格审查、评前公示和评委会组成等情况，由省人力社保厅出具书面意见后方可召开评审会议。省水利中评委参照上述流程向省水利厅报告相关情况。

第十七条 严格评前公示程序。评委会办公室应在评审前，将评审对象基本情况和资格审查等情况在公共信息平台进行公示，时间不少于 5 个工作日，无异议的方可提交评委会评审。

第十八条 评审会议召开前，根据申报人数规模，评委会办公室在纪检监察部门的监督下，从专家库中随机抽取一定数量的专家，承担评审工作。评审会议实行封闭式管理，评审专家信息、评审工作内容严格保密，不得对外公布。

第十九条 标志性业绩申报人员须参加评审面试答辩，面试情况作为评委会评审的重要依据。

第二十条 评审专家和工作人员在评审工作保密期内不得对外泄露评审内容，不得私自接收评审材料，不得利用职务之便谋取不正当利益。与评审工作有利害关系或者其他关系可能影响客观公正的，应当申请回避，或由评委会办公室通知其回避。

第二十一条 评委会经过评议，采取少数服从多数的原则，通过无记名投票表决的方式产生评审结果。评审结果须由 2/3 以上委员出席投票方为有效，评审对象获得出席委员 2/3 以上同意票数即为评审通过。

第二十二条 评审会议结束后，评委会办公室对评审结果进行公示，公示期不少于 5 个工作日。对公示期间投诉举报或通过其他方式反映的问题线索，要逐一复查。

第二十三条 经公示无异议的评审通过人员，根据职称评审管理权限发文公布名单，并核发电子证书。

第五章 附 则

第二十四条 职称初定、认定的，国家机关单位流动到企事业单位的，以及其他未尽事宜按照《浙江省职称评审管理实施办法（试行）》（浙人社发〔2020〕47 号）执行。

第二十五条 宁波市高评委及其他中评委可参照执行。

第二十六条 本评审规则自 2023 年 10 月 10 日起实施。以往有关规定与本规则不一致的，以本规则为准。

浙江省水利厅关于公布规范性文件清理结果的通知

各市、县（市、区）水利（水电、水务）局，厅机关各处室，厅属各单位：

根据《浙江省行政规范性文件管理办法》（省政府令第 372 号）有关规定，我厅对现行行政规范性文件进行了全面清理。截至 2023 年 11 月 30 日，确认继续有效的规范性文件 47 件（附件 1），废止规范性文件 5 件（附件 2），拟修订的规范性文件 8 件（附件 3），现予以公布。废止的规范性文件停止执行。

附件：1. 继续有效的规范性文件清单
2. 废止的规范性文件清单
3. 需要修订的规范性文件清单

浙江省水利厅
2023 年 12 月 14 日

附件 1

继续有效的规范性文件清单

序号	文件名称	文 号	统一编号
1	浙江省水利厅 浙江省人力资源和社会保障厅关于印发《浙江省水利工程专业职务任职资格评价条件和评审规则》的通知	浙水人〔2023〕23 号	ZJSP18－2023－0007
2	浙江省水利厅关于印发《浙江省水利先进适用技术推广指导目录管理办法》的通知	浙水科〔2023〕1 号	ZJSP18－2023－0006
3	浙江省水利厅印发《关于加强海塘安全鉴定工作的意见》的通知	浙水运管〔2023〕10 号	ZJSP18－2023－0005
4	浙江省水利厅关于印发《浙江省山塘安全管理办法》的通知	浙水农电〔2023〕9 号	ZJSP18－2023－0004
5	浙江省水利厅关于印发《浙江省沿海防潮二道防线方案编制技术要求（试行）》的通知	浙水运管〔2023〕2 号	ZJSP18－2023－0003

续表

序号	文件名称	文号	统一编号
6	浙江省水利厅关于印发《关于加强大中型水库汛期控制运用水位动态管理工作的指导意见》的通知	浙水灾防〔2023〕6号	ZJSP18－2023－0002
7	浙江省水利厅关于停止执行《浙江省农村水电管理办法》部分条款的通知	浙水农电〔2023〕3号	ZJSP18－2023－0001
8	浙江省水利厅 共青团浙江省委 浙江省科学技术协会关于印发《浙江省水情教育基地管理办法》的通知	浙水办〔2022〕21号	ZJSP18－2022－0004
9	浙江省水利厅 浙江省财政厅关于印发《浙江省水利防汛物资储备管理办法》的通知	浙水灾防〔2022〕17号	ZJSP18－2022－0003
10	浙江省水利厅关于印发《浙江省水文情报预报管理办法》的通知	浙水灾防〔2022〕12号	ZJSP18－2022－0001
11	浙江省水利厅关于印发《浙江省水行政处罚裁量基准》的通知	浙水法〔2021〕11号	ZJSP18－2021－0011
12	浙江省水利厅关于印发《浙江省水工程防洪调度和应急水量调度管理办法（试行）》的通知	浙水灾防〔2021〕25号	ZJSP18－2021－0010
13	浙江省水利厅关于印发《浙江省水利工程物业管理指导意见》的通知	浙水运管〔2021〕16号	ZJSP18－2021－0009
14	浙江省水利厅 浙江省生态环境厅关于印发《浙江省小水电站生态流量监督管理办法》的通知	浙水农电〔2021〕21号	ZJSP18－2021－0008
15	浙江省水利厅关于印发《关于提升水利工程质量的实施意见》的通知	浙水建〔2021〕3号	ZJSP18－2021－0007
16	浙江省水利厅 浙江省发展和改革委员会 浙江省财政厅关于印发浙江省节水型企业水资源费减征管理办法的通知	浙水资〔2021〕6号	ZJSP18－2021－0006
17	浙江省水利厅关于印发《关于加强河湖库疏浚砂石综合利用管理工作的指导意见》的通知	浙水河湖〔2021〕9号	ZJSP18－2021－0005
18	浙江省水利厅 浙江省发展和改革委员会 浙江省财政厅 浙江省自然资源厅 浙江省生态环境厅关于印发浙江省小型水库综合评估指导意见的通知	浙水运管〔2021〕1号	ZJSP18－2021－0003

续表

序号	文件名称	文 号	统一编号
19	浙江省水利厅关于印发《浙江省水利旱情预警管理办法（试行）》的通知	浙水灾防〔2021〕2号	ZJSP18－2021－0001
20	浙江省水利厅 浙江省文物局关于加强古井水源保护管理的通知	浙水农电〔2020〕22号	ZJSP18－2020－0007
21	浙江省水利厅关于印发《浙江省水利工程数据管理办法（试行）》的通知	浙水运管〔2020〕7号	ZJSP18－2020－0003
22	浙江省水利厅印发关于进一步明确浙江省有关水域管理职责的通知	浙水河湖〔2020〕6号	ZJSP18－2020－0001
23	浙江省水利厅关于印发《浙江省水利科技项目管理办法》的通知	浙水科〔2019〕9号	ZJSP18－2019－0016
24	浙江省水利厅关于印发《浙江省水利工程质量检测资质认定告知承诺制管理办法（试行）》的通知	浙水建〔2019〕12号	ZJSP18－2019－0012
25	浙江省水利厅关于全面推进“区域水资源论证＋水耗标准”改革的指导意见	浙水资〔2019〕8号	ZJSP18－2019－0008
26	浙江省水利厅 浙江省财政厅关于取消占用水域补偿费有关事项的通知	浙水财〔2019〕6号	ZJSP18－2019－0007
27	关于印发《浙江省洪水预警发布管理办法（试行）》的通知	浙水灾防〔2019〕17号	ZJSP18－2019－0005
28	关于进一步加强村镇供水工程规范化建设与管理的通知	浙水农电〔2019〕9号	ZJSP18－2019－0004
29	浙江省水利厅关于推行区域水影响评价改革的通知	浙水法〔2019〕1号	ZJSP18－2019－0002
30	浙江省水利厅关于明确浙江省河湖“清四乱”专项行动问题认定及清理整治标准的通知	浙水河〔2018〕29号	ZJSP18－2018－0008
31	浙江省水利厅关于加强美丽河湖建设的指导意见	浙水河〔2018〕14号	ZJSP18－2018－0004
32	浙江省水利厅关于印发《浙江省水利工程质量检测管理办法》的通知	浙水建〔2017〕23号	ZJSP18－2017－0011
33	浙江省水利厅关于加强重大水利工程质量管理的意见	浙水治〔2017〕4号	ZJSP18－2017－0009

续表

序号	文件名称	文 号	统一编号
34	浙江省水利厅浙江省人力资源和社会保障厅关于印发《浙江省水利专业技术人员继续教育学时登记细则（试行）》的通知	浙水人〔2017〕45号	ZJSP18－2017－0007
35	浙江省水利厅关于印发《浙江省水利工程标准化管理验收办法》的通知	浙水标〔2017〕5号	ZJSP18－2017－0006
36	浙江省水利厅 浙江省发展和改革委员会关于印发《浙江省实行水资源消耗总量和强度双控行动 加快推进节水型社会建设实施方案》的通知	浙水保〔2017〕8号	ZJSP18－2017－0002
37	浙江省水利厅关于加强水利工程竣工验收及运行管理的通知	浙水建〔2016〕34号	ZJSP18－2016－0019
38	浙江省水利厅印发关于进一步明确水利工程建设质量与安全监督事权划分的意见的通知	浙水建〔2016〕33号	ZJSP18－2016－0017
39	浙江省水利厅关于做好水利部审批生产建设项目水土保持方案下放权限项目监督管理的通知	浙水保〔2016〕43号	ZJSP18－2016－0016
40	浙江省水利厅关于印发《浙江省取水户年度取水计划管理规定》的通知	浙水保〔2016〕31号	ZJSP18－2016－0011
41	浙江省水利厅关于印发《浙江省生态水电示范区建设管理暂行办法》的通知	浙水电〔2016〕3号	ZJSP18－2016－0008
42	浙江省水利厅关于进一步做好水利工程管理与保护范围划定工作的通知	浙水科〔2016〕6号	ZJSP18－2016－0007
43	浙江省人民政府防汛防台抗旱指挥部浙江省水利厅关于严格执行水库安全管理制度的通知	浙水管〔2016〕35号	ZJSP18－2016－0004
44	浙江省水利厅关于印发《浙江省浙东引水管理暂行办法》的通知	浙水法〔2015〕4号	ZJSP18－2016－0001
45	关于认真做好水土保持补偿费征收工作的通知	浙水保〔2014〕98号	ZJSP18－2014－0008
46	关于印发《浙江省山洪灾害防治项目建设管理办法》的通知	浙水汛〔2014〕22号	ZJSP18－2014－0006
47	关于印发《浙江省农村水电站安全生产标准化达标评级实施办法（暂行）》的通知	浙水电〔2013〕15号	ZJSP18－2014－0002

附件 2

废止的规范性文件清单

序号	文件名称	文 号	统一编号
1	浙江省水利厅关于公布规范性文件清理结果的通知	浙水法〔2021〕7 号	ZJSP18－2021－0004
2	浙江省水利厅关于印发《浙江省水利工程管理考核办法》的通知	浙水管〔2017〕46 号	ZJSP18－2017－0013
3	浙江省水利厅关于切实做好水利工程标准化管理有关工作的通知	浙水科〔2016〕15 号	ZJSP18－2016－0010
4	浙江省水利厅浙江省交通运输厅关于简化公路建设项目水土保持管理程序的通知	浙水保〔2015〕17 号	ZJSP18－2015－0002
5	关于印发《浙江省建设项目水资源论证评审专家管理暂行规定》的通知	浙水政〔2010〕11 号	ZJSP18－2010－0007

附件 3

需要修订的规范性文件清单

序号	文件名称	文 号	统一编号
1	浙江省水利厅关于印发《浙江省水利建设市场主体信用评价指引（2022 年）》的通知	浙水建〔2022〕5 号	ZJSP18－2022－0002
2	浙江省水利厅关于印发《浙江省水利建设市场主体信用信息管理办法（试行）》《浙江省水利建设市场主体信用评价管理办法（试行）》通知	浙水建〔2020〕7 号	ZJSP18－2020－0006
3	浙江省水利厅关于印发《浙江省水利建设项目稽查办法》的通知	浙水监督〔2020〕8 号	ZJSP18－2020－0005
4	浙江省水利厅关于印发《浙江省水利监督规定（试行）》的通知	浙水监督〔2020〕7 号	ZJSP18－2020－0004
5	浙江省水利厅关于印发《浙江省水利工程建设质量责任主体终身责任管理办法（试行）》的通知	浙水建〔2019〕8 号	ZJSP18－2019－0011

续表

序号	文件名称	文号	统一编号
6	浙江省水利厅关于印发浙江省生产建设项目水土保持管理办法的通知	浙水保〔2019〕3号	ZJSP18－2019－0009
7	浙江省水利厅关于在全省重大水利建设工程中试行视频监控系统建设的通知	浙水建〔2017〕26号	ZJSP18－2017－0012
8	浙江省水利厅关于印发《浙江省农村水电管理办法》的通知	浙水电〔2016〕5号	ZJSP18－2016－0013

公 报

2023年浙江省水资源公报（摘录）

一、综述

2023年，全省平均降水量1419.9mm（折合降水总量1488.03亿m^3），较上年降水量偏少9.4%，较多年平均降水量偏少12.5%，降水量时空分布不均匀。

全省水资源总量730.14亿m^3，产水系数0.49，产水模数69.7万m^3/km^2。本年度人均水资源量1105.92m^3。

全省195座大中型水库，年末蓄水总量235.31亿m^3，较上年末增加8.22亿m^3。

全省总供水量与总用水量均为169.60亿m^3，较上年增加1.79亿m^3。其中：生产用水量128.77亿m^3，居民生活用水量34.17亿m^3，生态环境用水量6.66亿m^3。本年度全省平均水资源利用率23.2%。

全省人均综合用水量256.9m^3，人均生活用水量51.8m^3（其中城镇和农村居民分别为53.7m^3和46.2m^3）。农田灌溉亩均用水量375.8m^3，农田灌溉水有效利用系数0.612。万元地区生产总值用水量20.5m^3。

注：与统计系统口径一致，人均指标计算时采用年平均人口，即上年年末人口数与本年末人口数的算数平均值。

二、水资源量

（一）降水量

全省平均降水量1419.9mm，较上年降水量偏少9.4%，较多年平均降水量偏少12.5%。

从行政分区看，温州、湖州降水量较上年降水量分别偏多1.8%和5.8%，其余各市降水量较上年均明显偏少，偏少幅度在2.7%～28.6%之间。湖州降水量较多年平均降水量偏多0.6%，其余各市降水量较多年平均都有不同程度的偏少，偏少幅度在2.1%～24.8%之间。

从流域分区看，太湖水系降水量与上年持平，其余各流域降水量较上年均都有不同程度的偏少，偏少幅度在6.8%～21.9%之间。各流域降水量较多年平均都有不同程度的偏少，偏少幅度在2.2%～18.4%之间，详见表1。

表1 全省行政分区及流域分区年降水量与上年及多年平均值比较

分 区	2023年/mm	较上年/%	较多年/%
杭州	1417.4	－2.7	－9.6
宁波	1341.1	－18.6	－12.1
温州	1607.8	1.8	－12.9
嘉兴	1196.4	－5.1	－2.1
湖州	1397.3	5.8	0.6
绍兴	1208.2	－18.5	－17.8
金华	1265.7	－10.0	－17.2

续表

分　区	2023 年 /mm	较上年 /%	较多年 /%
衢州	1721.5	−13.0	−6.3
舟山	975.7	−28.6	−24.8
台州	1348.1	−7.4	−19.0
丽水	1518.7	−14.9	−14.6
鄱阳湖水系	1822.5	−14.3	−6.2
太湖水系	1313.8	0.0	−2.2
钱塘江	1417.1	−10.3	−12.0
浙东诸河	1291.6	−18.3	−14.4
浙南诸河	1490.6	−6.8	−15.1
闽东诸河	1642.0	−14.6	−18.4
闽江	1648.7	−21.9	−13.7
全省	1419.9	−9.4	−12.5

降水量年内分配不均，根据闸口、姚江大闸、金华、温州西山、圩仁等 45 个代表站降水量分析，汛前 1—3 月降水量占全年 16.6%，汛期 4—10 月降水量占全年的 75.5%，汛后 11—12 月降水量占全年 7.9%。各月降水量占全年比值在 2.9%～16.6%之间，10 月最小为 2.9%，6 月最大为 16.6%。

降水量地区差异显著，全省年降水量在 800～2500mm 之间，总体自南向北递减，山区大于平原，沿海大于内陆盆地。浙西南千里岗、仙霞岭、洞宫山和雁荡山一带为高值区，年降水量在 2000mm 以上，单站（顺溪站）最大降水量为 2479.5mm。新嵊盆地、舟山一带为全省低值区，年降水量在 1000mm 以下，单站（六横站）最小降水量为 848.0mm。

（二）地表水资源量

全省地表水资源量 715.45 亿 m^3，较上年地表水资源量偏少 22.1%，较多年平均地表水资源量偏少 25.5%，详见表 2。

表 2　全省行政分区及流域分区地表水资源量与上年及多年平均值比较

分　区	2023 年 /亿 m^3	较上年 /%	较多年 /%
杭州	113.64	−10.0	−20.3
宁波	60.47	−32.1	−23.1
温州	101.37	−2.9	−25.2
嘉兴	18.06	−16.8	−13.2
湖州	37.75	13.2	−3.8
绍兴	38.15	−40.1	−37.3
金华	63.24	−26.0	−31.1
衢州	81.52	−28.7	−19.9
舟山	4.65	−46.8	−40.2
台州	55.56	−21.2	−38.1
丽水	141.06	−29.6	−26.2
鄱阳湖水系	5.04	−38.8	−28.7
太湖水系	68.84	−3.7	−10.5
钱塘江	289.44	−24.1	−25.0
浙东诸河	74.94	−32.8	−28.0
浙南诸河	256.01	−17.9	−28.0
闽东诸河	10.14	−33.9	−36.0
闽江	11.05	−38.2	−23.9
全省	715.45	−22.1	−25.5

全省入境水量 213.92 亿 m^3；出境水量 223.14 亿 m^3；入海水量 603.22 亿 m^3。

（三）地下水资源量

全省地下水资源量 187.68 亿 m^3，地下水与地表水资源不重复计算量 14.68 亿 m^3。

全省浅层地下水水位总体稳定，年际变幅较小。与去年相比，杭州、温州、嘉兴、衢州等地水位基本持平，宁波、绍兴、丽水等地水位略有上升，湖州、金华、台州等地水位略有下降，详见表 3。

表 3 全省浅层地下水年末水位埋深情况

单位：m

设区市	平均水位埋深	较上年变化
杭州	4.13	0.00
宁波	1.78	−0.10
温州	3.36	0.00
嘉兴	1.28	0.00
湖州	3.15	0.60
绍兴	2.54	−0.10
金华	4.46	0.20
衢州	5.04	0.00
台州	2.70	0.20
丽水	3.99	−0.40

（四）水资源总量

全省水资源总量 730.14 亿 m^3，较上年水资源总量偏少 21.8%，较多年平均水资源总量偏少 25.2%，产水系数 0.49，产水模数 69.7 万 m^3/km^2，详见表 4。

表 4 全省行政分区及流域分区水资源总量与上年及多年平均值比较

分 区	2023 年/亿 m^3	较上年	较多年
杭州	115.26	−10.0%	−20.1%
宁波	64.48	−31.5%	−22.5%
温州	103.24	−2.8%	−25.1%
嘉兴	21.20	−15.2%	−11.8%
湖州	38.96	12.9%	−3.6%
绍兴	40.01	−39.2%	−36.5%
金华	63.24	−26.0%	−31.1%
衢州	81.52	−28.7%	−19.9%
舟山	4.65	−46.8%	−40.2%
台州	56.53	−20.9%	−37.8%
丽水	141.06	−29.6%	−26.2%
鄱阳湖水系	5.04	−38.8%	−28.7%
太湖水系	74.08	−3.7%	−10.0%
钱塘江	291.39	−24.1%	−24.9%
浙东诸河	79.59	−32.2%	−27.2%
浙南诸河	258.82	−17.8%	−27.9%
闽东诸河	10.16	−33.8%	−35.9%
闽江	11.05	−38.2%	−23.9%
全省	730.14	−21.8%	−25.2%

（五）水库蓄水动态

全省 195 座大中型水库，年末蓄水总量 235.31 亿 m^3，较上年末增加 8.22 亿 m^3。其中大型水库 34 座，年末蓄水量 215.99 亿 m^3，较上年末增加 9.87 亿 m^3；中型水库 161 座，年末蓄水量 19.31 亿 m^3，较上年末减少 1.65 亿 m^3。

三、水资源开发利用

（一）供水量

全省年总供水量 169.60 亿 m^3，较上年增加 1.79 亿 m^3。其中地表水源供水量 163.68 亿 m^3，占 96.5%；地下水源供水量 0.13 亿 m^3，占 0.1%；非常规水源供水量 5.79 亿 m^3，占 3.4%。

在地表水源供水量中，蓄水工程供水量68.80亿m^3，占42.0%；引水工程供水量26.44亿m^3，占16.2%，提水工程供水量55.32亿m^3，占33.8%，调水工程供水量13.12亿m^3，占8.0%。

（二）用水量

全省年总用水量169.60亿m^3，其中农田灌溉用水量61.36亿m^3，占36.2%；林牧渔畜用水量11.71亿m^3，占6.9%；工业用水量36.26亿m^3，占21.4%；城镇公共用水量19.44亿m^3，占11.5%；居民生活用水量34.17亿m^3，占20.1%；生态环境用水量6.66亿m^3，占3.9%，见表5、表6。

表5　全省流域分区供水量与用水量　　单位：亿m^3

水资源分区		供水量				用水量						
一级	二级	地表水	地下水	非常规水	总供水量	农田灌溉	林牧渔畜	工业	城镇公共	居民生活	生态环境	总用水量
长江	鄱阳湖水系	0.36	—	—	0.36	0.28	0.02	0.02	0.01	0.02	0.01	0.36
	太湖水系	42.57	0.0015	0.75	43.32	14.79	3.56	8.52	6.22	8.73	1.51	43.32
东南诸河	钱塘江	57.53	0.0700	1.92	59.52	22.80	5.46	12.96	5.97	10.12	2.21	59.52
	浙东诸河	26.96	0.0100	2.46	29.43	8.11	1.28	9.24	3.46	6.52	0.83	29.43
	浙南诸河	35.41	0.0400	0.63	36.08	14.78	1.36	5.49	3.72	8.65	2.08	36.08
	闽东诸河	0.53	0.0012	0.00	0.53	0.33	0.03	0.02	0.05	0.10	0.01	0.53
	闽江	0.34	0.0031	0.02	0.36	0.27	0.01	0.02	0.01	0.04	0.02	0.36
全省		163.68	0.1300	5.79	169.60	61.36	11.71	36.26	19.44	34.17	6.66	169.60

表6　全省行政分区供水量与用水量　　单位：亿m^3

行政分区	供水量				用水量						
	地表水	地下水	非常规水	总供水量	农田灌溉	林牧渔畜	工业	城镇公共	居民生活	生态环境	总用水量
杭州	28.60	0.0200	0.48	29.10	7.96	1.98	4.38	6.47	7.17	1.15	29.10
宁波	22.06	0.0100	0.69	22.76	6.02	1.02	6.66	2.90	5.52	0.64	22.76
温州	16.62	0.0200	0.20	16.83	5.55	0.50	2.67	2.12	4.69	1.31	16.83
嘉兴	18.58	—	0.29	18.87	8.08	0.83	5.03	1.48	2.95	0.48	18.87
湖州	12.43	0.0008	0.34	12.78	4.95	2.25	2.33	1.13	1.69	0.43	12.78
绍兴	16.44	0.0300	1.13	17.59	5.92	2.14	4.90	1.26	2.63	0.74	17.59
金华	15.82	0.0200	0.25	16.09	6.22	1.22	2.94	1.29	3.67	0.77	16.09
衢州	10.53	0.0033	0.27	10.80	5.82	0.83	2.24	0.71	0.98	0.22	10.80
舟山	1.56	0.0035	1.63	3.20	0.21	0.03	2.01	0.32	0.55	0.08	3.20

续表

行政分区	供水量				用水量						
	地表水	地下水	非常规水	总供水量	农田灌溉	林牧渔畜	工业	城镇公共	居民生活	生态环境	总用水量
台州	13.83	0.0200	0.37	14.21	6.38	0.73	2.26	1.07	3.13	0.63	14.21
丽水	7.21	0.0040	0.15	7.36	4.24	0.18	0.84	0.70	1.20	0.21	7.36
全省	163.68	0.1300	5.79	169.60	61.36	11.71	36.26	19.44	34.17	6.66	169.60

（三）耗、退水量

全省年总耗水量94.96亿m^3，平均耗水率56.0%，年退水总量43.89亿t。

（四）用水指标

全省水资源总量730.14亿m^3，人均水资源量1105.92m^3。本年度全省平均水资源利用率23.2%。

农田灌溉亩均用水量375.8m^3，农田灌溉水有效利用系数0.612。万元地区生产总值用水量20.5m^3。

全省人均综合用水量256.9m^3，人均生活用水量51.8m^3（注：城镇公共用水和农村牲畜用水不计入生活用水量中），其中城镇和农村居民人均生活用水量分别为53.7m^3和46.2m^3。

全省行政分区主要用水指标见表7。

表7 全省行政分区主要用水指标

行政分区	人均地区生产总值/万元	人均综合用水量/m^3	万元地区生产总值用水量/m^3	农田灌溉亩均用水量/m^3	农田灌溉水有效利用系数	人均生活用水量/(L/d)		
						城镇综合生活		农村
							居民	
杭州	16.1	233.8	14.5	482.8	0.612	328.4	159.1	150.4
宁波	17.0	235.7	13.8	300.6	0.623	262.7	158.9	147.5
温州	9.0	173.2	19.3	338.6	0.607	221.7	141.2	106.2
嘉兴	12.7	338.9	26.7	449.9	0.666	249.9	149.5	134.4
湖州	11.7	373.0	31.8	395.6	0.634	275.0	140.3	125.2
绍兴	14.5	327.3	22.6	368.1	0.609	224.0	135.8	129.1
金华	8.4	225.3	26.8	318.1	0.593	215.0	145.4	129.4
衢州	9.3	471.0	50.8	406.5	0.562	268.7	127.7	99.7
舟山	17.9	272.7	15.2	157.6	0.702	232.1	131.7	116.3
台州	9.3	212.3	22.8	397.5	0.604	200.6	132.7	120.0
丽水	7.8	292.1	37.5	338.4	0.591	258.9	140.0	113.6
全省	12.5	256.9	20.5	375.8	0.612	256.2	147.1	126.7

注 1. 地区生产总值数据取自省统计局快报数据（当年价）。
2. 人口采用年平均人口，即上年年末人口数与本年末人口数的算数平均值。
3. 城镇综合生活用水量包括城镇居民用水量和公共用水量（建筑业及服务业）。

四、水资源大事记

3月，丽水市创新推出取水权质押贷款"取水贷"，采用"取水权质押+双边登记"的融资模式，实现水资源生态价值转化探索。截至12月，贷款授信额已达307亿元，实际融资101.8亿元。

3月22日，中共浙江省委宣传部、浙江省水利厅联合主办2023年"3·22"世界水日主题宣传暨首届"最美浙江人·最美水利人"发布活动。

3月24日，省水利厅、省生态环境厅公布了2022年度县级以上集中式饮用水水源地安全保障达标评估结果。开展评估的82个县级以上饮用水水源地中67个等级为优，15个等级为良。

4月8日，省政府办公厅批复《浙江省水资源节约保护和利用总体规划》，立足浙江水网建设，推动全省水资源空间均衡配置，全面提升水资源集约节约安全利用水平。

5月10日，省政府印发《浙江水网建设实施方案（2023—2027年）》，对全省水网建设作出总体部署。预计到2027年，全省"三纵八横十枢"现代化水网框架基本形成。

5月23日，经省政府同意，省水利厅会同省发展改革委等8部门印发2022年度实行最严格水资源管理制度考核结果，其中金华、嘉兴、杭州、台州、绍兴、衢州、湖州等7市考核成绩等次为优秀。

7月25日，省委书记、省级总河长易炼红，省长、省级总河长王浩共同签发2023年第1号总河长令，在全国率先开展全域幸福河湖建设。

8月22日，省水利厅、省财政厅、人民银行浙江省分行联合推进水资源费在线征缴改革，破解"缴费体验差""管理负担重"难题。

9月4日，水利部印发2022年度实行最严格水资源管理制度考核结果，浙江省考核结果为优秀。

9月10—25日，杭州第19届亚运会期间，浙江水利组织做好防洪、供水和水生态安全工作，精准调度新安江水库、富春江水库水位，高质量保障亚运水上赛事，获得水利部表扬。

9月12日，浙江省举办第十八届世界水资源大会浙江专场会议，主题为"水资源的价值转化与共同富裕——浙江湖州安吉的实践"，安吉水资源价值转化改革成果备受关注。

9月16日，省政府办公厅印发《关于加快推进单村水站改造提升保障农村饮水安全的实施意见》，覆盖10个设区市、63个县（市、区）的8828座单村水站，服务保障人口242万。2023年，全省已开工6838座单村水站改造提升，开工率达77.5%，农村供水工作成效位列全国第二。

9月20日，习近平总书记来到绍兴市浙东运河文化园考察，对水资源配置、河湖长制、防汛防台、浙东引水、大运河文化等五方面水利工作特别关心关切，给予了全省水利系统莫大肯定、最大鼓舞。

9月25日，省水资源管理和水土保持工作委员会办公室、省林长制办公室、省全面推行河湖长制工作联席会议办公室联合印发《浙江省自然资源集约利用考核办法》，并制定2023年度自然资源集约利用考核实施方案。

9月29日，水利部公布第六批节水型社会建设达标县（市、区）名单，浙江省宁波市海曙区等12个县（市、区）达到国家节水型社会评价标准。

11月14日，省水利厅印发《浙东引水工程水资源调度方案》。

11月30日，省水利厅出台《关于开展已建大中型水库生态流量核定与保障工作的通知》，全面推进已建大中型水库生态流量保障体系建设，提升河湖生态流量保障能力。

12月1日，水利部办公厅公布典型地区再生水利用配置试点中期评论结果，浙江省宁波、义乌获得优秀，在全国参评的78个城市中分列第5、第7。

12月13日，省水利厅等十部门联合印发《关于进一步推进合同节水管理工作的通知》，统筹推进合同节水管理工作，引导社会资本参与重点领域节水。

12月28日，省水利厅、省经信厅、省教育厅、省建设厅、省文化和旅游厅、省机关事务局、省节水办联合公布199个节水标杆单位名单，其中酒店13个、学校47个、小区89个、企业50个。

2023年浙江省水土保持公报（摘录）

一、综述

2023年全省水土保持工作坚定贯彻落实习近平生态文明思想和“节水优先、空间均衡、系统治理、两手发力”治水思路，坚持“党建统领、业务为本、创新变革”，夯实目标责任体系，完善“三位一体”水土保持监管体系，深化水土流失防治体系，提升水土保持监测能力，强力推进创新深化、改革攻坚、开放提升，为美丽浙江建设提供强有力支撑。

全省水土保持率达到93.23%。全省共有水土流失面积7146.68km^2，占全省陆域面积10.55万km^2的6.77%。全省共审批生产建设项目水土保持方案4563个，涉及水土流失防治责任范围892.38km^2，征收水土保持补偿费4.58亿元。对生产建设项目开展了水土保持监督检查10197次，查处违法违规项目1721个，其中立案查处14个。开展了4次覆盖全省的生产建设项目遥感监管，现场复核扰动图斑6437个，发现并查处各类违法违规项目805个。2825个生产建设项目完成了水土保持设施验收报备。全省水土流失治理面积452.35km^2，其中实施省级及以上资金补助的水土保持工程25个，水土流失治理面积277.23km^2。全省共7个县（工程）成功创建2023年度国家水土保持示范。

本《公报》中全省水土流失状况数据来源于2023年全省水土流失动态监测成果，水土保持监测数据来源于2023年全省水土保持监测站网成果和生产建设项目水土保持监测成果，水土保持监督管理数据和水土流失综合治理数据来源于2023年全省水土保持目标责任制考核和年度统计。

二、水土流失状况

（一）全省水土流失

根据2023年水土流失动态监测成果，全省水土保持率达到93.23%。全省水土流失面积7146.68km^2，占全省陆域面积10.55万km^2的6.77%。按水土流失强度分，轻度、中度、强烈、极强烈、剧烈水土流失面积分别为6536.89km^2、347.91km^2、192km^2、58.19km^2、11.69km^2，分别占水土流失总面积的91.47%、4.87%、2.69%、0.81%、0.16%，见表1。

与2022年相比，全省水土流失面积减少了80.12km^2，减幅1.11%。其中中度及以上水土流失面积减少24.27km^2，减幅3.83%。

（二）国家级重点预防区水土流失

水利部太湖流域管理局组织开展了新安江国家级重点预防区水土流失动态监测，涉及浙江省建德市和淳安县，水土流失总面积515.46km^2，占区域总面积的7.56%。与2022年相比，新安江国家级重点预防区（浙江省）水土流失面积减少了2.72km^2，减幅0.52%，见表2。

表 1 2023 年全省各设区市水土流失情况

设区市		2023 年水土流失面积/km^2						2023 年水土流失面积占土地总面积比例/%	2022 年水土流失面积/km^2	流失面积年际变化	
		轻度	中度	强烈	极强烈	剧烈	小计			面积/km^2	幅度/%
杭州市		858.28	55.24	37.00	8.32	0.73	959.57	5.69	967.39	−7.82	−0.81
宁波市		352.25	14.97	7.61	1.28	0.12	376.23	3.87	381.83	−5.6	−1.47
温州市		1517.76	23.50	28.21	9.83	2.51	1581.81	13.11	1595.83	−14.02	−0.88
嘉兴市		3.91	0.06	0.00	0.00	0.00	3.97	0.09	3.94	0.03	0.76
湖州市		207.92	22.99	13.19	1.57	0.15	245.82	4.22	250.11	−4.29	−1.72
绍兴市		595.22	65.51	21.73	7.38	1.49	691.33	8.35	705.23	−13.9	−1.97
金华市		769.31	38.55	22.78	2.66	0.36	833.66	7.62	842.46	−8.8	−1.04
衢州市		581.92	48.43	19.69	4.42	0.14	654.60	7.40	665.12	−10.52	−1.58
舟山市		73.40	4.33	6.47	0.13	0.00	84.33	5.80	85.79	−1.46	−1.70
台州市		528.40	19.64	11.00	2.97	0.32	562.33	5.60	565.60	−3.27	−0.58
丽水市		1048.52	54.69	24.32	19.63	5.87	1153.03	6.67	1163.50	−10.47	−0.90
全省	合计	6536.89	347.91	192.00	58.19	11.69	7146.68	6.77	7226.80	−80.12	−1.11
	比例/%	91.47	4.87	2.69	0.81	0.16	100.00	—	—	—	—

表 2 2023 年新安江国家级重点预防区（浙江省）水土流失情况

行政区	2023 年水土流失面积/km^2						2023 年水土流失面积占土地总面积比例/%	2022 年水土流失面积/km^2	流失面积年际变化	
	轻度	中度	强烈	极强烈	剧烈	小计			面积/km^2	幅度/%
建德市	173.18	10.38	8.29	0.52	0.11	192.48	8.14	194.52	−2.04	−1.05
淳安县	296.65	13.96	8.28	3.70	0.39	322.98	7.25	323.66	−0.68	−0.21
合计	469.83	24.34	16.57	4.22	0.50	515.46	7.56	518.18	−2.72	−0.52

（三）省级重点防治区水土流失

省级水土流失重点预防区共8个，水土流失总面积2086.47km²，占区域总面积的6.41%。与2022年相比，水土流失面积减少32.58km²，减幅1.54%，见表3。

省级水土流失重点治理区共3个，水土流失总面积386.86km²，占区域总面积的15.91%。与2022年相比，水土流失面积减少8.95km²，减幅2.26%，见表4。

表3　2023年省级重点预防区水土流失情况

编号	名　称	2023年水土流失面积/km²						2023年水土流失面积占土地总面积比例/%	2022年水土流失面积/km²	流失面积年际变化	
		轻度	中度	强烈	极强烈	剧烈	小计			面积/km²	幅度/%
SY1	浙江省天目山—昱岭水土流失重点预防区	124.11	6.20	2.89	0.92	0.05	134.17	4.65	135.65	−1.48	−1.09
SY2	浙江省龙门山水土流失重点预防区	71.72	4.98	3.22	1.66	0.10	81.68	4.41	80.86	0.82	1.01
SY3	浙江省会稽山水土流失重点预防区	165.15	9.58	3.14	1.11	0.23	179.21	10.1	186.64	−7.43	−3.98
SY4	浙江省四明山—天台山水土流失重点预防区	164.85	4.36	1.96	0.31	0.05	171.53	7.29	174.76	−3.23	−1.85
SY5	浙江省钱江源水土流失重点预防区	119.83	6.11	3.09	0.72	0.03	129.78	6.58	134.54	−4.76	−3.54
SY6	浙江省仙霞岭水土流失重点预防区	319.17	10.44	5.50	3.37	0.21	338.69	4.59	346.74	−8.05	−2.32
SY7	浙江省洞宫山水土流失重点预防区	630.71	12.87	5.20	3.83	0.82	653.43	8.16	658.98	−5.55	−0.84
SY8	浙江省括苍山水土流失重点预防区	366.12	11.47	10.29	7.53	2.57	397.98	6.27	400.88	−2.9	−0.72
合计		1961.66	66.01	35.29	19.45	4.06	2086.47	6.41	2119.05	−32.58	−1.54

表 4 2023 年省级重点治理水土流失情况

编号	名称	2023 年水土流失面积/km²						2023 年水土流失面积占土地总面积比例/%	2022 年水土流失面积/km²	流失面积年际变化	
		轻度	中度	强烈	极强烈	剧烈	小计			面积/km²	幅度/%
SZ1	浙江省曹娥江上游水土流失重点治理区	58.87	3.59	2.19	0.53	0.19	65.37	8.46	70.62	−5.25	−7.43
SZ2	浙江省衢江中上游水土流失重点治理区	64.49	6.47	1.13	0.11	0.00	72.20	13.22	75.27	−3.07	−4.08
SZ3	浙江省瓯飞鳌三江片水土流失重点治理区	240.61	3.25	3.20	1.61	0.62	249.29	22.40	249.92	−0.63	−0.25
合计		363.97	13.31	6.52	2.25	0.81	386.86	15.91	395.81	−8.95	−2.26

（四）主要江河流域径流量与输沙量

根据《2023 年浙江省水资源公报》，2023 年全省平均降水量 1419.90mm，较上年降水量偏少 9.4%，较多年平均降水量偏少 12.5%。从流域分区看，太湖水系降水量与上年持平，其余各流域降水量较上年均都有不同程度的偏少，偏少幅度在 6.8%～21.9%之间；各流域降水量较多年平均都有不同程度的偏少，偏少幅度在 2.2%～18.4%之间。从行政分区看，温州、湖州降水量较上年降水量分别偏多 1.8%和 5.8%，其余各市降水量较上年均明显偏少，偏少幅度在 2.7%～28.6%之间；湖州降水量较多年平均降水量偏多 0.6%，其余各市降水量较多年平均都有不同程度的偏少，偏少幅度在 2.1%～24.8%之间。

降水量年内分配不均，汛前 1—3 月降水量占全年 16.6%，汛期 4—10 月降水量占全年 75.5%，汛后 11—12 月降水量占全年 7.9%。降水量地区差异显著，全省年降水量在 800～2500mm 之间，总体自南向北递减，山区大于平原，沿海大于内陆盆地。

（五）水土保持监测站网

1. 监测站网概况

浙江省水土保持监测站网共包括水蚀监测站 16 个，其中综合观测场 2 个、流域控制站 5 个（小流域控制站 2 个、水文观测站 3 个）、坡面径流场 9 个，已全部完成标准化建设。监测站网覆盖钱塘江、瓯江、椒江、甬江、苕溪和鳌江 6 大水系，杭州、宁波、温州、湖州、绍兴、金华、衢州、台州和丽水 9 个设区市。

表 5　2023 年全省主要江河流域典型监测站径流量及输沙量

流域名称	集雨面积 /km²	代表站名	降雨量	输沙量 /万 t	输沙模数 /[t/(km²·a)]	备　注
钱塘江	1719	诸暨	837.5	2.860	16.64	浦阳江
	2280	嵊州	777.5	3.820	16.75	曹娥江
	4459	上虞东山	874.5	3.480	7.96	曹娥江
	542	黄泽	803.0	0.492	9.08	黄泽江
	18233	兰溪	981.5	56.500	30.99	兰江
	2670	屯溪	971.0	7.320	27.42	新安江，安徽
	1597	渔梁	915.5	1.820	11.40	新安江，安徽
瓯江	1273	永嘉石柱	1390.5	1.840	14.45	楠溪江
	1286	秋塘	664.5	2.220	17.26	好溪
椒江	2475	柏枝岙	1020.0	6.200	25.05	永安溪
	1482	沙段	871.0	3.450	23.28	始丰溪
苕溪	1970	港口	1168.5	1.730	8.78	西苕溪
飞云江	1930	峃口	1262.5	4.100	21.24	飞云江
鳌江	346	埭头	1581.0	5.740	165.90	北港

2. 监测站点提升改造

浙江省进一步深化监测站网优化布局，自动化监测水平不断提升，逐渐实现远程视频监控，进一步保证了监测数据的及时性、准确性。在加强数据采集和管理的基础上，新开发了水土保持监测站网数据信息系统，增加数据自动整编、远程视频监管、水土流失预警等功能模块，大大提高监测数据采集、分析和应用能力。

3. 典型监测站水土流失观测结果

全省各水土保持监测站运行正常，按照《浙江省水土保持监测站管理手册（试行）》的要求，开展了降雨、径流、泥沙和植被等数据的监测。各水土保持监测站年度观测数据，经整编后发布，见表 6～表 8。

表 6　小流域控制站观测结果

监测点名称	所在位置	观测环境（条件）			观测结果		
		控制面积 /km²	土壤类型	土地利用类型	降雨量 /mm	径流深 /mm	输沙模数 /[t/(km²·a)]
永嘉县石柱小流域控制站	120°44′36.46″E 28°16′13.95″N	0.41	红壤、黄壤、粗骨土、水稻土等	耕地、林地、荒草地	1767.1	484.5	21.028

表 7　水文观测站观测结果

监测点名称	所在位置	集雨面积 /km^2	观测结果		
			降雨量 /mm	径流深 /mm	输沙模数 /[t/(km^2·a)]
建德市更楼水文观测站	119°15′01″E 29°25′25″N	687	1288.1	531.0	79.828
临海市白水洋水文观测站	120°56′10″E 28°52′59″N	2475	1486.0	506.4	25.056
临安区桥东村水文观测站	119°37′12″E 30°15′26″N	233	1250.7	614.8	8.207

表 8　典型坡面径流场观测结果

监测点名称	所在位置	径流小区名称	观测环境（条件）				观测结果		
			小区面积 /m^2	措施名称	坡度 /(°)	土壤类型	降雨量 /mm	径流深 /mm	土壤侵蚀模数 /[t/(km^2·a)]
常山县天马坡面径流场	118°28′14.58″E 28°54′33.98″N	1 号小区	100	茶树＋梯地	10	红壤和石灰岩土	1912.5	22.8	13.380
		2 号小区	100	胡柚＋顺坡	10	红壤和石灰岩土		24.5	21.110
		3 号小区	100	胡柚＋草＋顺坡	10	红壤和石灰岩土		28.8	18.660
		4 号小区	100	胡柚＋梯地	10	红壤和石灰岩土		18.7	10.870
		5 号小区	100	裸露＋顺坡	10	红壤和石灰岩土		406.4	6710.320
天台天希塘坡面径流场	120°59′15.06″E 29°12′13.55″N	1 号小区	100	裸露＋顺坡	20	红壤和水稻土	1269.3	124.2	4.637
		2 号小区	100	桃树＋顺坡	20	红壤和水稻土		132.6	2.692
		3 号小区	100	桃树＋草本＋顺坡	20	红壤和水稻土		43.9	1.056
		4 号小区	100	桃树＋鱼鳞坑	20	红壤和水稻土		91.3	1.763
		5 号小区	100	茶＋割草覆盖＋石坎水平阶	20	红壤和水稻土		88.6	1.355
余姚梁辉坡面径流场	121°09′17″E 29°58′42″N	1 号小区	100	桂花＋麦冬＋顺坡	5	红壤和水稻土	1667.7	13.8	28.130
		2 号小区	100	桂花＋顺坡	5	红壤和水稻土		77.3	2118.250
		3 号小区	100	桂花＋梯地	5	红壤和水稻土		130.4	122.750
		4 号小区	100	杂草＋顺坡	5	红壤和水稻土		46.8	52.270
		5 号小区	100	茶＋梯地	5	红壤和水稻土		172.8	325.940

（六）生产建设项目水土保持监测

生产建设项目水土保持监测工作按相关要求，按季度发布部批、省批生产建设项目监测情况报告，共发布监测信息通报4期，列入重点监督检查的项目有34个，见表9。

表9 2023年全省生产建设项目水土保持监测情况

季度	上报监测季报数量/份			列入重点监督检查清单项目数量/个	产生土壤侵蚀量/万t
	合计	水利部审批	省水利厅审批		
第一季度	152	15	137	8	3.64
第二季度	150	17	133	6	3.98
第三季度	133	15	118	10	11.21
第四季度	141	16	125	10	3.96
合计	576	63	513	34	22.79

三、生产建设项目和活动水土保持监督管理

（一）水土保持方案审批

全省各级水行政主管部门共审批生产建设项目水土保持方案4563个，涉及水土流失防治责任范围892.38km²。其中，省级审批28个，涉及水土流失防治责任范围51.05km²；市级审批502个，县级审批4033个，涉及水土流失防治责任范围841.33km²，见表10。征收水土保持补偿费4.58亿元，减收水土保持补偿费0.80亿元，进一步做好减轻企业负担，助力营商环境优化提升。开展水土保持方案质量核查143份。

表10 2023年水土保持方案审批情况

区域	审批数量/个				水土流失防治责任范围/km²
	省级	市级	县级	小计	
省本级	28			28	51.05
杭州市		59	647	706	26.21
宁波市		82	788	870	40.91
温州市		40	545	585	11.82
嘉兴市		73	163	236	41.31
湖州市		22	413	435	15.08
绍兴市		4	220	224	3.40
金华市		58	385	443	474.00

续表

区域	审批数量/个				水土流失防治责任范围/km^2
	省级	市级	县级	小计	
衢州市		26	172	198	8.70
舟山市		39	89	128	14.17
台州市		31	378	409	15.90
丽水市		68	233	301	189.83
合计	28	502	4033	4563	892.38

（二）水土保持日常监管

全省各级水行政主管部门对生产建设项目开展水土保持监督检查 10197 次。其中省级监督检查项目 186 次，对 25 个项目下发了整改意见。市县级监督检查 10011 次，认定违法违规项目 1696 个，其中立案查处 14 个，见表 11。持续强化生产建设活动水土保持，现场监督检查生产建设活动 276 个。

（三）水土保持遥感监管

采用卫星遥感、无人机航拍等技术手段，结合现场监督检查，开展全域遥感监管 4 次，现场复核扰动图斑 6437 个，发现并查处“未批先建”“未批先弃”“超防治责任范围扰动”等各类违法违规项目 805 个。其中，省级开展遥感监管 3 次，下发扰动图斑 3686 个，发现并认定违法违规项目 490 个。

（四）水土保持信用监管

按照谁监管、谁认定原则，结合遥感监管、监督检查，对发现的违法违规问题，依法依规实施“两单”管理。2023 年，全省共有 10 个建设单位、编制单位被列入重点关注名单（杭州市 1 个、宁波市 7 个、温州市 2 个）。

（五）水土保持设施验收报备

全省共有 2825 个生产建设项目完成了水土保持设施自主验收报备。其中，省级项目 14 个，市级 307 个，县级项目 2504 个，见表 12。

表 11　2023 年水土保持监督执法情况

区域	监督检查项目数量/次				认定违法违规项目数量/个	
	省级	市级	县级	小计	小计	其中：立案查处
省本级	186			186	25	0
杭州市		87	1895	1982	349	4
宁波市		151	1407	1558	121	3
温州市		139	1069	1208	587	2
嘉兴市		72	619	691	130	1
湖州市		76	770	846	62	0

续表

区域	监督检查项目数量/次				认定违法违规项目数量/个	
	省级	市级	县级	小计	小计	其中：立案查处
绍兴市		25	493	518	81	3
金华市		106	745	851	121	1
衢州市		60	311	371	67	0
舟山市		79	107	186	16	0
台州市		217	884	1101	63	0
丽水市		145	554	699	99	0
合计	186	1157	8854	10197	1721	14

表 12　2023 年水土保持设施验收报备情况

区域	省级/个	市级/个	县级/个	小计/个
省本级	14			14
杭州市		33	482	515
宁波市		46	477	523
温州市		20	392	412
嘉兴市		36	138	174
湖州市		14	148	162
绍兴市		4	191	195
金华市		19	206	225
衢州市		39	66	105
舟山市		25	27	52
台州市		20	225	245
丽水市		51	152	203
合计	14	307	2504	2825

四、水土流失综合治理

（一）总体状况

全省水土流失治理面积 452.35km^2，超额完成了年度下达的治理任务。其中实施梯田 2.12km^2，水土保持林 0.43km^2，经济林 0.05km^2，种草 0.02km^2，封禁治理 436.60km^2，其他措施 13.13km^2，见表 13。

（二）水土保持工程建设

全省实施省级及以上资金补助的水土保持工程 25 个，其中国家水土保持重点工程 7 个（含提质增效项目 2 个）、省级水土保持工程 18 个，见表 14、表 15。水土流失治理面积 277.23km^2，总投资 2.38 亿元，其中中央财政补助资金 4007 万元，省级财政补助资金 10031 万元。此外，各市县自筹资金实施水土保持工程 23个，持续深化生态清洁小流域建设。

表 13 2023 年各设区市水土流失治理完成情况

设区市	水土流失治理面积/km^2	分项治理措施/km^2					
		梯田	水土保持林	经济林	种草	封禁治理	其他措施
杭州市	42.11	1.70				35.39	5.02
宁波市	16.10					16.10	
温州市	75.36					75.36	
湖州市	15.52					15.30	0.22
绍兴市	35.07					35.07	
金华市	45.40	0.06	0.03			45.31	
衢州市	84.75			0.03		84.72	
舟山市	4.33		0.20	0.02	0.02	0.22	3.87
台州市	44.15	0.36	0.20			39.57	4.02
丽水市	89.56					89.56	
合计	452.35	2.12	0.43	0.05	0.02	436.60	13.13

表 14 2023 年国家水土保持重点工程

序号	县（市、区）	项目名称	建设性质	水土流失治理面积/km^2	中央财政补助资金/万元	省级财政补助资金/万元
1	安吉县	安吉县孝丰镇洪家坞生态清洁小流域水土流失综合治理项目	新建	12	291	360
2	诸暨市	诸暨市枫桥镇三江等5条生态清洁小流域水土流失综合治理项目	新建	7.1	216	142
3	衢州市衢江区	衢州市黄坛口水库水源地生态清洁小流域水土流失综合治理	续建	16	169	720
4	江山市	江山市上垄等生态清洁小流域水土流失综合治理项目	新建	21.29	278	958
5	仙居县	仙居县十七都坑等生态清洁小流域水土流失综合治理项目	新建	30	188	1350
6	江山市	江山市新塘边片区小流域综合治理提质增效项目	新建	22.5	1432	0
7	青田县	青田县官坑源小流域综合治理提质增效项目	新建	23.24	1433	0
合计				132.13	4007	3530

表 15　2023 年省级水土保持项目

序号	县（市、区）	项目名称	建设性质	水土流失治理面积/km²	省级财政补助资金/万元
1	淳安县	淳安县石柱源等 9 条生态清洁小流域水土流失综合治理项目	新建	6.65	333
2	泰顺县	泰顺县龟湖镇北岭头等生态清洁小流域水土流失综合治理工程	新建	7.50	375
3		泰顺县仕阳镇双神等生态清洁小流域水土流失综合治理工程	新建	6.80	340
4		泰顺县三魁镇陈坪等生态清洁小流域水土流失综合治理工程	新建	8.50	425
5	苍南县	苍南县中姑岙片生态清洁小流域水土流失综合治理	新建	10.11	455
6	海盐县	海盐县通元镇生态清洁小流域建设工程	新建	8.30	153
7	磐安县	磐安县冷水镇生态清洁小流域水土流失综合治理项目	新建	6.10	275
8	龙游县	龙游县新槽片生态清洁小流域水土流失综合治理项目	新建	5.00	225
9	江山市	江山市朝旭溪生态清洁小流域水土流失综合治理项目	新建	8.26	372
10	常山县	常山县新昌乡生态清洁小流域水土流失综合治理项目	新建	9.00	405
11	开化县	开化县炉新片生态清洁小流域水土流失综合治理项目	新建	7.51	376
12		开化县对门片生态清洁小流域水土流失综合治理项目	新建	10.52	526
13	舟山市	舟山市普陀区展茅片区生态清洁小流域综合治理项目	新建	2.50	100
14	三门县	三门县清溪小流域水土流失治理工程	新建	6.10	244

续表

序号	县（市、区）	项目名称	建设性质	水土流失治理面积/km²	省级财政补助资金/万元
15	青田县	青田县陈山等5条生态清洁小流域水土流失综合治理工程	新建	15.00	675
16	龙泉市	龙泉市岩樟溪生态清洁小流域水土流失综合治理项目	新建	6.15	212
17	庆元县	庆元县举水溪等生态清洁小流域水土流失综合治理项目	新建	12.00	600
18	遂昌县	遂昌县南尖岩、山前生态清洁小流域水土流失综合治理项目	新建	9.10	410
合计				145.10	6501

五、示范创建与学会奖项

（一）国家水土保持示范创建

全省共有7个县（工程）成功创建2023年度国家水土保持示范。其中，临海市、泰顺县和江山市入选“国家水土保持示范县”；新昌县长诏水库水源地沃洲生态清洁小流域、桐庐县芦茨溪生态清洁小流域、杭州市第二水源千岛湖配水工程和浙江水利水电学院南浔校区建设项目入选“国家水土保持示范工程”。

（二）示范县

1. 临海市

临海市秉承绿水青山就是金山银山的发展理念，坚持山水林田湖草一体化保护和系统治理，紧扣本市经济社会发展与生态文明建设的总体目标。通过水利、自然资源、农业、环保等多部门的通力协作，推动水土保持和生态建设。以协同治理为核心，临海市大力实施小流域水土流失综合治理、土地综合整治、废弃矿山生态修复、国土增绿以及美丽乡村建设等一系列生态工程，构筑起了全市水土流失综合防治体系。通过加强部门间的协调合作和信息共享，运用信息技术进行动态监管和全方位监控，确保了水土保持“三同时”制度的落实。临海市将水土流失防治与民生需求、生态宜居、产业兴旺、生活富裕相结合，以水土流失治理促进共同富裕，不断增强人民群众获得感、幸福感、安全感。

2. 泰顺县

泰顺县始终坚持生态立县，积极践行绿水青山就是金山银山理念，通过实施水土流失综合治理、生态清洁小流域、土地综合整治、特色经果林治理、营造水土保持林等一系列水土流失防治措施，实现山水林田湖草系统治理，取得显著成效。建立部门间协同监管机制，借助数字变革打通部门壁垒，促进信息共享、强化部门协同。采取小流域+生态农业有机结合的方式，建设生态茶园，发展特色产业和绿色经济。结合全域旅游对坡耕地进行生态改造，重点打造了岭北梯田等景点，大力发展民宿、农家乐等乡村旅游项目，全面助力乡村振兴，打造农业发展金地。

3. 江山市

江山市围绕建设“大花园核心区”，将水土流失综合治理与产业发展有机结合，全盘谋划、全面治理、全域推进，打造了具有区域特色的水土保持生态文明。以小流域为单位，以“衢州有礼”风光带为主线，串联世遗江郎休闲样板区等多个特色区域，形成“一区四段”发展布局，显著推进水土保持和生态文明建设。创新推进跨省合作，消除边界治水盲点，重现“江南梦里水乡”；针对治理难题，系统谋划矿产地综合整治与利用，打造冬泳基地、地质公园等特色场所。依托生态优势，推动农旅融合，重点培育耕读农场、鸟语花香等特色农旅项目，打造特色产业链，形成美丽生态向美丽业态的良性转化。

（三）示范工程

1. 新昌县长诏水库水源地沃洲生态清洁小流域示范工程

沃洲小流域位于长诏水库水源区上游沃洲和小将两镇，面积 42.04km^2。项目坚持山水林田湖草系统治理，结合民生需求，将饮用水水源保护、面源污染防治、美丽河湖建设和人居环境整治融入水土流失治理体系，推动生态优势转化为城乡经济优势，形成可复制推广的水源地生态清洁小流域建设模式。通过系统治理和健全管护机制，小流域水土保持率达 96.7%，出口断面水质常年稳定在Ⅱ类以上，有效保护水土资源，提升水源水质，改善生态环境。项目通过水林综合整治，打造了百亩杉林和千亩桃园，成为网红打卡地，举办了“桃花节”“重走唐诗路”等活动，促进特色农业和乡村旅游蓬勃发展。项目首次在浙江省将 EPC 建管模式引入水土保持工程，并成功在水位变幅大、干湿交替频繁的消落带营造水土保持湿地，为水源地水土流失治理提供了宝贵经验。

2. 桐庐县芦茨溪生态清洁小流域示范工程

芦茨溪小流域位于富春江镇，面积 47.26km^2。近年来，按照习近平总书记“望得见山、看得见水、记得住乡愁”的要求，围绕创建“两山理论”实践基地，结合美丽乡村、生态农业和休闲旅游，全面推进高质量生态清洁小流域建设。统筹实施治山保水、治河疏水、治污洁水和产业发展。小流域内水土保持率高达 98%，出口断面水质常年保持Ⅰ～Ⅱ类水标准。以芦茨溪水轴为核心，打造慢生活体验示范区，通过建设生态堰坝、生态河岸等打造景观节点，促进民宿产业迅速发展，因地制宜发展生态旅游产业，实现人与自然和谐共生。通过建立水利标准化管理平台，实现了日常监管视频化、运行管理信息化和指令调度科学化的智慧水利建设。

3. 杭州市第二水源千岛湖配水示范工程

该工程是应对浙北水资源短缺的大型战略性项目，关乎数百万居民饮水安全。出台了《杭州市第二水源千岛湖配水供水工程管理条例》，开创了全国单一工程建设期立法的先河。采用全封闭压力隧道输水系统，有效避让生态敏感区，大幅度减少山体开挖，有效保护原始植被；将闲林水库采石坑改造为配水井，减少开挖扰动，节约土地资源。在施工技术上，采用了“自然进洞”方法和植生混凝土防护等绿色施工技术，气浮沉淀池和复合人工湿地技术等创新手段，体现绿色发展理念。将产生的废渣全部加工成建筑材料，实现减量化、资源化利用。工程与沿线的自然景观和谐融合，繁花伴树影，湖光映水色，勾勒出一幅生态水利的美丽画卷。

4. 浙江水利水电学院南浔校区建设项目示范工程

项目明确生态校园建设目标，利用原有水系脉络合理布局水域和建筑物，引入河、溪、塘等小微水体，科学配置陆生、湿生、水生植物；利用平原河网水动力调控技术实现畅流活水；遵循海绵城市理念，加大雨水集蓄利用；全省首个将水源湿地净化工程引入的校园，打造校区补水源头区、水质净化功能区、湿地教学指导区；通过风生流分析，加强湖底形态塑造，改善校园生态系统；通过地坪抬高、微地形重塑，消纳周边项目工程 137 万余 m^3，直接经济效益达 1 亿元。打造水生试验区、智慧流域区、湿地试验区、海绵城市区等教学科研节点；利用水日水周系列活动和校史馆水土保持科普展区开展形式多样的水土保持科普活动，取得了较好社会效应。

（四）浙江省水土保持学会优秀设计奖

10 月 26 日，浙江省水土保持学会第三届优秀设计评选获奖名单出炉。经评审专家组评选，本届共评出一等奖 1 项，二等奖 5 项，三等奖 9 项，见表 16。

表 16 浙江省水土保持学会第三届优秀设计奖获奖名单

序号	项 目 名 称	主要完成单位
一等奖（共 1 项）		
1	浙江水利水电学院新校区建设水土保持方案	湖州南太湖水利水电勘测设计院有限公司、湖州市南浔区水利局、浙江水利水电学院
二等奖（共 5 项，排名不分先后）		
1	浙江省水土保持“十四五”规划	浙江省水利水电勘测设计院有限责任公司
2	衢州市水土流失重点预防区和重点治理区划定	衢州市水利局、浙江中冶勘测设计有限公司
3	安吉县后山坞生态清洁型小流域水土流失综合治理项目	安吉县水利局、浙江广川工程咨询有限公司
4	浙江省水土保持数字化管理应用提升平台	杭州领见科技有限公司
5	杭州市第二水源千岛湖配水工程水土保持设计	浙江省水利水电勘测设计院有限责任公司

续表

序号	项 目 名 称	主要完成单位
三等奖（共 9 项，排名不分先后）		
1	湖州市水土保持“十四五”规划	中国电建集团华东勘测设计研究院有限公司、湖州市水利局
2	长兴县和平水库片区生态清洁小流域水土流失综合治理项目	长兴县水利局、浙江广川工程咨询有限公司
3	平阳县怀溪生态清洁小流域综合治理项目	浙江省水利水电勘测设计院有限责任公司
4	宁海县饮用水水源地上游香榧经济林水土流失防治措施研究	宁波市水利水电规划设计研究院有限公司、宁海县水利局
5	舟山 500kV 联网输变电工程（第二联网通道部分）水土保持方案	中国电建集团华东勘测设计研究院有限公司、国网浙江省电力有限公司建设分公司
6	新建杭州经绍兴至台州铁路水土保持监测技术咨询服务	中国电建集团华东勘测设计研究院有限公司、杭绍台铁路有限公司
7	莲都区丽龙高速公路南山互通至丽新公路建设工程水保方案及监测	浙江广川工程咨询有限公司
8	杭州至海宁城际铁路工程水土保持监测方案	浙江中冶勘测设计有限公司、浙江杭海城际铁路有限公司
9	华电长兴和平风电场工程水土保持方案编制、监测及验收服务	浙江广川工程咨询有限公司

六、重要水土保持事件

1．省水资源管理和水土保持工作委员会召开联络员会议

2 月 8 日，省水资源管理和水土保持工作委员会召开联络员会议。会议征求了成员单位关于《浙江省推动新时代水土保持高质量发展工作方案》《全国水土保持规划实施情况自评报告》的意见，与会人员进行了交流发言。会议指出，当前水土保持工作面临新形势、新要求，要认真贯彻落实党中央、国务院关于水土保持工作的决策部署，加快推动水土保持高质量发展，为“两个先行”提供坚实的水土生态安全支撑。

2．省水利厅部署 2023 年水土保持重点工作

2 月 23 日，水利部召开全国水土保持工作会议，水利部党组书记、部长李国英出席会议并讲话，省水利厅组织相关处室和单位参加了会议。水利部会议结束后，省水利厅就贯彻落实中央办公厅、国务院办公厅《关于加强新时代水土保持工作的意见》，出台浙江省推动新

时代水土保持高质量发展工作方案，以及 2023 年水土保持重点工作作了具体部署。

3. 水利部水土保持监测中心调研浙江省水土保持监测工作

4 月 13—16 日，水利部水土保持监测中心调研组一行赴温州市苍南县、永嘉县深入开展监测站点和野外现场水土流失现状调研，并结合动态监测成果对水土流失图斑进行现场抽样复核与验证。本次调研对提高浙江省水土流失动态监测成果质量与精度，科学评价水土流失程度和变化趋势具有积极作用。

4. 2023 年度太湖流域片水土保持监测工作会议在安吉召开

5 月 29—31 日，2023 年度太湖流域片水土保持监测工作会议在安吉召开。水利部太湖流域管理局、太湖流域水土保持监测中心站，上海、江苏、浙江、安徽、福建等省（直辖市）水利厅、水土保持监测机构负责人及特邀专家参加会议。会议就新形势下水土保持监测工作面临新任务、新挑战，深化水土流失监测、精准化监管和智慧水土保持建设等方面进行了深入交流。

5. 浙江省在 2023 年生态文明贵阳国际论坛作交流发言

7 月 7—9 日，2023 年生态文明贵阳国际论坛在贵州省贵阳市举行。会议组织了 17 场主题论坛，深入探讨生态文明议题，其中丽水瓯江山水工程、“千万工程”水利工作等浙江经验在多个论坛亮相。浙江省以《以水为脉 以土为基 全面建设水清、岸绿幸福江南水乡》为主题作了报告，分享了浙江省水土流失治理、生态清洁小流域建设等方面的经验。

6. 浙江省再获全国水土保持规划实施情况评估优秀等次

8 月 23 日，水利部办公厅通报了全国水土保持规划实施情况 2022 年度评估结果，浙江省再获优秀等次。这也是自 2018 年开展评估以来，浙江省连续五年获得优秀等次。浙江省 2023 年度自然资源集约利用考核——水土保持目标责任制专项评价中，湖州市、嘉兴市、丽水市、温州市、绍兴市、台州市、宁波市、金华市为优秀单位，其他设区市为良好单位。

7. 中国水土保持学会科技协作工作委员会 2023 年会暨学术交流会议在淳安举行

11 月 9—10 日，中国水土保持学会科技协作工作委员会 2023 年会暨学术交流会议在淳安举行。中国水土保持学会科技协作工作委员会委员单位代表及有关高校、科研院所等 130 余人参加会议。会议以探讨新时代水土保持高质量发展为主题，展示近期水土保持重大科技成果与进展，与会人员围绕水土保持先进理念、设备、材料、工艺、方法等开展了交流讨论，相关专家作学术交流发言。

8. 全省水土保持监测管理工作会议在永康召开

11 月 20—22 日，省水资源水电管理中心（省水土保持监测中心）在永康组织召开了全省 2023 年水土保持监测管理工作会议，各市、相关县（市、区）水土保持工作负责人、监测技术人员及技术服务单位代表参加会议。会议总结了 2023 年全省水土保持站网监测和生产建设项目监测监管工作，分析了当前形势，部署了今后工作。会议强调，要保障监测数据的时效性、连续性和科学性，增强水土保持监测工作的支撑和服务能力。

9. 省水利厅在全国水土保持监测工作会议上作典型发言

11 月 22 日，水利部召开全国水土保持监测工作视频会。会议分析了水土保持监测和信息化工作当前形势和存在问题，部署了今后的重点工作和任务，提出了下一步工作要求。省水利厅党组成员、副厅长朱留沙在浙江分会场参会并以《数字变革 体系重构 全力推进水土保持信息化建设》为题作了典型交流发言。

10. 水利部水土保持司调研浙江省水土保持相关工作

12 月 5 日，水利部水土保持司来浙江省调研水土保持相关工作。调研组一行实地踏勘了新昌县长诏水库水源地水土流失综合治理工程和钦寸水库水源地水土流失综合治理工程，对水土流失治理工作成效表示肯定。调研组强调，要树立和践行绿水青山就是金山银山的理念，继续推进水土流失治理工作，充分发挥水土保持基础性作用和综合性优势，紧密结合美丽乡村建设、现代绿色农业、生态文化旅游等项目，推进乡村振兴与共同富裕。

11. 省水利厅印发提高水土保持方案审批效率的通知

12 月 29 日，省水利厅印发《关于服务“千项万亿”工程 提高水土保持方案审批效率的通知》，持续推进水土保持审批服务标准化、规范化、便利化，进一步优化营商环境，培育和激发市场主体活力，服务扩大有效投资“千项万亿”等工程，进一步提高水土保持方案审批效率。

12. 浙江省多项水土保持改革试点项目顺利推进

深入贯彻党中央全面深化改革和省委省政府强力推进创新深化改革攻坚开放提升部署要求，2023 年，浙江省以宁波为试点开展了水土保持生态环境损害赔偿改革试点，以衢州、丽水为试点开展了水土保持生态信用贷改革试点，以安吉县、新昌县为试点开展了水土保持碳汇和生态产品价值转化改革试点。试点项目为浙江省水土保持高质量发展积累了宝贵经验。

索　　引

Index

427～433 页

索 引

说 明

1. 本索引采用内容分析法编制，年鉴中有实质检索意义的内容均予以标引，以便检索使用。
2. 本索引基本上按汉语拼音间序排列。具体排列方法为：以数字开头的，排在最前面；汉字款目按首字的汉语拼音字母（同音字按声调）顺序排列，同音同调按第二个字的字母音序排列，依此类推。
3. 本索引款目后的数字表示内容所在正文的页码，数字后的字母 a、b 分别表示左栏和右栏。
4. 为便于读者查阅，出现频率特别高的款目仅索引至条目及条目下的标题，不再进行逐一检索。

0～9

A

B

C

D

F

G

H

J

K

L

M

N

Q

R

S

T

W

X